FORTUNA VITREA

Arbeiten zur literarischen Tradition
zwischen
dem 13. und 16. Jahrhundert

Herausgegeben von
Walter Haug und Burghart Wachinger

Band 8

Kleinere Erzählformen des 15. und 16. Jahrhunderts

Herausgegeben von
Walter Haug
und Burghart Wachinger

MAX NIEMEYER VERLAG
TÜBINGEN

Gedruckt mit Mitteln aus dem Leibniz-Programm der Deutschen Forschungsgemeinschaft

Die Deutsche Bibliothek – CIP-Einheitsaufnahme

Kleinere Erzählformen des 15. und 16. Jahrhunderts / hrsg. von Walter Haug und Burghart Wachinger. – Tübingen : Niemeyer, 1993
(Fortuna vitrea ; Bd. 8)
NE: Haug, Walter [Hrsg.]; GT

ISBN 3-484-15508-6 ISSN 0938-9660

Printed in Germany.
Satz: pagina GmbH, Tübingen
Druck: Allgäuer Zeitungsverlag GmbH, Kempten
Buchbinder: Heinr. Koch, Tübingen

Vorwort

Die Beiträge dieses Bandes sind entstanden als Vorlagen und Vorträge für ein Arbeitsgespräch, das vom 30.11. bis 2.12.1990 auf der Reisensburg bei Günzburg stattgefunden hat. In die Druckfassung wurden Anregungen der Diskussion eingearbeitet. Ziel des Gesprächs war es – und Ziel des vorliegenden Bandes ist es –, die intensive Gattungsdiskussion um die kleineren mittelalterlichen Verserzählungen, die in den letzten Jahrzehnten vor allem in der Germanistik stattgefunden hat, die sich aber fast zu sehr auf die Kritik von Hanns Fischers Märenbegriff zu fixieren drohte, durch neue Frageansätze und durch die Untersuchung von Beispielen diesseits und jenseits der Fischerschen Grenzlinien zu öffnen und zu beleben. Es ergab sich dabei von selbst, daß mehrfach auch an die Exempeldiskussionen eines früheren Reisensburger Gesprächs angeknüpft wurde.

Die Redaktion des Bandes besorgten in bewährter Weise Anna Mühlherr, Heike Sahm und Brigitte Weiske. Wir danken ihnen für ihre Mühe und Sorgfalt.

Tübingen — Walter Haug, Burghart Wachinger

Inhalt

Walter Haug

Entwurf zu einer Theorie der mittelalterlichen Kurzerzählung

I.

Der Begriff ›Kurzerzählung‹, den ich in den Titel gesetzt habe, wird möglicherweise sogleich Anstoß erregen, denn er könnte den Verdacht wecken, daß ich damit einen definierbaren literarischen Typus, ja eine Gattung im Auge habe. Ich beeile mich deshalb klarzustellen, daß ich diese Bezeichnung in einem vorwissenschaftlichen Sinn gebrauche, so wie Joachim Heinzle dies vermutlich ebenfalls tut, wenn er ganz bedenkenlos von »Kleinepik« oder »kleineren Erzählungen« spricht, obschon er sich gleichzeitig strikt dagegen verwahrt, damit auf so etwas wie eine literarische Gattung zu zielen, ja sich selbst wohlweislich hütet, anzugeben, was denn ›klein‹ oder ›kleiner‹ konkret meint.[1] Es wäre also wohl ein weitgehendes Einverständnis darüber zu erreichen, daß es zwar so etwas wie Kurzerzählungen oder kleinere Erzählungen gibt, daß man aber besser nicht genauer nachfragt, was das eigentlich sei, da jedes weitere Wort schlafende Hunde wecken könnte – sie schlafen in Anmerkung 2.

---

[1] Schon Heinzles auffälliges Schwanken in der Terminologie muß wohl so verstanden werden, daß er sich den Bereich unbefragt offen halten will. So spricht er nicht nur von ›Kleinepik‹, von ›kleineren Reimpaardichtungen‹, ›kleineren Reimpaarerzählungen‹, sondern auch von ›Novellistik‹, wobei seinem eigenen Verständnis nach der Terminus ›Kleinepik‹ im Grunde zu weit und die Bezeichnung ›Reimpaardichtung‹ zu eng sein müßten. Siehe die Zusammenstellung von Heinzles einschlägigen Arbeiten in Anm. 2. Zu ›klein‹/›kleiner‹ vgl. auch Ziegeler, Erzählen (Anm. 2), S. 18.

[2] Hier ein Überblick über die einschlägigen Beiträge zu dem z.T. nicht ohne Vehemenz geführten Wissenschaftsstreit um Wesen und Form der mittelalterlichen Kurzerzählung: Hanns Fischer, Studien zur deutschen Märchendichtung, Tübingen 1968, [2]1983 (zit.: FSt); Hans-Jörg Neuschäfer, Boccaccio und der Beginn der Novelle. Strukturen der Kurzerzählung auf der Schwelle zwischen Mittelalter und Neuzeit, München 1969 (Theorie und Geschichte der Literatur und der schönen Künste 8); Joachim Heinzle, Märenbegriff und Novellentheorie. Überlegungen zur Gattungsbestimmung der mittelhochdeutschen Kleinepik, ZfdA 107 (1978), S. 121–138; ders., Boccaccio und die Tradition der Novelle. Zur Strukturanalyse und Gattungsbestimmung kleinepischer Formen zwischen Mittelalter und Neuzeit, Wolfram-Studien 5 (1979), S. 41–62; ders., Vom Mittelalter zum Humanismus, in: Handbuch der deutschen Erzählung, hg. v. Karl Konrad Polheim, Düsseldorf 1981, S. 17–27 und S. 558f.; Jan-Dirk Müller, Noch einmal: Maere und Novelle. Zu den Versionen des Maere von den ›Drei listigen Frauen‹, in: Alfred Ebenbauer (Hg.), Philologische Untersuchungen (FS Elfriede Stutz), Wien 1984 (Philologica Germanica 7),

Ich gehe also davon aus, daß der Begriff ›Kurzerzählung‹ unanstößig ist, solange man ihn unbefragt vage im vorwissenschaftlichen Feld beläßt. Und ganz ohne ihn wird man auch schwerlich auskommen, denn es ist ja nicht abzustreiten, daß es Erzählungen gibt, die sich durch ihren Umfang einerseits von den epischen oder romanhaften Großformen unterscheiden – dies unter dem Vorbehalt, daß mit Zwischenformen zu rechnen ist – und die sich anderseits aber auch von einer Vielzahl literarischer Kleinsttypen: gnomischen, spruchhaften Formen, Pointetypen wie Witzen, Fazetien, Anekdoten usw., abheben – auch hier mit Unschärfen in der Abgrenzung. Und es scheint zudem, daß diese vage, vorwissenschaftliche Bestimmung durchaus genügt, um die praktische Arbeit auf den Weg zu bringen, d.h. im Sinne von Joachim Heinzle die Geschichte der einzelnen Kurzerzählstoffe oder -typen aufzurollen und dabei von Fall zu Fall die Frage nach der literarischen Elaboration bzw. Reduktion in Umfang, Komplexität und Bedeutungsfülle neu zu stellen.[3] Dieser ansprechend pragmatische Vorschlag besitzt im übrigen auch den Vorteil, daß damit die intersprachliche Durchlässigkeit der Traditionen von vornherein im Blick ist und im Blick bleibt, wenngleich einen dies nicht daran zu hindern braucht, jeweils die spezifischen historisch-geographischen Gegebenheiten zu beachten, etwa das Faktum, daß die Kurzerzählung mit dem Corpus des Strickers im frühen 13. Jahrhundert in Deutschland erstmals eigenständig literarisch wird, daß sie sich dann gegenüber dem relativ prägnanten Strickerschen Typus in unterschiedlichen Richtungen entfaltet, um im 15. Jahrhundert ihren künstlerischen Höhepunkt zu erreichen, während sich die Kurzerzählung in Frankreich mit dem sog. Fabliau[4] schon im 12. Jahrhundert schriftliterarisch etabliert, wobei zugleich festzuhalten ist, daß hinter diesen einzelsprachlichen Entwicklungen eine sehr viel ältere lateinische Überlieferung steht und daß man überdies mit einer ins Unabsehbare zurückreichenden volkssprachlich-

---

S. 289–311; Hans-Joachim Ziegeler, Erzählen im Spätmittelalter. Mären im Kontext von Minnereden, Bispeln und Romanen, München/Zürich 1985 (MTU 87); Joachim Heinzle, Rez. Hans-Joachim Ziegeler, Erzählen im Spätmittelalter, GRM 69 (1988), S. 207–209; ders., Kleine Anleitung zum Gebrauch des Märenbegriffs, in: Klaus Grubmüller, L. Peter Johnson u. Hans-Hugo Steinhoff (Hgg.), Kleinere Erzählformen im Mittelalter. Paderborner Colloquium 1987, Paderborn 1988, S. 45–48; Hans-Joachim Ziegeler, Boccaccio, Chaucer, Mären, Novellen: ›The Tale of the Cradle‹, in: ebd., S. 9–31; Joachim Heinzle, Altes und Neues zum Märenbegriff, ZfdA 99 (1988), S. 277–296.

[3] Eine beispielhafte Skizze zu diesem Verfahren bietet Heinzle, Märenbegriff (Anm. 2), S. 134ff. Als weitere Beispiele aus jüngster Zeit wären zu nennen: Müller (Anm. 2), Ziegeler, Boccaccio (Anm. 2) oder die Monographien von Francis Raas, Die Wette der drei Frauen. Beiträge zur Motivgeschichte und zur literarischen Interpretation der Schwankdichtung, Bern 1983 (Basler Studien zur deutschen Sprache und Literatur 58), und Rosemarie Moor, Der Pfaffe mit der Schnur. Fallstudie eines Märes, Bern/Frankfurt a.M./New York 1986.

[4] Zum Begriff des Fabliau siehe Anm. 11.

mündlichen Tradition als Basis zu rechnen hat, die uns aber verschlossen bleibt. Diese historisch-geographische Ausdifferenzierung ist nicht zuletzt deshalb bedenkenswert, weil das Literarisch-Werden der Kurzerzählung für den narrativen Gesamthaushalt einer Zeit und Gesellschaft eine bedeutende Rolle gespielt haben dürfte. Dieser Aspekt führt nun aber doch und kaum vermeidbar zu der Frage nach einem denkbaren Gruppencharakter dieser Erzählungen in bestimmten Zeiträumen. Denn nur wenn man einen solchen Charakter zu fassen vermag, besteht die Möglichkeit zu fragen, welche Funktion die betreffende Gruppe in einem bestimmten literarhistorisch-gesellschaftlichen Gesamtzusammenhang erfüllt haben könnte.[5]

Diese Frage nach einem denkbaren Gruppencharakter ist immer dann im Prinzip unproblematisch, wenn man es mit einigermaßen geschlossenen Textcorpora zu tun hat, die deutlich die Handschrift eines Autors tragen oder auch nur eine spezifische Auswahlperspektive eines Sammlers zeigen. Als Musterfall pflegt man das schon genannte Corpus des Strickers anzusehen, in dem sich ein ausgesprochen persönlicher Stilwille zu artikulieren scheint. Doch gilt dies nur, wenn man an den gewohnten, inzwischen jedoch in Zweifel gezogenen Zuweisungen festhält.[6] Aber auch Sammlungen wie etwa diejenige Jörg Wickrams können durchaus ein individuelles Gepräge aufweisen, ganz zu schweigen von Texten, die in einem Erzählrahmen nach bestimmten Intentionen zusammengestellt und möglicherweise entsprechend bearbeitet worden sind, wie das ›Dekameron‹ oder die ›Canterbury Tales‹.

Doch in je größeren raumzeitlichen Gruppen man die Kurzerzählüberlieferung zusammenfaßt, um so problematischer werden die Versuche, hierbei prägnante Typen dingfest zu machen. Das Paradebeispiel ist – und nun will ich die schlafenden Hunde wenigstens streicheln – Hanns Fischers Bemühung, das sog. mittelhochdeutsche Märe als literarischen Typus eigener Art oder, wie er sagt, als »hinreichend ausgeprägte morphologische Individualität«[7] herauszustellen. Das Verfahren, das er dabei angewendet hat, ist ebenso berühmt wie ominös. Es besteht bekanntlich in einer negativen Gattungsausgrenzung, d.h., das ›Märe‹ wird durch das gekennzeichnet, was es nicht ist: es ist nicht *bispel*, nicht Fabel, nicht Rede, nicht Lied, nicht historische Darstellung, nicht geist-

---

[5] Selbstverständlich hat auch Heinzle diese Frage nicht übergangen; vgl. Märenbegriff (Anm. 2), S. 135ff., zur Sammlung des Schweizer Anonymus.

[6] Vgl. die allgemeinen kritischen Bemerkungen von Joachim Bumke, Geschichte der deutschen Literatur im hohen Mittelalter, München 1990, S. 292, und die Analyse der Stricker-Hs. A von Hans-Joachim Ziegeler, Beobachtungen zum Wiener Codex 2705 und zu seiner Stellung in der Überlieferung früher kleiner Reimpaardichtung, in: Volker Honemann u. Nigel F. Palmer (Hgg.), Deutsche Handschriften 1100–1400. Oxforder Kolloquium 1985, Tübingen 1988, S. 469–526.

[7] FSt, S. 29.

liche Erzählung, nicht Spiel und nicht Roman. Ferner werden die nichtdeutschsprachigen Zeugnisse, die Literatur nach 1500, die Prosaerzählung und die mündlichen narrativen Typen ausgeklammert.[8] Die Kritik hat mit aller nur wünschbaren Klarheit erkannt, was sich durch dieses Verfahren ergibt: eine sehr heterogene Textsammlung, deren Stücke sich durch jeweils ein Merkmal von den ausgegrenzten literarischen Gattungen oder Formen unterscheiden.[9] Etwa so, wie wenn man sagen würde, ein Pferd sei dadurch bestimmt, daß es im Gegensatz zur Kuh keine Hörner habe, im Gegensatz zum Schaf keine Wolle liefere, im Gegensatz zur Katze keine Mäuse fange, im Gegensatz zur Schlange nicht auf dem Bauch krieche und im Gegensatz zum Fisch nicht durch Kiemen atme. Und nun stelle man sich vor, daß jemand, der noch nie ein Pferd gesehen hat, hinginge und das Tier nach dieser Charakterisierung zu zeichnen versuchte! Man mag einwenden, die negativen Bestimmungen ließen sich sehr wohl positiv umformulieren, so daß man sagen könne, das ›Märe‹ sei eine in Reimpaaren abgefaßte, fiktive, diesseitig-profane mit menschlichem Personal arbeitende Erzählung von mittlerem Umfang (d.h. etwa zwischen 150 und 2000 Verse umfassend).[10] Doch auch diese positive Formulierung läßt kein Organisationsprinzip erkennen, von dem her diese Merkmale sich zu einer morphologischen Ganzheit oder irgendeinem Systemzusammenhang ordnen würden. Sie bleiben Abgrenzung nach außen, sind also nicht integrale Elemente einer Gattungsstruktur und können deshalb eine gewisse Willkürlichkeit nicht verleugnen.[11]

---

[8] FSt, S. 28ff.; vgl. Ziegeler, Erzählen (Anm. 2), S. 29ff.

[9] Ziegeler, Erzählen (Anm. 2), S. 32. Vgl. Heinzle, Altes (Anm. 2), S. 278, und passim auch in seinen übrigen einschlägigen Arbeiten.

[10] FSt, S. 62f.

[11] An dieser Stelle wäre eine Erörterung des Fabliau-Begriffs anzuschließen, der seine eigene Problematik besitzt. Dabei ließe sich die Kritik Heinzles am Märenbegriff in vielen Punkten aber doch auf den Begriff des Fabliau übertragen. Denn die in diesem Zusammenhang angebotenen Gattungsbestimmungen nach formalen und inhaltlichen Kriterien bleiben kaum weniger vage als bei Fischers ›Märe‹. So hat sich ja auch Heinzles Polemik parallel an Neuschäfers Abgrenzung zwischen Fabliau und Novelle und an Fischers Märenstudien entzündet (vgl. Heinzle, Märenbegriff, und Heinzle, Boccaccio [Anm. 2]). Die berühmte Definition Bédiers: »Les fabliaux sont des contes à rire en vers«, auf die man sich immer wieder zurückzieht, ist als Ausgrenzungskriterium fragwürdig und als Gattungsdefinition erst recht untauglich. Bemerkenswert ist dabei übrigens, daß auch er schon eine Negativausgrenzung vornimmt: das Fabliau ist nichtreligiös im Unterschied zum *miracle*, es ist ohne moralisch-erbauliche Absicht im Unterschied zum *dit moral*, es fehlen ihm die übernatürlichen Elemente im Gegensatz zum *lai* (Joseph Bédier, Les fabliaux. Etudes de littérature populaire et d'historie littéraire du moyen âge, Paris 1893, [4]1925, S. 30 bzw. S. 33ff.). Vgl. die Kritik an Bédiers Definition von Knud Togeby, The nature of the fabliau, in: The humor of the fabliaux. A collection of critical essays, hg. v. Thomas D. Cooke u. Benjamin L. Honeycutt, Univ. of Missouri Press 1974, S. 7–13, hier S. 7f. Togebys eigene Definition des Fabliau als »nouvelle de niveau bas du XIIIe siècle« (ebd., S. 8) differenziert nur

An dieser Einsicht wird man heute nicht mehr zweifeln wollen. Selbst Hans-Joachim Ziegeler sagt in seiner »rettenden Kritik« des Fischerschen Verfahrens mit aller Entschiedenheit, daß das Merkmalensemble des ›Märe‹ nicht ausreiche, um es als Gattung zu konstituieren. Was er hingegen doch fassen zu können meint, ist eine diesem Erzählen eigentümliche Organisationsform, so daß es sich trotzdem erlaube, an einem spezifischen Begriff für die durch das Fischersche Corpus repräsentierte Kurzerzählung festzuhalten.[12] Und so richtet sich denn sein Bemühen in erster Linie darauf, Unzulänglichkeiten in Fischers Ausgrenzungsverfahren zu beheben, ohne dabei an seinem Prinzip zu rütteln. Und es erweisen sich dann die konkreten Analysen auch und gerade in den Übergangsbereichen zu den ausgegrenzten Typen als immer wieder sehr fruchtbar. Der Gewinn der Ziegelerschen Arbeit liegt somit in der Problematisierung der Differenzierungskriterien anhand einer Reihe von signifikanten Grenzfällen. Und seine Untersuchungen tragen damit weniger dazu bei zu erhellen, was das ›Märe‹ eigentlich ist – darf man wirklich von einer Organisationsform sprechen? –, als daß sie ein Instrumentarium bereitstellen, um den Einzelfall, vor allem den Sonderfall deskriptiv möglichst akkurat zu fassen.

II.

Doch weder auf diesem von Ziegeler vorgezeichneten Weg noch auf Heinzles stoff- oder typengeschichtlicher Bahn soll hier weitergegangen werden. Ich nehme vielmehr jenes Negativergebnis der langen Debatte, das heute festzustehen scheint, zum Ausgangspunkt für einen neuen Zugang, nämlich, daß es eine Gattung ›Märe‹ nicht gibt, oder allgemeiner formuliert, daß kein litera-

---

noch nach Länge und Stilhöhe (d.h. in Abgrenzung gegenüber dem *lai*) – eine kategorische Reduktion, die die ›Gattung‹ Fabliau in noch höherem Maße diffus erscheinen läßt. – Was das Inventar der ›echten‹ Fabliaux betrifft, so schwankt es zwischen rund 125 und 175 Zeugnissen; vgl. Albert Gier im Nachwort zu seiner zweisprachigen Auswahlausgabe: Fabliaux. Französische Schwankerzählungen des Hochmittelalters, Stuttgart 1985, S. 304f. Der große Spielraum weist auf die Willkür in den Zuordnungskriterien. Reinhard Kiesow, Die Fabliaux. Zur Genese und Typologie einer Gattung der altfranzösischen Kurzerzählungen, Rheinfelden 1976, wollte das Problem von der Frage aus lösen, ob ein zeitgenössisches Gattungsbewußtsein vom Fabliau nachgewiesen werden kann, wobei er die Bezeichnung ›Fablel‹ in den Texten selbst zum Leitgedanken machte. Dies hat ihn aber auf der einen Seite gezwungen, Belege auszuscheiden, bei denen der Begriff ›fälschlich‹ auf Stücke bezogen worden ist, die offensichtlich keine Fabliaux sind, auf der andern fand er in nur 81 Kurzerzählungen die betreffende Selbstbezeichnung. Von diesen 81 Fabliaux entsprachen aber wiederum ein Viertel nicht den inhaltlichen Kriterien, die Kiesow mehr oder weniger intuitiv für die Gattung festgelegt hatte. Die Problematik dieses Ansatzes ist offensichtlich.

[12] Ziegeler, Erzählen (Anm. 2), S. 455f.

risches Regelsystem auszumachen ist, das der mittelalterlichen Kurzerzählung über die Vielfalt ihrer Erscheinungen hinweg eine gattungsmäßige Identität zu sichern vermöchte, und dies auch nicht in mehr oder weniger eingeschränkten Phasen einzelner Literaturen. Kann dies als gültiges Fazit akzeptiert werden, so dürfte es an der Zeit sein, daraus die notwendigen literaturtheoretischen Konsequenzen zu ziehen.

Zunächst ergibt sich aus dieser negativen Bestimmung eine praktikable Handhabe, um doch positiv-konkret zu sagen, was im folgenden unter die Rubrik ›Kurzerzählung‹ fallen soll: Als Kurzerzählungen gelten im Rahmen des vorliegenden Entwurfs demnach kleinere narrative Stücke, die nicht einer definierbaren Gattung zugerechnet werden können. Alle weiteren Kriterien, die ins Spiel gebracht worden sind, wie Vers/Prosa, profan/geistlich, sprachliche und zeitliche Abgrenzungen usw. scheiden aus.[13] Wenn man eine derart in positive Praktikabilität gewendete Negativ-Definition zu akzeptieren bereit ist – und die Ergebnisse der Forschungsdiskussion zur Kurzerzählung lassen kaum eine andere Wahl –, ergeben sich eine Reihe von literaturtheoretischen Folgerungen: Ist die Kurzerzählung, in welcher Ausprägung oder Gruppierung man sie auch immer anvisieren mag, dadurch gekennzeichnet, daß sie nicht als literarische Gattung bestimmbar ist, so heißt das anders ausgedrückt, daß man es hierbei mit einem Erzählen im gattungsfreien Raum zu tun hat. Damit ist konkret gesagt, daß dieses Erzählen mit keinerlei Vorgaben operiert, die es dem Dichter und dem Publikum ermöglichen würden, Sinn zu konstituieren bzw. zu erkennen, oder die zumindest auf einen Sinnhorizont verweisen würden. Erzählen unter Gattungsbedingungen heißt ja immer, daß es prinzipiell in einen je spezifischen sinnstiftenden Zusammenhang eintritt. Wer z.B. eine Heldensage vorträgt, bewegt sich von vornherein in dem die Gattung bestimmenden Formensystem, und das heißt zugleich in einer feststehenden Wertehierarchie, und wenn der Sänger durch den Vollzug typischer Redegesten die Gattung ankündigt, weiß auch das Publikum immer schon Bescheid, in welchem Sinn das Geschehen aufgefaßt werden muß. Und dies gilt entsprechend für alle übrigen Universalgattungen: für den Mythos, die Legende, das Märchen, die Fabel usw.,[14] und es gilt auch für jene in engeren literarischen Räu-

---

[13] Wenn ich im Titel von der ›mittelalterlichen‹ Kurzerzählung spreche, dann erlaube ich mir hier diesen fragwürdigen Begriff nicht in erster Linie deshalb, weil ich meine Materialien im wesentlichen aus dem mit ›Mittelalter‹ bezeichneten Zeitraum nehme, sondern vor allem, weil die Tradition selbst – von Sonderentwicklungen abgesehen – kaum über das 16. Jahrhundert hinausreicht; vgl. Abschnitt X.

[14] Es ist wohl kaum nötig darauf hinzuweisen, daß ich den Schwank nicht in diese Reihe stelle, d.h., daß ich ihn in dem in Frage stehenden Zeitraum nicht als Gattung berücksichtige, denn es handelt sich ja um eine Sondergruppe im Rahmen des Fischerschen Märe (sein sog. Schwankmäre) bzw. um das Fabliau. Ja, man kann beim Schwank generell daran zweifeln, daß man es

men lebenden Gattungen wie den Minnesang, die Spruchdichtung oder den höfischen Roman, und dies gerade auch dann, wenn hier die Gattungen sich selbst problematisch werden und in die Reflexion geraten können, ja, wenn gar wie im arthurischen Typus die Frage nach der Möglichkeit einer erzählerischen Konstitution von Sinn selbst zum Thema des Erzählens wird. Erzählen in gattungsmäßiger Prägung setzt also immer und überall einen Verstehenshorizont voraus, der es formt und dem es seine Identität und damit seinen Sinn verdankt.

Erzählen im gattungsfreien Raum impliziert demgegenüber e contrario einen programmatischen Verzicht auf jede prägnante Sinnvorgabe. Es steht damit in Opposition zu allen übrigen, ihrem Wesen nach Sinn konstituierenden Typen, es agiert immer als Gegenspiel in der Symbiose der literarischen Formen einer bestimmten Zeit. So ist es z.B. schwerlich denkbar, daß die mittelhochdeutsche Kurzerzählung, wenn sie im frühen 13. Jahrhundert literarisch wird, ohne den Hintergrund der auffällig forcierten Sinnkonstruktionen des neuen Romans zu verstehen ist. Diese grundsätzliche Oppositionsrolle vermag die Kurzerzählung also gerade deshalb so vorzüglich zu spielen, weil sie keine Gattung ist: denn nur, indem sie auf Sinnvorgaben verzichtet, kann sie immer neu zum Protest gegen jede Art erzählerischer Sinnbindung antreten. Und so ist es denn auch nicht überraschend, daß ihr keine bestimmte Rezipientengruppe zugeordnet werden kann.[15]

Wenn die Kurzerzählung aber keine Form mit sich bringt, über die eine Sinnkonstitution mitgegeben ist oder ermöglicht wird, dann ist damit in allgemeiner Weise auch ihr Gegenstand bestimmt: der Gegenstand kann nur das sein, was ohne Sinn erscheint. Denn Sinn ist ja nicht etwas, was objektiv gegeben ist, Sinn wird vielmehr erst aufgrund subjektiver Kategorien der Sinnstiftung erfahrbar. Darstellerisch konkretisieren sich diese Kategorien dann in den Interpretationsmustern der literarischen Gattungen. Und somit ist wiederum umgekehrt zu folgern: Erzählen im gattungsfreien Raum heißt, daß man

---

mit einer Gattung zu tun hat. Kurt Ranke versteht ihn als Schwundstufe (Schwank und Witz als Schwundstufe, in: FS Will-Erich Peuckert, München 1955, S. 41–59, hier S. 41), und in diesem Sinne bemerkt Max Lüthi, Märchen, Stuttgart 1962, S. 13: »Der Schwank als Gattung ist nicht ohne weiteres neben andere Erzählgattungen zu stellen, sondern als Möglichkeit jeder Gattung zu verstehen«. Fischer hat dies (FSt, S. 101 Anm. 16) aufgegriffen.

[15] Vgl. FSt, S. 220ff. Entsprechendes gilt – und Fischer hat dies zur Kenntnis genommen – von den Rezipienten der Fabliaux. Bekanntlich hatte Bédier die These vertreten, daß die Fabliaux auf ein bürgerliches Publikum zu beziehen seien, was Nykrog mit seiner Adelsthese beantwortete. Inzwischen hat man die soziologische Offenheit des Fabliau erkannt: Per Nykrog, Les Fabliaux, Copenhagen 1957, inbes. S. 235f.; Jean Rychner, Contribution à l'étude des fabliaux. Variantes, remaniement, dégradations, 2 Bde, Neuchâtel/Genève 1960, hier Bd. I, S. 145f.; vgl. Jürgen Beyer, The morality of the amoral, in: The humor of the fabliaux (Anm. 11), S. 15–42, hier S. 21f.

sich auf die Erfahrung des Sinnlosen einläßt, wobei ein solches Erzählen – zumindest nicht von vornherein – irgendeine Handhabe mitbringt, es zu bewältigen. Man wird vermuten dürfen, daß das sehr spezifische erzählerische Implikationen hat, die sich analysieren lassen müßten – dies selbstverständlich nicht in der Hoffnung, damit die Kurzerzählung doch noch als narrative Form von einem Prinzip her zu fassen, sondern allein als Einblick in die literarischen Möglichkeiten eines Erzählens, das sich der Konstitution von sinntragenden Strukturen im Prinzip verweigert. Und man wird dann auch gewiß nicht überrascht sein, wenn sich herausstellt, daß diese Möglichkeiten sich als höchst disparat erweisen und daß dieses Erzählen in so gut wie jeder Richtung an seine eigene Grenze stößt, an der es scheitert oder umkippt.

Wenn ich behaupte, daß es bei der Kurzerzählung um die Darstellung des Sinnlosen gehe, so ist ein Bedenken, das sich sogleich aufdrängt, vorweg zu bereden. Denn man wird einwenden, daß es für das Erzählen in der Kurzform im Gegenteil gerade charakteristisch sei, durch Pro- und Epimythien oder über kommentierende Zwischenbemerkungen auktorial einen sehr dezidierten Sinn mitzugeben und festzuschreiben. Wie läßt sich dies mit dem postulierten radikalen Sinnverzicht der Kurzerzählung vereinbaren?

Es kommt den Menschen bekanntlich hart an, ja, es ist ihm wohl im Grunde unmöglich, das Leben so anzunehmen, wie es sich ihm unvoreingenommen und unstrukturiert darbietet, nämlich als etwas Sinnloses. So scheint denn auch die Kurzerzählung, die sich gerade darauf einläßt, in ihrer reinen Form nur schwer erträglich. Der Erzähler steht deshalb immer in der Versuchung, ihr Sinndefizit dadurch zu beheben oder wenigstens abzumildern oder auch nur zu kaschieren, daß er ihr explizit einen Sinn in Form einer Moral mitgibt. Solche auktorial-kompensatorischen Sinnbeigaben können der Erzählung äußerlich bleiben, ja als mehr oder weniger ironische Schnörkel fungieren, die an der Substanz des Erzählten vorbeigehen oder diese sogar verhöhnen, sie können aber auch auf die Erzählung einwirken und sie auf ihre Lehre hin abmagern lassen. Je weiter das letztere geht, um so mehr wird die Erzählung zum bloßen Exempel einer These.

Ich erlaube mir, diese Frage der sekundär-kompensatorischen Sinngebung im folgenden gänzlich zu vernachlässigen, da sie nicht generell zu behandeln ist, sondern von Fall zu Fall neu gestellt werden muß. Außer bei den Extremformen, der offensichtlich bloß angepappten Moral einerseits und der konsequent auf das Exemplarische zulaufenden Erzählstrategie anderseits, die leicht zu durchschauen sind, führen nur sehr differenzierte Einzelanalysen zum Ziel, wobei freilich viel Unwägbares mit hineinspielt, so daß es immer wieder zu recht unterschiedlichen Beurteilungen kommt. Mein Interesse gilt hier also der Kurzerzählung an sich ohne Rücksicht auf eine denkbare äußere Rezeptionssteuerung durch explizite Autorkommentare bzw. auf eine Indienstnahme des

Erzählens durch eine Stilisierung zum Exempel. Die methodischen Vorteile des Verfahrens liegen auf der Hand. Denn jeder Versuch, die Funktion, konkret: die Moral der Erzählungen in eine Typologie einzubeziehen, muß unweigerlich scheitern, da Gestalt und Funktion nicht miteinander zu verrechnen sind. Deshalb zerfällt einem z.B. die Typengliederung Karl-Heinz Schirmers sogleich hoffnungslos unter den Händen, wenn man damit zu arbeiten versucht.[16] Methodisch überzeugend kann nur ein Vorgehen sein, das zunächst die Kurzerzählungen nach ihrem autonom-narrativen Potential beschreibt, um erst in einem zweiten Schritt zu zeigen, in welchem Maße dieses Potential in eine lehrhafte Funktion eingespannt, d.h. in bestimmter Richtung entwickelt oder reduziert werden kann, und dies mit den genannten extremen Möglichkeiten einer vollen Entfaltung der Autonomie auf der einen und einer weitgehenden lehrhaften Schematisierung auf der andern Seite. Wer ohne eine vorgängige Analyse der narrativen Substanz nach *delectatio* und *utilitas* fragt, gerät in ein aussichtsloses Mutmaßen über die möglichen Anteile der beiden Aspekte in jedem einzelnen Fall.[17] Dabei ist im Prinzip daran festzuhalten, daß das Exempel ein Funktionsbegriff ist. So gut wie jede Erzählung kann in eine exemplarische Perspektive gestellt werden.[18] Anderseits hat man mit der Möglichkeit zu rechnen, daß das autonome narrative Potential beim Exempel praktisch gleich Null sein kann, d.h., daß es keinen einzigen Zug in der Erzählung mehr gibt, der unabhängig von der exemplarischen Funktion Interesse zu wecken vermöchte. Und in diesem Grenzfall darf man wohl doch vom Exempel als Typus sprechen. Johannes Pauli erzählt z.B. von einem Mann, der die Gewohnheit hat, jedem die Wahrheit zu sagen. Einmal sucht er in einem Dorf vergeblich nach einer Herberge. Da trifft er schließlich einen Bauern, dem er erzählt, daß ihn wegen dieser Gewohnheit niemand aufnehmen wolle. Der Bauer lobt seine Wahrheitsliebe und lädt ihn in sein Haus ein, aber als er dann tatsächlich die Wahrheit sagt, setzt er ihn wütend vor die Tür.[19] – Diese Er-

[16] Karl-Heinz Schirmer, Stil- und Motivuntersuchungen zur mittelhochdeutschen Versnovelle, Tübingen 1969 (Hermaea NF 26).

[17] Ich gehe zwar mit Joachim Heinzle einig, wenn er in der exemplarischen Funktion ein für die Kurzerzählungen traditionsbildendes Moment sieht (Märenbegriff [Anm. 2], S. 132), aber nicht als ein ihr selbst eigentümliches Merkmal, sondern als eine Tendenz, die aus ihrem Defizit, ihrer Sinnlosigkeit, erwächst und die dahin zielt, von außen her einen Sinn zu supplettieren. Um die Bedeutung dieses exemplarischen Aspekts in jedem einzelnen Fall abschätzen zu können, muß aber, wie gesagt, immer erst das narrative Potential bestimmt werden, das eine Erzählung von sich aus mitbringt. In dieser Hinsicht gibt es Versäumnisse in dem sonst überaus vorzüglichen Buch von Joachim Suchomski, ›Delectatio‹ und ›Utilitas‹. Ein Beitrag zum Verständnis komischer Literatur, Bern 1975 (Bibliotheca Germanica 18).

[18] Vgl. Walter Haug, Exempelsammlungen im narrativen Rahmen: Vom ›Pañcatantra‹ zum ›Dekameron‹, in: Exempel und Exempelsammlungen, hg. v. Walter Haug u. Burghart Wachinger, Tübingen 1991 (Fortuna vitrea 2), S. 265–288, hier: Theoretischer Vorspann, S. 265ff.

[19] Johannes Pauli, Schimpf und Ernst, hg. v. Johannes Bolte, Berlin 1924, Nr. 3.

zählung besitzt keine autonome Erzählsubstanz, sie geht völlig in ihrer exemplarischen Bedeutung auf. ›Reine‹ Exempel dieser Art sind also aus der Erörterung der Kurzerzählung auszuklammern.

III.

Die augenfälligste Spielart der Sinnlosigkeit ist der Zufall. Ein Erzählen, das Sinn konstituieren will, muß ihn entweder eliminieren oder, was auf dasselbe hinausläuft, ihn in ein Vehikel eines sinnvollen Ablaufs umwandeln. Die scheinbare Zufälligkeit der *aventiuren* im arthurischen Roman ist ein Musterbeispiel für diese erzählstrategische Usurpation des Zufalls: sie stellt ihn deziediert in den Dienst einer vom Dichter gesetzten sinntragenden Struktur. Und indem die *aventiure* sich zugleich als Aufgaben darstellen, ist ihre Bewältigung auch die Überwindung des Zufälligen.[20] Einem Erzählen, das nicht Sinn stiften will, steht der Zufall als eine ausgeprägte Form des Sinnlosen frei zur Verfügung, und so kann er hier als besonders charakteristisches Movens des Geschehens fungieren. Das Zufällige tritt in den Dienst der Demonstration einer ungeordnet-unbeherrschbaren Welt. Zugleich jedoch wird man feststellen, daß es als ausschließliches Thema nicht sehr häufig gestaltet wird. Das kann nur auf den ersten Blick verwundern, denn der Zufall allein ist nur bedingt erzählträchtig, ja er stellt in seiner reinen Form geradezu eine Grenzmöglichkeit des Erzählens dar, denn in letzter Konsequenz hat man es nurmehr mit der Wiedergabe von Unglücksfällen – eventuell auch mit Glücksfällen – in isolierter Punktualität zu tun. Das Erzählen wird dabei dem Zufälligen um so gerechter, je mehr es sich auf den bloßen Bericht reduziert, also darauf verzichtet, das Geschehen in irgendeiner Weise erklären oder verständlich machen zu wollen. Man steht am Übergang zur Zeitungsnotiz unter der Rubrik ›Unglücksfälle und Verbrechen‹ oder zum Polizeiprotokoll. Doch das Nonplusultra der sinnlosen Kurzerzählung ist – entfunktionalisiert betrachtet – wohl die Todesanzeige.

Die reine Darstellung des Zufalls macht also offenkundig, daß sich das schlechthin Sinnlose nicht mehr wirklich erzählen läßt, wenn Erzählen heißt, daß wenigstens noch ein Minimum an Bewältigung des Erzählten geleistet sein muß; die reine Sinnlosigkeit kann man nur noch konstatieren. Daß man mit

[20] Vgl. dazu und zur kritischen Infragestellung der *aventiuren*-Struktur durch das Ernstnehmen des Zufälligen: Walter Haug, Wandlungen des Fiktionalitätsbewußtseins vom hohen zum späten Mittelalter, in: Entzauberung der Welt. Deutsche Literatur 1200–1500, hg. v. James F. Poag u. Thomas C. Fox, Tübingen 1989, S. 1–17, hier S. 6ff.; ders., Der ›Tristan‹ – eine interarthurische Lektüre, in: Artusroman und Intertextualität, hg. v. Friedrich Wolfzettel, Gießen 1990, S. 57–72, hier S. 67f.

der Entstehung der Zeitungsrubrik ›Unglücksfälle und Verbrechen‹ literarhistorisch schließlich an diesen Punkt gelangt, mag in der Konsequenz dessen liegen, was der Kurzerzählung an Möglichkeiten mitgegeben ist, aber diese Konsequenz zerstört letztlich das Erzählen selbst.

Diese Überlegungen führen zu einem Dilemma, das für die Kurzerzählung kennzeichnend zu sein scheint. Einerseits gilt, daß ihr Interesse, da sie keine Vorgaben mitbringt, die Sinn zu stiften vermöchten, sich auf die Erfahrung des Sinnlosen richten muß; anderseits aber gilt, daß das Rein-Sinnlose keinerlei erzählerischen Wert mehr besitzt. Und damit stellt sich die Frage, unter welchen Bedingungen das Sinnlose literarisch trotzdem fruchtbar zu werden vermag.

Wenn zufällig ein Ziegel vom Dach fällt, so ist das kaum erzählenswert. Wenn dieser Ziegel aber jemanden, der unten vorbeigeht, erschlägt, so gewinnt dies erzählerisches Interesse. Dies deshalb, weil die Koinzidenz ungewöhnlich ist, ja der Wahrscheinlichkeit spottet. Das aber heißt, daß das Zufällige des Zufälligen hier besonders augenfällig in Erscheinung tritt. Und daraus ist zu folgern: Nicht schon das Zufällige an sich weckt Interesse – denn es ist allgegenwärtig –, sondern nur das Zufällige, das sein eigenes Prinzip zur Anschauung bringt. Dies kann durch ungewöhnliche Koinzidenzen erreicht werden. Denselben Effekt hat aber auch eine Wiederholung, insbesondere, wenn sie mit einer Dramatisierung verbunden ist. Als Musterbeispiel kann Boccaccios 7. Erzählung des IV. Tages dienen: Simona und Pasquino, die einander lieben, verabreden sich in einem Garten. Sie setzen sich zu einem Salbeibusch und plaudern. Dabei beginnt Pasquino mit einem Salbeiblatt seine Zähne zu reiben: das sei gut nach dem Essen. Doch da verzerrt sich plötzlich sein Gesicht, und nach einer Weile ist er tot. Simona ruft um Hilfe, Leute kommen, und nun wird sie, als man Pasquinos aufgeschwollenen Leib sieht, beschuldigt, ihn vergiftet zu haben. Sie wird vor einen Richter gebracht, der sie verhört, aber nicht glauben kann, daß sie eine Mörderin ist. So kehrt man zu dem Garten zurück, und der Richter verlangt von Simona, nochmals alles genau zu berichten, was sie und Pasquino getan haben. Dabei nimmt sie, wie er es tat, ein Salbeiblatt in den Mund, und da bricht auch sie zusammen und stirbt. Die Umstehenden sind entsetzt. Der Richter läßt den gefährlichen Busch umhauen, und da entdeckt man unter diesem eine riesige Kröte, deren böser Atem ihn offenbar vergiftet hat. Busch und Kröte werden an Ort und Stelle verbrannt. – Also ein Unglück, das sich verdoppelt, weil man zunächst nicht an einen Zufall glaubt, sondern Simona des Mordes verdächtigt. Erst die Wiederholung zeigt, daß der Salbei unverständlicherweise giftig ist, und erst am Ende wird die Ursache, die aber das Zufällige nicht mindert, aufgedeckt.

Was hier an Koinzidenzen zusammentrifft, macht nicht nur das Zufällige des Zufalls augenfällig, sondern der Zufall wird geradezu zur Gerichtssache, und es ist seine Unverständlichkeit, die zu der schrecklichen Wiederholung führt. Dabei ist zu beachten, daß das Zufällige hier als singulärer Durchbruch durch die gewohnte Ordnung der Dinge begriffen und als solcher in seiner Isolation belassen wird. Das Unerklärliche bleibt thematisiert stehen, man kann nur durch einen Vernichtungsakt weiteres Unglück verhindern. Die Ordnung schaltet es gewissermaßen amtlich aus und stellt sich damit wieder her.

Man kann jedoch auch weitergehen und zu einer sich steigernden Reihung kommen, wobei das Zufällige des Zufalls u.U. verloren geht, denn wenn es sozusagen zur Struktur der Wirklichkeit wird, unterstellt man ja doch wiederum eine geheime Logik: das Chaos besitzt Witz oder Bosheit; die sog. Tücke des Objekts macht die Dinge unheimlich, die Welt erscheint als ein undurchschaubarer und gerade deshalb hinterhältig-gemeiner Widerpart des Menschen. Der scheinbare Zufall wird zur bösen Absicht, d.h. zur Absicht des Bösen.

Als Musterbeispiel kann die berühmte Geschichte von Abou 'l Qâsims Pantoffeln gelten:

Abou 'l Qâsim, ein reicher Kaufmann, trägt seit sieben Jahren dieselben Pantoffeln. Wenn sie einen Riß bekommen, flickt er sie mit einem Stück Stoff, so daß sie schließlich ebenso schwer wie allbekannt werden. Eines Tages macht ihm ein Freund im Bad Vorhaltungen: es zieme sich für einen so reichen Mann nicht, dermaßen häßlich geflickte Pantoffeln zu tragen. Abou 'l Qâsim muß ihm recht geben. Als er aus dem Bad kommt, sieht er neben seinen alten Pantoffeln zwei kostbare neue stehen; er denkt, das sei ein Überraschungsgeschenk jenes Freundes, der ihn ermahnt hatte. Vergnügt geht er in den neuen Pantoffeln nach Hause. Aber das war ein Irrtum, denn sie gehören dem Kadi, der natürlich die alten Dinger, die Abou 'l Qâsim zurückgelassen hat, erkennt und den vermeintlichen Dieb festnehmen läßt. Nachdem er Prügel bezogen hat, kommt er mit einer Geldstrafe wieder frei. Wütend geht er nach Hause und wirft die Pantoffeln in den Tigris. Doch ein Fischer fängt sie mit seinem Netz, erkennt sie und will sie dem Besitzer zurückbringen. Da er ihn nicht zuhause antrifft, wirft er sie durch's Fenster und trifft ein Regal, auf dem kostbare Gläser mit Rosenwasser stehen. Alles geht zu Bruch. Als Abou 'l Qâsim die Bescherung sieht, will er die Pantoffeln verzweifelt im Garten vergraben. Aber die Nachbarn beobachten dies. Sie glauben, er wolle einen Tunnel graben, um sie zu bestehlen. So wird er wieder von der Polizei geholt, und wieder muß er zahlen. Nun wirft er die Pantoffeln in die Latrinen der Karawanserei, aber sie verstopfen den Abwasserkanal, so daß es zu einer Fäkalienüberschwemmung kommt. Man forscht nach der Ursache, findet die Pantoffeln, und wieder muß Abou 'l Qâsim für den Schaden aufkommen. Nun stellt er die triefend-stinkenden Dinger zum Trocknen auf die Terrasse. Da riecht sie ein Hund, schleppt sie davon, läßt sie dann aber auf eine schwangere Frau fallen, die vor Schreck eine Fehlgeburt hat. Abou 'l Qâsim wird vor

Gericht gestellt und dazu verurteilt, die Frau zu entschädigen. Schließlich nimmt er die Unheilspantoffeln und übergibt sie dem Kadi, indem er erklärt, daß er sich hiermit gesetzlich von ihnen trenne und für alles weitere, was sie anrichten, nicht mehr verantwortlich sein möchte. Dann erzählt er dem Kadi die ganze Geschichte. Der lacht und entläßt ihn mit einem Geschenk.

Nicht alle Versionen enden derart freundlich. Es gibt auch tragische Varianten, nach denen Abou 'l Qâsim geschmäht und ruiniert die Stadt verlassen muß.[21] Es bleibt im Prinzip offen, ob man noch soviel Souveränität oder Spielraum besitzt, die Heimtücke des Zufalls lachend zu bewältigen, oder ob man ihr in keiner Weise mehr gewachsen ist und nur noch mit mehr oder weniger Würde untergehen kann.

Es ist nun aber auch möglich, ein solches unfaßbares Prinzip der universalen Zufälligkeit durch eine entsprechende Sammlung von Einzelgeschichten vor Augen zu führen. Etwa in der Weise, daß man in einem möglichst kommentarlosen Erzählen von abstrusen Vorkommnissen eine resignative Weltsicht sich spiegeln läßt: ›So ist nun einmal der Lauf dieser armen Welt‹. In eine solche Richtung zielt z.B. die Erzählhaltung Wickrams im ›Rollwagenbüchlein‹, wobei hier im übrigen aber unterschiedliche Formen der Sinnlosigkeit zusammenspielen.[22]

Das Zufällig-Sinnlose dieser Welt gewinnt also in dem Maße erzählerisches Interesse, in dem es sich gleichzeitig thematisieren und in die Reflexion bringen läßt, d.h. in dem es gelingt, es in der Weise herauszustellen, daß sein Prinzip als daseinsbestimmende Macht vor Augen tritt. Und dies selbstverständlich als Herausforderung gegenüber allem Geschehen, das rational durchschaubar erscheint, und damit auch gegenüber jedem Erzählen, das diese Rationalität in eine Sinnperspektive bindet oder zu binden versucht.

Aber ein solches Thematisieren des Zufälligen verlangt nun doch wieder bis zu einem gewissen Grad einen literarisch-konstruktiven Zugriff, und bestünde er auch nur in der kommentarlosen Zusammenstellung von Bizarrerien. Denn da man nicht ohne weiteres behaupten kann, daß alles nur Zufall sei, impliziert die literarische Pointierung des Zufälligen eine ideologische Entscheidung, sei es nun, daß man in ihm mehr einen abgründigen Rest in einer sonst rationalen

---

[21] Die Erzählung ist als Nr. 283 – ›Les pantoufles‹ bei Victor Chauvin, Des ouvrages arabes ou relatifs aux Arabes publiés dans l'Europe chrétienne de 1810 à 1885, Bd. VI, Liége/Leipzig 1902, S. 129f., verzeichnet. Vgl. ferner René Basset, Mille et un contes, récits & légendes arabes, tome I, Paris 1924, S. 263ff., und Ursula Nowak, Beiträge zur Typologie des arabischen Volksmärchens, Freiburg i.Br. 1969, Typ 452 – ›Der alte Schuh‹, S. 363ff. Die verschiedenen Varianten weichen z.T. beträchtlich voneinander ab. Meine Nacherzählung folgt der Version, die Basset unter dem Titel ›Les chaussures d'Abou 'l Qâsim et Tanbouri‹ abgedruckt hat. Für Literaturhinweise möchte ich Herrn Hans-Jörg Uther und Herrn Ulrich Marzolph danken.

[22] Vgl. Dieter Kartschoke, Die Auflösung der Pointenstruktur in Jörg Wickrams ›Rollwagenbüchlein‹, in diesem Band, S. 71–105.

Welt sieht, oder sei es, daß man es mehr als Abgrund hinter einer scheinbar rationalen Welt versteht.

IV.

Der Zufall ist nicht die einzige Lebensmacht, die sich einer Konstitution von Sinn entgegenstellt; es kommen vielmehr jene Kräfte hinzu, die auf der subjektiven Seite all das herausfordern, was sich als Sinn in menschlichen Ordnungen verwirklicht: das Anarchische der menschlichen Natur, insbesondere Gewalt und Begierde, Brutalität und Lust.

Wo immer im Blick darauf narrativ Sinn entworfen wird, stellt sich dies so dar, daß das Subjektiv-Anarchische im Erzählprozeß bewältigt wird. Im arthurischen Roman z.B. erscheinen Gewalt und Begierde, durch den absichtsvollen Zufall präsentiert, als Prinzipien einer Gegenwelt, durch die der Held durchzugehen hat, die er überwinden und verwandeln muß. Gewalt und Begierde sind hier also besiegbar, ja integrierbar.[23] Da der Kurzerzählung eine solche Möglichkeit der Sinnkonstitution fehlt, kann sie die Mächte des Subjektiv-Anarchischen nur als unintegrierbar-sinnlos vorstellen. Entsprechend zu dem, was zum reinen Zufall zu sagen war, gilt dabei, daß Gewalt- und Begierdetaten in der Form des bloßen Berichts literarisch verkümmern, sie gehören als Grenzfälle in die Doppelrubrik ›Unglücksfälle und Verbrechen‹.[24]

---

[23] Siehe Walter Haug, Struktur, Gewalt und Begierde. Zum Verhältnis von Erzählmuster und Sinnkonstitution in mündlicher und schriftlicher Überlieferung, in: Idee. Gestalt. Geschichte. Studien zur europäischen Kulturtradition. Studies in European Cultural Tradition (FS Klaus von See), hg. v. Gerd Wolfgang Weber, Odense University Press 1988, S. 143–157, hier S. 153ff.

[24] Es gibt eine Reihe von Kurzerzählkompendien, die reich sind an solchen reinen Brutalitäten, wobei eine Tendenz besteht, das Grausige zu häufen und daraus narratives Kapital zu schlagen. Ein Beispiel aus dem ›Héptameron‹ der Marguerite de Navarre, bei der dieser Typus eine nicht geringe Rolle spielt, die 31. Novelle: Ein Franziskanermönch hat es auf eine Edelfrau abgesehen. Er begibt sich, von seiner Leidenschaft getrieben, zu ihr, findet sie allein und tut so, als ob er wieder gehen wolle. Da schickt ihm die Frau eine Zofe in den Hof nach, damit sie ihn frage, ob man ihm noch irgendeinen Gefallen tun könne. Doch der Mönch zerrt sie in einen Winkel und erdolcht sie. In derselben Weise bringt er einen Knecht um, der gerade in den Hof kommt, um seine Pacht abzuliefern. Da die Zofe nicht zurückkehrt, schickt die Edelfrau eine zweite hinaus, der der Pater ebenso den Dolch in die Kehle stößt. Darauf gesteht der Mönch der Frau seine Leidenschaft, und da sie ihm nicht glauben will, führt er sie in den Hof und zeigt ihr die Ermordeten. Er zwingt die Entsetzte eine Kutte anzuziehen – er hatte nämlich zwei übereinander angelegt – und schneidet ihr die Haare ab. Dann führt er sie davon. Unterwegs begegnen sie dem heimkehrenden Gatten. Der Mönch droht ihr, sie auf der Stelle zu erdolchen, wenn sie ihm irgendein Zeichen gebe. So reitet der Edelmann an den beiden vorbei, sein Diener jedoch spricht die Frau an, in der er einen Bruder vermutet, der den Franziskaner sonst zu begleiten

Auch hier verlangt also das literarische Interesse, daß das factum brutum zugleich in irgendeiner Weise reflektiert oder explizit in die Reflexion gebracht wird. Dabei sind die erzählerischen Möglichkeiten sehr viel reicher als beim Zufall, der, da ihm ein Akteur fehlt, punktuell bleibt oder dem höchstens unter Sonderbedingungen so etwas wie Zielstrebigkeit und Kontinuität zugeschrieben werden können. Dazu kommt, daß das Verhältnis zu Ordnung und Sinn hier ein anderes ist. Denn während der Zufall das Rationale von außen durchkreuzt und stört, wirkt die Irrationalität des Triebhaften im Innern der vom Menschen zumindest versuchsweise sinnvoll geordneten Welt, es sei denn, man denke wieder an den Grenzfall des Verbrechens, das in der Extremform des Polizeiberichts ebenso wie der Unglücksfall als gewissermaßen äußerer Einbruch in eine sich intakt gebende Ordnung erscheint. Beim Zufall stößt die Ratio also auf eine objektive Barriere, und es bleibt ihr nichts, als den Stoß so geschickt wie möglich aufzufangen; vom Subjektiv-Anarchischen aus hingegen können die Ratio als sinnstiftende Ordnungsmacht und vor allem das, worin sie sich niederschlägt, die gesellschaftlichen Institutionen, grundsätzlich in Frage gestellt werden. Und da die Kurzerzählung auf das Sinnlose zielt, ist ihr die rationale Ordnung, in welcher Form sie sich auch immer präsentieren mag, von vornherein und prinzipiell fragwürdig, abgesehen, wie gesagt, von der Grenzmöglichkeit des unreflektierten Kriminalfalls, bei dem die Ordnung unbezweifelt bleibt.

Wie greift die Kurzerzählung hier zu? Wenn Sinn sich gesellschaftlich in zwischenmenschlichen Ordnungen niederschlägt, so garantieren diese ja an sich noch nicht Sinn, er muß vielmehr im Vollzug der Ordnung immer neu lebendig gemacht werden. Wo diese Aktualisierung ausbleibt, degeneriert das soziale Regelsystem zu einem Arsenal leerer Verhaltensformen. Die Kurzerzählung, auf das Sinnlose ausgerichtet, sieht die Ordnung entsprechend unter dem Aspekt dieser leeren Form. Und sie vermittelt diese Leere, indem sie die Ordnung als Deckmantel jener Kräfte darstellt, die ihr grundsätzlich entgegenwirken: der Gewalt und der Begierde. Es versteht sich, daß dies der weitaus häufigste Ansatz der Kurzerzählung ist, erweist er sich doch als literarisch viel ergiebiger als die Präsentation von Unglücksfällen und Verbrechen im schlichten Kontrast

pflegte. Aber sie schweigt. Der Diener kann jedoch einen Blick auf ihr Gesicht werfen, er reitet zu seinem Herrn und sagt ihm, daß der Mönch seine Frau wegführe. Der will es nicht glauben, da reitet der Diener zurück, um sich zu vergewissern, und wird gleich auch noch umgebracht. Nun überwältigt der Edelmann den vierfachen Mörder, man stellt ihn vor Gericht, wobei herauskommt, daß das Kloster voll ist von Frauen, die auf diese Weise geraubt worden sind. Sie werden befreit, und dann verbrennt man das Kloster mitsamt den Mönchen. – Hier wird also das an sich narrativ wenig ergiebige Verbrechen durch besondere Infamie, durch Psychoterror und durch mörderische Überbietung literarisch attraktiv gemacht. Doch hat dieses Verfahren selbstverständlich eine Grenze, an der es im Übermaß der Blutrünstigkeit versackt.

zu einer im Prinzip unangetastet geordneten Welt. Die besonderen narrativen Möglichkeiten ergeben sich daraus, daß, anders als bei der bloßen Untat, auf die die intakte Ordnung mit Sanktionen reagiert und sie damit erledigt, keine positive Instanz da ist, von der aus ein Sinn hergestellt oder wiederhergestellt werden könnte. Die Replik bleibt somit in bestimmter Weise im Negativen stecken, um gerade dabei ihren zwiespältigen literarischen Reiz zu entfalten.

Ich gebe drei Beispiele. Sie stammen aus dem 11., dem 13. und dem 15. Jahrhundert und demonstrieren damit, wie zeitunabhängig dieser Zugriff sich darstellt, oder vorsichtiger gesagt, in einem wie weiten Zeitraum er zu belegen ist.

Zunächst der ›Modus Liebinc‹ aus der Cambridger Liederhandschrift:[25] Eine Frau vergnügt sich bei einer längeren Abwesenheit ihres Mannes anderweitig. Sie bekommt ein Kind. Als der Mann zurückkehrt, erklärt sie ihm, sie habe einmal, als sie Durst hatte, Schnee gegessen und sei davon schwanger geworden. Als das Kind herangewachsen ist, nimmt es der Mann auf eine Reise mit und verkauft es in die Sklaverei. Seiner Frau erklärt er hinterher, das Schneekind sei in der wärmeren Sonne des Südens geschmolzen.

Die Erzählung geht von einem mit einer Lüge kaschierten Ehebruch aus. Der Mann akzeptiert das scheinbar, beseitigt später aber das Bastardkind, um dann seinerseits eine Lüge zu präsentieren. Er zeigt damit, daß er den Sachverhalt durchschaut hat, aber es kommt auch bei dieser zweiten Lüge nicht zum Gespräch und Geständnis. Die Wahrheit ist zwar beiden jeweils bewußt, aber sie schweigen beide und leben mit der Lüge weiter. Die Ehe bleibt damit, was sie schon zu Beginn war: eine Scheinordnung, eine verlogen-leere Form.

Im Prinzip entsprechend verläuft die Handlung in des Strickers ›Der Gevatterin Rat‹.[26] Eine Ehe hat sich im Laufe der Jahre verbraucht. Der Mann findet seine Frau unerträglich, er möchte sie am liebsten los sein. Da wendet die Frau sich an eine kluge Gevatterin, und diese setzt nun ein kunstvolles Täuschungsmanöver in Szene. Es wird so getan, als ob die Frau gestorben sei, und der Mann hatte sie dermaßen satt, daß er nichteinmal bei dem fingierten Begräbnis erscheint. Indessen wird die Frau von der Gevatterin gepflegt und herausgeputzt, und dies so gründlich, daß der Ehemann sie, als sie ihm als Unbekannte vorgestellt wird, nicht nur nicht wiedererkennt, sondern sich Hals über Kopf in sie verliebt. Und er erreicht es, daß sie ihm ihre Gunst gewährt, und er kann nicht genug davon bekommen – er fällt ins andere Extrem –, bis schließlich die Wahrheit enthüllt wird, die ihn zum Gespött macht und ihn dazu zwingt, seine Frau künftig besser zu behandeln.

---

[25] FSt, Nr. 113 u. 114. Die Varianten bei Ziegeler, Erzählen (Anm. 2), S. 188ff.; vgl. ferner Peter Dronke, The rise of the medieval fabliau: Latin and vernacular evidence, Roman.Forsch. 85 (1973), S. 275–297.

[26] FSt, Nr. 127i.

Am Anfang steht wieder eine Ehe als entleerte zwischenmenschliche Ordnung. Die Beziehung zwischen den Ehegatten ist soweit zerstört, daß der Mann der Frau den Tod wünscht. Darauf folgt als Gegenaktion ein Täuschungsmanöver, durch das sie ihm wieder so begehrenswert gemacht wird, wie sie es wohl schon einmal war. Hier wird nun – anders als im ›Schneekind‹ – sowohl zu Beginn wie am Ende die Wahrheit offengelegt, aber die Ehe wird damit nur scheinbar wieder in Ordnung gebracht. Der Mann hat sich nicht etwa gewandelt, er hat sich nur blamiert, und er muß nun mit dieser Blamage leben.[27]

Als drittes Beispiel ›Die Wiedervergeltung‹ von Hans Folz: Ein Mann kommt, als seine Frau mit einem Liebhaber beisammen ist, unerwartet nach Hause. Der Ehebrecher versteckt sich eilig in einer Truhe. Der Mann hat dies aber beobachtet, er holt die Frau des andern herbei und stellt sie vor die Wahl, sich ihm entweder auf der betreffenden Truhe hinzugeben oder aber ihren Mann nicht mehr lebend zu sehen. Da auch der Eingesperrte die Zögernde anfleht, ihm das Leben zu retten, tut sie es, wobei auch die ehebrecherische Frau gezwungen wird, Zeugin des Vergeltungsaktes zu sein.[28]

Der Ausgangspunkt ist wie im ›Schneekind‹ eine durch den Ehebruch der Frau zerstörte Gemeinschaft. Der Ehemann, als er dies entdeckt, reagiert in der Weise, daß er die Frau des Ehebrechers mit dessen Einverständnis zum Ehebruch zwingt. Am Ende wird man mit zwei geschändeten Ehen entlassen.

Alle drei Kurzerzählungen folgen offensichtlich derselben Handlungs-›Logik‹: die Ausgangssituation ist eine Ehe, die sich als leere Form enthüllt, indem einer der beiden Partner sich anderweitiger Lust oder dem Haß überläßt. Die Antwort des dadurch diffamierten Ehegatten besteht in einem Begierde- oder Gewaltakt, der den ersten in seinem Raffinement und/oder seiner Brutalität überbietet. Es versteht sich von selbst, daß die damit wechselseitig zerstörte Ordnung der Ehe nicht wieder geheilt und erneuert werden kann. Die Replik, der das Hauptinteresse der Erzählung gilt, genügt offenbar sich selbst. Die Beteiligten verwandeln sich nicht, sondern sie leben mit der leeren Form, und das heißt in harter oder resignierter Ernüchterung weiter.

---

[27] Die an sich treffliche Interpretation von Hedda Ragotzky, Gattungserneuerung und Laienunterweisung in Texten des Strickers, Tübingen 1981 (Studien und Texte zur Sozialgeschichte der Literatur 1), S. 104ff., richtet ihren Blick auf das Normensystem, von dem aus die Figuren und ihre Rollen kritisch vorgeführt werden, aber sie bleibt in bestimmter Hinsicht blind für die Tatsache, daß der Erkenntnisprozeß auf der Erzählebene mißlingt. Man darf nicht von vornherein die Narratio als Negativfolie für die Lehre sehen, sondern es ist zunächst festzuhalten, daß die Erzählung von den ihr mitgegebenen Bedingungen her scheitert. Ob sie im konkreten Fall dann um der Moral willen scheitern darf oder soll, ist erst die zweite Frage.

[28] FSt, Nr. 30s.

Hier wird also mit aller nur wünschenswerten Klarheit demonstriert, daß die Kurzerzählung von ihren spezifischen narrativen Bedingungen her keinen Sinn zu stiften vermag. Sie visiert die Sinnlosigkeit – in diesen Fällen konkret: die leer gewordene Ehe – an, sie setzt dann eine Aktion dagegen, die sich aus jenen Kräften speist, die schon die Ausgangssituation beherrschten: Brutalität und Lust, um den Ordnungsbruch des Anfangs noch zu übertrumpfen.

Wenn die Repliken in den genannten drei Erzählungen es aber noch vermögen, wenigstens die leer gewordene Ordnung zu perpetuieren, so führen sie in andern Fällen offen ins Chaos hinein. Ein Musterbeispiel dafür ist das ›Nonnenturnier‹.[29] Die Grundsituation ist das rücksichtslos menschenverachtende Verhalten eines Galans. Die mißbrauchte Dame rächt sich dadurch, daß sie ihm rät, sich sein Geschlechtsteil abzuschneiden, weil er ohne das häßliche Ding bei den Frauen noch größeren Gefallen finden würde. Daraufhin verstümmelt er sich, wobei sich der Penis selbständig macht und ein ganzes Nonnenkloster in Aufruhr bringt, so daß die lüsternen Klosterfrauen schließlich gegeneinander zum Kampf um ihn antreten. Die Replik auf eine entleerte erotische Beziehung besteht hier in der Kastration einerseits und in einer völlig abgelösten Sexualität – versinnbildlicht durch den wandernden Penis – anderseits, und am Ende bleibt nichts als Beschämung und Frustration.

Hier bricht also die Welt in der Replik auf einen primären Ordnungsverstoß hin chaotisch auseinander. Das ist die letzte Konsequenz dieses narrativen Ansatzes. Allgemein aber läßt sich hieran wie an den drei zuvor besprochenen Beispielen folgendes ablesen: Dadurch, daß die Kurzerzählung ohne sinnstiftende Vorgaben auf die Erfahrung des Sinnlos-Negativen zugeht, vermag sie dieses nicht zu überwinden oder zu integrieren, das Negative zu Beginn liefert vielmehr die Lizenz, es in der Gegenaktion noch zu überbieten. Vielleicht, daß es gelingt, die Replik in der Weise zu pointieren, daß im Spiel der Lügen die Wahrheit für einen Augenblick aufleuchtet, und dann kann man sogar lachen, und dieses Lachen bedeutet möglicherweise – d.h., wenn es nicht nur aggressiv-vernichtend ist – eine Befreiung, aber es trägt nicht, es zeugt bestenfalls von einem momentanen Durchblick auf einen Sinn, der verloren gegangen ist, wobei man wohl sagen muß, daß der Sinn selbst als verlorener gewissermaßen doch noch die Bedingung für das Sich-Einlassen auf das Sinnlose darstellt. Aber man sollte – um es nocheinmal zu sagen – nicht grundsätzlich das indirekte Ziel in der Evokation jener Werte sehen, die die Kurzerzählung verneint. Eine möglicherweise Sinn supplettierende Reaktion des Publikums ist, wenn sie nicht durch eine beigegebene Moral mehr oder weniger ernsthaft gesteuert wird, kaum zugänglich, und der Reiz dieser Geschichten geht, je besser sie sind, d.h., je mehr sie ihre eigenen erzählerischen Möglichkeiten auskosten, um so weniger in irgendeiner insinuierten oder denkbaren Moral auf.

---

[29] FSt, Nr. 93.

Damit aber stellt sich sehr dringlich die prekäre Frage nach dem Verhältnis zwischen dem wesentlich Amoralischen dieser Erzählungen und dem ungemeinen Vergnügen, das sie offenbar trotzdem bieten können, oder pointierter gesagt: die Frage nach dem narrativen Sinn des Sinnlosen quer zu aller denkbaren Rehabilitierung eines wie immer vermittelten Horizonts von Werten.

V.

Zunächst ist jedoch noch auf eine weitere Komponente in diesem literarischen Spiel mit der Sinnlosigkeit aufmerksam zu machen, nämlich auf die Rolle des Intellekts. Die menschliche Vernunft, ja schon der pragmatische Verstand fungieren, wenn es darum geht, durch die Institution sozialer Formen Sinn zu stiften, als leitende ordnunggebende Instanzen. Denn die Ratio ist nicht nur die Gegenspielerin des Zufalls, sondern es ist ihre genuine Aufgabe, das Sinnlose jeder Art zu bewältigen oder wenigstens in Schranken zu halten, das Irrationale zu bändigen oder zumindest zu überspielen, letztlich: ein Regelgefüge zu entwerfen, das ein durchschaubar-sinnvolles gesellschaftliches Leben auf allen Ebenen ermöglicht.

Wenn die Kurzerzählung von ihren Voraussetzungen her keine Handhabe besitzt, Sinn zu konstituieren, so wird der Intellekt sozusagen von seiner ihm eigenen Verpflichtung der Ordnung gegenüber entbunden; er steht nun jenen Mächten zur Verfügung, die das Geschehen in der Kurzerzählung beherrschen, in erster Linie also der Gewalt und der Begierde. Die Ratio tritt damit in den Dienst des Irrationalen; der Geist, seiner Natur nach dazu berufen, Ordnung zu stiften, wird zum Ingenium des Anarchischen, zum Mittel einer wohl geplanten Zerstörung der Ordnung. Die Lizenz dazu holt er sich aus der Ausgangssituation, durch die die Ordnung von Anfang an negiert erscheint, d.h. narrativ-konkret: der Intellekt entfaltet seine Fähigkeiten vor allem im Rahmen der Replik auf die Ausgangssituation, er wird zum Motor des lizenziert Negativen. Dabei gilt: Je kunstvoller der Intellekt diese Replik inszeniert, um so mehr wird der lizenzierte Durchbruch durch die Ordnung auch zu einem intellektuellen Vergnügen. Hier liegen die spezifischen narrativen Chancen der Kurzerzählung: ihr Reiz wächst in dem Maße, in dem sich die elementare Lust an der Sinnlichkeit und an der Gewalt in eine Lust an der Ingeniosität verwandelt, mit der der Sinnlichkeit und der Gewalt der Weg bereitet wird. Eine Zerstörung der Ordnung also, die doch geordnet vor sich geht – aus diesem Widerspruch dürfte das spezifische, über mehrere Register spielende Vergnügen an diesem Erzählen fließen.

Wenn der menschliche Geist zwar Ordnungen entwerfen und den Weg zu ihrer Verwirklichung weisen kann, aber keine Gewähr bietet, daß sie tatsächlich mit lebendigem Sinn erfüllt werden, so gibt es eine Macht, die eine solche Erfüllung grundsätzlich verunmöglicht: die Gegenmacht zur Vernunft, die Dummheit. Wo Dummheit herrscht, wird alle Ordnung zur leeren Form. Dummheit ist deshalb in der Kurzerzählung grundsätzlich ein Verstoß gegen den lebendigen Sinn, sie lizenziert von vornherein jeden Akt, der sie entlarvt, indem er jenen Kräften Raum gibt, die in ihrer anarchischen Ordnungswidrigkeit jedenfalls alles andere als tot sind: der Gewalt und der Begierde, und dies nun gerade im Zusammenspiel mit dem Widerpart, dem Intellekt. Unzählig sind die Kurzgeschichten, in denen allein die schlichte Dummheit oder auch nur dümmliche Unerfahrenheit mehr oder weniger geistvolle Betrugsspiele anstoßen und legitimieren. Die Ratio im Dienst des Irrationalen besitzt gegenüber der Universalität der Dummheit sozusagen eine Generallizenz. Sie geht so weit, daß sie schon angesichts der bloßen Möglichkeit, daß einer weniger klug sein könnte als ein anderer, eine Erprobung rechtfertigt. Das führt zum antagonistischen Betrugswettkampf, bei dem sich das ingeniös-derbe Spiel letztlich von dem Boden löst, in dem es ursprünglich gründete, vom Replizieren auf Dummheit, und zum artistischen Selbstzweck wird.[30]

Im übrigen läßt sich das Verfahren auch sozusagen auf den Kopf stellen, wenn man es nämlich dem scheinbar Dummen erlaubt, den scheinbar Intelligenten zu besiegen. Das widerspricht nicht etwa meinem Ansatz, es ist diese Volte vielmehr von der Verbindung des Intellekts mit dem Anarchisch-Irrationalen her unmittelbar einsichtig zu machen. Denn wenn diese Rückkoppelung aufgegeben wird, kann der Bereich des rein Intellektuellen wiederum als unlebendig-leere Ordnung erscheinen. Dies ruft den witzigen Kurzschluß zwischen dem Verstand und der Triebsphäre auf den Plan, vor dem die Ratio als nur sich selbst verpflichtetes und damit leer laufendes Prinzip kapituliert.[31] Man kann geradezu sagen, die Allianz von Intellekt und Trieb sei das Signum einer Welt, die keine Sinnmitte besitzt; so wird über dem Abgrund der seelischen Leere die Brücke geschlagen zwischen dem Höchsten und dem Niedrigsten.

---

[30] Musterbeispiele sind ›Die drei listigen Frauen‹ in ihren zahlreichen Varianten – vgl. Raas (Anm. 3) – und Rosenplüts männliches Gegenstück dazu: ›Der Wettstreit der drei Liebhaber‹ (FSt, Nr. 36, 30f, 67e, bzw. 105k).

[31] Hierhin gehören z.B. die Salomon-Markolf-Dialoge. Siehe dazu Michael Curschmann, Marcolfus deutsch, in diesem Band, S. 151–255.

VI.

Damit ist auch der Spielraum skizziert, in dem die Entfaltungsmöglichkeiten der Kurzerzählung liegen, nämlich in der verschiedenartigen und mehr oder weniger komplexen Kombination der sie konstituierenden vier Grundelemente: Zufall, Gewalt, Lust und Intellekt. Die einfachste Form ist – abgesehen von der Schwundstufe des bloßen Berichts über Unglücksfälle und Verbrechen – der oben beschriebene Typus der lizenziert ins Lustvoll-Brutale ausgespielten Replik auf eine brüchig, leer oder verlogen erscheinende Ordnung. Von dieser Grundform aus öffnen sich im Prinzip zwei Möglichkeiten zur erzählerischen Weiterentwicklung, zum einen die Addition zur Serie und zum andern eine Kombination im Sinne einer mehrstufig-komplexen Handlung. Die kunstvollsten Kurzerzählungen aber ergeben sich aus der einfallsreichen Verbindung des additiven und des komplex-kombinatorischen Verfahrens.

Zunächst zur seriellen Weiterentwicklung. Als Beispiel Rosenplüts ›Wolfsgrube‹.[32] Die Erzählung zeigt die typische Ausgangssituation der entehrten Ehe: Die Frau eines Edelmannes bestellt einen Pfaffen zu einem Schäferstündchen. Der Mann erfährt davon und läßt eine Wolfsgrube auf dem Weg ausheben, den der Liebhaber nehmen soll. Zunächst geht ein Wolf in die Falle, dann der Pfarrer, darauf eine Magd, die von der ungeduldigen Ehefrau ausgeschickt wird, um nach dem Liebhaber zu suchen, und am Ende die Frau selbst, die aus Angst, der Pfaffe könnte es mit der Magd treiben, die Burg verläßt. Der Mann ruft die Verwandten seiner Frau zusammen und zeigt ihnen den Fang. Die bitten für die Übeltäterin. So wird den Frauen verziehen, der Pfaffe aber wird kastriert und ein Hoden des Ehebrechers der Magd um den Hals und der andere der Gattin zur dauernd mahnenden Erinnerung über das Ehebett gehängt.

Der Witz der Serie wird erzählerisch dadurch ingeniös herausgeholt, daß der Herr und der Knecht die Geschehnisse beobachten und der Knecht schon, als der Wolf in die Grube fällt, und dann bei jedem weiteren Fall jeweils meint, nun sei das Ziel erreicht, während der Herr jedesmal sagt: ›Abwarten, wir haben noch nicht den ganzen Fang getan‹, bis schließlich auch die Ehefrau bei den übrigen landet. Dabei arbeitet die Serie mit dem kalkulierten Zufall. Die Falle ist auf den Zufall angewiesen, aber alle müssen – in Kettenreaktion – fallen, weil sie schon ›gefallen‹ sind; der Wolf vorweg fungiert als symbolischer Auftakt.

Demgegenüber eine Kombination anderer Art: Rosenplüts ›Fünfmal getöteter Pfarrer‹.[33] Hier ist der Zufall als Unglücksfall die ordnungsstörende Macht, der die Serie von Repliken auslöst:

[32] FSt, Nr. 105l.

[33] FSt, Nr. 105f.

Ein Schuster sticht einem Pfarrer, als er diesem einen Schuh flickt, aus Versehen eine Ader auf, so daß er verblutet. Er setzt den Toten wieder auf sein Pferd und führt ihn auf ein Haferfeld hinaus. Der Besitzer protestiert, und da der Pfarrer nicht antwortet, wirft er mit einem Stein nach ihm. Der Tote stürzt zu Boden, und der Mann glaubt, er habe ihn umgebracht. Er stellt ihn nun nachts an das Gatter seines Nachbarn, und der stößt ihn, als der Pfarrer ihm auf seinen Anruf den Weg nicht freigibt, mit dem Gatter um, und da auch er glaubt, daß er einen Mord begangen habe, schleppt er die Leiche heimlich ins Haus des Mesners, setzt ihn an den Teigtrog und stopft ihm den Mund mit Teig, so daß es aussieht, als ob er beim Teigessen erstickt sei. Die Mesnersleute schließlich kleiden die Leiche ins Meßgewand und stellen sie in der Kirche an den Altar. Als nun in der Frühe eine alte Frau ihm fromm das Gewand küßt, fällt der Tote um und erschlägt sie.

Viermal wiederholt sich hier dieselbe Situation: jemand ist für einen Totschlag verantwortlich oder glaubt es zu sein, und jedesmal versucht man, die Leiche loszuwerden. Dabei sind gerade diejenigen, die sich wohl die geringsten Vorwürfe zu machen brauchen, die Mesnersleute, am Schlußcoup schuld, bei dem es nochmals zu einem tatsächlichen Totschlag kommt. Schuld und Unschuld, Zufall und Kalkül sind hier in ihrer Verkettung dermaßen verquickt, daß der Kampf gegen den Zufall als Unfall, auf der einen Seite und insgesamt gesehen, als abstrus-hoffnungsloses Unterfangen erscheint, auf der andern aber könnte man, weil jedem einzelnen die persönliche Aktion doch gelingt, über den Sieg des Intellekts vergnügt sein, wenn dieser Sieg – abgesehen vom Akt des Schusters – nicht zugleich im Grunde ganz überflüssig wäre. Der Zufall überspielt also nicht nur immer wieder neu das Kalkül, sondern gerade das Kalkül schiebt den Zufall immer weiter, bis er schließlich sozusagen die Gelegenheit bekommt zur letzten Mordtat. Die rationale Replik auf den Zufall zeugt also das Irrational-Zufällige fort. Dabei liegt der Witz der Zufallsserie darin, daß sie gerade durch die erfolgreiche und doch scheinbare, weil unnötige Überlegenheit der Ratio zustande kommt. Und wenn am Ende der Tote zuschlägt, gehört nach dem mehrmaligen Wechselspiel dem Zufall, dem Sinnlosen, konsequent der abschließende Zug. Die Replik liefert sich auch hier wie immer letztlich jener Macht aus, mit deren Hilfe sie gegen eben diese Macht angeht.

Was nunmehr die Komplexität mithilfe einer gestuften Replik betrifft, so kann sie auf sehr unterschiedliche Weise erreicht werden und dabei höchst kunstreiche Formen annehmen. Das Verfahren läßt sich im Prinzip aber an einem relativ einfachen Fall wie des Kaufringers ›Chorherr und Schusterin‹[34] gut demonstrieren:

[34] FSt, Nr. 67c.

Eine Schusterin betrügt ihren sehr dummen Mann mit einem Chorherrn. Als sie einmal mit dem Liebhaber, durch ein Tuch abgeschirmt, in einem Zuber badet und ihr Mann hereinkommt, ruft sie ihm zu, er solle herschauen, sie habe gerade ihren nackten Buhlen bei sich. Er glaubt's nicht. Da schwört sie, daß sie die Wahrheit sage. Doch als er schließlich das Tuch beiseite schiebt, spritzt sie ihm Wasser in die Augen, so daß er alles für Spaß hält und abzieht.

Soweit hat man jenen simplen Typ vor sich, bei dem die Dummheit eines Ehepartners den Ehebruch als Replik herausfordert. Doch nun wendet sich die Erzählung dem Chorherrn zu, den die freche Provokation in schwitzende Angst versetzt hat. Als die Schusterin einmal bei ihm liegt, läßt er ihren Mann kommen und verlangt von ihm, daß er seiner Geliebten, die bis auf einen Fuß zugedeckt ist, Schuhe anmessen soll. Der Schuster ist verblüfft, denn er meint den zierlichen Fuß seiner Frau vor sich zu sehen. Während er hinterher noch bewirtet wird, begibt sich die Schusterin aber eilig nach Hause, so daß er sie brav beim Spinnen findet, als er zurückkehrt. Er eröffnet ihr, daß er sie, als er am Fuß der Geliebten des Chorherrn das Maß nehmen mußte, fälschlich der Untreue verdächtigt habe, worauf sie zornig tut und er sich gezwungen sieht, sie um Verzeihung zu bitten.

Die gestufte Replik entwickelt sich hier also daraus, daß der durch die Dummheit des Ehemanns lizenzierte Betrugsakt zugleich zu einer Bedrohung für den Partner wird. So verlangt die in der Replik implizierte Provokation auf einer zweiten Stufe eine Wiederholung unter gewendeten Vorzeichen. Es ist also sozusagen das provokative Potential im lizenzierten Durchbruch durch die Ordnung, das das Geschehen weitertreibt, denn wenn der Durchbruch zu neuen zwischenmenschlichen Beziehungen führt, so sind diese selbstverständlich nicht stabil, vielmehr von vornherein unterminiert und können damit Anlaß geben zu weiterer Komplikation.

Die Entwicklungsmöglichkeiten der Kurzerzählung beruhen also in der Addition, Variation und Verschränkung ihrer Grundelemente. Es handelt sich um eine kombinatorische Kunst, die einerseits immer wieder auf die einfachen, kruden Formen zurückfallen, anderseits zu immer komplexeren Gebilden von höherem und frecherem Reiz fortschreiten kann. Dabei vermag sie insbesondere aus der Wiederholung ihre köstlichen komischen oder auch makabren Effekte zu beziehen. Man denke – über die eben gegebenen Beispiele hinaus – etwa daran, wie in des Kaufringers ›Unschuldiger Mörderin‹ ein Mord den nächsten zeugt und überbietet[35] oder wie in den ›Mönchen von Kolmar‹ drei Mönche hintereinander eine Beichtende erpressen wollen, wie dann einer nach dem andern umgebracht wird und wie's schließlich bei der Bemühung, die drei Ermordeten möglichst kostensparend zu entsorgen, einen vierten, lebenden

---

[35] FSt, Nr. 67i.

erwischt.[36] Eine literarische Welt, die sich nur dadurch entfalten kann, daß man den Zufall, die Lust und die Gewalt addiert oder kombiniert, wird bei diesem Verfahren notwendigerweise komisch oder grausig oder beides zugleich. Hier faßt man die spezifischen künstlerischen Chancen der Kurzerzählung, zugleich werden aber auch die Grenzen sehr deutlich sichtbar, die ihr gesetzt sind.

VII.

In der Kurzerzählung genügt, wie gezeigt, die Replik im Prinzip sich selbst. Es kann sich aus ihr unmittelbar keine neue oder erneuerte Ordnung ergeben. Das Ende ist deshalb entweder die gewaltsam wiederhergestellte nur äußere, also leere Ordnung oder die Bewahrung des Scheins bei sich fortsetzendem Betrug. Dieser Feststellung widerspricht nun offenkundig, daß es eine große Zahl von Kurzerzählungen gibt, bei denen es schließlich doch zur Offenbarung der Wahrheit, zu Reue, Verzeihung und Versöhnung kommt.

Als Beispiel des Kaufringers ›Zurückgegebener Minnelohn‹:[37] Ein Edelmann gerät zufällig nachts in einen Garten, wo eine Dame auf ihren Liebhaber wartet. In der Dunkelheit gibt sie sich dem Fremden hin, um dann erschreckt festzustellen, daß es der falsche Mann ist. Auf seinem weiteren Weg trifft der so Beglückte auf einen alten Ritter, der zu einem Turnier zieht und dem er sich anschließt. In der Herberge erzählt er diesem sein Abenteuer im Garten, wobei dem Alten aufgeht, daß es sich um seine eigene Frau handelt. Er lädt den Edelmann zu sich auf seine Burg ein und versetzt damit sowohl ihn wie seine Gattin in höchste Angst. Doch mit einer großmütigen Geste verzeiht er den beiden.

Es gibt im ›Zurückgegebenen Minnelohn‹ und entsprechenden positiv endenden Kurzerzählungen keine innere Logik, die den versöhnlichen Schluß verlangte. Man könnte sich an seiner Stelle genauso gut einen harten Strafakt denken. Und er ist im psychischen Terror der abgründigen Einladung ja auch hier zumindest angesetzt. Geständnis, Großmut und Gnade sind bei der Kurzerzählung somit als Ende narrativ möglich, aber ein solcher versöhnlicher Schluß ist prinzipiell austauschbar. Er ist ein Versatzstück von außen, ein Element aus einer Wertsphäre, die quer zur Welt der Kurzerzählung steht. Man muß aus der ihr eigentümlichen subversiven Perspektive austreten, um diese Wende zu einer positiven Sinngebung zu bewerkstelligen. Daß diese Möglichkeit besteht, ist durchaus einsichtig zu machen. Denn da die Kurzerzählung keine Gattungsregularitäten kennt, hindert sie auch nichts daran, sich selbst zu

---

[36] FSt, Nr. 12

[37] FSt, Nr. 67g.

verleugnen und willkürlich sinnstiftende Schlußmotive in ihre an sich sinnverneinende Erzählstrategie hereinzuholen.

Vergleicht man den Schluß des ›Zurückgegebenen Minnelohns‹ mit jenem der ›Wolfsgrube‹, so kann man sich wohl eine Reihe von Zwischenmöglichkeiten zwischen der Wiederherstellung der formalen Ordnung durch brutalen Zwang und der echten Erneuerung der ehelichen Beziehung denken. Das jeweils genaue Verhältnis von Nötigung und Einsicht ist schwer zu bestimmen – wie weit beruht die ›Versöhnung‹ in des Kaufringers Erzählung darauf, daß die Ehebrecher ausweglos in die Enge getrieben sind? Die Schwierigkeit entsteht dadurch, daß die Kurzerzählung es nur sehr bedingt vermag, eine positive Wende wirklich glaubhaft zu machen. Denn da sie aus der Spannung zwischen Zufall oder Trieb und Intellekt lebt, fehlt ihr eine Innerlichkeit, in der sich eine Wandlung vollziehen und von der her sie sich narrativ zum Ausdruck bringen ließe. Während das Negative seine immanente Logik hat, kann man das Positive immer nur setzen, und es bleibt dem Zuhörer oder Leser überlassen, es für bare Münze zu nehmen oder es nur als ein Übertünchen einer im Grunde unheilbaren Situation aufzufassen. Glaubhafte Positivität ist da noch am ehesten zu erreichen, wo die Zerstörung der Ordnung durch bloß äußere Zufälligkeiten geschieht. Hier besteht über die glückliche Aufklärung der unglücklichen Verkettung von Umständen die Möglichkeit zu einer überzeugenden Bereinigung, da Innerlichkeit dabei ja nicht tangiert ist – man denke etwa an des Strickers ›Nackten Boten‹.[38] Aber auch hier bleibt die positive Wendung reine Willkür; die durch den Ordnungsverstoß provozierte Replik könnte – wie anderweitig – genauso gut in die Katastrophe führen.

Die Kurzerzählung, die den Bedingungen, unter denen sie antritt, treu bleibt, kann also nur in einer Form von Negativität – Resignation, Zusammenbruch, Chaos, Zynismus usw. – enden. Da es aber zu diesen Bedingungen auch gehört, daß sie sich nicht treu bleiben muß, ist es ihr genauso gut möglich, ein Happy-End – Sieg des Guten, Großmut, Verzeihung, Versöhnung – zu setzen. Aber der negative Schluß überzeugt in der Regel allemal mehr als der positive, und dies zeigt sich um so deutlicher, je rückhaltloser die Replik vom lizenzierten Ordnungsbruch her ausgespielt wird; man denke z.B. an den prekären Verzeihungsakt in des Kaufringers ›Unschuldiger Mörderin‹.

[38] FSt, Nr. 127a.

VIII.

Während die These von der konstitutionellen Sinnlosigkeit der Kurzerzählung m.E. so wenig von einem willkürlich positiven Schluß wie von einer ihr auktorial oktroyierten Lehre in Frage gestellt werden kann, ist ein anderer Einwand sehr viel ernster zu nehmen. Man kann nämlich dagegen halten, daß zwar ein gattungsfreies Erzählen keine Sinnvorgaben mitbringe, daß dies aber kein Hinderungsgrund zu sein brauche, trotzdem Sinn zu entwerfen, denn es gebe auch anderweitig Erzählungen, die nicht gattungsmäßig festgelegt seien und denen es doch gelinge, narrativ Sinn zu stiften – man denke etwa an gewissermaßen experimentelle deutschsprachige Frühformen wie das ›Ludwigslied‹ oder das ›Annolied‹. Doch gerade diese Fälle machen das dabei praktizierte Verfahren durchsichtig: man holt sich nämlich die sinntragenden Muster aus den etablierten Gattungen; in den genannten Beispielen etwa sind es typologische, legendarische oder geschichtsmetaphysische Darstellungsformen.[39] Entsprechend kann denn auch die Kurzerzählung bei anderen Gattungen strukturelle Anleihen machen und mit deren Hilfe von Fall zu Fall Lösungen entwickeln, die die Negativität ihres Ansatzes zurücklassen.

Ein eindrucksvolles Beispiel bietet Boccaccios ›Griselda‹ (Dek. X,10). Hier wird der üblen Behandlung, die eine Frau von ihrem Mann erfährt, ein Legendenschema unterlegt und damit versucht, den Leidensweg der Ehegattin als quasireligiöse Prüfung darzustellen. Da aber eine Instanz fehlt, die wie in der Legende alles Negative schadlos aufzuheben vermöchte, muß der Ehemann in diese Funktion eintreten. Doch eine menschliche Figur in der Rolle der Vorsehung ist natürlich überfordert, und so kommt es zu jenem harten inneren Widerspruch, der diese Erzählung bekanntlich höchst provokativ erscheinen läßt und damit zu immer neuen Bearbeitungen und Lösungsversuchen Anlaß gegeben hat.[40]

Relativ häufig werden Sinnanleihen beim höfischen Roman gemacht. Die Erzählung vom gegessenen Herzen z.B. ist ursprünglich nichts anderes als eine grausame Rachegeschichte für einen tatsächlichen oder drohenden Ehebruch:

---

[39] Vgl. zu den sinnstiftenden Schemata im Ludwigslied: Elisabeth Berg, Das Ludwigslied und die Schlacht bei Saucourt, Rheinische Vierteljahrsblätter 29 (1964), S. 175–199; Max Wehrli, Gattungsgeschichtliche Betrachtungen zum Ludwigslied, in: Philologia Deutsch (FS Walter Henzen), Bern 1965, S. 9–20, wieder in: Max Wehrli, Formen mittelalterlicher Erzählung. Aufsätze, Zürich/Freiburg i. Br. 1969, S. 73–86; Trude Ehlert, Literatur und Wirklichkeit – Exegese und Politik. Zur Deutung des Ludwigsliedes, Saeculum 32 (1981), S. 31–42, – im Annolied: Walter Haug, Literaturtheorie im deutschen Mittelalter. Von den Anfängen bis zum Ende des 13. Jahrhunderts. Eine Einführung, Darmstadt 1985, S. 60–66.

[40] Vgl. Christa Bertelsmeier-Kierst, ›Griseldis‹ in Deutschland. Studien zu Steinhöwel und Arigo, Heidelberg 1988 (GRM Beih. 8).

der Gatte tötet den Geliebten seiner Frau und setzt ihr dessen wohlzubereitetes Herz als Speise vor. Als er ihr dies hinterher eröffnet, stirbt sie dem Geliebten nach. – Im Laufe der literarischen Tradition versucht man, den Tod der Liebenden nach der Sinnidee des höfischen Liebesromans zu verklären; der rächende Ehemann wird bis zu einem gewissen Grad entlastet; ja er wird zu einer Hilfsfigur für den Vollzug des Liebesmysteriums, und bei Konrad von Würzburg erscheint er schließlich geradezu als Sprachrohr des Dichters.[41]

Eine ähnliche Verklärung der Ehebruchskatastrophe bietet die ›Frauentreue‹.[42] Hier wird der Ehemann in noch auffälligerer Weise zum ungewollten Helfer bei der Erfüllung der außerehelichen Beziehung im Liebestod.[43]

Es läßt sich gerade an diesen drei Beispielen sehr deutlich machen, in welchem Maße solche Anleihen bei Sinnstrukturen anderer Gattungen die Kurzerzählmechanik von Ordnungsverstoß und Replik aufzulösen und deren ›Logik‹ so grundlegend zu überformen vermögen, daß davon schließlich nur noch Ungereimtheiten als Reste stehen bleiben.

Davon zu unterscheiden sind selbstverständlich Digest-Formen von Großerzählungen, die hier aber unberücksichtigt bleiben können, denn es handelt sich dabei ja nur äußerlich-umfangmäßig um Kurzerzählungen; sie bleiben den strukturellen Bedingungen der Großform verpflichtet, von der sie herstammen. Man denke etwa an Kurzfassungen von Stoffen aus dem Bereich der hellenistischen Romantradition wie den ›Bussard‹.[44] Und schließlich darf nicht übersehen werden, daß verschiedene Märchentypen, indem sie ihre ›märchenhaften‹ Elemente abstreifen, sich als Kurzerzählungen präsentieren können. Es handelt sich in erster Linie um jene Typen, in denen kluge Helden mit glücklicher Hand schwierige Aufgaben bewältigen oder undurchsichtige Situationen aufklären oder auch nur durch gescheite Antworten sich oder andere aus gefährlicher Lage befreien. Dabei kann die Erzählung durchaus von einer typischen Kurzerzählsituation ausgehen, wie etwa ›Kaiser Lucius' Tochter‹, wo die Heldin ihren Geliebten, nachdem sie ihn zunächst betrügerisch in Schwierigkeiten brachte, durch eine kluge Verteidigung vor Gericht (Motiv vom Pfund Fleisch) rettet.[45] Im Grunde ist eine dem Märchen entfremdete Märchenhand-

[41] FSt, Nr. 73b. Die wichtigsten Studien, die diese literarische Verwandlung veranschaulichen: John E. Matzke, The legend of the eaten heart, MLN 26 (1911), S. 1–8; Henri Hauvette, La 39e nouvelle du Décaméron et la légende du ›cœur mangé‹, Romania 41 (1912), S. 184–205; Hans-Jörg Neuschäfer, Die ›Herzmäre‹ in der altprovenzalischen Vida und in der Novelle Boccaccios. Ein Vergleich zweier Erzählstrukturen, Poetica 2 (1968), S. 38–47; Burghart Wachinger, Zur Rezeption Gottfrieds von Straßburg im 13. Jahrhundert, in: Deutsche Literatur des späten Mittelalters. Hamburger Colloquium 1973, Berlin 1975, S. 56–82, hier S. 71–76.

[42] FSt, Nr. 38.

[43] Siehe die grundlegende Studie von Kurt Ruh, Zur Motivik und Interpretation der ›Frauentreue‹, PBB Tüb. 95, Sonderheft (FS Ingeborg Schröbler), Tübingen 1973, S. 258–272.

[44] FSt, Nr. 18.

[45] FSt, Nr. 66. ›Kaiser Lucius' Tochter‹ ist im Fischerschen Corpus eher ein Einzelfall, doch findet

lung ein ebenso illegitim-ordentliches Kind in der ungezogenen Familie der Kurzerzählungen wie die Abkömmlinge von Großformen.[46]

IX.

Im Rahmen jeder literarischen Gattung besteht im Prinzip die Möglichkeit, ihre Bedingungen zu reflektieren und sie damit zu übersteigen. Es ist zu fragen, ob dies auch für die Nicht-Gattung der Kurzerzählung Geltung hat. Es müßte dies bedeuten, daß der Erzähler ihre konstitutionelle Sinnlosigkeit erfaßt und nun nicht nur in bloßer Willkür ein positives Schlußmotiv setzt, sondern den Handlungsablauf so steuert, daß die Sinnlosigkeit programmatisch überwunden wird. Diese Möglichkeit dürfte überall dort realisiert sein, wo die Erzählung ihre Substanz einbüßen würde, wenn man versuchen wollte, den positiven Schluß gegen einen negativen zu vertauschen.

Als Beispiel der ›Ritter Alexander‹:[47] Ritter Alexander nennt die schönste Frau sein eigen. Doch da hört er, daß eine Kaufmannsfrau in London noch schöner sein solle. Er fährt nach England, und es gelingt ihm nicht nur, sie zu finden, sondern auch, in Abwesenheit ihres Mannes, ihre Liebe zu genießen. Doch bei der Rückkehr des Gatten werden sie verraten, ergriffen und ins Gefängnis gebracht. Indessen erfährt die Frau des Ritters, was vorgefallen ist, sie erscheint in London, besticht die Wächter, tauscht mit ihrem Mann die Kleider, so daß er entkommen kann, und als der angebliche Liebhaber dann vor Gericht gestellt wird, gibt sie vor, hergekommen zu sein – sicherheitshalber in Männerkleidern –, um zu prüfen, ob die andere Frau wirklich, wie man behauptet, schöner sei als sie. So rettet die Edelfrau ihren Mann; sie verzeiht ihm, er ist dankbar und will künftig treu bleiben.

Bei dieser Erzählung hat man es zwar in der gewohnten Weise mit einem Ehebruch und einer Replik zu tun, doch diese Replik ist nicht eine lizenzierte Überbietung des ersten Betrugs, sondern ein listiger Rettungsakt, der das Verfehlen heilt und zu einer handlungstechnisch konsequenten und damit glaubhaften Versöhnung führt. Der betrogene Partner übersteigt durch einen selbstlos-großmütigen Akt die Negativität der Ausgangssituation, und damit wird die übliche Mechanik von Ordnungsverstoß und an diesem orientierter Replik

sich eine Reihe von Belegen für diesen Typus etwa in der ›Disciplina clericalis‹ (insbes. die Exempel XX, XVI, XVII). Diese Grenzverwischung scheint vor allem für den Orient kennzeichnend zu sein.

[46] Die Entfremdung kann aber gelegentlich doch bis ins Unordentliche gehen; siehe z.B. das zur Burleske gewordene Märchen vom dreifachen Feengeschenk, Rychner (Anm. 15), Bd. II, S. 38–72; vgl. Hans Jörg Uther, Bijoux (Les b. indiscrets), in: EM, Bd. 2, 1979, Sp. 316–318.

[47] FSt, Nr. 102.

durchbrochen. Die positive Wendung ist hier ganz offenkundig nicht austauschbar, ohne daß die Erzählung in ihrer Substanz zerstört würde.

Es gibt also die Möglichkeit, über eine einem positiven Wertesystem verpflichtete Figur sozusagen aus den Bedingungen der Kurzerzählung auszusteigen und das der Negativität des Ansatzes verhaftete narrative Verfahren aus den Angeln zu heben. Oder für den konkreten Fall erzähltechnisch ausgedrückt: der die konstitutionelle Sinnlosigkeit überwindende Akt der Großmut und Versöhnung muß, um überzeugen zu können, schon in die Replik vorgezogen werden und diese entsprechend verwandeln. Anders als bei jenen Kurzerzählungen, die sich sinnstiftende Strukturen bei andern Gattungen ausleihen und so das eigene narrative Verfahren nur überformen und es dabei bald mehr verunklären und bald mehr problematisieren, wird hier dezidiert ein Gegenprinzip ins Spiel gebracht, so daß eine eigenständige Form zustande kommt. Sie ist zwar gewiß literarisch nicht so ergiebig wie die negative Strategie, aber es lassen sich immerhin einige reizvolle Belege beibringen, etwa ›Das Auge‹ oder ›Der Gürtel‹ von Dietrich von Glezze.[48]

Es ist nun im Blick auf diese Fälle durchaus ernsthaft zu erwägen, ob man es hierbei nicht mit einer genuinen Möglichkeit der Kurzerzählung zu tun hat, einer Möglichkeit also, die immer schon gleichberechtigt neben dem Verfahren der negativen Replik gestanden hat. Denn man kann ja sagen, die Freiheit zu einem positiven Zugriff quer zu allem Sinnlosen sei eine anthropologische Konstante. Sinn lasse sich ohnehin nie eigentlich entwickeln, sondern immer nur in freier Entscheidung setzen. Deshalb habe die Happy-End-Lösung auch in der Kurzerzählung ihre ganz ursprüngliche Berechtigung, vorausgesetzt, daß sie ihr nicht willkürlich oktroyiert, sondern in der Replik narrativ entfaltet werde. In diesem Fall wäre der literaturtheoretische Ansatz bei der Negation von Sinn, der in vorliegendem Entwurf versucht worden ist, der positiven Perspektive nur logisch, nicht aber historisch vorzuordnen. Sollte dies richtig sein, könnte man auf der andern Seite bei diesen Fällen nurmehr sehr bedingt von einer Selbstreflexion der Kurzerzählung sprechen.[49]

Sehr viel nachdrücklicher jedoch entzieht man sich der konstitutionellen Sinnlosigkeit der Kurzerzählung, wo der negative Ansatz weniger dadurch überwunden wird, daß der betrogene Partner die Regie in die Hand nimmt

---

[48] FSt, Nr. 7, bzw. 24.

[49] Die Beurteilung dieser Fälle ist nicht immer leicht, denn es gibt fließende Übergänge zur Heldensage und zur historischen Sage. Wenn der Ordnungsverstoß zu Beginn mehr politischer Natur ist, korrespondiert ihm gattungsgesetzlich das heroische List- oder Mutunternehmen. Man denke z.B. an Konrads von Würzburg ›Heinrich von Kempten‹, FSt, Nr. 73a. Es können aber auch einfach entsprechende Motive in genuine Kurzerzählungen hereingeholt werden. Dann hätte man es mit sinnkonstituierenden Anleihen bei anderen Gattungen zu tun, und solche Fälle wären in Abschnitt VIII einzureihen.

und den Treulosen von seinem Abweg zurückholt, als daß dieser mit nur geringem Zwang dazu geführt wird, sich zu besinnen und seine Haltung zu ändern. An die Stelle einer eher plötzlichen Einsicht tritt hier ein Erkenntnisprozeß, der zumindest in Ansätzen Innerlichkeit vermitteln kann. Wo eine solche innere Wende sich also nicht einfach nur als Resultat einer positiven Strategie einstellt, sondern als subjektive Erfahrung glaubhaft gemacht wird, sind die Bedingungen der mittelalterlichen Kurzerzählung, wie sie in diesem Entwurf verstanden werden, dezidiert zurückgelassen. Ein gutes Beispiel stellt Hermann Fressants ›Hellerwert Witz‹ dar:[50]

Ein Kaufmann, der eine gute Frau hat, treibt es trotzdem mit zwei Buhlerinnen. Als er einmal auf Kauffahrt geht, fragt er jede der drei Frauen, was er ihnen nach Hause bringen solle. Die Buhlerinnen wünschen sich kostbare Kleider, die Ehefrau bittet ihn nur, ihr für einen Heller Verstand zu kaufen. Dieses letzte Geschenk macht Schwierigkeiten, aber schließlich gerät der Kaufmann an einen weisen Alten, der ihm für den Heller den Rat gibt, in schäbiger Kleidung zu den drei Frauen zurückzukehren und ihnen vorzuspiegeln, daß er all sein Hab und Gut eingebüßt habe. Die Buhlerinnen setzen den scheinbar Mittellosen vor die Türe, während die Ehegattin ihn liebevoll aufnimmt, ihn tröstet und sich bereit erklärt, ihn und sich mit Handarbeiten durchzubringen.

In dieser Erzählung muß der Held also, sozusagen ferngelenkt von seiner ebenso klugen wie treuen Frau, einen Erkenntnisweg gehen, auf dem er erfährt, von wem er wirklich geliebt wird. Das entscheidende Geschehen ist damit in einen Prozeß gelegt, der sich im Innern einer Figur vollzieht, und das bedeutet, daß die Schematik von Verstoß und Replik in der Reflexion überwunden wird. Der lizenzierte Betrug in der Replik setzt hier also nicht das Anarchische erst recht in Szene, sondern er wird zu einer List, die den Helden dazu bringt, das Anarchische zu durchschauen und die von ihm in Frage gestellte Ordnung aus dieser Einsicht heraus wahrhaft zu erneuern.

Selbstverständlich ist der Übergang zu dem durch den ›Ritter Alexander‹ repräsentierten Typus fließend. Man darf aber doch wohl folgendes festhalten: Je weniger dem Helden die neue Einsicht durch äußere Ereignisse punktuell aufgedrängt wird, je mehr Gedankenarbeit er leisten muß, um so weiter stößt man in erzählerisches Neuland vor. Oder im Blick auf die damit anvisierte literarhistorische Schwelle hin formuliert: Der entscheidende Schritt geschieht durch die Entwicklung einer zwischen Trieb und Intellekt vermittelnden personalen Innerlichkeit.

Wie immer man aber diese Fälle einer Überwindung der Bedingungen des Erzählens im Rahmen der Kurzform beurteilen mag, es wird damit ein Schritt in eine neue Dimension hinein getan, man bricht den vorgegebenen Spielraum

[50] FSt, Nr. 40.

auf. Anders verhält es sich bei einer Selbstreflexion der Kurzerzählung, die nicht über ihre Bedingungen hinausführt, sondern sie akzeptiert und trotz ihrer Vorgaben nach einer positiven Lösung sucht. Einschlägige Beispiele finden sich bei Boccaccio, und es sind nicht zuletzt diese, die das besondere Niveau seines Erzählens ausmachen.

In der Falkennovelle (Dek. V,9) ist von einem Liebenden, Federigo, die Rede, der für die von ihm Angebetete, Giovanna, alles opfert, ohne jedoch Erhörung zu finden. Völlig verarmt zieht er sich schließlich auf ein Landgut zurück. Es ist ihm nur e i n kostbarer Schatz geblieben, sein Falke. Nun geschieht es, daß der kleine Sohn der umworbenen Dame krank wird, und da er den wunderschönen Falken Federigos gesehen hat, wünscht er sich nichts sehnlicher als diesen Jagdvogel, ja, er könnte vielleicht gesunden, wenn er ihn bekäme. So tut Giovanna denn den schweren Gang zu dem abgewiesenen Verehrer. Als sie aber überraschend bei ihm erscheint, hat er ihr nichts vorzusetzen. In seiner Not tötet er den Falken, und sie verzehrt ihn, ohne zu ahnen, was sie ißt. Als sie hinterher mit ihrer Bitte kommt, kann Federigo ihr nur verzweifelt eröffnen, was er getan hat. – Das ist eine Erzählung, die auf die radikale Infamie des sinnzerstörenden Zufalls zielt. Die selbstlose Tat des Liebenden wird damit zur tödlichen Katastrophe. Der Junge stirbt, und die Situation erscheint heil- und hoffnungslos. Doch da entschließt sich Giovanna gegen die Zerstörungskraft des Zufälligen anzugehen. Sie heiratet – inzwischen ist ihr Mann gestorben – Federigo trotz aller inneren und äußeren Hemmnisse; sie akzeptiert den Zufall als Zufall und weigert sich, sich der inneren Konsequenz seiner Negativität zu fügen. Die freie persönliche Entscheidung wird gegen die Fatalität der Fortuna gesetzt.[51]

Ein anderes Beispiel ist Boccaccios Version der ›Wiedervergeltung‹ (Dek. VIII,8), die oben (S. 17) in der Fassung von Folz referiert worden ist. Die Erzählung ist in der Substanz die gleiche. Auch hier zwingt der Ehemann – Zappa –, der von seinem Freund betrogen worden ist, dessen Frau, ihm auf jener Truhe zu willen zu sein, in der sich der Ehebrecher – Spinelloccio – befindet. Doch schon die Einleitung stellt das Geschehen in eine ganz bestimmte Perspektive. Die Erzählerin – es ist Fiametta – kündigt eine Geschichte an, die zeigen wird, daß man eine Tat der Untreue in maßvoller Weise rächen soll. Und so sagt denn Zappa auch zur Frau seines Freundes, bevor er sie auf die Truhe legt, daß er ihn nur soweit strafen wolle, wie er es verdiene. Und sie willigt ein unter der Voraussetzung, daß dadurch ihr gutes Verhältnis zu seiner Frau nicht getrübt werde. Am Ende erkennt auch Spinelloccio, daß der Freund sich nicht unfair verhalten hat; beide sind willens, ihre alte Freundschaft zu bewahren. So setzt man sich zu einem guten Abendessen zusammen und be-

[51] Eine eingehende Analyse habe ich in der in Anm. 18 genannten Studie, S. 282ff., vorgelegt.

schließt, künftig auch das letzte, nämlich die intimen Beziehungen, miteinander zu teilen. Das Ergebnis des Fehltritts ist also eine Ehe zu viert, von der gesagt wird, daß es dabei keinen Streit gab, sondern sie allen vieren zum Vergnügen gereichte.

Bei Folz blieb am Ende nur die Desillusion. Hier hingegen wird die für die Kurzerzählung charakteristische Lizenz zu einer überzogenen Replik nicht genutzt, und zwar in programmatischer Absicht, und dabei wird die Lizenz auch explizit thematisiert. Indem Zappa erklärt, daß er aus ihr kein Kapital schlagen wolle, sondern nur die Balance herstellen möchte, wird genau jenes Moment unterlaufen, das der Kurzerzählung ihre spezifische Entfaltung und Pointierung erlaubt. Man verzichtet also im vollen Bewußtsein der narrativen Möglichkeiten der Kurzerzählung auf die prekäre Freiheit zum Bösen und schafft aus dem Ehebruch heraus eine neue, positive Form: die freundschaftlich-harmonische Beziehung zu viert. Das ist eine kühne Lösung, und man mag ihre Gültigkeit bezweifeln, aber es ist diejenige Lösung, die die Bedingungen der Kurzerzählung über ihre Reflexion matt setzt, ohne sie von einer außerhalb liegenden Position her aufzuheben. Nichts zeigt so deutlich wie die Novelle von Zappa und Spinelloccio, wie genau Boccaccio jene theoretischen Implikationen der Kurzerzählung, die ich hier ausgefaltet habe, gesehen und wie er dann versucht hat, ihre Sinnlosigkeit nicht durch Sinnsetzung von außen zu annullieren, sondern sie innerhalb ihres eigenen narrativen Spielraums zu bewältigen.[52]

[52] Ich möchte anmerken, daß ich den Anstoß zu dieser Einsicht in den besonderen Charakter dieser Novelle Peter von Matt verdanke, der sie in seinem ingeniös einfallsreichen Buch: Liebesverrat. Die Treulosen in der Literatur, München 1989, S. 46–49, interpretiert hat. Für von Matt ist die Lösung Boccaccios ein Akt der Aufklärung: »Eine sehr unsittliche Geschichte endet also mit einer großen sittlichen Leistung. Nicht der ménage à quatre, der hier begründet wird, die Hochzeit zu vieren, ist in Hinsicht auf Kultur und Menschenwürde das Beeindruckende und Ergreifende, sondern: daß nicht getötet wird. Kein Messer wird gezogen. Einmal [. . .] wird nicht das Blut eingesetzt zur Reinigung der Welt [. . .]. Statt daß die vier sich nun über Kreuz an den Hals fahren, begründen sie aus dem Moment heraus eine neue Form des Zusammenlebens [. . .]. Und warum geschieht es? Nicht aus Sexualnot, nicht aus der Absicht heraus, einen Kompromiß zwischen Promiskuität und Ehe zu finden, sondern weil man »wie bisher Freunde bleiben« will. Das friedliche, von Zuneigung und Lebensgenuß bestimmte Zusammenleben wird spontan und von allen als der höhere Wert, der unter allen Umständen zu rettende und zu bewahrende Wert betrachtet« (S. 48f.). Das mag die Novelle ethisch vielleicht um eine Nuance überfordern, aber im Prinzip ist das zweifellos vorzüglich gesehen.

X.

Ich komme zum Schluß auf die Frage nach dem Sinn der Sinnlosigkeit der Kurzerzählung zurück. Er hängt offensichtlich damit zusammen, daß dieses Erzählen einen Freiraum im System der übrigen gattungs- und damit sinngebundenen narrativen Formen schafft. Es ist ein Freiraum, der es gestattet, gegen vorgegebene Ordnungen anzugehen. Dabei zeigt sich, daß der bloße Ordnungsverstoß, der dann schlicht geahndet wird, narrativ das geringste Interesse beanspruchen kann. Die eigentlichen literarischen Entwicklungsmöglichkeiten der Kurzerzählung ergeben sich daraus, daß sie vorgegebene Ordnungen schon deshalb in Frage stellen muß, weil sie sie unter den Bedingungen, unter denen sie erzählt, gar nicht greifen kann. Ordnungen sind für die gattungsfreie Kurzerzählung somit prinzipiell leer. Sie besitzt auch keine genuinen Mittel, um sie zu erfüllen oder neue zu schaffen, wenngleich man die beiden zuletzt vorgestellten Boccaccio-Novellen als Versuche in dieser Richtung verstehen kann. Die narrative Chance der Kurzerzählung besteht in der Lizenz zum Negativen, die ihr durch die Ordnungslosigkeit der Ausgangssituation gewährt wird. Diese negative Freiheit ist für den kulturpsychologischen Haushalt von der größten Bedeutung. Sie bietet ein Gegengewicht zu allem Geordneten, das immer in Gefahr steht zu erstarren. In dieser Oppositionsrolle liegt zweifellos die primäre Funktion der Kurzerzählung mit ihrer konstitutionellen Sinnlosigkeit. Dabei darf jedoch jene Dialektik nicht unbeachtet bleiben, die ihr als Möglichkeit mitgegeben ist und die darin besteht, daß im Ausspielen des Negativen die Ahnung des Positiven lebendiger aufleuchten kann als in jeder direkten Positivität. Je kunstvoller die Kurzerzählung narrativ ausgelegt ist, um so stärker schlägt dieses dialektische Moment durch, und je mehr es durchschlägt, um so weniger bedarf die Erzählung einer Stütze durch irgendeinen extern-exempelhaften Sinn.

Trotzdem bleibt die sinnlose Wahrheit der Kurzerzählung natürlich hart. Und so gehört es denn zu ihrer Charakterlosigkeit, daß sie dem Sinnmangel auf den unterschiedlichsten Wegen ausweicht. Die explizit angehängte Lehre in ihrer Billigkeit ist typisch, sei diese nun mehr ein zynisches Mäntelchen, das, indem es Sinn vorspiegelt, die Sinnlosigkeit im Grunde noch höher treibt, oder sei es, daß man die Narratio an die Moral verrät und die Dialektik erzählerisch einebnet. Die Charakterlosigkeit der Kurzerzählung erlaubt es ihr aber auch, sich von allen Seiten Sinnstrukturen zu leihen oder auch schlicht die Replik durch gesetzte Positivität in ein Happy-End auslaufen zu lassen. Es herrscht hier eine der Ungebundenheit dieses Erzählens entsprechende bedenkenlose Willkür. Entscheidend jedoch ist es, bei der Interpretation zu beachten, inwiefern auf diese Weise literarisches Neuland erschlossen wird: das Ziel wäre die Bewältigung der Sinnlosigkeit durch die Darstellung einer personalen sinnsetzenden Erfahrung. Gerade diese Möglichkeit besitzt die Kurzerzählung von ihren Bedingungen her nicht, da ihren Figuren in der Spannung zwischen Gewalt, Lust und Intellekt die personale Mitte fehlt. Die neue Stufe kann also nur im Sprung erreicht werden, so daß man da, wo dies geschieht, versucht sein könnte, von einer epochalen Schwelle zu sprechen. Doch eine solche Schwelle läßt sich zeitlich nicht festmachen. Alles, was man faßt, sind Einzelvorstöße in literarisches Neuland, die bestenfalls zu modernen Formen hinüberdeuten – die die Gattungslosigkeit der frühen Kurzerzählung dann zurücklassen werden, um eigene positive Strukturen der Sinnkonstitution zu entwerfen. Doch liegt – zumindest was die deutsche Literatur betrifft – eine literaturgeschichtliche Lücke von mehr als zwei Jahrhunderten dazwischen. In den stoffhungrigen Sammlungen des 16. Jahrhunderts geht der Kurzerzählung in hohem Maße ihre Komplexität verloren, man fällt auf einfachste Formen zurück, ja man schwemmt das Repertoire durch Anleihen bei den Kleinstgattungen auf, man spezialisiert sich geradezu auf Pointetypen. Im 17. Jahrhundert gibt es dann überhaupt kein Interesse an der Kurzerzählung mehr, und das bleibt bis weit in die zweite Hälfte des 18. Jahrhunderts hinein so. In kaum einem literarischen Bereich dürfte die Diskontinuität so eklatant sein wie gerade hier. Im romanischen Sprachraum scheint es sich auf den ersten Blick anders zu verhalten, da hier im 16. Jahrhundert mit Straparola, Bandello, Marguerite de Navarre und im 17. Jahrhundert mit Cervantes und Lope de Vega bedeutende Leistungen im Bereich der Kurzerzählung zu verzeichnen sind. Weil man es aber gewohnt ist, die moderne Novelle mit Boccaccio beginnen zu lassen, übersieht man allzu leicht, daß es auch hier zu einem deutlichen Traditionsbruch kommt. In Italien tritt im 17. und 18. Jahrhundert kein namhafter Erzähler mehr auf. Basiles Märchensammlung ist eine isolierte Erscheinung. In Frankreich ist die Situation etwas komplexer. Auf der einen Seite kommt es mit Marguerite de Navarre im 16. Jahrhundert zu einem Höhe- und Grenzpunkt der Entwicklung, doch lebt die Tradition trivialisiert in den Mord- und Schauergeschichten der ›Histoires tragiques‹ und in den ›Amours‹ ins 17. Jahrhundert hinein weiter. La Fontaine nimmt eine späte Sonderposition ein. In Spanien entspricht dem eine Entleerung und Verflachung nach Lope de Vega, die im übrigen nicht ohne Einfluß auf Frankreich gewesen ist.[53]

Wenn man die Geschichte der Kurzerzählung also unvoreingenommen betrachtet, so ist der Schluß schwer zu vermeiden – und damit radikalisiere ich Joachim Heinzles Position[54] –, daß mit Boccaccio und seinen Nachfolgern bis ins 16./17. Jahrhundert hinein weniger die moderne Novelle sich zu entfalten

[53] Vgl. Wolfram Krömer, Kurzerzählungen und Novellen in den romanischen Literaturen, Berlin 1973.

[54] Heinzle, Boccaccio (Anm. 2), S. 61f.

beginnt, als daß die mittelalterliche Kurzerzählung hier ihre Erfüllung und ihr Ende findet.

Man ist versucht, an diese auffällige gesamteuropäische Lücke der Kurzerzähltradition im 17. und frühen 18. Jahrhundert kulturpsychologische Spekulationen anzuschließen. Ich will stattdessen mit einem Aperçu zum Ende kommen: Wenn Walter Benjamins These richtig ist, daß im Barock die Erscheinungen in ihrer Nichtigkeit Allegorien des Todes sind und die Wahrheit sich in ihrer Enthüllung darstellt, dann bedarf man der Kurzerzählung nicht mehr, um die Scheinhaftigkeit menschlicher Ordnungen bewußt zu halten.

Postskript

Der vorstehende Entwurf zu einer neuen Theorie der Kurzerzählung hat den Teilnehmern am 6. Reisensburger Gespräch im wesentlichen in der obigen Form vorgelegen; nur einige kleine Verbesserungen und Ergänzungen sind aufgrund von Anregungen, für die ich danken möchte, vorgenommen worden. In der Diskussion wurden jedoch von verschiedenen Seiten prinzipielle Bedenken vorgebracht, die letztlich alle auf einen einzigen Punkt zielten: man zweifelte an der These, daß so etwas wie gattungsfreies Erzählen möglich sei. Und damit behauptete man zugleich, daß Erzählen immer einen Akt der Sinnstiftung darstelle. Diese Bedenken rühren an die Prämissen meiner Theorie und sollen deshalb in diesem Nachtrag kurz erörtert werden.

Wenn man einwendet, die Kurzerzählung agiere nicht in einem gattungsfreien Raum, so muß man sie entweder zu einer Gattung erklären oder aber, man muß unter ›Gattung‹ etwas anderes verstehen, nämlich jene stofflich-thematischen Typen, nach denen sich die Kurzerzählungen – aufgrund geringerer oder größerer Abstraktion – gruppieren lassen. Da das erste sich nach so gut wie allgemeiner Ansicht ausschließt, kommt nur die zweite Möglichkeit in Betracht. Nun ist gewiß zuzugeben, daß sich, sobald sich die thematische Konstellation einer Kurzerzählung abzuzeichnen beginnt, bestimmte Erwartungen beim Rezipienten einstellen. Bei einer Ehebruchsgeschichte z.B. gibt es eine relativ kleine Zahl von Möglichkeiten, mit der Situation umzugehen: eine Handlungsführung auf Kosten des Betrogenen oder auf Kosten des Betrügers oder ein – meist von außen – dagegengesetzter Schluß, und dasselbe dürfte im Prinzip für jede stofflich-thematische Gruppe gelten. Trotzdem scheint mir – und das ist entscheidend – das Besondere im folgenden zu liegen: Bei den verschiedenen ›Lösungen‹, die man erwarten kann, stellt man sich doch grundsätzlich darauf ein, daß die Situation nicht über einen strukturellen Sinnentwurf bewältigt wird, daß die Kurzerzählung ihre Entfaltungskraft und ihre Reize vielmehr aus ihrer konstitutionellen Sinnlosigkeit bezieht, wie immer man dann u.U. trotzdem auf einen Sinn zugehen mag oder einen Sinn aufleuchten lassen kann. Die frappierende narrative Potenz der Kurzerzählung beruht auf ihrer Freiheit zum Negativen. Ihr gilt die Erwartung des Hörers oder Lesers, soweit sie nicht durch den auktorialen Zeigefinger des Erzählers in die moralischen Schranken gewiesen wird. Selbstverständlich ist dabei zuzugeben, daß Chaos nur vor dem Hintergrund von Ordnung denkbar ist, so daß man also sagen kann, es sei auch in der Welt der Kurzerzählung ein Sinnhorizont präsent, oder genauer: die Kurzerzählung bewege sich in einem für sie charakteristischen Eigenraum mit partikulären narrativen Bedingungen, wobei man durchaus um dessen eingeschränkte Gültigkeit wisse. Und damit hat die Kurzerzählung zweifellos ihre Funktion und somit ihren Sinn im übergreifenden literarischen Haushalt einer Zeit. Aber immanent gesehen scheint mir mein theoretischer Ansatz doch legitim, und wenn die konstitutionelle Sinnlosigkeit konkret dann auch immer wieder und auf die unterschiedlichste Weise zurückgelassen wird, so ist sie doch zunächst einmal vorauszusetzen, und sei es auch nur im Sinne eines heuristischen Modells, von dem aus man zu der je und je spezifischen Analyse fortschreitet – wie ich das oben ja auch praktiziert habe.

Klaus Grubmüller

Das Groteske im Märe als Element seiner Geschichte*

Skizzen zu einer historischen Gattungspoetik

I.

Ain ritter küen und hochgemuot (v. 1) sucht – den Regeln der Zunft entsprechend – Bewährung in Kampf und Turnier; er strebt nach *ritterschaft*, wie es sich gehört:

mit stechen und in turnai
tett er das pest mit seinem leib (v. 8f.).

Sein *schönes weib* (v. 10) freilich, der verräterische Reim *leib* : *weib* zeigt es an, ist von den Qualitäten des ritterlichen Athleten offenbar weniger überzeugt, sie wendet sich dem Pfarrer zu.

Die Konstellation, wie sie Heinrich Kaufringer in den Eingangsversen der ›Rache des Ehemannes‹[1] mit wenigen Strichen skizziert, ist konventionell, die Folgen sind fatal. Ohne weiteren Grund fordert der Pfarrer von der Dame Beweise ihrer Liebe, und damit nimmt das grausige Geschehen seinen Lauf (und der *leib-weib*-Reim wird immer deutlicher als destruktives Signal erkennbar).

Wie die Geschichte abläuft, wird zweimal erzählt: zuerst vom Erzähler und dann, nach dem Ende der Geschehnisse, noch einmal vom betrogenen Ritter selbst, der den Kasus als Geschichte eines anderen einer Gesellschaft vorträgt, die er extra dafür zu sich geladen hat:

Der haußwirt zelest began
auch in schimpf weis vahen an,
in ze sagen ain tagalt.
er sprach: »merkent, jung und alt,
was ich ietzo haun erfaren;
das ist geschehen in kurzen jaren.
es was ain ritter wolgeborn;

* Diese Skizze nimmt frühere Überlegungen auf, ist konkret aber von Walter Haugs Vorlage (Entwurf zu einer Theorie der mittelalterlichen Kurzerzählung, in diesem Band, S. 1–36) angeregt und auf sie bezogen. Ich nehme diese Gelegenheit gerne wahr, ihm für die erkenntnisfördernde Kraft seiner Fragen und Lösungen in herzlicher Verbundenheit zu danken.

[1] Heinrich Kaufringer, Werke, hg. v. Paul Sappler. I. Text, Tübingen 1972, S. 140–153.

der hett ain weib auserkorn;
die was im lieber dann sein leib.
nun het das selbig vaig weib
ainen pfaffen lieber vil
mit der cluogen minne spil
dann den werden ritter vest,
wann frawen selten tuond das pest,
als die alten haund gesait.
der pfaff und das weib gemait
waren ains tags zesamenkomen,
als ich das nun haun vernomen,
und lebten in ganzer fraintschaft.
der pfaff das weib hett behaft,
das si det nun, was er wolt,
wann si im was mit trewen holt.
nun wolt der pfaff nit enbern,
das weib muost in des gewern,
das si im von irem man,
dem werden ritter lobesan,
aus seinem hals solt pringen her
zwen stockzän oun widerker.
das weib was des gehorsam.
da si zuo dem ritter kam
und er si trüten wolt als ee,
si sprach, ir wär unmassen we,
und kert sich ferr von im hindan
und sprach, er hett ain bösen zan,
der stunk im aus dem halse ser.
das traib si als vil, bis er
im den zan außprechen hies.
darnach si des nicht enlies,
si sprach, der zan wär nit der recht,
und pracht das zuo mit bösem gespächt,
das dem ritter mer ain zan
aus dem hals ward prochen dan.
die zän gab si dem pfaffen baid;
der ducht sich des gar gemait.
er macht daraus zwen würfel guot
ze spot dem ritter hochgemuot.« (v. 437–482)

Die Gesellschaft, die dies hört (und zu der auch die Angehörigen der Frau gehören), fällt ein Urteil; sie versteht sich darin als Repräsentantin des Rechts, die im Urteil über den Ordo-Verstoß die Ordnung wiederherstellt:

Da die red also geschach,
ir ieglicher besunder sprach
und wart ein gemain urtail
das weib verdienet het unhail;
den leib sölt si verlorn han. (v. 483–487)

Jetzt aber gibt der Ritter preis, daß er das Urteil auf seine Weise schon vollstreckt hat: viel ›eleganter‹, weil er die Missetäter in eine Art von Selbstregulierungsmechanismus gezwungen hat, in der die Untat des Paares durch ihr entsprechende Verstümmelungen ›wiedergutgemacht‹ wird. Dem Pfarrer hat er, als der wieder mit seiner Frau im Bett lag, die Hoden abgeschnitten, sie zu einem kostbaren Beutel verarbeiten lassen und diesen dann dem bedauernswerten Mann am Krankenbett als Geschenk überreicht; seine Frau hat er in eine Umarmung mit dem Pfarrer gezwungen, bei der dieser ihr – mit dem Tode bedroht – die Zunge abbeißen mußte:

da sprach der ritter wolgetan:
»ich sag ew nun meinen sin,
das ich der selb ritter pin,
dem die zän sind außgeprochen.
doch ist es nit ungerochen,
wann darumb das weib verschant
ir zungen hat gelaun ze pfant,
die ir der pfaff hat außgepissen.
auch ist der pfaff ser beschissen.
dem haun ich mit cluogem sitten
baid sein hoden ausgeschnitten.
nun habt ir die urtail geben,
das weib süll darumb ir leben
aun genad verlorn haben.
die will ich damit begaben,
das si beleib bei dem leben,
und ir auch ze pfrönd geben
zwaihundert pfund oder mer,
das si genzlich von mir ker
und bei mir kain beleiben hab.
die ee ist zwischen unser ab;
das hat si nun wol verschuld.
ich verleich ir zwar mein huld
nimer fürbas ewiclich.« (v. 488–511)

Also puost si ir missitat. / damit die red ain ende hat (v. 515f.), schließt der Erzähler: die Welt ist wieder heil, die Ordnung wiederhergestellt, die Beteiligten sind verstümmelt.

II.

Die Ordnung der Welt, ihre Störung und ihre immer verbürgte, immer gelingende Restitution sind das Thema der Mären des Strickers, damit das Thema der ersten prägnanten und prägenden Realisierung der Gattung (denn daß von einer Gattung nicht zu reden, vielmehr von einem »Erzählen im gattungsfreien Raum«[2] auszugehen sei, halte ich durch die Uneinigkeit der Forschung über die Gattungskonstituenten[3] noch nicht für erwiesen, s.u.). Kaufringer nimmt dieses Thema in der ›Rache des Ehemannes‹ und auch sonst unverkennbar auf (über direkte Kenntnis oder durch eine generelle Prägung des Gattungsprofils bleibe dahingestellt). Auf der Hand liegen Parallelen in der Bauform und motivische Bezüge[4] zum ›Begrabenen Ehemann‹[5] und zum ›Klugen Knecht‹.[6]

Der ›Kluge Knecht‹ teilt mit der ›Rache des Ehemannes‹ den Kunstgriff der Binnenerzählung und die Fokussierung des Erzählens auf die Verweiskraft bedeutungsträchtiger ›Konkreta‹ (Braten, Brot, Met, Pfaffe – Würfel, Beutel, Zahn, Hoden); er gibt das Muster ab für das Inszenieren eines Erkenntnisprozesses durch einen souveränen Arrangeur, der die Figuren der Geschichte durch Erzählen zu selbständig gewonnener Einsicht führt. Der Knecht läßt den betrogenen Bauern die Requisiten des Ehebruchs (die – ein weiterer Bezug – beim Kaufringer direkter als seine ›Instrumente‹ zum ›Gegenstand‹ werden) selbst entdecken, stellt also nicht nur in der Aufdeckung des Betruges das Recht wieder her, sondern wahrt auch in der Dezenz des Verfahrens die Rang-Differenz zwischen dem Herrn und dem Knecht: *gevüege kündikeit* (v. 336), ›schickliche Klugheit‹, hat Hedda Ragotzky[7] als Programmwort für die Mären des

---

[2] Walter Haug, Entwurf zu einer Theorie der mittelalterlichen Kurzerzählung, in diesem Bd., S. 1–36.

[3] Die Eckpunkte der Diskussion sind zuletzt markiert von Hans-Joachim Ziegeler, Boccaccio, Chaucer, Mären, Novellen: ›The Tale of the Cradle‹, in: Kleinere Erzählformen im Mittelalter. Paderborner Colloquium 1987, hg. v. Klaus Grubmüller, L. Peter Johnson, Hans-Hugo Steinhoff, Paderborn [usw.] 1988, S. 9–31, und Joachim Heinzle, Altes und Neues zum Märenbegriff, ZfdA 117 (1988), S. 277–296. Weiterführend Jan-Dirk Müller, Noch einmal: Maere und Novelle. Zu den Versionen des Maere von den ›Drei listigen Frauen‹, in: Philologische Untersuchungen (FS Elfriede Stutz), hg. v. Alfred Ebenbauer, Wien 1984 (Philologica Germanica 7), S. 289–311.

[4] Allgemein zum Motivhintergrund in einigen hier nicht relevanten Details (Preisgabe der Zähne als suggerierter Liebesbeweis, Entmannung als Strafe für Ehebruch) bei Karl Euling, Studien über Heinrich Kaufringer, Breslau 1900 (Germanistische Abhandlungen 18), S. 86f.

[5] Der Stricker, Verserzählungen I, hg. v. Hanns Fischer, 4., revid. Aufl. besorgt von Johannes Janota, Tübingen 1979 (ATB 53), S. 28–36.

[6] Ebd., S. 92–109.

[7] Hedda Ragotzky, Gattungserneuerung und Laienunterweisung in Texten des Strickers, Tübingen 1981 (Studien und Texte zur Sozialgeschichte der Literatur 1), S. 83–140, hier S. 85–92.

Strickers daraus abgeleitet und als »Fähigkeit, die allgemeinen Ansprüche der von Gott gesetzten Ordnung situationsgerecht interpretieren und verwirklichen zu können«,[8] erläutert. Es ist nicht abwegig, daß Kaufringer ihr in der ›Rache des Ehemannes‹ die *böse gscheidikait* der Frau (v. 189) ebenso programmatisch entgegensetzt. Diese ist Instrument der Destruktion, die der Ehemann in präzise geplanten Schritten rückgängig macht, jene Instrument zur Wiederherstellung und Wahrung der Ordnung zugleich. In Schlag und Gegenschlag, Ordo-Verstoß und der Erfahrung des Schadens als Konsequenz restituiert sich Ordnung hier wie dort neu, bestätigt sich die Welt als eine von Gott geordnete.

Auf den ›Begrabenen Ehemann‹ des Strickers verweist das Motiv des Liebesbeweises in der ›Rache des Ehemanns‹. Ist es bei Kaufringer die Frau, die mit ihrer Beteuerung, dem Geliebten jeden gewünschten Beweis zu liefern (*herr, wes ir nun pittent mich, / des sült ir sein gewert von mir* [v. 26f.]), den ersten Schritt ins Unglück tut, so beim Stricker der Ehemann, der seiner Frau schwört, ihr alles zu glauben, damit sie ihn ebenso liebe wie er sie. So verzichtet er auf die eigene Wahrnehmung: er erklärt sich bereit, den Mittag für den Abend und ein kaltes Vollbad für ein heißes zu halten, und er läßt sich auch ausreden, den Liebhaber seiner Frau, den obligaten Pfaffen, mit eigenen Augen gesehen zu haben. Sogar daß er tot sei, wird ihm eingeredet,[9] und da der Liebhaber seiner Frau die Beerdigungszeremonien gleich selbst vollzieht, hat er auch keine Chance mehr, als er sich am Ende und viel zu spät doch noch lauthals beklagt: mit geistlicher Autorität verkündet der Liebhaber, es spreche der Teufel aus dem lebendig Begrabenen.

Irritieren könnte das herzlos-kaltblütige Fazit, das der Stricker dieser grausigen Geschichte gibt:

> Den schaden muose er des haben,
> daz er satzte ein tumbez wîp
> ze meister über sinen lîp. (v. 246–248)

›Recht geschieht es ihm‹, so kann nur folgern, wer alle Begleitumstände aus seiner Überlegung ausschließt: das aufrichtige Werben des Mannes um seine Frau, seinen Liebesschmerz, die Durchtriebenheit der Frau und die makabre Skrupellosigkeit des Pfaffen, schließlich das krasse Mißverhältnis von Vergehen (soweit davon überhaupt die Rede sein kann) und Strafe.

Weitergeführt in: dies., Das Märe in der Stadt. Neue Aspekte der Handlungsethik in Mären des Kaufringers, in: Germanistik – Forschungsstand und Perspektiven. Vorträge des Deutschen Germanistentages 1984, hg. v. Georg Stötzel, 2. Teil, Berlin/New York 1985, S. 110–122.

[8] Ragotzky, Das Märe in der Stadt (Anm. 7), S. 110.

[9] Dieser Zug verbindet den ›Begrabenen Ehemann‹ mit Kaufringers ›Drei listigen Frauen B‹ (Kaufringer [Anm. 1], S. 116–130); dort auch – typisch für die Motivverschränkungen – die Extraktion zweier (angeblich) fauler Zähne wie in der ›Rache des Ehemannes‹.

Zu begreifen ist das überhaupt nur,

- wenn das Verhalten des Mannes als so prinzipiell fehlerhaft aufgefaßt wird, daß es die Ordnungsprinzipien der Welt außer Kraft setzt und so dem Bösen zum Durchbruch verhilft oder
- wenn der Demonstrationszweck des Musterfalles zum Verzicht auf alle Relativierungen zwingt.

Beides spielt hier zusammen: Alles, was zum Aufbau der Geschichte, d.h. zur Konstruktion und Pointierung der ›Kurzerzählmechanik von Ordnungsverstoß und Replik‹,[10] benötigt wird, dient der Demonstration dieses Mechanismus als eines beobachtbaren Weltgesetzes und hat jenseits dieser Organisationsaufgabe keinen Sinn: es braucht, nachdem es der Geschichte ins Leben geholfen hat, nicht weiter beachtet zu werden. So sind auch die absurden Elemente dieser Story vollständig funktionalisiert: die Bilder des Ehemannes, der die Tageszeiten verwechselt, im kalten Vollbad schlottert und sich fügsam beerdigen läßt, demonstrieren unmittelbar, wie eine Welt aus den Fugen gerät, in der der Mann sich der Frau unterwirft; im Motiv des Minnetoren[11] hat dieser Zusammenhang auch Tradition, und der Stricker selbst formuliert ihn in seiner *rede* ›Ehmanns Rat‹[12] in aller (wünschens- oder tadelnswerten) Direktheit und: auch mit aller notwendigen Berufung auf das (gottgegebene) Ordnungsmuster der Natur aus (v. 149–212):

> Nu mag man manich vrowen
> in dirre werlde schowen
> di sich daz hat genumen an
> daz si wider iren man
> wil zurnen swen si wil.
> iz sei wenik oder vil,
> swas si sprichet oder tut,
> daz wil si daz in dunke gut.
> swelch wip behaltet daz reht,
> da muz der herre wesen kneht
> und wirt der kneht herre.
> iz enwart nie wunder mere
> so daz die habent so groz heil
> daz man ir niht ein michel teil
> zu tode dar umbe erslagen hat.

---

[10] Vgl. Haug (Anm. 2), S. 14–18.

[11] Vgl. z.B. Friedrich Maurer, Der Topos von den ›Minnesklaven‹. Zur Geschichte einer thematischen Gemeinschaft zwischen bildender Kunst und Dichtung im Mittelalter, DVjs 27 (1953), S. 182–206.

[12] Text nach: Kleinere mittelhochdeutsche Erzählungen, Fabeln und Lehrgedichte. III. Die Heidelberger Handschrift cod. pal. germ. 341, hg. v. Gustav Rosenhagen, Berlin 1909 (DTM 17), S. 100–103.

der einem kunige widerstat,
dem nimt ein wip sin ere.
iz schadet den mannen sere
daz si tumben wiben sint so gut.
iz gewan nie schof so zamen mut
iz enwerde zu jungest wilde
der iz an dem gevilde
ane hute let die lenge.
izn wart nie ros so genge,
wil man iz zu allen ziten
ungezoumet riten,
ane gerten und ane sporn,
alle sin frumekeit sei verlorn.
ich nim iz uf minen lip
daz lutzel lebet kein wip
der so lip si ir man,
brechte si in daran
daz er allez daz liezze
daz si in lazzen hiezze,
und anders niht entete
wan des si willen hette,
er wurde ir so unmere
daz si sin gerne enpere
und hete in wirs dan einen kneht.
iz en ist gewonlich noch reht
daz ein man ein wip so minne
daz er aller siner sinne
vergezze durch ir libe.
si wirt iz zu einem diebe
und hat den man fur einen gouch:
niht baz enbeutet si imz ouch.

Iz ist so verre uz kumen
daz man vil wol hat vernumen,
swelch man sin reht also verbirt
daz sin wip sin meister wirt,
so tut si nach der selben vrist
vil manigez daz im leit ist,
daz si vil gar verbere
ob er ir meister were.
swa daz wip zu meister wirt erkorn,
da hant si ir ere verlorn
beide daz wip und der man.
da suln die gedenken an
die mit eren wellen beliben,

und sullen niht tumben wiben
an allen dingen volgen.
swelich wip mir ist erbolgen
durch disen rat, die tut wol schin
daz si ir mannes meister wil sin.

Ebenso lese ich (mit dem Schlußdialog und dem Epimythion:

si sprach: »ez ist diu wârheit.
ich starp niht, ich lebe noch
und hân dich underwîset doch,
daz du ein vil tumber man bist
und enweist, waz übel oder guot ist.« [v. 618–22])

des Strickers Geschichte von der ›Gevatterin Rat‹[13] auf das grundsätzliche Problem von Erkennen und Verkennen, Einsicht und Täuschung hin. Nicht schon deswegen kann ich in ihr Negativität und Leere finden, weil der vorgeführte Sinn – œuvretypisch – plakativ und platt erscheint; er geht tatsächlich in der Perspektive auf, die das Epimythion auf den Text richtet: Es hat sich einer gegen die Regeln menschlichen Zusammenlebens und mitmenschlicher Achtung vergangen (*er nam der vuoge niender war*, heißt es in v. 30), und er wird dafür bestraft, indem er zum Gespött der Leute gemacht wird (im besonderen und subtiler durch die Offenlegung seines miserablen Urteilsvermögens). Auf die Ehe, ihre Erfülltheit oder Leere,[14] richtet sich weder der Blick des Erzählers noch des Kommentators, sie ist wiederum nur Material für die Konstruktion der zu demonstrierenden Schematik von Verstoß und Strafe:

dô man die wârheit bevant,
dô wart er sô ze schalle,
daz die lantliute alle
mit im unmüezic wâren.
in allen sînen jâren
mohte er den spot niht überstreben.
solde er tûsent jâr leben,
er wære der liute spot gewesen.
sît liez er daz wîp genesen.
die entorste er schelden noch loben,
man næmez anders vür ein toben.
sus was sîn tumpheit erkant
und was sîn wîsheit geschant. (v. 634–646)

Möglich ist solches Erzählen und eine derart selektierende Sinnbildung dann, wenn der Sinn der Geschichte nicht primär und ausschließlich aus der Konfigu-

[13] Verserzählungen I (Anm. 5), S. 66–91.
[14] Darauf legt Haug (Anm. 2) die Betonung.

ration ihrer Erzählelemente erhoben werden muß, sondern außerhalb ihrer feststeht: im »Kanon endgültiger Wahrheiten«, den »die heiligen Schriften und theologischen Doktrinen«[15] in wie auch immer reduzierter Form vorgeben. Zu ihnen stehen (wie wiederum Wehle, Anm.15, S. 54, in Bezug auf Exempelformen ausführt) diese Geschichten in »einem eindeutigen Illustrationsverhältnis«, und zwar nicht notwendig in ihrer Totalität, sondern zugestandenermaßen auch in einsinnigen Selektionen: die Totalität ist im geistlichen Bezugssystem gesichert. »Von ihrer Funktion her« müssen solche Geschichten, die er Exempel nennt, mit Wehle als »Attribut, nicht (als) Subjekt ihres Diskurses« aufgefaßt werden (ebd.).

Das Sinnlose (um Haug aufzugreifen) erhält so über die Exempelfunktion der Stricker-Mären einen präzise angebbaren Sinn: Es ist Illustrationsmaterial für die Schäden, die ein Verfehlen der gottgewollten Lebensordnung verursacht, und Demonstrationsmittel für den Nutzen ihrer Beachtung und Bewahrung.

Gerade die in diesem Kreis geführten Diskussionen über die Weite des Begriffs Exempel[16] und der Konsens darüber, daß damit weit mehr eine Funktion als eine irgendwie strukturell beschreibbare Gattung gemeint sein muß, muß skeptisch stimmen gegen die Überlegung, ob nicht im Exempel das von Haug vermißte Muster vorliegt, das Sinnvermittlung steuern könnte und dessen Absenz seine Neigung zum Sinnlosen begründet. Dennoch wäre darüber nachzudenken, ob nicht bestimmte Typen des Exempels, z.B. die in Sammlungszusammenhänge oder Predigtzyklen integrierten (Jakob von Vitry, Odo von Cheriton, Petrus Alfonsi), als Orientierungsgröße dienen und ob es nicht vielleicht auch schon ausreicht, die dienende und zuordnende Funktion des Exempels als Vermittlung zur Sinnstiftung zu begreifen.

Wie auch immer: die Bezugsnot kann nur für den Anfang bestehen; mit dem Werk des Strickers ist ein prägendes Muster geschaffen: seine Wirkung schlägt sich nicht nur in der unspezifischen Nachfolge nieder, die die Stricker-Überlieferung zu einem Sammelbecken nur schwer zuzuordnender Kurzerzäh-

---

[15] Winfried Wehle, Novellenerzählen. Französische Renaissancenovellistik als Diskurs, 2., korr. Aufl. München 1984, S. 57. Wehle zitiere ich hier für einen Forschungskonsens, für den z.B. die Namen Salvatore Battaglia (Dall' esempio alla novella, Filologia romanza 7 [1960], S. 21–84), Hans-Jörg Neuschäfer (Boccaccio und der Beginn der Novelle. Strukturen der Kurzerzählung auf der Schwelle zwischen Mittelalter und Neuzeit, München 1969) oder Hans-Joachim Ziegeler (Erzählen im Spätmittelalter. Mären im Kontext von Minnereden, Bispeln und Romanen, München 1985 [MTU 87], z.B. S. 180) stehen können.

[16] Vgl. die Beiträge des Tagungsbandes Exempel und Exempelsammlungen, hg. v. Walter Haug und Burghart Wachinger, Tübingen 1991 (Fortuna vitrea 2). Zu der von Peter von Moos (Geschichte als Topik. Das rhetorische Exemplum von der Antike zur Neuzeit und die *historiae* im ›Policraticus‹ Johanns von Salisbury, Hildesheim [usw.] 1988 [Ordo 2]) ausgelösten Diskussion siehe jetzt Walter Haug, Kritik der topischen Vernunft, PBB 114 (1992), S. 47–56.

lungen macht und die Aussonderung des ›Echten‹ so beliebig[17] wie unerheblich erscheinen läßt, sie manifestiert sich mehr noch in der Etablierung einer durch Konventionen der Figurenzeichnung, Konfliktgestaltung, Themenwahl und Redeweise bestimmten Typisierung, die einen Großteil mindestens der sogenannten ›schwankhaften‹ und ›moralisch-exemplarischen‹ Mären[18] zusammenschließt und als ›Grundtypen‹ überhaupt erst erkennbar macht. Die immer wieder auftretende Schwierigkeit der Zuweisung eines Märe zu einem der beiden ›Grundtypen‹ ist dabei ein Hinweis auf deren gemeinsame Wurzel (beim Stricker ist der Unterschied – analytisch – aufgehoben bzw. – historisch – noch nicht existent), während die deutliche Sonderstellung des ›höfisch-galanten‹ Märe in Fischers Corpus wohl auf andere genetische Zusammenhänge verweist,[19] z.B. auf punktuelle Übernahmen aus dem Französischen (›Moriz von Craun‹),[20] auf Legenden-Adaptationen oder auf Reduktionsformen des Romans:[21] Im Phänotyp wären Berührungen zu erkennen, im Sinne eines konsequent historisierten Gattungsbegriffs, der von der »kontinuitätsbildenden Potenz«[22] eines prägnanten Musters ausgeht, wären sie der damit begründeten »historischen Familie«[23] nur sekundär, d.h. für den retrospektiv systematisierenden Blick anzugliedern. Vieles, z.B. die Bindung bestimmter Typen an die Namen ihrer Erfinder (ein ›Freidank‹, ein ›Neidhart‹), die Bindung der Fabel an die Vorbilder (und die Überlieferungszusammenhänge) Stricker und Boner, die vielen folgenlos gebliebenen (experimentellen) Neuansätze, spricht dafür, daß Gattungsgeschichte für nicht normativ geordnete oder poetologisch durch-

---

[17] Der ›Kanon‹ der ›echten‹ Stricker-Werke, wie er z.B. der Überlieferungsliste bei Ute Schwab (Die bisher unveröffentlichten geistlichen Bispelreden des Strickers. Überlieferung-Arrogate, Exegetischer und literaturhistorischer Kommentar, Göttingen 1959, S. 15–43) zugrunde liegt, beruht auf den nach wie vor unpublizierten Untersuchungen und Kriterien Konrad Zwierzinas. Soweit überlieferungsgeschichtliche Beobachtungen eine Rolle spielen, sind sie durch Hans-Joachim Ziegelers Untersuchungen entschieden in Frage gestellt (Beobachtungen zum Wiener Codex 2705 und zu seiner Stellung in der Überlieferung früher kleiner Reimpaardichtung, in: Deutsche Handschriften 1100–1400. Oxforder Kolloquium 1985, hg. v. Volker Honemann und Nigel F. Palmer, Tübingen 1988, S. 469–526).

[18] Die Begriffe nach Hanns Fischer, Studien zur deutschen Märendichtung, Tübingen 1968, S. 101–116.

[19] So schon Fischer (Anm. 18), S. 115, aber ohne Konsequenzen für den Klassifizierungsanspruch.

[20] Vgl. Kurt Ruh, ›Moriz von Craûn‹. Eine höfische Thesenerzählung aus Frankreich (1970), hier nach: Das Märe. Die mittelhochdeutsche Versnovelle des späteren Mittelalters, hg. v. Karl-Heinz Schirmer, Darmstadt 1983 (WdF 558), S. 145–163.

[21] Vgl. Fischer (Anm. 18), S. 115; in anderem Sinne (Anleihen aus dem Deutungshorizont des Romans) Haug (Anm. 2), S. 26f. zu ›Herzmaere‹ und ›Frauentreue‹.

[22] Ziegeler (Anm. 3), S. 14.

[23] Hans-Robert Jauß, Theorie der Gattung und Literatur des Mittelalters, in: H.-R. J., Alterität und Modernität der mittelalterlichen Literatur. Gesammelte Aufsätze 1956–1976, München 1977, S. 327–358, hier S. 330.

reflektierte, für eng an den Lebensvollzug, an praktische Bedürfnisse und aus ihnen gespeiste (notwendigerweise nicht ›systematische‹) Vollzugssituationen gebundene Literaturen wie die des volkssprachigen Mittelalters[24] sinnvoll nur in der Verfolgung solcher Muster (sie entsprechen wohl der Überblendung von Hugo Kuhns[25] Werkstatt- und Funktions-Typen) betrieben werden kann. Das bedeutet dann allerdings auch, daß sich die jeweiligen Bezugsgrößen nach ihrem Platz in der historischen Reihe verändern, daß diese ein Kontinuum bildet, in dem jedes Element jeweils mit dem vorhergehenden erkennbar verbunden sein muß, Anfangs- und Endpunkt aber sich weit voneinander entfernen können. Es ist diese mögliche Veränderung der jeweiligen Bezugsmuster im historischen Ablauf, die die Festlegung von Merkmalbündeln (als ›over-all-patterns‹) für historische Gattungen methodisch so angreifbar und praktisch so schwierig macht.

III.

Ich nehme von hier aus noch einmal Kaufringers ›Rache des Ehemannes‹ in den Blick. Nicht grundsätzlich unterscheidet sie sich vom Exempelmuster des Strickers, wohl aber im Detail und dies dann mit Konsequenzen:

Kaufringer baut mit großer Sorgfalt an den Einzelheiten seiner grotesken Geschichte, und das hat zur Folge, daß einzelne Züge sich verselbständigen und über ihren Demonstrationszweck hinausdrängen. Besonders die Weiterverarbeitung der extrahierten Stockzähne (und ihres Pendants, des Lederbeutels) ist mit erlesener Sorgfalt und – die groteske Übersteigerung wird sogleich erkennbar – mit Liebe beschrieben: der Weg zum Würfelmacher und dessen Bemühen um exaktes Gleichmaß, der Goldschmied, der die Zähne mit *silber vein* faßt (*das das bain bedecket ward*, v. 135) das Eingravieren der Zahlen aus *rotem gold vein und zart* (v. 136):

> ses, zingg, drei, es, kotter, daus;
> das stond in den würflen reich
> auf allen eggen werkleich. (v. 138–140)

Das Genrebild von handwerklicher Sorgfalt verselbständigt sich, und in dem Maße, in dem das Demonstrationsziel aus den Augen gerät, drängt sich das

[24] Allgemein vertritt diesen Anspruch Wilhelm Voßkamp, Gattungen als literarisch-soziale Institutionen. Zu Problemen sozial- und funktionsgeschichtlich orientierter Gattungstheorien und -historie, in: Textsortenlehre – Gattungsgeschichte, hg. v. Walter Hinck, Heidelberg 1977, S. 27–42.

[25] Hugo Kuhn, Versuch über das 15. Jahrhundert in der deutschen Literatur, in: H.K., Liebe und Gesellschaft, hg. v. Wolfgang Walliczek, Stuttgart 1980, S. 135–155.

Mißverhältnis von Aufwand und Gegenstand vor und wird zum eigentlichen Blickfang.

Mehr noch: Das Schlag-Gegenschlag-Prinzip bedingt, daß auch die Gegenaktion mit entsprechender und am besten noch mit gesteigerter Liebe zum Detail ausgestaltet wird (die Diminutive verklären sie geradezu ins Idyllische), und das Mißverhältnis nimmt nun jene überdimensionierten Ausmaße an, die man als Merkmal grotesker Verzerrung angeben kann:

> er sprach: »mit vleiss ich ew pitt
> das ir mir aus dem irchlein
> macht ain veines pütelein.«
> das geschach da mit der vart.
> die hoden wurden nicht gespart,
> die wurden für zwen knopfe vein
> geheftet an das pütelein
> undan an die züpfel baid.
> darnach der herr oun underschaid
> zuo ainem goltschmid keret hin.
> dem gab er auch davon gewin,
> das er die zwen knöpfe vein
> und darzuo das peutelein
> mit gold und silber zierte schon;
> darumb gab er im guoten lon. (v. 270–284)

Nicht in erster Linie der Präzisierung der Handlungsbezüge dient solche Detailgenauigkeit, jedenfalls nicht, soweit diese den Sinn der Geschichte tragen; sie führt darüber hinaus durch die Lust an der Pointe, den Spaß an genauer Parallelität, das Bemühen um artifizielle Qualität auch an wenig günstigen Materialien. Dieser artifizielle Anspruch löst bei Kaufringer die strenge Funktionalität der Einzelelemente – wie sie den Stricker auszeichnet – auf und schafft den Freiraum, in dem das Sonderbare und Abstruse seinen zeichenhaften Zusammenhang verliert und ins Groteske isoliert wird.[26]

Abzulesen ist diese Verselbständigung von Erzählelementen auch an der Figur dessen, der jeweils die Handlung steuert: am klugen Knecht im einen, am

[26] Ich muß hier auf eine Diskussion des Begriffs verzichten und verweise nur auf die hilfreichen Abgrenzungen zum Manieristischen (das bei Wolfgang Kayser den Begriff des Grotesken weitgehend füllt) und zum Absurden (als stringente Darstellung des kontradiktorischen Gegensatzes zum Stringenten) bei Arnold Heidsieck, Das Groteske und das Absurde im modernen Drama, Stuttgart [usw.] 1969 (Sprache und Literatur 53). Trotz des historischen Abstandes trifft seine Bestimmung des Grotesken als eines »realistische[n] Gestaltungsprinzip[s]«, das »allerdings auf den äußersten Fall des Realen, auf krasse, produzierte Entstellung des Menschen angewandt« sei (S. 37), den an unseren Texten beobachteten Sachverhalt: »Diese Entstellung, dieser konkrete Widerspruch, so zugespitzt er auch erscheint, bleibt immer faßbar, logisch auflösbar, weil er doch so offenkundig produziert ist« (ebd.).

Ritter im anderen Falle. Wo der Stricker seinen Protagonisten so in sein Erzählen einbindet, daß sich in seinem Verhalten als listiger Loyalität der Sinn der Geschichte konzentriert, agiert der Ritter, obgleich in viel höherem Maße selbst betroffen, als Arrangeur einer Bestrafungsaktion eher von außen: Die systematische Raffinesse seines Vorgehens läßt ihn nicht in der Rolle eines Werkzeuges der sich selbst regulierenden Weltordnung aufgehen; er ist nicht der Musterfall für den, der sich einpaßt, sondern der Sonderfall dessen, der die Welt kraft seiner Intelligenz auf Gerechtigkeit hin zu manipulieren vermag. Angezeigt ist dies zuletzt in der Selbstherrlichkeit, mit der das Urteil der ›Gesellschaft‹ aufgerufen und dann doch nur als Folie für das so sehr viel klügere und – auch dies ist grotesk – menschlichere Handeln des Ritters mißbraucht wird. Ordnung der Welt stellt sich so als intelligente Inszenierung eines souveränen Einzelnen her.[27] Damit ist der Verweiszusammenhang auf die in objektiven Prinzipien und Mechanismen verbürgte Ordnung der Welt gelöst, Erzählen konstituiert Sinn aus sich, der Erzähler bannt das Chaos (das er zugleich anzeigt), und das macht die Modernität Heinrich Kaufringers aus.

IV.

In der Motivtradition des ›Klugen Knechts‹ steht Hans Rosenplüts ›Fahrender Schüler‹:[28]

Nu horet einen klugen list,
wie einest einem widerfaren ist.
ein varender schüler ist er genant.
hübscheit ist mir von im bekant. (v. 1–4)

Gleich die Einleitung, kein thematisch ausgerichtetes Promythion mehr im herkömmlichen Sinn, richtet den Blick auf einen Einzelnen und seine besonderen Gaben, einen fahrenden Schüler dazu, also jemanden, der – jedenfalls vorübergehend – außerhalb fester Bindungen steht und nichts weiter vertritt als sich selbst und den Anspruch losgelöster Intelligenz.

---

[27] Spätestens hier wird deutlich, daß Michail Bachtins an Rabelais gewonnener und ins Mittelalter zurückprojizierter Begriff des Grotesken (Rabelais und seine Welt. Volkskultur als Gegenkultur. Aus dem Russischen von Gabriele Leopold, hg. und mit einem Vorwort versehen von Renate Lachmann, Frankfurt a.M. 1987) als einer Figur schöpferischer, nicht entfremdeter Totalität auf Texte wie diese nicht anzuwenden ist und auch in seiner dualistischen Reduktionsform (als elementar produktives Nebeneinander von Gut und Böse) nicht greift; hier ist im Gegenteil – moderner – die Zerstörung der Einheit zum Thema gemacht und deren intellektualistische Präsentation dem Elementaren entgegengestellt.

[28] Die deutsche Märendichtung des 15. Jahrhunderts, hg. v. Hanns Fischer, München 1966 (MTU 12), S. 189–201: Der fahrende Schüler II.

Ähnlich wie im ›Klugen Knecht‹ entdeckt der Schüler die Bäuerin im Tête-à-tête mit dem Pfaffen. Das stört ihn offenbar nicht grundsätzlich, sondern nur, weil die beiden ihm, Behinderung ihrer eindeutigen Pläne befürchtend, ein Nachtlager verweigern. Der Schüler beschließt, sich zu rächen, verbirgt sich, erschreckt nach der Rückkehr des Bauern die Ehefrau, weil er (ohne daß der Bauer daran allerdings – wie im ›Klugen Knecht‹ – irgendetwas ablesen könnte) das Versteck der Speisen preisgibt, die dem Pfaffen zugedacht waren, verspricht dem Bauern als Gegenleistung für Beherbergung einen lustigen Streich und bezieht ihn gleich selbst in diesen als eines der Opfer ein, indem er ihm verspricht, ihm den Teufel vorzuführen. Als solchen präpariert er den Pfarrer, der immer noch in seinem Versteck gefangen ist: er muß sich nackt ausziehen und wird mit Ruß beschmiert. Und dann jagt der gedemütigte Pfaffe an dem vor Angst schlotternden Bauern vorbei aus dem Hof – und die Bäuerin freut sich über den Streich und über die ›elegante‹ Befreiung ihres Liebhabers:

das ers so hübschlich hett gemachet,
das er dem pfaffen half davon. (v. 170f.)

Gerechtigkeit gibt es in dieser Welt keine mehr, und nicht einmal Identität der Handelnden: der Schüler will sich ja eigentlich an der Bäuerin und ihrem Liebhaber rächen, aber das gerät ihm ganz aus dem Blick. Unversehens wird der Bauer zum Opfer, die Bäuerin zur Nutznießerin, und selbst der Pfaffe hat im Spott noch den Nutzen der Rettung. Der Bauer, der sich gar nichts hat zuschulden kommen lassen, ist am Ende doppelt und dreifach betrogen, und zuletzt wird diese brüchige Welt auch noch als gesellige Idylle bestätigt:

sie gingen all drei in die stuben und aßen.
die nacht sie bei einander saßen.
die frau die trug in dar das pest,
was sie von essen und trinken west,
und lebten wol die ganzen nacht.
viel kurzweil er dem pauern macht. (v. 179–184)

Der Schüler hat die Welt und scheinbar selbst den Teufel im Griff, er läßt die ›Puppen tanzen‹, ganz nach seiner Willkür. Da nicht das Gerechte immer den meisten Spaß macht, darf es ruhig auch anders sein. Der Schüler beherrscht sein Handwerk, darauf kommt es an:

– *mein kunst ich wol beweret han* (v. 168), bestätigt er sich selbst;
– *du bist in guter schul / gewesen und hast die rechten bücher gelesen* (v. 175f.), lobt ihn die zur Komplizin gewordene Bauersfrau.

Und die Welt ist von der Art, daß sie solcher rücksichtslosen Schaustellerei kein Hindernis in den Weg legt, im Gegenteil: sie wird so als dumm und anarchisch entlarvt. Damit erst scheint mir der Punkt erreicht zu sein, wo sich das Hypertrophe und Absurde im Verhalten und in Bildern vollends aus funktionalen Zusammenhängen löst und verselbständigt, freilich um sogleich darin wieder Sinn zu werden: das Sinnlose wird Zeichen einer aus den Fugen geratenen Welt, einer Welt, die sich dem ordnenden Zugriff entzieht und nur noch in ihrer grotesken Vereinzelung anschaubar wird.

Ich gehe also davon aus, daß das Sinnlose dem Märe nicht konstitutiv ist,[29] sondern daß seine Verselbständigung in der Geschichte der Gattung den Moment bezeichnet, in dem sie vor der durch den Stricker geprägten Aufgabe versagt, die gerechte Ordnung der Welt zu demonstrieren, und stattdessen nur noch (oder endlich) deren krude Abstrusität vorzeigt. Der historische Ort, an dem dies beobachtbar wird, ist – mit einem genialen Vorläufer in den ›Drei Mönchen von Kolmar‹ des Niemand aus der Mitte des 14. – die erste Hälfte des 15. Jahrhunderts und insbesondere das Werk des Nürnberger Handwerkers Hans Rosenplüt (und seiner Nachahmer);[30] einige Beispiele mögen genügen:

- die Verwechslungskomödie der ›Tinte‹,[31] in der die von der Liebesnacht mit einem Mönch erschöpfte Frau sich mit Rosenwasser zu besprengen glaubt, stattdessen das Tintenfaß erwischt, deswegen von ihrem vom Chorgebet zurückkehrenden Liebhaber für den Teufel gehalten und als solcher voller Schrecken dem herbeigeeilten Konvent präsentiert wird, und wo dann genau dieses Verwechseln und Verkennen dazu führt, daß die Unzucht im Kloster im Augenblick ihrer eigentlichen Entdeckung verborgen wird;
- die Verständigungstragödie der ›Disputation‹,[32] in der der kluge und gebildete Jude im Wettstreit gestischer Zeichen sich selbst stets unter- und seinen stumpfsinnigen christlichen Rivalen stets überinterpretiert, sich damit selbst in eine völlig widersinnige Niederlage hineinredet und so – über allen Judenspott hinaus[33] – ein Musterbeispiel mißlungener Kommunikation bietet;
- die grausige Brutalität des ›Hasengeiers‹,[34] der, zur Bestrafung einer untreuen Ehefrau engagiert, das Paar in wilder Raserei völlig verstümmelt; und die abstrusen Zurüstungen, mit denen Magd und Knecht sich in ›Spiegel und Igel‹[35] gegenseitig überaus schmerzhaft düpieren;
- das Außerkraftsetzen der Wahrnehmung im ›Wettstreit der drei Liebhaber‹,[36]

---

[29] So Haug (Anm. 2).
[30] Zur Zuschreibungsproblematik Ingeborg Glier, in: ²VL Bd. 8, 1990, Sp. 203–205.
[31] Die deutsche Märendichtung des 15. Jahrhunderts (Anm. 28), S. 174–177.
[32] Ebd., S. 227–238.
[33] Dazu Ingeborg Glier, Hans Rosenplüt als Märendichter, in: Kleinere Erzählformen im Mittelalter (Anm. 3), S. 137–149, bes. S. 145f.
[34] Die deutsche Märendichtung des 15. Jahrhunderts (Anm. 28), S. 162–173.
[35] Ebd., S. 124–133.
[36] Ebd., S. 210–216.

in dem derjenige den Preis zugesprochen bekommt, dem es gelingt, den Ehemann – ohne daß dieser es registriert – beim Ehebruch zusehen zu lassen. Der eindrucksvollste Text ist gewiß der von Haug[37] vorgestellte ›Fünfmal getötete Pfarrer‹, in dem das Opfer wieder und wieder ohne Sinn erschlagen wird, bis es am Ende – auch dies ohne Sinn – buchstäblich bewußtlos zurückschlägt.

Ingeborg Glier[38] hat schon darauf hingewiesen, daß auch »diesem Märe – sogar wiederholt – die weitverbreitete Dreieckskonstellation: Ehemann – Ehefrau – Pfaffe zugrunde« liegt, »nur daß hier jegliche erotische Motivation fehlt«. Das ist wichtig und kann uns das Symptomatische dieses Märe noch genauer sehen lehren, denn diese sog. ›erotische Motivation‹ schleppt bei all ihrer abstrusen Übersteigerung doch immer noch Kausalitätsreste mit, z.B. den Zusammenhang von Unmoral und Strafe oder den von Dummheit und Blamage.

Rosenplüt läßt seinen Pfarrer nicht im Zusammenhang irgendwelcher amouröser Verwicklungen sterben; der verliert sein Leben durch einen völlig belanglosen Unfall, und dieser setzt dann die Reihe der makabren Geschehnisse in Bewegung: durch eine Unachtsamkeit des Schusters, der überhaupt nur zufällig in die Geschichte kommt, weil der Pfarrer ebenso zufällig gerade einen Riß in der Stiefelsohle bemerkt. Das fällt auch deswegen ins Gewicht, weil Rosenplüt sich damit ganz auffällig gegen die Tradition dieses weiter verbreiteten Plots[39] stellt. Nur in der orientalischen Fassung aus ›1001 Nacht‹ stirbt das künftige mehrfache Opfer auf ähnlich belanglose Weise; dort handelt es sich aber auch nicht um einen Priester, sondern um einen Buckligen, der Zusammenhang ist ein anderer. Die abendländischen Parallelen, das sind vor allem französische Fabliaux aus der 1. Hälfte des 13. Jahrhunderts,[40] führen allesamt den Pfaffen oder einen Mönch ganz selbstverständlich in der Rolle des Liebhabers oder des Buhlers ein – am hübschesten im ›Dou Sagretaig‹, wo der Pfarrer Martin sich in bukolischer Idylle mit einer Schäferin vergnügt und das Unglück es fügt, daß er von ihrem Hammel getötet wird (was nun eben wieder das erotisch-sexuelle Motivationskonglomerat aus Schuld, Anmaßung und Ungenügen aufruft). Wenn Rosenplüt auf diese Eingangspointe verzich-

[37] Haug (Anm. 2), S. 21f.

[38] Hans Rosenplüt als Märendichter (Anm. 33), S. 147.

[39] Vgl. Walter Suchier, Fablelstudien, ZfromPh 42 (1922), S. 561–605; ders., Der Schwank von der viermal getöteten Leiche in der Literatur des Abend- und Morgenlandes. Literaturgeschichtlich-volkskundliche Untersuchungen, Halle 1922.

[40] ›Du Segretain ou du Moine‹, ›Du Segretain Moine‹, Jean le Chapelain, ›Le dit dou soucretain‹, ›Dou Sagretaig‹, ›Du prestre qu'on porte ou de la longue nuit‹. Text jeweils bei Anatole de Montaiglon und Gaston Raynaud, Recueil Général et Complet des Fabliaux des XIIIe et XIVe siècles imprimés ou inédits, 6 Bde, Paris 1872–1890 (Bd. 5, S. 115–131, 215–242, Bd. 6, S. 117–137, 242–254, Bd. 4, S. 1–40).

tet, wechselt er ganz signifikant das Ziel: nicht mehr um die Verkehrung und Zerstörung der Ordnung durch unbeherrschte, den Regeln sich widersetzende Sexualität geht es jetzt, sondern um die Absurdität des Weltlaufs überhaupt, die beliebige Kleinigkeiten in eine Katastrophenfolge münden lassen kann. Die Denkanstrengung des Strickers, die am Beispiel der Sexualität die Welt zu bändigen versucht, wird abgelöst von der Demonstration ihrer nicht beherrschbaren grundsätzlichen Willkürlichkeit: Der Verlust an Ordnungsoptimismus läßt den Vertreter der Ordnungsmacht Kirche als Objekt von bloßen Aggressionsserien zurück.

Verzweiflung an der Ordnung der Welt beschreibt Rosenplüt in ihren Auswirkungen, präzise benannt hat sie bereits ein knappes Jahrhundert früher – isoliert und noch scheinbar folgenlos, aber in die Zukunft vorausweisend – ein anderer:

> Als dise münch nu hânt getân,
> des sol man in den schaden lân,
> sît sie verkêrten die bîht,
> daz richet Got: sô Nieman spricht.[41]

Ob zufällig treffender Verfassername oder mit Bedacht gewähltes Pseudonym – unabweisbar ist der Sinn des abschließenden Satzes: Nur ein Niemand kann behaupten, daß Gott ein gerechter Richter sei, und das von ihm erzählte Geschehen gibt dem Verfasser auch alles Recht zu dieser Verzweiflung, denn nicht nur die drei liebesgierigen und damit immer noch – wenn auch weit unterhalb der sie treffenden Strafe – schuldigen ›Mönche von Kolmar‹ hat der Tod ereilt, sondern auch einen vierten, ganz und gar unschuldigen, der nur zufällig dem Studenten über den Weg läuft, als ihn die vermeintlichen Wiedergänger um den Verstand gebracht haben. Das erste Fazit des Erzählers, daß es oft geschehe, daß der Unschuldige für die Untaten des Bösen büßen müsse, begründet das zweite:

> daz richet Got: sô Nieman spricht.

V.

Rosenplüt steht mit seiner Diagnose auch in der Märendichtung des 15. Jahrhunderts nicht allein. Zwar verharrt etwa der eine Generation jüngere Hans Folz eher in einer schematischen Komik der einfachen Übertreibung, aber an-

---

[41] Niemand, ›Die drei Mönche von Kolmar‹, zitiert nach Friedrich Heinrich von der Hagen, Gesammtabenteuer, Stuttgart/Tübingen 1850, Bd. 3, S. 163–173, hier v. 401–404.

onyme Texte wie das ›Nonnenturnier‹ oder ›Der verklagte Zwetzler‹ bilden makabre ›Höhepunkte‹ einer Gattung, in der das Scheitern der ihr von ihrer Frühgeschichte her (wie ich vermute: gegen die Gattungsparallele im Fabliau)[42] eingeschriebenen Aufgabe, Ordnung zu stiften und gestiftete Ordnung vorzuführen, mündet in wahnwitzige Bilder verdinglichter und sich ins Chaos vereinzelnder Triebe. Den Beginn dieses Scheiterns an der Gattungsaufgabe markiert der Kolmarer Niemand, sein Ende und damit die Neubegründung der didaktischen Funktion des Märe bezeichnet Hans Sachs, der mit Luthers Glaubensrigorismus und seinem moralkatechetischen Lehrgebäude wieder einen festen verläßlichen Bezugsrahmen gewinnt: den »übergeordneten Redegegenstand der christlichen Moralbegriffe«,[43] zu dem das Märe wieder in ein »Illustrationsverhältnis« tritt (ebd.) und damit der Entfaltung »des potentiellen Eigensinns der Geschichte enge Grenzen« setzt (ebd.). Es übernimmt wieder die Funktion des Exempels: orientierend in Abschreckung und Bestätigung, den Gefährdungen des – nicht nur an dieser Stelle – aus den Fugen geratenen Spätmittelalters entronnen.

---

[42] Das hängt allerdings mit der Definition des Fabliau als »conte à rire« (Bédier) zusammen; andere Abgrenzungen dürften andere Ergebnisse liefern. Die Literatur zur Gattungsdiskussion für das Altfranzösische nennt Haug (Anm. 2), S. 4f. Anm. 11. Hilfreich sind auch die einleitenden Überlegungen von Friedrich Wolfzettel, Französische Schicksalsnovellen des 13. Jahrhunderts. Übersetzt, eingeleitet, mit einer Bibliographie und Anmerkungen, München 1986 (Klassische Texte des romanischen Mittelalters in zweisprachigen Ausgaben 26), bes. S. 7–19.

[43] Wehle (Anm. 15), S. 54.

Ingeborg Glier

Hans Sachsens ›Schwänke‹

Das Generalregister des Hans Sachs[1] ist eines der merkwürdigsten Dokumente zur deutschen Literatur des 16. Jahrhunderts. Als Sachs am 12. Juli 1560 mit seiner Anlegung begann, muß er sich in einer Art von Lebenskrise befunden haben. Mehr als drei Monate zuvor war nach vierzigjähriger Ehe seine erste Frau Kunigunde gestorben. Er selbst war 66 Jahre alt und fühlte sich – wie er in diesem Dokument ungewöhnlich poetisch selbst formuliert – *schwer von alter.*[2] In den Jahren 1560/61 ging im Vergleich zu vorher und nachher seine dichterische Produktion drastisch zurück. Da er jedoch zeit seines Lebens seine Werke gewissenhaft aufgezeichnet hatte, lagen bis zum Sommer 1560 nicht weniger als 16 Foliobände mit Meisterliedern und 14 mit Reimpaargedichten vor, beide Folgen jeweils chronologisch geordnet (bis zum Ende seines Lebens sollten noch vier weitere Bände mit Reimpaargedichten hinzukommen). Dieses Œuvre übertraf nach Umfang und Vielseitigkeit schon 1560 alle, die ihm in der deutschen Literatur des Mittelalters voraufgegangen waren. Die Vorstellung, daß es nach seinem Tode in alle Winde verstreut werden oder verlorengehen könnte, trieb Sachs 1560 vor allem zur großen Bestandsaufnahme.[3] Da die mehrbändige Folioausgabe seiner gesammelten Reimpaargedichte bereits 1558 begonnen hatte im Druck zu erscheinen, war Sachsens Furcht für diesen Teil seines Werkes wohl kaum berechtigt, sicher aber für den in dieser Hinsicht weitaus verletzlicheren Teil, seinen Meistersang.

Ein Werkregister bedarf, wenn es nicht einfach dem Alphabet folgt, der Ordnungskriterien. Dem Meistersang sind solche fraglos auf formaler Ebene inhärent, und so ordnet Hans Sachs seine (damals ca. 4300) Meisterlieder zunächst nach den 272 Tönen, in denen er sie verfaßt hat.[4] Mit den Tönen Regenbogens und Frauenlobs beginnend und mit denen seiner Zeitgenossen sowie seinen eigenen endend, geht Sachs systematisch, d.h. hier chronologisch, seine Meistersangbände durch und zieht jeweils alle Lieder aus, denen ein bestimmter Ton zugrundeliegt.

---

[1] Das handschriftliche Generalregister des Hans Sachs. Reprintausgabe nach dem Autograph des Stadtarchivs Zwickau von Hans Sachs, mit einer Einführung von Reinhard Hahn, Köln/Wien 1986 (Literatur und Leben NF 27).

[2] Ebd., fol. 75^{Vr}.

[3] Siehe Vorrede zum Meistersang-Register, ebd., fol. O^{Ir}.

[4] Dies nach seinen eigenen Angaben, ebd., fol. O^{Iv}.

Bei den Reimpaargedichten liegen die Verhältnisse ungleich komplizierter. Für seine Spruchgedichte entwirft Sachs ein ›System‹ von zwölf *arten*, in denen sich formale und inhaltliche Kriterien zum Teil verwirrend mischen.[5] Er beginnt mit seinen drei Gruppen von ›Dramen‹. Hier habe ich vor Jahren in mühevoller Kleinarbeit zeigen können, daß Sachs ziemlich genaue und konsequente Typenvorstellungen besessen haben muß für die Texte, die er als *Tragedi* (im Register Gruppe 1), *Comedi* (2) und Fastnachtspiel (3) bezeichnet oder zusammengruppiert.[6] Dies nachzuweisen war – wie mir heute leider erheblich klarer ist – noch eine der relativ geringsten Schwierigkeiten in diesem Bereich. Ähnliches ließe sich jedoch wohl auch für Textgruppen zeigen, die Sachs als *dialogi vnd* [. . .] *gaistlich spruech* (4) oder *mancherley gesprech* (7) zusammenfaßt. Auch einen einigermaßen vertrauenswürdigen Begriff von Fabel (10) scheint er verwendet zu haben. Doch bleibt vorerst dunkel, wie und ob z.B. die Gruppe von Texten unter dem Stichwort *aus den sentenzen der philosophi* (5) zusammenhängt. Bei den Gedichten, die Sachs selbst mit der Rubrik *mancherley art gemüschter materi* (9) versieht, werden solche Fragen wohl eher gegenstandslos. Demgegenüber erscheint *guot schwenck* (11) schon fast eine Art von Präzision zu verheißen. Doch solche Hoffnungen zerschlagen sich schnell, wenn man die gesamte Überschrift über dieser schon 1560 stattlichen Gruppe von Texten (ca. 200) voll zur Kenntnis nimmt: *Hernach volgt das register guoter schwengk vnd kurtzweiliger stück samt den gedichten so herfor sint vbersehen worden.*[7]

Vergleichbare Typenstichworte verwendet Hans Sachs auch, wenn er seine Meisterlieder im Generalregister später nach inhaltlichen und thematischen Gesichtspunkten ordnet. Sollte sich in der Reihenfolge der zwölf *arten* von Reimpaargedichten eine Typenhierarchie verbergen, dann rangieren die ›Dramen‹ an der Spitze, noch vor den geistlichen Gedichten. Es könnte jedoch auch sein, daß die Spiele an erster Stelle stehen, weil sie am problemlosesten auszusondern waren. Daß die *schwenck* den Abschluß bilden, erklärt zum einen, warum sie als solch allgemeines Sammelbecken dienen konnten. Zum anderen aber läßt ihre Position in der Reihe vermuten, daß Hans Sachs Kurzweil und Unterhaltung theoretisch eher niedrig einschätzte, obwohl er ihnen praktisch und quantitativ in seinem Werk breiten Raum gönnte.

---

[5] Vorrede, ebd., fol. 75^{Vv}. Die gleichen Kategorien erscheinen variiert auch in dem Gedicht ›Summa all meiner gedicht‹ (vom 1. Januar 1567), in: Hans Sachs, Meistergesänge, Fastnachtspiele, Schwänke, ausgewählt, erläutert und mit einem Nachwort versehen v. Eugen Geiger, Stuttgart 1970, S. 3–11.

[6] Ingeborg Glier, Die ›Dramen‹ des Hans Sachs. Wandlungen des frühen deutschen Theaters, in: Dichtung, Sprache, Gesellschaft. Akten des IV. Internationalen Germanisten-Kongresses, hg. v. Victor Lange u. Hans-Gert Roloff, Frankfurt a.M. 1971, S. 235–242.

[7] Generalregister (Anm. 1), fol. 88^{v}.

Ich will hier gar nicht erst versuchen, genauer zu definieren, was Hans Sachs unter *schwenck* verstanden haben könnte. Einer solchen Definition stehen – anders als bei den Spielen – vorerst noch kaum überwindliche Schwierigkeiten entgegen. Die Spiele samt ihren Typenbezeichnungen bilden ja zum einen – mit etwas über 200 Texten – einen relativ überschaubaren Untersuchungsbereich. Zum anderen – und das ist fast noch wichtiger – kann man diesen Dramenbereich, weil er formal, wenn auch nicht thematisch in sich geschlossen ist, ziemlich ungestraft losgelöst vom übrigen Werk betrachten. Genau dies ist bei allen anderen Typen von Sachsens Reimpaargedichten nicht möglich. Das aber bedeutet ein Untersuchungsfeld von ca. 1600 Reimpaartexten, die wiederum von den noch viel zahlreicheren Meisterliedern nicht zu trennen sind, worauf ich später noch etwas näher eingehen werde. Es ist daher kein Wunder, daß das Werk des Hans Sachs auf der Ebene der Gattungen und Typen noch kaum adäquat erforscht ist, d.h., es ist in dieser Hinsicht noch immer ein riesiger grauer Fleck auf der literarischen Landkarte des 16. Jahrhunderts. Viel besser erforscht sind hingegen bezeichnenderweise einzelne Motive oder Motivkomplexe sowie die Quellenverhälnisse[8] (auf die übrigens Sachs selbst oft verläßlich hinweist).

Als weitere Schwierigkeit, welche der genaueren Erforschung einer Taxonomie von Sachsens kleinen Reimpaargedichten entgegensteht, kommt hinzu, daß man das Feld letztlich nicht auf sein Werk beschränken kann. Solche Untersuchungen müßten vielmehr die spätmittelalterlichen Traditionen in diesem Bereich einbeziehen. Diese Traditionen überblicken wir in ihrer ganzen Breite inzwischen zwar einigermaßen (wenn auch noch längst nicht im Detail) bis um 1400,[9] für das 15. Jahrhundert jedoch nur äußerst selektiv. Wie sich bisher erst vage abzeichnet, behaupten Sachsens kleine Reimpaargedichte in diesen Entwicklungen eine wichtige und eigentümliche Stellung. Sie sind einerseits ohne diese spätmittelalterlichen Traditionen überhaupt nicht denkbar, doch andererseits geht Sachs mit diesen Traditionen so eigenwillig um, daß Brüche oft auffälliger sind als Kontinuitäten.

Ich will im folgenden keineswegs versuchen, einen Überblick über Sachsens ›Schwänke‹ zu geben, denn das ist in diesem Rahmen nicht zu leisten. Sie sollen vielmehr nur Beispiele bieten für drei eigentümliche Aspekte, in denen sich Hans Sachs als Erzähler von allen mir bekannten spätmittelalterlichen Schwankautoren deutlich abhebt.

Anzumerken ist dabei vorab, daß *schwenck* bei Hans Sachs ein diffuser Begriff ist. Denn Sachs faßt darunter ganz offensichtlich nicht nur Erzählungen, son-

[8] Vgl. z.B. Barbara Könneker, Hans Sachs, Stuttgart 1971, S. XV, 17–19, 38–48.

[9] Ingeborg Glier, Kleine Reimpaargedichte und verwandte Großformen, in: Die deutsche Literatur im späten Mittelalter, 1250–1370. Zweiter Teil: Reimpaargedichte, Drama, Prosa, hg. v. Ingeborg Glier, München 1987 (de Boor, LG, Bd. 3/2), S. 18–141.

dern auch Reden. Darin ist er also beträchtlich großzügiger oder konfuser als die moderne Schwankforschung, die sich bislang noch auf keine verbindliche Definition für den erzählenden Schwank hat einigen können.[10] In seinen Schwankreden verfügt Hans Sachs souverän über weitverbreitete konventionelle Versatzstücke und Bauprinzipien der spätmittelalterlichen Reden, wie Spaziergangseinleitung, Traum, Begegnung mit Personifikationen, Allegorese, Lehrgespräch, Katalogprinzip usw. Im Unterschied zu seinen spätmittelalterlichen Vorgängern ist Sachs jedoch intensiver darum bemüht, diese topischen Elemente durch realistische Details zu beleben. Dabei erhält z.B. auch das generische Ich dieser Reden meist konkretere, oft sogar autobiographische Züge. Eine solche Kombination von Erzählungen und Reden findet sich in Sachsens Werk übrigens nicht nur unter *schwenck*, sondern auch unter dem Typ, den er *histori* nennt. Diese ebenfalls sehr umfangreiche – und weitgehend unerforschte – Textgruppe *histori* scheint sich zu der der *schwenck* ähnlich komplementär zu verhalten wie unter den ›Dramen‹ die *tragedi* und *comedi* einerseits zu den Fastnachtspielen andererseits. Das heißt, während die *histori* ernsthafte, wahre (nicht unbedingt historische) und/oder traurige (oft tragische) Geschichten oder Themen bieten, sind *schwenck* eher scherzhaft, fiktiv und komisch oder amüsant. Damit wende ich mich nun Sachsens Schwankerzählungen zu.

Der erste Aspekt, in dem sich Hans Sachs klar von älteren Schwankautoren, wie Folz, Rosenplüt, Kaufringer und anderen, unterscheidet, ist das Verhältnis seiner Verserzählungen zu seinen Meisterliedern. Dieses Verhältnis hat eine literarhistorische und eine biographische Dimension.

Zunächst die literarhistorische: Wie Frieder Schanze erstmals verläßlich nachgewiesen hat, sind Erzähllieder, weltliche zumal, in der meisterlichen Liedkunst des Spätmittelalters wie auch im vorreformatorischen Meistersang bestenfalls eine Randerscheinung.[11] Das gilt auch noch für das Werk des jungen Hans Sachs.[12] In seinem späteren Werk aber ändert sich dieses Verhältnis entschieden: Hier spielen Erzähllieder eine große, in manchen Jahren sogar eine dominierende Rolle. Dieser Wandel hängt wohl mit einem weiteren zusammen: Anders als seine Vorläufer hat Hans Sachs insgesamt deutlich mehr Meisterlieder mit weltlichen Themen verfaßt als solche mit geistlichen. Das heißt, wenn man der vielzitierten statistischen Übersicht Eugen Geigers trauen darf, sind von seinen insgesamt fast 4400 Meisterliedern 2066 geistlichen und 2332 weltlichen Inhalts.[13] Hans Sachs setzt also in seinem Meistersang thematisch entschieden neue und andere Schwerpunkte, als sie vor ihm üblich waren.

---

[10] Vgl. Erich Straßner, Schwank, Stuttgart 1968, S. 2–18. – Gustav Bebermeyer, Schwank (epischer), in: ^{2}RL Bd. 3, 1977, S. 689–708, hier S. 689–694.

[11] Frieder Schanze, Meisterliche Liedkunst zwischen Heinrich von Mügeln und Hans Sachs, Bd. 1: Untersuchungen, München 1983, Bd. 2: Verzeichnisse, München 1984 (MTU 82/83), Bd. 1, S. 14, 24 u.ö. (s. Register unter ›Erzählung‹).

[12] Ebd., S. 351–368.

[13] Eugen Geiger, Der Meistersang des Hans Sachs. Literarhistorische Untersuchung, Bern 1956, S. 96f.

Nun zur biographischen Dimension des Verhältnisses von Meisterlied und Verserzählung: Der junge Hans Sachs hat sich fraglos und primär als Meistersinger verstanden. Er hatte die Grundlagen dieser Kunst während seiner Lehrjahre von Lienhard Nunnenbeck gelernt. In seinen Wanderjahren quer durch Deutschland pflegte er sie weiter und trug im Mai 1514 in München sein erstes eigenes Meisterlied vor. Bereits im folgenden Jahr, am 7. April 1515, verfaßte Hans Sachs seine erste Reimpaarerzählung, sein erstes Spruchgedicht überhaupt, wie er selbst bezeugt. Es ist eine *historia*, die tragische Liebesgeschichte von Lisabetta, Lorenzo und dem Basilikumtopf,[14] die auf Boccaccios ›Dekameron‹ (IV, 5) basiert. Nachdem Sachs nach Nürnberg zurückgekehrt war, entstand dort 1517 sein erstes Fastnachtspiel. Doch Reimpaargedicht und Fastnachtspiel sind im Schaffen dieser Jahre eher Ausnahmen, nicht die Regel. Die Lisabetta-Geschichte verwendete er 1519 noch einmal, diesmal für ein 15-strophiges Meisterlied (in seiner eigenen Silberweise).[15] Drei andere längere Erzähllieder (alle 13-strophig), die ebenfalls auf tragischen Liebesgeschichten aus dem ›Dekameron‹ beruhen, waren dem Lisabetta-Lied schon 1516 vorausgegangen.[16] Von diesen Stoffen gibt es jedoch in Sachsens Werk keine Fassungen als Reimpaarerzählung (wohl aber als *tragedia*).

Eine Konfiguration, die im Frühwerk des Hans Sachs eher selten ist, wiederholt sich im späteren Werk ständig: Er bearbeitet denselben Stoff sowohl in Tönen wie in Reimpaaren, nicht selten in beiden gleich mehrfach. Wenngleich der junge Hans Sachs seine erste Erzählung in Reimpaaren verfaßt, so läßt sich doch ohne Übertreibung behaupten: er l e r n t das Erzählen im Meisterlied. Besser wäre wohl zu sagen: er bringt sich das Erzählen im Lied selbst bei, denn dafür gab es kaum Vorbilder. Und er erzählte in Liedern, bis er gegen 1560 den Meistersang ganz aufgab und in den letzten zehn Jahren seines Lebens nur noch Reimpaargedichte verfaßte.

Wenn man Sachsens Erzähllieder liest, ist man immer wieder überrascht, wie wenig ihn die zum Teil sehr anspruchsvollen metrischen Formen im Erzählen stören. Er treibt seine Erzählhandlungen zügig und pointiert voran, ohne allzu viele sprachliche Verkünstelungen. Doch in vieler Hinsicht hat sich die Erzählung den Gesetzen des Meistersangs zu beugen und nicht umgekehrt. Tierfa-

---

[14] Hans Sachs, Werke, hg. v. Adelbert von Keller u. Edmund Goetze, Bd. 1–26, Tübingen 1870–1908 (StLV), Bd. 2 (StLV 103), S. 216–222.

[15] Hans Sachs, Sämtliche Fabeln und Schwänke. In chronologischer Ordnung nach den Originalen hg. v. Edmund Goetze u. Carl Drescher, Bd. 1–6, Halle a.d.S. 1893–1913 (NDL 110–117, 126–134, 164–169, 193–199, 207–211, 231–235) [Bd. 3–6 enthalten Meisterlieder]. Im folgenden zitiert: Goetze/Drescher. Bd. 1 in zweiter Auflage durch Hans Lothar Markschies, Halle a.d.S. 1952, im folgenden zitiert: Goetze/Markschies. Das Lisabetta-Erzähllied: Goetze/Drescher, Bd. 3, S. 9–17, Nr. 3.

[16] Goetze/Drescher, Bd. 3, S. 17–36, Nr. 4,5,6.

beln tauchen bei Hans Sachs in Meisterlied und Reimpaaren bezeichnenderweise früher auf als ›Schwänke‹, scherzhafte allgemeinere Themen in beiden gleichfalls früher als abgerundete Erzählungen. Während sich Schwankerzählungen in Meisterliedern schon um 1530 finden, erscheinen sie erst gegen Ende der dreißiger Jahre auch als Reimpaargedicht.

Bei einem Überblick über die gereimten ›Schwänke‹ des Hans Sachs aus den vierziger Jahren und dem Anfang der fünfziger Jahre stellt man zunächst erstaunt fest, daß Hans Sachs es eindeutig darauf anlegt, jedwedes Plot auf ca. 60 Verse zu verdichten. Der Reimpaargedichtspezialist schaltet dabei etwas langsamer als der Meistersangkenner, aber auch ihm dämmert allmählich, daß sich diese Zahl durch drei teilen läßt. In der Tat sind in dieser Zeit bei Hans Sachs Liedschwank und Reimpaarschwank oft identisch oder fast identisch,[17] entstehen sogar oft am selben Tag oder in nur kurzem zeitlichem Abstand. Hans Sachs verfaßt so mit einem Schlag zwei Texte und trägt getreulich den einen in sein laufendes Meistersangbuch, den anderen in den entsprechenden Spruchgedichtband ein. Dies wird vor allem durch bestimmte Töne erleichtert, die er für diese Lieder verwendet: Es sind häufig Hans Folzens Abenteuerweise oder seine eigene Spruchweise oder sein Rosenton (alles zwanzigzeilige, paarweise gereimte und gleichzeilige oder fast gleichzeilige Strophenformen).

Im Unterschied zu den langen Erzählliedern seiner Jugend ist in den Schwankliedern des reifen Hans Sachs der Dreierbar, d.h. Dreistrophigkeit, die Regel. Gleichgültig ob Sachsens Quelle ein Abenteuer des Eulenspiegel, eine Erzählung aus Boccaccios ›Dekameron‹ oder ein älteres deutsches Schwankmäre ist, alles komprimiert er konsequent und wirkungsvoll auf 60 Verse. ›Die Wolfsgrube‹ des Hans Rosenplüt z.B., der wahrhaftig kein ausschweifender Erzähler ist, umfaßt 192 Verse. Bei Hans Sachs schrumpft der Text auf 60 Verse zusammen, doch ohne daß auch nur ein wichtiges Handlungselement verlorengeht.[18] In diesem Fall, wie in anderen Fällen, ist die Reimpaarerzählung um zwei Verse länger als das Meisterlied, weil Sachs eher Reimpaargedichte als Lieder signiert. Seinen Eulenspiegel-Schwänken legt er anfangs häufig seine Spruchweise zugrunde, die nur siebensilbige Zeilen aufweist. Die entsprechenden Reimpaarerzählungen bestehen dann eben nur aus dreihebigen Versen. Gelegentlich erweitert Sachs ein Lied in der Reimpaarfassung, wie z.B. den unsäglichen Schwank ›Die blauen Hüte‹, der einem Eulenspiegel-Abenteuer nachgebildet ist. Hier streiten Schwaben, Bayern und Franken lange Zeit und mit den verschiedensten Mitteln um das Monopol, blaue Hüte tragen zu dürfen. Der Kaiser verspricht dieses Privileg schließlich dem Stamm, der vor dem

[17] Eugen Geiger (Anm. 13), S. 30, zählt unter den 211 themengleichen Liedern und Spruchgedichten 58, die fast oder ganz identisch sind (nicht alle dieser Texte sind jedoch Schwankerzählungen).

[18] Goetze/Markschies, Bd. 1, S. 298–300, Nr. 103; Goetze/Drescher, Bd. 4, S. 324f., Nr. 453.

Hof den gröbsten Unfug aufführt. Darauf hockt sich der Franke in aller Öffentlichkeit nieder und produziert einen großen Haufen Kot, der Schwabe verteilt diesen mit den Händen in der Gegend, und der Bayer rafft ihn wieder zusammen und frißt ihn. Das ist nicht zu überbieten, und das Monopol der blauen Hüte gehört fortan den Bayern. In den Zusatzversen, die das Spruchgedicht im Unterschied zum Meisterlied enthält, vermerkt Hans Sachs noch ingrimmig, daß die Bayern seit dieser Zeit den Zunamen »Saubayern« führen.[19]

Meist macht es sich Hans Sachs aber schwerer als mit solchen fast oder ganz identischen Parallelfassungen. Zu vielen Schwankliedern in den verschiedensten und zum Teil komplizierten Tönen existieren längere Reimpaarversionen. Dabei geht fast immer, ab 1550 ausnahmslos, das Meisterlied dem Spruchgedicht voraus.[20] In solchen Reprisen übernimmt Hans Sachs höchstens einzelne sprachliche Wendungen, nie ganze Passagen oder Sätze. Oft gestaltet er in der längeren Fassung den Dialog lebhafter oder beschreibt Einzelheiten, auch Figuren genauer und detaillierter. Doch im Schwank vom Eulenspiegel als angeblichem Brillenmacher[21] z.B. verstärkt Hans Sachs zudem die (allgemeine) Zeitkritik. Im Schwank vom Bannen der Unholdinnen oder Hexen[22] fallen die magischen Riten absurder und die Prügelei drastischer aus. Der köstliche Schwank vom eigensinnigen Mönch mit dem Wasserkrug[23] schildert in der längeren Fassung nicht nur eingehender, wie der alte Mönch in seinem Regensburger Kloster sich selbst und allen anderen auf die Nerven fällt, sondern er zeigt auch hintersinniger und komischer als in der kürzeren Fassung, wie dieser Mönch – nachdem er sich nur mit einem Wasserkrug in eine Einöde zurückgezogen hat – mit der Tücke des Objektes/Wasserkrugs kämpft, bis er erkennt, daß an seinen Problemen mit seiner Umwelt niemand als er selbst Schuld trägt. Damit läßt es Sachs hier – wie auch sonst häufig – jedoch nicht bewenden, sondern hängt noch 30 Verse mit recht trockener Lehre an.

Ein zweiter Aspekt, in dem sich Hans Sachs von älteren Schwankautoren deutlich unterscheidet, ist das eigentümliche Phänomen, daß viele seiner Schwänke in einer kurzen und einer längeren Reimpaarfassung vorliegen. Hier sind zum Teil natürlich ähnliche Tendenzen zu beobachten, wie sie das Ver-

[19] Goetze/Markschies, Bd. 1, S. 315f., Nr. 112; Goetze/Drescher, Bd. 4, S. 437–439, Nr. 534.

[20] Vgl. Geiger (Anm. 13), S. 29f. (hier auch die Ausnahmen), 130f. u.ö.

[21] Meisterlied vom 27. April 1546 in Harders Süßem Ton (42 vv.): Goetze/Drescher, Bd. 4, S. 62f., Nr. 278. – Reimpaarerzählung vom 29. August 1554 (174 vv.): Goetze/Markschies, Bd. 1, S. 395–400, Nr. 146.

[22] Meisterlied vom 20. Juni 1550 in Hans Haidens Kälberweise (60 vv.): Goetze/Drescher, Bd. 5, S. 99–101, Nr. 666. – Reimpaarerzählung vom 10. Januar 1556 (174 vv.): Goetze/Markschies, Bd. 1, S. 460–465, Nr. 164.

[23] Meisterlied vom 24. Mai 1548 in Hans Vogels Saurer Weise (60 vv.): Goetze/Drescher, Bd. 4, S. 385–387, Nr. 500. – Reimpaarerzählung vom 12. November 1557 (170 vv.): Goetze/Markschies, Bd. 1, S. 511–515, Nr. 180.

hältnis von kurzem Erzähllied und langer Reimpaarfassung bestimmen. Schon ab etwa 1553/1554 geht Hans Sachs von seinen scherzhaften Minireden und Minischwänken zu längeren Formen über, was jedoch nicht bedeutet, daß die Kurzformen gänzlich verschwinden. Das literarische Recycling alter Kurztexte beginnt Sachs Mitte bis Ende 1557 zunächst mit einer negativen Tischzucht – 18 verschiedene Weisen, in denen man Eier nicht essen soll[24] – und der bekannten Fabel von den drei Hähnen, von denen nur der dritte weiß und das auch auf Latein kräht, daß man den Ehebruch der Hausherrin besser nur wahrnimmt, nicht meldet, wenn man am Leben bleiben will.[25] Ältere eigene Schwankerzählungen verwertete Hans Sachs am intensivsten in den Jahren 1558–1563 neu. Das ist sicher kein Zufall, denn 1558 erschien der erste Band der Folioausgabe seiner gesammelten Spruchgedichte im Druck, und er mag sich ausgerechnet haben, daß längere Erzählungen nicht nur Seiten füllen, sondern bei einem Lesepublikum wohl auch besser ankommen. Diese Jahre von 1558–1563 (mit Ausnahme der Krisenjahre 1560/61, s.o.) sind für den Schwankdichter Hans Sachs quantitativ und qualitativ so fruchtbar wie keine andere Zeitspanne seines Lebens.

Wie geht Sachs nun zu Werke, wenn er seine kurzen Schwänke erweitert? Anders als beim Umarbeiten dreistrophiger Erzähllieder in längere Erzählungen setzt er nicht neu an, sondern geht vom Vorhandenen aus. Das mag zunächst verwundern, denn Sachs versteht es meisterhaft, Handlungslinien knapp und in großen Zügen zu entwickeln. Dennoch gelingt es ihm meist, den gesamten Versbestand eines kurzen Schwanks neu verteilt, umgruppiert oder leicht variiert in den längeren Text zu übernehmen und somit nichts vom einmal Gedichteten ›umkommen‹ zu lassen. Die Handlung verändert er nie grundsätzlich, setzt allenfalls neue Akzente. Die Hauptfiguren bleiben erhalten, nur ihre Rollen können sich leicht verändern. Um den längeren Text mit Details anzureichern, greift Sachs gelegentlich, wie in ›Bruder Zwiebel‹,[26] auf die Vorlage, hier das ›Dekameron‹, zurück.[27] In anderen Erzählungen fügt er geschickt an vielen Stellen realistische Details ein, wie z.B. in ›Der Sprecher mit dem Rock‹,[28] wo er unter anderem ausführlich den Beruf und die Leistungen eines Sprechers und Dichters beschreibt und dessen problemgeladenes Verhältnis zur städtischen Obrigkeit thematisiert. Die meisten Ergänzungen laufen

---

[24] Goetze/Markschies, Bd. 1, S. 504–506, Nr. 178 (80 vv.). – Ebd., S. 226–228, Nr. 73 (62 vv.).

[25] Goetze/Markschies, Bd. 1, S. 542–545, Nr. 188 (120 vv.). – Ebd., S. 217–219, Nr. 69 (62 vv.).

[26] Längere Fassung: Goetze/Drescher, Bd. 2, S. 57–60, Nr. 217 (124 vv.). – Kürzere Fassung: Goetze/Markschies, Bd. 1, S. 185–187, Nr. 61 (60 vv.).

[27] Solche Rückgriffe auf die Vorlage sind – nach Geiger (Anm. 13), S. 130–132 – die Regel, wenn Hans Sachs ein Schwanklied zu einem längeren Spruchgedicht umarbeitet.

[28] Längere Fassung: Goetze/Drescher, Bd. 2, S. 507–511, Nr. 343 (150 vv.). – Kürzere Fassung: Goetze/Markschies, Bd. 1, S. 288–290, Nr. 98 (64 vv.).

darauf hinaus, den neuen Text plausibler, konkreter, oft auch dramatischer zu gestalten.

Um dies nur kurz an einem Beispiel zu verdeutlichen: ›Der Bachendieb‹ (Schinkendieb) existiert in einer kurzen Fassung von 60 Versen vom 30. Mai 1538 und einer längeren von 150 Versen vom 26. Mai 1563.[29] Sachs greift diesen Stoff also nach fast genau 25 Jahren wieder auf. Die kürzere Fassung erzählt, wie ein Mann nachts im Hause seines reichen Nachbarn aus Neid einen Schinken stehlen will, der mit vielen anderen unterm Dach über der Tenne hängt. Der Dieb steigt aufs Dach und versucht, sich durch eine Luke mit einem Haken und einem Seil einen zu angeln. Da er fürchtet, daß der schwere Schinken polternd zu Boden fallen und ihn verraten könnte, schlingt er sich das Seil um den Hals, um ihn besser halten zu können. Es gelingt ihm zwar, den Schinken mit dem Haken anzuheben, doch dessen Gewicht reißt den Dieb durch die Luke, und sein Seil wird von einem Balken aufgehalten. Da der Knoten an seinem Hals sich nicht löst, hängt auf der einen Seite des Balkens der Schinken, auf der anderen der Dieb, der angstvoll und zappelnd langsam erstickt. Am Morgen entdeckt ihn der Hausherr und verkündet seinem versammelten Hausgesinde, daß der Schinken wunderbarerweise den Dieb erhängt hat. Das wird sprichwörtlich im Dorf.

In der erweiterten Fassung bekommt dieses grimmige, sparsame Plot eine behagliche Vorgeschichte. Beide Bauern erhalten nun Namen – Heinz Meyer, Ulle Poppe – und ein detailliertes Ambiente. Heinz ist reich, weil er und seine Frau fleißig sind und ihr Sach' zusammenhalten. Ulle ist arm, weil er und die Seinen faul sind – oder wie Sachs ökonomisch und bildhaft formuliert: er *Leget oft ain gerueten arm / Zv nacht aůf ain hungrigen darm* (v. 27f.). Ulle ist zudem verschuldet und hat eine Tendenz, Dinge zu finden – meist zwei Tage b e v o r sie der Nachbar verliert (v. 33f.). Heinz ermahnt Ulle, fleißiger zu sein, und das reizt diesen zu Neid, Haß und übler Nachrede. Als Ulle sieht, daß an Fastnacht bei Heinz Schweine geschlachtet werden, beschließt er, lieber durch Diebstahl als durch Arbeit zu Nahrung zu kommen. Den versuchten Schinkenraub und die ›Hinrichtung‹ des Diebes schildert Sachs fast wörtlich genauso wie im älteren Text, denn diese Schilderung war an Präzision kaum zu überbieten. Das Makabre dieser Szene wird im jüngeren Text jedoch noch dadurch verstärkt, daß Heinz in einer zusätzlichen kleinen Schlafzimmerszene von dem Lärm in der Tat erwacht und fürchtet, es sei ein Dieb im Haus. Doch seine Frau beruhigt ihn, es seien nur die Katzen, und beide schlafen friedlich wieder ein. Die Szene am Morgen übernimmt Sachs dann fast genau aus dem älteren Gedicht. Dessen Moral: wer seinem Nachbarn eine Grube gräbt, fällt selbst hinein, wird noch um Ermahnung zum Fleiß und Warnung vor Faulheit ergänzt.

[29] Kürzere Fassung: Goetze/Markschies, Bd. 1, S. 152–154, Nr. 49. – Längere Fassung: Goetze/Drescher, Bd. 2, S. 426–430, Nr. 323.

Insgesamt legt Hans Sachs in der zweiten Fassung deutlich mehr Gewicht auf Motivation, Milieu und Kontrast, Tendenzen, die ihn auch in anderen ähnlichen Bearbeitungen leiten. Beide Fassungen zeigen, daß man Sachsens Neigung zu ›schwarzem Humor‹ nicht unterschätzen sollte. Angemerkt sei hier noch, daß Hans Sachs Reimpaarerzählungen fast immer erweitert, äußerst selten nur verkürzt.[30] Einen Sonderfall stellt die Verwandlung eines Fastnachtspiels in eine Reimpaarerzählung dar.

Der dritte Aspekt, in dem sich Hans Sachs von allen voraufgehenden Schwankautoren unterscheidet, ist, daß er Schwänke sowohl als Reimpaarerzählungen bietet wie auch auf der Bühne als Fastnachtspiel ›erzählt‹. Ansätze dazu finden sich vereinzelt schon im 15. Jahrhundert, etwa unter den Rosenplütschen Fastnachtspielen[31] oder bei Hans Folz.[32] Doch erst Sachs scheint solchen Transfer in größerem Umfang innerhalb des eigenen Werkes unternommen zu haben: Etwa zehn seiner Fastnachtspiele decken sich inhaltlich mit seinen Schwankerzählungen. Auch dies ist kein isoliertes Phänomen in seinem Werk, denn zahlreiche andere Stoffe hat er sowohl als *tragedi/comedi* wie auch als *histori* (und/oder Meisterlied) behandelt. Was Sachs visuell im Spiel darstellen konnte, war durch die noch schwachentwickelten Möglichkeiten des zeitgenössischen Theaterapparates arg beschränkt. Auch die Spiele sind daher hauptsächlich auf das Wort, d.h. Monolog, Dialog usw., angewiesen.

Um dies wiederum an zwei Beispielen nur kurz zu umreißen: den Schwank vom Doktor mit der großen Nase (Quelle: Johannes Pauli, Schimpf und Ernst, Nr. 41) hat Hans Sachs mehrfach behandelt: zuerst, am 14. Dezember 1545, in einem Meisterlied von 60 Versen, später, am 14. August 1559, in einer Reimpaarerzählung von 100 Versen und schließlich, am 13. Dezember 1559, in einem Fastnachtspiel von 340 Versen.[33] Die Fabel, wie sie das Meisterlied quellengetreu erzählt, ist einfach und klar: Ein französischer Abt hat einen Doktor, d.h. einen gelehrten Lehrer, eingeladen, der eine große Nase hat. Als man bei Tisch sitzt, lacht der Narr des Abtes und fragt den Doktor, wieso er diese riesengroße rote Nase habe. Peinliche Stille. Darauf läßt der Abt den Narren zum Saal hinauswerfen. Der Narr kehrt jedoch zurück, will den Fauxpas wiedergutmachen und fragt den Doktor, woher er sein niedliches Kindernäschen

---

[30] So z.B. die Fabel von Spinne und Zipperlein (Goetze/Markschies, Bd. 1, Nr. 84 und 121) oder die Erzählung von den Krebsen im Esel (Goetze/Drescher, Bd. 2, Nr. 307 und 380).

[31] Vgl. Ingeborg Glier, Rosenplütsche Fastnachtspiele, in: ^{2}VL Bd. 8, 1990, Sp. 211–232, hier Sp. 222–224 u. 227–230.

[32] Johannes Janota, Hans Folz, in: ^{2}VL Bd. 2, 1980, Sp. 769–793, hier Sp. 779–782.

[33] Meisterlied: Goetze/Drescher, Bd. 4, S. 12f., Nr. 247 (im Hofton Marners). – Reimpaarerzählung: Goetze/Drescher, Bd. 2, S. 221–224, Nr. 263. – Fastnachtspiel: Hans Sachs, Sämtliche Fastnachtspiele, in chronologischer Ordnung nach den Originalen hg. v. Edmund Goetze, Bd. 1–7, Halle a.d.S. 1880–1887 (NDL 26f., 31f., 39f., 42f., 51f., 60f., 63f.) [Bd. 1: ^{2}1920, Bd. 2: ^{2}1957], Bd. 7, S. 113–125, Nr. 83. Diese Ausgabe im folgenden zitiert: Goetze.

habe. Größere Peinlichkeit. Der Abt läßt den Narren zur Tür hinausprügeln. Dieser kanns immer noch nicht lassen, kehrt abermals zurück und erklärt dem Doktor, ihm – dem Narren – sei ganz gleich, was jener für eine Nase habe, ja ob er überhaupt eine habe. Darauf wird der Narr noch schlimmer verprügelt. Moral: man soll nicht alles und jedes ›beschnattern‹ (v. 54), Schweigen ist besser.

Da Hans Sachs das Meisterlied im Hofton Marners verfaßt hat, muß er den Text für die Reimpaarfassung weitgehend umformulieren, behält aber den Gang der Handlung ziemlich getreu bei. Nur ist hier aus dem französischen ein mächtiger bayerischer Abt geworden (dessen Namen und Lokalisierung explizit verheimlicht werden, v. 2). Die erste Frageszene ist breiter ausgeführt als die beiden folgenden. Der Schematismus der Episodenfolge, welcher dem vieler spätmittelalterlicher Mären gleicht, bleibt jedoch erhalten. Die abschließende Lehre wird gegenüber dem Meisterlied um eine kurze Reflexion über Wahrheit und Lüge erweitert. Das Schweigegebot bezieht Hans Sachs schließlich auf sich selbst als Dichter – in deutlicher Analogie zum Narren – und verwendet dies hier zu einem eleganteren Abschluß samt Verfassersignatur als sonst.

Im Fastnachtspiel schließlich behält Hans Sachs die drei Wortpointen und jeweilige Bestrafung des Narren bei, doch gestaltet er nun ein ergötzliches und tiefsinniges kleines Konversationsstück, d.h., er bricht die eine große Rahmenszene bei Tisch in mehrere kurze vor Tisch auf. Aus dem Abt ist nunmehr ein kultivierter, reicher Landedelmann im Nürnbergischen geworden, aus dem Doktor ein Ausbund an Gelehrsamkeit und Höfischkeit, beide sind seit langem befreundet. Sie treten immer wieder ab, um das neugebaute Schloß des Hausherren oder seine Bibliothek zu besichtigen (die Beschreibung der letzteren klingt verdächtig nach Hans Sachsens gesammelten Werken und seinem Generalregister!). Die Hauptrolle spielt jedoch eindeutig der Narr, nicht nur mit seinen frechen Fragen und Kommentaren, sondern immer wieder auch in Monologen oder in Dialogen mit dem Reitknecht Fritz, in denen er respektlos, verwirrt oder philosophisch laut nachdenkt: über Größe und wie man ihr zu begegnen habe, über Wahrheit-Sagen und Lügen. Der Narr spricht schließlich auch den Epilog, und hier identifiziert sich Hans Sachs nun direkt mit dieser Figur, ein Zeichen, daß er durchaus auch selbstkritisch über sein eigenes Dichten reflektiert hat.

Das zweite Beispiel ist das Fastnachtspiel vom Kälberbrüten (330 vv.) vom 7. Oktober 1551, das Hans Sachs später – diesmal umgekehrt – am 9. November 1557 in eine Schwankerzählung (170 vv.) verwandelte.[34] Das Chaos, das im

[34] Fastnachtspiel: Goetze, Bd. 3, S. 86–98, Nr. 34. – Reimpaarerzählung: Goetze/Markschies, Bd. 1, S. 506–511, Nr. 179.

ersten Teil des Spiels ›off stage‹ ausbricht, kann nur in Monologen, später Dialogen mehrfach beschrieben, nicht aber visuell dargestellt werden. Eine Bäuerin geht früh am Morgen in die Stadt zum Markt und befiehlt ihrem einfältigen Mann, das Vieh zu versorgen und das Essen zu kochen. Doch er verschläft und kann das Vieh – da der Gemeindehirt längst vorbeigezogen ist – nur noch in den Gemüsegarten treiben. Im Haus ist inzwischen der Teufel los: die Suppe übergelaufen, das Kraut angebrannt, und die Katze hat das Fleisch gefressen. In seiner Wut erschlägt der Bauer die Katze und hofft, daß wenigstens das Vieh im Gemüsegarten gut Futter hat. Doch das Kalb ist inzwischen in den Brunnen gefallen und ertrunken. In seiner Not, seiner Frau wenigstens diesen Verlust zu ersetzen, kommt dem Bauern die genial absurde Idee, – wie Gänse und Hühner aus Eiern Küken – aus den Maden in Käselaiben Kälber auszubrüten. Also hockt er sich im Dunkel des Dachbodens auf einen Korb mit Käsen. Als seine Frau zurückkehrt und ihn schließlich findet, antwortet er auf alle ihre Fragen – szenisch wirkungsvoll – immer nur »Pff« und »Ch, ch« (v. 143ff.) wie eine Gans. In ihrer Not holt die Frau den Pfarrer, der schließlich einen komischen Exorzismus veranstaltet. Es kommt fast zu einer Prügelei zu dritt. Doch dann versöhnt sich das Paar halbwegs und beschließt das Ganze mit Wein – und Käse![35]

Wenn Hans Sachs diesen Stoff als Schwankmäre faßt, bleiben die Ereignisse im wesentlichen unverändert. Doch er arrangiert die häuslichen Katastrophen am Anfang anders und wirkungsvoller und motiviert sie auch einleuchtender. Im zweiten Teil dämpft er hingegen den szenischen Klamauk und arbeitet in langsamer Steigerung auf das abschließende groteske Geständnis des Bauern hin. Danach verhindert der Pfarrer hier nur eine eheliche Prügelei, doch das Paar versöhnt sich nicht. Die knappe Moral am Schluß bleibt eigentümlich ambivalent: Sie projiziert lebenslange Strafe für den Bauern, aber auch eine Art von Mitleid des Dichters mit ihm.

Diese letzten beiden Beispiele von Schwänken aus dem und um den Bereich des Fastnachtspiels, ›Der Doktor mit der großen Nase‹ wie ›Das Kälberbrüten‹, demonstrieren wohl besonders klar, wie souverän Hans Sachs das Potential seiner verschiedenen ›Medien‹ beherrschte und zu nutzen verstand.

Abschließend möchte ich eine zentrale Frage wenigstens noch anschneiden, nämlich: Wie und wo ordnet sich Hans Sachs im weiten Bereich der kleinen Erzählformen des 15. und 16. Jahrhunderts ein? Dabei ist einmal zu betonen, daß Sachs in formaler Hinsicht ausgesprochen rückwärtsgewandt, ja sogar altmodisch ist. Die große Mehrzahl seiner Erzählquellen (Boccaccio, ›Eulenspie-

---

[35] Zur Tendenz dieser Abschlüsse vgl. Barbara Könneker, Die Ehemoral in den Fastnachtspielen von Hans Sachs, in: Hans Sachs und Nürnberg, hg. v. Horst Brunner, Gerhard Hirschmann u. Fritz Schnellbögl, Nürnberg 1976 (Nürnberger Forschungen 19), S. 219–244, hier S. 223, 228 u.ö.

gel‹, Johannes Paulis ›Schimpf und Ernst‹ usw.) ist in Prosa abgefaßt, er nun versifiziert sie so beharrlich, vehement und vielfältig wie kein anderer Autor im 16. Jahrhundert. Auf dem Gebiet der Erzählung aber gehört die Zukunft der Prosa und nicht den Reimpaaren oder gar dem Meisterlied. Zu seinen Lebzeiten und auch noch in den Jahrzehnten danach fand Hans Sachs beim Publikum offenbar großen Anklang. Die fünfbändige Nürnberger Folioausgabe seiner Reimpaargedichte (einschließlich der Dramen) muß, nach der Zahl der Auflagen zu urteilen, ein beachtlicher Erfolg gewesen sein. Sie wurde auch 1612–1616 leicht bearbeitet in Kempten noch einmal gedruckt. Doch dann wird es lange still um Hans Sachs. Für einen Barockdichter wie Gryphius sind er und seinesgleichen nur noch komische Figuren (›Peter Squenz‹).

Hätte Hans Sachs dann aber – andersherum gefragt – einen Platz in Hanns Fischers ›Studien zur deutschen Märendichtung‹[36] finden müssen? Diese Frage ist viel schwieriger zu beantworten als die entsprechenden, ob Sachs in eine Untersuchung über den Meistersang, die Fastnachtspiele, die Fabel oder die Minnereden hineingehört. Denn zum einen kann niemand bezweifeln, daß Sachsens Werk in der Geschichte des Meistersangs und des Fastnachtspiels eine dominierende, in der der Fabel eine wichtige Rolle spielt. Zum andern macht z.B. seine häufig und geradezu leitmotivisch wiederkehrende Ermahnung: *Und spar dein lieb biß in die eh, / dann hab ain lieb und kaine meh!* überdeutlich, daß man mit seinem Werk »einen historischen Schlußstrich unter die Gattung Minnereden ziehen kann«.[37] Für die Erzählungen und Schwänke ergeben sich in dieser Hinsicht größere Probleme.

Stoffe aus dem Erzählrepertoire seiner spätmittelalterlichen Vorgänger nimmt Hans Sachs nur vergleichsweise selten auf. Seine Bearbeitungen fallen dabei trotz ähnlicher Tendenzen recht unterschiedlich aus. Dafür nur zwei Beispiele: Hans Rosenplüts ›Die Tinte‹[38] liegt dem Erzähllied ›Der Mönch und das Tintenglas‹[39] zugrunde. Obwohl Hans Sachs hier Rosenplüts besonders kurze Erzählung (von nur 114 vv.) auf 60 Verse zusammendrängt, widmet er ein Drittel dieses Liedes einer zusätzlichen, selbsterfundenen Vorgeschichte, die stringent motiviert, warum sich Bürgersfrau und Mönch im Kloster (hier mit Sachsens gewohnter Präzisierung: im Leipziger Thomanerkloster, v. 2) zur Liebesnacht treffen. Bei einem früheren Rendezvous im Hause der Frau wurden sie von deren Ehemann überrascht. Dieser verprügelte seine Frau und warf den

[36] Hanns Fischer, Studien zur deutschen Märendichtung, Tübingen 1968, 2. Aufl. besorgt von Johannes Janota, Tübingen 1983.

[37] Ingeborg Glier, Artes amandi. Untersuchung zu Geschichte, Überlieferung und Typologie der deutschen Minnereden, München 1971 (MTU 34), S. 351–356, hier S. 355.

[38] Hans Rosenplüt, Die Tinte, in: Die deutsche Märendichtung des 15. Jahrhunderts, hg. v. Hanns Fischer, München 1966 (MTU 12), S. 174–177.

[39] Goetze/Drescher, Bd. 4, S. 364f., Nr. 485 (vom 24. April 1548, in Paul Kreleins Mönchsweise).

Mönch die Treppe hinab. Wie bei Rosenplüt erwischt auch bei Sachs die kurzfristig in der Zelle alleingelassene Frau statt des Rosenwassers aus Versehen Tinte, reibt sich damit ausgiebig ein und wird von ihrem von der Mette zurückkehrenden Liebhaber samt seinen Mitbrüdern entsetzt für den Teufel gehalten. Doch während Rosenplüt das darauf folgende Tohuwabohu geschickt nutzt, das Delikt zu verschleiern, läuft bei Sachs alles auf eine erneute massive Bestrafung des Paares hinaus: Die Frau bezieht wieder Prügel, der Mönch diesmal auch und wird zudem ein Jahr ins Gefängnis geworfen. Rosenplüts hintersinnige Komik, relativ nuancierte Figurenzeichnung und das eigentümliche Spannungsverhältnis, das bei ihm zwischen Erzählung und Moralisatio besteht, sind verschwunden und werden auf der Erzählebene durch klare Symmetrie und größere moralische Eindeutigkeit ersetzt. Obwohl Sachs – trotz des geringeren Umfangs – eine handlungsreichere und abgerundetere Erzählung bietet, bleibt er im Anspruch und in der Komplexität des Erzählens deutlich hinter seinem Vorbild zurück.

Mit wenigen gezielten Änderungen gelingt es Hans Sachs jedoch z.B. anderweit, aus einem älteren Exempel eine geschlossene, witzige Erzählung zu gestalten. Die verbreitete Geschichte vom Mann, Sohn und Esel, die auf Deutsch wohl erstmals in Ulrich Boners ›Edelstein‹[40] erscheint, demonstriert bildhaft, daß es niemand allen Leuten recht machen kann. Gleichgültig, ob Vater und Sohn nacheinander je einzeln oder gemeinsam auf dem Esel reiten oder ob keiner von beiden reitet, sie werden immer kritisiert, so daß sie endlich beschließen, den Esel zu tragen und erst recht verspottet werden. Hans Sachs fügt in seinem ›Waldbruder mit dem Esel‹[41] wiederum eine knappe Vorgeschichte hinzu: Der Vater, ein alter Einsiedler, hat sich vor langen Jahren mit seinem Sohn angewidert von der Welt zurückgezogen, weil es dieser niemand recht machen kann. Nun besteht der unerfahrene zwanzigjährige Sohn darauf, diese Welt kennenzulernen. Auf dem Wege dahin begegnet Vater, Sohn und ihrem Esel mehr oder weniger das gleiche wie im alten Exempel, nur daß Sachs noch ein drastisches Nachspiel anschließt: Vater und Sohn erschlagen den Esel kurzerhand, wofür sie abermals beschimpft werden. Dann ziehen sie sich wieder in ihren Wald zurück. Der Sohn ist von seinem Streben zur Welt nachhaltig befreit. Sachsens Zusätze ändern nichts an der Lehre des alten Exempels; eine ungewöhnlich lange Moralisatio unterstreicht sie eher noch. Dennoch gelingt es ihm mit wenigen kräftigen Strichen, ein Exempel in eine abgerundete und pointierte komisch-exemplarische Erzählung zu verwandeln, die den Vergleich mit spätmittelalterlichen Vorläufern nicht zu scheuen braucht.

---

[40] Ulrich Boner, Der Edelstein, hg. v. Franz Pfeiffer, Leipzig 1844 (Dichtungen des deutschen Mittelalters 4), S. 86–89, Nr. 52. – Vgl. auch Klaus Grubmüller, Meister Esopus. Untersuchungen zu Geschichte und Funktion der Fabel im Mittelalter, München 1977 (MTU 56), S. 301, 314.

[41] Goetze/Markschies, Bd. 1, S. 50–54, Nr. 14 (vom 6. Mai 1531).

An einzelnen Beispielen läßt sich immer wieder zeigen, daß Hans Sachs einerseits das Werk spätmittelalterlicher Erzähler in direkter Linie fortsetzt, wenn auch auf seine Weise und nicht in jedem dieser Fälle auf höherem Niveau. Man könnte ferner argumentieren, daß er – nicht durchweg, aber häufig – etwa nuancenreiche Novellen Boccaccios geschickt in dem einfacheren einheimischen Märenstil neu erzählt.[42] Doch solche deutlich erkennbaren Kontinuitäten können nicht darüber hinwegtäuschen, daß sich andererseits im Werk des Hans Sachs gegenüber denen seiner spätmittelalterlichen Vorläufer einiges entscheidend verändert hat, nicht nur quantitativ, sondern vor allem gattungstypologisch und strukturell. Während sich Schwänke (oder Mären allgemein) als Gruppe etwa beim Stricker, bei Heinrich Kaufringer, Hans Rosenplüt und Hans Folz relativ problemlos ausgrenzen lassen, stößt man damit bei Hans Sachs auf erhebliche Schwierigkeiten. Es wäre zwar denkbar, aus seinen Reimpaarerzählungen eine Gruppe von ›Schwänken‹ auszusondern, die den spätmittelalterlichen Schwankmären vergleichbar sind. Dabei könnte zunächst – wenn auch nur provisorisch – die einstweilen noch völlig ungeklärte Frage offenbleiben, wie sich diese ›Schwänke‹ zu den (ernsthaften) Reimpaarerzählungen verhalten, die Sachs unter *histori* subsumiert. Nicht ignorieren lassen sich dabei freilich Typenkonstellationen, wie ich sie oben umrissen habe. Denn anders als bei all seinen Vorgängern bilden diese ›Schwänke‹ des Hans Sachs keine leicht isolierbare Gruppe, sondern sind Teil eines für ihn typischen neuen Kontinuums von Erzählformen, das vom Meisterlied über Minischwänke und ›Schwankmären‹ bis zum Fastnachtspiel reicht. Welche Erzählform der einzelne Stoff erhält, richtet sich hier offenbar stark nach der Art von Publikum, die er erreichen sollte.

Um auf die oben gestellte Frage zurückzukommen: Sachsens ›Schwänke‹ werfen zu viele neue Probleme auf, als daß Hanns Fischer sie seinen ›Studien‹ sinnvoll hätte integrieren können. Diese ›Schwänke‹ (samt Sachsens anderen Reimpaarerzählungen) bedürften vielmehr einer eigenen eingehenden und umfangreichen Untersuchung. Für diese freilich bilden Fischers ›Studien zur deutschen Märendichtung‹ eine historisch unabdingbare Voraussetzung.

Bestand zu Anfang des Spätmittelalters die literarische Revolution im Werk des Stricker im Auftauchen vieler neuer Gattungen und Typen,[43] so ist das Neue und Einmalige bei Hans Sachs, wie durchlässig solche Gattungen und Typen nunmehr für Stoffe wie Themen geworden sind. Das geht im Extremfall bis hin zur wörtlichen Identität von Meisterlied und Reimpaargedicht, wobei Sachs jedoch theoretisch (Generalregister) und praktisch (sangbar/nicht

---

[42] Zu Sachsens Bearbeitungstendenzen u.a.: Johannes Isenring, Der Einfluß des Decameron auf die Spruchgedichte des Hans Sachs, Diss. Genf 1962.

[43] Glier (Anm. 9), S. 20f.

sangbar)[44] an ihrer Differenz durchaus festhält. So ist es in mancher Hinsicht berechtigt, Hans Sachs als den »Erbwalter des Mittelalters in dreizehnter Stunde«[45] zu betrachten. In seinem Rang als Erzähler steht er jedoch den vier großen Märendichtern des Spätmittelalters – dem Stricker, Kaufringer, Rosenplüt und Folz – mindestens ebenbürtig zur Seite, in der Vielseitigkeit des Erzählens übertrifft er sie bei weitem.

---

44 Auch mit der getrennten ›Buchführung‹ von Meistersangbänden und Spruchgedichtbüchern.

45 Fischer (Anm. 36), S. 1.

Dieter Kartschoke

Vom erzeugten zum erzählten Lachen

Die Auflösung der Pointenstruktur in Jörg Wickrams ›Rollwagenbüchlein‹

I.

Jörg Wickram hat die erste Auflage seines ›Rollwagenbüchleins‹[1] von 1555 mit einem Dedikationsvorwort versehen, in dem er mehrfach die Harmlosigkeit und Unanstößigkeit der von ihm erzählten Schwänke und Historien betont. Es handele sich um ein Büchlein, *welchs auch vor menigklich on allen anstoß mag gelesen werden* (5,29f.). Solche denn auch wirklich befolgte Zurückhaltung und Dezenz hat dem Autor den Ruf eingetragen, ein rechter Langweiler zu sein. Noch das 19. Jahrhundert hat ihm dafür lebhaft Beifall gespendet, und schon die Zeitgenossen des angeblich so grobianischen Jahrhunderts haben wohl ähnlich gedacht. Die große Zahl der Nachdrucke und Neuauflagen bis 1613 spricht eine deutliche Sprache: Man zählt siebzehn verschiedene Auflagen und rechnet damit, daß ihre Zahl noch wesentlich höher lag.[2]

Der Erstausgabe folgten die Nachahmer auf den Fuß: Jacob Frey 1557, Martinus Montanus 1557, Michael Lindener 1558, Valentin Schumann 1559, Bernhart Hertzog 1560 und 1563 Hans Wilhelm Kirchhof, dessen gleichsam enzyklopädisches Unternehmen erst im 17. Jahrhundert zum Abschluß kam. Auch Bebels ›Facetiae‹ wurden erst 1558 vollständig ins Deutsche übertragen und reihen sich damit in die überraschend einsetzende, dichte Folge solcher Sammlungen schwankhafter Kleinprosa ein. Das ist ein deshalb so erstaunlicher Vorgang, weil die erste deutsche »Sammlung kurzer, großenteils schwankhafter Erzählungen«,[3] Johannes Paulis ›Schimpf und Ernst‹, schon 1522 im Druck erschienen war und bis 1555, dem Jahr der ersten Ausgabe des ›Rollwagenbüchleins‹, nicht weniger als vierundzwanzig (teilweise auch stärker bearbeitete) Neuauflagen erlebt hatte.[4] Weniger erstaunlich ist, daß Paulis Sammlung

[1] Zitiert nach: Hans-Gert Roloff (Hg.), Georg Wickram, Sämtliche Werke. Siebenter Band: Das Rollwagenbüchlein, Berlin/New York 1973 (Ausgaben deutscher Literatur des XV. bis XVIII. Jahrhunderts).

[2] Roloff (Anm. 1), S. 314.

[3] Johannes Bolte (Hg.), Johannes Pauli, Schimpf und Ernst. Erster Teil: Die älteste Ausgabe von 1522, Berlin 1924, S. *22.

[4] Johannes Bolte (Hg.), Johannes Pauli, Schimpf und Ernst. Zweiter Teil: Paulis Fortsetzer und Übersetzer/Erläuterungen, Berlin 1924, S. 141ff.

auch nach 1555 noch auf breite Nachfrage stieß und weiterhin – zwischen 1555 und 1560 sogar jährlich – neu aufgelegt wurde.

Auch wenn in der Gesamtbilanz des 16. Jahrhunderts keine der sog. Schwanksammlungen sich mit dem Verbreitungs- und Bekanntheitsgrad von ›Schimpf und Ernst‹ messen kann, so hat dennoch nicht Johannes Pauli, sondern Jörg Wickram Epoche gemacht. Zwar blieb ›Schimpf und Ernst‹ das immer erneut ausgebeutete Reservoir exemplarischer und schwankhafter Kleinerzählungen, an dem in lebendiger Rezeption weitergearbeitet, das verändert, gekürzt und auch wieder erweitert wurde; der Rollwagen jedoch lieferte das Gütesiegel, das in der Folgezeit auch andere sich anzuheften beliebten. »Wie Frey die ›Gartengesellschaft‹ den ›andern Teil des Rollwagenbüchleins‹ nennt, so Montanus den ›Wegkürzer‹ ›das dritte theil des Rollwagens‹.«[5] Der Grund dafür kann nicht allein im Wickramschen Programm der Wohlanständigkeit gelegen haben, das die Nachfolger zwar zitieren, gegen das sie aber nicht selten auf das derbste verstoßen. Jacob Frey[6] versichert treuherzig, er habe *auch nichts, so ungeschicklichs oder ungebürlichs vor erbaren frawen oder junckfrawen zůreden were, hieher setzen noch anziehen wöllen* (6,26ff.); und doch »enthält das Buch nach späterem Geschmack viele Unanständigkeiten«.[7] Montanus, Lindener und Schumann galten den Literaturwissenschaftlern des 19. Jahrhunderts als ausgemachte Ferkel. Schumann werde »widrig bei den unsauberen Geschichten, die er mit roher Unbefangenheit vorträgt«;[8] Lindener sei schlechthin »unflätig«;[9] und Montanus bediene sich »der allerunsaubersten Ausdrücke und schildert geschlechtliche Dinge mit einer Ausführlichkeit, daß man erstaunt, wie er von seinem Büchlein sagen mag, es könne die Halbtoten erfreuen und es werde darin Gottes ermahnt.«[10]

Was aber war dann der Grund für die große Popularität des ›Rollwagenbüchleins‹? Was war das tatsächlich Neue oder doch als neu Empfundene, das die Leser faszinierte und die Nachahmer inspirierte? Offenbar hat Wickram ein Lesebedürfnis getroffen, das bislang nicht bedient worden war; und ganz zweifellos hat er damit auch eine Leserwartung geweckt, der seine Nachfolger und Nachahmer auf ihre Weise bei allen Unterschieden im einzelnen gerecht werden mußten und gerecht werden wollten. Man hat diese Frage bislang nie gestellt, sondern sich mit dem literaturgeschichtlichen Faktum zufriedenge-

---

[5] Hans Rupprich, Die deutsche Literatur vom späten Mittelalter bis zum Barock. Zweiter Teil: Das Zeitalter der Reformation 1520–1570, München 1973 (de Boor, LG, Bd. 4/2), S. 170.

[6] Johannes Bolte (Hg.), Gartengesellschaft (1556), Stuttgart 1896 (StLV 209).

[7] Rupprich (Anm. 5), S. 169.

[8] Karl Goedeke, Grundrisz zur Geschichte der deutschen Dichtung aus den Quellen. Zweite ganz neu bearbeitete Auflage. Zweiter Band: Das Reformationszeitalter, Dresden 1886, S. 470.

[9] Ebd., S. 468.

[10] Ebd., S. 466.

geben; wie denn überhaupt die textanalytischen Bemühungen um Wickrams ›Rollwagenbüchlein‹ mit ganz wenigen Ausnahmen auf die allgemeinen Charakteristiken in Vor- und Nachworten der wissenschaftlichen und populären Ausgaben begrenzt blieben. Auch die folgenden Überlegungen können diese Lücke nicht schließen, sondern konzentrieren sich, nach einigen eher referierend gehaltenen einleitenden Bemerkungen, auf ein erzähltechnisches Problem, das aber doch einen zentralen Punkt auch der Gattungsdiskussion berührt.

II.

Wickram hatte in der Widmungsvorrede des ›Rollwagenbüchleins‹ an *Martin Neuen / Burger unnd Wirdt zů der Blůmen zů Colmar* versichert, er habe sein Büchlein *allein von gůter kurtzweil wegen an tag geben / niemants zů underweysung noch leer / auch gar niemandt zů schmach / hon oder spott / wie ir dann selbs wol sehen unnd lesen werden* (5,16ff.). Das war zunächst einmal topische Demutsgebärde dem unmittelbar vorangehenden Schriftzitat gegenüber:

> dann silber und gold hab ich nit / aber was ich hab das gib ich / also sagt der heilig Petrus in Actis am iij. Cap. Nicht daß ich diß mein schlecht und unachtbares bůchlein / oder mich / dem lieben Petro oder seinem heiligen wort vergleichen wölle. Dann diß mein bůchlein allein von gůter kurtzweil wegen an tag geben (5,13ff.).

Erst in zweiter Linie ist diese Aussage auch bewußte Selbstbehauptung vor Johannes Pauli, der mit seinen *ernstlichen und kurtzweiligen Exemplen, Parabolen und Hystorien, nützlich und gůt zů Besserung der Menschen* (Titel) wirken wollte. Gegen solche Funktionsbestimmung und solchen autoritativen Anspruch stellt Wickram seinen sehr viel bescheideneren Zweck, lediglich Kurzweil bereiten zu wollen. Freilich bleibt dies bloße Behauptung, die in vielen Erzählungen des ›Rollwagenbüchleins‹ durch die angefügte Lehre widerlegt wird. Dieser Widerspruch hat unterschiedliche Erklärungen gefunden. Entweder hat man ihn bagatellisiert – »Wenngleich Wickram im vorworte erklärt keinen pädagogischen oder satirischen zweck zu verfolgen, so liegt es doch im charakter der zeit wie des autors, dass trotzdem hie und da auf die sich ergebende lehre hingewiesen wird«[11] –, oder man hat ihn problematisiert: »Diese Stelle aus der Widmungsvorrede ist nicht etwa deshalb so wichtig, weil in ihr die Absicht des

[11] Johannes Bolte (Hg.), Georg Wickrams Werke. Dritter Band (Rollwagenbüchlein. Die sieben Hauptlaster), Tübingen 1903 (StLV 229), S. XI (Hervorhebung weggelassen). – Fast wörtlich wiederholt Rupprich (Anm. 5), S. 169, dieses Urteil: »Obgleich Wickram erklärt, nur der Unterhaltung dienen zu wollen und keinen pädagogischen oder satirischen Zweck zu verfolgen, so liegt es im Charakter der Zeit und des Autors, gelegentlich doch auf die sich ergebende Lehre hinzuweisen.«

Autors, jede Lehrhaftigkeit zu vermeiden, recht unverblümt ausgesprochen sei, sondern weil ihr eine komplexe taktische Funktion zuzumessen ist«.[12] Ich werde darauf noch zurückkommen.

Die Nachfolger Wickrams haben sich von diesem Widerspruch nicht abschrecken lassen und in ihren Vorreden auch von sich behauptet, sie erzählten allein um des Vergnügens ihrer Hörer und Leser willen, obwohl auch sie – und dies sogar in zunehmendem Maße – die alte Moralisatio, die Wickram, zwar inkonsequent, aber doch in vielen Fällen seinen Erzählungen ferngehalten hatte, wieder einführten. Kirchhof[13] ist schließlich ohne Vorbehalt zum traditionellen Verständnis exemplarischer und schwankhafter Kurzprosa zurückgekehrt. Schon die Titelformulierungen der sieben Teile seiner Sammlung enthalten den nachdrücklichen Hinweis auf das jedem Text angehängte Morale in Versen: *iederm besonderen ein morale zuerclern angehengt* (Erstes Buch), *Mit angehengten morale und erklärung, rithmis verfasset* (Zweites Buch), *Mit angehengten morale, erklärung und rithmis verfaßet* (Drittes und Viertes Buch), *deren iederm ein morale, rithmis verfaßet, angehengt* (Fünftes Buch), *iedes durch ein angehengtes morale erkleret* (Sechstes Buch), *alles durch erklärung eines morale menniglich mit lust, nutz und gut zu lesen* (Siebentes Buch). Wie immer diese moralischen Schlußfolgerungen und ›Erklärungen‹ im einzelnen auch aussehen – eine genauere Analyse würde sich auch hier lohnen –, deutlich ist, daß Kirchhof eine Praxis fortführt und pedantisch systematisiert, die auch seine Vorgänger wieder aufgenommen, aber sehr viel lockerer gehandhabt hatten. Offenbar war das Bedürfnis allzu stark, den einzelnen und teilweise sehr unterschiedlichen Erzählungen einen formal identischen Abschluß und damit eine feste Struktur zu geben, die sie mit dem Verzicht auf belehrende oder kommentierende Schlußwendungen zu verlieren drohten.

Wickram hat mit seinem Büchlein, *allein von gůter kurtzweil wegen an tag geben*, auch auf dem Feld der epischen Kleinprosa ein autonomes Erzählinteresse freigesetzt. Das war neu, da die humanistische Übersetzungsliteratur und die lateinische Facetienprosa, die diesen Schritt schon lange vor Wickram vollzogen hatten, aus unterschiedlichen Gründen kaum Verbreitung erlangt hatten und sicher nicht unmittelbar vorbildlich für das ›Rollwagenbüchlein‹ waren. Selbst das Bekannte und Zugängliche fand zunächst nur sehr zögerlich Aufnahme und führte noch kaum zu produktiver Verarbeitung. Die eigenartig verspätete Rezeption Boccaccios in Deutschland ist dafür höchst kennzeichnend.[14] Erst seit 1535 erfährt die Übersetzung des ›Dekameron‹ von Heinrich

[12] Hauke Stroszeck, Pointe und poetische Dominante. Deutsche Kurzprosa im 16. Jahrhundert, Frankfurt a.M. 1970, S. 105 (Hervorhebung weggelassen).

[13] Hermann Oesterley (Hg.), Wendunmuth von Hans Wilhelm Kirchof, Stuttgart 1869 (StLV 95–99).

[14] Denes Monostory, Der ›Decamerone‹ und die deutsche Prosa des XVI. Jahrhunderts, The Hague/Paris 1971.

Schlüsselfelder einige Neuauflagen.[15] Vor dem ersten Erscheinen des ›Rollwagenbüchleins‹ waren fünf Neudrucke erfolgt (1535, 1540, 1545, 1547 und 1551), die ihrerseits ein zunehmendes Interesse an derartiger Kleinepik in Prosa dokumentieren. Die produktive Rezeption verläuft dagegen bis zu Wickram in durchaus konventionellen Bahnen. Boccaccios Novellenstoffe fungieren als Exempla (Pauli Nrr. 57, 220, 228, 678) oder werden, wo überhaupt man auf sie zurückgreift, auf das mehr oder minder dürre Handlungsgerüst reduziert (›Schertz mit der Warheyt‹ Nrr. 53, 54, 55, 76, 105, 106, 120, 169). Das läßt in der Tat auf eine »vollkommene Fremdheit«[16] schließen, mit der die deutschen Autoren der italienischen Renaissancenovelle gegenüberstanden. Zudem handelt es sich um einen zahlenmäßig so geringen Anteil an der literarischen Gesamtproduktion, daß von einem Einfluß Boccaccios auf die deutsche Literatur in der ersten Hälfte des 16. Jahrhunderts schlechterdings nicht gesprochen werden kann. Man wird dafür kaum die oft beklagte Qualität der deutschen Übersetzung verantwortlich machen können – immerhin hat sie ja doch ihre Leser gefunden –, vielmehr muß ein tiefer sitzendes Unverständnis ihre literarische Aneignung verhindert haben.

Was in der deutschen Literaturgeschichte allzu vereinfachend ›Schwanksammlung‹ genannt wird, ist im Verständnis ihrer Autoren (und Drucker) ein Quodlibet unterschiedlichster Provenienzen. Es wird geradezu zur literarischen Konvention, die Vielfalt der Erzählformen und Erzählinhalte auf den Titelblättern und in den Vorreden und Widmungsschreiben zu annoncieren. Pauli spricht von *kurtzweiligen Exemplen, Parabolen und Hystorien* (Titel); Wickram – im Sinne seiner Erzählabsicht – von *vil gůter schwenck und Historien* (Titel); Jacob Frey preist seine ›Gartengesellschaft‹ an als Ort, *darinn vil frölichs gesprechs, Schimpff reden, Spaywerck vnd sunst kurtzweilig bossen, von Historien vnd Fabulen, gefunden werden* (Titel). Montanus[17] legt sich auf einen einzigen Terminus fest, den er durch entsprechende Epitheta differenziert: *vil schöner, lustiger, kurtzweiliger vnnd schimpffiger Hystorien* (Titel des zweiten Teils). Lindener[18] differenziert dagegen wieder terminologisch, wenn er im Titel des ›Rastbüchleins‹ *schöne kurtzweilige, lächerliche unnd lustige Bossen und Fabeln, welche historien gleich sein*, ankündigt. Und er parodiert solche Kennzeichnungen im Titel des ›Katzipori‹, *darinn newe mugken, seltzame grillen, unerhörte tauben, visierliche zot-*

[15] Vorangegangen waren nach dem Erstdruck von 1473 (?) lediglich ein weiterer Druck von 1490 sowie zwei gekürzte Ausgaben von 1509 und 1519.

[16] Monostory (Anm. 14), S. 81.

[17] Johannes Bolte (Hg.), Martin Montanus, Schwankbücher (1557–1566), Tübingen 1899 (StLV 217).

[18] Franz Lichtenstein (Hg.), Michael Lindeners Rastbüchlein und Katzipori, Tübingen 1883 (StLV 163). – Vgl. jetzt die neue Edition von Kyra Heidemann, Bern [usw.] 1991 (Arbeiten zur Mittleren Deutschen Literatur und Sprache 1 u. 2).

ten enthalten seien. Valentin Schumann[19] verspricht im ersten Teil seines ›Nachtbüchleins‹ allen, die *gern schimflich bossen* hören oder lesen wollen, *vil seltzamer, kurtzweyliger Hystorien vnd Geschicht* (Titel) und erläutert in der Widmung an den Buchhändler Gabriel Heyn, der *geren von mancherley guten schwencken höret sagen*, er habe *ein büchlein von gůtten unnd lieblichen, auch warhafftigen geschichten, schimpflichen possen unnd auch ernstlichen sachen* (3,22ff.) zusammengetragen und *dise fablen und hystorien* (8,28f., vgl. auch 8,21), die er vor kurz oder lang kennengelernt habe, sorgfältig bearbeitet. Im übrigen zieht er die knappe Formulierung *hystorien* (4,7) vor. Genauer schließlich ist Kirchhof, der den Inhalt der ersten fünf Bücher seiner Sammlung stereotyp als *historien, schimpffreden und gleichnuß* (Titel) ankündigt, die überwiegend *auß alten und ietzigen scribenten* (Titel) gezogen und ergänzt worden seien durch Hinzufügung von *etlichen andern neuwergangenen warhafftigen aller stende geschichten* (Titel zum ersten Buch), bzw. *etlicher warhafftiger und eigener erfarung geschichten* (Titel zum zweiten bis fünften Buch).

Historien sind Erzählungen mit einem Wahrheitsanspruch, der durch Autoritäten oder durch das Gemeinschaftswissen verbürgt wird. Ihnen werden in zunehmendem Maße auch Berichte aus aktuellen Erfahrungszusammenhängen subsumiert, für deren Wahrheitsgehalt der Autor persönlich einsteht oder für die er verläßliche Zeugen beizubringen weiß. Mit den Worten Kirchhofs: *warhafftige geschichten*, die *mir sonst gůte günner mein bůch mit zůmehren, auch eygene erfarung angezeigt* (I,4). Damit kommt eines der Schlüsselwörter des 16. Jahrhunderts zur Geltung,[20] wenngleich ›Erfahrung‹ changiert zwischen Erleben und Hörensagen. Auch hier geht Wickram voran und ist seinerseits nicht der erste, der so verfährt; zwar meidet er noch das Wort *erfarung*, aber er liebt den Gestus des Authentischen, wie man seit je beobachtet und hervorgehoben hat:[21] *warend mir beid seer wolbekandt / als sy dann noch seind* (101,10f.). Er nennt Augenzeugen: *ICh hab von einem gůten gsellen gehǒrt / wǒlcher bey und mit gewesen* (107,3f.), oder beruft sich auf sichere Kunde, z.B. daß *diser Würt hernach wider reich ist worden / und noch in kurtzen jaren glaubhafftig gelebt hatt* (48,11ff.). Wickram ist – wie vor ihm schon Bebel und Tünger – besonders glaubwürdig deshalb, weil seine Erzählungen, wo immer geschichtliche Ereignisse berührt werden, »in der jüngsten vergangenheit« spielen,[22] und weil sie durchweg im

---

[19] Johannes Bolte (Hg.), Valentin Schumann, Nachtbüchlein (1559), Tübingen 1893 (StLV 197).

[20] Jan-Dirk Müller, *Curiositas* und *erfarung* der Welt im frühen deutschen Prosaroman, in: Ludger Grenzmann und Karl Stackmann (Hgg.), Literatur und Laienbildung im Spätmittelalter und in der Reformationszeit. Symposion Wolfenbüttel 1981, Stuttgart 1984 (Germanistische Symposien. Berichtsband 5), S. 252–271; ders., *Erfarung* zwischen Heilssorge, Selbsterkenntnis und Entdeckung des Kosmos, Daphnis 15 (1986), S. 307–342.

[21] Bolte (Anm. 11), S. VI, mit weiteren Beispielen für diesen Erzählgestus.

[22] Ebd., S. IX.

engeren Lebensraum und weiteren Erfahrungshorizont des Autors angesiedelt sind: »Den schauplatz der handlung bilden das Elsass und die benachbarten gegenden nordwärts bis nach den Niederlanden, südwärts bis nach Italien, östlich etwa bis Ingolstadt«.[23] Keine literaturgeschichtliche Einführung zum ›Rollwagenbüchlein‹ vergißt, auf dieses auffällige Charakteristikum hinzuweisen, obwohl es doch so neu gar nicht ist. Dennoch muß es auch zu seiner Zeit so gewirkt haben, denn Tünger war unbekannt geblieben, Bebel nur den Gebildeten zugänglich und nur der ›Ulenspiegel‹ hätte dafür vorbildlich wirken können; aber zwischen ihm und dem ›Rollwagenbüchlein‹ gibt es so gut wie keine Berührungen. Wichtig und für Autor wie Publikum sicher entscheidend war, daß die Erzählungen des ›Rollwagenbüchleins‹ auf einen verhältnismäßig kleinen und überschaubaren Ausschnitt der Welt beschränkt blieben. Das unterscheidet sie von den *Exemplen, Parabolen und Hystorien* aus ›Schimpf und Ernst‹, die die ganze Welt umfassen, und dies in zunehmendem Maße dadurch, daß in den Bearbeitungen der Sammlung Paulis bis zur Jahrhundertmitte eine Fülle den Horizont noch erweiternder Texte aus antiken und humanistischen Quellen hinzugefügt wurden.

Daraus ergibt sich ein noch weit tiefer reichender Unterschied. Die Verbindlichkeit historischer und exemplarischer Kurzerzählungen, wie sie in ›Schimpf und Ernst‹ erscheinen, liegt in ihrer immer schon vorausgesetzten Wahrheit und der durch sie vermittelten impliziten oder expliziten Lehre. Die Verbindlichkeit der Erzählungen und Schwänke des ›Rollwagenbüchleins‹ wird hergestellt durch ihre Authentizität – ganz unabhängig davon, ob sie in eine Lehre münden oder nicht. Authentisch aber werden sie nicht nur durch die Behauptung ihres Erzählers, durch seine Berufung auf eigenes Erleben, Hörensagen und verläßliche Gewährsleute, sondern auch und für die Zeitgenossen vielleicht mehr noch dadurch, daß sie auf Schritt und Tritt nachprüfbar zu sein scheinen in den Namen und Örtlichkeiten, Personen und Ereignissen. Dennoch wird die Wahrheit des Erzählten als eines wirklich Geschehenen nicht durchweg behauptet. Das wäre im Fall traditioneller Schwankmotive auch gar nicht möglich. Und wo ein wirkliches Geschehnis zugrunde liegen soll, ist es für uns heute nicht mehr nachprüfbar – mit einer höchst bedeutsamen Ausnahme. Die den durchweg heiteren Ton der Sammlung auffällig trübende Erzählung Nr. 55 wird von Wickram eingeleitet mit eben jenem Gestus der Authentizität:

> DIweil wir jetzund eben von keüffen wettungen und tauschen angefangen hand zů schreyben / ursacht mich auch ein grawsamme und gantz erschrockenliche History / so ich dann selb erlebt / auch beide personen Weyb und mann fast wol erkant hab. (110,4ff.)

---

[23] Ebd., S. IX (Hervorhebung weggelassen).

Wir wissen erst seit wenigen Jahren, daß dies die reine Wahrheit ist und daß die in Reichenweiler im Elsaß lokalisierte Geschichte von Mord und Totschlag sich tatsächlich dort und so (oder so ähnlich) zugetragen hat. In der berühmten Sammlung des Zürcher Geistlichen Johann Jakob Wick ist ein Flugblatt erhalten geblieben, das einen auf das Jahr 1553 datierten Sensationsbericht des entsprechenden Inhalts verbreitete. »Alle im Text namentlich erwähnten Personen sind historisch bezeugt: Graf Georg von Württemberg-Mömpelgard (1498–1558), Jacob Müller (in Reichenweiler 1553) sowie der Verfasser des Flugblattes Heinrich Wirri (nachweisbar 1544–1571)«.[24] Daß dieser Tatbestand so lange hat unentdeckt bleiben können, hängt damit zusammen, daß bislang nur der Titel und die Holzschnittillustration des Flugblatts publiziert waren.[25] Freilich hat Wickram den Text des Flugblatts, das er ohne Zweifel gekannt hat, nicht unverändert übernommen, sondern für seine Zwecke sehr weitgehend umstilisiert, so daß nur wenige wörtliche Parallelen erhalten blieben.[26] Dabei handelt es sich um die Deutung des Geschehens, nicht um seine willkürliche Veränderung. Zu den auffälligsten Änderungen gehört die Hinzufügung (oder Erfindung?) des Motivs für die Bluttat, von dem das Flugblatt nichts weiß. Darauf nimmt auch die neu formulierte Moralisatio Bezug:

> Wie unrecht ist es gethon eines andren gů̊t also durch geferlich tauschen an sich zů̊ bringen. Dise histori hab ich auffs kürzest hieher mů̊ssen setzen / damit menicklich ein genů̊gen hab / an dem jenigen so im vonn Gott beschert ist / das selbig nicht also inn windt schlagen / als wann er die gaben Gottes wolt verachten. Darumb lond uns semlich unerber tauschen und solch geferliche keuff vermeyden. (112,31ff.)

Es liegt nahe zu fragen, ob Wickram den Begründungszusammenhang verläßlich bezeugt oder ob er ihn als freie Fiktion nachgeliefert hat. Eine Erfindung widerspräche unserm Verständnis von Wahrheit und Authentizität, die auch in der wiederholten Kennzeichnung der Erzählung als *History* (110,1 und 6; 112,33) bzw. als *geschicht* (112,5) emphatisch behauptet werden. Aber solche Nebenumstände sind für Wickram wohl nicht entscheidend für die ›Wahrheit‹ einer Geschichte. Wahr ist für ihn vielmehr das, was auch wahrscheinlich ist.[27] Damit wird eine wirklichkeitsadäquate Fiktion in ihr Recht gesetzt, der gegenüber die Frage nach der wirklichkeitsidentischen Wahrheit unsinnig ist. *Dise*

---

[24] Marga Stede, »Ein grawsame unnd erschrockenliche History . . .«. Bemerkungen zum Ursprung und zur Erzählweise von Georg Wickrams ›Rollwagenbüchlein‹-Geschichte über einen Mord im Elsaß, Daphnis 15 (1986), S. 125–134, hier S. 125 Anm. 2.

[25] Hans Fehr, Massenkunst im 16. Jahrhundert. Flugblätter aus der Sammlung Wickiana, Berlin 1924 (Denkmale der Volkskunst 1), Tafel 46. – Vollfaksimile und Textumschrift bei Stede (Anm. 24).

[26] Zum Vergleich beider Texte s. Stede (Anm. 24).

[27] Dieter Kartschoke, Jörg Wickrams ›Dialog vom ungeratenen Sohn‹, Daphnis 7 (1978), S. 377–401.

Fabel sy gleich ein gedicht oder ein geschicht (130,12) – so beschließt Wickram sein ›Rollwagenbüchlein‹ in der ersten Auflage. Das ist nicht in erster Linie gelehrte Reminiszenz, nicht oder jedenfalls nicht nur das von Aristoteles abgelernte Wahrscheinlichkeitskriterium, sondern ein neues Wirklichkeitsverständnis. Wirklich und wahr ist nicht nur das, was so gewesen und so geschehen ist und immer wieder so sein und geschehen kann, sondern auch das, was geschehen könnte, auch wenn man nicht weiß, ob es jemals schon so geschehen ist. Es ist ganz im Sinne Wickrams, wenn Jacob Frey in der Vorrede *An den gůtigen leser* sich nicht nur dafür entschuldigt, daß in seiner ›Gartengesellschaft‹ auch Dinge erzählt werden, *so der warheit ungleich* sind, sondern die rechtfertigende Begründung hinterherschickt, es sei immerhin *doch müglich, das solchs oder dergleichen beschehen sein mag oder noch beschehen möcht, wie sich dann noch heut bey tag etwan seltzam ding mit worten oder wercken auff die ban schicket, welches man sunst nit geglaubt noch vermeint het* (6,16ff.). Das kann man als Ironie verstehen im Sinne von: heutzutage ist alles möglich. Man kann es aber auch ernster nehmen als Außerkraftsetzung einer im exemplarischen Erzählen konstitutiven Rückbindung an eine immer schon vorausgesetzte Wahrheit, die nur so lange Bestand haben konnte, als die traditionelle Welterfahrung galt, daß nichts Neues sei unter der Sonne.[28]

III.

Mit dieser neuen Welterfahrung hängt der scheinbare Widerspruch zusammen, daß ein so durch und durch pädagogischer Autor wie Jörg Wickram[29] unversehens auf den Anspruch verzichten kann, Lehre zu vermitteln, und doch immer wieder in die Rolle des Lehrenden zurückfällt; daß das ›Rollwagenbüchlein‹ einerseits *niemants zů underweysung noch leer* verfaßt ist und doch immer wieder in lehrhafte Schlußfolgerungen mündet. Es kommt darauf an zu verstehen, welcher Art diese Lehre ist, auf welche Instanzen sie sich beruft und welche Entscheidungshilfen sie anbietet. Das ist inzwischen hinreichend erkannt und analysiert;[30] ich füge dem nicht viel Neues hinzu, wenn ich einige wesentliche Merkmale und Konstanten in Erinnerung rufe.

---

[28] Dieter Kartschoke, Nihil sub sole novum? Zur Auslegungsgeschichte von Eccli. 1,10, in: Christoph Gerhardt, Nigel F. Palmer und Burghart Wachinger (Hgg.), Geschichtsbewußtsein in der deutschen Literatur des Mittelalters. Tübinger Colloquium 1983, Tübingen 1985, S. 175–188.

[29] Vgl. u.a. Karl Stocker, Die Lebenslehre im Prosawerk von Jörg Wickram und in der volkstümlichen Erzählung des sechzehnten Jahrhunderts, Diss. [masch.] München 1955; Hans-Gert Roloff, Überredung – Unterricht – Ergetzung der Leute. Zur Funktion der Romane Georg Wickrams, Recherches germaniques 9 (1979), S. 263–277.

[30] Hier hat insbesondere Hauke Stroszeck (Anm. 12) wertvolle Arbeit geleistet.

Wickram spricht im ›Rollwagenbüchlein‹ nur noch ausnahmsweise im Namen einer höheren Wahrheit, die lediglich exemplifiziert und gläubig nachvollzogen werden kann. Er wendet sich vielmehr an die Einsichtsfähigkeit der menschlichen Vernunft, fordert die Entscheidung des einzelnen heraus und mobilisiert damit den Leser auf eine, wenigstens in diesem literarischen Genre, bislang durchaus unübliche Weise. So gesehen schließen Kurzweil und Nutzen einander nicht aus, und auch die anscheinend nicht lehrhafte Erzählung birgt Lehren, die der aufmerksame Leser entschlüsseln kann. Dafür sprechen Signale der Erzählsammlung in ihrer ursprünglichen Gestalt (von der allein hier die Rede ist), die man wohl nicht zu Unrecht als verstecktes Programm gedeutet hat. Es ist sicher nicht unbedacht, »daß gerade Anfangs- und Schlußtext des ›Rollwagenbüchleins‹ bevorzugt ein Morale bzw. einen Kommentar zeigen, während das Mittelfeld mit vergleichsweise wenigen Moralen bzw. Kommentaren auskommt. Dadurch entsteht gewissermaßen ein Rahmeneffekt.«[31]

Aber schon das ausführliche Epimythion zur ersten Erzählung – das längste der ganzen Sammlung – weist einige Besonderheiten auf. Es folgt auf die Geschichte von der stellvertretenden Wallfahrt, die zu St. Veit im Gebirge führen soll, doch bereits im Allerheiligenkloster endet, das praktischerweise im Tal liegt; so erspart sich der gedungene Pilger den weiten Weg, und der Auftraggeber ist es gleichfalls zufrieden. Dies ist dem Erzähler Anlaß zu dreifacher Belehrung: Warnung vor dem Heiligenkult, Ablehnung stellvertretender Frömmigkeitsleistungen und Kritik an einer Opferpraxis, die den Falschen zugute kommt. »Wickram verdichtet das exemplarisch Erzählte im Morale nicht zu einer essentiellen Wahrheit, sondern er will den Leser in eine deliberative Progression einweisen. Sein Morale begnügt sich mit dem Aufzeigen dreier Stadien aus dieser Progression; es ist insofern lehrhaft, als es – unter dem Appell an einen allgemeinen Verstand – zur faktischen Umsetzung des gedanklich Gewonnenen aufruft und damit das Bestehende kritisiert.«[32]

Das Unvernünftige der Heiligenverehrung ist Thema auch der zweiten Erzählung nach einem ›Colloquium familiare‹ des Erasmus von Rotterdam. Ein Seefahrer, *so vilicht ein kauffmann möcht gewesen sein* (13,8f.), verspricht im Augenblick höchster Not dem heiligen Christophorus eine Kerze, groß wie dessen Statue zu Notre Dame in Paris, und flüstert gleichzeitig einem Gesellen leise ins Ohr, es werde nach ihrer Rettung wohl auch eine gewöhnliche Wachskerze tun. Aber nicht die evangelische Lehre, daß es nur einen *rechten Schiffmann* gebe, der den Sturm zu stillen vermocht hätte, bildet die Schlußfolgerung; vielmehr erfolgt eine Klage über die *grobe einfalt*:

---

[31] Stroszeck (Anm. 12), S. 109.
[32] Ebd., S. 110.

Er meint Sant Christoffel hett gewalt im auß noͤten zů helffen / hett auch sein grawsam schreyen unnd ruͤffen / so er gethon / erhoͤrt / er aber moͤcht die wort so er seinem gesellen heimlich gesagt nit gehoͤren. O du arme Welt / was thůst du? (14,3ff.)

Im Kern ist die Geschichte alt und läßt sich bis auf Jacques de Vitry zurückführen.[33] Sie findet sich ganz ähnlich auch bei Poggio (Nr. 207), Bebel (Nr. II,41) und Pauli (Nr. 304). Daß Wickram sich gerade auf Erasmus beruft und seiner Version folgt, ist kein Zufall. Denn auch die Erasmische Kritik an der Heiligenverehrung »zielt auf die Vernunft seiner Leser«[34] und bedarf ihrerseits keiner expliziten Erklärung. Anders Poggio und Bebel. Während Poggio den Witz unkommentiert läßt, fügt Bebel seiner Version, die von dem nicht ernst gemeinten Gelöbnis eines mit seinem Wagen im Schlamm steckengebliebenen Bauern handelt, den allgemeinen Erfahrungssatz an:

Ita omnes facimus: in periculis pollicitando et multa sanctis vovendo sumus effusi, in exequendo parci et tardi.[35]

Pauli pointiert die Geschichte anders. Der Schiffsinsasse steigert sein Angebot an den heiligen Nikolaus – eine Kerze, groß wie ein Männerschenkel, wie ein ganzer Mann, wie ein Mastbaum –, und auch er hat nicht vor, dem Heiligen nach seiner Rettung mehr als ein *Meßliechtlin* zu opfern. Die geistliche Lehre formuliert Pauli in dem unmittelbar sich anschließenden Exempel (Nr. 305), auf das der Schlußsatz zu Nr. 304 *Dem ist gleich wie diser hernach* verweist:

Verrůcht unverstanden Luͤt thůn also, aber der Ruͤw kumpt inen hindennach und hilfft sie dan nichtz mer etc. (S. 191)

Erst von Erasmus stammt die rationalistische Pointe, deren sich auch Wickram bedient: Einer der Schiffsleute ruft ›mit heller Stimme, damit er ja nicht überhört würde‹, den heiligen Christophorus an und teilt seinem Kumpanen ›mit gedämpfter Stimme, vermutlich, daß es Christophorus nicht höre‹,[36] seinen Vorbehalt mit. Einer weiteren Erklärung bedarf es nicht. Sie ist bei Wickram denn auch redundant, wenn man sie nicht als gleichsam programmatische Berufung auf den gesunden Menschenverstand akzeptiert, unter dessen Vorzeichen die meisten Geschichten des ›Rollwagenbüchleins‹ gelesen werden wollen: Der Wallfahrer und sein Auftraggeber haben guten Grund anzunehmen, daß

---

[33] Albert Wesselski, Heinrich Bebels Schwänke. Zum ersten Male in vollständiger Übertragung herausgegeben. Erster Band, München/Leipzig 1907, S. 185f. zu II,41.

[34] Norbert Neumann, Vom Schwank zum Witz. Zum Wandel der Pointe seit dem 16. Jahrhundert, Frankfurt a.M./New York 1986, S. 52.

[35] Gustav Bebermeyer (Hg.), Heinrich Bebel, Facetien. Drei Bücher. Historisch-kritische Ausgabe, Leipzig 1931 (StLV 276), S. 60.

[36] Erasmus von Rotterdam, Vertraute Gespräche (Colloquia familiaria). Übertragen und eingeleitet von Hubert Schiel, Köln 1947, S. 20.

dort, wo alle Heiligen verehrt werden, auch St. Veit anzutreffen sein müsse; dagegen hat der angsterfüllte Schiffsreisende keinen Grund zu glauben, der Heilige werde sein lautes Rufen erhören und seine leise Bemerkung nicht hören können. Vernunft und Widervernunft sprechen gleichermaßen gegen die Heiligenverehrung.

Wickram redet nicht der theoretischen, sondern der praktischen Vernunft das Wort. Es geht um die Forderungen des Alltags und seine Bewältigung, nicht um Normen und Ordnungen überzeitlicher Geltung und transzendentaler Begründung. Es geht, mit einem Wort, nicht um das Seelen-, sondern um das Weltheil. Die Entdeckung vorehelicher Unkeuschheit der Frau müßte in einer exemplarischen Erzählung Sanktionen nach sich ziehen, auf jeden Fall aber in eine entsprechende Moralisatio münden. In einer schwankhaften Erzählung könnte sie auch dem zynischen Gelächter preisgegeben werden, das freilich gerade aus dem Normverstoß seine unbezwingliche Gewalt bekäme. Nicht so bei Wickram (Nr. 25), wo der verständige junge Ehemann es mit dem Fluch auf den Übeltäter gut sein läßt und vom Erzähler dafür ausdrücklich belobigt wird:

> Also blibe er unnd sy auch ir Vatter und Mů̊ter by eeren / unnd ward ir schand nit auß geschruwen / und den leüten die meüler mit gefült. Es wår schier gů̊t das mancher also thett / man findt aber ettlich narren wann sy ire weiber genů̊g schenden / und in ir eigen nest scheissen / nemmen sy die denn wider zů̊ inen / und sitzen dann beyde ins bad. (50,28ff.)

Damit reduziert sich der alte und tausendfach erprobte Witz des Motivs weiblicher Unkeuschheit auf ein nicht einmal sonderlich geglücktes Wortspiel des jungen Ehemannes, den unbekannten Fuhrmann, seinen Vorgänger, betreffend:

> ›hey daß dich Gott schend in fů̊rman hinein / hastu also ein weite straß und mů̊stu eben meiner frauwen ich weiß nit wohin faren?‹ (50,25ff.)

Die Moral ist nicht moralisch, und der Witz ist nicht witzig. Es geht hier ganz pragmatisch um eine Handlungsanweisung, um die Abschirmung des privaten Lebensraums,[37] um die Aufrechterhaltung des guten Rufs, um die persönliche Ehrbarkeit.

Zwar gibt es auch im ›Rollwagenbüchlein‹ die geistlichen Mahnungen und Warnungen von der höheren Warte einer die Welt übersteigenden christlichen Wahrheit aus: Mit Gott ist nicht Spott zu treiben (Nr. 3), Gottes Gaben sind nicht zu verschmähen (Nr. 55), Fluchen ist Gotteslästerung (Nr. 67). Aber solche geistlichen Mahnungen sind durchaus in der Minderzahl.[38] Ungleich häu-

---

[37] Jan-Dirk Müller, Frühbürgerliche Privatheit und altständische Gemeinschaft. Zu Jörg Wickrams Historie ›Von Gů̊ten und Bo̊sen Nachbaurn‹, IASL 5 (1980), S. 1–32.

[38] Udo Sautter, Jörg Wickrams Rollwagenbüchlein und die gegebene Ordnung, Zeitschrift f. Religions- und Geistesgeschichte 21 (1969), S. 73–78.

figer läßt Wickram seine Erzählungen in einen allgemeinen Erfahrungssatz oder eine sprichwörtliche Redensart münden:

> Wie der Pfaff also sind auch seine underthanen (Nr. 13); Solch findt man etwan fantasten / mit denen man ein gantz jar zů schaffen hett / so man inen losete (Nr. 17); Darumb ist es nit gůt / wenn die Bauren den Edelleüten leyhen (Nr. 18); Also kan ein Herr nit baß mit solchen zenckischen leuten darvon kommen / dann kurtz abgewysen und sich selbs lassen vertragen (Nr. 30); in sölchen handlen ist nit langer mist zů machen (Nr. 33); und traff untrew iren eygen Herrn (Nr. 36); Diser undanckbaren leüt findt man noch seer vil / so man sy schon sanft dahär treitt biß gen Rom und stalt sy unsauber nider / so ist schon aller danck fleiß müy und arbeit sampt dem kosten verloren / und vergessen aller vorgethonen gůtthat (Nr. 41); den spott zům schaden haben (Nr. 42); Do ward Fuchs mit Fuchs gefangen (Nr. 43); Darumb kunst nimmer zů verachten ist (Nr. 53); Wie unrecht ist es gethon eines andren gůt also durch geferlich tauschen an sich zů bringen (Nr. 55); INn aller gantzen welt ist ein armer mann unwert / er kumm gleich wo er wöll (Nr. 59); Diser gůten einfeltigen leüt findt man nit vil meer bey unsern tagen (Nr. 60); Also geschicht noch gemeinlich allen Rhůmgirigen / wann sy vermeinen grossen rhům zů erlangen kummend sy ettwan zů aller grössistem spott (Nr. 63); derhalben nit gůt ist in ein yedes Wirtshauß einzůkeren. (Nr. 65)

Hier wird entweder die individuelle Erfahrung des Protagonisten zum allgemeinen Erfahrungssatz erweitert, oder es wird die kollektive Erfahrung in den geläufigen Redensarten erinnert.

Gerade die Explikation von bekannten Redewendungen und Sprichwörtern gewinnt im 16. Jahrhundert ein eigentümliches literarisches Interesse. Das große Vorbild sind die ›Adagia‹ des Erasmus von Rotterdam, die in vielen, zum Teil erweiterten Auflagen seit 1508 gedruckt und nachgedruckt und einzeln oder in Auswahl seit 1519 auch ins Deutsche übersetzt wurden. Die Erweiterungen in den Nachdrucken und Bearbeitungen von ›Schimpf und Ernst‹ stammen in nicht geringer Zahl hierher.[39] Der bedeutendste deutsche Nachahmer des Erasmus war Johannes Agricola, der seine Sprichwörtersammlungen seit 1529 in Druck gehen ließ und mit breiten, teilweise sogar epischen Kommentaren versah. Die Explikation eines vorangesetzten Sprichworts war auch in der satirischen Dichtung beliebt (Thomas Murner) und findet sich auch sonst in der deutschen Literatur des 16. Jahrhunderts von Hans Sachs bis Johann Fischart. Wickram ist den umgekehrten Weg gegangen, wo er einzelne Erzählungen des ›Rollwagenbüchleins‹ in ein Sprichwort oder eine sprichwörtliche Redensart hat auslaufen lassen.[40] Dieses Verfahren kann sich selbst parodieren,

---

[39] A.L. Stiefel, Über das Schwankbuch ›Schertz mit der Warheyt‹, Archiv 95 (1895), S. 55–106.

[40] Eine Ausnahme macht nur Nr. 37: *Woher es kumpt das man spricht ›Ey du armer Teüffel‹ / und herwiderumb / ›Das ist eben deß Teüffels danck‹* (67,1f.), wo die Erzählung in der bekannten Weise sprichwörtliche Redewendungen illustriert.

wenn die Redewendung nicht allgemein bekannt oder sogar bewußt unverständlich gehalten ist. Wenigstens hat man diesen Eindruck angesichts des Resümees zu der – für Wickrams Verhältnisse ungewöhnlich hartherzigen – Geschichte von dem verprügelten Juden (Nr. 48): *Also geschach disem Juden mit dem Regen / wie der Odenwelder Beürin mit dem schnee* (94,5f.).

Die Aufforderung an den Leser, selbst nachzudenken, die Berufung auf einen allgemeinen Erfahrungssatz oder die Verallgemeinerung des besonderen Falls einer Erzählung – das sind Gesten eines Erzählers, der Unterweisung und Lehre auszusparen vorgibt und dennoch nicht auf sie verzichten will. Die Verweigerung einer autorisierten Wahrheit schließt jedoch die Verständigung über den Lauf der Welt nicht aus, in dem es immer um richtiges und falsches Verhalten, um Selbstbehauptung oder Untergang, Klugheit und Dummheit, Glück und Unglück geht. Auch das *allein von gůter kurtzweil wegen* Erzählte hat seinen Sinn, und Wickram ist durchaus daran gelegen, daß der verständige Leser die richtigen Schlüsse aus dem Gelesenen zieht.

IV.

Die implizite Lehre komischer Literatur wird ex negativo erteilt. Das aber birgt für ein harmoniebedürftiges Gemüt gewisse Gefahren in sich. Wenn das, was richtig gewesen wäre, in seiner Verkehrung zur Anschauung gebracht wird, müssen Menschen bloßgestellt und dem Gelächter preisgegeben werden. Die Versicherung, das geschehe *gar niemandts zů schmach / hon oder spott* (5,17f.), also nicht zu Lasten derer, von denen und für die erzählt wird, ist ein nur schwer einzulösendes Versprechen. Wickram ist sich durchaus im klaren darüber und reflektiert den Widerspruch, in den er sich damit begeben hat, auf witzige Weise in der Vorrede *Zům gůtigen leser*:

> Bitt hiemit euwer gunst und lieb / wos sich zůtrůg / daß etwan einer oder eine getroffen / wöllen euwer farb im angsicht nit verstellen / sunst werden ir von menigklichen in argwon verdacht / und wurd man sagen / Wenn man under die hund wirfft / schreit keiner dann welcher getroffen wirt. (7,25ff.)

Wenn niemand getroffen werden oder sich getroffen fühlen soll, müssen die entsprechenden Erzählungen auch andere Deutungen erlauben und anders rezipiert werden können denn als mehr oder minder witzige Denunziation der Protagonisten, seien sie nun individuelle Personen oder typische Repräsentanten von Geburts- und Berufsständen. Das läßt sich in der Tat an vielen Nummern des ›Rollwagenbüchleins‹ durchspielen. Der Bauer, der aus einsichtigen Gründen – er ist mit Arbeit überhäuft, *als bald er seine acker geseyt / můßt er in den reben anfahen zů wercken* (9,20f.) – sein Gelübde nicht einlösen kann und deshalb einen Stellvertreter zu St. Veit schickt, ist nicht schon deshalb der Düpierte, weil jener Stellvertreter den Weg abkürzt und sich mit der Station Allerheiligen zufriedengibt (Nr. 1). Die Heiligenverehrung macht alle Menschen zu Narren, den gutgläubigen Bauern ebenso wie jenen Schiffbrüchigen, der in unterschiedlicher Stimmlage sie praktiziert und desavouiert (Nr. 2).

Auf ähnlich schonende Weise wird ein *einfeltiger baur* kritisiert, der das ihm als Bußleistung auferlegte Gebet ›O, Lamm Gottes‹ im Ablauf der Jahreszeiten und im Einklang bäuerlicher Erfahrung variiert: *du lamb gotts – du Schaff Gottes – du hammel Gotts* (Nr. 39). Denn das Lachen über die sprichwörtliche Dummheit des Bauern wird aufgehoben in dem überraschenden Schluß:

> es stat auch woll darauff der Bawr solt frőmmer sein geweßt dann der pfarrer (70,30f.).

Das ist zu verstehen als protestantische Kritik an einem Sakramentsverständnis und einer Frömmigkeitshaltung, für die das mechanisch gesprochene Gebet in der jeweils vorgeschriebenen Zahl von Wiederholungen seine Heilswirkung entfaltet. Dem stellt Wickram eine Andacht gegenüber, die selbst in ihrer Verzerrung aus Unwissenheit den größeren Frömmigkeitswert hat.

Solch implizite Kritik, die in eine unerwartet andere Richtung zielt, schont auch die Frau, die beichten muß, daß sie in der Fastenzeit Fleisch und Eier gegessen hat. Auf die Frage des Beichtvaters, ob sie *semblichs von unserm heilgen vatter dem Bapst erkaufft* (95,28f.) habe, erklärt sie, nicht gewußt zu haben, daß der Papst auch Fleisch und Eier feilhalte; sie hätte ihm ihr Geld viel lieber zukommen lassen als dem unfreundlichen Metzger (Nr. 49). Daß diese unbestreitbar einfältige Person nichts vom Dispens weiß, gibt letztlich aber weniger sie selbst als die Lehren der alten Kirche dem Gelächter preis: *Diß was gleich ein antwurt wie sy gefragt ward* (96,2f.). Die naheliegende Schlußfolgerung kann der Erzähler denn auch dem Leser überlassen:

> warzů aber semblich beichten dienet / laß ich ein andern so die sach baß verstadt / dann ich außecken. (96,3f.)

Menschliche Torheit kann im Sinne des – von Wickram freilich nie zitierten – Paulinischen Worts aber durchaus auch Weisheit vor Gott sein. Wenn *ein gůter frummer Pfaff* sich nachts im Wald verirrt, einem Trupp lästerlich fluchender Männer in großen Stiefeln und mit Netzen bei der Arbeit am Wasser begegnet und in ihnen nicht die heimischen Fischer erkennt, dann mag das komisch sein und in die Reihe der Schwänke gehören, die die Weltunerfahrenheit der Pfaffen lächerlich machen. Aber alle *schmach, hon und spott* prallen an diesem besonderen ab, wenn er am nächsten Sonntag das unheimliche Volk in seine Fürbitte einschließt (Nr. 67). So fühlt sich der Erzähler denn auch bemüßigt hinzuzufügen, daß es sich um eine erfundene Geschichte handeln könne (*Dise*

Fabel sy gleich ein gedicht oder ein geschicht), und nimmt sie zum Anlaß einer geistlichen Ermahnung, mit der er in der ersten Auflage des ›Rollwagenbüchleins‹ schließt:

> Der Herr geb sein genad / damit semlich Gottslesterung by disem und anderm volck ein end nemme / und sy darfür seinen Heyligen nammen preyssen unnd eehren. Darzů helff uns Gott der Vatter / Gott der Sun / unnd Gott der Heilig Geist / Amen. (130,19ff.)

Damit wird der gute fromme Pfaffe nur bestätigt, und sein komisches Nichterkennen der Fischer bekommt einen höheren Zweck.

Die Versicherung *niemandts zů schmach / hon oder spott* kann aber auch ein juristischer Vorbehalt sein, der gerade in der satirischen Dichtung des 16. Jahrhunderts immer wieder gemacht wird und seine guten Gründe gehabt hat. Nur in wenigen Fällen wird Wickram anekdotenartig konkret und nennt die Personen, von denen eine Erzählung handelt, beim Namen. Das eine Mal handelt es sich um einen *singer / an deß Hertzog Willhelmen von München hoff / er was ein berůmpter Musicus und Componist / hieß mit seinem nammen N. Grůnenwaldt* (103,4ff.). Hier war es möglich, weil es sich um einen durchaus ehrenhaften Vorgang handelt. Grünenwaldt bringt den Fugger durch ein selbstverfaßtes Lied dazu, seine Zechschulden zu bezahlen. Solche Lebenstüchtigkeit ist allemal anerkennenswert: *Darumb kunst nimmer zů verachten ist* (106,34).

Anders in der *grawsamen und erschrockenlichen History* (Nr. 55). Dort spart Wickram den bürgerlichen Namen des Mörders und Selbstmörders aus, den, weniger rücksichtsvoll, das Flugblatt nennt:

> ES leit ein Statt in dem Elseß / ist genannt Rychenwyler / da der beste Wein in dem Elses wachßt / gehört Graff Jörgen von Wirtenberg / der zů diser zeit da hoff halt / in der selbigen Statt Rychenwyler / leit ein Herberg an mitten der Statt / ist genant zu dem Beren / vnnd hatt der Wirt geheissen Jacob Müller / Ein erborner Burger auß der selbigen Statt Rychenwyler.[41]

Diese nachrichtenmäßige Faktengenauigkeit hat Wickram auf die nötigsten Angaben reduziert, die der Beglaubigung des zu Erzählenden als *geschicht* dienen, ohne die bedauernswerten Beteiligten an den Pranger zu stellen:

> Nemmend war es ist ein Statt im Elses gelegen Reychenweiler genant / die selbig ist Graf Jo̍rgen von Würtenberg zůgeho̍rig. In deren wonet ein Würt / und hieß man das Wirtshauß zům Ba̍ren. (110,8ff.)

Solche Rücksichtnahme geht weit über den konkreten Einzelfall hinaus und führt dazu, daß auch in den nachweislich fiktiven Erzählungen der aggressive

[41] Stede (Anm. 24), S. 126.

Witz zurückgedrängt wird zugunsten eines versöhnlichen Lachens, das die Opfer auch typischer Schwankhandlungen möglichst unverletzt läßt und nicht selten schließlich sogar noch zu ihrem Recht verhilft. Damit wird die Harmonie eines Weltzustandes wiederhergestellt, der gerade in der komisch-satirischen Literatur des Spätmittelalters und der frühen Neuzeit aufs heftigste erschüttert worden ist. Der listig um sein Nachtlager gebrachte Landsknecht wird am nächsten Morgen von dem Bauern, der ihn zuerst abgewiesen hatte, bewirtet und mit gutem Rat seiner Wege geschickt (Nr. 40). Nach einem grobianischen Scherz wird der drohende Streit geschlichtet (Nr. 52). Ein Edelmann kann seine Zeche nicht zahlen, deshalb listet der Wirt ihm eine goldene Kette ab (Nr. 54):

> Uber ettlich zeit schreyb er dem Würt umb sein ketten / der Würt schreib um sein gelt. Als es aber lang umbher gieng / mů̊ßt er im sein gelt schicken / da hielt im der Würt sein Ketten auch nit mer vor. (109,1ff.)

Auch der grobe Spaß, den eine Gruppe von *wundartzet Scherer und Steinschnider* sich mit einem Bauern erlaubt, der sich immer wieder aufdringlich in ihr Gespräch eingemischt hatte, wird zu einem guten Ende gebracht (Nr. 64). Nachdem er für die Heilung seines zuvor von den Spaßvögeln ausgerenkten Kiefer bezahlt hat, kommt es zu einer versöhnlichen Geste:

> Die andern gů̊ten Herren fiengen an zů̊ der sachen reden / er solt dem Bauren ettwas vonn dem gulden wider geben / dieweil er doch das so mit geringer arbeit gewunnen hett. Zů̊lest ward die rachtung gemacht das er im die zwen Dickpfennig wider gab / den dritten verzechten sy. Diß was deß unverschampten schwetzigen vollen Bauren straff. (125,22ff.)

Auf diese Weise die Welt in Ordnung zu bringen ist nicht nötig, wo Geschichten nach dem Muster des betrogenen Betrügers, List wider List etc. erzählt werden. In ihnen stellt sich die Harmonie gleichsam von selbst wieder her (vgl. Nrr. 10, 14, 16, 31, 35, 36, 43, 44). Wo List und Witz nicht auf Kosten anderer gehen, sondern ausschließlich dem Interesse dessen dienen, der sich ihrer im passenden Moment zu bedienen versteht, da ist das versöhnliche Lachen vorprogrammiert, ob es nun noch ausdrücklich erzählt wird oder nicht (vgl. Nrr. 1, 4, 5, 6, 8, 9, 15, 19, 29, 32, 33, 41, 57). Wo aber das Witzwort oder die List nicht ganz so harmlos eingesetzt werden, da schaltet sich sofort wieder der Erzähler ein. Der Schneider, der sich für die seiner Frau verabreichten Prügel mit dem Eheversprechen, Freud und Leid mit ihr zu teilen, entschuldigt – *wenn ich sy hab troffen / ist es mir lieb gewesen / und ir leid / wenn ich hab gefelt / ist es ir lieb gewesen und mir leid* (35,29f.) –, wird von der Obrigkeit mit der strengen Mahnung entlassen, das nächste Mal werde es ihm nicht mehr *mit einem schertz außschlitzen* (Nr. 17). Manchmal muß auch ein Gerichtsurteil herbeigeführt werden, um List wider List, Betrug wider Betrug zum Ausgleich zu bringen (Nr. 43).

Zwar gibt es auch im ›Rollwagenbüchlein‹ hoffnungslose Dummköpfe (Nrr. 22, 23, 27, 28, 37, 42, 45, 48, 61, 65), die der Erzähler nicht mehr in Schutz nimmt oder gar rehabilitiert. Gelegentlich fühlt er sich dann aber doch bemüßigt, die Unvergleichbarkeit des Falles ausdrücklich hervorzuheben: *solche einfaltigen bauren findt man nit vil* (Nr. 22), oder noch entschiedener: *Solch ungeschickte Priester hand wir nit im Teütschen land* (Nr. 47). Aber solche Versicherungen sind nicht ohne Ironie, wie der Zusatz *es fel dann ettwen* (Nr. 47) zu erkennen gibt.

Gerade den Klerikern gegenüber ist Wickram am unnachsichtigsten (vgl. Nrr. 3, 13, 20, 21, 26, 34, 38, 39, 41, 46, 47, 49, 51, 56, 63), dies vor allem dort, wo die Spitzen sich gegen die Vertreter der alten Kirche richten. Im allgemeinen aber handelt es sich um die alten antiklerikalen Vorwürfe der Trunksucht (Nr. 3), Völlerei (Nr. 46), Unzucht (Nrr. 20, 45), Dummheit (Nrr. 13, 34, 38, 47, 51, 56) und Prahlerei (Nr. 63), die die Szene beherrschen, und Wickrams Witz bleibt eher zahm. In Paulis ›Schimpf und Ernst‹, zu schweigen von der satirischen Dichtung des 15. und 16. Jahrhunderts, kann man unvergleichlich viel schärfere Invektiven und rücksichtsloser entlarvende Darstellungen kirchlicher Mißstände finden. Der protestantische Standpunkt Wickrams spielt eine eher untergeordnete Rolle. Der Predigermönch, der von der Kanzel aus droht, die Lutherischen mit dem Wurf seines Pantoffels zu brandmarken, und daraufhin alle Kirchgänger vor ihm sich ducken sieht, ist – wie andere Mönche, Pfaffen, Priester im ›Rollwagenbüchlein‹ auch – eine durch und durch harmlose Figur. Der dumme Pfaffe, der nicht einmal den Kalender kennt (Nr. 47), ist zwar ein Skandal; aber er wird vorsorglich nach Lothringen, in das Dorf Langenwasen, versetzt, wo er die Wochentage nach den selbstgebundenen Besen zählt. Eher Mitleid erregt jener *arme ungelerte Pfaff* (Nr. 34), der um den Preis einer reicheren Pfarre bereit ist, das Altarsakrament auf Verlangen der Bauern nicht nur in zweierlei Gestalt zu spenden, sondern sein Angebot noch weiter steigert:

> ›Das will ich gern thůn / damit ir solt sehen das ichs treüwlich und gůt mit eüch meine / so will ichs eüch in dreyerley gestalt geben / alß nemmlich im Brot und Wein / und den Kåß darzů‹. (63,24ff.)

Am witzigsten kommt der protestantische Standpunkt zur Anschauung, wenn ein Buchdrucker einem *außgelauffnen Münch* das Schriftprinzip handgreiflich mit einem Sack voll Bleilettern einbleut (Nr. 21):

> Also můst diser Münch den spott zů den streichen han / und erkanten die gesellen das der setzer solt gewunnen han / unnd der Münch der gschrifft überwunden wår. (44,4ff.)

Die Klerikerschwänke machen immerhin ein Fünftel des ursprünglichen Umfangs der Wickramschen Sammlung aus,[42] aber sie sind in ihrer Traditionalität nicht eigentlich charakteristisch für das ›Rollwagenbüchlein‹. Charakteristisch ist die Behutsamkeit im Umgang mit der witzigen Wendung, ist das Harmoniebedürfnis des Autors. Das bekommt den Pointen nicht immer gut und kann eine Lesererwartung enttäuschen, die gerade auf sie aus ist.

V.

Wenn man unter Pointe den rezeptiven Effekt eines Textes versteht, der sich punktuell, also an einer bestimmten Stelle mit einer bestimmten Wendung, als »Kollaps des Erwartungsschemas«[43] einstellt, dann führt es in die Irre, wenn gerade in Wickrams ›Rollwagenbüchlein‹ einseitig die Pointe als Erzählzweck betont wird. Es kann keine Rede davon sein, daß Wickram bestrebt gewesen wäre, allein »die Pointe in die Mitte des Ganzen beherrschend zu stellen«,[44] und schon gar nicht, wenn man das im Sinne der lateinischen Facetie versteht: »Die Schwänke [sc. Wickrams] sind [. . .] völlig auf die Pointe des Wortwitzes zugespitzt«.[45] Auch wo die neuere Forschung dieser falschen Ansicht entgegentritt, hält sie doch bis heute an der Meinung fest, daß Wickrams Erzählungen jeweils auf eine Pointe hinzielen. Dabei bleibt das scheinbar eindeutige Wort ›Pointe‹ unbestimmt und stiftet auf diese Weise die größte Verwirrung.

Von Pointierung der Erzählungen Wickrams wird bezeichnenderweise im Blick auf einen vorgängigen Begriff von Schwank gesprochen: »Der Schwank muß eine Pointe haben, einen überraschenden Aufschluß, der im Angelpunkt des in ihm aufgerollten gesellschaftlichen Problems liegt [. . .]. Die Konzentrierung des Stoffes auf die Pointe bedingt eine starke Raffung des Stoffes, eine Beschränkung auf das, was zum Verständnis des Vorfalls und zur Charakterisierung der Personen und ihrer Haltung wesentlich ist. Dadurch vermeidet der Schwank epische Breite und erhält eine gewisse lapidare Knappheit«.[46] Ungeachtet der Tautologien und der ganz undeutlich bleibenden soziologischen Definition von Pointe werden solche Formulierungen immer wieder nachge-

---

[42] Sautter (Anm. 38), S. 74f.

[43] Wolfgang Preisendanz, Über den Witz, Konstanz 1970 (Konstanzer Universitätsreden 13), S. 28. – Weitere Definitionen und Literaturhinweise bei Lutz Röhrich, Der Witz. Figuren, Formen, Funktionen, Stuttgart 1977, und Neumann (Anm. 34).

[44] Konrad Vollert, Zur Geschichte der lateinischen Facetiensammlungen des 15. und 16. Jahrhunderts, Berlin 1911 (Palaestra 113), S. 117.

[45] Ebd., S. 117.

[46] Gerhard Steiner, Das Rollwagenbüchlein. Nach den ältesten Drucken in die Sprache unserer Zeit gebracht und erläutert, Berlin 1957, hier zitiert nach der 3. Auflage, Berlin 1975, S. 258.

schrieben: »Manche Schwänke [sc. Wickrams] haben Ähnlichkeit mit Bebels Fazetien, streben in der Pointe dem Wortwitz zu, doch während bei jenem ausschließlich durch Kontrastwirkungen der Intellekt angesprochen wird, die Einkleidung durch den Humanisten höchstens bis zur Charakteristik des Redenden reicht, wendet sich Wickram an alle Sinne, die Pointe ist mit Leben und Handlung erfüllt, man riecht, sieht, hört, fühlt mit. Die Pointe hat bei ihm vor allem die Aufgabe, einen überraschenden Aufschluß über aufgerollte gesellschaftliche Probleme zu geben«.[47] Das ist an Vagheit nicht zu übertreffen. Genauer ist da schon die Auskunft, im ›Rollwagenbüchlein‹ seien »nicht alle (zweifellos aber zahlreiche) seine Texte auf die Pointe des Wortwitzes zugespitzt; oft geht es auch um die Herausarbeitung einer Situation, in der sich ein Mensch befindet und in die er durch Zufall oder eigenes Verschulden geraten ist [...]. Es geht Wickram um eine erzählerische Pointierung, die nicht nur der Verdeutlichung einer unterweisenden Lehre dient, sondern auch vor allem dem Inhalt und Vorgang der Begebenheit selbst, der literarischen Aneignung von gesellschaftlich bedingten Vorgängen also«.[48] Hier bleibt nun wieder unklar, was unter »erzählerischer Pointierung« zu verstehen sei. Aber auch dies wird fortgeschrieben: »Wickram ist ein hervorragender Prosaist, der es versteht, anschaulich, pointiert und volkstümlich zu schreiben«.[49]

Die »Pointenbildung« wird selbst dort als konstitutiv angesehen, wo treffend in Rechnung gestellt wird, daß die »schwankhafte Anekdotenprosa des 16. Jahrhunderts« sehr unterschiedliche Formen literarischer Wirklichkeitsaneignung ausgebildet hat: »eine märchen- oder sagenhafte (die den unmittelbaren Bezug auf die Gegenwartswirklichkeit zuließ); eine novellistische oder anekdotische (die besondere, ›unerhörte‹ Begebenheiten heraushob und sie gewöhnlich in die nähere Gegenwart versetzte); eine dokumentarisch-reportagehafte (die sich am zeitgenössischen Geschehen, an Fakten und Tatsachen orientierte)«.[50] Diese Vielfalt aber sollte es von vornherein verbieten, in jedem Text die »typische Ausgerichtetheit auf die Pointe hin«[51] wiederfinden zu wollen.

---

[47] Günter Albrecht in: Deutsche Schwänke in einem Band, Weimar 1959 (Bibliothek deutscher Klassiker), S. [18].

[48] Ingeborg Spriewald, Vom »Eulenspiegel« zum »Simplicissimus«. Zur Genese des Realismus in den Anfängen der Prosaerzählung, Berlin 1974, 2., ergänzte Auflage 1978, S. 43 (Hervorhebung im Original).

[49] Leander Petzoldt (Hg.), Deutsche Schwänke, Stuttgart 1979, S. 380.

[50] Ingeborg Spriewald, Historien und Schwänke: Die deutsche Erzählprosa von »Till Eulenspiegel« bis »Doktor Faustus«, in: Robert Weimann (Hg.), Realismus in der Renaissance. Aneignung der Welt in der erzählenden Prosa, Berlin/Weimar 1977, S. 414f.

[51] Erich Straßner, Schwank, 2., überarbeitete und ergänzte Auflage, Stuttgart 1978, S. 6 (Hervorhebung im Original).

Wickrams ›Rollwagenbüchlein‹ – ich beschränke mich wie bisher auf den Bestand der ersten Auflage – enthält eine Reihe von Erzählungen, die überhaupt keine Pointe im oben definierten Sinn aufweisen, die im Einzelfall nicht einmal zum Lachen sind. Dazu gehört in erster Linie die *grawsame unnd erschrockenlich History* (Nr. 55), die erst in den Nachträgen der späteren Auflagen einige Pendants bekommt. Wickram hat dennoch dem historischen Bericht eine Form gegeben, die der Struktur der komischen Erzählungen des ›Rollwagenbüchleins‹ entspricht. Das von ihm benutzte Flugblatt liefert keine Erklärung für die Bluttat. Er hingegen erzählt, daß der Wirt zum Bären in Reichenweiler mit einem (im Flugblatt nicht genannten) Wirt aus dem nahegelegenen Flecken Hunnenweyer während einer Zecherei eine sonderbare Wette abgeschlossen habe: *ein jeder wolt der ander wer reycher* (110,12f.). Sie können eine Entscheidung nicht anders herbeiführen, als daß beide sich bereit erklären, ihre Häuser samt allem Besitz zu tauschen. Darüber kommt es zum Streit zwischen den Eheleuten im Wirtshaus zum Bären, in dessen Verlauf der Mann die schwangere Frau ersticht und sich anschließend selbst den Tod gibt. Es folgt die gerichtliche Untersuchung und Aufklärung darüber, daß ein Mörder in diesem Fall nicht zu verfolgen und zu bestrafen sei.

Ich halte es für möglich, daß Wickram diesen Begründungszusammenhang erfunden hat; denn das ungewöhnliche Motiv der konkurrierenden Unterbietung kommt im ›Rollwagenbüchlein‹ noch einmal vor. In der Geschichte *Von zwein Rossztauschern / die Schelmen tauschten* (Nr. 31) wird erzählt, wie zwei Pferdehändler im Wirtshaus eine Wette eingehen, wer von ihnen *den grösten schelmen* habe (58,22). Das Wort *schelm* ist im 16. Jahrhundert nicht mehr eindeutig. Es kann ›Aas‹ meinen oder auch ›Schindmähre‹. So kommt es dazu, daß der Besitzer eines Pferdes, das alle denkbaren Krankheiten hat und alle Viere von sich streckt, dem unterliegt, dessen Pferd schon den vierten Tag tot ist und zu stinken beginnt. Eine entsprechende Pointe geht der Mordgeschichte ab, aber das zugrundeliegende Motiv ist das gleiche.

Es gibt noch mehr Erzählungen, die in dem definierten Sinn keine Pointe haben. Eine Gruppe von Handelsdienern reist ihren Herrn voran von der Frankfurter Messe zurück in ihre Schweizer Heimat. In einem Wirtshaus bei Speyer lassen sie sich teure Treuschenleber servieren, verschmähen aber den zugehörigen Fisch. Der geschäftstüchtige Wirt tischt die ausgenommenen Fische am nächsten Tag den nachreisenden Kaufleuten auf und muß auf die Beschwerde der Gäste hin zugeben, daß er die Leber tags zuvor schon verkauft habe (Nr. 12):

> Also gedachten die Kauffleüt / gewiß sinds unsere diener geweßt / unnd bezalten dem Wirdt die Treüschen gleych als hetten sy die låberle gehebt. Und speicht ye einer den andren / es gedacht aber ein yeder in seinem můt / Kumm ich heim / wils meinem knecht wol vergelten. (28,27ff.)

Daß Diener ihren Herren die besten Leckerbissen wegschnappen, ist nicht per se ein komischer Vorgang, sondern durchaus konfliktträchtig. Wickram deutet das an. Erst die Vorstellung, dies sei ›wirklich‹ so geschehen, garantiert einen entsprechenden Effekt und kann Lachen provozieren. Eben das ist die Funktion, darin liegt der eigentliche Sinn der Individualisierung seiner komischen Erzählungen, ihrer zeitlichen und lokalen Festlegung, der Nennung von Orts- und (gelegentlich) Personennamen. Es handelt sich dabei um ein Mittel komischer Literatur schlechthin. Keiner hat das besser gewußt und nachdrücklicher reflektiert als Jean Paul in seiner ›Vorschule der Ästhetik‹. Hier handelt ein ganzer Abschnitt (§ 35) von der »Humoristischen Sinnlichkeit«[52] und von der Bedeutung von Eigennamen im besonderen:

> Kein Deutscher spürt den Abgang e i n e r Volks- und Hauptstadt trauriger als einer, der lacht; denn er hindert ihn am Individualisieren [. . .]. So tut es einem individualisierenden Humoristen ganz wohl, daß Leipzig ein schwarzes Brett, einen Auerbachischen Hof, seine Leipziger Lerchen und Messen hat, welche auswärts genug bekannt sind, um mit Glück gebraucht zu werden; dasselbe wäre aber von noch mehren Sachen und Städten zu wünschen.[53]

Jean Paul rechnete mit einer nationalen Leserschaft, Wickram dagegen schrieb für ein regionales Publikum. Deshalb genügten ihm die Namen von Städten und Dörfern, Bergen und Flüssen etc. seiner näheren und weiteren Umgebung, um einen vergleichbaren Effekt zu erzielen. Die Frankfurter Messe, der Weg stromaufwärts in die Schweiz, die Rast in einem Wirtshaus bei Speyer und der Genuß allseits bekannter, köstlicher Rheinfische oder ihrer allerköstlichsten Innereien – das sind individualisierende Detailangaben, die die erzählte Geschichte zugleich komisch und wahr machen. So gesehen, bekommt das ›Historisieren‹ der Schwanksammler und -autoren seinen weiteren Sinn. Daß etwas wirklich geschehen ist oder geschehen sein soll, stützt das exemplarische Verständnis einer Erzählung, das in der angeschlossenen Moral verbindlich gemacht wird. Die dysfunktionale Wahrheitsbeteuerung, die ihr dienenden (schein)realen Nebenumstände und ihre umständliche Benennung dagegen schlagen in Komik um.

Deshalb also bedarf die einzelne Geschichte nicht mehr unbedingt der Pointe, eines besonderen Witzes. Vielmehr entfaltet sich im ›Rollwagenbüchlein‹ die Komik vielfach aus der besonderen Situation und dem Ablauf einer individualisierten Handlung.[54] Das kann knapper geschehen wie in der Geschichte von einem *Reisigen Knecht* (Nr. 61), der auf dem Weg von Kolmar nach

---

[52] Jean Paul, Werke. Fünfter Band, hg. v. Norbert Miller, München 1962, S. 139–144.

[53] Jean Paul (Anm. 52), S. 141f. (Hervorhebung im Original).

[54] Vgl. allgemein: Gary Stanton Johnson, A descriptive analysis of the humor in Jörg Wickram's Rollwagenbüchlein, Diss. [masch.] Michigan 1967.

Schlettstadt unweit des Ausgangspunktes seinen Rausch ausschläft und nach dem Erwachen im Anblick der Stadtmauern glaubt, er sei schon in Schlettstadt. Oder es wird stärker ausgemalt wie z.B. in der Geschichte vom Pfaffen in der Wolfsgrube (Nr. 46), der ein altes, viel erzähltes Schwankmotiv zugrundeliegt. Unter anderm haben es auch Hans Rosenplüt, Hans Folz und Hans Sachs bearbeitet.[55] Immer geht es um die schließliche und drastische Bestrafung. Selbst Hans Sachs schreckt vor der Kastration des Übeltäters nicht zurück. Anders Wickram. Der genußfreudige lothringische Pfaffe ist unterwegs von einem Dorf namens *Wych* in ein anderes, von einem Gelage zum andren. Unterwegs glaubt er auch noch eine verlaufene Ente mitnehmen zu können, merkt zu spät, daß es sich um einen Köder handelt und muß die Nacht mit einem Wolf und einem Fuchs in der Fallgrube verbringen. Nachdem die Bauern am Morgen die Beute besichtigt und den Pfaffen aus der Grube gezogen haben, bittet der sie *durch aller Heiligen willen* (88,29), sie sollten den Wolf gegen die Zahlung einer Silbermünze laufen lassen und nur den Fuchs erschlagen. Dieses merkwürdige Ansinnen erstaunt die Bauern, die nach seinem Grund fragen:

> Der Pfaff sagt / ›O lieben fründ der gůt frumb Wolf ist die gantz nacht so züchtig und still bey mir in der grůben gesessen und hatt mir gar kein leidt begert zůzůfügen. Aber der schantlich lasterlich Fuchs / so bald er in die grůben kam / fieng er an nach mir zů springen / meinen Rock zerreissen / unnd hatt mich gantz angsthaft gemacht/ darumb beger ich sein leben nit zů fristen‹. (88,35ff.)

Dieser Schluß erfüllt zwar noch formal die traditionelle Erwartung eines witzigen Schlusses, aber die Pointe ist deplaciert. Sie paßt nicht zu der Geschichte, die ja von einem gefräßigen Pfaffen handelt und eine *poena congrua* verlangt (wie dem liebestollen Pfaffen die Kastration angetan wird). Die Witzfigur des Wickramschen Schlusses aber ist der dumme Pfaffe, der nicht zu unterscheiden weiß zwischen wirklicher und eingebildeter Gefahr. Wickram scheint – wie so oft – seiner eigenen Pointe mißtraut zu haben, und fügt deshalb einen zweiten Schluß an:

> Die Bauren namen den Schnaphanen von dem Pfaffen / schlůgen aber nüt densterweniger den Wolff und den Fuchs zů todt. Ich glaub auch solten sy gewißt haben daß der Pfaff der meinung gwesen wer der Endten zů stelen / sy hetten in auch zů todt geschlagen als wol als den Wolff und Fuchs. (89,6ff.)

Hier zeigt sich das Dilemma eines Erzählers, der sich der traditionellen Form eines »Pointetyps«[56] bedient, dessen Erzählinteresse diese Form aber sprengt. Nicht in der erzwungenen Pointe ist der Gipfel der Komik erreicht, sondern

[55] Bolte (Anm. 11), S. 374.

[56] Straßner (Anm. 51), S. 6.

vielmehr in jenem Moment der Handlung, da der Pfaffe in der ungemütlichen Gesellschaft das Geschrei der zechenden Bauern aus der nahegelegenen Wirtschaft hören muß, zu der er unterwegs gewesen war:

> Nun was er so nach bey dem Dorff / wann die Bauren anhůben zů schreien / ›Der Künig drinckt‹ / das macht erst den gůten Domine so gar unlustig / dann er was gewont zů sein wo man schlempt und dempt / unnd nit übernacht in der Wolffsgrůben zů ligen. (88,15ff.)

Wo Wickram sich konsequenter vom Zwang zur Pointe frei macht, da kommen Erzählungen zustande wie die vom Spielmann Grünenwaldt (Nr. 53). Was hier im ersten Satz als *schwanck* angekündigt wird, läßt sich nicht auf eine Lachen auslösende Pointe reduzieren. Es läßt sich nur ausführlich erzählen, und so handelt es sich denn auch um den längsten Text des ›Rollwagenbüchleins‹. Besagter Grünenwaldt bewegt während des Augsburger Reichstags von 1530 den Fugger, seine Zechschulden zu bezahlen, indem er seine – vom Erzähler vorweg in Prosa berichtete – Geschichte in Verse bringt und in der letzten Strophe des Liedes den glücklichen Ausgang vorwegnimmt.

> Den Würt thet bald bezalen
> der Edel Fucker gůt
> Mein schuld gantz über alle
> Das macht mir leichten můt
> Ich schwang mich zů dem thor hinauß
> Alde du lausiger würte
> Ich kum dir nimm ins hauß. (106,3ff.)

Er trägt das Lied dem Gönner vor, und das Ende des Liedes ist auch der Abschluß der zu Ende geführten Prosaerzählung:

> Der gůt Grienenwald hůb an und sang sein lied mit gantz frölicher stimm herauß. Der gůt Herr verstůnd sein kranckheit bald / meinet aber nit das der sach so gar wer wie er in seinem singen zů verston geben hatt / darumb schickt er eylends nach dem Würt / als er nun die warheit erfůr / bezalt er dem Würt die schuld / errettet dem Grienenwald seinen Mantel / und schanckt im ein gůte zerung darzů / die nam er mitt danck an / zoge demnach sein straß. (106,25ff.)

Hier ist die ›einfache Form‹ ursprünglich mündlichen Erzählens endgültig literarisiert, ein Text spiegelt sich im andern. Das aber funktioniert nur, wenn deren Wortlaut feststeht. Die Pointe ist nicht mehr in beliebiger Einkleidung herstellbar.

Freilich: Der Witz in Wort und Tat ist für Wickram noch überwiegend der Erzählanlaß. Aber die Pointe ist nicht mehr in jedem Fall das Ziel seiner Erzählungen. Es scheint mir deshalb besonders charakteristisch für das ›Rollwagenbüchlein‹ zu sein, daß die in ihm erzählten Geschichten häufig ihrer eigenen

Dynamik folgen und über die überraschende Wendung, das *facete dictum* oder *factum*, hinausführen. Das geschieht nach einem feststehenden Muster, verfolgt einen bestimmten Zweck und macht einen eigenen Effekt.

VI.

Wer Witze reißt, muß rücksichtslos sein können – sowohl dem Personal seiner Geschichten wie dem Publikum gegenüber. Wer dagegen sich zur Freundlichkeit bekennt, niemandem zu nahe treten will und *gar niemandts zů schmach / hon oder spott* Lachen erregen möchte, dessen Witze werden schnell lahm. Das gilt für Wickram selbst dann, wenn er dem Facetienmuster folgt. Nur selten gibt er eine Figur dem vernichtenden Gelächter preis wie jenen Bauern, der seine Frau mit dem Dorfpriester im Ehebett findet, buchstäblich seinen Augen nicht traut und sich deshalb auch gern davon überzeugen läßt, daß – wie es die sprichwörtliche Redensart will – der Mann am Morgen alles doppelt sieht und die Frau am Nachmittag:

> Also sassen sy zůsammen / assen und druncken / waren leichtsinnig und behielt der gůt Måder das plarr vor als nach. (86,32f.)

Das ist eine für Wickrams Geschmack ungewöhnlich zynische Pointe. Im allgemeinen zieht er den harmlosen Spaß vor, der niemanden entlarvt oder verletzt. Wenn ein Fischhändler aus Brabant seine Heringe im Oberland nicht losschlagen kann und auf der Heimfahrt unter einem Kruzifix, das *gar übelgemacht unnd ungestalt* (53,10) war, seine Situation mit der des Gekreuzigten vergleicht (Nr. 27) –

> ›ach du lieber Herrgott wann du auch Håring hettest feyl gehabt so küntestu nicht wol übeler sehen‹ (53,14f.) –,

dann stellt Wickram es ausdrücklich dem Leser anheim zu beurteilen, ob dieser törichte Ausspruch *auß einfalt oder auß grossem unmůt* (53,13) erfolgt ist. Der unmißverständlich als *einfaltig* eingeführte Bauer dagegen, der angesichts eines ebenso wirkungsmächtig geschnitzten Crucifixus, *mit vil blůtstropffen übermalt alß ob es gegeiselt wåre* (54,3f.), in die nicht minder törichten Worte ausbricht (Nr. 28):

> ›Ach lieber Herrgott laß dirs ein witzgung sein / unnd kumm nit mer under die schnœden bœsen Juden‹ (54,6f.),

wird ins Recht gesetzt dadurch, daß er *ein groß mittleiden mit unserm Herrgott hette* (54,4f.) und bewegt ein Vaterunser betet. Entlarvt wird hier allenfalls ein Bilderdienst, den Wickram auch sonst zu kritisieren scheint: *die geschnitzten unnd gemalten Heiligen* (12,2f.) drängen *die lebendigen Heiligen* (12,4) in den Hintergrund, denen zuallererst die Fürsorge und christliche Nächstenliebe gelten sollte. Doch das kommt in den zitierten Beispielen nicht zur Sprache.[57] Da geht es allein um den lustigen Ausspruch, die absolut gesetzte Pointe.

Das gilt erst recht für theologisch unbelastete Facetien, ob nun ein braver Schwabe über einem Glas italienischen Weines mit dem ihm unbekannten Namen *Lacrimae Christi* in verständliches Bedauern darüber ausbricht, daß Christus nicht auch im Schwabenland geweint habe (Nr. 60), oder ob ein Zechbruder der ärztlichen Warnung vor einem allzu sorglosen Umgang mit dem Becher mit dem Versprechen begegnet, sich künftig nur noch an die Flasche zu halten (Nr. 57). Und wenn *ein grober unnd gar ungebachner Båyer* (117,18f.) sich auf den drohenden Tod durch Ertrinken mit einem kräftig gesalzenen Stück Brot vorbereitet, dann schwingt selbst in der negativen Charakterisierung noch etwas von der alten Bewunderung für den heroischen Charakter der Bayern mit.

Bei Wickram verletzt der Witz nicht, sondern versöhnt. Ein Witzwort hilft aus mancher Gefahr. Das hat es auch vor ihm schon gegeben. Neu ist die Ausführlichkeit und Konsequenz, mit der er sich dieses Erzählmusters bedient. Davon war oben schon die Rede. Ein Paradebeispiel ist der Streit zweier Freunde, die sich gegenseitig ihre Schulden vorwerfen, bis der eine den kurz vor Handgreiflichkeiten stehenden Streit mit der harmlosen Wendung *Du bist mir brůderliche liebe unnd treüw schuldig* (24,18f.) schlichtet (Nr. 8):

> Von deß wegen der Apiarius / wie wol er seer erzürnt war / ward lachen / und vertrůgen sich zeletst gůtiglich. (24,19ff.)

Nicht selten werden Ausgleich und Versöhnung, die schon hier redundant wirken, noch weit ausführlicher erzählt. Auch dafür habe ich bereits Beispiele gegeben. Auf diese Weise ergibt sich ein epischer Überhang, der die

---

[57] Es erübrigt sich deshalb, hier auf die Bilderfrage in der Reformation näher einzugehen. Dazu allgemein: Margarete Stirm, Die Bilderfrage in der Reformation, Gütersloh 1977 (Quellen und Forschungen zur Reformationsgeschichte 45). Immerhin läßt sich aber so viel sagen, daß Wickram mit seiner Mahnung, lieber *die lebendigen Heiligen*, die *grossen hunger und mangel in iren kranckheiten leyden můssen* (12,4ff.), zu bedenken, als die *geschnitzten unnd gemalten Heiligen*, die die ihnen geopferten *gůt feißt hennen / hanen und kapaunen* (12,1) doch nicht essen können, der Position Zwinglis nahe zu stehen scheint, der in seiner Schrift ›Eine Antwort, Valentin Compar gegeben‹ (27. April 1525) von einem ähnlichen Argument Gebrauch macht: »Wir sollten Geld und Gut statt an die Bilder besser an die lebendigen Ebenbilder Gottes hangen, d.h. damit den Armen und hilfsbedürftigen Nächsten beistehen, die wir aber im Gegensatz zu jenen vielmehr hungrig und unbekleidet im Elend liegen lassen« (Hans Freiherr von Campenhausen, Zwingli und Luther zur Bilderfrage, in: Das Gottesbild im Abendland mit Beiträgen von Wolfgang Schöne, Johannes Kollwitz und Hans Freiherr v. Campenhausen, Witten/Berlin 1957 [Glaube und Forschung 15], S. 146).

Pointenstruktur zumindest verändert, in der Tendenz jedoch auflöst. In der grobianischen Geschichte, in der ein Handwerksgeselle während eines Gelages auf den Rat seines Freundes seine Notdurft in dessen Hut verrichtet und ihm das zweckentfremdete Kleidungsstück schließlich auch noch auf den Kopf stülpt (Nr. 52), müßte es eigentlich zu einer Schlägerei kommen. Die Pointe war, daß der Übeltäter auf seine ängstliche Frage, wo er mit dem rinnenden Hut hinsolle, die achtlose Antwort *wißt ir nit wo er hingehört* (101,29) erhalten und (absichtlich?) mißverstanden hatte:

> Diser was nit unbehend / nam den hůt satzt in seinem gefatteren auf mit bruntz und allem / das im das Harnwasser über den kopf und bart abran unnd an seinem gantzen leib mit bruntz überschüttet / dann ehe sy die anderen wargenummen ist der schad geschehen / unnd was dem schon genetzt und gezwagen. (101,29ff.)

Damit hat die Schwankerzählung ihren Abschluß gefunden. Wer darüber lachen kann und will, braucht mehr nicht zu wissen. Doch Wickram genügt dieser Schluß nicht. Er fragt: Und was passierte dann? Wer kann sich solche Sauerei gefallen lassen?

> Was solt er aber darzů thůn / zürnen kond er nit / dieweil er im den hůt selbs dar hatt gebotten / so was die ander gselschafft dermassen mit lachen behaft / wann sy gleich einandern gerupft / hetten sy demnach nit frid nemmen künden. Nach langem gelechter ward ein rachtung antroffen sy solten lieb unnd gůte gefatteren sein / damit sy nit in S. Grobianus brůderschafft außgetilgt wurden. (102,2ff.)

Bei aller Ironie ist auch damit das Ziel, die Versöhnung, erreicht, die Harmonie ist wieder hergestellt. Wieder ist der Schluß redundant. Er erweitert und komplettiert den Vorgang zu einer ihrerseits beliebig erweiterbaren Geschichte. Diese Erzählstrategie läßt sich im ›Rollwagenbüchlein‹ des öfteren beobachten, z.B. in der nicht minder grobianischen Geschichte *Von der Beürin unnd der süssen / Martins Milch* (Nr. 62) und besonders in der Geschichte *Von einem Münch der einer Tochter ein dorn auß dem fůß zoch* (Nr. 20). Immer führt die Erzählung über die Pointe hinaus.

Daß dieser Überschuß nicht nur ein oder zwei Sätze umfassen muß, sondern seinerseits einen guten Teil der Erzählung ausmachen kann, zeigt die Geschichte von einem betrügerischen Venezianer, der über längere Zeit seine Miete nicht gezahlt hat, schließlich vom Hauswirt und seinen Schergen festgenommen werden soll und sie durch eine List in die Flucht schlägt (Nr. 23). Zusammen mit seiner Frau inszeniert er seinen angeblichen Pesttod:

> do das der Edelman erhort (dann sie die Pestilenz seer übel förchten) erschrack er sampt seinen schergen so übel / das er schier vor angst zů ruck wår die stiegen ab gefallen / eylet auß dem hauß / unnd alß er heim kam name er sein Register oder schuldbůch so über die haußzinß sagt / und vor schrecken und zorn so thet ers nicht

> wie sunst der brauch ist mit einer feder durch / sunder weil er an der Pestilenz war gestorben / war er dem nammen also feind daß er das gantz blatt darinn alle rechnung die disen Würt betraff / auß dem schuldbuch reiß und verbrennt. (47,10ff.)

Das ist die Pointe, der Schwank ist erzählt. Aber Wickram gibt sich nicht zufrieden. Wie geht es weiter? Immerhin wäre eine zweite, gleichfalls in eine Pointe mündende Handlung nach dem Muster des betrogenen Betrügers denkbar. Aber so kommt es nicht, obwohl die beiden Kontrahenten erneut zusammengeführt werden. Zunächst sucht der Betrüger, der sich mit seiner Frau inzwischen anderswo eingemietet hat, seinem ehemaligen Hauswirt möglichst aus dem Weg zu gehen. Als er ihm doch einmal auf dem Markusplatz begegnet, kneift er ein Auge zu, um nicht erkannt zu werden. Der schon einmal Betrogene wundert sich über die Ähnlichkeit, aber erst beim wiederholten Male, als der Gauner einmal vergißt, wiederum sein rechtes Auge zuzukneifen, erkennt er ihn und schleppt ihn in sein Haus, um ihm die Rechnung zu präsentieren. Er blättert im Schuldbuch nach, findet nichts und erinnert sich erst jetzt daran, daß er das Blatt aus Angst vor der Pest ja herausgerissen hatte.

Strukturell gesehen ist dies – nach einer alten formalen Definition – eine »zweigipflige« Geschichte, ein sog. »Schwank mit Nachhieb«.[58] Dieser zweite Teil macht immerhin ein gutes Drittel des Gesamtumfangs aus und enthält seinerseits ein Schwankmotiv, das sich aber nicht in einer Pointe entlädt. Daß einer den andern nicht erkennt, weil der ein Auge zukneift, hat etwa die Qualität der Auskunft des Bauern, der am frühen Morgen seinem Nachbarn nicht öffnen will und ihm zuruft, er schlafe noch (Nr. 22). Hier aber geht es gar nicht um eine zweite Pointe, sondern um die epische Sukzession, die sich nicht unbedingt eines zweiten Schwankmotivs hätte bedienen müssen. Und so ist denn auch mit dem zweiten Durchgang die Erzählung für Wickram noch nicht abgeschlossen, es fehlen noch immer Ausgleich und Versöhnung:

> also fragt er den Würt wie er im gethon hette / und alß ers im erzelt hette / mů̊st er vor zorn lachen unnd schanckt im die schuld gleich gů̊twillig / dann er gedacht doch wol er wirdt nit vil kinden nemmen wo nichts wår / wiewol doch diser Würt hernach wider reich ist worden / und noch in kurtzen jaren glaubhafftig gelebt hatt. (48,7ff.)

Die gleiche Struktur bestimmt auch die *grawsame unnd erschrockenliche History* (Nr. 55). Im Unterschied zum Flugblattbericht, der auf die Sensationsmeldung von der Bluttat gleichsam analytisch die Suche nach dem Schuldigen und die Entdeckung des wahren Sachverhalts folgen läßt, erzählt Wickram im *ordo naturalis* mit hinzugefügter Vorgeschichte (Wette im Wirtshaus) die Ausein-

[58] Will-Erich Peuckert, Deutsches Volkstum in Märchen und Sage, Schwank und Rätsel, Berlin 1938 (Deutsches Volkstum 2), S. 161ff. Hier zitiert nach: Hermann Bausinger, Formen der »Volkspoesie«, Berlin 1968 (Grundlagen der Germanistik 6), S. 148.

andersetzung zwischen den Eheleuten (die Frau weigert sich, das Haus zu verlassen) und die Katastrophe (Mord und Selbstmord). Die Aufklärung des Verbrechens ist redundant, epischer Überhang, hinter den die angehängte Moral (Warnung vor derartigen Tauschhändeln) zurückgreift.

Am bündigsten kann ich das, worauf es mir hier ankommt, mit der Geschichte von der Männerschwangerschaft (Nr. 4) illustrieren. Das Motiv ist alt und verbreitet, Wickrams Version knüpft an Boccaccio an,[59] der in der dritten Novelle des neunten Tages des ›Dekameron‹ erzählt, wie der notorisch geizige Calandrino von seinen Freunden und einem beigezogenen Arzt eingeredet bekommt, er sei schwanger. Gegen die Zahlung einer hübschen Summe wird Calandrino schnell geheilt. Die Freunde verprassen das Geld; und nur die Ehefrau, Monna Tessa, hat etwas gemerkt und macht Calandrino Vorwürfe.

Im ›Rollwagenbüchlein‹ nimmt die Geschichte einen etwas anderen Verlauf. Ein reicher Ratsherr verschafft sich mit Hilfe einer hübschen Magd Gewißheit darüber, daß die Kinderlosigkeit seiner Ehe nicht ihm anzulasten sei. Der offenbar werdende Ehebruch bringt ihn in Konflikt mit dem Freiburger Stadtrecht,[60] eine Lösung muß gefunden werden. Der Arzt, dem er sich anvertraut

---

[59] Bolte (Anm. 11), S. 362f.

[60] Wickram bleibt durch diese Veränderungen auch hier ganz im Kontext seiner eigenen Erfahrung und Lebenswelt. Nach der Reformation ging in den sich ihr anschließenden oberdeutschen Städten die gerichtliche Hoheit in Sachen Ehe und Geschlechtsmoral von der Kirche auf die neu geschaffenen Institutionen des Ehegerichts und der »Zuchtherren« über (vgl. Walter Köhler, Zürcher Ehegericht und Genfer Konsistorium. II. Das Ehe- und Sittengericht in den süddeutschen Reichsstädten, dem Herzogtum Württemberg und in Genf, Leipzig 1942 [Quellen und Abhandlungen zur schweizerischen Reformationsgeschichte 10]; Lyndal Roper, The Holy Household. Women and Morals in Reformation Augsburg, Oxford 1989). Warum Wickram die Geschichte gerade in Freiburg (i. Br.?) ansiedelt, weiß ich nicht zu erklären. Die entsprechenden Verhältnisse konnten ihm auch aus Straßburg (vgl. Köhler II, S. 349–504), vielleicht auch aus Burkheim bekannt sein. Die nähere Bestimmung des Konflikts – *Nun vermag aber die Stattordnung alda / so ein Radtsherr die Ee bricht / wirt von allen eeren gesetzt* (17,14f.) – entspricht sehr genau den aktuellen Verhältnissen. Die Zürcher ›Ordnung und satzung von wegen der straf des ebruchs und unelicher biwonung‹ vom 15. Dezember 1526 sah u.a. vor: »Die öffentlich in Unehe Sitzenden oder sonst offenkundig Ehebrüchigen oder durch ehegerichtliche Erkenntnis schuldig Gesprochenen werden vom Abendmahl ausgeschlossen, verlieren die passive Wahlfähigkeit zu ›allen erlichen ständen‹, d.h. zum Amte eines Bürgermeisters, Ratsherren, Zunftmeisters, ›oder zu anderen erlichen ämtern‹ und, falls sie derartige Amtsträger sind, das Amt selbst« (Walter Köhler, Zürcher Ehegericht und Genfer Konstitorium. I. Das Zürcher Ehegericht und seine Auswirkung in der deutschen Schweiz zur Zeit Zwinglis, Leipzig 1932 [Quellen und Abhandlungen zur Schweizerischen Reformationsgeschichte 7], S. 111). Das gleiche ist u.a. für Basel (vgl. ebd., S. 241f.), Bern (S. 326f.), Glarus (S. 368) und Chur (S. 378) bezeugt. – Vom Eingreifen der weltlichen Obrigkeit in Ehesachen ist auch in Nr. 17 ›Einer leidt mit seiner Frauwen lieb und leidt‹ die Rede. Der seine Frau prügelnde Ehemann wird zu einer Gefängnisstrafe verurteilt, nach seiner Freilassung wird er rückfällig und kann sich bei erneuter Vorführung *für die Herren* (35,20) vor einer weiteren Inhaftierung durch das im Titel angespielte

hat, rät ihm, sich krank zu stellen, kommt, diagnostiziert eine Schwangerschaft und bringt die mißtrauische Ehefrau mit einem (Boccaccio entlehnten) schlagenden Argument zum Schweigen:

> ›Ir weiber haben seltzam glüsten / versůchens in all weg / in dem ist euwer mann schwanger worden.‹ Und sy errötet / gedacht in ir selbst einfaltigklich / ›Es mag sein‹. (18,3ff.)

Das Heilmittel ist eine Jungfrau, der im Beilager mit dem schwangeren Mann die Frucht übertragen werden soll. Die Wahl fällt auf die dafür vorzüglich geeignete Magd. Alles geschieht so, wie der Arzt es angeordnet hat, der sich – ganz Jörg Wickram – vorher das Versprechen hat geben lassen, daß die Magd für diesen Vorgang nicht bestraft und das Kind als legitimer Nachwuchs im Haus aufgezogen werde.

> Also ward der sach radt / und die Fraw hielt der magt alles was sy iren verheissen hat / und bliben all bey eeren. (18,30ff.)

Wieder könnte es damit sein Bewenden haben. Aber Wickram fügt eine Pointe hinzu, die einen noch besseren Abschluß bildet. Da die Magd schon nach zwanzig Wochen niederkommt, wird die Ehefrau erneut unsicher und muß sich wiederum einem überlegenen Argument des Arztes geschlagen geben: Das Kind sei ja doch auch schon zwanzig Wochen vom Mann getragen worden. Ein ›Nachhieb‹ also.

Aber auch damit noch nicht genug. Nun folgt nämlich wieder jenes redundante Überspielen der Pointe, jener epische Überhang, von dem aus die Geschichte beliebig fortsetzbar erscheint:

> Etwan ein jar darnach / gieng der Doctor ungeferd für die Fraw / grůßt sy und lechlet / das treib er zum dickeren mal / bey dem die Fraw abnamm daß es mit kreüteren zůgangen was / wie man spricht. (19,5ff.)[61]

VII.

Wickrams Sorge zielt auf Harmonie und Versöhnung. Ihnen opfert er die notwendige Aggressivität des Witzes. Sein Interesse gilt nicht mehr allein der – entschärften – Pointe, sondern auch und zunehmend den Beweggründen der handelnden Personen und den Konsequenzen ihrer Handlungen. Das hat seinerseits Konsequenzen für die Art seiner Darstellung. Wo die Pointe nicht

und oben zitierte Witzwort retten, das offensichtlich weder die Richter noch der Erzähler sehr zum Lachen finden.

[61] Weitere Beispiele ließen sich anschließen (vgl. besonders Nr. 66).

mehr um ihretwillen erzählt und zum abschließenden Höhepunkt der Erzählung gemacht wird, an dem das Gelächter einsetzt, da wird das Lachen selbst zum Gegenstand des Erzählens.[62] Es gibt eine ganze Reihe von Geschichten im ›Rollwagenbüchlein‹, in denen vom Lachen der Beteiligten die Rede ist und davon, wie diese Reaktion erneut in Handlungen umgesetzt wird. Es sind hier nicht nur die stereotypen Kommentare gemeint, mit denen ein *facete dictum* quittiert werden kann nach dem Muster: *Diser wort lachten sy genůg* (Nr. 58; vgl. auch Nrr. 8, 35, 37, 42, 57, 61), sondern vielmehr jene Fälle, in denen das verräterische Lächeln, der laute Spott oder das versöhnliche Lachen zum Fortgang der Handlung führen. Da kann es kurz und bündig heißen: *Also lachten sy all und liessen in ledig* (Nr. 5). Oder es folgt dem – im Wortsinne – befreienden Lachen ein etwas ausführlicherer Bericht über das glückliche Ende: Der Betrogene lacht (und sei es aus Zorn), besinnt sich dann aber und schenkt dem Gauner seine Schuld (Nr. 23). Der von Strauchdieben überfallene Kaufmann lacht über die Spieße, deren Länge er mit der leider nur viel kürzeren Kaufmannselle vergleicht:

> Auß disen gůten schwanckreden můsten die Reüter lachen / und sprach einer under inn: ›Ich glaub das du auch ein gůt gesell seyest‹ / unnd wurden retig das sy im sein war alle sampt wider schanckten unnd machten sy sich mit dem überigen darvon / dann in sо̆lchen handlen ist nit langer mist zů machen. (62,1ff.)

Das schadenfrohe Gelächter wird zurückgelenkt in die Versöhnung der Grobiane miteinander (Nr. 52). Der geschwätzige Bauer, dem ein Bader das Kinn ausgerenkt hat, muß sich für einen Gulden wieder heilen lassen, *trůg den also mit auffgesperrtem weitem maul zům tisch / darvon aber ein groß gelechter fürgieng* (125,19f.). Schließlich bekommt er aber den größeren Teil des Geldes wieder zurück (Nr. 64). Es kann aber auch sein, daß das Lachen der Beteiligten nicht zu einer abschließenden Versöhnung führt. Die Frau des schwangeren Ratsherrn wird durch das ironische Lächeln des Arztes auf die Spur des Betrugs geführt (Nr. 4); und der Bader, der seine hypochondrische Tante damit erschreckt, daß er Senf in das Aderlaßblut mischt, läßt es mit diesem Effekt nicht sein Bewenden haben:

> Als nun der Scherer meint es wer jetzund weit genůg außgeschollen / hatt er ettlichen Weibern und Mannen darvon gesagt wie es sich zůgetragen und verloffen hab / dieselbigen haben ein seer groß gespey darmit getriben. Zů letsten ist es der gůten Frawen auch fürkummen / die dann auch von manchem verspeit ward. Dise schmach hatt sy von irem Vetter so zů hohem zorn angenummen / das sy gentzlich verredt hatt in sein hauß nit mer zů kummen / wо̆lchs im mit gantzem lieb ist gelebt gewesen / also kam er ir mit irem lassen ab. (127,31ff.)

[62] Ähnlich Xenja von Ertzdorff, Romane und Novellen des 15. und 16. Jahrhunderts in Deutschland, Darmstadt 1989, S. 47: »Gelacht wird von den agierenden Personen über andere oder auch eigene Torheit, im Lachen können Spannungen entschärft und Schaden abgewandt werden«.

In solchen Geschichten ist Wickram auf dem Weg vom erzeugten zum erzählten Lachen. Immer noch ist die komische Pointe Anlaß des Erzählens, aber das Erzählinteresse geht zum Teil schon weit über sie hinaus. Das »epische Gesetz des Abschlusses«[63] beginnt sich zu verlagern, und nur die Kürze der *schwenck und Historien* des ›Rollwagenbüchleins‹ läßt das Neue in ihnen nicht immer so augenfällig erscheinen, wie es sich dem genaueren Blick enthüllt.

VIII.

Wickrams überraschender Erfolg und die unmittelbar wirksam werdende Vorbildlichkeit seines ›Rollwagenbüchleins‹ beruhen offensichtlich darauf, daß die Zeitgenossen es als neu empfunden haben. Neu war, daß Wickram nicht mehr allein die traditionellen und längst bekannten Stoffe aufgriff, sondern aus eigener Anschauung und Erfahrung Geschichten erzählte (die dann freilich doch weitgehend wieder den traditionellen Mustern folgten und die vertrauten Strukturen aufwiesen). Neu war insbesondere die Art der Präsentation der alten und neuen Geschichten. Während in der ersten Hälfte des 16. Jahrhunderts die dominierende Paulische Sammlung nur »Schwundstufen«[64] der zugrundeliegenden Erzählstoffe lieferte, da episierte und literarisierte Wickram das exemplarische und schwankhafte Repertoire. Zwar war er nicht der erste und einzige, der so verfuhr. Aber Augustin Tüngers Facetien waren unbekannt geblieben, und der ›Ulenspiegel‹, der seinerseits Wickram inspiriert haben könnte, hat seine eigene, anders geartete Tradition begründet.[65] Wickram, dem die lateinische Literatur weitgehend verschlossen blieb, mußte sich selbst an Pauli messen und wurde auch von seinem Lesepublikum notwendig vor diesem Erwartungshorizont aufgenommen.

Paulis Sammlung ›Schimpf und Ernst‹ hatte nicht nur in dichter Folge Neuauflagen erlebt, sondern ist in den Jahrzehnten seiner Verbreitung nicht unverändert geblieben. Sie wurde um neue Stücke vermehrt, in noch größerem Maße aber auch gekürzt. Die Reihenfolge der einzelnen Nummern und ihre Zusammenfassung unter thematischen Gesichtspunkten blieb nicht unangetastet. Es gab regelrechte Neubearbeitungen, die man in die unmittelbare Nachbarschaft von Wickrams ›Rollwagenbüchlein‹ gerückt und für dessen

---

63 Hermann Bausinger, Bemerkungen zum Schwank und seinen Formtypen, Fabula 9 (1967), S. 118–136, hier S. 136.

64 Kurt Ranke, Schwank und Witz als Schwundstufe, in: FS Will-Erich Peuckert, München 1955, S. 41–59.

65 Werner Röcke, Die Freude am Bösen. Studien zu einer Poetik des deutschen Schwankromans im Spätmittelalter, München 1987 (Forschungen zur Geschichte der älteren deutschen Literatur 6).

Entstehen direkt verantwortlich gemacht hat. Im Jahr 1545 erschien eine stark gekürzte, textlich redigierte und um Stücke u.a. aus Poggio, Bebel und dem ›Reineke Fuchs‹ ergänzte Ausgabe ohne Orts- und Druckervermerk. Sie trägt den leicht abweichenden Obertitel *Von Schimpff, vnnd Ernst*, während im übrigen ausschließlich der Originaltitel *Schimpff vnd Ernst* bzw. *Das Bůch Schimpff vnd Ernst genannt*[66] üblich war und blieb. Der Bearbeiter ist unbekannt, die Tendenz seiner Bearbeitung aber ist gerade in unserm Zusammenhang von Interesse. »Charakteristische Züge des Erzählers sind das Streben nach Kürze und das Weglassen der Moral. Hierdurch und durch die einen anderen Geist atmenden Erzählungen aus Bebel und Poggio entfernt sich seine Sammlung in der moralischen Absicht von Paulis Buch, dessen Titel sie kaum mehr zu tragen berechtigt ist. Sie enthält weitaus mehr Schimpf als Ernst. Sie ist fast eine reine Anekdotensammlung«.[67] Ihr folgte 1550 bei Christian Egenolff in Frankfurt am Main eine Umarbeitung unter dem ehrlicherweise neugefaßten Titel *Schertz mit der Warheyt*. In dieser Fassung ist der Anteil Paulis weiter reduziert, hinzugekommen sind u.a. acht Kurzerzählungen nach dem ›Dekameron‹. Die Textrevision führt nur in wenigen Fällen zu breiterer Darstellung, »weit häufiger«[68] dagegen zu Kürzungen. Das gilt besonders auch für die Novellen Boccaccios. Im übrigen ist die Tendenz die gleiche. »Vorliebe für moralische Nutzanwendungen zeigt der Bearbeiter des jüngeren Buches ebenso wenig wie sein Vorgänger, er ließ sogar hin und wieder die in den einzelnen Nummern verbliebene Schlußmoral weg.«[69]

Gerade unter diesem Aspekt lag es nahe, an eine nähere Verbindung mit Wickram zu denken und den Beginn des produktiven Interesses an derartigen Sammlungen nicht erst mit ihm, sondern schon mit ›Von Schimpf und Ernst‹ von 1545 und ›Scherz mit der Wahrheit‹ von 1550 einsetzen zu sehen:

> Neben dem breit moralisierenden Pauli, der bisher – abgesehen vom Eulenspiegelbuche – den Prosaschwank in deutscher Sprache allein repräsentiert hatte, trat plötzlich mit wesentlich anderem Inhalt ›Schertz mit der Warheyt‹. Das Beispiel wirkte anregend. Es ist gewiß kein Zufall, daß ein paar Jahre nachher von der Mitte des sechsten Jahrzehnts an die Schwankbücher allüberall emporsproßten. Wickram, Frey, Montanus, Lindener, V. Schumann und Kirchhoff bezeichnen eine Reihe von Schwankdichtern, die alle mehr oder minder, neben andern Einflüssen, auch den unseres Schwankbuches verraten. Am wenigsten noch Wickram, der mehr in der Form – kurze Darstellung mit Ausschluß der Moral – als stofflich unter dem Einfluß von ›Schertz mit der Warheyt‹ steht.[70]

---

66 Bolte (Anm. 4), S. 141f.

67 Stiefel (Anm. 39), S. 82.

68 Ebd., S. 98.

69 Ebd., S. 98.

70 Ebd., S. 101f.

Daran sind Zweifel erlaubt. Zwar sind nachweislich einzelne Nummern aus ›Scherz mit der Wahrheit‹ in die jüngeren Sammlungen eingegangen, aber es ist nur ein vollständiger Nachdruck (erschienen 1563) nachgewiesen, während ›Von Schimpf und Ernst‹ offenbar überhaupt keine Neuauflage erlebt hat. Dagegen ist das ›Rollwagenbüchlein‹ seit 1555 in dichter Folge immer wieder nachgedruckt worden und avancierte zu der Sammlung, auf die sich Nachfolger und Nachahmer beriefen. Was die Form – »kurze Darstellung mit Ausschluß der Moral« – betrifft, so markiert gerade sie die Distanz nicht nur zu Paulis Erzähltechnik, sondern gerade auch zu den bearbeiteten Versionen von ›Schimpf und Ernst‹. Wickrams Kürze enthält, anders als die bis dahin gängigen Exempeltexte und Prosaschwänke, den Keim zu ihrer epischen Amplifikation, und dies nicht nur im Sinne der rhetorischen, deskriptiven etc. Ausgestaltung, der Hinzufügung von Vorgeschichte und Nebenumständen, von Motivationen und Interpretationen, sondern auch hinsichtlich der Entwicklung neuer Strukturen der bislang ausschließlich pointeorientierten Kurzerzählung. Wickram, so könnte man zugespitzt formulieren, hat den Weg gewiesen vom mittelalterlichen Schwank zur komischen Erzählung. Er ist einer der ersten Humoristen innerhalb der deutschen Literatur der Neuzeit. Dennoch war er kein Neuerer in dem Sinne, daß er konsequent neue Erzählstrategien entwickelt, selbständig neue Erzählformen begründet und traditionsbildend eine neue Gattung von Kurzerzählung etabliert hätte.

Es fällt nicht schwer, für viele der hier ausgebreiteten Textbeobachtungen Beispiele in der älteren Literatur von der mittelalterlichen Versepik (Fabliau, Maere, novella) bis selbst zu Paulis Predigtexempeln anzuführen. Aber die Fülle derartiger Erscheinungen, die Konsequenz ihrer Verwendung und ihre Stimmigkeit machen den Rollwagen denn doch zu dem, was sein Titel verspricht: *Ein neüws / vor vnerhörts Bůchlein.* So haben es die Zeitgenossen gelesen, und so haben die Nachahmer Wickram verstanden, auch wenn sie im einzelnen den von ihm eingeschlagenen Weg nicht immer weitergegangen sind. In einem aber sind sie ihm fast alle gefolgt, nämlich in der breiteren Ausgestaltung einzelner Erzählungen, die damit der italienischen Renaissancenovelle immer ähnlicher wurden. Der Sprung von Pauli zu Wickram, und das heißt auch von den von ›Schimpf und Ernst‹ abgeleiteten Sammlungen zum ›Rollwagenbüchlein‹, war ein Paradigmenwechsel. Wer sich auf Wickram berief, konnte Pauli nicht mehr einfach nur ausschreiben, er mußte die ihm entlehnten Texte einer grundlegenden Bearbeitung unterziehen und dem neuen Standard anpassen. Jacob Frey hat in der Widmungsvorrede zur ›Gartengesellschaft‹ das Nötige dazu gesagt:

Ferrers so sind ongeforlich bey zehen fablen under den andern eingefürt, so frater Joannes Pauli in dem Schimpff und ernst auch angeregt, endet sy aber also gar kurtz, daß sie verständtlicher und lenger zů beschreiben von nöten gewesen, damit sie mer historischer gesehen werden. (4,22ff.)

›Historisch‹ ist hier nicht mehr nur im Sinne der Wahrheit, des ›wirklich Geschehenen‹ zu verstehen, sondern auch als Individualisierung, als die notwendig komplexere Darstellung dessen, was wirklich geschieht. Was aber wirklich geschieht, das geht niemals bloß in einer Pointe auf.

Werner Röcke

Aggression und Disziplin

Gebrauchsformen des Schwanks in deutschen Erzählsammlungen des 16. Jahrhunderts

Schon Hanns Fischer hatte in seinen ›Studien zur Märendichtung‹ klargestellt, daß »›Schwank‹ kein Gattungsterminus sein kann, weil das Wort nur [. . .] eine ›Möglichkeit jeder Gattung‹ bezeichnet«, aus diesem Grunde aber auch in verschiedenen Gattungen auf jeweils unterschiedliche Weise realisiert wird.[1] Fischer selbst hat dies bekanntlich an der deutschen Märendichtung untersucht, Jürgen Beyer an den französischen Fabliaux,[2] und auch der Schwankroman ist inzwischen als eine besondere Form schwankhaften Erzählens gelesen worden.[3] Die Prosaschwänke des 16. Jahrhunderts hingegen sind bislang in die Diskussion um eine mögliche Poetik von Märe, Schwank und Schwankroman nicht oder nur sehr vorläufig einbezogen worden.[4] Das ist schon aus dem Grunde bemerkenswert, als die Schwanksammlungen Jörg Wickrams, Jakob Freys, Valentin Schumanns oder Hans Wilhelm Kirchhofs, bedenkt man die zahlreichen wechselseitigen Referenzen und Entlehnungen, aber auch die pauschalen Polemiken und Verketzerungen dieser *bossen* oder *zotten* in der zeitgenössischen Literaturkritik, im 16. Jahrhundert noch als relativ geschlossene Textgruppe und d.h. als eine besondere Ausprägung der Schwankdichtung angesehen worden sind.

Zwar wäre der Versuch einer normativen Gattungsdefinition schon aus dem Grunde verfehlt, als er die zahllosen Modifikationen und Besonderheiten der einzelnen Sammlungen, also das Prozeßhafte der Gattungsgeschichte im 16. Jahrhundert, ignorieren müßte. Die Frage nach der Gattungsstruktur des Prosaschwanks oder auch nach seinem systematischen Ort in einer Poetik schwankhaften Erzählens im Spätmittelalter, insbesondere im Vergleich mit dem Schwankroman, ist damit aber keineswegs erledigt, im Gegenteil. Hans

[1] Hanns Fischer, Studien zur deutschen Märendichtung, 2. Aufl. besorgt von Johannes Janota, Tübingen 1983, S. 115.

[2] Jürgen Beyer, Schwank und Moral. Untersuchungen zum altfranzösischen Fabliau und verwandten Formen, Heidelberg 1969.

[3] Vgl. dazu Werner Röcke, Die Freude am Bösen. Studien zu einer Poetik des deutschen Schwankromans im Spätmittelalter, München 1987.

[4] Das gilt auch noch für die Untersuchung von Wilfried Deufert, Narr, Moral und Gesellschaft. Grundpositionen im Prosaschwank des 16. Jahrhunderts, Bern/Frankfurt a.M. 1975, der – völlig zurecht – auf eine »allgemein gültige Definition« des Schwanks verzichtet (S. 7), jedoch über eine Beschreibung der »jeweiligen Darbietungsform« nicht hinausgelangt.

Robert Jauß hat für die synchrone Bestimmung literarischer Gattungen »eine begrenzte Zahl von wiederkehrenden Funktionen« vorgeschlagen, die für einen historischen, weder normativen noch a priori gefaßten Gattungsbegriff unabdingbar seien.[5] Im Anschluß daran werde ich im folgenden von drei Funktionen oder Gebrauchsformen schwankhaften Erzählens ausgehen, die im Prosaschwank oder Schwankroman auf jeweils unterschiedliche Art und Weise realisiert, kommentiert, wohl auch modifiziert werden. Im Unterschied zu Jauß geht es mir dabei aber nicht um den distinktiven Gebrauch dieser Erzählfunktionen und damit um die Abgrenzung der einzelnen Gattungen schwankhaften Erzählens selbst, sondern lediglich um die jeweils unterschiedliche Verwendung der gleichen Erzählfunktionen in einem literarischen Feld, das verschiedene Möglichkeiten schwankhaften Erzählens umfaßt. Insofern ist für das Verhältnis von Schwanksammlung und Schwankroman das Nebeneinander von Analogie und Differenz, von Kontinuität und Diskontinuität charakteristisch, nicht aber ihre Unterscheidung als jeweils eigenständige Gattungen.

Ich beschränke mich auf folgende Funktionen schwankhaften Erzählens, die ich an zwei Textbeispielen erörtern möchte, an Jakob Freys ›Gartengesellschaft‹ von 1557 und an Hans-Wilhelm Kirchhofs ›Wendunmuth‹, der letzten und umfangreichsten Schwanksammlung des 16. Jahrhunderts von 1563 (–1603):

1. Das Verhältnis von *res factae* und *res fictae*

Gehen die Autoren der Schwanksammlungen – und wohl auch ihre Leser – von der Tatsachenwahrheit des Erzählten aus, oder ist bereits der Wunsch nach einer weitergehenden ›Erfindung‹ oder Fiktionalisierung des Erzählten erkennbar? Welche Bedeutung also kommt der Behauptung einer historischen Wahrheit bzw. der Erfindung des Erzählten zu? Mit der Entdeckung neuer, bislang in anderen Gattungen ausgegrenzter Bereiche der Wirklichkeit des Menschen, seiner körperlichen Funktionen und gesellschaftlichen Organisationsformen ist nicht – soviel läßt sich jetzt schon sagen – ein ›Realismus‹ der Darstellung gemeint, sondern die Inanspruchnahme, aber auch die Poetisierung des vormals nicht Darstellungswürdigen in der Kunst, wie z.B. die Sexualität oder die Verdauungsfunktionen des Menschen; die alltäglichen Verrichtungen der Reproduktion durch Arbeit oder auch die Verhöhnung ideologischer Mächte, wie Kirche, Schule und Universität, durch überraschend neue ›Lektüren‹ ihrer Heilslehren und Grundüberzeugungen; schließlich auch die Freude an Aggressivität und Gewalt, am Schaden anderer und am eigenen Vorteil, die in Ehe und Familie, Beruf und gesellschaftlichem Verband in Szene gesetzt wird.

---

[5] Hans Robert Jauß, Theorie der Gattungen und Literatur des Mittelalters, in: H.R. Jauß, Alterität und Modernität der mittelalterlichen Literatur, München 1977, S. 327–358, hier S. 333.

2. Der komische Zweck der Schwankdichtung

Zwar ist die Überzeugung, daß die mittelalterlichen Schwankerzählungen als »contes à rire« anzusehen sind, »als Erzählungen also, für die das ridiculum das entscheidende Merkmal ist«,[6] nicht strittig, wohl aber, welche Formen des Komischen für die mittelalterliche Schwankdichtung besonders charakteristisch sind. Bekanntlich hat noch Hanns Fischer den Erzähltyp »Überlistung des scheinbar überlegenen tumben durch den wîsen« in den Mittelpunkt gestellt, der im Leser »Heiterkeit entbindet, weil sich dieser insgeheim mit den siegreichen Klugen identifiziert«.[7] Demgegenüber schien mir im Schwankroman die Negativität und Bösartigkeit Ulenspiegels oder des Bauern Markolf, des Bruders Rausch oder auch des Pfarrers vom Kalenberg, und d.h. ihre Freude an der Zerstörung vorgegebener Denknormen und Haltungen, besonders wichtig zu sein, und damit – in sozialgeschichtlicher Hinsicht – die Auflösung kollektiver Organisationsformen, wie Familie und Stand, Zunftorganisation und städtisches Regiment.[8] In den Schwanksammlungen des 16. Jahrhunderts nun sind diese Gründe für das Vergnügen am komischen Helden ebenfalls zu finden, doch werden sie zugleich auf signifikante Weise verschoben oder ›umbesetzt‹[9] und darüber hinaus auch noch durch weitere Komikformen ergänzt. Dabei denke ich einerseits an eine Form des Komischen, die ich als ›karnevaleske Komik‹ bezeichne,[10] andererseits an eine Komik des rhetorischen Spiels, der klugen Bemerkung und der überraschenden Wendung, die insbesondere in der frühhumanistischen Fazetienliteratur ausgebildet, dann aber in die Schwanksammlungen des 16. Jahrhunderts übernommen worden ist. Finden sich diese beiden Komikformen in Jakob Freys ›Gartengesellschaft‹ besonders häufig, der die Fazetiensammlungen Heinrich Bebels, Poggio Bracciolinis und Johann Adelphus Mulings zwar gründlich ausschreibt, in seiner Vorrede unter seinen Quellen aber nicht erwähnt, so ist demgegenüber für Hans-Wilhelm Kirchhofs ›Wendunmuth‹ eine stärkere Didaktisierung der Komik kennzeichnend. Von Joachim Suchomski ist die Komik der mittelalterlichen Literatur, insbesondere der Mären- und Schwankdichtung, als didaktisch-moralische Komik beschrieben worden: die Lizenzen des Lachens resultierten ausschließlich aus seinem moralischen Zweck, der Besserung und moralischen Einsicht zu dienen.[11] Wird diese generalisierend-exklusive These der Vielfalt der Komik-

[6] Fischer, Studien (Anm. 1), S. 101f.

[7] Ebd., S. 101f.

[8] Vgl. Röcke, Freude am Bösen (Anm. 3), passim.

[9] Hans Blumenberg, Aspekte der Epochenschwelle. Cusaner und Nolaner, Frankfurt a.M. 1976, S. 17.

[10] Im Anschluß an Michail Bachtin, Rabelais und seine Welt. Volkskultur als Gegenkultur, Frankfurt a.M. 1987, S. 52ff., sowie Norbert Schindler, Karneval, Kirche und die verkehrte Welt. Zur Funktion der Lachkultur im 16. Jahrhundert, Jahrbuch für Volkskunde NF 7 (1984), S. 9–57.

[11] Joachim Suchomski, ›Delectatio‹ und ›utilitas‹. Ein Beitrag zum Verständnis mittelalterlicher komischer Literatur, Bern/München 1975.

formen in Schwankroman und Schwanksammlung wohl doch nicht gerecht, so hat andererseits Hans-Wilhelm Kirchhof, der Burggraf im Dienste des hessischen Landgrafen und uneingeschränkte Parteigänger einer konsequenten Ausbildung protestantischer Landesherrschaft, seine umfangreiche Schwanksammlung ›Wendunmuth‹ mit offensichtlich didaktischer Intention verfaßt: Die Schwanksammlung erweitert sich hier zu einer Enzyklopädie des historischen, politischen und herrschaftstechnischen Wissens seiner Zeit, wobei das Verhältnis von didaktischem und komischem Zweck allerdings keineswegs eindeutig ist.

3. Historizität und gesellschaftliche Funktion der Schwankdichtung

Die Inanspruchnahme neuer Bereiche der Wirklichkeit und die Infragestellung überkommener ideologischer Muster in der Schwankdichtung hat in der älteren Forschung zu höchst ungenauen Historisierungen geführt, die – wie z.B. die Klassifizierung ›bürgerlich‹ – weder der komplexen Überlieferung noch dem entsprechenden gesellschaftlichen Sachverhalt gerecht wurden.[12] Dennoch ist die Frage nach dem ›Sitz im Leben‹ und der gesellschaftlichen Funktion der Schwankdichtungen, aber auch nach einem historischen Verständnis ihrer literarischen Logik keineswegs erledigt, sondern erst neu gestellt. So ist für die Helden der Schwankromane, wie z.B. den Kalenberger Pfarrer oder auch Ulenspiegel, eine spezifische Form der Klugheit charakteristisch, deren Effektivität sich in genau definierbaren sozialen Räumen entfaltet und von diesen Räumen auch geprägt ist. Um ein vergleichendes Beispiel zu geben: die Fassungslosigkeit, mit der die Handwerksmeister in der Regel auf Ulenspiegels Streiche reagieren, erklärt sich vor allem aus der Tatsache, daß Ulenspiegel sich ihrer eigenen Überzeugungen und sozial vorgeprägten Verhaltensmuster bedient, die »versteinerten Verhältnisse« also – wie es bei Marx plastisch heißt – »dadurch zum Tanzen« zwingt, »daß man ihnen ihre eigne Melodie vorsingt«.[13] Der Kalenberger Pfarrer verfährt ähnlich kritisch, ist allerdings den sozialen Verbänden in Dorf und Hof, die er auf den Kopf stellt, weniger verhaftet, sondern begegnet ihnen mit einer konträren Logik der Kalkulation auf Gewinn und Vorteil, der Paradoxie des Gewinns durch Verlust etc., die recht genau nachvollziehbare sozial- und mentalitätsgeschichtliche Veränderungen markieren. In den Schwanksammlungen des 16. Jahrhunderts hingegen ist d i e s e Möglichkeit einer Historisierung der Schwänke ausgeschlossen. Zwar findet sich auch hier die bunte Fülle unterschiedlichster Berufe, Lebensformen und

---

[12] Vgl. den Überblick bei Erich Straßner, Schwank, Stuttgart 1986, S. 2ff.

[13] Karl Marx, Zur Kritik der Hegelschen Rechtsphilosophie. Einleitung, Karl Marx/Friedrich Engels, Werke, Bd. 1, Berlin 1972, S. 381.

Handlungsmuster. Der Witz dieser Erzählungen aber fußt in den seltensten Fällen auf sozial bestimmbaren Rede-, Denk- und Handlungsweisen, sondern erfolgt aufgrund geistreicher Reaktionen und sprachlich-intellektueller Kompetenzen, komischer Zufälle und überraschender »Auflösungen einer gespannten Erwartung in nichts«,[14] die einen veränderten Wirkungszusammenhang der Schwanksammlungen indizieren. Ich werde zu zeigen versuchen, daß Jakob Freys ›Gartengesellschaft‹ – vielleicht im Anschluß an Boccaccios ›Decamerone‹ – als Mittel gepflegter Unterhaltung und einer »Zivilisierung der Oberschicht« konzipiert ist,[15] wobei die scheinbare Auflösung des gesellschaftlichen Bezugs und die Enthistorisierung gerade als eminent historisch zu verstehen sind. Kirchhofs ›Wendunmuth‹ hingegen verstehe ich als kommentierte Sammlung literarischen, historischen und politischen Wissens, die den Gebildeten eine standesadäquate Evasion ermöglichen, aber auch notwendige Wissensbereiche erschließen soll.

Jakob Freys ›Gartengesellschaft‹

Frey hat, neben einer Sammlung von Kurzbiographien antiker Helden zu offensichtlich didaktischen Zwecken, einige Schuldramen und auch ein Fastnachtspiel zum Druck gebracht. Am bekanntesten jedoch wurde seine ›Gartengesellschaft‹: *Ein New hübsches vnd schimpflichs büchlin,* [. . .] *darinn vil frölichs gesprechs, Schimpff reden, Spaywerck vnd sunst kurtzweilig bossen, von Historien und Fabulen, gefunden werden*, also komische Erzählungen unterschiedlichster Art, die aber, so fährt Frey noch in der Titelangabe fort, durch ihren gemeinsamen ›Sitz im Leben‹ miteinander verbunden seien: sie würden *zu zeiten* [. . .] *inn den schönen Gärten, bey den külen Brunnen, auff den grünen Wysen, bey der Edlen Music, Auch andern Ehrlichen geselschafften (die schwären verdroßnen gemüter wider zu recreieren, vnd auff zu heben) frölich vnnd freundtlich geredt und auff die ban* [. . .] *gebracht.*[16] Es ist meines Wissens das erste Mal, daß die Topoi des locus amoenus und des Genusses gepflegter Festlichkeit nun auch für eine Schwanksammlung aufgerufen werden. Auffällig ist das vor allem aus dem Grunde, als in der lateinischen, deutschen und französischen Schwankdichtung des Mittelalters der Erfahrungsraum der Schwankhelden auf die »alltägliche Umwelt in der Vielfalt menschlicher Tätigkeiten«,[17] auf die Darstellung des

[14] So die berühmte Definition Kants aus seiner ›Kritik der Urteilskraft‹ (hg. v. Gerhard Lehmann, Stuttgart 1976, S. 276).

[15] Richard van Dülmen, Entstehung des frühneuzeitlichen Europa 1550–1648, Frankfurt a.M. 1982, S. 222.

[16] Ich zitiere nach der Ausgabe: Jakob Freys Gartengesellschaft (1556), hg. v. Johannes Bolte, Tübingen 1896 (StLV 209), S. 1.

[17] Hans Robert Jauß, Alterität und Modernität der mittelalterlichen Literatur, in: Alterität und

›Gemeinen und Niedrigen in der Kunst‹[18] beschränkt blieb, dabei gerade die festliche Ausnahme vom Alltag und die kultivierte Unterhaltung der Gebildeten nicht einbezog. Wir werden sehen, daß damit keineswegs nur eine eher willkürliche Situierung des Textes, vergleichbar z.B. Valentin Schumanns ›Nachtbüchlein‹ oder Martin Montanus' ›Wegkürtzer‹, sondern der logische Bezugspunkt seiner poetischen Struktur angesprochen ist. Ich überprüfe diese These an den genannten drei Funktionen der Schwankdichtung.

1. Tatsachenwahrheit oder Fiktion

Die Schwankromane, also Botes ›Ulenspiegel‹ oder Frankfurters ›Pfarrer vom Kalenberg‹, aber auch Bartholomäus Krügers ›Hans Clawert‹ oder Büttners ›Klaus Narr‹, erweitern die Lizenzen des literarisch Darstellungswürdigen um wichtige, bislang ausgegrenzte Wirklichkeitsbereiche einer ›Ästhetik des Häßlichen‹ und ›Obszönen‹, des ›Gemeinen und Niedrigen in der Kunst‹. Darüber hinaus behaupten und belegen sie die historische Wahrheit ihrer ›Historien‹ durch die unterschiedlichsten Kunstgriffe: Sie datieren die Lebenszeit ihrer Helden, nennen historische Gewährsleute oder berufen sich auf faktische Beweise ihrer tatsächlichen Existenz, wie schriftliche Aufzeichnungen, Grabmäler oder andere Erinnerungspunkte. Dennoch dienen diese Belege wohl nicht nur dem Nachweis historischer Wahrheit, sondern vor allem auch der poetischen Legitimation ihres ›niederen‹ Inhalts. Denn der Verweis auf die historische Faktizität der Ereignisse ermöglicht trotz der erwarteten moralischen Verurteilung der Schwankerzählungen deren poetische Lizenz: Was tatsächlich geschehen ist, soll schließlich nicht aus einer Dichtart ausgegrenzt werden, die sich, wie die Schwankdichtung, der vérité des faits verpflichtet weiß. Zwar suchen sich die Autoren der Schwankromane bereits im vorhinein gegen moralische Kritik zu schützen, wie etwa Bote in seiner Vorrede zum ›Ulenspiegel‹ versichert, *das solich mein Beschreiben nieman zu Widerdrieß beschehen* [*sei*] *oder jeman damit zu schwächen.*[19] Dennoch legitimiert sich die Öffnung des Schwankromans zu den ›Nicht-mehr-schönen-Künsten‹ letztendlich erst aus dem Anspruch auf die historische Wahrheit des Erzählten.

Modernität der mittelalterlichen Literatur (Anm. 5), S. 9–47, hier Annex zwischen S. 46 u. S. 47: Übersicht über die kleinen literarischen Gattungen der exemplarischen Rede im Mittelalter.

[18] Friedrich Schiller, Gedanken über den Gebrauch des Gemeinen und Niedrigen in der Kunst, in: Sämtliche Werke, hg. v. Gerhard Fricke u. Herbert G. Göpfert, Bd. 5, München 1959, S. 537–543.

[19] Ein kurtzweilig Lesen von Dil Ulenspiegel. Nach dem Druck von 1515 hg. v. Wolfgang Lindow, Stuttgart 1978, S. 7.

In Freys ›Gartengesellschaft‹ nun wird dieser Zusammenhang von neuen, bislang ausgegrenzten Wirklichkeitsbereichen und historischer Tatsachenwahrheit auf signifikante Weise ›umbesetzt‹ (Blumenberg). Zwar finden sich auch hier Obszönität und Aggressivität, die lustvolle Beschreibung aller nur denkbaren Körperfunktionen und die Freude an der Gewalt, d.h. all jene Wirklichkeitsbereiche des bislang Nicht-Darstellungswürdigen, die auch die Schwankromane auszeichnen. In seiner Vorrede an einen gewissen Reinholt von Kageneck, Amtmann zu Lohr, scheint Frey denn auch dem Gebot historischer Faktentreue der Schwankdichtung zu folgen. Er habe, so schreibt er in seiner (irreführenden) Quellenangabe, einige Erzählungen aus Paulis ›Schimpf und Ernst‹ übernommen, doch habe er sie gegenüber seiner Vorlage erweitert, *damit sie mer historischer gesehen werden.*[20] Im Gegensatz dazu erörtert er in einer weiteren Vorrede ›An den gütigen leser‹ die Möglichkeit, daß seinem Publikum seine *gute[n] schwenck* [...] *der warheit* ungleich erscheinen könnten. Dabei ist insbesondere die Begründung von Interesse, die Frey für diese Möglichkeit einer Abkehr vom Postulat historischer Wahrheit anführt. Ganz im Sinne der aristotelischen Poetik verweist er statt auf die Wahrheit auf die Wahrscheinlichkeit des Erzählten: *dann ob gleich wol etwan gut schwenck darinnen seind, so der warheit ungleich, so ist doch müglich, das solchs oder dergleichen beschehen sein mag oder noch beschehen möchte, wie sich dann noch heute bey tag etwan seltzam ding mit worten oder wercken auff die ban schicket, welches man sunst nit geglaubt noch vermeint het* (S. 6). Den Anstoß aber für diese Verschiebung des Wahrheits- zum Wahrscheinlichkeitspostulat sieht Frey in der Situation des Erzählens selbst: *Dann es ist wol zuvermuten, wo kurtzweilige leut und die gern bei einander sein, zusamen komen, da locket ye ein argument das ander herfür, damit die geselschaft dester mehr lustig und leichtsinniger ist, ja das ihnen ein halber tag kaum mer zweyer stunden lang gesehen wirt* (S. 6). Die historische Authentizität also verliert in dem Maße an Bedeutung, wie das subjektive Vergnügen am Erzählen, am Spiel der *argumente* und an der Erfindung je neuer Schwankerzählungen wächst.[21] Der historische

---

[20] Frey, Gartengesellschaft (Anm. 16), S. 4.

[21] Im Verlauf der Diskussion meines Beitrags auf der Reisensburg ist diese These mit Verweis auf die zunächst antike, dann auch mittelalterliche ›historia-fabula-integumentum‹-Lehre kritisiert worden: insbesondere Freys Hinweis, daß einige Schwänke *der warheit ungleich* seien, verweise nicht auf ein Fiktionsbewußtsein, sondern eher auf die Integumentum-Lehre, nach der »Wahres mit Hilfe von Erfundenem vorgetragen wird« (ausführlicher dazu vgl. Walter Haug, Literaturtheorie im deutschen Mittelalter von den Anfängen bis zum Ende des 13. Jahrhunderts. Eine Einführung, Darmstadt 1985, S. 222–226, hier S. 224). Ich halte eine solche Deutung der Stelle in Freys Vorwort für denkbar, möchte aber doch den Aspekt der Wahrscheinlichkeit des Erzählten (*das solchs oder dergleichen beschehen sein mag oder noch beschehen möcht*, heißt es bei Frey) stärker betonen. Ob und inwiefern dabei ein Rückgriff auf das 9. Kapitel der aristotelischen Poetik mit ihrer Unterscheidung zwischen Geschichtsschreiber und Dichter (›der eine erzählt, was geschehen ist, der andere, was geschehen könnte‹) vorliegt, vermag ich nicht zu entscheiden

Ort dieses literarischen Vergnügens aber ist das topische Fest, das von Frey in Titelei und Vorrede in den üblichen Beschreibungsmustern des locus amoenus aufgerufen wird: *in den schönen gärten und külen orten bey der edlen music oder sunst kurtzweiligen ehrlichen geselschafften* imaginiert er die Festgesellschaft, in deren Verlauf neben anderen Unterhaltungen auch *schimpff-reden* die *unlustigen gemüter* erheitern und die Melancholie vertreiben mögen. Im Wechselspiel der Unterhaltung gibt hier ein Wort das andere und heiligt der Zweck der geistreichen Entspannung auch das Mittel der Erfindung. Daß der Vortrag von Schwankerzählungen nicht zuletzt dem diätetischen Zweck dienen möge, die Verdauung zu fördern, die schwarze Galle leichtflüssiger und somit das *schwer geblüt und den trawrigen geyst* der Melancholie zu überwinden,[22] ist die erklärte Hoffnung der meisten Schwankautoren. Bei Frey aber wird das bekannte Argument von der Heilkraft der Schwankdichtung gegen Schwermut und Verdrossenheit zum Indikator fiktionalen Erzählens und der Infragestellung des Wahrheitspostulats der Schwankdichtung.

2. Komik

Die Komik der Schwankromane ist zu vielfältig, als daß sie auf e i n Prinzip reduziert werden könnte. Dennoch sehe ich, zumindest in den ›klassischen‹ Schwankromanen ›Ulenspiegel‹, ›Pfarrer vom Kalenberg‹ und ›Salomon und Markolf‹, vor allem zwei systemprägende Dominanten, die in den Schwanksammlungen des 16. Jahrhunderts zwar auch noch vorhanden sind, jedoch auf signifikante Weise abgeschwächt oder durch andere Komikformen ergänzt werden.

a) Die Exklusivität des Lachens, also das Lachen über andere, das sie verletzt, ihre Schwächen aufdeckt, damit aber – in gesellschaftlicher Hinsicht – die Möglichkeiten gemeinsamen Lachens zerstört. Ulenspiegel und Hans Clauert, Markolf und der Pfarrer vom Kalenberg beherrschen dieses »Lachen ü b e r andere«, das einem »Überlegenheitsgefühl« und vielleicht sogar einer »satanischen Wur-

und ist wohl auch nicht maßgeblich. Offensichtlich aber ist auch schon vor der berühmten Unterscheidung des *Teutschen Tranßlators* des ›Amadis‹-Romans von 1569 zwischen *wahrhafften History* und *erdichteter Narration* eine Reflexion einiger Autoren über die Möglichkeiten (und Gefahren) der Fiktion in der erzählenden Literatur zu beobachten (vgl. dazu insbesondere Dieter Kartschoke, Jörg Wickrams ›Dialog vom ungeratenen Sohn‹, Daphnis 7 (1978), S. 377–401, und Fritz Wahrenburg, Funktionswandel des Romans und ästhetische Norm, Stuttgart 1976, S. 23ff.). Freys Vorwort zur ›Gartengesellschaft‹ ordne ich diesen Versuchen zu.

[22] Michael Lindeners Rastbüchlein, hg. v. Franz Lichtenstein, Tübingen 1883 (StLV 103), S. 4; vgl. ausführlicher Werner Röcke, Wahrheit und ›eigenes‹ Erleben. Zur Poetik von Schwankdichtung und Schelmenroman im 16.–17. Jahrhundert, in: Gerhart Hoffmeister (Hg.), Der deutsche Schelmenroman im europäischen Kontext: Rezension, Interpretation, Bibliographie, Amsterdam 1987 (Chloe, Beihefte zum Daphnis Bd. 5), S. 13–28, hier S. 23f.

zel« entspringt,[23] auf eine beklemmend perfekte Weise. Viele der Historien beginnen als Prozeß der Vergesellschaftung: Der Kalenberger Pfarrer arrangiert sich mit den Bauern seiner Pfarre oder inszeniert seinen Auftritt bei Hof; Ulenspiegel tritt in einen Handwerksbetrieb oder einfach in ein Haus ein, läßt zum Schluß der Historie aber Wut und Entsetzen, Zerstörung und Chaos zurück: hierher kann er nicht zurückkehren, lachend sucht er das Weite und entläuft in die Isolation. Ein solches Lachen grenzt aus und verletzt; eine Gemeinschaft ist auf dieser Grundlage nicht zu stiften.

b) Das Lachen dieser Schwankhelden ist ein aggressives Lachen, das bedrohlich ist und das schmerzen soll. In der poetologischen Reflexion der Antike und des Mittelalters über die Möglichkeiten und Gefahren des Lachens ist auch noch in den Domestizierungen des Lachens die Angst vor dem Lächerlichen virulent;[24] in der Schwankdichtung, insbesondere im Schwankroman, wie natürlich auch in den Fastnachtspielen des Spätmittelalters, wird dieses höchst gewalttätige Lachen mit seiner Freude am körperlichen Schmerz der Kontrahenten ein letztes Mal in Szene gesetzt, in der Rezeptions- und Zivilisationsgeschichte des 16. Jahrhunderts aber bereits abgeschwächt und modifiziert. Die Schwanksammlungen des 16. Jahrhunderts sind an dieser Zivilisierung des Lachens maßgeblich beteiligt, betreiben sie aber auf jeweils unterschiedliche Weise: Jakob Frey durch eine Karnevalisierung des Lachens einerseits, eine Freude an geistreichen Sprachspielen andererseits, wie sie vor allem aus der frühhumanistischen Fazetienüberlieferung bekannt ist; Hans-Wilhelm Kirchhof hingegen durch eine Didaktisierung, ja Funktionalisierung des Lachens, das im Dienste einer Konsolidierung des frühmodernen Staates steht.

Was aber heißt ›karnevaleske Komik‹? Kriterien einer karnevalesken Fest- und Lachkultur sind insbesondere von Michail Bachtin in seinen Rabelais-Studien erarbeitet worden; das gilt trotz der merkwürdig angestrengten Polemik Dietz-Rüdiger Mosers gegen Bachtins Konzept einer Karnevalisierung von Literatur und Kultur im Spätmittelalter.[25] Im Mittelpunkt stehen alle nur

[23] Hans Robert Jauß, Über den Grund des Vergnügens am komischen Helden, in: Wolfgang Preisendanz, Rainer Warning (Hgg.), Das Komische, München 1976 (Poetik und Hermeneutik 7), S. 103–132, hier S. 106 (Hervorhebung im Original).

[24] Hans Robert Jauß, Zum Problem der Grenzziehung zwischen dem Lächerlichen und dem Komischen, in: Das Komische (Anm. 23), S. 361–372, hier S. 365.

[25] Dietz-Rüdiger Moser, Lachkultur des Mittelalters? Michael[!] Bachtin und die Folgen seiner Theorie, Euphorion 84 (1990), S. 89–111. Mosers maßlose Kritik an Norbert Schindler (S. 112f.), der Bachtins Thesen für die aktuelle Diskussion um Formen und Probleme einer Volkskultur in Spätmittelalter und früher Neuzeit auf eine ausgesprochen produktive Weise rezipiert hat, liest sich wie der Versuch, eine mißliebige Forschungsmethode mundtot zu machen. Mit Formulierungen wie »vorlaute Bemerkungen«, »lächerlich« und der Frage nach der Kompetenz des Hg. eines von der Görres-Gesellschaft getragenen Jahrbuches, das solchen Unsinn drucke, wird das wissenschaftliche Gespräch nicht eröffnet, sondern zerstört (vgl. Norbert Schindler, Karneval, Kirche und die verkehrte Welt [Anm. 10]).

denkbaren Formen einer Degradierung des offiziellen Sprechens, wie es sich in religiösen Ritualen, in den herrschenden sozialen Regeln, in Normen des Alltags u.ä. äußert. Dabei handelt es sich um eine ›Logik der Umkehrung‹, des ›Auf-den-Kopf-Stellens‹ und der ständigen Vertauschung von oben und unten, das Bachtin nicht nur in der von ihm so benannten Volkskultur des Mittelalters und der frühen Neuzeit beschreibt, sondern auch in literarischen Formen der *parodia sacra*, des Fastnachtspiels u.a. Darstellungsmodus dieser karnevalesken Degradierung ist in vielen Fällen die Verkehrung von Geistigem und Körperlichem, Heiligem und Obszönem. Der besondere, keineswegs nur naturhafte, sondern auch poetologische Status des menschlichen Körpers erfährt daraus seinen Sinn. So z.B. dient im Schwankroman der Körper des Schwankhelden zur Demonstration von Verachtung jeglicher Art; er wird gezeigt, obszön deformiert und genutzt zur Provokation; er ist das Maß der Bedürfnisse und Instrument einer besonderen Sprache: der Kommunikation durch Zeichen und Gesten, Figurationen und stehende Bilder.[26] In den Schwanksammlungen nun, so insbesondere in der ›Gartengesellschaft‹ Jakob Freys, tritt die typisch karnevaleske Verkehrung von Geistigem und Körperlichem, Heiligem und Obszönem noch deutlicher in den Vordergrund. Zwar ist sie auch schon im Schwankroman zu finden – ich erinnere an Ulenspiegels Defäkation in der Kirche (Historie 12), an die Deformation des Osterspiels zur Bauernrauferei (Historie 13) oder an die parodistische Verkehrung der göttlichen Weisheit in alltäglichste Erfahrungen im ›Salomon und Markolf‹-Dialog[27] –, doch wird sie erst in Freys ›Gartengesellschaft‹ zur ›systemprägenden Dominante‹. So z.B. zeigt der Pfarrer in ›Gartengesellschaft‹ Cap. 62 den Bauern seiner Gemeinde, die immer zu schnell aus der Kirche rennen und somit ihren Opfergroschen sparen, schließlich statt des Sakraments sein nacktes Hinterteil: *›Wolt ir das gotswort nit hören noch das heiltum sehen, so komend hieher und sehend und hörend anstatt des selbigen ein beschißne arskerb!‹ Und ließ darmit ein grossen, starcken furtz, das es in der gantzen kirchen erhall. Die bauren erschracken ob dem ellenden anblick und seltzamen thon, lieffen alle wider zur Kirchen hinaus, als wann sie der teuffel jagt.* Eine alte Frau hingegen läßt in der Rockenstube einen Darmwind und wird deshalb von einem Gesellen unflätig beschimpft: *›Daß dir der teufel ins arßloch far aller alten hexen‹.* Sie jedoch positiviert diesen Wunsch und realisiert eben damit die Verkehrung von Göttlichem und Körperlichem. *›O, da behüt mich gott‹, sagt das alte weib, macht wol acht creutz für den arß unnd sagt: ›Ey nun far mir unser lieber herrgot*

[26] Beispiele dafür finden sich vor allem in Botes ›Ulenspiegel‹; ausführlicher dazu vgl. Röcke, Freude am Bösen (Anm. 3), S. 242 (zu Formen der Körpersprache im ›Ulenspiegel‹).

[27] Dialogus Salomonis et Marcolphi. Kritischer Text mit Einleitung hg. v. Walter Benary, Heidelberg 1914 (Sammlungen mittelalterlicher Texte 8). Der Erstdruck der deutschen Prosa (›Frag und antwort salomõis vñ marcolfij.‹) erschien Nürnberg 1483, s. Faksimile Ayrer 1487 in diesem Band, S. 240–255.

drein!‹ Der gsel sprach: ›Ey nu far dir tausent teufel drein,[. . .] *wolltest du unserm hergot die wüst stat ordinieren?‹* (Cap. 103). Inszeniert wird ein Fest der Verkehrung von Allerheiligstem und Obszönem; ein Spiel mit den Körperöffnungen, die nun auch das Allerheiligste aufnehmen sollen, so daß der absolute Gegensatz von Heiligem und Obszönem zumindest in den Imaginationen dieses Wortwechsels aufgehoben scheint. Daran ist zweierlei bemerkenswert und für karnevaleske Komik kennzeichnend:

Zum einen werden die Körperöffnungen zum Fluchtpunkt der karnevalesken Komik. So werden die – zum unmäßigen Essen oder unmäßigen Lachen – aufgerissenen Münder, der weit geöffnete und schier unerschöpfliche After, aber auch die verschiedenen Wölbungen und Auswüchse der weiblichen wie der männlichen Geschlechtsteile zur spezifischen Signatur des karnevalesken Lachens, das die Diskurse offiziellen Sprechens zumindest für die begrenzte Zeit des karnevalesken Festes, aber auch für den begrenzten Sektor der karnevalesken Literatur verdrängt. Bachtin sieht diesen ›grotesken Körper‹,[28] der mit seinen Öffnungen und Wölbungen fortdauernd seine Grenzen überschreitet und sich der äußeren Welt öffnet, insbesondere in Rabelais' ›Gargantua‹; doch auch in Freys ›Gartengesellschaft‹ spielt er ebenso wie in den anderen zeitgenössischen Schwanksammlungen eine bedeutsame Rolle.[29]

Ein zweiter Gesichtspunkt ist an der Verschränkung von Göttlichem und Körperöffnung auffällig. Viele der Schwänke in Freys ›Gartengesellschaft‹ funktionieren nach einer Logik, die ich – im Anschluß an Norbert Schindler – ›Aufhebung der Gegensätze‹ nennen möchte. Immer wieder geht es um Gegensatzpaare, wie z.B. Mann – Frau, Mensch – Tier, hoch – niedrig oder eben Heiliges und Obszönes, die nicht einfach ins Gegenteil verkehrt, sondern – im Spiel und für begrenzte Zeit – als Koinzidenz gedacht werden. Männer können dann als Frauen figurieren und Frauen als Männer; Menschen verkleiden sich als Tiere, Knechte werden zu Herren, Herren zu Knechten, und Gottes Heiligkeit wird nun auch in der Öffnung des Afters vorstellbar. In der karnevalesken Komik geht es also nicht nur um die Degradierung des offiziellen Diskurses, sondern auch um die Demonstration der Gegensätze, indem man ihre Koinzidenz erprobt: »Der Karneval ist nicht nur die Unordnung, die der Ordnung

[28] Im Anschluß an Michail Bachtin, Rabelais und seine Welt (Anm. 10), S. 76ff.

[29] Zu Freys ›Gartengesellschaft‹ vgl. noch Cap. 93 (*Ein junge closterfraw gehub sich übel da ir das haar an der thochter wachsen wolt*) oder auch Cap. 108 *Von einem frawenbrüder münch, der den yhnritt unseres herren gehn Jerusalem geprediget,* der mit dem Meßner über die Frage in Streit gerät, ob Christus nun auf einem Pferd oder einem Esel in Jerusalem eingezogen sei und schließlich maßlos zu fluchen beginnt: *Es ist miner muter fut gewesen. Gang hin und leck den esel im ars* (S. 124). Zu Darstellungsmustern des Obszönen in den anderen Schwanksammlungen vgl. Hans-Jürgen Bachorski, Ein Diskurs von Begehren und Versagen. Obszönität in den Schwanksammlungen des 16. Jahrhunderts, erscheint in: Helga Möbius-Sciurie (Hg.), Geschlechterspannungen als Dialogstrukturen in der Kunst, Dresden.

des gewöhnlichen Lebens gegenübersteht, sondern beide zusammen machen erst die ganze Ordnung aus.«[30] Anders gesagt: der Karneval macht die Gegensatzpaare sichtbar, zwischen deren Polen sich Alltagserfahrung konstituiert, so z.B. der Gegensatz von Mann und Frau, Alt und Jung, Arm und Reich, Winter und Sommer etc., ermöglicht damit aber ganz neue Erfahrungen: den Tausch der Geschlechterrollen, von Tod und Leben, Heil und Sünde, Göttlichem und Obszönem. Dabei ist zu berücksichtigen, daß in der Verkehrung, Verkleidung oder Maske nichts verborgen, sondern im Gegenteil das Verborgene ans Licht gebracht wird:[31] Männer erproben das Verhalten von Frauen (und erleben selbst das Werbeverhalten ihrer Geschlechtsgenossen); das Göttliche verliert seine Aura und wird gewöhnlich; die Jungen erleben die Welt der Alten, die Alten in kollektiver Erinnerung die Zeit der Jugend etc. So z.B. findet sich in Freys ›Gartengesellschaft‹ Cap. 1 das aus Fastnachtspiel und Schwankdichtung bekannte Motiv der Verkehrung von Mensch und Tier, hier: die Metamorphose des dummen Bauern zu einer brütenden Gans (*zeucht sich gar nackend auß und schmiert den Gantzen leib zu ring umb mit honig* [. . .] *und schütt darnach ein beth auß vnnd walget sich allenthalten in den federn, das er sahe wie ein hanffbutz und satzt sich also über die gänß eyer und was gar still, das er die jungen gänß nit erschreckt*).[32] Dem entspricht der Rollentausch von Mann und Frau, der ebenfalls in Fastnachtspiel wie Schwankdichtung verbreitet ist, so z.B. in Freys ›Gartengesellschaft‹ Cap. 20: *Ein man und ein fraw wurden eins, sie solt mann mit der arbeit, so wolt er fraw mit haußhalten sein, damit yedes die geschefft beyde ein ander mal kündt außrichten.* Zwar wird die Aufhebung der Gegensätze in diesem Fall didaktisch bereinigt: Das Chaos, das der Mann im Haus produziert, lasse sich nur vermeiden, so lautet die Lehre der Erzählung, wenn der Gegensatz von Mann und Frau erhalten bleibe; dennoch heben die Helden der Erzählung ebenso wie ihre Leser die übliche Geschlechtertrennung und entsprechende Funktionszuweisung für eine begrenzte Zeit auf und erfahren gänzlich neue Perspektiven auf den Alltag in Haus und Hof. Dabei unterstreicht die Drastik, mit der das Chaos im Haus inszeniert wird – der Hausmann verdirbt das Essen, vergießt den Wein, erstickt das Kind und wird schließlich zu allem Überfluß auch noch kastriert –, das Skandalöse dieser Aufhebung des Geschlechtergegensatzes. Ähnliches gilt für die Aufhebung des Gegensatzes zwischen Heiligem und Alltäglichem, der sich im Schwankroman – insbesondere im ›Pfarrer vom Kalenberg‹ und im ›Dialogus Salomonis et Marcolphi‹ – sowie in Schwanksammlungen, so auch in Freys ›Gartengesellschaft‹, gleichermaßen findet. So

[30] Norbert Schindler, Karneval, Kirche und die verkehrte Welt (Anm. 10), S. 20.

[31] Ebd., S. 21.

[32] Frey, Gartengesellschaft (Anm. 16), S. 10. – Vgl. dazu u.a. auch Hans Sachs, Faßnachtspiel mit 3 Personen: Das Kelberbruten, in: Dieter Wuttke (Hg.), Fastnachtspiele des 15. und 16. Jahrhunderts, Stuttgart 1978, S. 131–147.

zum Beispiel haben sich die Bauern von Wintershausen in der Nähe Straßburgs bei einem Bildhauer, einem *rechten fatzman*, wie Frey erläuternd hinzufügt, einen neuen *hergot* bestellt (Cap. 2). Auf dessen Frage, ob sie einen lebendigen oder toten Herrgott wünschten, entscheiden sie sich für einen lebendigen: *wann sie ihn heimbrechten und er der gemein nit gefiel, oder wo er sich sonst krautig mit inen halten würde, so wolten sie in gleich wol selbs todt schlagen; es were one das ebenn die marter woch, daß er sich leiden müste und man seltzam mit ime umbgienge*. Der Opfer- und Gnadentod Christi wird somit zum finanziellen Kalkül, die vertraute theologische Überzeugung vom neuen Leben im Tode Christi ins Gegenteil verkehrt und darüber hinaus der Gnadentod Christi auf höchst groteske Weise wiederholt. Göttliches und Materielles sind hier ebensowenig mehr unterscheidbar wie Leben und Tod, gerade auch in ihrer theologischen Semantik. Die Gegensätze rutschen zusammen, erscheinen als Einheit und rufen damit – so steht zu vermuten – unbändiges Gelächter hervor. Dabei dürfte der ›Grund des Vergnügens am komischen Helden‹ – anders als gegenüber dem Schwankroman – nicht in seiner exklusiven, sondern seiner inklusiven Wirkung liegen: Die aggressive Komik der Schwankromane ist ein ›Lachen über‹ andere: über ihr Mißgeschick, ihre Schmerzen, ihren Tod. Zwar findet sich diese ›Freude am Bösen‹ auch noch in Freys ›Gartengesellschaft‹, so z.B. in der dann auch ins ›Lalebuch‹ übernommenen Erzählung Nr. 12 von dem Bauern, dem beim Versuch, einen Baum zu tränken, der Kopf abgeschlagen wird und der damit seine Dorfgenossen in die komischsten Konfusionen bringt. Zumeist aber wird die aggressive Komik abgeschwächt, die Lust an der Gewalt zur Lust am Obszönen verschoben[33] oder gar durch die karnevaleske Komik einer Aufhebung der

---

[33] So ist Cap. 90 (*Zwei studenten betrogen ein scharwechter*) z.B. vergleichbar mit ›Ulenspiegel‹ H. 32 (*Wie Ulenspiegel die Scharwächter zu Nürnberg wacker macht, die ihm nachfolgten über ein Steg und in das Wasser fielen*): In beiden Fällen wird den Stadtwächtern ein Streich gespielt. Während nun aber Ulenspiegel seine *Schalckeit* so weit treibt, daß die Stadtwächter sich alle Glieder zerschlagen (*Also fiel einem ein Bein entzwei, ein anderer ein Arm, der drit ein Loch im Kopff, also das keiner on Schaden davonkam*, S. 96), verläuft die Geschichte bei Frey entschieden harmloser. Zwar fallen die Stadtwächter über ein gespanntes Seil, doch mündet die Erzählung nun in eine obszöne Pointe: Die *Spaßmacher* hatten den Helm eines Stadtwächters mit menschlichen Fäkalien gefüllt und freuen sich ihres Erfolgs, als der Stadtwächter seinen Helm überziehen will (S. 106). – Eine vergleichbare ›Verschiebung‹ – zur Herkunft des Terminus aus der psychoanalytischen Theoriebildung vgl. J. Laplanche u. J.-B. Pontalis, Das Vokabular der Psychoanalyse II, Frankfurt a.M. 1973, S. 603ff. – sehe ich auch in Cap. 90, wo die aggressive Komik allerdings nicht zur Freude am Obszönen, sondern an körperlichen Defekten verschoben wird. Bekanntlich schließt die poetische Lizenz des Komischen im Mittelalter – zumindest im theoretischen Diskurs über das Lachen – das Verlachen körperlicher Gebrechen aus (vgl. dazu Joachim Suchomski, ›Delectatio‹ und ›utilitas‹ [Anm. 11], S. 46–48). – In ›Gartengesellschaft‹ Cap. 50 hingegen rächt sich die Frau eines Einäugigen, der sie als Hure beschimpft hat, damit, daß sie ihm seine Einäugigkeit vorhält, diesen Vergleich aber auch noch ins Komische wendet, indem sie einen weiteren Unterschied zwischen ihrem Mann und sich selbst benennt: Während ihr Mann klage,

Gegensätze überlagert. Dabei konstituiert sich die Lachgemeinde über die gemeinsame Freude an der Koinzidenz der Gegensätze von Göttlichem und Materiellem, Heiligem und Obszönem, Leben und Tod; in anderen Geschichten auch über die gemeinsame Freude an der Entgrenzung des Körpers sowie an der Enttabuisierung der Körperöffnungen und Körperfunktionen. Allerdings verstehe ich diese Freude, anders als Jauß, nicht nur als »Befreiung des Sinnlichen oder als Triumph über Gewalten der normativen Welt«,[34] sondern auch als Resultat des Zuwachses an Erfahrung, der mit jener Aufhebung der Gegensätze einhergeht und der die Lachgemeinde konstituiert. Im Spiel der Imaginationen erprobt sie neue Konstellationen und neue Sichtweisen, genießt die spielerische Überwindung der gewohnten Gegensätze, beläßt aber auch ihre Koinzidenz im ästhetischen Schein.

Als Form inklusiver Komik verstehe ich auch den zweiten Komiktyp, der für Freys ›Gartengesellschaft‹, im Unterschied zur exklusiven Komik des Schwankromans, kennzeichnend ist: die Freude am gelungenen Witz, an der Rhetorik des Wortspiels und anderer Formen der Situationskomik, die insbesondere aus der Fazetienüberlieferung bekannt sind. Die Lust an sprachlicher Brillanz und klugem Witz ruft das einverständige Lachen der Gebildeten hervor, die sich – wie Frey in seiner Vorrede schreibt – im Rahmen gepflegter Festlichkeit, z.B. einer Gartengesellschaft, entspannen, ihre melancholischen Gemüter erheitern und die Mühen des Alltags vergessen sollen. In dieser Atmosphäre des harmonischen Miteinanders und des zweckfreien Spiels aber haben soziale Konflikte oder gar die demonstrative Isolation, die Ulenspiegel, Markolf oder der Kalenberger Pfarrer mit ihren obszön-apotropäischen Gesten bevorzugt in Szene setzen, keinen Platz. Stattdessen vergnügen sich die Gebildeten, die Amtleute und besseren Bürger nicht nur an sportlichen und musikalischen Darbietungen, an *tafelschiessen, keglen, tantzen und sunst allerhand kurtzweil*,[35] sondern auch am Erzählen von Geschichten, an den zahllosen Beispielen intellektueller Raffinesse und rhetorischer Kunst, die im Frühhumanismus höchst kunstvoll ausgebildet worden sind. An die Stelle der körperlichen Komik, die den Körper als Medium und Objekt des Lachens nutzt, tritt hier eine abstraktere, nurmehr rhetorische und intellektuelle Komik, die zu den witzigsten Konfusionen, aber auch zu Mischformen mit anderen Komiktypen führen kann. So z.B. begegnet ein Bauernsohn dem Vorwurf, daß er zwei Beginen geschwängert und sich an *unsers hergots schwestern* vergangen habe,

---

daß er seinen Schaden von seinen Feinden empfangen habe, ›*So ist mir*‹, *sagt die fraw*, ›*meines von meinen lieben und guten freunden, die mir alles guts gegünt und gethan haben, beschehen. Ich danck ihnen noch darumb, das sie mir so guot geschirr, ja besser dann du gemacht haben, so du dem deinen, der dir den schaden gethon, alle plagen und die pestilentz wünschest*‹ (S. 66).

[34] Jauß, Grund des Vergnügens am komischen Helden (Anm. 23), S. 107.

[35] Frey, Gartengesellschaft (Anm. 16), S. 6.

sehr schlagfertig mit einem wörtlichen Verständnis der Verwandtschaftsverhältnisse zwischen den Beginen, dem Herrgott sowie ihm selbst: ›*Botz, das ist doch noch besser*‹, *sagt der sun* zu seiner Mutter, ›*so ist unser hergot mein schwager, unnd bin ich noch heiliger dann vor. Nun hab ich kein mangel mehr; der schwager muß mir wol helffen meine Kinder ziehen, wann du mirs gleich gar nichts zuo steur geben wilt*‹.[36] Dementsprechend erklärt ein Pfarrer einem Bauern das Dogma der Dreifaltigkeit Gottes, das dieser nicht versteht, mit Hilfe eines Beispiels aus seiner alltäglichen und persönlichen Erfahrung: mit der Dreifaltigkeit verhalte es sich ebenso wie mit dem Bauern selbst, seinem Sohn und seiner Frau. *Nun merck, ihr alle drey seind eins, ihr habt ein wesen, ein haußhalt und wohnend bey einander, das gibt ein dreiheit* (Cap. 55). Der Witz der Geschichte liegt allerdings darin, daß der Bauer das Exemplum aus dem alltäglichen Leben wörtlich nimmt und nach einem Jahr die Frage, ob er nun an die Dreifaltigkeit glaube, wiederum verneint: Er könne nur, so bedauert er, an Vater und Sohn glauben, die das Haus ernährten. *In den heiligen Geist aber glaub ich gar nit; dann alles, das der vatter und der sun mit grosser, herter und saurer arbeit gwinnen, das verschleckt, verfrißt und verthut der heilig geist mit einander in boden.*[37] Das Heilige entpuppt sich als das Alltägliche, der absolute Gegensatz zwischen Heiligem und Alltäglichem wird zum misogynen Vorurteil verschoben. Das rhetorische Spiel mit der Doppelbedeutung der Dreifaltigkeit als Gottesdefinition u n d als Kleinfamilie verbindet sich mit jener Aufhebung prinzipieller Gegensätze, die wir als Besonderheit karnevalesker Komik kennengelernt haben. Für die karnevaleske wie die Fazetienkomik gilt gleichermaßen, daß sie den Rahmen urbaner Festlichkeit nicht sprengen, den Frey für seine ›Gartengesellschaft‹ entworfen hat, im Gegenteil: sie schaffen lachende Entspannung, konstituieren aber auch die Lachgemeinde der Gebildeten, die sich damit ihrer Überlegenheit über die bauernschlaue Tölpelhaftigkeit anderer vergewissern. Odo Marquard hat – im Anschluß an Joachim Ritter – Komik dahingehend definiert, daß zum Lachen bringe, »was im offiziell Geltenden das Nichtige und im offiziell Nichtigen das Geltende sichtbar werden läßt«.[38] Diese Definition gilt für die aggressive, die karnevaleske und die fazetienhafte Komik gleichermaßen.

3. Historischer Ort

Den ›Sitz im Leben‹ für die entsprechende Lachgemeinde sehe ich in der entspannten Kultiviertheit bürgerlich-urbaner Festlichkeit, die wohl – wie auch andere Festtypen im 16. Jahrhundert – als Inszenierung einer korporativen

[36] Frey, Gartengesellschaft, Cap. 64, S. 80.

[37] Frey, Gartengesellschaft, Cap. 35, S. 70.

[38] Odo Marquard, Exile der Heiterkeit, in: Das Komische (Anm. 23), S. 133–151, hier S. 141.

Solidarität der Gebildeten, der Amtleute und des gehobenen Bürgertums zu denken ist. Dabei ist anzunehmen, daß der Vortrag von Schwankerzählungen den üblichen Festbelustigungen wie Essen und Trinken, Musizieren und Spielen zuzurechnen ist,[39] damit aber auch die soziale Grammatik dieser Festkultur unterstützt. Diese liegt einerseits in der Inszenierung ständischer Exklusivität des gebildeten Bürgertums, andererseits aber auch in der integrativen Funktion des Festes. In einem wichtigen Aufsatz über ›Phantasie und Disziplin‹ hat Roger Chartier das Fest als »Ort des Konflikts« beschrieben, »an dem gegensätzliche kulturelle Logiken unmittelbar aufeinandertreffen«, aber auch integriert werden.[40] In Freys ›Gartengesellschaft‹ verbindet sich die aggressive und exklusive Komik der Schwankromane mit ihrer Mäßigung und Reglementierung, was dem Prozeß der Zivilisation zuzurechnen ist, der im 16. Jahrhundert durch die Ausprägung urbaner Verkehrsformen ebenso vorangebracht worden ist wie durch die Ausbildung der – vor allem protestantischen – Landesherrschaft.[41]

Hans-Wilhelm Kirchhofs ›Wendunmuth‹

Kirchhof darf wohl zu den produktivsten Autoren der zweiten Hälfte des 16. Jahrhunderts gerechnet werden. Dennoch blieben, mit Ausnahme seiner sechsbändigen Erzählsammlung ›Wendunmuth‹, die meisten seiner Werke lange Zeit vergessen und konnten erst in jüngster Zeit in kritischen Ausgaben zugänglich gemacht werden. Dazu zählen historische Werke zur Herrschaftsgeschichte der hessischen Landgrafen, Gebrauchsschriften zu aktuellen politischen Ereignissen wie Eheschließungen oder Todesfällen im hessischen Herrscherhaus, ein Lehrbuch der zeitgenössischen Kriegskunst u.ä.; Kirchhofs Dramen und ein umfangreiches katechetisch-erbauliches Werk (›Schatztruhe‹) sind bislang noch verschollen.[42] Für alle diese Schriften wie im übrigen auch für Kirchhofs

---

[39] Vgl. dazu Ernst Walter Zeeden, Deutsche Kultur in der frühen Neuzeit, Frankfurt a.M. 1968 (Handbuch der Kulturgeschichte I,5), S. 333ff.

[40] Roger Chartier, Phantasie und Disziplin. Das Fest in Frankreich vom 15. bis 18. Jahrhundert, in: Richard van Dülmen u. Norbert Schindler (Hgg.), Volkskultur. Zur Wiederentdeckung des vergessenen Alltags, Frankfurt a.M. 1987, S. 153–176, hier S. 155.

[41] Vgl. dazu Richard van Dülmen, Formierung der europäischen Gesellschaft in der Frühen Neuzeit. Ein Versuch, Geschichte und Gesellschaft 7 (1981), S. 5–41, hier S. 20ff.

[42] Vgl. dazu Hans Wilhelm Kirchhof, Kleine Schriften. Kritische Ausgabe, hg. v. Bodo Gotzkowsky, Stuttgart 1981 (StLV 302). Darin z.B.: *Warhafftige und doch / summarie beschreibung / der viel- / faltigen unnd mit Gottes hülff mannlich ausbestandenen Gefahrlichkeiten / Gefurten Krie/ gen / und Geschichten: / Des Durchleuchtigen und Hoch- / gebornen / christlichen und weit-berühmten Für- / sten und herrn / herrnlichen Philipsen des Eltern / weiland / von Gottes Gnaden Landgrafen zu Hessen. . .* Marburg 1567 (S. 50–87); *Epicedion. / Lob und Klag / Schrifften / von dem / Christlichen /*

Biographie – nach seiner Teilnahme an verschiedenen Kriegszügen und Studien in Marburg übernahm er das Burggrafenamt auf Spangenberg in der Nähe Kassels, war aber auch in diplomatischen Aufgaben für den hessischen Landesherrn tätig – sehe ich das tertium comparationis in ihrer politischen Funktion: die Ausbildung und Arrondierung des hessischen Territorialstaats zu fördern und abzusichern. Seine Schriften erinnern an die politischen Leistungen der Landesherren, an die Erfolge ihrer gerechten Herrschaft gegen Aufrührer – wie z.B. die aufständischen Bauern von 1525 – und äußere Feinde, aber auch an das Glück der Untertanen, das damit verbunden ist. Sie entwerfen – anläßlich einer *christlichen Heurath / vnd Vermahlschafft* im Fürstenhaus oder aber in *Lob und klag / Schrifften von den christlichen Gottseligen leben vnnd sterben* von Fürst oder Fürstin – Tableaux fürstlicher Tugend und bestätigen damit die Notwendigkeit von Treue und Ergebenheit der Untertanen, geben aber auch Beispiele für den Segen einer effektiven Zentralverwaltung, eines qualifizierten Beamtenapparats sowie für eine Rationalisierung frühabsolutistischer Herrschaft, die im hessischen Territorialstaat des 16. Jahrhunderts einhergeht mit einer konsequenten Durchsetzung der Reformation: neben Kursachsen gehörte Hessen bekanntlich zu den Kernländern der lutherischen Orthodoxie.

Gilt dieser Gebrauchszusammenhang aber auch für die Erzähl- und Schwanksammlung ›Wendunmuth‹? In seiner Vorrede zu Buch I hat Kirchhof – ähnlich den Schwanksammlungen Freys, Schumanns oder Montanus' – als Zweck seiner *historien, schimpffreden und gleichnüsse*[*n*] die Vertreibung der Melancholie genannt,[43] darüber hinaus aber auch die Verwendung des ›Wendunmuth‹ als Ratgeber und Unterhaltungsbuch, als Schatz von Geschichten und Lebensklugheiten, von Erfahrungen und Exempla hervorgehoben, die in den unterschiedlichsten Lebenslagen und Situationen, *in müssigen und angelägenen hendeln, in schimpff und ernst* gebraucht werden, vor allem aber zur Kommunikation mit allen und jedem befähigen sollen: *bey iedermann der zeit nach sich zů halten, und wie man spricht, mit den wolffen, wenn man bey in ist* [. . .] *zu heulen wissen.*[44] Ging Jacob Frey mit der Integration der Schwankdichtung in die Festkultur der höheren Stände noch von einer genau umrissenen Funktion und einem fixierbaren ›Sitz im Leben‹ seiner ›Gartengesellschaft‹ aus, hat Kirchhof demgegenüber auf einen bestimmten Gebrauchszusammenhang seines ›Wendunmuth‹ verzichtet. Die Schwanksammlung wird zur Kompilation der unterschiedlichsten literarischen Traditionen und Wissensbereiche; zum Thesau-

---

Gottseligen Leben unnd / sterben / der Durch Mechtigen und Hochgebornen Fürstin und Frawen / Frawen Sabinen / Hochlöblicher Gedechtnuß: Weiland Landgrä- / vin zu Hessen. . . Marburg 1581 (S. 100–126) u.a.

[43] *auch seiner vnd ander melancoliam darmit zůvertreiben fleiß ankehren soll* (Hans Wilhelm Kirchhof, Wendunmuth, Bd. I, hg. v. Hermann Oesterley, Tübingen 1869 [StLV 95], S. 4).

[44] Kirchhof, Wendunmuth I, S. 5.

rus des historischen, politischen und literarischen Wissens, aber auch zum Vademecum in allen Lebenslagen, das die literarische und historische Bildung ihres Besitzers unter Beweis stellt. Dabei erfolgt die Ausweitung der Schwanksammlung zur Wissensenzyklopädie durch einfache Addition. Zwar habe er, so schreibt Kirchhof einleitend, seinem ›Wendunmuth‹ die Fazetien Heinrich Bebels zugrundegelegt. Doch redeten diese verschiedentlich *gar spöttisch und sehr ergerlich vorm gemeinen unverstendigen mann von gott und seinen wercken*, seien häufig auch *züchtigen ohren sehr zuwider* und schließlich auch schon *in vielen anderen büchern angezogen* worden.[45] Um nun – wohl im Hinblick auf die Konkurrenzgesetze des literarischen Marktes – seinem Produkt *die gestalt eygenen buchs* geben zu können, habe er seinem ›Wendunmuth‹ *warhafftige geschichten auß andern scribenten*, aber auch Erzählungen *eygene*[*r*] *erfarung* hinzugefügt, doch untertreibt er dabei offensichtlich den Umfang der Erweiterungen: Kirchhof schreibt die ihm bekannten Geschichtsschreiber der Antike (Thukydides, Herodot, Livius u.a.) und seiner eigenen Zeit, insbesondere die Protestanten Sleidanus, Sebastian Franck oder Cyriacus Spangenberg, gründlich aus; er verbindet sie mit Hof- und Fürstendidaxen, mit Fabeln und Exempla unterschiedlichster Provenienz; mit Schwänken und Fazetien, aber auch mit selber Erlebtem, von anderen Gehörtem usw. Die Gliederung dieser ganz unterschiedlichen Formen des Wissens, der literarischen Bildung, der aktuellen politischen Erfahrungen und eigenen Erlebnisse erfolgt im ›Wendunmuth‹ nach den loci communes, die in der didaktischen und wissensvermittelnden Literatur des Mittelalters vorgegeben und insbesondere in den protestantischen Erzählsammlungen des 16. Jahrhunderts – wohl im Anschluß an Melanchthons und Johann Manlius' Vorgaben – bereits angewandt worden waren.[46] Loci communes des ›Wendunmuth‹ z.B. sind: die Mönchskritik und die Papstkritik; Fürstendidaxe und – vor allem in Hinblick auf die hessischen Landesherren – Fürstenlob; historische Exempla, die offensichtlich der Überzeugung von der *historia magistra vitae* folgen,[47] *newe zeytungen* und Skandale unterschiedlichster Art wie Gewalttaten und Morde, Wundererscheinungen und Zeichen, aktuelle

---

[45] Kirchhof, Wendunmuth I, S. 4.

[46] Zu den loci communes im 16. Jahrhundert vgl. Philipp Melanchthon, Loci communes 1521. Loci praecipui theologici von 1559 (1. Teil), hg. v. Hans Engelland (= Werke in Auswahl, hg. v. Robert Stupperich, Bd. II, 1), Gütersloh 1952, und Johannes Manlius, Locorum communium / Der erste Theil. Schone ordentliche gattierung allerley alten Vnd newen exempel, Franckfurt 1565. – An zeitgenössischen Exempla-Sammlungen vgl. Wolfgang Büttner, Epitome historiarum. Christlicher ausgelesener Historien und Geschichten / Aus alten und bewehrten Scribenten, und die sich auch zu unseren Zeiten zugetragen, o.O. 1576, oder Andreas Hondorff, Promptuarium Exemplorum, Leipzig 1568.

[47] Vgl. dazu Reinhart Koselleck, Historia Magistra Vitae. Über die Auflösung des Topos im Horizont neuzeitlich bewegter Geschichte, in: R. K., Vergangene Zukunft. Zur Semantik geschichtlicher Zeiten, Frankfurt a.M. 1989, S. 38–66.

politische Ereignisse und persönliche Erlebnisse. Zweifellos ließe sich diese Reihe relevanter loci communes im ›Wendunmuth‹ noch erweitern. Zwar werden sie von Kirchhof nicht in jedem Fall eigens genannt, gliedern aber seine Enzyklopädie des Wissens und der literarischen Traditionen nach einem überschaubaren Plan. Für die Frage nach den Gebrauchsformen des Schwanks im ›Wendunmuth‹ hat das erhebliche Konsequenzen. Ich greife auf die drei Paradigmen der Untersuchung zurück, die ich bereits an Freys ›Gartengesellschaft‹ erprobt habe.

1. Die Formen des Komischen

Die Schwanküberlieferung des 16. Jahrhunderts wird in Kirchhofs ›Wendunmuth‹ noch einmal zitiert, zugleich aber von anderen Erzählmustern, wie z.B. Fabeln oder Exempla, sowie den unterschiedlichsten Diskursen historischen, politischen oder didaktischen Wissens überlagert, in den späteren Büchern des ›Wendunmuth‹ auch immer mehr zurückgedrängt. Die Komik in Kirchhofs ›Wendunmuth‹ z.B. stellt nichts und niemand mehr in Frage; sie schafft – anders als im Schwankroman und auch noch in Freys ›Gartengesellschaft‹ – keine Isolation und kein exklusives Lachen ü b e r andere. Vielmehr wird sie zum Instrument moralischer und – im Hinblick auf die Ausbildung und Absicherung der Landesherrschaft in Hessen – wohl auch politischer Disziplinierung; ich komme darauf zurück.

Die Integration des Komischen in die Wissensenzyklopädie des ›Wendunmuth‹ aber hat Konsequenzen auch für die Präsentation der einzelnen Schwänke selbst. So hat Kirchhof z.B. den *ander theil* des ersten Buchs unter dem Lemma *von der geistlichkeit, dem bapst und dem römischen leben* zusammengefaßt. Dabei bedient er sich einleitend – und offensichtlich in Fortsetzung protestantischer Papstpolemik – aller nur denkbarer Topoi der Kirchen- und Kleruskritik, gibt damit aber den nachfolgenden Einzeltexten aus der protestantischen Historiographie, aus der Schwanküberlieferung u.a. den gewünschten Interpretationsrahmen vor. Für die meisten der von Kirchhof herangezogenen Schwänke oder Fazetien Heinrich Bebels, Poggio Bracciolinis oder Johann Adelphus Mulings hat das zur Folge, daß er seine Vorlage zwar weitgehend korrekt wiedergibt, abschließend jedoch eine – in der Regel wenig einprägsame oder gar überzeugende – *moralisatio* anfügt. So kennt auch Kirchhof die bereits aus Freys ›Gartengesellschaft‹ bekannte Erzählung von dem Pfarrer, der seiner Gemeinde statt des Allerheiligsten sein nacktes Hinterteil hinstreckt; die antiklerikale *moralisatio* hingegen wird der karnevalesken Komik einer Integration von Heiligem und Obszönem[48] nicht einmal annähernd gerecht

---

[48] *Meerkatzen, affen und solch pfaffen / Sein all drey auß eim holtz geschaffen / Do sie am meinsten*

(Wendunmuth I, 2, 74). Ebenso nutzt Kirchhof die bereits aus Strickers ›Amis‹ bekannte Schwankerzählung von dem Ablaßprediger, der den Leuten ihr Geld mit dem Gebot aus der Tasche zieht, seinem *heilictuom* könnten sich nur solche nähern, die sich nicht durch Ehebruch befleckt hätten (Wendunmuth I, 2, 76), lediglich zur üblichen Polemik gegen *das römische nater gezicht und seine pasthart*, die neben anderen *lesterlichen lůgen irer abgötterey auch die alfentzerey mit dem heiligtůmb und stationiren ertraumet und auff die bein bracht* haben.[49] Der satirische Witz der Erzählung wird in diesem Fall zwar nicht angetastet, in Kirchhofs Kommentar jedoch nicht berücksichtigt. In anderen Fällen hingegen wird auch die Erzählung selbst verändert und dem kontroverstheologischen Zweck unterworfen. So bringt Wendunmuth I,2,65 (*Von einem thumherren, weiland zů Cassel gewesen*) die bekannte Erzählung von Domherrn und Schusterfrau, die etwa in der Fassung Heinrich Kaufringers als witziger Wettstreit um die größere Kühnheit, die besseren Nerven und den klügeren Verstand konzipiert ist, bei Kirchhof hingegen des listigen Einfalls der Frau gänzlich beraubt und auf die matte Polemik gegen das *ergerliche*[] *und bübische*[] *leben* des Klerus reduziert wird. Das triviale Epimythion bestätigt das:

> Der teuffel, meerkatzen und affen,
> Bauwren, mönch und papistisch pfaffen,
> Was die in sinn genommen hon,
> Dörffen sie sich auch understohn.[50]

Ich verstehe die Reduktion und den Kommentar der Erzählung dahingehend, daß die Systematisierung des literarischen Materials nach bestimmten loci communes keineswegs nur ein formales Ordnungsschema darstellt, sondern die Texte selbst deutlich prägt oder sogar verändert. Für die anderen loci communes des ›Wendunmuth‹ gilt das gleichermaßen. So z.B. hat Kirchhof im Teil I,1 neben historiographischen Texten auch zahlreiche Fazetien Heinrich Bebels unter dem Lemma *von keiseren, königen, fürsten und herren, und dem weltlichen Stande* zusammengefaßt und dabei auch sehr komische Erzählungen berücksichtigt, wie z.B. Bebels Nr. 72 vom Unterschied zwischen den Kaufleuten und den Edelleuten (Wendunmuth I,1,69) oder Bebels Nr. 241 von dem Adligen, der einem Juden eine Summe Geld schuldet, jedoch verhindert, sie zurückzahlen zu müssen (Wendunmuth I,1,71). Die Geschichte Wendunmuth I,1,69 erzählt vom Spott eines Edelmanns über einen Kaufmann, daß die Bürger deswegen so schöne Kinder hätten, weil sich ihre Frauen während der Ab-

---

züchtig seyn / Solten, ist zucht bey inen klein. Vgl. dazu Frey, Gartengesellschaft, Cap. 62 und die Interpretation s.o. S. 115.

[49] Kirchhof, Wendunmuth I (Anm. 43), S. 538 (vgl. dazu auch I, 2, 77; 71; 95 u.a.).

[50] Ebd., S. 529. Zu Kaufringer vgl. Heinrich Kaufringer, Gedichte, hg. v. Karl Euling, Tübingen 1888 (StLV 182).

wesenheit ihrer Männer mit *feinen, jungen Gesellen* vergnügten. Der Kaufmann hingegen dreht den Spieß um: Die Adligen seien deswegen so häßlich, weil sich ihre Frauen mit *narren, köch und stallbůben* begnügen müßten. Kirchhofs *moralisatio* hingegen verschiebt diese witzig-aggressive Replik auf den äußersten Punkt abstrakt-trockener Moral:

Wie einer rufft in tauben wald,
Eben das auch herwider schallt.
Also sagt mancher was in lüst,
Dem wirt sein fürwitz mit gebüßt,
Daß er muß hörn, daß im nicht liebt.
Auß schweigen sich kein zanck begibt.[51]

Ähnlich steht es mit der Erzählung von dem Adligen, der seinen jüdischen Gläubiger wörtlich nimmt, sich den halben Bart stehen läßt und um den Ausgleich seiner Schulden herumkommt (Wendunmuth I,1,71).

War schon in Freys ›Gartengesellschaft‹ eine Reglementierung der aggressiven und exklusiven Komik des Schwankromans zu beobachten, so wird sie in Kirchhofs ›Wendunmuth‹ in der Ausdifferenzierung unterschiedlichster literarischer Diskurse und Wissensbereiche, insbesondere historischen und Herrschaftswissens, erstickt. Was aber bedeutet die Enzyklopädisierung der Schwanküberlieferung für unsere Frage nach dem Verhältnis von Wahrheit oder Fiktion des Erzählens?

2. Die Re-Historisierung des Schwanks

In Freys ›Gartengesellschaft‹ war die Lust an der Durchbrechung des Wahrheitspostulats und an der literarischen Erfindung zu beobachten, bei Kirchhof hingegen dominiert das Bemühen um eine Entfiktionalisierung des Erzählens, um seine Legitimation durch persönliche Erfahrungen und vor allem um den Ersatz des Erzählens durch historische Informationen. Könnte man die Besonderheit von Freys ›Gartengesellschaft‹ vielleicht dahingehend zusammenfassen, daß die historisch verbürgte Wahrheit zur poetischen Wahrscheinlichkeit verschoben, Geschichte also immer mehr durch Geschichten ersetzt wird, so gilt für Kirchhofs ›Wendunmuth‹ der umgekehrte Sachverhalt. Geschichten werden hier wieder zur Geschichte, und d.h. zum Belegmaterial historischer loci communes und historischen Wissens, wenn sie nicht sogar – wie in den Büchern VI und VII des ›Wendunmuth‹ – aus den historischen Berichten und Erfahrungen ganz verdrängt werden. Buch VI z.B. ist als Anthologie des historiographischen Wissens der Zeit konzipiert. Die wichtigsten Geschichtsschreiber der Antike, des Mittelalters und der frühen Neuzeit werden zitiert,

[51] Ebd., S. 88f.

referiert und kommentiert. Sie berichten von Beispielen fürstlicher Tugend und herrschaftlichen Ruhms, die für Zeitgenossen aller Stände wichtig zu wissen sind. Denn – so schreibt Kirchhof in seinem *Unterricht an den leser* zu Beginn des VI. Buches – ebenso wie die einfachen Menschen die kunstreichen Rezepte der Ärzte nicht bezahlen könnten und sich mit einfachen Pflanzen begnügen müßten, könne sich der *gemeine man*, der die großen Geschichtsbücher nicht lesen könne, in den Historien des VI. Buches *darauß spiegeln oder nohtwendige exempel nemmen*. Die historische Erinnerung dient der Vergewisserung über aktuelle Probleme von Fürstenherrschaft und Staatsgewalt, Recht und Frieden als zentralem Gebot gerechten Regiments, wird darüber hinaus aber auch systematisiert und zu einer Enzyklopädie abrufbaren historischen Wissens zusammengefaßt.

Als historische Exempel nun sind diese Wissensbereiche mit der besonderen Dignität historischer Wahrheit versehen: Das Exemplum zehrt »von der ästhetischen Evidenz des Anschaulichen, ist aber dem erdichteten Beispiel« – wie z.B. der Fabel – »durch die höhere Kraft des Faktischen als ein durch die Tat gegebenes Vorbild überlegen«.[52] Dieser Anspruch auf historische Tatsachenwahrheit wird durch die Vorliebe Kirchhofs für aktuelle politische Ereignisse, wie z.B. die Herrschaft der Täufer in Münster, die Belagerung und Eroberung Münsters,[53] den Kriegszug Karls von Burgund,[54] militärische Verwicklungen Hessens,[55] aber auch durch *newe zeytungen* aller Art und persönliche Erlebnisse unterstrichen. Darüber hinaus greift das Exemplum aufgrund seines Wahrheitsanspruchs stärker als andere literarische Gattungen in die Lebenswirklichkeit des Lesers oder Hörers ein. Exempla heben auf Nachahmung (*imitatio*) ab. Sie folgen einer Logik der Ähnlichkeit alles Geschichtlichen, damit aber auch einem »durchgängigen Vorverständnis menschlicher Möglichkeiten in einem durchgängigen Geschichtskontinuum.«[56] So wird auch die Geschichte als Beispielsammlung verstanden, die aber nicht nur bewundert, sondern auch praktisch bestätigt werden soll. Nur in diesem eingeschränkten Sinne sehe ich – neben Kirchhofs politischen Gebrauchsschriften – auch seinen ›Wendunmuth‹ auf die Belange der fürstlichen Landesherrschaft in Hessen bezogen.

---

[52] Hans Robert Jauß, Negativität und Identifikation. Versuch zur Theorie der ästhetischen Erfahrung, in: Harald Weinrich (Hg.), Positionen der Negativität, München 1975 (Poetik und Hermeneutik 6), S. 263–339, hier S. 311.

[53] *Von der münsterlichen und wiedertäuffer sect, von ihrem ursprung, lehr, auffruhr und würgen. Item, wie Münster auffs letzt genommen, und ir König gestrafft ist.* (Wendunmuth I, 2, 117).

[54] Kirchhof, Wendunmuth IV, S. 40–52.

[55] Z.B. Kirchhof, Wendunmuth I, 88: *Wie die von Einbeck geschlagen wurden* oder auch das Fürstenlob Philipps von Hessen in: Kirchhof, Wendunmuth IV, 70–79: *Exempel christlicher tugent zu einem fürstlichen regiment Philipps magnamini, weiland landgraven zu Hessen.*

[56] Koselleck, Historia magistra vitae (Anm. 47), S. 40.

3. Historischer Ort

Zu den loci communes des ›Wendunmuth‹ gehört die je neu variierte Überzeugung, daß die Historie die Schule der Fürsten, der Amtleute und Untertanen sei; sie ist – wie Kirchhof zu belegen nicht müde wird – von den antiken Geschichtsschreibern bis hin zu den Protestanten Sleidanus, Cyriacus Spangenberg u.a. immer wieder bestätigt worden. Finden die Fürsten in den historischen Exempla Wahrheitsbeweise für die Überzeugung, daß sie ihre Macht von Gott nicht aus eigener Gewalt ausüben,[57] daß *es were einem keyser löblicher einen burger beim leben erhalten, denn tausend feinde todschlagen,*[58] *warumb und wie lang die herren fried halten,*[59] so findet demgegenüber der *gemeine man* aktuelle Erzählungen von rechter Treue der Untertanen,[60] in der Fabel *Von der statt- und feldmauß* die Mahnung, sich in den eigenen Stand zu fügen,[61] sowie die Mahnung, daß *Fürsten arbeit die grösten und gefärlichsten* seien, *Bauren haben dagegen viel beßer sache, seind sicher und ohn schwere gedancken, bekümmern sich nicht umbs reichs händel.* Hätte der *gemeine man* nur Kenntnis von den Mühen des Fürstenamtes, *würde er gott dancken, daß er bawr, in dem sichersten und seligsten standt were.*[62] Alle diese Exempla illustrieren Maximen politischen Handelns, die eine gerechte Herrschaft des Fürsten und den Frieden im Land sichern sollen. Sie entwerfen Bilder eines harmonischen Gemeinwesens, sind aber weder – jedenfalls nicht so unmittelbar praxisorientiert wie die politischen Gebrauchsschriften Kirchhofs – dem Bemühen um eine Legitimierung und Effektivierung landesherrlicher Gewalt noch dem Lobpreis des landesfürstlichen Hauses verpflichtet. Stattdessen sehe ich die gesellschaftliche Funktion von Kirchhofs ›Wendunmuth‹ darin, daß mittels der Schwänke und Historien, der Fabeln und *newen zeytungen* eine Haltung der Selbstbescheidung und der Zufriedenheit mit Gottes Gaben eingeübt werden soll, die für den politischen Zweck einer Ausbildung und Arrondierung der Landesherrschaft in Hessen unabdingbar ist.

Den Burggrafen Hans-Wilhelm Kirchhof rechne ich dem Beamtentypus der Amtleute zu, die – im Zuge einer Ausdehnung und Effektivierung eines territorialen Verwaltungssystems – in einem überschaubaren Gebiet und in Ver-

---

[57] Kirchhof, Wendunmuth I, 27: *Cajus Caligula ist ein verechter gottes*; sein Ende illustriert die Lehre: *Hast du gewalt, denck sie kompt von gott / Der sich von niemand trutzen lot / Richts treulich auß, sprich yedem recte / Gott ist ein herr und du bist knecht / Und nichts mehr dann ein ander man / Ohn das er dir der ehren gan.*

[58] Kirchhof, Wendunmuth I, 30.

[59] Kirchhof, Wendunmuth I, 31.

[60] Kirchhof, Wendunmuth I, 47 über Philipp von Hessen.

[61] Kirchhof, Wendunmuth I, 62: *Die fabel lehrt, es sey das best / Wer sich an dem stand gnügen leßt / Darin in gott setzt und berufft / Und nicht weyter nach anderm hofft / Sich steckt in sorg und gferlichkeit / In angst, beschwerniß und viel leid.*

[62] Kirchhof, Wendunmuth V, 156.

tretung des Landesherren richterliche, steuerliche und andere Verwaltungsaufgaben übernommen haben, sich darüber hinaus aber auch um eine Erhöhung des Wissensniveaus, insbesondere historischer und politischer Kenntnisse, der Ausbildung einer literarischen Kultur u.ä. bemüht haben. »Bürokratisierung und Verhöflichung der Gesellschaft« – schreibt Richard van Dülmen zusammenfassend zur Territorialisierung des 16. Jahrhunderts – »sind dabei als zwei miteinander verschränkte Prozesse zu sehen.«[63] Das literarische Werk Hans-Wilhelm Kirchhofs ist beiden Bemühungen verpflichtet, sie wirken sich indessen auf die literarische Realisierung in gänzlich unterschiedlicher Weise aus.

[63] Richard van Dülmen, Entstehung des frühneuzeitlichen Europa (Anm. 15), S. 324.

Joerg O. Fichte

Die Eustachiuslegende, ›Sir Isumbras‹ und ›Sappho Duke of Mantona‹

Drei gattungs- bzw. typenbedingte Varianten eines populären Erzählstoffes

In einem 1904 erschienenen Aufsatz unternahm es Gordon Hall Gerould, die vielen europäischen und orientalischen Versionen eines weit verbreiteten Erzählstoffes zu sichten, zu analysieren und zu ordnen. Er nannte diese Geschichte ›The Man Tried by Fate‹, der Mann, der vom Schicksal heimgesucht wurde. Den Inhalt beschreibt er folgendermaßen: Ein Mann verläßt aus gewichtigen Gründen – oft wegen seines Glaubens – mit seiner Familie seine Heimat. Durch Zufall oder aufgrund von Nachstellungen verliert er seine Söhne und seine Frau. Nach vielen Abenteuern und leidvollen Erfahrungen findet die Familie schließlich wieder zusammen.[1]

In der nun folgenden Analyse sollen die drei verschiedenen Ausformungen dieser Geschichte untersucht werden mit dem Ziel, die Adaptabilität des Erzählstoffes zu zeigen, der einerseits in geistlicher und andererseits in weltlicher Form im Mittelalter und in der Renaissance in England erscheint. Die hier vorgeführten drei Versionen stellen keine teleologische Reihe dar; sie sind vielmehr historisch verankert und müssen in ihrer historischen Bedingtheit verstanden werden. Daraus ergibt sich auch die jeweilige Gattungs- bzw. Typenzugehörigkeit: die Eustachius-Legende zur Heiligenlegende, ›Sir Isumbras‹ zur Romanze und ›Sappho Duke of Mantona‹ zur novellenhaften Kurzerzählung. Von ihrer Struktur als auch von ihrer Funktion her lassen sich sowohl Heiligenlegende als auch Romanze als Gattung definieren, während die novellenhafte Kurzerzählung zu Ausgang des 16. Jahrhunderts sich höchstens als literarischer Typus bezeichnen ließe, ohne daß damit jedoch eine eindeutige gattungsmäßige Verortung gemeint sein kann.[2]

---

[1] Gordon Hall Gerould, Forerunners, Congeners, and Derivatives of the Eustace Legend, PMLA 19 (1904), S. 335–448.

[2] Gerade im Hinblick auf die Gattungsdiskussion über die Novelle, die im Anschluß an Hans-Jörg Neuschäfers Studie, Boccaccio und der Beginn der Novelle. Strukturen der Kurzerzählung auf der Schwelle zwischen Mittelalter und Neuzeit, München 1969, geführt worden ist, läßt sich angesichts der Heterogenität des Erzählmaterials bei der Novelle wohl nur von einem Typus reden. Vgl. vor allem auch Joachim Heinzle, Märenbegriff und Novellentheorie. Überlegungen zur Gattungsbestimmung der mittelhochdeutschen Kleinepik, ZfdA 107 (1978), S. 121–138, und ders., Boccaccio und die Tradition der Novelle. Zur Strukturanalyse und Gattungsbestimmung kleinepischer Formen zwischen Mittelalter und Neuzeit, Wolfram-Studien 5 (1979), S. 41–62; Jan-Dirk Müller, Noch einmal: Maere und Novelle. Zu den Versionen des Maere von

Die weitverbreitete Geschichte vom Mann, der vom Schicksal heimgesucht wurde, erscheint zu Beginn des achten Jahrhunderts als Eustachius-Legende zum ersten Mal in hagiographischer Form – Johannes von Damaskus erwähnt sie in seinem Traktat ›Pro sacris Imaginibus Orationes tres‹.[3] In den folgenden sechs Jahrhunderten werden immer wieder neue lateinische Überarbeitungen dieser beliebten Legende verfaßt, die in ihrer frühesten in den ›Acta Sanctorum‹ überlieferten Form so lautet:

Ein gewisser Placidas diente als Feldherr unter dem römischen Kaiser Trajan. Wenn auch kein Christ, war er doch ein tugendhafter Mann, der mit seiner Frau und seinen beiden Söhnen ein vorbildliches Leben führte. Als er eines Tages einen Hirsch verfolgte, erschien ihm Christus in Form eines Kruzifixes zwischen dem Geweih des Tieres. Erschrocken über die wunderbare Erscheinung kehrte er nach Hause zurück und erzählte seiner Frau, der Christus ebenfalls im Traum erschienen war, die seltsame Begebenheit. Noch in derselben Nacht gingen sie mit ihren beiden Söhnen zum Bischof von Rom, um sich taufen zu lassen. Placidas hieß von nun an Eustathius, seine Frau Theospita und seine beiden Söhne Agapius und Theospitus. Am Tag darauf ging Eustathius wiederum in den Wald, wo ihm vorhergesagt wurde, daß er sich wie Hiob entweder in seiner Jugend oder in seinem Alter einer Prüfung unterziehen müsse, für seine Standhaftigkeit jedoch belohnt würde. Nach seiner Rückkehr verlor er alsbald sein Hab und Gut, und er entschloß sich, aus Scham wegen seiner Armut mit seiner Familie nach Ägypten zu segeln. Da Eustathius die Überfahrt nicht bezahlen konnte, behielt der Kapitän seine Frau. Eustathius und seine beiden Söhne mußten ihre Reise alleine fortsetzen. Als sie zu einem Fluß kamen, trug der Vater zunächst den einen Sohn ans andere Ufer, um danach den anderen zu holen. Beide Kinder jedoch wurden von wilden Tieren, einem Löwen und einem Wolf, verschleppt. In seiner Verzweiflung verglich sich Eustathius mit Hiob. Dann verdingte er sich fünfzehn Jahre als Arbeiter.

---

den ›Drei listigen Frauen‹, in: Alfred Ebenbauer (Hg.), Philologische Untersuchungen (Festschrift Elfriede Stutz), Wien 1984, S. 289–311; Hans-Joachim Ziegeler, Erzählen im Spätmittelalter. Mären im Kontext von Minnereden, Bispeln und Romanen, München/Zürich 1985, und ders., Boccaccio, Chaucer, Mären, Novellen: ›The Tale of the Cradle‹, in: Klaus Grubmüller, L. Peter Johnson u. Hans-Hugo Steinhoff (Hgg.), Kleinere Erzählformen im Mittelalter, Paderborner Colloquium 1987, Paderborn 1988, S. 9–31. Für Darstellungen des Typs der englischen Novelle im 16. Jahrhundert vgl. Margaret Schlauch, English Short Fiction in 15th and 16th Centuries, Studies in Short Fiction 3 (1966), S. 393–434, und Yvonne Rodax, The Real and the Ideal in the Novella of Italy, France and England. Four Centuries of Change in the Boccaccian Tale, Chapel Hill 1968, S. 94–108.

[3] Johannes von Damaskus, Pro sacris Imaginibus Orationes tres, hg. v. P. Michaelis Lequien, Turnholt 1860 (Patrologia Graeca 94), col. 1382. Diese Version (in: Oratio III, Adversus eos qui sacras imagines abjiciunt) enthält allerdings nur die Beschreibung der Begegnung von Placidas mit dem Hirsch, der zwischen seinem Geweih das Kruzifix trägt.

Seine beiden Söhne wurden gerettet, der eine von Schäfern und der andere von Bauern, und beide wuchsen, ohne voneinander zu wissen, im gleichen Ort auf. Unterdessen wurde Theospita mit Gottes Hilfe aus den Händen des Kapitäns befreit.

Als der Kaiser Trajan seinen Feldherrn Eustathius dringend benötigte, schickte er Soldaten aus, um ihn suchen zu lassen. Zwei Soldaten fanden ihn schließlich und führten ihn nach Rom zurück. Dort wurde er in Ehren empfangen und zum Anführer des Heeres ernannt, in dem auch seine beiden Söhne dienten. Als das Heer ins Feld zog, kampierte es dort, wo Theospita lebte, bei der die beiden Söhne Quartier bezogen. Eines Tages erzählten sich die beiden ihre Lebensgeschichte und erfuhren auf diese Weise, daß sie Brüder waren; und da Theospita das Gespräch mitgehört hatte, erkannte sie ihre Söhne ebenfalls. Daraufhin ging sie zu Eustathius, erzählte ihm ihre Geschichte, worauf sich die beiden Eheleute erkannten. Nach einem großartigen Sieg über die Barbaren kehrte die ganze Familie im Triumph nach Rom zurück. Dort war in der Zwischenzeit Hadrian zum Kaiser gekrönt worden, der die Christen haßte und verfolgte. Da Eustathius sich weigerte, Apollo zu opfern, wurden er und seine Familie einem Löwen zum Fraß vorgeworfen. Als das Tier ihnen kein Leid zufügen wollte, wurden sie alle in einen weißglühenden ehernen Stier eingeschlossen. Ohne Furcht und mit großem Gottvertrauen starben sie den Märtyrertod. Als man sie drei Tage später aus dem Ofen herausholte, waren ihre Körper unversehrt. Ihre Leichen wurden von den Christen an einem geheimen Ort bestattet.[4]

Daß die Geschichte von der Bekehrung, der Prüfung und dem Martyrium des heiligen Eustachius in England sehr beliebt und weitverbreitet war, beweisen nicht nur die lateinischen, sondern auch die volkssprachlichen Versionen der Legende. Man findet sie bereits im späten 13. Jahrhundert in der Hs. Digby 86[5] und im ›Early South-English Legendary‹.[6] Dazu kommen Versionen im ›Northern Homily Cycle‹,[7] im ›Scottish Legendary‹[8] und in den ›Gesta Romanorum‹[9] sowie in Caxtons Übersetzung der ›Legenda Aurea‹, die er unter dem Namen ›Golden Legend‹ im Jahre 1483 publizierte.[10]

---

[4] Acta Sanctorum, Septembris, VI, ed. J. Carnandet [et al.], Paris 1867, S. 106–137.

[5] St. Eustas, in: Altenglische Legenden, Neue Folge, hg. v. Carl Horstmann, Heilbronn 1881, S. 211–219.

[6] St. Eustas, in: The Early South-English Legendary or Lives of Saints, hg. v. Carl Horstmann, London 1887 (Early English Text Society O.S. 87), S. 393–402.

[7] Die Evangelien-Geschichten der Homelien-Sammlung des MS. Vernon, hg. v. Carl Horstmann, Archiv 57 (1877), S. 262–272.

[8] Barbour's des schottischen Nationaldichters Legendensammlung nebst den Fragmenten seines Trojanerkrieges, hg. v. Carl Horstmann, Wiesbaden 1882, Bd. 2, S. 12–26.

[9] Averyos the Emperoure, in: The Early English Versions of the Gesta Romanorum, hg. v. Sidney J. H. Herrtage, London 1879 (Early English Text Society E.S. 33), S. 87–93.

[10] The Golden Legend or Lives of the Saints as Englished by William Caxton, hg. v. F. S. Ellis, London 1900, Bd. 6, S. 83– 93.

Neben diesen hagiographischen Bearbeitungen erscheint die einstmals weltliche Erzählung vom Mann, der vom Schicksal heimgesucht wurde, auch in Romanform, z.B. Chrétiens ›Guillaume d'Angleterre‹ und ›Sir Isumbras‹. Eine kurze Skizzierung des Handlungsverlaufs von ›Sir Isumbras‹ verdeutlicht die enge Verwandtschaft zwischen dieser Romanze und der Eustachiuslegende: Sir Isumbras, ein wohlhabender und tapferer Ritter, hatte eine schöne Frau und drei Söhne. Als er sich eines Tages auf der Jagd befand, erschien ihm Gott in Gestalt eines Vogels und beschuldigte ihn des Stolzes. Konfrontiert mit der Wahl zwischen Armut und Leid in der Jugend oder im Alter entschied er sich für das erstere. Sogleich brach sein Pferd tot unter ihm zusammen, und seine Falken und Jagdhunde entflohen in den Wald. Auf dem Heimweg traf er einen Jungen, der ihm berichtete, sein Haus sei niedergebrannt und sein Vieh getötet worden. Seine Frau und seine Kinder liefen ihm nackt entgegen, so wie sie sich vor den Flammen hatten retten können. Nachdem Isumbras ihnen seine eigenen Kleider gegeben hatte, schnitt er sich ein Kreuz in die Schulter und verließ seine Heimat mit seiner Familie. Als Isumbras seinen ältesten Sohn über einen Fluß getragen hatte, wurde dieser von einem Löwen verschleppt und der zweitälteste von einem Leoparden. Mit seiner Frau und seinem jüngsten Sohn gelangte Isumbras schließlich zum Ionischen Meer, wo er einem Sultan mit seinem Heer begegnete, der ihn zum Heidentum bekehren wollte. Da Isumbras sich weigerte, bot man ihm Geld an für seine Frau, die ihm schließlich mit Gewalt entrissen wurde. Er selbst wurde geschlagen und blieb zusammen mit seinem jüngsten Sohn und dem Gold zurück. Seine Frau wurde zur Königin gekrönt und vom Sultan per Schiff ins Morgenland gebracht. Vor ihrer Abreise durfte sie noch einmal mit ihrem Mann sprechen. Während dieser Unterredung tauschten die beiden ihre Ringe aus, und Isumbras versicherte seiner Frau, daß er immer nach ihr suchen werde. Während er eines Tages mit seinem Sohn unter einem Baum schlief, kam ein Adler und trug das Geld davon, das in Isumbras' purpurnem Mantel versteckt war. Während der Vater den Adler verfolgte, verschleppte ein Einhorn den jüngsten Sohn. Nun ganz allein, verdingte sich Isumbras sieben Jahre als Schmied. Als es schließlich zu einem Kampf zwischen Christen und Sarazenen kam, legte Isumbras die von ihm selbst geschmiedete Rüstung an und kämpfte so tapfer, daß er den Sultan erschlug und das heidnische Heer besiegte. Nachdem seine Wunden verheilt waren, zog er als Pilger ins Heilige Land, wo ihm nach siebenjähriger Wartezeit von einem Engel vor den Mauern Jerusalems Trost zugesprochen wurde. Er machte sich wieder auf die Wanderschaft und kam zu der Burg, wo seine Frau als Königin herrschte. Dort lebte er als Diener und wurde wegen seiner Tüchtigkeit und Tapferkeit von der Königin besonders geschätzt. Eines Tages entdeckte er in einem Adlerhorst sein Gold, das noch immer in dem purpurnen Gewand verborgen war. Er versteckte es in seinem Zimmer, wo es von neidischen Dienern entdeckt und zur Königin gebracht wurde. Sie erkannte das purpurne Gewand und ließ Isumbras zu sich rufen, der seine Geschichte erzählte und sie mit dem Ring belegte. Daraufhin wurde er zum König gekrönt. Als erstes ordnete er die Bekehrung seiner heidnischen Untertanen zum Christentum an, die sich weigerten zu konvertieren und Widerstand leisteten. Allein mit seiner Frau sah sich Isumbras dreißigtausend bewaffneten Sarazenen gegenüber. Doch bevor es zur Schlacht kam, erschienen plötzlich die drei Söhne, die auf einem Löwen, einem Leoparden und auf einem Einhorn daherritten und gemeinsam mit ihren Eltern die Sarazenen bis auf den letzten Mann niedermachten. Drei Königreiche wurden erobert, die Isumbras seinen Söhnen vermachte. Alle Untertanen wurden getauft. Isumbras, seine Frau und seine drei Söhne lebten in großem Wohlstand und gingen nach ihrem Tod sofort ins Himmelreich ein.[11]

Ein Vergleich beider Werke zeigt Ähnlichkeiten nicht nur im Handlungsverlauf, sondern auch in der Struktur. Beide Erzählungen weisen die gleichen Strukturelemente auf: Verlust und Trennung, Prüfung, Wiedervereinigung und Rehabilitierung.[12] Zu Beginn der Geschichte verliert der Protagonist seine soziale Stellung. Eustachius gibt seine Position als Feldherr des Kaisers auf, um von nun an Christus zu folgen. Er trennt sich völlig von einer Gesellschaft, die noch Götzen anbetet. Er läßt seine alte Identität hinter sich, indem er seinen Namen von Placidas zu Eustachius ändert. Auch Sir Isumbras läßt sein früheres Leben hinter sich. Obwohl er ein beispielhafter Vertreter des Rittertums ist – er ist *dowghty* (l. 8) (›tapfer‹), *ryche* (l. 13) (›wohlhabend‹) und *curteys and hende* (l. 16) (›höflich und höfisch‹) –, fehlt ihm die richtige Einstellung zu Gott. Da er zu sehr an weltlichen Gütern hängt, vernachlässigt er sein Seelenheil. *For pryde of golde and fee* (l. 51) (›aus Stolz auf sein Geld und seinen Besitz‹) hat er seine wahre Stellung im Leben nur ungenügend ausgefüllt, d.h., er hat Gott vergessen, die eigentliche Quelle seines materiellen, körperlichen und geistigen Wohls. Folglich muß sich Sir Isumbras von seiner bisher unvollkommenen Existenz lösen, um sich moralisch zu regenerieren. Beide Protagonisten werden also aus ihrer angestammten und vertrauten Umgebung herausgerissen, um etwas Neues erfahren zu können, ein Beginn, der sowohl für die Heiligenlegende als auch für die Romanze charakteristisch ist. Sobald der zukünftige Heilige von Gott auserwählt worden ist, muß er seine soziale Stellung aufge-

---

[11] Sir Isumbras, in: Six Middle English Romances, hg. v. Maldwyn Mills, London 1973, S. 125–147.

[12] Diese Strukturgleichheit dürfte hier auch durch die Struktur des griechischen Romans begünstigt worden sein, an dessen Handlungsverlauf sich die Eustachius-Legende modelliert. Vgl. dazu auch Angelo Monteverdi, I testi della leggenda de S. Eustachio, Studi Medievali 3 (1908–11), S. 489–498; Heinrich Dörrie, Die griechischen Romane und das Christentum, Philologus 93 (1938), S. 273–276; B. E. Perry, The Ancient Romances, Berkeley 1967, S. 346f.

ben, die Gesellschaft verlassen – oft auch seine Familie und seine Freunde – und seine eigene Identität aufgeben, also alle Attribute seines alten Lebens, um sich ganz der *imitatio Christi* weihen zu können.

Die Entäußerung des Protagonisten ist jedoch auch der traditionelle Ausgangspunkt einer Romanze, wie Susan Wittig in ihrer Strukturanalyse typischer, sich wiederholender Szenen und Episoden dieser Gattung dargelegt hat. Die Episodenreihe ›Besitzverlust und Wiedererlangung des Besitzes‹, die z.B. in ›The Earl of Toulous‹, ›Sir Degrevant‹, ›Sir Launfal‹, ›Sir Amadace‹ und ›Sir Isumbras‹ erscheint, ist eine der beiden Episodenreihen, die zum Themenkomplex ›Trennung und Rehabilitierung‹ gehören.[13] Die andere, häufiger auftretende Episodenreihe besteht aus den Szenen ›Trennung, Adoption oder Rache, Wiedererkennung und Rehabilitierung‹. Obwohl ›Sir Isumbras‹ zur ersten Gruppe von Romanzen gehört, unterscheidet sich das Werk von den anderen dadurch, daß es die einzige Romanze ist, in der der Besitzverlust des Protagonisten und seine Entfremdung auf göttlichen Wunsch geschieht. Gewöhnlich werden die Protagonisten wie Havelok, Horn, Bevis of Hampton, William of Palerne, Reiburn, Tristram oder andere von ihren Feinden ihres Besitzes beraubt und müssen ihn zurückgewinnen. Isumbras hingegen ist ein passiver Held, der darauf warten muß, daß Gott ihn wieder in seine früheren Besitzverhältnisse einsetzt.

Nach Verlust und Trennung beginnt für die beiden Protagonisten eine lange Zeit der Prüfung. Beide Männer müssen ihre Geduld und Standhaftigkeit im Unglück beweisen. In der Heiligenlegende wird dieser Abschnitt mit der Hiobsgeschichte verbunden, oder genauer gesagt, die Hiobsgeschichte bildet die Matrix für die Prüfung von Eustachius. In ›Sir Isumbras‹ hingegen, wo der Held grundsätzlich die gleichen Erfahrungen macht, bleibt die Hiobssituation ungenutzt. Obwohl die Geschichte vom Besitzverlust des Helden und seiner göttlichen Prüfung den Hörer oder Leser sofort an Hiob erinnert, versäumt es der Autor der Romanze, diese Tatsache für exemplarische Zwecke zu nutzen, ein Versäumnis, das seiner Intention, eine beispielhafte Geschichte zu erzählen, abträglich ist.

Der letzte Abschnitt besteht aus dem Themenkomplex ›Wiedervereinigung und Rehabilitierung‹. Die Mitglieder beider Familien werden nach einer langen Zeit der Trennung, die der Prüfung des Protagonisten dient, schließlich wieder zusammengeführt, und beide Männer erlangen ihren früheren Besitzstand zurück. Der heilige Eustachius genießt dieses Privileg wenigstens zeitweilig, während Sir Isumbras sogar für den Rest seines Lebens eine höhere Stellung einnimmt – er wird König, und seine drei Söhne erhalten je ein

[13] Susan Wittig, Stylistic and Narrative Structures in the Middle English Romances, Austin/London 1978, S. 176.

Königreich. Der heilige Eustachius und seine Familie hingegen erhalten *coronas victoriae*, d.h. die Märtyrerkronen als Zeugnisse ihrer Heiligkeit. Der Verlauf der Handlung zeigt deutlich, daß sowohl der heilige Eustachius als auch Sir Isumbras als exemplarische Figuren konzipiert sind. Ihr Schicksal dient erbaulichen Zwecken, d.h., es fordert zur *imitatio* auf, da sich das wundervolle Wirken Gottes durch sie offenbart. ›Sir Isumbras‹ hingegen gehört zu einer Gruppe von Romanzen, die wegen ihrer Nähe zur Hagiographie eine Sonderstellung im Korpus einnehmen. Diese Romanzen, die von Wells ursprünglich in der *Eustace-Constance-Florence-Griselda*-Gruppe zusammengefaßt worden waren – wo sie auch heute noch in der neu überarbeiteten Auflage des ›Manual of Writings in Middle English 1050–1500‹ zu finden sind –,[14] sind unter verschiedenen Nomenklaturen bekannt. Hippolyte Delehaye nannte sie 1955 ›roman hagiographique‹,[15] Hanspeter Schelp gebrauchte 1967 die Bezeichnung ›exemplarische Romanzen›,[16] Dieter Mehl verwendete 1968 entweder den Terminus ›säkularisierte Legenden‹ oder ›legendenhafte Romanzen‹[17] und Diana T. Childress sprach 1978 von ›secular legends‹.[18] Ganz gleich, welchen Begriff man verwendet, um diesen Typus zu bezeichnen, das Wesen der Romanzenform ist eindeutig: die Grenzen zwischen weltlicher und religiöser Dichtung werden bewußt überschritten. Die Romanzenhandlung wird in die Legendenstruktur implantiert, und die literarische Hybride, die auf diese Weise entsteht, versucht, als weltliche Erzählung von ihrer Nähe zur Heiligenlegende zu profitieren; ›Sir Isumbras‹ belegt dies.

Einige geistliche Autoren des frühen 14. Jahrhunderts jedoch ließen sich dadurch nicht beirren. So beginnt z.B. das um 1300 entstandene religiöse Gedicht ›Cursor Mundi‹ mit einem langen Katalog von Romanzen, die von Alexander, Julius Caesar, Karl dem Großen, König Artus und von *ysumbras* handeln. Diese Aufzählung geschieht jedoch nicht aus Liebe zur Romanzenliteratur, sondern wie der Autor sagt: *the wisman wil o wisdom here, / the foul hym draghus to foly nere*[19] (›Der Weise möchte von Weisheit hören, der Tor wird von Torheit angezogen‹). Der ›Cursor Mundi‹ ist offensichtlich Weisheit, während ›Sir Isumbras‹ Torheit ist. Etwa fünfzig Jahre später beginnt William of Nassington den Prolog zu seiner Übersetzung des ›Speculum Vitae‹ mit einer scharfen

[14] A Manual of the Writings in Middle English 1050–1500, hg. v. J. Burke Sievers, New Haven 1967, Bd. 1, S. 120–132.

[15] Hippolyte Delehaye, Les Légendes hagiographiques, Bruxelles 1955, S. 4.

[16] Hanspeter Schelp, Exemplarische Romanzen im Mittelenglischen, Göttingen 1967.

[17] Dieter Mehl, Die mittelenglischen Romanzen des 13. und 14. Jahrhunderts, Heidelberg 1967, S. 105.

[18] Diana T. Childress, Between Romance and Legend: ›Secular Hagiography‹ in Middle English Literature, Philological Quarterly 57 (1978), S. 311–322.

[19] Cursor Mundi, hg. v. Richard Morris, London 1874–1878 (Early English Text Society O.S. 57, 59, 62, 66, 68), Bd. 57, S. 9, v. 27f.

Kritik einiger, offensichtlich beliebter und gern gehörter Romanzen. *I warne zow ferst at the begynnyng, / I wil make no veyn spekyng / Of dedes of armes ne of amours, / Os don mynstreles and other gestours / that make spekyng in many a place / Of Octouian and Isanbrace* [. . .], */ For I holde that nowht bot vanyte /*.[20] (›Ich warne euch gleich am Anfang, daß ich euch kein törichtes Geschwätz von Waffentaten oder Liebschaften vortragen werde, wie es die Spielleute und Unterhalter tun, die vielerorts von Octavian und Isumbras erzählen [. . .], denn so etwas halte ich für nichts anderes als Eitelkeit.‹) Ist professionelle Eifersucht der Grund für diese Verurteilung der Romanze durch Vertreter des Klerus, wie G.R. Owst und M. D. Legge glauben,[21] oder sind diese beiden Kritiker von ›Sir Isumbras‹ nur besonders streng in ihrer Beurteilung dessen, was der christlichen Erbauung dienlich ist? Was auch immer der Grund für die Verurteilung durch die beiden Kleriker sein mag, verdient ›Sir Isumbras‹ vielleicht doch noch einmal eine nähere Untersuchung.

Wie die Lektüre von ›Sir Isumbras‹ verdeutlicht, bedienen sich die Autoren einiger Romanzen ganz offensichtlich der narrativen Strukturen und Verhaltensmuster religiöser Literatur. Doch tun sie dies für ihre eigenen Zwecke, d.h., die exemplarischen Romanzen benutzen nicht hagiographische Verhaltensmuster als Modell für christliche Laienfrömmigkeit, vielmehr versuchen sie, Frömmigkeit in ein Wertesystem zu implantieren, das sich letztlich von dem des mittelalterlichen Christentums unterscheidet.[22] Meines Erachtens wurde diese Tatsache von den beiden gerade zitierten Klerikern erkannt und kritisiert. Ihre Vorbehalte gegenüber den Romanzen beruhen auf der Erkenntnis, daß diese weltliche Gattung und religiöse Dichtung von verschiedenartigen Wertvorstellungen bestimmt werden und letztlich auch unterschiedliche Wahrheiten beinhalten. Von der Warte des Hagiographen aus gesehen, erscheint die menschliche Existenz als strikte Dichotomie: Spiritualität gegenüber Weltlichkeit, Gottesdienst gegenüber Dienst an der Welt und Gottbezogenheit gegenüber Ichbezogenheit. Indem die Heiligen sich für Gott entscheiden, lehnen sie die menschliche Existenz in ihrer weltlichen Form ab und sind bereit, ihre Entscheidung mit ihrem Leben zu bezahlen. Da das Leben eines Heiligen die vollkommene *imitatio Christi* bedeutet, muß er die Minderwertigkeit des irdischen Daseins und weltlicher Macht im Vergleich mit der Allmacht Gottes

[20] Zitiert nach J. Ullmann, Studien zu Richard Rolle de Hampole, Englische Studien 7 (1884), S. 469, der die ersten 370 Verse des bis jetzt noch unedierten ›Speculum Vitae‹ hier abgedruckt hat.

[21] Gerald Robert Owst, Literature and Pulpit in Medieval England, Oxford ^{2}1961, S. 10–16, und Mary Dominica Legge, Anglo-Norman Hagiography and the Romances, Medievalia et Humanistica 6 (1975), S. 41–49.

[22] Susan Crane Dannenbaum, Guy of Warwick and the Question of Exemplary Romance, Genre 17 (1984), S. 357.

durch seinen Lebenswandel exemplifizieren. Indem der Heilige das Martyrium auf sich nimmt, triumphiert er über die irdische Macht und wird Teil der Gemeinde der Heiligen, da Verfolgung und Martyrium die sofortige Vereinigung mit Gott ermöglichen. Daher ist es nicht verwunderlich, daß die *vitae sanctorum* bald in den kirchlichen Unterrichtskanon aufgenommen wurden, wo sie als homiletische *exempla* dienten. Um ihre Nähe zur Heiligen Schrift zu unterstreichen, d.h. zur spirituellen Grundlage der christlichen Heilsgeschichte, wurden die Heiligenleben oft tief in der biblischen Matrix verankert.[23] Die Wiederholung biblischer Ereignisse, die nun auf den Heiligen übertragen wurden, machten seine Heiligkeit glaubhaft und authentisch. Wie Thomas J. Heffernan gezeigt hat, basiert die Eustachiuslegende auf dieser Kompositionsmethode.[24] Am Anfang wird Placidas mit Cornelius, dem tugendhaften Heiden aus Apg 10,1 verglichen, der vom Heiligen Geist berührt worden war. Beide sind gottesfürchtig und mildtätig; beide sind römische Offiziere. Bei dieser Ähnlichkeit der Ausgangssituation ist es nicht überraschend, daß Gott Placidas' gute Werke belohnen und seine Seele retten will, da auch Cornelius, sein biblischer Vorläufer, vom Bischof in Rom getauft worden war. Damit ist Placidas' Bekehrung bereits vorbestimmt. Wenn der Hirsch anfängt zu sprechen, erfolgt ein Verweis auf Balaam (4. Mose 22,28), um das Wunder eines redenden Tieres zu belegen. Die nun folgende Begegnung von Placidas und Christus ist wiederum an einer biblischen Begebenheit modelliert: der Bekehrung des Paulus auf dem Weg nach Damaskus (Apg 9,1–9). Der Hirsch gebraucht fast die gleichen Worte, mit denen Gott zu Paulus gesprochen hatte: *O Placida, quid me insequeris?*[25] In Apg 9,4 heißt es: *Saule Saule quid me persequeris?*[26] In beiden Geschichten wird der Jäger zum Gejagten, und Placidas, der zu Anfang als *daemonum captus errore* (›gefangen im Irrglauben der Dämonen‹) bezeichnet worden war,[27] ist nun zum richtigen Glauben bekehrt worden.

Die umfangreichste Übernahme einer biblischen Geschichte findet man im Mittelteil der Eustachiuslegende. Wie bereits erwähnt, hat nicht nur die Hiobsgeschichte, sondern sogar deren sprachliche Gestaltung den Autor der Legende stark beeinflußt. Eustachius verliert alle seine weltlichen Güter sowie seine Frau und seine beiden Söhne, so daß er nackt und alleine zurückbleibt – *vero nudatus sum*[28] –, um sein Schicksal zu beklagen. Zwar hatte ihn Gott ermahnt, die

[23] Vgl. Thomas J. Heffernan, Sacred Biography. Saints and Their Biographers in the Middle Ages, New York/Oxford 1988, S. 113–122.

[24] Thomas J. Heffernan, An Analysis of the Narrative Motifs in the Legend of St. Eustace, Medievalia et Humanistica 6 (1975), S. 70–75.

[25] Acta Sanctorum (Anm. 4), S. 124.

[26] Biblia Sacra Iuxta Vulgatam Versionem, ed. Bonifatio Fischer OSB et al., Stuttgart ^{2}1975, Bd. 2, S. 1712.

[27] Acta Sanctorum (Anm. 4), S. 123.

[28] Ebd., S. 128.

Versuchungen des Teufels wie Hiob mit Geduld zu ertragen, doch erscheint Eustachius sein Schicksal noch schwerer und grausamer als das seines großen biblischen Vorläufers. Hiob hatte wenigstens einen Misthaufen, auf dem er sitzen konnte, er besitzt nichts. Hiob hatte Freunde, die mit ihm trauerten; ihm bleiben nur die wilden Tiere, die seine Kinder verschleppt haben. Und nach dem Tod seiner Kinder hatte Hiob noch seine Frau, mit der er sich trösten konnte; er hat keine Frau mehr.[29] Durch den Vergleich mit dem Schicksal des biblischen Hiob gelingt es dem Autor der Legende, das Leid seines Helden eindrucksvoll darzustellen.

Der letzte Teil der Geschichte, das Martyrium des heiligen Eustachius, lehnt sich an zwei Ereignisse aus dem Buch Daniel an: Daniel in der Löwengrube und die drei Männer im Feuerofen. Nach der Weigerung des Löwen, den *Beatos* (›den Heiligen‹) Schaden zuzufügen, folgt die Legende nun Dan 3. Die Ereignisse sind in beiden Geschichten identisch. In beiden Fällen führt die Weigerung der Protagonisten, Götzen zu verehren, zu ihrer Verurteilung zum Feuertod. Wie die jungen biblischen Märtyrer preisen auch Eustachius und seine Familie Gott und beten zu ihm. In beiden Erzählungen bleiben die Körper der Getöteten von den Flammen verschont.

Die Eustachiuslegende ist folglich ein Pastiche von Bibelepisoden. Der Held ist an Cornelius, dem tugendhaften Heiden, modelliert; an Paulus, dem eifrigen Verfolger der jungen christlichen Gemeinde; an Hiob, dem Inbegriff geduldigen Leidens; und an den drei Männern im Feuerofen, die für ihren Glauben starben. Der Autor der Legende hat das Ende, das Martyrium, immer vor Augen, denn Placidas muß sich nicht nur vom Heiden zum Christen wandeln, sondern auch vom Christen zum Heiligen. Der Prozeß der Loslösung und der Entsagung in der Heiligenlegende erfolgt deshalb kontinuierlich. Er beginnt mit einer spirituellen Neuorientierung, die dazu führt, daß Eustachius seine weltliche Position aufgibt, weil ihm sein bisheriges Leben nur den Verlust seines Seelenheils bringen kann. Die Welt, in der Eustachius lebt, ist dem Teufel verfallen, wie der Autor verschiedene Male betont. Deshalb ist Christus in diese Welt gekommen, um die Menschheit im allgemeinen und insbesondere diejenigen, denen er eine besondere Gnade zuteil werden läßt, zu retten. Sobald Eustachius getauft worden ist, empfängt er diese Gnade. Christus begrüßt ihn: *Beatus es Eustathi* [. . .] *qui induisti te immortalitate* (›Gesegnet bist du, Eustachius, der du dich mit Unsterblichkeit bekleidet hast‹).[30] Und dann verspricht er ihm Heiligkeit: *oportet enim te multa sustinere, ut accipias coronam victoriae* (›denn du mußt viel erleiden, um die Siegeskrone zu erlangen‹).[31] Alle

[29] Ebd., S. 128.

[30] Ebd., S. 126.

[31] Ebd., S. 126.

Entbehrungen und alles Leid, das Eustachius zu ertragen hat, dienen nur diesem Zweck. Eustachius muß allen irdischen Gütern entsagen, um ins Himmelreich einzugehen. Um *in spiritualibus* Reichtum zu erlangen,[32] muß er zunächst einmal lernen, daß irdische Güter nichts als Eitelkeit sind. Sobald er dies weiß, kann er seine höchste Auszeichnung (die Märtyrerkrone) in Empfang nehmen. Die Wiedervereinigung mit seiner Familie dient nur dazu, die Zahl der Heiligen zu vermehren, denn sobald sie den feurigen Stier betreten haben, sind sie keine irdische Familie mehr, sondern eine Gemeinschaft der Heiligen, die eine himmlische Stimme begrüßt: *venite in pace recepturi coronas victoriae* (›Kommt in Frieden, die ihr im Begriff seid, die Siegeskronen zu empfangen‹).[33] Ihre Seelen gehen ins Paradies ein, während ihre unversehrten Körper als Zeugnis von Gottes wunderbarer Macht zurückbleiben, die zu erlösen, die ihn gewählt haben. Und während der eingeschüchterte Kaiser sich davonstiehlt, lobt die Menge den Gott der Christen als den einzig wahren Gott.

Angesichts von Eustachius' Aufstieg zum Heiligen ist seine ursprüngliche Loslösung von seiner gewohnten Umgebung ein glücklicher Umstand, denn somit entkommt er einem Leben, das zwangsläufig zum geistlichen Tod geführt hätte. Um es in der Terminologie des heiligen Augustinus auszudrücken, löst sich Eustachius durch die *imitatio Christi* vom teuflischen Babylon (Rom) und begibt sich auf den Weg zum himmlischen Jerusalem, während Sir Isumbras nur die Mauern des irdischen Jerusalem in Judäa erreicht.[34]

Die Loslösung des Helden zu Beginn der Romanze ›Sir Isumbras‹ ist ganz anders als die in der Eustachiuslegende. Die Lebensweise von Sir Isumbras ist nicht grundsätzlich verwerflich. Die Beschreibung seiner körperlichen und geistigen Vorzüge in den ersten vier Strophen entspricht vielmehr der des idealen Ritters. Außerdem fehlt jeglicher Hinweis, daß Sir Isumbras diese positiven Eigenschaften während der Zeit seiner Prüfung verliert. Er muß lediglich den rechten Gebrauch weltlicher Güter erlernen. Als er vom Verlust seines Besitzes erfährt, akzeptiert er dies sogar mit Gleichmut in der Annahme, daß es sich nur um einen zeitlich begrenzten Verlust handelt: *Lorde, yf it thy wyll be, / In yowthe sende me poverté, / And welthe in myne elde* (v. 64–66) (›Herr, wenn es dein Wille ist, dann gib mir in meiner Jugend Armut und Reichtum im Alter‹). Aus dieser Antwort geht hervor, daß Isumbras und Eustachius vollkommen unterschiedlich auf die ihnen gemeinsame Erfahrung reagieren. Während Eustachius Gott bittet, ihn in seinem neuen Glauben zu festigen, wird Sir Isumbras durch

[32] Ebd., S. 126.

[33] Ebd., S. 135.

[34] Zur Gleichsetzung von Babylon und Rom vgl. Sancti Aurelii Augustini De Civitate Dei, Lib. XVIII, cap. 2, ed. Bernardvs Dombart et Alphonsvs Kalb, Turnholt 1955 (Corpvs Christianorvm Series Latina 48), S. 593–594, und zur allegorischen Bedeutung von Jerusalem vgl. ebd., Lib. XVII, cap. 3, S. 553–554.

seine leidvollen Erfahrungen in seinem Glauben bestärkt, daß das Unglück nur vorübergehender Natur sein könne – bessere Zeiten würden bestimmt folgen –, anstatt ihn zur Abkehr von der Welt zu bewegen. Im Gegensatz zu Eustachius, der am Tiefpunkt seiner existentiellen Krise laut klagt und sich mit Hiob vergleicht, bleibt Isumbras zuversichtlich. Fast genau in der Mitte der Erzählung erscheint Isumbras in völliger Isolierung. Obwohl er sich den unglücklichsten Menschen auf dieser Welt nennt, akzeptiert er seine gerechte Strafe und vertraut darauf, daß Gott ihm den richtigen Weg weisen wird. Gleich darauf gelangt er in eine Stadt, wo sein dramatischer Aufstieg durch die gesellschaftliche Hierarchie bis zum König beginnt. In diesem Augenblick wandelt sich Sir Isumbras vom passiv leidenden Protagonisten zum aktiven Romanzenhelden. Die darin implizierte Aussage ist klar: Christlicher Glaube kann auch zur Grundlage für persönliche Initiative werden, deren Ziel es ist, weltliche Güter zu erwerben. Während die Einzigartigkeit des Glaubens Eustachius dazu veranlaßt, die Welt aufzugeben, macht sich Isumbras den Glauben zunutze, um seinen irdischen Erfolg zu sichern und seine alte Identität wiederherzustellen. Zwar kämpft Isumbras für das Christentum, er zieht aber aus persönlichen Gründen in diesen Kampf. Er will den Sultan für die Entführung seiner Frau bestrafen, und er möchte seine Frau wiederfinden. Beides gelingt ihm. Indem er eine Pilgerfahrt ins Heilige Land antritt, büßt er nicht nur seine Schuld, sondern gelangt auch zu der Burg seiner Frau. Hier zeichnet er sich als tüchtiger Streiter aus, so daß er die Aufmerksamkeit der Königin auf sich zieht. Es ist dann nur noch eine Frage der Zeit, bis sich beide wiedererkennen und Isumbras zum König gekrönt wird. Er wird also nicht nur wieder in seinen alten Stand eingesetzt, sondern auch noch erhöht. Wenn sich die beiden Eheleute nach dem Widerstand ihrer Untertanen gegen eine Zwangschristianisierung einem riesigen Heer gegenübersehen, scheint es, als ob die beiden nun den Märtyrertod erleiden würden. Anstatt jedoch diesen, für die Hagiographie typischen Schluß zu benutzen, entscheidet sich der Autor für ein wundersames Romanzenende. Die drei verlorengeglaubten Söhne erscheinen plötzlich wie dei ex machina und kommen ihren Eltern zu Hilfe. Und mit Genugtuung erfahren wir, daß alle 30 003 Sarazenen erschlagen auf der Walstatt zurückbleiben. Nach seinem großen Sieg setzt Isumbras seine dynastische Politik fort, indem er dafür sorgt, daß jeder seiner drei Söhne ein eigenes Königreich erhält. So bringt er am Ende seines Lebens eine reiche Ernte weltlicher Güter ein. Während der heilige Eustachius und seine Familie mit der himmlischen Märtyrerkrone belohnt werden, haben sich Isumbras und seine Söhne irdische Kronen verdient. Die Loslösung des Protagonisten und seine Rehabilitierung, die zentralen Ereignisse in der Romanze und in der Heiligenlegende, führen in den beiden Gattungen zu vollkommen unterschiedlichen Resultaten. Obwohl Sir Isumbras zweifelsohne ein Beispiel von Geduld und Demut ist, ist er weit davon entfernt, ein Heiliger zu sein. Vielmehr stellt diese Romanze, so wie viele andere exemplarische Romanzen, das Ideal christlicher Weltverachtung in Frage, das in der Heiligenlegende propagiert wird, indem sie suggerieren, daß göttlicher Beistand Männern mit weltlichen Ambitionen genauso zuteil wird wie den Heiligen. Der Autor von ›Sir Isumbras‹ mag zwar behaupten, daß Isumbras und seine Familie nach einem guten Leben ins Paradies eingegangen sind, aber er kann sie nicht um Beistand bitten wie der Autor der Eustachiuslegende. *Omnes ergo, qui merentur celebrare memoriam eorum et invocare eos in praesidium, impetrant,* [. . .] *per gratiam Domini nostri Salvatoris Jesu Christi, cui est gloria et potestas in saecula saeculorum. Amen* (›Alle die, die würdig sind ihr Andenken zu feiern und sie um ihren Beistand zu bitten, haben also wegen der Gnade des Herrn, unseres Heilandes Jesus Christus, Erfolg, dessen Herrlichkeit und Kraft immer und ewig währt‹).[35]

Die Überlieferungsgeschichte von ›Sir Isumbras‹ zeigt eine interessante Entwicklung im Rezeptionsverhalten im 15. Jahrhundert auf, die der im frühen 14. Jahrhundert diametral entgegenläuft. Im 15. Jahrhundert nämlich wurde die Romanze als devotionales Werk gelesen, dem fast der Status einer Heiligenlegende eingeräumt wurde. Nur in der Hs. Lincoln Cathedral MS. 91, dem sogenannten Thornton MS., ist ›Sir Isumbras‹ noch zusammen mit den anderen Romanzen zu finden. In zwei Handschriften, Caius College MS. 175 und National Library of Scotland MS. Advocates 19.3.1, erscheint das Werk Seite an Seite mit der Katharinenlegende. Und in zwei Handschriften schließlich steht es neben der Eustachiuslegende, wahrscheinlich weil der Schreiber beide Werke in gleicher Weise erbaulich fand. Folglich wurde der Unterschied zwischen den beiden Gattungen, den klerikale Autoren zu Beginn des 14. Jahrhunderts noch klar erkannt hatten, hundert Jahre später nicht mehr wahrgenommen. Sir Isumbras ist zum Quasiheiligen aufgestiegen.[36]

---

[35] Acta Sanctorum (Anm. 4), S. 135.

[36] Diese Rezeptionsgeschichte von ›Sir Isumbras‹ ist wahrscheinlich aber auch dadurch erklärbar, daß die erste mittelenglische Fassung der Eustachius-Legende sehr viel mehr romanzenhafte Züge enthält als die lateinische Version in den ›Acta Sanctorum‹, d.h. also der Bezug zwischen den beiden Gattungen sehr viel enger war. ›St Eustas‹ in der Hs. Digby 86 ist ebenfalls in Schweifreimstrophen abgefaßt und entspricht in seiner sprachlichen Gestaltung dem für die Romanzen üblichen Idiom. Eustachius wird bis zur letzten Strophe als *Sire Eustace* tituliert. Und selbst nach dem Verlust seiner beiden Söhne bleibt Eustachius trotz seiner niedrigen sozialen Stellung immer noch *hayward and knizt* (v. 216). Die Handlung, in der die Trennung des Protagonisten von seiner Ehefrau nicht erwähnt wird, ist stark an der Abenteuerhandlung der Romanzen modelliert. Die Stationen im Leben des Eustachius erinnern eher an die dort üblichen *aventiure*-Stationen als an Prüfungen, die dazu dienen, den zukünftigen Heiligen langsam der Welt zu entziehen. Die spirituelle Umorientierung, die in der lateinischen Version so stark im Vordergrund steht, spielt hier nur eine untergeordnete Rolle. Dasselbe gilt für die Anbindung des Textes an die biblische Matrix. Nur die Hiobsgeschichte wird einmal kurz anzitiert;

Daß die beliebte und weitverbreitete Geschichte vom Mann, der vom Schicksal heimgesucht wurde, nicht nur im Mittelalter, sondern auch während der Renaissance Anklang fand, zeigt eine weitere Version, die aus Barnaby Richs Erzählsammlung ›Farewell to Military Profession‹ aus dem Jahre 1581 stammt und die, wie viele von Richs Erzählungen, die Vorlage für eine spätere Dramatisierung bildet – in diesem Fall für die Komödie ›The Weakest Goeth to the Wall‹ (1600). Da Barnaby Rich seine Erzählung, die im Original immerhin 48 Druckseiten umfaßt, durch Zusätze wesentlich verändert hat, erscheint auch hier eine kurze Inhaltsangabe angebracht: Sappho, der Herzog von Mantona, bekleidet den Posten eines Feldherrn unter dem Kaiser Claudius. Nach Beendigung militärischer Auseinandersetzungen wird er von Neidern verleumdet, fällt beim Kaiser in Ungnade und wird schließlich zusammen mit seiner Frau und seinen beiden Kindern, einem Sohn und einer Tochter, vom Hof verbannt. Die Familie findet zunächst in Tariffa in Mazedonien Aufnahme, doch bald wird Sapphos Frau Messilina von ihrem Wirt und Gläubiger so umworben, daß Sappho sich in Begleitung seines Sohnes aufmacht, um Geld zu beschaffen, während die Herzogin als Pfand zurückbleiben muß. Unterwegs werden Vater und Sohn in einem Wald getrennt. Der Sohn wird vom Herzog von Vasconia, der gerade einen Hirsch jagt, aufgefunden und mit in seine Burg genommen. Ganz allein gelassen, verdingt sich Sappho bei einem Edelmann als Diener, während seine Frau sich weiterhin der ungestümen Werbungen ihres Wirtes erwehren muß. Mit Handarbeit verdient sie schließlich so viel, daß sie ihre Schulden bezahlen und mit ihrer Tochter den ungastlichen Ort verlassen kann. Auf der Suche nach ihrem Ehemann wird sie durch einen Sturm nach Cherona verschlagen. Als Sappho, nachdem er genug Geld verdient hat, um seine Frau und Tochter auszulösen, diese nicht mehr finden kann, verdingt er sich in einem Dorf als Kirchendiener und bleibt dort fünfzehn Jahre. In der Zwischenzeit wird sein Sohn Silvanus vom Herzog von Vasconia als Höfling erzogen. Wegen seines schönen Aussehens und seines höfischen Gebarens verliebt sich die Tochter des Herzogs in ihn. Als der erboste Vater davon erfährt, verbannt er seinen Schützling, um seine Tochter vor einer Mesalliance zu bewahren. Die beiden Liebenden fliehen und finden Aufnahme in dem Dorf, in

---

alle anderen biblischen Parallelen sind linguistisch nicht mehr faßbar. Und die Auseinandersetzung zwischen weltlichem Machthaber und Heiligem fehlt ebenso wie die Beschreibung seines Martyriums. – Somit ist die mittelenglische Version des Eustachiuslebens in der Hs. Digby 86 ein gutes Beispiel dafür, daß auch die Gattung der Romanze die Struktur und Erzählweise der Heiligenlegende beeinflussen konnte. Dies aber bedeutet nichts anderes, als daß sich in der Frühzeit der mittelenglischen volkssprachlichen Literatur (im 13. Jahrhundert) auch religiöse Gattungen an offensichtlich weit verbreiteten und beliebten weltlichen Gattungen modellierten, um rezipiert zu werden. Alle späteren englischen Versionen der Eustachiuslegende nämlich verzichten auf diese enge Anbindung an die Gattung der Romanze.

dem Silvanus' Vater als Kirchendiener tätig ist, und zwar in seinem Haus. Als das Reich vom Einfall der Türken bedroht wird, läßt Claudius seinen ehemaligen Feldherrn Sappho suchen. Der Herzog wird rehabilitiert, in seine alten Ämter eingesetzt und zum Oberfeldherrn ernannt. Sein Sohn Silvanus dient unter ihm und kommt seiner Tapferkeit wegen schnell zu militärischen Ehren. Sappho beschließt, Silvanus und seine junge Frau als Gäste zu sich zu holen. In Cherona treffen Sappho und Silvanus auf den Herzog von Vasconia, der Silvanus beschuldigt, seine Tochter entführt zu haben, und der die Todesstrafe für ihn verlangt. In Cherona aber leben auch Sapphos Frau und Tochter, die es dort durch ihre Handarbeit zu solchem Ansehen und Wohlstand gebracht haben, daß sich der junge Herzog von Petrona in die Tochter verliebt. Aber auch hier ist das junge Glück gefährdet, da seine Mutter, die Herzogin, aus Angst vor einer Mesalliance alle weiteren Kontakte untersagt. Doch ein Unglück kommt selten allein, auch in Cherona wird Sapphos Frau wieder umworben, dieses Mal von einem Kaufmann, der sie heiraten möchte, da sie sich in einem Mietvertrag als Witwe bezeichnet hatte. Die Sache geht vor Gericht und da der Herzog als Vorsitzender agiert, erkennen sich die beiden Eheleute. Damit steht auch der Ehe des Herzogs von Petrona mit der Tochter nichts mehr im Wege. Nur der Herzog von Vasconia verlangt noch immer die Bestrafung von Silvanus. Auch die Fürbitte seiner Tochter für ihren Ehemann kann ihn nicht umstimmen, da er sein Haus durch diese unstandesgemäße Heirat als geschändet erachtet. Der junge Mann wird verurteilt und soll sofort hingerichtet werden. Trotz der Bitte des gesamten Hofes um Gnade für Silvanus läßt sich der Herzog von Vasconia nicht erweichen, einem Findling unbekannter Herkunft zu verzeihen und das Leben zu schenken. Auf weiteres Nachfragen von Sappho, wie und wo er denn Silvanus gefunden habe, erkennt ihn der Herzog als seinen verlorenen Sohn. Die Familie ist endlich wieder vereint, und alle sind glücklich, daß Sohn und Tochter doch standesgemäß verheiratet sind.[37]

Trotz der Ausschmückung der Geschichte ist das Grundhandlungsschema noch klar erkennbar, wenngleich auch die erzählerischen Akzente anders gesetzt wurden. Die beiden Liebesgeschichten, die immerhin ein Drittel des Gesamtumfangs der Erzählung ausmachen, sind vom Autor hinzugefügt worden, offensichtlich in der Absicht, dem zeitgenössischen Publikum etwas Interessantes zu bieten. Aber was für ein Publikum ist dies? Im Deckblatt der 1581 erschienenen Ausgabe heißt es dazu: *Riche his Farewell to Militarie profeßion: conteinyng verie pleasaunt discourses fit for a peaceable tyme. Gathered together for the onely delight of the courteous Gentlewomen, bothe of Englande and Irelande, for whose onely pleasure thei were collected together, And unto whom thei are directed and dedicated by Barnabe Riche Gentleman*. Eine Zueignung, die sich an die Damen

[37] Rich's Farewell To Military Profession 1581, hg. v. Thomas M. Cranfill, Austin 1959.

der Gesellschaft wendet, ist kein Novum. Fünf Jahre zuvor hatte George Pettie das gleiche getan und damit an eine Praxis angeknüpft, die bis auf Boccaccio zurückgeht, der seinen ›Dekameron‹ ebenfalls den Damen widmet. Es geschieht nicht von ungefähr, daß Rich sich in dieser Tradition sehen will, denn abgesehen von der Tatsache, daß die Damen der Gesellschaft wirklich ein potentielles Publikum für Novellensammlungen im ausgehenden 16. Jahrhundert waren, dient seine Zueignung an eine vorwiegend weibliche Leserschaft noch zwei weiteren Zwecken. Zum einen betrifft es seine Erzählstrategien. Er schafft sich ein Publikum auch innerhalb der Erzählungen, denn an besonderen, oft kritischen Stellen der Handlung unterbricht der Autor seine Erzählung und beginnt einen Dialog mit seinem Publikum. Dabei kann er sich sogenannte ›weibliche‹ Eigenschaften zunutze machen, wie Feinfühligkeit, Abscheu vor allem Rohen und Gewalttätigen, Besorgtheit, Zurückhaltung etc., wenn er seine *gentilwommen*, oft mit gespielter Beflissenheit, um ihre Meinung bittet. Barnaby Rich spielt mit diesem Scheinpublikum, das er, ähnlich wie George Pettie zuvor, in das Geschehen miteinbezieht. Ja, gelegentlich behandelt er seine vornehmen Damen mit leichter Ironie und distanziert sich auf diese Weise von Meinungen, die landläufig für weibliche gehalten werden. Dieser Umgang mit dem Publikum soll wahrscheinlich auch den Eindruck von *sprezzatura* erwecken, jedenfall scheint Barnaby Richs Pose, sich als urbaner Literat zu präsentieren, darauf abzuzielen. Zum anderen enthebt es ihn der Pflicht, ernsthafte Lektüre mit einem moralischen Anspruch zu schreiben. Folglich kann er im Vorwort an den Leser behaupten: *Trustyng that as I haue written them in Jest, so thou wilt read them but to make thyself merie.*[38] Die Geschichten sollen also vorwiegend zur Unterhaltung der Leserinnen dienen und können deshalb auch frei erfunden sein, wie z.B. die erste, die zweite, die fünfte, die siebente und die achte Geschichte, *tales that are but forged onely for delight, neither credible to be beleued, nor hurtfull to be perused.*[39] Auf diese Weise schafft sich Rich die Möglichkeit, mit der bisher üblichen Verfahrensweise zu brechen, dem Lesepublikum nur Übersetzungen von Novellen aus dem Französischen und Italienischen zu bieten. In seiner Sammlung gibt es nur noch drei Übersetzungen, die aller Wahrscheinlichkeit nach auf Cinthios ›Gli Hecatommithi‹ zurückgehen.[40] Obwohl er seine Geschichten noch weiterhin, dem Usus folgend, Diskurse oder *histories* nennt, haben sie mit Geschichte nichts mehr zu tun im Gegensatz zu den Erzählungen, die William Painter im ›Palace of Pleasure‹ zunächst seinen Lesern darbietet. Painter und vor allem auch Geoffrey Fenton, der Verfasser von ›Certain Tragicall Discourses‹ (1567), stehen noch ganz unter dem

[38] Ebd., S. 19.

[39] Ebd., S. 19.

[40] Ebd., S. xxiii.

Einfluß der beiden französischen Autoren Boaistuau und Belleforrest, die mit ihren ›Histoires Tragiques‹ eine Neugestaltung der italienischen Novellenliteratur, hauptsächlich der Novellen von Bandello, vornehmen. Bei Bandello bezeichnet dieser Begriff wirklich eine Neuigkeit, ähnlich den Berichten, wie wir sie in der ›Südwest Presse‹ auf der Seite ›Blick in die Welt‹ oder in anderen Zeitungen unter der Rubrik ›Vermischtes‹ finden. Die Aktualität und die Überlieferungswürdigkeit der Ereignisse werden hervorgehoben: *come io parlo cosí ho scritto,* [. . .] *per tener memoria de le cose che degne mi sono parse d'essere scritte.*[41] Eine belehrende oder moralisierende Absicht ist nicht erkennbar, d.h., die Ereignisse werden nicht im Rahmen einer didaktisch angelegten Geschichtskonzeption oder zur Illustration einer bestimmten Lehre erzählt. Der Erzähler nimmt während des Erzählvorganges eine fast neutrale Position ein. Er wertet nur in der Rahmenhandlung, d.h. dort, wo er als Briefschreiber auftritt. Die Novellen selbst werden ohne Wertung oder Anteilnahme in Form eines Tatsachenberichts erzählt. Verallgemeinernde Aussagen oder generelle bzw. private Beurteilungen der Situation werden vermieden. Verweise auf ähnliche Situationen in der Geschichte entfallen, da die exemplarische Absicht fehlt. Die Rhetorik schließlich ist unemotional und undramatisch.

Bei Boaistuau und Belleforrest hingegen, den Verfassern der ›Histoires Tragiques‹, zeigt bereits die Verwendung des Terminus *histoire*, daß es den beiden Autoren um eine Zuordnung des Geschehens geht. Das Ereignis ist nun in einen Geschichtsprozeß eingegliedert, der darüberhinaus auch noch exemplarische Funktion hat. Es gibt keine neutralen Geschehnisse, sondern was sich ereignet, geschieht im größeren Kontinuum eines geschichtlichen Prozesses, der von der biblischen Geschichte und der Geschichte der Antike bis zur Gegenwart reicht. Deshalb werden immer wieder Beispiele aus dieser Geschichte zitiert, die das Geschehen im Lichte einer langen historischen Tradition erscheinen lassen. Dadurch verliert das Ereignis seine Einzigartigkeit; es wird zum Illustrationsobjekt für allgemein gültige menschliche Werte oder Verhaltensweisen, die natürlich auch negativ und somit verurteilungswürdig sein können. Um die beabsichtigte Lehre zu vermitteln, müssen sich die Autoren auch selbst einbringen, d.h. die Erzählung wird unterbrochen, um das Erzählte einerseits mit Beispielen zu belegen und andererseits zu kommentieren. Die Autoren nehmen die Wertung selbst vor; der Leser bekommt ein bewertetes und kommentiertes Ereignis vorgesetzt, das er nur in einer Form, nämlich der von den Autoren intendierten, rezipieren soll. Um dies zu erreichen, benutzen Boaistuau und Belleforrest eine affektive Rhetorik, die es darauf anlegt, das Rezeptionsverhalten des Lesers in der gewünschten Weise zu beeinflussen und zu steuern: Ansprachen an den Leser, rhetorische Fragen, Soliloquien der Charak-

[41] Tutte le opere di Matteo Bandello, hg. v. Francesco Flora, Verona 1966, Bd. 1, S. 8.

tere (zumeist in der Form einer Debatte), Briefe und Gedichte. Es wird vor allem auf die Emotionen der Charaktere verwiesen, die oft von ihren Affekten so sehr beherrscht werden, daß sie wie im Wahn handeln und agieren. Gerade aber aufgrund dieser psychologischen Bewertung der Charaktere verlieren diese ihre Einzigartigkeit und werden wieder zu Typen in einem historischen Prozeß. Aus diesem Grund ist es verständlich, daß bei Painter nach den zehn Beispielen aus der antiken Geschichte (von Livius, Herodot und Claudius Aelianus) Geschichten ganz unterschiedlicher Herkunft (aus Exempla- und aus zeitgenössischen Novellensammlungen) nebeneinander stehen, die alle exemplarischen Charakter haben. Wenn auch Barnaby Rich anders als Painter in seinen Einleitungen betont, er habe seine acht Liebesgeschichten (*Histories, all treatyng* [. . .] *of loue* bzw. *these louyng Histories*)[42] nur zur Unterhaltung edler Damen geschrieben, bedeutet dies doch nicht, daß die Einzelerzählung keine exemplarische Funktion hätte. Vielmehr stellt er jede Geschichte unter ein Motto, so wie dies in manchen anderen Novellensammlungen üblich war.

Die erste Geschichte soll das Wirken Fortunas illustrieren, d.h. also, im Gegensatz zur Eustachiuslegende und ›Sir Isumbras‹ verliert der Protagonist nicht durch göttliche Fügung seinen Platz in der Gesellschaft, sondern er wird wie Caesar, Scipio oder Hannibal unverdienterweise vom Schicksal erniedrigt. Wo die Heiligenlegende und die Romanze den Helden eine Wahl lassen – Eustachius könnte sich Gottes Bestimmung entziehen, und Sir Isumbras konnte zwischen Unglück in der Jugend oder im Alter wählen –, hat Sappho keine freie Entscheidung, sondern er wird ein Opfer Fortunas, der kein Mensch widerstehen kann und deren Wirken deshalb vom Weisen in Gleichmut ertragen werden sollte. Folglich kann Sappho zunächst auch nicht aus eigener Kraft sein weiteres Leben bestimmen. Er trennt sich nicht freiwillig von seiner erhabenen gesellschaftlichen Position, um seinem Dasein einen neuen Sinn zu geben, und er unterzieht sich auch keiner Buße, um für Verfehlungen in seinem bisherigen Leben zu sühnen. Vielmehr kann er nur darauf warten, daß ihm Fortuna wieder ihre Gunst zuwendet. Wenn Sappho folglich glaubt, den Tiefstpunkt seiner Existenz erreicht zu haben, d.h., wenn er von seiner Frau und seinen beiden Kindern getrennt allein im Walde umherirrt, klagt er Fortuna vehement an. Mit seinem Schicksal hadernd und zum Schluß verzweifelt, fleht er den Tod an, seinem Leben ein Ende zu machen. Doch stehen ihm noch weitere Schicksalsschläge bevor, die Sappho schließlich zum gemeinen Bettler werden lassen, der um milde Gaben bittend von Haus zu Haus zieht: *he then began to doubte his dolours, and with bitter wordes to curse the celestiall Signes and Planets, which raigned at the daie of his Natiuitie, and howre of his birthe, contented to yeeld hym self a subiect to Fortunes froward frumpes.*[43] Als er dann die Stellung eines

[42] Rich's Farewell To Military Profession 1581 (Anm. 37), S. 10.

[43] Ebd., S. 34.

einfachen Kirchendieners erlangt, preist sich der ehemalige Herzog glücklich und dankt Fortuna aus vollem Herzen für diesen Gunstbeweis, und *Fortune findyng hym so thankfull for a little, dealte more friendly with hym, as after you shall heare.*[44] Sapphos Aufstieg zu seiner früheren gesellschaftlichen Position beruht also auf einem erfolgreich abgeschlossenen Lernprozeß. Er hat gelernt, sich mit wenigem zu bescheiden, und deshalb wird ihm bald viel gegeben werden; die Grundhaltung ist eher stoisch als christlich. Jedenfalls wird der Umschwung durch einen philosophischen Erkenntnisprozeß herbeigeführt, nicht aber durch göttliche Gnade wie in der Eustachiuslegende bzw. in ›Sir Isumbras‹. Wenn Sappho also wieder in seine Güter eingesetzt wird, wäre es nicht ausgeschlossen, daß ihm aufgrund von Fortunas wandelbarer Natur das gleiche noch einmal zustoßen könnte. Obwohl man sich mit dieser Spekulation natürlich außerhalb der Erzählung bewegt, läßt die von Barnaby Rich in ›Sappho Duke of Mantona‹ vorgenommene Beschränkung auf die Einwirkung des Schicksals auf den Menschen diese Möglichkeit durchaus zu. Weder in der Eustachiuslegende noch in ›Sir Isumbras‹ hingegen ist das Ende reversibel. Beide Erzählungen werden vom Heilsplan Gottes bestimmt, in dem Fortuna nur eine untergeordnete Funktion hat, d.h., sie mag zwar Gewalt über irdische Güter haben, nicht aber über das Seelenheil des Menschen. Der Mensch im Heilsplan Gottes jedoch ist nicht das Thema der Novelle, die ausschließlich im materiellen, nicht aber im soteriologischen Bereich angesiedelt ist. Gottes Providenz wird nur einmal in Anspruch genommen, wenn die beiden Liebenden auf ihrer Flucht unverhofft zur Behausung von Silvanus' Vater gelangen – alle anderen Ereignisse werden der Urheberschaft Fortunas zugeschrieben.

Zu diesem Fortunabereich gehört auch die Liebesgeschichte, die eine zentrale Stellung einnimmt und die offensichtlich mit Blick auf das Zielpublikum in die Erzählung vom Mann, der vom Schicksal heimgesucht wird, eingefügt wurde. Wie D. T. Starnes in einem 1933 erschienenen Aufsatz durch Quellenstudium nachgewiesen hat, beruht dieser Teil auf Painters Version der Geschichte von der Herzogin von Malfi, die über Boaistuau und Belleforrest auf Bandello zurückgeht.[45] Offensichtlich hatte Rich ein Exemplar von Painters ›Palace of Pleasure‹ zur Hand, als er seine Novellen verfaßte, denn nur so lassen sich die zahlreichen verbalen Parallelen zwischen ›The Duchess of Malfi‹ und ›Sappho Duke of Mantona‹ erklären. Das Besondere an der von Painter übernommenen Geschichte ist die soziale Unebenbürtigkeit der beiden Partner, ein Umstand, der in der Vorlage zu einem tragischen Ende führt. Bei Bandello wird die Geschichte von der heimlichen Ehe zwischen der verwitweten Herzogin von

---

[44] Ebd., S. 35.

[45] D.T. Starnes, Barnabe Riche's »Sappho Duke of Mantona«: A Study in Elizabethan Story-Making, Studies in Philology 30 (1933), S. 461–464.

Malfi mit ihrem Oberhofmeister Signor Antonio Bologna im Stil eines Tatsachenberichts emotionslos und objektiv erzählt. Nur im Widmungsbrief an den Grafen Bartolomeo Feraro nimmt Bandello eine Wertung zugunsten der von ihren Brüdern wegen ihrer unstandesgemäßen Heirat verfolgten und schließlich ermordeten Herzogin vor. Außerdem rügt er, daß Männer für sich zwar jedes Recht auf freie Entscheidung beanspruchen, dasselbe Recht jedoch Frauen nicht zugestehen, sondern diejenigen grausam verfolgen, die gegen die Gesellschaft und ihre Regeln verstoßen.[46] Als Beispiel für diese unziemliche männliche Haltung wird dann die Geschichte von der Herzogin von Malfi erzählt. Bei Boaistuau und Belleforrest und folglich auch bei Painter erhält die Geschichte eine andere Bedeutung: *You see the miserable discourse of a princesse love, that was not very wyse, and of a gentleman that had forgotten his estate which ought to serve for a lookinge glasse to them which are over hardy in makinge enterprises, and doe not measure their ability wyth the greatnesse of their attemptes:*[47] Obwohl Painter die Emotionen dramatisch aufpeitscht, die Nachstellungen der beiden Brüder verurteilt und den Mörder von Antonio Bologna *bloudy beaste, newe Judas and pestilent manqueller* nennt,[48] verurteilt er doch immer wieder das ›schamlose‹ Tun der Herzogin, die *more to glut hir libidinous appetite, than for other occasion* diese Mesalliance eingegangen sei.[49] Im Gegensatz zu Bandello, der für die Frauen im allgemeinen und für die Herzogin im besonderen Partei ergriffen hatte, vertritt Painter die Ansicht des Establishments. Die soziale Ordnung darf nicht gestört werden. Die Geschichte als solche jedoch bietet ihm eine hervorragende Gelegenheit, sein ganzes rhetorisches Können zu zeigen, um für sein Lesepublikum das Drama in grellsten Farben zu inszenieren. Apostrophen, Soliloquien, dramatische Rede und Gegenrede in hohem Stil bestimmen die narrative Gestaltung der Kernszenen. Außerdem eignet sich die Konstellation von zwei sozial unebenbürtigen Partnern hervorragend zur Diskussion so beliebter Themen wie der Allmacht der Liebe, wahren Adels, der Leidenschaft und Mäßigung, standesgerechten Verhaltens und Dekorums. Und so wird die Geschichte zu einer wahren Fundgrube von Renaissance-Themen, eine Tatsache, die für ihre Beliebtheit verantwortlich ist und wahrscheinlich Barnaby Rich veranlaßte, sie in seine Erzählungen einzugliedern. Auch er benutzt die Gelegenheit, den Themenkatalog abzuhandeln und sein rhetorisches Können zu zeigen. Anders als Painter bezieht Rich jedoch keine Stellung in der Debatte, ob ungleiche soziale Herkunft ein triftiger Grund ist, eine Ehe zu verhindern. Die Antwort dazu bleibt in der Schwebe, denn glücklicherweise ist

---

[46] Tutte le opere di Matteo Bandello (Anm. 41), Bd. 1, S. 320.

[47] William Painter, The Palace of Pleasure, hg. v. Douglas Percy Bliss, London 1929, Bd. 3, S. 195.

[48] Ebd., S. 194.

[49] Ebd., S. 183.

Silvanus ja nur scheinbar unebenbürtig. Ein tragisches Ende kann es also trotz des hartnäckig die Todesstrafe für den Entführer seiner Tochter fordernden Vaters nicht geben. Ein glücklicher Ausgang ist vorgegeben, vor allem auch bestimmt durch den Fortunarahmen. Nach Leid und Erniedrigung folgt Glück und Erhöhung. Beide Kinder, nun rehabilitiert, heiraten standesgemäß. Die beiden Bräute erhalten darüberhinaus vom Kaiser eine ansehnliche Mitgift, damit der finanzielle Unterhalt der nun zu gründenden Familien gesichert ist.

Das Ende der Novelle entspricht also dem der mittelalterlichen Romanze, wenngleich wohl hierfür auch die Rückkopplung dieser Erzählung an den griechischen Abenteuerroman verantwortlich ist.[50] Im Gegensatz zu ›Sir Isumbras‹ ist das Geschehen nun jedoch völlig säkularisiert. Die Figuren stehen nicht mehr unter Gottes Fügung, sondern ihr Schicksal wird von Fortuna bestimmt, von der der Autor zu Beginn seiner Erzählung behauptet, daß das einzig Beständige an ihr ihre Unbeständigkeit sei. Und somit läßt sich Fortuna auch vom Erzähler instrumentalisieren. Er nämlich wählt das Thema und illustriert es anschließend an Hand einer Geschichte, die nicht nur montiert, sondern oft sogar frei erfunden ist. Während sich die Autorität der Heiligenlegende auf die Matrix der biblischen Heilsgeschichte gründet und die exemplarische Romanze sich diese Autorität für weltliche Zwecke zunutze macht, beruht die Autorität der Novelle nur noch auf ihrem Verfasser. Barnaby Rich ist der erste englische Autor einer Sammlung von Erzählungen, der sich voll zu dieser Eigenständigkeit bekennt. Er verzichtet deshalb auf die Autorität von Vorlagen, auf den Anspruch, historische Begebenheiten zu erzählen, und auf die Absicht, sein Publikum belehren zu wollen. Dies gestattet ihm, seine Geschichte in freier Regie zu gestalten, vor allem, wenn er auf bereits bestehende Handlungsmuster zurückgreift wie in ›Sappho Duke of Mantona‹. Diese Eigenständigkeit jedoch hat zu Ausgang des 16. Jahrhunderts noch ihren Preis: Die angesprochenen Leser sind die *courteous Gentlewomen*, ein Publikum also vorwiegend für Unterhaltungsliteratur.[51]

---

[50] Vgl. D.T. Starnes (Anm. 45), S. 464–470, zu Barnaby Richs Adaption von Passagen aus Buch X von Thomas Underdownes Übersetzung der ›Aethiopica, or Theagenes and Chariclea‹ des Heliodorus.

[51] Siehe das Kapitel ›The Recreational Literature‹ in: Suzanne W. Hull, Chaste, Silent & Obedient. English Books For Women 1475–1640, San Marino, Ca. 1982, S. 71–90.

Michael Curschmann

Marcolfus deutsch

Mit einem Faksimile des Prosa-Drucks von M. Ayrer (1487)

> Habent ouh soliche (d.h. exercitationes delectabiles uerbi) seculares litere. Vuaz ist ioh anderes daz man marcholfum saget sih éllenon uuider prouerbiis salomonis? An diên allen sint uuort scôniû. âne uuârheit
>
> (Notker der Deutsche)

> Es kan sich im Marcolfischen Esopo auch ein Salomon verbergen:
> Ihr pfleget doch selber zusagen, das Kleid mach kein Mönch
>
> (Johann Fischart)

Die beiläufigen Bemerkungen Notkers[1] und Fischarts[2] markieren Anfang und Ende einer geradezu exemplarischen Entwicklung, in deren Verlauf eine in der Vatersprache des Mittelalters konzipierte monastisch-literarische Tradition zunehmend und mehrfach den volkssprachigen Literaturbetrieb befruchtete und auf diesem Wege selbst allmählich in die laikale Adels- und Volkskultur integriert wurde. Notker bezieht sich am Anfang des 11. Jahrhunderts mit seiner Kritik an Markolfs *éllenon uuider prouerbiis salomonis* allein auf den *conflictus verborum*, die karolingische Frühform dessen, was dann Jahrhunderte später als der erste Teil des ›Dialogus Salomonis et Marcolfi‹[3] überliefert ist. Fischart

[1] Notker der Deutsche, Der Psalter, hg. v. Petrus W. Tax, Bd. 3, Tübingen 1983 (ATB 93), S. 460. Der direkt Marcolfus betreffende Satz ist ein aktuelles Einsprengsel in den ansonsten ganz Augustin verpflichteten Kommentar Notkers zu Psalm 118,85 *narraverunt mihi iniqui fabulationes sed non ut lex tua.*

[2] Johann Fischart, Geschichtklitterung (Gargantua). Text der Ausgabe letzter Hand von 1590. Mit einem Glossar hg. v. Ute Nyssen, Düsseldorf 1963, S. 25.

[3] Salomon et Marcolfus. Kritischer Text mit Einleitung, Anmerkungen, Übersicht über die Sprüche, Namen- und Wörterverzeichnis, hg. v. Walter Benary, Heidelberg 1914 (Sammlung mittellateinischer Texte 8). Der Text allein auch bei Piero Camporesi (Hg.), Giulio Cesare Croce: Le sottilissime astuzie di Bertoldo. Le piacevoli e ridiculose simplicità di Bertoldino, Rom 1978, S. 170–206. Ich zitiere den eigentlichen Dialog nach Benarys Nummerierung der Wechselreden und den übrigen Text nach Seiten und Zeilen seiner Ausgabe, jeweils mit dem Vorsatz D(ialogus).

andererseits blickt am Ende des 16. Jahrhunderts zurück auf Verhältnisse, die im wesentlichen im letzten Viertel des 15. Jahrhunderts geschaffen worden waren, in dem die volkssprachige Anverwandlung des lateinischen Unterhaltungsbuchs mit dem Druck einer hochdeutschen und zweier niederdeutscher Übertragungen in ihre letzte Phase tritt. Dazwischen liegen zwei einschneidende Ereignisse: in den Jahrzehnten vor 1200 die Ausweitung des *conflictus* durch eine Reihe von Schwänken, in denen Markolf seine verbale Opposition in Handlung umsetzt, und im 14. Jahrhundert der Beginn der Eindeutschung des Ganzen. Dem damit eingeleiteten Prozeß spätmittelalterlich-frühneuzeitlicher Vergesellschaftung des hochmittelalterlichen literarischen Konstrukts gilt mein Hauptinteresse. Ich versuche, im historischen Überblick vorzuführen, wie sich die lateinische Tradition in volkssprachigen Neuprägungen literarisch und gesellschaftlich ausdifferenziert, und zwar im besonderen Hinblick auf die hochdeutsche, illustrierte Prosa-›Übersetzung‹, die in erster Linie den Stoff in die Neuzeit transportiert hat. Schon die Romantik hat diesen Text in den Kanon der ›Volksbücher‹ aufgenommen; dennoch gibt es bis heute keine brauchbare moderne Ausgabe, und ich stelle ihn deshalb im Anhang als Faksimile des ältesten vollständig erhaltenen Drucks, von Marcus Ayrer (1487), vor.[4] Da außerdem die neuerdings wieder belebte Forschungsdiskussion[5] überhaupt noch wenig zur Klärung ihrer sachlichen Grundlagen beigetragen hat, schien es mir weiterhin nötig, einiges Material auszubreiten: zur Vor- und Frühgeschichte dieser Prosa wie zu ihrer Wirkungsgeschichte im 16. Jahrhundert. Voraussetzung für die Beurteilung von Eigenwert und -gewicht aller volkssprachigen

---

[4] Wenn nicht anders angegeben, ist nach dieser Ausgabe (unter Auflösung der Kürzel) zitiert. Zu diesem Zweck sind die Zeilen in moderner Zählung durchgezählt. Für die Illustrationen bzw. die dazugehörigen *tituli* verweise ich auf die Aufstellung u. S. 204f. – Der Bibliothèque Nationale sei an dieser Stelle nochmals für die Erlaubnis zur Faksimilierung ihres Unikats gedankt. Die folgenden Ausführungen sind in engem Zusammenhang mit meinen einschlägigen Beiträgen zum Verfasserlexikon entstanden: Dialogus Salomonis et Marcolfi, in: ^{2}VL Bd. 2, 1980, Sp. 80–86; Gregor Hayden, ebd. Bd. 3, 1981, Sp. 563f.; Salomon und Markolf (›Spruchgedicht‹) und Salomon und Markolf (›Volksbuch‹), ebd. Bd. 8, 1991, Sp. 530–535 bzw. 535–542. Ergänzende Überlegungen zum Thema ›Markolf‹ in der selbständigen Druckgraphik enthält mein Aufsatz: Markolf tanzt, in: Festschrift Walter Haug und Burghart Wachinger, hg. v. Johannes Janota [u.a.], Bd. 2, Tübingen 1992, S. 967–994.

[5] Eckehart Catholy, Das Fastnachtspiel des Spätmittelalters. Gestalt und Funktion, Tübingen 1961 (Hermaea NF 8), S. 18–138, passim; Irmgard Meiners, Schelm und Dümmling in Erzählungen des deutschen Mittelalters, München 1967 (MTU 20), S. 134–147, 161–179; Werner Lenk (z.T. Früheres zusammenfassend), Salomon und Markolf: Die dichterische Gestaltung gegensätzlicher Existenzweisen des Menschen in der Klassengesellschaft, in: Ingeborg Spriewald (Hg.), Grundpositionen der deutschen Literatur im 16. Jahrhundert, Berlin/Weimar 1972, S. 175–198; Werner Röcke, Die Freude am Bösen. Studien zu einer Poetik des deutschen Schwankromans im Spätmittelalter, München 1987 (Forschungen zur Geschichte der älteren deutschen Literatur 6), S. 85–142.

Metamorphosen ist freilich eine klare Vorstellung von literarischer Absicht und geistiger Umwelt der ursprünglichen, lateinischen Konzeption.[6]

I.

Die reiche handschriftliche Überlieferung des ›Dialogus Salomonis et Marcolfi‹ stammt fast ausnahmslos erst aus dem 15. Jahrhundert und umfaßt neben der bei weitem am besten belegten ›vollständigen‹ mehrere kürzere, z.T. auch ernsthaft gewendete Fassungen. Ich lege im folgenden diesen längsten Text, so wie Benary ihn kritisch hergestellt hat, zugrunde und gehe, wie üblich, davon aus, daß er in dieser Form im Hochmittelalter entstanden ist. Zu den äußeren Indizien, die dafür sprechen, gehört eins, das, obwohl doch am unmittelbarsten relevant, bisher nur wenig Beachtung gefunden hat: der ›Pfaffe Amis‹ des Stricker.[7] Daß der Stricker auf »die romanartig ausgebildete lateinische Unterhaltungs-Dichtung schwankhafter Färbung (samt ihren volkssprachlichen Ausstrahlungen)« zurückgreift, hat schon Hanns Fischer gesehen, der in diesem Zusammenhang besonders noch auf »die eigenartige Verbindung einer Weisheitsprobe mit nachfolgender Schwankreihe« eben auch im ›Dialogus‹ hinweist.[8] Im einzelnen wäre dem u.a. hinzuzufügen, daß Marcolf sich zu dieser Prüfung erneut bei Hof einfindet, weil Salomon ihm einen Tribut in Form einer ›freiwilligen‹ Naturalienabgabe abgefordert hat, während umgekehrt der Bischof den Pfaffen aufsucht, um Tribut aus dessen reicher Haushaltung zu erheben (v. 60ff.). Allgemeiner gesprochen, hat bei der *kündekeit*, die der Pfaffe dann so erfolgreich exerziert, doch wohl Marcolfs *versucia* Pate gestanden. Die längst erwünschte Untersuchung dieses Verhältnisses kann allerdings auch hier nicht stattfinden. Ich erwähne es nur, weil es die Gattungsfrage mitbetrifft, die zumindest angesprochen werden muß.

---

[6] Zwischen ihr und den einzelnen deutschen Ablegern – und d.h. auch zwischen diesen selbst – so genau wie möglich zu differenzieren, ist die Voraussetzung jeder Beschäftigung mit dem Gegenstand. Röcke hat sich deshalb mit Recht gegen die Methode Lenks gewandt, die Spruchserien verschiedener Versionen eklektisch für seine These auszubeuten (S. 91). Dieses Prinzip sollte allerdings dann auch auf die deutschen Prosafassungen Anwendung finden, wo Röcke eher dazu neigt, das Gemeinsame herauszustellen, genauer gesagt: Er setzt den Druck der hochdeutschen Prosa, den Kachelofen veranstaltete (S.u. Anm. 74 u. S. 193f.), unter Beiziehung der von Schobser publizierten Illustrationen der lateinischen Prosa im wesentlichen gleich (ebd.).

[7] Des Strickers ›Pfaffe Amis‹, hg. v. K. Kamihara, Göppingen 1978 (GAG 233).

[8] Hanns Fischer, Zur Gattungsform des Pfaffen Amis, ZfdA 88 (1957/58), S. 291–299, S. 297 und Anm. 1. Meiners (Anm. 5), S. 154f., sieht, ohne von direkten Beziehungen zu sprechen, grundsätzliche Gemeinsamkeiten auch im Dialogteil des ›Dialogus‹.

Hanns Fischer hat den Begriff »Schwankroman« zur Unterscheidung vom »Ritterroman alter Prägung« speziell für den ›Pfaffen Amis‹ geprägt und eine weitere gattungsgeschichtliche oder -typologische Perspektive allenfalls angedeutet (S. 298; vgl. S. 296, Anm. 1). Keinesfalls ist ihm der Kanon anzulasten, der sich inzwischen in seinem Schatten angesammelt hat, obwohl es sich manchmal so liest. Es scheint denn auch schlechterdings unmöglich, eine in Inhalt, Form (Prosa, Reimpaarvers, Strophe) und Handlungsstruktur derart diverse und über mehrere Jahrhunderte verteilte Gruppe, wie sie Röckes ›Studien‹ behandeln,[9] auf einen spezifisch narratologischen gemeinsamen Nenner zu bringen. Die wichtigsten ›Anomalien‹ des ›Salomon und Markolf‹-Komplexes wären z.B. die, daß dieser Stoff zuerst auf Latein und dann sowohl in Vers als auch in Prosa aufbereitet wird, vom Fastnachtspiel ganz zu schweigen; daß in je unterschiedlicher Gewichtung in jedem Fall aber ein beträchtlicher Teil der ›Handlung‹ aus Rede und Gegenrede besteht; und daß das Ganze nicht biographisch zentriert, sondern als fortlaufende Auseinandersetzung zweier, im Prinzip statischer, Protagonisten aufgebaut ist. Das soll nicht heißen, daß die eine oder andere Behandlung sich nicht dem vom Stricker geprägten Erzähltyp annähern kann, man wird aber auch hier zu differenzieren haben.

Berechtigte Einwände gegen die Verwendung des Begriffs ›Schwankroman‹ in diesem und anderen Fällen bedeuten natürlich auch nicht, daß personalgebundene Schwankserien verschiedener Machart und Provenienz sich nicht auf anderer Ebene als typologisch zusammengehörig (besser) verstehen ließen. Den mittelalterlichen unter ihnen ist z.B. grundsätzlich gemeinsam, daß sie sich sehr viel konzentrierter und konsequenter, als das dem Einzelschwank möglich ist, an gesellschaftlichen Konstellationen orientieren, die das mittelalterliche Klas-

[9] Gustav Bebermeyer, Schwank (epischer), in: Reallexikon der deutschen Literaturgeschichte, Bd. 3, 1977, S. 689–708, möchte außer ›Amis‹ als »schwankhafte Biographien und als Schwankromane ansprechen [. . .]: ›Neidhart Fuchs‹, ›Der Pfaffe vom Kalenberg‹, ›Peter Leu‹, ›Markolf‹, ›Eulenspiegel‹« (S. 697). Erich Straßner, Schwank, Stuttgart ^{2}1978, behandelt S. 54–58 als »schwankhafte Versromane« ›Amis‹ (dieser allein ist dabei auch als »›Schwankroman‹« bezeichnet), ›Bruder Rausch‹, ›Pfaffe vom Kalenberg‹, ›Neithart Fuchs‹ und ›Peter Leu‹ und S. 77–82 als »Schwankromane und schwankhafte Biographien« des 16. Jahrhunderts noch ›Eulenspiegel‹, ›Klaus Narr‹, ›Hans Clawert‹ und das ›Lalebuch‹. Kritisch äußert sich Peter Strohschneider, Schwank und Schwankzyklus, Weltordnung und Erzählordnung im ›Pfaffen vom Kalenberg‹ und im ›Neithart Fuchs‹, in: Kleinere Erzählformen im Mittelalter, hg. v. Klaus Grubmüller [u.a.], Paderborn 1988, S. 151–171, bes. S. 151–153. Röcke (Anm. 5) spricht dagegen sogar von einer »Gattungsgeschichte« : »Handbücher und Literaturgeschichten stimmen mit wenigen Ausnahmen darin überein, daß die Gattungsgeschichte des Schwankromans mit Strickers ›Pfaffe Amis‹ beginnt, sodann die Erzählungen vom Streit zwischen ›Salomon und Markolf‹, vom ›Pfarrer vom Kalenberg‹, von ›Neithart Fuchs‹ und vom ›Ulenspiegel‹ umfaßt und schließlich im 16. Jahrhundert mit Bartholomäus Krügers ›Hans Clawert‹, Büttners ›Klaus Narr‹ und Widmanns ›Peter Leu‹ endet. Die Zugehörigkeit weiterer Texte, wie des ›Bruders Rausch‹ oder des ›Lalebuchs‹, ist umstritten« (S. 19).

senverständnis in ihrer allgemeinsten Form als eine Trias von *clericus, miles* und *rusticus* (*oratores, bellatores, laboratores*) repräsentiert.[10] Unter diesem Gesichtspunkt ordnen sich die Denkmäler bis hin zum ›Eulenspiegel‹ unabhängig von der sozialen Herkunft ihrer Verfasser nur nach Ausgangspunkt und (primärer) Stoßrichtung der (literarisch überhöhten) Kritik, etwa wie folgt: Im ›Dialogus‹ weist die Angriffslinie vom *rusticus* zum *clericus*, d.h., in dieser Fiktion lehnt sich der dritte Stand gegen das vom ersten gestiftete Denk- und Herrschaftssystem auf. Vom *miles* her auf den *rusticus* zielt der ›Neithart Fuchs‹, eine Kompilation, die mit großer Verspätung gleichsam sanktioniert, was schon im 13. Jahrhundert erkannt war, daß nämlich das Neidhart-Corpus sich unter diesem Vorzeichen potentiell auch episch zusammenschließt.[11] ›Der Pfaffe Amis‹ und ›Der Pfaffe vom Kalenberg‹, die in jeder Hinsicht nächsten Verwandten von allen, sind weniger einsinnig orientiert. Im ›Amis‹ aktiviert das herrschende System einen Abwehrmechanismus, der so funktioniert, daß der Kleriker selbst zu Demonstrationszwecken in die Rolle des Schelms schlüpft. Er steht nun gleichsam im Zentrum des Dreiecks und wird nach allen Ecken hin – und in allen Schichten – kritisch fündig.[12] Philipp Frankfurter, dem das Neidhart-Material sicher vertraut war,[13] der aber die Rolle mit einem Pfaffen wie Amis besetzte, führte in diesem Sinn die ›Gattung‹ ihrem Telos zu: Im Zentrum steht ein klerikaler Schelm (ohne Weihen!), der konzentriert und systematisch alle drei Hauptstände dupiert und sich und seinem Amt dienstbar macht: den Bischof, Herzog und Herzogin und die Bauern.[14] In Verfolgung dieses »gesell-

---

[10] In diese Richtung deutende Bemerkungen findet man gelegentlich schon in der älteren Literatur, z.B. bei Felix Bobertag (Hg.), Narrenbuch, Berlin/Stuttgart 1884 (Deutsche National-Litteratur 11. Nachdr. 1964), S. VII: »Interessant ist, wie sich in unseren Dichtungen die Gegensätze der die mittelalterliche Gesellschaft bildenden Klassen abspiegeln.« Unmittelbar angeregt sind meine hier nur sehr knapp skizzierbaren Überlegungen durch zwei neuere, nach Gegenstand und Methode sehr verschiedene Arbeiten: Maria Corti, Models and Antimodels in Medieval Culture, New Literary History 10 (1979), S. 339–366, und der bereits erwähnte Aufsatz Strohschneiders (Anm. 9).

[11] So vermerkt der Schreiber in der Riedegger-Handschrift zwischen ›Amis‹ und den Liedern Neidharts: *Hier endet sich der pfaff amis / vnt hebt sich an hern neithart weis* (Abbildungen zur Neidhart-Überlieferung, hg. v. Gerd Fritz, Bd. 1, Göppingen 1973 (Litterae 11), S. 1 (R 48^r^).

[12] Hedda Ragotzky, Gattungserneuerung und Laienunterweisung in Texten des Strickers, Tübingen 1981 (Studien und Texte zur Sozialgeschichte der Literatur 1), nennt das seinen »Gang durch die Ständepyramide« (S. 159, 166). Die Probleme, die der fromme Schluß für die Forschung aufgeworfen hat (vgl. Röcke [Anm. 5], S. 80), lösen sich im Hinblick auf Marcolf durchaus im Sinn Ragotzkys (vgl. S. 166f.): Auch Amis fungiert nicht als Person, sondern als Verkörperung einer Mentalität oder Idee, die in seinem Fall eben v.a. dazu dient, Erkenntnisbereitschaft und -fähigkeit des Laienpublikums zu aktivieren.

[13] Die Geschichte des Pfarrers vom Kalenberg, hg. v. Viktor Dollmayr, Halle 1907 (Neudrucke deutscher Litteraturwerke des XVI. und XVII. Jahrhunderts 212–214), 995f.: *Darumb so hielt er* [Herzog Otto] *die zwen man, / Den Neythart vnd den capelan.*

[14] Dazu Strohschneider (Anm. 9), S. 157: »Zur Durchsetzung seiner Interessen bedient er sich aber

schaftlichen Selbstbehauptungsprogramms« (Strohschneider, S. 157) demonstriert der Pfaffe vom Kalenberg jedoch nicht mehr abstrakte Prinzipien, sondern eine neue, konkrete Selbständigkeit des Subjekts gegenüber der Gesamtgesellschaft. Das geschieht hier noch im alten Rahmen, zugleich stößt damit aber der mittelalterliche Typ an seine Grenzen. Bei Frankfurters direktem Nachahmer, Georg Widman (›Peter Leu‹, 1558), zerfällt die Ständesystematik einfach weitgehend, während ›Eulenspiegel‹ mit der Wahllosigkeit der ständischen Bezüge, in denen der emanzipierte Schelm agiert, ein völlig neues, modernes Modell vorstellt.

Der erste noch greifbare Vertreter des mittelalterlichen (deutschen) Typs der Schwankzyklik ist ein lateinischer, also schon von der Machart her eher exklusiver Text. Was sich hier eventuell an Aggression entlädt, ist zunächst einmal ›intern‹ gemeint. Das hat natürlich auch die Semiotikerin Maria Corti erkannt, die – mit Bezug allein auf den Dialogteil – vermutet, daß *Marcolfus follus* im Gewand des dritten Standes ein ständisches »Gegenmodell« entwickelt, indem er mit dem biblischen Lehrer und Herrscher Salomon zugleich auch die *auctoritas*-gebundene Hochkultur, für die dieser steht, kritisch verlacht.[15] Allgemeiner – und mit Bezug v.a. auf den Schwankteil – hat Werner Röcke von »Gesetzen des *ordo*« gesprochen, die Salomon »verkörpert« und die Marcolfs geradezu neuzeitlicher »Egoismus« unterwandert.[16] An all dem ist in jedem Fall so viel richtig, daß der ›Dialogus‹ sich im Vorstellungsrahmen der biblisch begründeten offiziellen Kultur bewußt kritisch bewegt. Aber die potentielle Herausforderung des Systems wird aufgefangen und neutralisiert durch die spielerische Komik, in der sie sich verwirklicht. Parodie – im Wörtlichnehmen der alttestamentlichen Welt Salomons und des ihr entstammenden irrelevanten Schulwissens[17] – und intellektueller Wortwitz – immer im Mund eben nicht Salomons, sondern seines närrischen Gegenspielers –, das sind die eigentlichen Dominanten dieses seinerseits ganz standesspezifischen Unterhaltungsbuchs.

---

gemäß seiner gesellschaftlichen Zwischenposition zweier verschiedener Rollen. Nach oben, gegenüber Bischöfen und Herzog, handelt er als Hofnarr, nach unten, gegenüber seinen Kalenberger Bauern, ist er der autoritäre, statusbewußte, hierarchische Grenzen zementierende Herr.«

[15] Corti (Anm. 10), S. 357–364, u.a. mit beachtenswerten Analysen einzelner Wortwechsel. Grundsätzlich (S. 358): »Marcolph is no invention of the composer, or of the various composers of the text as it has come down to us; he is the product of a socio-ideological context and of a transgressive operation.«

[16] Röcke (Anm. 5), S. 125. Das richtet sich spezifisch gegen Lenks Versuche, den Konflikt als Klassenkonflikt zu bestimmen. Vgl. dazu auch Hedda Ragotzky, Der Bauer in der Narrenrolle (Anm. 98), Anm. 23.

[17] Die Nähe zur Schule herausgearbeitet zu haben, ist eins der Hauptverdienste der Analyse von Meiners (Anm. 5), und der in dieser Hinsicht vielleicht aufschlußreichste Ausspruch Salomons ist D 109a: *Cum tibi acciderit flagellum, noli murmurare, sed gracias deo age et pacienter sustine*!

Salomon auf dem Thron Davids (III Rg 2,12. Vgl. u. S. 179) spielt die Rolle des Herrschers, dessen unermeßliche Spruchweisheit die alte Welt und ihre Könige, sogar die skeptische Königin von Saba, in ehrfürchtiges Staunen versetzte.[18] Konkret inszeniert ist das allerdings als von Salomon selbst ausgehende Herausforderung und dazu im Anklang an den Auftritt Daniels vor Belsazer, einem Herrscher, der seinerseits dringend der Aufklärung bedurfte: *audiui te esse verbosum et callidum* (D 3a) entspricht *audivi de te quod possis obscura interpretari et ligata dissolvere* (Dn 5,16), besonders wenn man bedenkt, wie die Begegnung nachher zu Ende gebracht wird. Die Hofbeamten (III Rg 4, 4–6) verweigern nämlich in diesem Fall dem Gast den in diesem Modell implizierten Lohn mit einer Frage, die sonst weitgehend unverständlich bliebe: *Ergone tu eris tercius in regno domini nostri*? (D 21,13. *Et tercius in regno meo princeps eris* Dn 5,16), bevor die 12 *prepositi* bzw. *praefecti* (D 21,18–22,3. III Rg 4, 7–19) gar Gewalt androhen.

Der besiegte Salomon spricht in diesem Streit der Worte die sentenziöse Sprache der dominanten Schriftkultur: indem er mehr oder weniger wörtlich ›sich selbst‹ (v.a. die Sprüche, aber auch das Hohe Lied, Weisheit und Jesus Sirach) oder aus anderen Schriften des Alten Testaments sowie aus dem Neuen zitiert,[19] und dazu den mittelalterlichen ›Cato‹ und vieles, was einfach ›so klingt‹. *Marcolfus follus*, der ihm mit seiner Frau *Politana* gegenübersteht und sofort die Position des Thronenden mit seiner eigenen Parodie der königlichen Genealogie (D 2a. Mt 1,3–6) erschüttert (D 2b-c), entgegnet gewiß vieles, was die Sentenzen mehr oder weniger direkt aus dem ›Volksmund‹ korrigiert oder im Pragmatischen überspielt, wie in der bekannten Antwort auf Prv 28,1 (D 7a: *Fugit impius nemine persequente*): *quando fugit capreolus, albicat eius culus* (D 7b), die auf Deutsch sogar schon in einer St. Galler Handschrift der Notkerzeit überliefert ist,[20] oder in dem Wortwechsel D 125, der noch Hans Sachs zu inspirieren vermochte: *Qui habet malam uxorem, non potest securus esse – Qui*

---

[18] III Rg 4, 32–34: *locutus est quoque Salomon tria milia parabolas et fuerunt carmina eius quinque et mille / et disputavit super lignis a cedro quae est in Libano usque ad hysopum quae egreditur de pariete et disseruit de iumentis et volucribus et reptilibus et piscibus / et veniebant de cunctis populis ad audiendam sapientiam Salomonis et ab universis regibus terrae qui audiebant sapientiam eius.* III Rg 10,1: *sed et regina Saba audita fama Salomonis in nomine Domini venit temptare eum in enigmatibus.*

[19] Insgesamt sind gut fünf Dutzend Bibelstellen zitiert oder variiert, gelegentlich sogar sehr ausführlich (die meisten verzeichnet Meiners [Anm. 5], S. 161ff.), manchmal auch so, daß das Zitat allein schon, weil aus dem Kontext gelöst, komisch wirkt, z.B. Salomons (D 94a) *Manducemus et bibamus; cras enim moriemur* (Is 22,13 und I Cor 15,32). Umgekehrt kann auch Marcolfus gelegentlich aus der Variation einer Bibelstelle Kapital schlagen, z.B. D 18b: *Qui offendit pedem, respicit ad lapidem* (Ps 90,12 und Mt 4,6), oder in der u. S. 160 zitierten Replik D 6b, eine Variation des später von Salomon selbst gebrauchten Satzes Prv 27,2 (20a). Vgl. auch S. 162.

[20] *So diz rehpochchili fliet so plecchet imo ter ars*: Paul Piper, Die Schriften Notkers und seiner Schule, Bd. 1, Freiburg/Tübingen 1882, S. CLIII.

habet caballum prauum, non debet eum lassare ociosum. Inhaltlich gesehen ist der Abstand zwischen den beiden dann oft gar nicht groß, und insgesamt geht es einfach darum, daß Marcolf immer irgendetwas zu antworten weiß, das nach Inhalt oder Form eine Lebenssphäre oder Erfahrungswelt repräsentiert, die eben nicht die Salomons ist (D 53ab): *Sermo regis debet esse inmutabilis – Cito retornat* [Laa. *retro vadit / Cito tedium habet*] *qui cum vulpe arat.* Wie Rede und Gegenrede im einzelnen zueinander passen, ist, wenn nicht unwesentlich, so doch sekundär; entscheidend ist, daß Marcolf eine völlig andere Sprache spricht. Es ist die Sprache des animalisch Primitiven und des Lebens in Armut und Unflat, die ihre primären Ausdrucksformen im Obszönen und Fäkalischen findet.[21] Öfter ist das durch syntaktische Gleichschaltung hervorgehoben, wie in diesem Beispiel: *Da sapienti occasionem, et addetur ei sapiencia* (D 89a. Prv 9,9) *Infarcire ventrem, et addetur tibi merda* (D 89b). Oder es wird die sententiöse Vorgabe einfach in diesem anderen ›Diskurs‹ weitergedacht: *Mulier pulchra ornamentum est viro suo* (D 118a. Prv 12,4) – *In collo alba est ut columba, in culo nigra est ut talpa* (D 118b). Allerdings: Zur Entladung sozialer Spannungen trägt das wenig bei, und soweit sich hier eine »Umwertung aller Werte«[22] kundgibt, ist sie doch fast inhaltslos. Gerade dort, wo Marcolf derart im Animalisch-Körperlichen schwelgt, entpuppt sich vielmehr als das eigentliche Hauptvergnügen an dem ganzen Vergleich das Spiel mit der Sprache. Marcolfs letztzitierte Replik hat man sogar in sich formal parallel und zugleich inhaltlich kontrastiv gebaut: Es entsprechen sich oben und unten (*collum* und *culus*), die Metaphern, die Farben und v.a. natürlich deren Bezugswörter, über das Wortspiel *in collo – in culo.* Im Grunde ist der unflätige *follus* in rustikaler Gestalt und Gewandung eine Ausgeburt höherer Blödelei. Dazu gehört auch, daß er die ›Amtssprache‹ dieser Schriftkultur selbst dann zielsicherer und schlagfertiger meistert als deren Kronzeuge, wenn es um seine eigene Haut geht: *Satis paciar quidquid dixeritis. Sed ego semper dicam quia: ubi non est lex, ibi non est rex* ist seine scharfzüngig pointierte Antwort auf Salomons begütigendes *bene saturatus cum pace dimittatur* (D 22,7f.).

---

[21] Diese »antithesis of language«, zu der auch Salomons »monolinguism« und Marcolfs »plurilinguism« gehören, betont v.a. Corti (Anm. 10), S. 359, ohne allerdings irgendwelche Konsequenzen in der von mir angedeuteten Richtung zu ziehen.

[22] Röcke (Anm. 5), S. 114, mit speziellem Bezug auf Marcolfs Häßlichkeit. Die Dimension der sprachlichen Komik und was sie für den ›Sitz im Leben‹ des Textes bedeutet, bleibt auch in diesem, in anderer Hinsicht durchaus zutreffenden Resümee Röckes ausgeklammert (ebd.): »Markolfs parodistisches Verfahren ist destruktiv und affirmativ zugleich. Er greift die autoritative Geltung von Salomos Weisheit auf eine Weise an, die seinem Angriff auch die Schärfe nimmt und seine Bedrohlichkeit in einverständiges Lachen über eine zeitweilige Infragestellung der Autorität münden läßt; ein Lachen aber auch über einen Bauernflegel, der in den Niederungen von Dreck, Kot und Gemeinheit zu Hause ist.«

Die Ausweitung dieser Konfrontation ins Epische, in der sich Marcolfs *versucia* der *sapientia* Salomons auch im Handeln konsequent überlegen erweist, setzt neu ein, indem nun umgekehrt der König diesen *follus* (D 22,14; 23,1) in dessen Behausung besucht. Freilich gelangt er dorthin durch Zufall, hoch zu Roß auf der Jagd, und entsprechend nähert sich die aus dieser erneuten Begegnung hervorgehende, schwankhaft exemplarische Handlung ihrem Ende, indem Marcolf schließlich auch diese gesellschaftliche Ausdrucksform der Herrschaft zu seinen Gunsten manipuliert. Er verleitet Salomon zu einer zweiten Jagd, und die führt diesmal gezielt zu Marcolfs (diesmal behelfsmäßiger) Unterkunft hin, dem Backofen (*furnus* D 43,16) vor der Stadt, in den der König hineinschaut (diesmal muß er dazu absteigen!), nur um sich diesmal mit dem entblößten Hinterteil seines Widerparts konfrontiert zu sehen. Unter dem Stichwort ›königliche Jagd‹ sind die beiden Episoden auch im Verbalen pointiert aufeinander bezogen:

> Igitur rex Salomon quadam die cum venatoribus suis et multis copulis canum de venacionis prosecucione rediens forte transibat ante hospicium Marcolfi folli (D 22,12–14).
>
> Tunc rex Salomon cum copula canum et cum venatoribus suis cepit prosequi uestigia Marcolfi (D 43, 19f.).

Jetzt, wo Marcolf das Verhältnis endgültig auf den Kopf stellt, soll er nun wirklich den seinen verlieren. Aber mit der Bitte, sich selbst den Baum aussuchen zu dürfen, an dem er hängen soll, die Salomon – wiederum einlenkend gewährt, entzieht er sich ein letztes Mal dessen Gewalt; denn er kann natürlich selbst auf einer grand tour der alttestamentlichen Landschaft (D 44,13–45,2. Vgl. Ios 12, bes. die Liste 9–16!) keinen finden, der ihm zusagt, und muß nach Hause entlassen werden.

Der so gesteckte Handlungsrahmen wird unterteilt durch Marcolfs zweimalige Rückkehr an den Hof und seine zweimalige Vertreibung, und er wird im wesentlichen gefüllt durch zwei Episodenreihen, die intern so zusammenhängen, daß sie aus der jeweils ersten Geschichte herausgesponnen sind. Obwohl es sich dabei in der Hauptsache um traditionelles Erzählgut handelt, perspektiviert dieses Arrangement das Verhältnis doch in recht verschiedener Weise. Die erste, aus der gemeinsamen Nachtwache entwickelte Reihe (D 26,9–31,12) dient – positiv – dem Beweis der dort von Marcolf aufgestellten ›naturwissenschaftlichen‹ Behauptungen; Salomon bleibt im wesentlichen Statist. Die zweite, längere Reihe (D 33,16–45,4), die mit dem berühmten Urteil beginnt und sich bis in den geschilderten Schluß hinein fortsetzt, stellt dagegen Salomon in seiner ›historischen‹ Rolle in den Vordergrund: den weisen Herrscher in Aktion. Salomon selbst hatte Glanz und Vorbildlichkeit dieser Rolle schon bei der Eröffnung des Dialogs ebenso nachdrücklich wie erfolglos beschworen (D 5/6):

S: Bene iudicaui inter duas meretrices, que in vna domo oppresserant infantem.
M: Vbi sunt auce, ibi sunt cause; ubi mulieres, ibi parabole.
S: Dominus dedit scienciam in ore meo, ut nullus sit similis mei in cunctis finibus terre.
M: Qui malos vicinos habet, ipse se laudat.

Jetzt erweist sich all das auch unter dem neuen, narrativ nachvollziehenden Gesichtspunkt als lachhafte Selbstüberschätzung. Salomons Tun ist ebenso weltfremd, inkonsequent und manipulierbar wie seine Worte. Die einzige Geschichte, die in dieser durchdachten und durchsichtigen Komposition keinen scharf kalkulierten Platz zu haben scheint, ist der dem Urteil unmittelbar vorausgehende Glatzenschwank (D 32,4–33,14). Fladenschwank (D 25,9–26,6) und Hasenschwank (D 31,14–32,3), die jeweils Marcolf zurück an den Hof bringen, haben dagegen spezifische Scharnierfunktionen. Der letztere leitet von der ersten auf die zweite Episodenkette über, indem er die im vorausgehenden Exempel von der Katze mit der Kerze zu lernende Lektion in die Rahmenhandlung projiziert, und der erstere projiziert das Eröffnungsgespräch dieser Rahmenhandlung in Marcolfs folgenden, zweiten Auftritt bei Hof.

Als Salomon seinen Kopf (und den seines Pferdes) in Marcolfs Kate steckt, führt er eigentlich nur das in seinem Palast begonnene Gespräch in anderer Umgebung und unter neuem Vorzeichen fort. Jetzt verrätselt Marcolf die Welt, in der e r lebt (D 23,2–24,5), und zwar in Formulierungen, die Salomon genausowenig versteht, wie z.B. vorher Marcolf würdigen konnte, daß 12 Herzogtümer sich zu einem Königreich summieren (D 33a). Diese Verrätselung ist auch für sich genommen bedeutsam: Marcolfs *rusticitas* ist in erster Linie der zeit- und systemgemäße Ausdruck seines Andersseins. ›Wirklich‹ wird diese Welt eigentlich nur in dem einen Moment, als Marcolf den mit Milch bestrichenen Kuchen, den er Salomon bringen soll, ißt und durch einen Kuhfladen ersetzt (D 25,9–15). Zum Zweck dieser erneuten Herausforderung hat der König es mit einem eigenen Rätselspiel versucht, ohne zu bedenken, was der Bauer ganz natürlich bedenkt, nämlich, was eine Kuh sonst noch alles produziert.

Unter diesem neuen Vorzeichen kommt es auch zu einer förmlichen Definition der widerstreitenden Mentalitäten oder Intelligenzen. Zum ersten und letzten Mal spricht jetzt Salomon selbst seinen Widerpart als *rusticus* an (D 24,7); und dessen historisierende Erklärung seiner *versucia* als Abfallprodukt der Geierspeise, der Salomon seine *sapientia* verdanke (D 24,8–16), ist in der Tat ständisch begründet. Aber das alles ist sekundär; die Art, wie Marcolf den Protest des Königs gegen diese Geschichtsklitterung nach bewährtem Muster beiseiteschiebt, d.h. ohne sich auf eine wirkliche Diskussion einzulassen, rückt das Verhältnis wieder ins rechte Licht (D 24,16–21):

Salomon: »Sic te deus adiuuet! in Gabaon michi apparuit deus et ipse repleuit me sapiencia.« [III Rg 3,12] Marcolfus: »Talis dicitur esse sapiens qui ipse habet se pro stulto.«[23] Salomon: »Nonne audisti, quales diuicias donauit michi deus super ipsam sapienciam?« [III Rg 3,13] Marcolfus: »Audiui. Scio enim quod ubi vult deus ibi pluit.«

Das könnte genauso im Dialogteil stehen und entspricht auch weitgehend der bereits zitierten Exposition seiner Rolle durch Salomon dort. Das Gespräch geht also, wenn auch unter veränderten Bedingungen, weiter, und zwar zunächst bis in die gemeinsame Nachtwache hinein, die dann als Handlungsauslöser fungiert.[24]

Daß der Schwankteil den Dialogteil keineswegs quantitativ überwuchert, sondern, wie es auch die Titelgebung immer wieder bezeugt, sich ihm sogar unterordnet, liegt v.a. daran, daß nach wie vor das Verbale dominiert. Statt daß nach Salomons Urteil ganz Israel ihn fürchtet (III Rg 3,28), wirft Marcolf ihm vor, einer typisch weiblichen Täuschung zum Opfer gefallen zu sein. Der Angegriffene rechtfertigt sich nicht etwa mit Berufung auf den Grundsatz vom natürlichen Instinkt, der sich im entscheidenden Moment durchsetzt, sondern mit seinem Glauben an die Güte des weiblichen Geschlechts, ein Thema, das schon im Dialogteil eine prominente Rolle gespielt hat und nun nochmals des langen und breiten in Behauptung und Gegenbehauptung erörtert wird (D 34,9–36,11). Salomon hat aus dem Exempel der Katze offensichtlich nichts gelernt, obwohl der Satz *omne genus ad suam naturam reuertitur* sogar unter seinen eigenen Aussprüchen steht (D 37a). Darauf kommt es also nicht an. Das eigentliche Ziel der ganzen Inszenierung ist es, den historischen Salomon sich aus seinen eigenen Schriften widersprechen zu lassen. Marcolf, der nicht versäumt, auch dessen Rolle als großer Liebhaber ins Gespräch zu bringen (D 36,4–8), sagt seinen ›Verrat‹ in Worten voraus, in denen die bekannte Warnung Jesu an Peter nachklingt (D 36,7f.): *Sed dico tibi quia qui nunc laudas eas, antequam dormias vituperabis illas* (Mt 26,34: *amen dico tibi quia in hac nocte antequam gallus cantet ter me negabis*). Anschließend wiegelt er die Frauen von Jerusalem gegen ihn auf, und damit verleitet er den König zu einer langen misogynen Tirade direkt aus Jesus Sirach (D 40,8–41,5), die schließlich nur durch ein ähnlich ausführliches, aber natürlich längst nicht mehr glaubhaftes Frauenlob aus derselben Quelle wieder gutgemacht werden kann (D 42,10–43,6).[25] Davon, daß der Leser solche Zitate erkennt, sich erinnert und die

[23] Vgl. Rm 1,22: *dicentes enim se sapientes stulti facti sunt.*

[24] Wie dieses internationale Erzählschema es auch in anderen Fällen tut. Vgl. Walter Haug, Theoderichs Ende und ein tibetisches Märchen, in: Märchen, Mythos, Dichtung (FS Friedrich von der Leyen), hg. v. Hugo Kuhn und Kurt Schier, München 1963, S. 83–115, jetzt in: W.H., Strukturen als Schlüssel zur Welt. Kleine Schriften zur Erzählliteratur des Mittelalters, Tübingen 1989, S. 339–363, bes. S. 347ff.

[25] Im einzelnen sind verwendet: Sir 25,22f.; 26f.; 29–31; 33; 26,8–14 und dann Sir 26,1; 3,16–24. Daß

Selbstentblößung goutiert, hängt die Wirkung des Werkes ganz entscheidend ab.

Der herablassende Herausforderer Salomon unterliegt, aber der Streit zwischen *sapientia* und *versucia* ist in Ursprung und Intention eine systeminterne Auseinandersetzung. Ihre Schärfe ist unverkennbar, auch soziale Spannungen sind mit verarbeitet, aber entscheidend ist die Überhöhung all dessen im Literarischen. Schon was zitiert oder assoziativ abgerufen wird, um dann parodiert oder karikiert zu werden, ist nicht (historische) Wirklichkeit im engeren Verstand, sondern Schrifttum und Lehre – die Schrift, das Dogma, die Exegese: eine pergamentene Wirklichkeit. Und was dabei herauskommt, ist eine literarische Karikatur des dogmatisierten biblischen Herrschermodells. Die obsiegende niedere Intelligenz Marcolfs steht im Dienst einer höheren, auktorialen Intelligenz, die beide transzendiert. Sie stammt aus der Tradition monastischen oder auch vagantischen Humors, der im freien Spiel mit den ungeliebten Gegenständen der Lehre Bestätigung und Vergnügen findet. In dieser Dimension des verbal-parodistischen Umgangs mit dem Schulwissen lösen sich zwanglos auch die meisten Diskrepanzen und Widersprüche als unwesentlich auf, um die der moderne Interpret sonst schwer herumkommt, – von der Vielfalt formaler und inhaltlicher Pointierung im Dialog, die sich kaum anders auf einen Nenner bringen läßt, bis zu der Tatsache, daß Salomon sich dort schon des erst später dargestellten Urteils rühmt.

Was das alles für die Rezeption im Deutschen bedeutete, kann zunächst nur negativ formuliert werden. Der ›Dialogus Salomonis et Marcolfi‹ verdankte seine Existenz den besonderen Interessen und Launen klerikaler Literaten und war nach Intention und Wirkung eng an sein lateinisches Sprachgewand gebunden. Gerade das nun – die Unterhaltung unter Eingeweihten und was ihren eigentlichen Witz ausmacht – entzieht sich weitgehend der volkssprachigen Vermittlung. Es fehlt einmal schon das volkssprachige Analogon der Vulgata, über das das parodistische Zitieren des gesamten Apparats salomonischer Herrschaft allenfalls als solches voll nachvollziehbar wäre: Geographie, Personal, Institutionen, vor allem aber Salomons eigene Schriften.

Wenn der Salomon des ›Dialogus‹ verkündet: *venter meus dolet et fluctuat* (D 60a), dann ist das im Zusammenhang als modulierte Sprache des Hohenliedes zu verstehen; denn gerade vorher hatte er – schon dort mit der Stimme der *sponsa* – sogar wörtlich intoniert (D 58a): *Surge, aquilo, et veni, auster, perfla ortum meum, et fluent aromata illius* (Ct 4,16). Marcolf stellt – in Versen – ebenfalls schon dort klar, daß er derlei *literaliter* nimmt und nicht *allegorice*, wie man

auch das erste Frauenlob, zumindest in seinem letzten Teil (D 35,10–36,2) aus Zitaten besteht, würde ein Kenner der einschlägigen mittelalterlichen Literatur wohl schnell erkennen. Mit Jesus Sirach (Röcke [Anm. 5], S. 130) hat diese Passage nichts zu tun.

es gelernt hatte und gewöhnt war (*Quando pluit aquilo, pluit alta domus, / Et qui habet hirniam, non est bene sanus*, D 58b), und antwortet jetzt mit einem eminent praktischen Ratschlag: *Vade ad latrinam; bene preme ventrem; culus euomat de quo fluctuat venter* (D 60b).[26] Alles nicht schön, aber wirksam als komische, auch sprachlich pointierte Demaskierung einer ganzen Vorstellungswelt. Wenn aber nun Salomon auf Deutsch sagt – z.B. in dem Text, den Ayrer gedruckt hat – *der bauch thut mir wee*, und Markolf schlicht antwortet, *du solt auff das scheißhauß gan* (136f.), dann ist das eine so bedeutungslos wie das andere, es sei denn, es käme ein neuer Bezugsrahmen hinzu, von dem her es neue Bedeutung gewinnt. Oder, um aus dem Schwankteil noch einmal das Beispiel der negativen und positiven Ketten von Sirach-Zitaten zu erwähnen: auf sie ist der ganze Vorfall ja wesentlich hininszeniert, und wenn das Bewußtsein für den Zitatcharakter fehlt oder nicht mitteilbar wird, dann kann in letzter Konsequenz der Text an dieser Stelle geradezu auseinanderfallen. Das ist ein Punkt, der uns noch mehrfach beschäftigen wird.

Im Prinzip nicht viel anders muß es den zahlreichen Wortspielen ergehen, die keineswegs nur den Dialogteil oder die Dispute des Schwankteils durchziehen, sondern geradezu handlungsstiftende und -tragende Funktion haben können. Ich greife das zentrale Beispiel heraus, das Burghart Wachinger in diesem Band ([Anm. 104], S. 283ff.) aus der Sicht des Rezipienten Martin Luther behandelt. Die ganze Handlung beginnt damit, daß Salomon das garstige Paar vor sein erlauchtes Angesicht bringen läßt, d.h. *conspectui sui exhiberi* [*iussit*] (D 1,6). Ausdrücklicher Entzug dieses Privilegs ist des weiteren dann der Ausdruck höchster fürstlicher Ungnade: *Cur non* [. . .] *eicitur de conspectu domini nostri regis*? (D 22,4–6) fragen die *prepositi* beim ersten Mal; *proicite eum de conspectu meo* (D 31,7), befiehlt der König selbst beim zweiten. Dieser Wortlaut zieht sich also leitmotivlich durch den Text, bis Salomon selbst anläßlich der dritten und letzten Vertreibung die offizielle Sprachregelung in auffallend artifizieller Weise umgeht: *Caue, ne amplius uideam te in mediis oculis* (D 42,2f.) – ›daß du mir nicht mehr unter die Augen kommst‹. Er tut das eben um des Wortwitzes willen, mit dem Marcolf dann noch einmal kontert und um dessentwillen die intellektuelle Umkehrung des Verhältnisses zum Schluß ausgerechnet in der Form des Ofenschwanks erzählt wird: *si non vis me uidere in medijs oculis, uideas me in medio culo* (D 44,4f.). Die deutsche Prosa, die offensichtlich auch Luther im Kopf hatte, zerschneidet dann diesen fein gesponnenen Leitfaden wieder – gezwungenermaßen, muß man sagen –, indem

[26] Ansatzpunkt für D 60a ist Ct 5,4: *dilectus meus misit manum suam per foramen et venter meus intremuit ad tactum eius*. An späterer Stelle verwandelt Salomon sich die Rolle der *sponsa* an, indem er einfach das grammatische Geschlecht ändert, was Marcolf seinerseits mit einem Wortspiel quittiert (D 114ab): *Sicut malum inter ligna siluarum, sic amica mea inter filias* (Ct 2,3). – *Mel male habentibus ponitur.*

sie *in medijs oculis* auf die Augen Marcolfs bezieht: *wiltu mich nit vnter den augen an sehen so sihe mir in den arß* (676). Was von dem eleganten Wortspiel übrigbleibt, das sich hier noch einmal als wesentliche Triebkraft des Ganzen erweist, ist ein grobianisches Wortverdrehspiel, das einer anderen Zeit und einem anderen Publikum freilich auf seine Art nicht weniger Vergnügen bereitete (s.u. S. 223f.).

Diese Andeutungen müssen genügen. Es versteht sich, daß die Entlatinisierung eines solchen Texts ihn bis in seinen programmatischen Kern hinein affiziert, und daraus ergeben sich einige Fragen. Was für Ansatzpunkte bleiben der volkssprachigen Transformation? Was für Möglichkeiten kompensatorischer Thematisierung bieten sich an? Wie werden sie wahrgenommen? Was ist der tatsächliche Effekt, v.a. was das Verständnis der zentralen Rolle, Markolf, betrifft? Während Markolf seiner eigentlich intendierten Funktion als Sprachrohr intellektueller Unsinnskomik nur noch begrenzt gerecht werden kann, stehen ihm ja alle möglichen anderen, im ursprünglichen Entwurf zumindest schon mitgedachten Rollen offen.

II.

Für die beiden Versbearbeitungen liegen ein paar generelle Antworten gleich auf der Hand. Schon mit dem deutschen, höfisch ambitionierten Reimpaarvers setzen sie eine völlig neue Dominante. Damit wird ein ganz anders gearteter Anspruch erhoben: Er richtet sich in beiden Fällen an ein Laienpublikum des mittleren bis gehobenen Adels, wird aber dann inhaltlich sehr verschieden erfüllt.

Der Verfasser des anonymen Gedichts aus der zweiten Hälfte des 14. Jahrhunderts sitzt in seiner Zelle und liest im ›Dialogus‹ – so jedenfalls stellt er sich dar (und so hat ihn etwa 100 Jahre später Hans Dirmstein dargestellt):[27]

> Ich saz in der zellen min
> und vant ein buch, daz was latin;
> in deme selben buche fant ich
> vil worte, die nit hobischlich
> enludeten in dutscher zungen.(7–11)

Nun überträgt er seinen *vrunden* (35) da draußen diese Klosterlektüre in die Sprache ihrer Welt, charakterisiert nicht zuletzt durch ihre *hubischeit* (12–18):

---

[27] Die deutschen Dichtungen von Salomon und Markolf, Bd. 2: Salomon und Markolf. Das Spruchgedicht, hg. v. Walter Hartmann, Halle 1934. Die Illustration Dirmsteins in der Frankfurter Handschrift E (89^r) zeigt einen »Mönch an einem Pult sitzend und in einem Buch lesend« (Hubert Schiel, Die Frankfurter Dirmsteinhandschriften, Frankfurt o.J., S. 17).

Ich bitten alden unde jungen,
die da lesent, als hie geschriben steit,
daz mich ir aller hubischeit
entschuldigen wolle umbe daz,
wan ich nit zu dutsche baz
enmochte gewenden daz latin,
daz iz behielde daz duden sin.

Das exordialtopisch-minimal formulierte Dilemma der Wahl zwischen *hubischeit* und Originaltreue reicht allerdings im Endeffekt über das rein Sprachliche weit hinaus, und der Dichter war sich dessen wohl bewußt. Wenn es ihm auch nicht gegeben war, den Text von Grund auf neu zu formen, so summieren sich seine auf verschiedenen Ebenen und in wechselnder Konzentration spürbaren Bemühungen in dieser Richtung doch zu einem Programm: Der Stoff soll als höfische Unterhaltungslektüre aufbereitet werden.

Ganz an der Oberfläche bleibt dabei die sporadische ›Verfeinerung‹ des Ausdrucks durch Vokabeln wie *amie* (91; 1334), *garzun* (584) oder *solvieren* (170) und literarische Floskeln und Phrasen wie *herzen drut* (64), *von minnen lidet mancher not* (573), *die abendure fugete daz* (1695) oder *sie ist min liep und min leitverdrip* (162), die dabei, wie hier, u.U. durchaus ironisch gebraucht werden können. Etwas tiefer schon geht die Einführung eines persönlichen Erzählers, der nachgerade wolframisch auftreten kann, wie bei der Beschreibung von Markolfs Frau Sludergart (63), wie sie hier heißt (89–94):

Bi ime stunt gezieret schone
mit einer hulzinen krone
sin wip, sin werde amie.
Ein vorspan von blie
zierte wole der lieben brust.
Ungerne hette ich sie gekust.

So wird der Übersetzer zum Erzähler. Der greift nicht nur in einem Epilog (1875–1902) das Hauptthema seines Prologs, die Frage der form- und sachgerechten Übertragung, noch einmal auf; er kommentiert die Handlung, wie z.B. in der eben zitierten Passage, und bringt sich auf alle mögliche andere Art als der für diese Handlung letztlich Verantwortliche in Erinnerung: *Wie daz geschach, daz wil ich san, / also ich verstanden han* (1633f.) oder *Ich enmag sin nit verswien: / Die kunst von zeuberien / kunden die selben spilman, / von den ich diz geschriben han* (1655–1658). Zu diesem Erzähler gehört natürlich ein Publikum, eben die *frunde* (vgl. auch 1890 in den Handschriften D und H), die direkt angesprochen werden oder sich auch indirekt selbst äußern können: *Wie sie geschaffen were da unden / zuschen nabel und knie*? (110f.). Und es gehört dazu ein im Prinzip romanhafter Erzählstil (19–22):

Hie vor ein richer herre was,
der gar geweldeclich besaz
in Israhel des riches kron:
der was geheizen Salomon.

Das ist nicht der Sohn Davids auf dem Thron seines Vaters, sondern ein gleichsam säkular verfremdeter Salomon. Der Dichter selbst bewegt sich so selbstverständlich im Lateinischen und den für den ›Dialogus‹ ausschlaggebenden Zusammenhängen, daß er gelegentlich sogar von dorther neu komponiert oder erweitert. So entwickelt er z.B. aus allgemeinen Hinweisen auf die Mißherrschaft von Salomons Vorfahren und dessen eigene Vielweiberei (D 40,4–6 bzw. 39,4f.) eine detaillierte Anklage, die sich auf das Ehebruchsthema zuspitzt (1373–1385/1351f.).[28] Umso bemerkenswerter, daß er gleich am Anfang und, aufs ganze gesehen, auch weiterhin, den biblischen Bezugsrahmen zurücknimmt. Es gibt keine (namentlich genannten) Hofbeamten und *prepositi* mehr, auch nicht den Propheten Nathan, den Bruder des Königs; ihren Platz nimmt ein einzelner (oder auch kollektiver, jedenfalls anonymer) *rat* (609; 1424) ein. Es gibt auch keine biblische Geographie, und die Lob- und Scheltreden Salomons in der Nachfolge des Urteils (s.o. S. 161f.) sind teils drastisch verkürzt, teils überhaupt gestrichen. In dem Maß, in dem der parodistische Bezug auf das Lehrmodell entfällt, emanzipiert sich die Erzählung als Erzählung, und ihrer eigenen, inneren Logik dienen dann Neuerungen wie die Neuformulierung der Anklage durch die Frauen von Jerusalem.

Unter diesen Umständen verwundert es kaum, daß auch das Gespräch über *sapientia* und *versucia* völlig entfällt und überhaupt von einem derartigen Kontrast nirgends gesprochen wird. Es geht nicht um einen programmatischen Konflikt von Mentalitäten, Intelligenzen oder Ständen, sondern um einen amüsanten Kräftevergleich zwischen einem *wisen* und einem *doren* (1–3). Markolf wird deshalb am Schluß der ersten Begegnung nicht nur in Gnaden entlassen, sondern er zieht durchaus befriedigt davon: *Dank hab konig, grozzer herre! / Got gesterke dir dine ere*! (619f.) statt *satis paciar quidquid dixeritis* usw.

[28] Zwei Beispiele aus dem Dialog: Die Neukombination aus D 123a und D 134b der Vorlage führt sicher über das gemeinsame lateinische Stichwort *tarde* (*qui tarde venit – tarde clamat*), dem in der Neuformulierung dieses Wortwechsels dann das Adverb *e* entspricht (597–600). D 111a, ein Spruch, der Mt 25,29 (auch 13,12) wiedergibt, ist in dieser Version um den im Evangelium folgenden Satz erweitert (513–516) – und im übrigen in den Handschriften wohl fälschlich Markolf in den Mund gelegt (vgl. Hugo Suolahti, Das Spruchgedicht von Salomon und Markolf, Helsinki 1946 [Annales Academiae Scientiarum Fennicae B LIX,2], S. 35f.). Der Bearbeiter weiß auch, daß Markolf gern und erfolgreich mit Worten spielt, und gibt davon sogar eine selbständige Probe (1617–1623): »*Wiltu daz lant versweren, / so mastu dinen lip erneren.*« / »*Wie sal ich daz bewarn? / Sal ich in daz wazzer farn?* /. . .«. Lateinische Wortspiele zu übersetzen versucht er hingegen erst gar nicht, aber die Wortpointe der Ofenszene bereitet er zumindest insofern einsichtsvoll vor, als er das lateinische *in medijs oculis* durch *under dine augen* (1453) wiedergibt.

(vgl. o. S. 158). Entsprechend richtet Salomon ausdrücklich *vil wislich* (1127), und das Volk reagiert entsprechend ehrfurchtsvoll (1145f. III Rg 3,28!). Erst danach erhält Markolf erneut Gelegenheit, sich einzumischen. Er ist zwar ein u.U. lästiger Unruhestifter aus niederem Instinkt, d.h. *von den geburen* (141), wie er sich selbst einführt,[29] aber das, was gelegentlich als seine *bosheit* apostrophiert (1244) und von Salomon gescholten wird (1039; 1168; 1443; 1445; 1468), ist thematisch ganz speziell an seine frauenfeindlichen Inszenierungen gebunden. *Schalkheit* (1502; 1769) und *behender sin* (1630) sind hier ohnehin eher positiv besetzte Termini, und sie leiten zu dem ganz neuen Schlußteil über, in dem der nunmehr *gude* Markolf (1675) dann sogar als Retter in der Not auftritt. Obwohl in diesem Zusammenhang dann Salomon selbst gezwungenermaßen markolfisch handelt, indem jetzt er sich auf die Suche nach einem Baum begibt, an dem er hängen will bzw. soll (1819–1836), stellt doch nicht einmal das die Würde des Königs und seine Stellung als Herrscher in mehr als ganz punktueller Weise in Frage. Es geht um ganz andere – erzählerische – Interessen, die das Paar zum gemeinsamen Treiben zusammenführen. Markolf gehört geradezu Salomon, fast wie Neidhart und der Kalenberger Pfaffe dem Herzog Otto gehören (Anm. 13), und daher klingt das kommentarlose *follus*, mit dem das Original die erste Wiederbegegnung der beiden einleitet, nunmehr so: *Herre, hie wonet uwer gumpelman, / Markolf, der vil klaffens kan* (627f.).

Schon das *klaffen*, an das die Diener sich erinnern, klingt in dieser Fassung ebenfalls anders als im Original – oder soll es jedenfalls. Die allgemeine Tendenz, die offensichtlich die zahlreichen Auslassungen, Veränderungen und Zusätze bewirkt, geht dahin, die Rolle des Biblischen als mitzudenkenden Subtextes zu reduzieren,[30] Rede und Gegenrede inhaltlich enger aufeinander abzustimmen, und darüber hinaus das Ganze in ein wirkliches Gespräch, einen personen- und situationsbezogenen Wortwechsel, zu verwandeln, wie z.B. in den Versen 423–434:[31]

---

[29] Erst am Schluß des Gesprächs nimmt der königliche Rat dieses Stichwort auf: *Her gebur, ir sit mir zu quat* (610). Danach ist die Vokabel nur noch zweimal verwendet, jedesmal von Salomon selbst und im Zusammenhang mit Markolfs Misogynie (1443; 1556).

[30] Hinter den Versen 359–362 wird z.B. niemand mehr das Hohelied vermuten (o. S. 162): *Sal. Sant, sne, regen und wint, / des frauwent sich blumen und kint. / Mar. Als lange sne und keldene wert, / so seichent die wibe bi den hert.*

[31] Diese Verse gehören zu einem umfänglicheren Textblock (403–468), den die beiden Haupthandschriftengruppen verschieden eingeordnet haben. Hartmann (Anm. 27), S. VIIf. sieht den Grund in einer mechanischen Versetzung, gibt aber der falschen Gruppe die Schuld. Es ist die Stelle, an der der Bearbeiter seine Vorlage allenfalls eklektisch und ohne die Reihenfolge zu beachten heranzieht, und das hat er am ehesten doch dort, d.h. zwischen 600 und 601, getan, wo gerade die zunehmende Personalisierung des Gesprächs am wirkungsvollsten zu seinem Ausgang überleitet. Außerdem unterbricht der Passus da, wo er in EB und in Hartmanns Ausgabe

Sal. Markolff, alse du kommest zu hofe,
du also, daz man dich lofe.
Mar. Nieman also rechte dut,
daz iz alle lude duncke gut.
Sal. Ich fochte, ich verliese daran,
daz ich dich nit gezuchten kan.
Mar. Fochtestu dich beschizen doch,
so stecke ein wusche in din loch!
Sal. Senffte worte brechent zorn,
daz fruntschaff selden wirt verlorn.
Mar. Zorn machet grae hare.
Der ars forzet, daz ist ware.

Hier ist überhaupt fast alles neu (431f. gibt D 107a wieder, und 427f. ist möglicherweise aus 109a entwickelt) und der Tenor deutlich anders. Markolf gibt sich ebenso unflätig wie im Lateinischen, aber darin erschöpft sich denn auch seine Verfehlung: Er ist einfach unkurierbar (427f.) ›unhöfisch‹ (601f.): *Sal. Ich enkan dir nit gesan, / daz du din unhubscheit wollest lan.* Auch dieser Satz hat mit dem Original natürlich nichts zu tun.

So, wie er hier ändert, kompensiert der Bearbeiter direkt für das, was speziell in diesem Abschnitt an Sinnbezug verloren geht, zugleich aber schon im Blick auf das Ganze. Als Gespräch, in dem es dann letztlich um die Feststellung von Markolfs amüsanter *unhubescheit* geht, die Salomon gar nicht weiter zu tangieren braucht, wird der Dialogteil de facto zur ersten einer ganzen Reihe von ähnlichen Episoden. Er steht dem Erzählteil nicht mehr relativ isoliert, dabei aber u.a. sogar dominant, gegenüber; er ist vielmehr in einen übergeordneten Handlungszusammenhang integriert, und zwar auch quantitativ, denn jetzt umfaßt er nur noch ein knappes Drittel des Ganzen.

Einer der neuen Sprüche Salomons lautet (585f.): *Du wilt din unkuscheit beherden; / des mustu noch erhangen werden.* Diese Drohung wird zu einem Leitmotiv der neuen Gesamtkomposition (742; 754; 808; 1456; 1561), und daß Salomon schließlich beinahe selber so endet, hat sicher einiges zu deren erheiternder Wirkung beigetragen. Dabei bleibt der Kausalzusammenhang der Episoden ganz locker, ja er wird in mancher Hinsicht noch lockerer. Mit der *sapientia / versucia*-Diskussion entfällt zugleich der wichtigste Einigungsfaktor, und der Dichter hat die alte Kohärenz zusätzlich gestört, indem er zwei Lesefrüchte einstreute, die überhaupt nicht in den erzählerischen Rahmen passen. Das Exempel von dem alten Weib, das den Teufel noch an Bosheit übertrifft (945–1036), und der Schwank vom Bienenkorb und den zwei Dieben (1197–1243), anderweit verbreitete Erzählstoffe, die hier unverändert für Markolf

steht, die an dieser Stelle noch recht genau eingehaltene Reihenfolge der Wechselreden in der Vorlage, d.h. 399–402 entspricht D 83a kombiniert mit D 111b, und 469 schließt mit D 85a an.

requiriert werden, haben nicht das geringste mit Salomon zu tun, folgen also nicht dem Schema der übrigen Episoden. Das Exempel konnte außerdem nicht einmal als Handlungsepisode eingebaut werden; es wird einfach von Markolf nacherzählt. Diese, poetologisch gesehen, unorganischen Einschübe – und der Zusatz am Schluß, von dem gleich zu sprechen sein wird – demonstrieren noch einmal – ex negativo – die Geschlossenheit der ursprünglichen Komposition. Bei allem Respekt trägt der deutsche Bearbeiter jedoch keine Bedenken, in Verfolgung seines eigenen Ziels diesen Rahmen zu sprengen und den Schelm Markolf in möglichst vielen schwankhaften Situationen vorzuführen, zuletzt sogar in der Rolle dessen, der Salomon hilft, seine untreue Gattin wiederzugewinnen und zu bestrafen (1631–1874). Vor allem mit diesem abschließenden Rückgriff auf die wurzelverwandte Erzähltradition von Morolf, dem listigen Bruder des Königs, die in dem spielmännischen Epos ›Salman und Morolf‹ schon des längeren auch verschriftlicht war,[32] ging er dabei durchaus planvoll zu Werk. Schon der erste Einschub hatte gezielt Markolfs misogyne Grunddisposition weiter hervorgehoben: zunächst durch eine zusätzliche Behauptung im direkten Anschluß an die, daß man Frauen kein Geheimnis anvertrauen könne (791–794), und dann als die ganze Beweiskette abschließende Erzählung. Damit bleibt diese Kette zwar intakt, aber Salomons Reaktion auf den ›Nachtrag‹ bezieht ihn noch einmal deutlich auf die Fusade-Episode zurück, in der Markolf seine eigene Schwester dazu gebracht hatte, ihn zu verraten: *Du brengest iz zu mit bosen listen* (1039). Dieselbe Grunddisposition, die hier noch durch die Vokabel *bos* gekennzeichnet ist, setzt Markolf später dann pro bono in Handlung um, nachdem er zum vierten Mal bei Hof erschienen ist. Auch das ist aber von längerer Hand vorbereitet: In der dem Urteil folgenden Diskussion um die weibliche Natur schließt Markolf an die – hier fast zur Unkenntlichkeit abgeschwächte – Vorhersage, Salomon selbst werde noch vor dem Schlafengehen die Frauen schelten (1189f.), abrupt die weitere Behauptung an: *dich bedruget noch ein wip* (1192). Dann ist erst einmal der Bienenschwank eingeschoben, bevor der Aufruhr der Frauen über die Bühne geht; und indem sie

---

[32] Salman und Morolf, hg. v. Alfred Karnein, Tübingen 1979 (ATB 85). Vgl. Michael Curschmann, Salman und Morolf, in: ^{2}VL Bd. 8, 1991, Sp. 515–523. Auch in der lateinischen Tradition kommt diese Art Übergriff einmal vor: in der aus dem dritten Viertel des 15. Jahrhunderts stammenden, wohl in Polen geschriebenen Handschrift S (Abdruck Benary, S. 48–51). Im einzelnen ist dort dieser Schluß etwas anders gestaltet (s. auch u. S. 201), und v.a. ist er anders angeschlossen: Er tritt an die Stelle des in diesem Überlieferungszweig (*RS) ausgelassenen Frauenaufstands und übernimmt thematisch dessen Funktion. In diesem neuen Zusammenhang ist auch Markolfs vergebliche Suche nach einem Baum ausgespart, und stattdessen steht er und nicht Salomon am Hof des Heidenkönigs vor dem Galgen. Direkte Beziehungen in der einen oder anderen Richtung sind nicht wahrscheinlich (wenn, dann hat eher das deutsche Gedicht auf die lateinische Neufassung Einfluß gehabt); es wird sich um einen habituellen Kreuzungsvorgang handeln.

praktisch auf ihr Handlungsgerüst reduziert ist, verliert diese Episode auch in anderer Hinsicht an Gewicht. Es geht ja überhaupt nicht mehr um die Salomons (dogmatisierter) Position inhärente Widersprüchlichkeit und Unaufrichtigkeit, sondern um die verlegene Alternative Böse Frau – Gute Frau, mit deren Proklamation er nun tatsächlich Erfolg hat (1475–1480. Vgl. u. S. 175):

Waz ich zorne gesprochen han,
von bosen wiben sal man daz verstan.
Die guden wip mag nieman schelden.
ir gude enkan nieman vergelden;
Man ensal sie nit glichen
den bosen sicherlichen.

An dieser Position ändert sich auch nichts, als Salomon (kommentarlos) einsehen muß, daß seine eigene Frau ihn in der Tat betrogen hat (1731), und Markolf sie ebenso kommentarlos hinrichtet (1870–1874). Salomon ist und bleibt der fürstliche Freund der Frauen; der erklärte Frauenfeind ist Markolf; und wie das thematisch zusammenhängt, wird sehr schön in dem Moment deutlich, in dem Markolf den König um die Gunst eigener Wahl eines Baums bittet. Er tut das nämlich ausgerechnet *durch aller frauwen ere* (1568)! Dieser höfischen Formel kann sich der höfische König, wie so mancher höfische Held vor ihm, natürlich nicht verschließen (1573–1577):

Du engespreche nie frauwen gut
und hast dicke besweret iren mut.
Doch ensal mich nit verdriezen:
Du salt der guden wibe geniezen,
daz ich din bede nu sal don.

Markolfs Misogynie – seine grundsätzlich schlechte Meinung vom weiblichen Geschlecht wie seine feindlichen oder manipulativen Aktionen gegen einzelne seiner Vertreter –, die in dieser Fassung den Schwankteil eindeutig beherrscht, ist das Aktionskorrelat zu seiner verbalen *unhubescheit*. Salomon repräsentiert die Norm – keine herrschaftliche oder theologische Norm, sondern eine volkssprachig-literarisch grundierte, höfische Norm. In dieser Beziehung ist Markolf hier ›der Andere‹, nicht als Bauer und nicht als Vertreter einer anderen, rivalisierenden Geistigkeit, sondern als unhöfischer, *boser* Mensch, der sein unhöfisches Wesen frech und geschickt auf drastisch komische Weise in Szene setzt. Das geschieht u.U. durchaus auf Kosten Salomons, jedoch ohne ihn zu tangieren. Der Gegensatz als solcher bleibt, aber er ist inhaltlich neu besetzt und zugleich im Funktionalen neutralisiert: Markolf braucht Salomon, weil die offenbar auch in diesen Kreisen schon bekannte Rolle (*Markolfs kunst ist wol bekannt*, 1879) nur vor dieser Folie gespielt werden kann.

Die Projektion des lateinischen Texts aus seiner angestammten, exklusiv-klerikalen Umgebung heraus in Kreise des weltlichen Adels – die Kreise, aus denen der Verfasser selbst vermutlich ursprünglich stammte – bringt die Version hervor, die am ehesten von allen die Charakterisierung als ›Schwankroman‹ verdient. Dieser *clericus* weiß, daß das, was für seinesgleichen den eigentlichen Reiz des Originals ausmacht, sein nunmehriges Publikum nicht interessieren kann, und er sucht dem durch einen Wechsel des Modus in die vertraute Richtung höfischen Erzählens Rechnung zu tragen. Manches ist nur angesetzt, anderes schlecht gelungen, aber die Absicht ist deutlich und eindeutig. ›Das Buch von Markolf‹, wie er es abschließend betitelt (*Hie hat Markolfs buch ein ende*, 1901), ist ein problemlos unterhaltsames Schwankbuch für den traditionsbeflissenen Laienadel, den schon Neidhart gern als *mine vriunde* angesprochen hatte, – eine Sammlung von Streichen, die der mittlerweile notorische Schelm Markolf in der Umgebung des Königs Salomon zumeist diesem selber spielt. Es kann deshalb auch ganz abrupt enden; was mit Markolf weiter passiert, ob er am Hof bleibt oder in seine Kate zurückkehrt, ist unwichtig: *Ich lazzen in, als ich in fant* (1880). Der Mönch, der in der Zelle sitzt und liest (und schreibt), kann natürlich eine Fiktion sein, aber dann ist es eine sehr einfühlsame und treffende Fiktion.

III.

In Gregor Haydens etwa 100 Jahre jüngerer, fast genauso langer Versdichtung begegnet uns eine ganz andere Art höfischer Lektüre, bestimmt für den Hof der Grafen von Leuchtenberg, eines oberpfälzischen Geschlechts, das damals – im dritten Viertel des 15. Jahrhunderts – zwar den Zenit seiner Macht offenbar schon überschritten hatte, aber vor kurzem noch in den Reichsfürstenstand erhoben worden war.[33] Auch Hayden, von dem außer dem Namen, den er selbst nennt (1859), nichts bekannt ist, kann natürlich Latein und kennt sich in dem Bereich der Anspielungen der lateinischen Vorlage aus, und auch er sieht schon deshalb die Notwendigkeit, im Hinblick auf sein Laienpublikum eine Kursänderung vorzunehmen. Aber vorausgesetzt, man darf auch hier den Worten des Dichters in Prolog und Epilog (1–34/1827–1870) erst einmal trauen, ist doch seine Ausgangssituation eine ganz andere. Er schreibt im Dienst und unmittelbaren Auftrag des Landgrafen Friedrich VII. von Leuchtenberg und ist offenbar selbst am Hof tätig.[34] Wir haben es hier also nicht mit höfi-

[33] Hg. v. Felix Bobertag (Anm. 10), S. 293–361 (ich habe bei einigen Zitaten die Interpunktion leicht geändert). Über die Familie Leuchtenberg s. Wilhelm Störmer, in: NDB, Bd. 14, 1985, S. 368f.

[34] Liegt ein Hinweis auf diese Tätigkeit in den Worten, mit denen Markolf den Wortbruch

scher Dichtung zu tun, sondern mit Hofdichtung, im engeren gesellschaftlichen Sinn. Dabei hat Hayden, wie sich spätestens am Schluß herausstellt, diesen Auftrag durchaus mit gemischten Gefühlen übernommen, aber gleichzeitig sah er eine Möglichkeit, den Fürsten (und andere) zu instruieren (8–13):

Also sei mein geticht erkannt
ime zu lieb, doch sol es sich
weitter breiten, des hoff ich,
wann ob icht guter das vernem
vnd dadurch zue besserung keme,
das wer das meiste, das ich gerdt.

Der entscheidende Schritt in diese Richtung ist, daß er im direkten Gegensatz zu seinem Vorgänger den Gegensatz von *sapientia* und *versucia* programmatisch noch weiter in den Vordergrund rückt, ihn zugleich jedoch zu einem im Prinzip komplementären Verhältnis umfunktioniert (14–18):

Czwei ding sind auf der erd,
die peide die sind achtpar,
wer des recht wil nemen war:
der eines ist die weisheit,
das ander ist die listigkeit.

Das heißt nicht, daß sie gleichwertig sind; denn *die weisheit get von Gott / aber die listikeit nit alsot* (31f.) oder, wie Haydens Umgestaltung der Aitiologie es verbildlicht, Salomon hat Hirn und Herz des Geiers gegessen und Markolf den Pürzel und den Kopf (702f.). *Listigkeit* ist eine niedere und oberflächliche Form des Intellekts, dient aber der legitimen Selbstbehauptung und kann sogar der *weisheit* dienstbar gemacht werden. So versucht es wenigstens Hayden zu lehren, allen Widerständen der Materie zum Trotz, und deshalb avanciert am Schluß Markolf tatsächlich zu Salomons Diener (1820–1828):

Onerhangen er beleib,
sein listigkeit mit nucz er treib:
dem konig ward er heimlich
in vil sach hilflich,
wann er ward sein diener;
in seinen rate gieng er,
darzw im halff sein listigkeit.
Darvmb so ist behendigkeit
noch gut, wer sie kann.

Salomons abschließend glossiert? 591–594: *Ei wie not wer offte nit / eins publico notario, / der die wort bezewgte do!*

Diese verblüffende Umdeutung des Verhältnisses bezieht sich noch dazu auf einen Text, der sich dem Original gegenüber durchaus – und nicht nur im auktorialen Rahmen – Freiheiten herausnimmt, ihm insgesamt aber sehr viel genauer folgt als z.B. der Anonymus des 14. Jahrhunderts. Zwar verstärkt er im Dialogteil (35–625) die Tendenz, die sich schon bei jenem deutlich bemerkbar macht und im Bereich der Prosaübersetzung der Zeit gang und gäbe ist: Er reduziert ihn inhaltlich um etwa die Hälfte der Wechselreden. Aber der Schwankteil (hier im Einklang mit der lateinischen Tradition ausdrücklich als *ander puch* apostrophiert: 626) bleibt bis auf den Backofenschwank grundsätzlich intakt und liest sich streckenweise wie eine einfache Übersetzung. Wie der Übersetzer sie verstanden haben will, das deutet er durch Einschübe, Umstellungen und kleinere Auslassungen an kritischen Stellen an.

Hayden ist ein gebildeter Mann, der gleich zu Anfang Markolf und seine Frau ausdrücklich *per antiffrasin* (40) beschreibt und am Schluß Paulus auf Lateinisch zitiert (1830; I Th 5,21). Er hat jedoch keinerlei Interesse an den sprachlichen Kapriolen seiner Vorlage und läßt z.B. praktisch jede Möglichkeit ungenutzt, ein Wortspiel nachzuvollziehen.[35] Das ist vermutlich ein Grund, warum der Backofenschwank gestrichen ist. Ein anderer Grund ist sicher der, daß die Herausforderung nicht auf die Spitze getrieben werden durfte; Salomon mußte die Möglichkeit haben, zumindest objektiv anzuerkennen, was Markolf und seine *listigkeit* für ihn bedeuten können.

Markolf wahrt selbst ausdrücklich den Abstand in seiner ganz neuen Erwiderung auf Salomons alten Ausspruch *os mendax non habundat veritate* (72a. 336–339):

(S.) Der lugenhafftige mund
sencket die sele in helle grund.
(M.) Mit lugen vnd mit listen
muß sich der man fristen.

Im allgemeinen neigt er jedoch dazu, seinerseits die salomonische Maxime inhaltlich so zu variieren oder einzuschränken, daß sich die beiden Reden ergänzen, und wenn sich dabei dann sogar die Rollen vertauschen und er mit der Stimme Salomons (171–173: D 7a; 198f.: 18a usw.) und dieser mit seiner (196f.: D 17b usw.) spricht, dann verschwindet auch der für das Original konstitutive Unterschied der Sprache u.U. völlig (332–335: D 71ba):[36]

[35] Wechselreden des oben S. 158 zitierten Typs, wo die parallele Syntax u.ä. den Unterschied in Geist und Vokabular herausfordernd unterstreicht, findet man bei ihm überhaupt nicht mehr, v.a. weil fast alle solche Stellen ausgelassen sind. Das Wortspiel *Nam mulier potest dici quasi mollis aer.* [Sap 2,3!] *Marcolfus: Similiter potest dici mulier quasi mollis error.* (D 35,8f.) wird geradezu bewußt umgangen in den Versen 1284–1286: *»Wann mulier heist ein senft ding.« / Markolfus sprach: »mulier / heist ein luft ein weicher«* (vgl. auch 1673f.).

[36] In der einzigen Handschrift (Cgm 579, s.u. S. 186) sind die Reden, die meist je ein Reimpaar

(S.) Geleiche purd zerbricht
dem manne den ruck nicht.
(M.) Wer do teilt vnd weld,
den poseren teil er kawm behelt.

Haydens nachdrückliche Lehrhaftigkeit äußert sich auch darin, daß er Bibelzitate relativ selten ausfallen läßt; nur bekommen sie eben im neuen Zusammenhang einen völlig anderen Stellenwert. Das gilt ganz besonders dann weiterhin für das alttestamentliche Drum und Dran salomonischer Herrschaft und die im Gefolge des Urteils geweckten Assoziationen. Der Anonymus hatte das alles merklich zurückgenommen, Hayden profiliert es eher noch stärker. Nur: Das vormals Parodische wandelt sich zur ›wirklichen‹, seriösen Staffage einer im Grunde ernsthaften Diskussion, d.h., Hayden versucht, das Verhältnis noch einmal auf den Kopf zu stellen und sich dieses Apparats zu traditionell lehrhaften Zwecken zu bedienen!

Bezeichnend ist, wie er den Einstieg in diesen Teil der Handlung gewinnt. Der ›Dialogus‹ hatte die Vorgeschichte des Urteils – in seinen eigenen Worten – nur ganz kurz referiert; mehr war nicht nötig und wichtig war sowieso nur, was man dann damit machte. Hayden greift auf das ›Original‹ zurück und erzählt den Auftritt der beiden Frauen ausführlich und genau nach III Rg 3,16–23 (1161–1193). Markolfs Einspruch führt dann im Ergebnis zu dem bekannten Wechselbad von Lob und Schelte, aber unter ganz anderem Vorzeichen als im ›Dialogus‹. Zunächst bringt Markolf einen Punkt direkt ins Gespräch, der dort nur im Hintergrund, gleichsam mitverstanden, auftaucht: Salomon selbst hat sich von einer *mörin* zum Götzendienst verleiten lassen (1243–1248), und das ist der schlagende Beweis für die *listigkeit* der Frauen (1249). Selbst der Weiseste erliegt ihr, wenn er nicht auf der Hut ist (1250f.). Das erinnert sowohl an die Art, wie die Version S des ›Dialogus‹ (s. Anm. 32) mit der *regina* [. . .] *ethiopica* (D 48,26) sich den Übergang zu dem Schluß ebnet, den in etwas anderer Weise der Anonymus erzählt, als auch an das seit dem frühen 14. Jahrhundert bekannte Bildmotiv, das in der Druckgraphik der beiden Generationen um 1500 – öfters als Pendant zu ›Aristoteles und Phyllis‹ – besondere Prominenz erlangte: Salomon kniet in Gegenwart einer Königin betend vor einer Säule, auf der eine Götzenfigur aufgestellt ist.[37] Der ge-

umfassen, nicht selten aber auch zwei, nicht namentlich unterschieden, und in mindestens zwei Fällen hat der Herausgeber dann falsch aufgeteilt: 204f. muß eine Rede Salomons sein und 206f. Markolfs Antwort darauf (D 20ab), und ebenso verhält es sich mit 232f./234f. (D 36ab).

[37] Das älteste Bildzeugnis ist ein (nur in Nachzeichnung des 19. Jahrhunderts erhaltenes) Medaillon aus der Minnesklaven-Serie im Haus zur Kunkel in Konstanz (vgl. dazu Norbert Ott, Minne oder *amor carnalis*? Zur Funktion der Minnesklaven-Darstellungen in mittelalterlicher Kunst, in: Jeffrey Ashcroft u.a. [Hgg.], Liebe in der deutschen Literatur des Mittelalters, Tübingen 1987, S. 107–125, S. 112f.). Abb. bei Heinrich Schmidt-Pecht, Alte Hausmalereien in Konstanz, in:

meinsame Nenner ist natürlich die im Hochmittelalter auf Grund von III Rg 11,1ff. entwickelte Vorstellung von Salomon als einem der exemplarischen ›Minnesklaven‹ der Menschheitsgeschichte, die hier mit in die Debatte geworfen wird, um eben dies zu demonstrieren, daß auch der Weise der Korrektur und guten Rats bedarf. Man sehe es ja auch im Hohenlied, meint Markolf, *was dein sin vnd weisheit / fleisses auf die weiber leidt* (1355f.). Letztlich nimmt er damit Salomons Maßlosigkeit aufs Korn – Maßlosigkeit erst im Lob und dann in der Schelte[38] –, und so wird nun der im ›Dialogus‹ karikierte pergamentene Widerspruch aktualisiert und ausdrücklicher Unterweisung dienstbar gemacht, als deren Agent ausgerechnet Markolf fungiert (1650–1654/1658–1660):

ein ding man pillich loben solt,
daz es vber die maß nit wer.
Hewt hastu frauen ser
gelobet vber alle maß,
jetzo schendest dw sie vast,
[...]
Konnen frawen trosten vnd laben,
als offt stete in deinem geticht,
des hore ich nw von dir nicht.

Markolf will nun allerdings seinen ›Beweis‹ der *warheit* durch *listigkeit* ausdrücklich auf die Fusada-Episode und das Urteil angewandt und generell misogyn ausgelegt wissen (1671–1685). Damit stößt er auf wenig Gegenliebe, d.h., Salomon setzt ihn erst einmal gefangen; zugleich zeigt jedoch dessen Entschuldigung an die Frauen von Jerusalem, daß er wirklich die eine Lektion gelernt hat, um die es im Zusammenhang eigentlich geht. Diesmal bleibt es nicht bei dem verlegenen *quod vero dixi de muliere, non dixi nisi de muliere nequam* (D 42,9f. 1729f.), sondern Salomon bereut das Übermaß seiner Rede (1724–1728):

vnd was ich in zornes weiß
scharffer rede euch hab gethan,
das wellet ewch nit nemen an,
wan der zoren ist one maß.
Vnd wellet mir vergeben daz.

Das Bodenseebuch 1940 (Konstanz 1940), S. 32–37, S. 34, und Ewald Jammers, Das königliche Liederbuch des deutschen Minnesangs, Heidelberg 1965, Abb. 31, jeweils in falscher Anordnung der abgebildeten Medaillons. Aus der Zeit Gregor Haydens gibt der bedeutende Kupferstich des Hausbuchmeisters ein gutes Beispiel: Vom Leben im späten Mittelalter. Der Hausbuchmeister oder Meister des Amsterdamer Kabinetts. Ausstellungskatalog, hg. v. J.P. Filedt Kok, Amsterdam 1985, Nr. 7 (S. 81f.).

[38] Vgl. 1357–1361: *Mit halbem lob werstu bestanden, / wan vbrig lob zeucht sich zu schanden; / ein ding also zue loben tewcht, / das man es auch geschenden möcht, / ob sich das lobe do von rib.*

So verstanden vermag Markolfs *listigkeit* Salomon bei Gelegenheit durchaus direkt zu beeindrucken, z.B. als Markolf sich mit Hilfe seines mitgebrachten Hasen zum dritten Mal Zugang zum Hof verschafft. *Quis te huc intromisit*? fragt im ›Dialogus‹ der König, und Markolf antwortet scharf: *Calliditas, non misericordia* (D 3, 2f.). Bei Hayden konstatiert stattdessen der Erzähler: *do der konig das vernom, / in wundert solcher listigkeit* (1098f.). Auch im folgenden Glatzenschwank hat Markolf nicht das letzte Wort (mit seinem frechen *Fiat pax! Tacebo* D 33,14), aber aus dem entgegengesetzten Grund: Salomon fällt einen Schiedsspruch (1160), der die Ehrbarkeit des Glatzenträgers bekräftigt[39] und beiden Parteien Schweigen auferlegt (1152–1155).

Dieser Umpolung ins Didaktische entspricht auf anderer Ebene eine stärkere Betonung des sozialen Gegensatzes. Haydens Werk ist der einzige Markolf-Text, in dem dieser häufig und konsequent als *baur* bezeichnet wird – oder *pawrlein*, wie Salomon ihn anredet.[40] Was das bedeutet, macht schon die Umarbeitung der Wechselrede D 119 programmatisch klar (472–479):

(S.) Ich bin ein konig von got erkoren,
von Judischen geslecht geboren,
so mustu ein pawr sein,
do fur hilft all dein list klein.
(M.) Das tischtuch vnd den kolsack
vns peiden ich wol geleichen mag.
Sie komen peide von dem lein;
ich mein, wir peid auch erden sein.

Markolf akzeptiert die gottgewollte Ordnung dann auch im Moment größter Enttäuschung (610–615):

Hawen, vie vuttern, ackern
vnd dem hoff den nack keren
ist vns weger, dann ob wir
nach gewalde vnd nach zir
vns senten, es war verloren,
wir sind dar zu nit geporen.

Diese Einsicht schließt allerdings die andere mit ein, daß dem Oberen aus dieser Ordnung Verpflichtungen erwachsen. Daß er sein Wort nicht gehalten hat, *stet*

[39] Im Original ist das die einzige Stelle, an der Salomon seinerseits ein Wortspiel gebraucht, allerdings nur als Teil eines Zitats: *Caluicium enim non est vicium, sed honoris indicium* (D 33,4f.). Vgl. Hans Walther (Hg.), Lateinische Sprichwörter und Sentenzen des Mittelalters in alphabetischer Anordnung, Bd. 2,1, Göttingen 1963, Nr. 2256: *Calvicium non est vitium, sed fertur honoris / Indicium vel principium vite melioris.*

[40] 23; 61; 67; 118; 141; 474; 567; 580; 870; 1102. Hayden stellt sich die Heimat Markolfs dazu konkret als ein Einöddorf vor: 632f.

dem konig vbel an (616). Hier und noch einmal nach der zweiten Vertreibung weitet sich in den Abschiedsreden Markolfs (585–618; 1059–1075) die scharf pointierte und doch ganz allgemeine Anklage des Originals (s.o. S. 158) zu einer längeren, konkreten Klage aus, die irgendwie nach einer Reaktion zu verlangen scheint. Diese erfolgt dann indirekt in der Aufnahme dieses Bauern in den Beraterkreis des Königs, dessen anfängliche Skepsis also eine Korrektur erfährt. Markolfs *listigkeit* erstreitet ihm schließlich doch diesen Platz an der Sonne, weil sie sich als nützliche Gabe erweist, auf die der weise Herrscher nicht verzichten sollte.

An diesem Punkt laufen alle Fäden zu einer Art Fürstenlehre zusammen. Haydens Salomon bleibt in mancher Hinsicht persönlich passiver als der des ›Dialogus‹, abhängiger von seinen Hofleuten und Räten. Markolfs erste Vertreibung verantworten z.B. de facto die *fursten* (578); von Salomon hört man hier überhaupt nichts. Die Sprecherin der Frauen von Jerusalem rechnet mit solchen Möglichkeiten und schickt ihrer im ›Dialogus‹ ganz abrupt beginnenden Anklage (D 39,1) eine entsprechend vorsichtige Einschränkung voraus: *herr, mit deinen fursten schnöden / hastu ein sach fur dich genomen* (1487f.). Anläßlich der Verurteilung Markolfs wird das konstitutionelle Verhältnis gegen Schluß sogar noch voll entfaltet: Im ›Dialogus‹ gibt Salomon impulsiv einen Befehl, Markolf zu ergreifen und aufzuhängen (D 44,7f.); hier folgt einer förmlichen Sitzung des Kronrats, der von sich aus zu dieser Bestrafung rät (1765–1773), eine ebenso förmliche Verurteilung (1773–1781). Der ›Fürst‹ (in diesem allgemeinen Sinn gebraucht Markolf selber den Terminus *furst* in seiner ersten Klage)[41] regiert weise, der sich mit guten Räten umgibt, und davon kann man nie genug haben: Das ist die Richtung, in der Haydens Hoflehre sich abschließend politisch konkretisiert.

Freilich nur für einen Augenblick. Plötzlich scheint den Dichter das Bewußtsein zu überwältigen, diese Demonstration vielleicht doch am untauglichen Objekt vorgenommen zu haben, und er bricht in eine Denunziation all dessen aus, wofür der Erzschelm Markolf steht (1833–1850). In dieser Klage des Erzählers über eine Zeit, in der es dem Einfachen und Tüchtigen schlechter geht als dem *schalckhaften man* (1837), beschließt er sein Experiment mit hörbarem Unbehagen (1846–1850):

so ist esweder claffar
des fursten pester rates man.
Wer Markolfum wol kan,
den hat man lieb vnd schan.
Des sol dicz puch sein end han.

[41] Sie klingt an dieser Stelle im übrigen sehr nach Zeitklage: *Wie mag der ein konig sein, / der seine wort macht nein / vnd der kein gesetze hat, / do auch die worhait vnter gat? / Doch ist es iecz der fursten sit* (586–590).

Von daher kann das Buch, das Gregor Hayden seinem Fürsten nun übergibt, auch andersherum, als Kritik oder Mahnung, gelesen werden; voll bewußt war der Verfasser sich dessen kaum. Die Ambivalenz, die noch einmal in dem abschließend an den Landgrafen selbst gerichteten Satz *seidt ir woltet nit enpern, / ich solt ewch daz zue willen thuen* (1854f.) durchscheint, ist eher grundsätzliche Ambivalenz der ganzen Aufgabe gegenüber.

Lateinisch ich die histori han / funden vnd in Teutsch gerichtet (1856f.): Auch dieser Dichter hat erkannt, daß die Bearbeitung zu Nutzen und Vergnügen eines adligen Laienpublikums, das in seiner Sprache unterhalten sein wollte, sehr viel mehr erforderte als geschickte Versifizierung. Genau wie sein Vorgänger hat er unter einem eigenen Gesichtspunkt neu angesetzt und, ohne das Werk umzuschreiben, doch eine einigermaßen konsequente Anleitung zu einem der veränderten Gebrauchssituation angemessenen Verständnis gegeben. Daß dieses Gebäude sozusagen im letzten Moment zusammenbricht, hat mit der diesmal gewählten Perspektive zu tun und ändert nichts an der Signifikanz dieses Versuchs politisch-gesellschaftlicher Aktualisierung. Es ist ein Versuch des Systems, den Stoff, vor allem die Figur Markolfs, im Sinn der alten Ordnung ständisch einzubinden. Zugleich stellt er in seiner positiv-lehrhaften Grundhaltung ein Rezeptionsmodell aus dem dritten Viertel des 15. Jahrhunderts vor Augen, das sich bei der Betrachtung der gerade in dieser Zeit entstehenden Prosaübersetzungen und des für sie maßgebenden Erwartungshorizonts hilfreich erweisen sollte.

IV.

Jemand, der als ›Hofdichter‹ mit einem eigenen Konzept an seine Aufgabe heranging, bediente sich also noch in dieser Zeit ganz selbstverständlich der Versform. Die generelle Tendenz zielt demgegenüber längst auf Aneignung des lateinischen Texts in möglichst gleichwertiger deutscher Prosa, und dieser Tendenz verdankt das Werk seine Entstehung, das als gedrucktes Buch nicht nur effektiv den Stoff an die Neuzeit weiterreichte, sondern ihn selbst in mehrfacher Hinsicht neu belebte und artikulierte: das ›Volksbuch‹, das Ayrers Ausgabe von 1487 als erste vollständig überliefert. Naturgemäß hält es vergleichsweise schwer, einen Text dieser Art, der u.U. nicht mehr sein will als Übersetzung, als eigenständige, spätmittelalterlich-frühneuzeitlich aktuelle Ausdrucksform zu begreifen und auf eventuell neue Dominanten und Verständnismöglichkeiten hin zu befragen. Ich versuche das deshalb in mehrfachem Anlauf: zunächst auf dem Weg über das intellektuelle Klima, in dem solche Pläne offensichtlich heranwuchsen; dann konkret am Beispiel eben dieser hochdeutschen Druckversion als neuer Text-Bild-Komposition mit eigener Geschichte;[42] und schließ-

[42] Die beiden niederdeutschen Fassungen aus etwa derselben Zeit, die ihre eigenen Traditionszu-

lich an Hand einiger Beobachtungen zu deren Wirkungsgeschichte im 16. Jahrhundert.

Gregor Haydens ›Markolf‹ war nur in seiner besonderen, gesellschaftlich diktierten Ausprägung ein Einzelfall. Von der Breite des Interesses an diesem Text in der Laiengesellschaft der zweiten Jahrhunderthälfte zeugen noch heute nicht weniger als drei handschriftliche Übertragungen, die in keinerlei Beziehung zueinander oder zu der schließlich zum Druck gelangten Fassung stehen, welche selbst ebenfalls, allerdings nur durch ein ganz kurzes Fragment, handschriftlich belegt ist. Die relative sprachliche Selbständigkeit bzw. Latinität dieser drei Verdeutschungen verschiedener lateinischer Vorlagen mag ein Vergleich des Anfangs mit dem hier relativ einheitlich überlieferten Original veranschaulichen.

> Cum staret rex Salomon super solium Dauid, patris sui, plenus sapiencia et diuicijs, vidit quendam hominem Marcolfum nomine a parte orientis venientem, valde turpissimum et deformem, sed eloquentissimum. Vxorque eius erat cum eo, que eciam nimis erat terribilis et rustica. Cumque eos rex pariter conspectui suo exhiberi iussisset, stabant ambo ante eum se mutuo conspicientes (D 1,1–7).

> Zv den zeyten als kungk Salomon / ynn dem gewalt seines vaters was / weys vnd reich Da kom fur yn ein man / mit nomen Marcolfus kumend von der gegent des aufgangs der sunnen Der was graussam vnd schnod vnd vngestaldt Er was aber gar gesprech redtpåͤr vnd geswåͤczig vnd sein hausfrau dy was bey ym / die der gestalt halben auch greulich vnd geschaffen[!] was vnd ein peurin vnd als sy der kunig fur sich gevodert hett / do stunden sy bayde vor ym vnd sahen aneinander an (Cgm 3974, 209[v]).

> Als chünigk Salomon stuend auf dem sal Dauits seins vaters vol der weyshait vnd reichtumbs / hat er gesehen ainen menschen genant Marcolfus chomen von Orient gar snödn vnd vngestalten / Aber gesprěchigen vnd sein hawsfrawn jst pey jm gewesen / die auch erschriklich vnd pewrisch ist gewesen als er sy geschaft het für sich

sammenhänge haben, sind, abgesehen von den Titelholzschnitten, nicht illustriert worden und längst nicht so verbreitet und wirkungsvoll gewesen. Sie bleiben deshalb hier im wesentlichen außer Betracht. Es handelt sich, praktisch gesprochen, um drei Drucke (zum Verfasserlexikon [Anm. 4] ist nachzutragen, daß sich ein zweites Exemplar des Koelhoffschen Druckes in der Houghton Library, Harvard University, befindet: F. R. Goff, Incunabula in American Libraries, New York 1964, S. 541 [S–103]), deren Beziehungen untereinander und zur lateinischen Tradition Joachim Kilian in einer weitgehend unbeachtet gebliebenen Studie eingehend untersucht hat: Studien zu den Hamburger niederdeutschen Volksbüchern von 1502, in: Niederdeutsches Jahrbuch 62 (1936; recte 1937), S. 1–69, S. 49–68, mit ausführlichen Vergleichstabellen: »Das Volksbuch von Salomon und Markolf«. Die literarhistorische Auswertung dieses Befundes steht noch aus; allzu kursorisch und vereinfachend äußert sich Hartmut Beckers, Mittelniederdeutsche Literatur – Versuch einer Bestandsaufnahme, Niederdeutsches Wort 17 (1977), S. 1–58, S. 54–57.

zu bringen ains / das ander ansehund sind sy paide vor dem chünig gestannden (Batthyányaeum 54, 55r).

Da der künig salmon Sas [La. L1MnNn u.a.] vff dem stul sines vatters vol wisheit vnd richtum Da sag er eyn menschen mit namen marculffus genant Der was kümen von dem land der sonnen vff gang / vnd was eyn vngestalter mensch vnd der aller grobst / Aber er was gar uß sprechlich / vnd syn hußfrawe was by jm / die was auch die aller snodiste büwern [!] [La. L1MmNn] / vnd da sie der künig Salmon ansag hiß er sie vor jn brengen Da sag eyns das antter an (Leipzig Rep. II. 159, 1r).

Überliefert sind diese Texte, die übrigens Markolfs *hausfrau* immer schon, wie später die Drucke, Polikana statt Politana nennen, in teils lateinisch/deutschen, teils nur deutschen Sammelhandschriften der zweiten Hälfte des 15. Jahrhunderts. Bei aller inhaltlichen und konzeptionellen Verschiedenheit dokumentieren diese Gebrauchszusammenhänge gemeinsam doch den einen grundlegenden Tatbestand: Als volkssprachige Übersetzungsprosa wandelt sich das aufsässige Unterhaltungsbuch der *litterati* im Übergangsbereich zwischen Latein und Deutsch zu didaktisch-erbaulicher Lektüre in den Händen von gebildeten oder ›halbgebildeten‹ Laien, denen diese Art der Säkularisierung ein bewußtes Anliegen ist.

Der besonders inhaltsreiche Münchner Codex, Cgm 3974, der mit deutschen und lateinischen Texten mehrfach auch Illustrationen verbindet,[43] ist bereits von Klaus Grubmüller als »Momentaufnahme« aus dem »Aneignungs- und Vermittlungsprozeß zwischen den durch die Stichworte Latein-Deutsch gekennzeichneten literarisch-kulturellen Sphären« charakterisiert worden (S. 144). Er stellt in diesem Rahmen sogar so etwas wie ein Bildungsprogramm dar (und vor), denn er ist offensichtlich von einem Schulmann über Jahre hinweg zu beruflichen Zwecken teils zusammengetragen, teils selbst geschrieben und v.a. (lateinisch) glossiert und durch zahlreiche Querverweise ›benützbar‹ gemacht worden. Am Schluß des fünften von insgesamt zehn von seiner Hand stammenden Faszikeln (188r – 215v) hat dieser Mann »wohl vor 1450« (Schneider) dem hier zuende gehenden ›Edelstein‹ Ulrich Boners von fol. 213v bis 215v eine (auch sonst belegte) Kurzfassung des lateinischen ›Dialogus‹ hinzugefügt (Benary p), und der in diesem Teil der Handschrift anschließend tätige Illustrator

[43] Beschreibung von Klaus Grubmüller, Elemente einer literarischen Gebrauchssituation, in: Würzburger Prosastudien II, hg. v. Peter Kesting, München 1975 (Medium Aevum 31), S. 139–159, dort S. 140–143; Karin Schneider, Die deutschen Handschriften der Bayerischen Staatsbibliothek München. Cgm 888 – 4000, Wiesbaden 1991, S. 504 – 519. Diese Handschrift bedarf v.a. im Hinblick auf ihre Bebilderung weiterer Untersuchung. Über den allegorischen Text-Bild-Komplex am Schluß des ersten Faszikels, der in seiner Zuordnung zum ›Speculum humanae salvationis‹ sehr typisch aufgehoben scheint, hoffe ich selbst demnächst zu handeln.

Abb. 1 Markolf und Lupidana vor Salomon: München, Bayerische Staatsbibliothek, Cgm 3974, Bl. 213v.

hat diese Beziehung weiter hervorgehoben: durch ein fast ganzseitiges ›Portrait‹ des *Magister Esopus et poeta* am Ende des ›Edelstein‹ (213^{r})[44] und eine halbseitige Illustration von Markolfs und Polikanas (hier *Lupidana*) Auftritt vor Salomon auf der verso-Seite desselben Blatts (Abb. 1). Nach der anderen Richtung hin leitet dieser ›Dialogus‹-Text zu den kommentierten lateinischen Fabelsammlungen im nächsten Faszikel (216–249) über, mit deren Hilfe der Sammler später selbst die vorangehende deutsche »ins Lateinische zurückpräpariert« hat (Grubmüller, S. 146).

Die enge, offensichtlich gleichsinnige Verflechtung des ›Dialogus‹ mit der äsopischen Fabeldichtung, eine Konstellation, die in den nächsten 150 Jahren auch das Verständnis der deutschen Nachfolge wesentlich mitbestimmen wird, begegnet hier bemerkenswerter Weise schon, bevor die ›Vita Aesopi‹ etwa 25 Jahre später dem jetzt noch als gutaussehender alter Weiser mit Schriftrolle dargestellten Äsop die häßliche Gestalt und die Schalksnarrenbiographie andichtete, die den Vergleich mit Markolf praktisch unausweichlich machte. Im übrigen mag es durchaus nicht das erste Mal sein, daß Markolf und Äsop in dieser Weise in der Überlieferung zusammenstehen, aber die Kombination hier ist in noch anderer Hinsicht bemerkenswert. Derselbe Sammler-Schreiber hat nämlich in späteren Jahren nicht nur an den Rändern der betreffenden Seiten und anderswo vorher das p Fehlende als lateinisches *complementum huius libelli* (215^{v}) nachgetragen (Benary F), sondern neben dem Boner-Text freigebliebene Spalten und wiederum auch die Ränder derselben Seiten dazu benützt, eine Übersetzung dieser Fassung p in seine bairisch-österreichische Mundart hinzuzufügen, die somit zugleich die Schlußpartien des ›Edelstein‹ parallel begleitet. Instruiert durch den zwischen dem Ende von p und der Fortsetzung F stehenden Vermerk: *Tenorem huius disputationis in theutonico inveniens reuerte sex folia* (215^{v}), findet der, der solcher Krücken bedarf, in der Tat auf Blatt 209^{v} die Überschrift: *Hye hebt sich an ein gesprech das Kung Salomon hatt mit einem pauren genant Marcolfus vnd vecht sich also an.*

Als im wesentlichen getreue Übersetzung von p schließt der folgende Text an den insgesamt um mehr als die Hälfte gekürzten Dialogteil direkt das Gespräch über *listikeit* und *weisheit* an, d.h., Salomon lenkt de facto schon hier ein: *Du hast wol geret Aber ich pit dich sag mir von wann kumpt dir solche listikeit* (212^{r}).

---

[44] Abb.: Klaus Grubmüller, Zur Geschichte der Fabel in Antike und Mittelalter, in: Fabula docet. Illustrierte Fabelbücher aus sechs Jahrhunderten, hg. v. Ulrike Bodemann, Wolfenbüttel 1983, S. 20–33, S. 23. Zur Überlieferungsgeschichte des ›Edelstein‹ s. dies. und Gerd Dicke, Grundzüge einer Überlieferungs- und Textgeschichte von Boners ›Edelstein‹, in: Deutsche Handschriften 1100–1400, hg. v. Volker Honemann und Nigel F. Palmer, Tübingen 1988, S. 424–468. Danach zu urteilen, teilen die ›Dialogus‹-Übersetzungen mit dem ›Edelstein‹ zumindest zwei seiner signifikanten Überlieferungskontexte, nämlich »›Schullektüre‹« und »›kleine Reimpaardichtung‹« (S. 442; s.u. S. 191).

Dann geht Markolf nach Hause, um im Auftrag des Königs seine Mutter um Milch und Fladen zu bitten, und als er mit beidem an den Hof zurückkehrt, bricht die Erzählung bereits ab.[45] Diese Konzentration auf das Dialogische kommt auch in selbständigen Erweiterungen der *inquit*-Formeln durch den Übersetzer zum Ausdruck,[46] etwa in der Wechselrede D 7 (210^r^): *wydervmb fraget vnd sprach Salomon* [. . .] / *Zw dem antwort aber Marcolfus* . . .. Das kann sich sogar mit kleineren inhaltlichen Zusätzen verbinden (D 120b/121a): . . . *oder er wurgt sich. Furpas spricht her Salomon* . . . (211^v^). Nur solche Partien des Dialogs, die in Kolumnen geschrieben sind, sind in dieser Weise angereichert; der Zweck ist offensichtlich der, die Zeilen so zu füllen, daß wenigstens dort die Namen der Sprecher jeweils am Anfang der Zeile erscheinen. Derlei (handschriftliches) Bemühen um die Akzentuierung der Dialogform hat noch im Druck anfangs Spuren hinterlassen (s.u. S. 198), und es entspricht dem originalen Verständnis des Ganzen vom provokativ demaskierenden oder einfach komisch pointierten Wort her. Auf der anderen Seite überführt nun dieser Kopist denselben Text in die Sphäre der Schuldidaxe, in die Gesellschaft von traditionellen Schultexten wie der ›Visio Philiberti‹, des Fabelcorpus des Anonymus Neveleti und mehrerer anderer.[47] Das ist zugleich der Zusammenhang, in dem der Akt der Verdeutschung hier steht: der Zusammenhang eines zunehmend weniger monastisch und mehr laikal orientierten Lehrbetriebs, in dem das einstmals Negative einen positiven Stellenwert bekommt.

Wieder andere Perspektiven eröffnet die bislang unbeachtet gebliebene, in jeder Beziehung viel anspruchslosere bairisch-österreichische Handschrift I 54 der Batthyányäischen Bibliothek in Alba Julia (Rumänien).[48] Sie enthält nur deut-

---

[45] Expl. 212^v^: *vñ hab den fladen gessen / vnd den hafen mit dem andern fladen zugedeckt.* Darunter der den Kreis schließende Verweis auf den Beginn der Vorlage: *das gemal mit der Latein vindestu kervm her ain plat.*

[46] Er ist durchaus nicht nur mechanisch vorgegangen und hat z.B. hie und da seine Vorlage korrigiert, während er übersetzte: Die Besserung von *aque currenti* zu *a. non c.* führt zu *dem stilsteenden wasser* (214vb/211^r^; D 105b). In D 130b (215ra) war *tractare* bereits (richtig) zu *caccare* gebessert, aber bei der Übersetzung *gute handlung* (211^v^) restituierte der Schreiber das *tractare* usw. Mit dem Zusatz *Ein guter hackstock zympt wol bey meinem holczhaufen* (211^v^. D 132b) geht er sogar über alles lateinisch Verbürgte hinaus, während das folgende *vnd ein guter misthauff bey meinem zawn* der Sonderlesart *cumulus fumi* (215ra) von p entspricht. Auch im Erzählteil finden sich ein oder zwei Erweiterungen, die einen etwas breiteren Hintergrund erahnen lassen, z.B. *vnd nach dem als* [. . .] *Flocena das geschick des kunigs vernam yn massen als sy durch iren sun vntterricht was sy ward lachen* (212^v^; vgl. D 25,9 und die Lesarten dazu).

[47] Nikolaus Henkel, Deutsche Übersetzungen lateinischer Schultexte, München 1988 (MTU 90), S. 189f.

[48] Den ersten Hinweis hat im Zusammenhang Hans-Joachim Koppitz gegeben: Studien zur Tradierung der weltlichen mittelhochdeutschen Epik im 15. und beginnenden 16. Jahrhundert, München 1980, S. 103f. Vgl. weiterhin Georg Steer, Hugo Ripelin von Straßburg, Tübingen

sche Prosa, von den Händen zweier Schreiber. Der erste kopierte eine Übersetzung der weit verbreiteten und verschiedentlich volkssprachig wirksamen Lehrerzählung ›Liber consolationis et consilii‹ des Albertanus von Brescia: ›Melibeus‹ (1^r; Text 2^r–54^r),[49] und im Anschluß daran eine Übersetzung des ›Dialogus‹, wieder mit separater Titelseite: *Hie hebt sich an dy | historia Marcolfi | primus liber* (54^v; Text 55^r–70^r).[50] Er beendete seine Arbeit 1469 *an vnser frawen Abent als | Si gestorben ist* (70^r), d.h. am 15. August. Die nächsten beiden Blätter sind leer, und auf fol. 73^r beginnt eine andere, ebenfalls kursive und derselben Zeit angehörige Hand mit der Abschrift des populären Traktats ›Erkenntnis der Sünde‹ Heinrichs von Langenstein, ohne Titel oder eigene Überschrift, aber sonst vollständig (73^r–115^v).[51] Wiederum ohne Überschrift oder eigenen Absatz fügte dieser Schreiber dem noch eine umfängliche Sammlung von Texten der Beichtpraxis hinzu – einen vielteiligen Beichtspiegel, Gebete, Anweisungen zum Gebet usw. (116^r–128^r)– und dann verabschiedete er sich mit dem Verslein *Hab got lieb vor allen dingñ | oswald enperger von eferding* (128^r). Die letzten drei Blätter der Handschrift blieben leer.

Im Unterschied zu diesem Oswald Enberger läßt sich der wohl erste Besitzer der Handschrift noch identifizieren und sogar in eine ostoberdeutsche Familientradition des Umgangs mit deutschem Schrifttum einordnen. Er trug sich über

1981, S. 254. Die folgenden Angaben und Vermutungen beruhen auf der unzureichenden und z.T. falschen Beschreibung im Katalog von Robert Szentiványi, Catalogus concinnus librorum manuscriptorum Bibliothecae Batthyányanae, Szeged [4]1958, S. 35f., die offenbar auch Steer zugrundegelegt hat, und einem Mikrofilm, den ich den freundlichen Bemühungen des Herrn Bibliothekars Dr. Iacob Mârza verdanke. Daß sich so auch ohne Autopsie die meisten der im Zusammenhang wichtigen Fragen im wesentlichen haben klären lassen, ist nicht zuletzt das Verdienst Karin Schneiders.

[49] Da dieser Textzeuge bei Hans-Joachim Koppitz, Albertanus von Brescia, in: [2]VL Bd. 1, 1978, Sp. 151–154, noch nicht aufgeführt ist (und eine kritische Ausgabe überhaupt fehlt), hier noch einige Angaben zum Text: Der volle Titel (1^r) lautet: *Hye hebt sich an ain puch / mit namen | Melibeus vnd ist gar Ratsam vnd | ist gemacht vnd zesamgelegt wor= | den von dem mundt der heyligen | Junkchfrawn Sannd Agate vnnd | martrerin etc.* Inc.: *Hye nach hebt sich an / ain hübscher auszug vnd Tractat vil weyser lere / vnd ist nucz vnd frumbt ainem yeden / der in mit vleis beschawt* (2^r). Expl.: *Damit gię alzo ein ain yeder tail Jnn frid vnd sündt füran nicht mer Damit gie ain yeder tail vonn dannen mit fridn* [!] *vnd frölokchenn etc.* (54^r).

[50] Inc.: o. S. 179. Expl.: *Marcolfus wellt chain der selben pawm Darnach czugen sy zw Ebron vnd bethei Jeromet vnd lachis Eglon vnd gazer vnd daluth vnd gadeth herma vnd lenaa / vnd chain wellt Marcolfus Darnach liessen sy in chöm Marcolfus dervon.*

[51] In der Ausgabe dieses u.U. doch nicht Heinrich von Langenstein zuzuschreibenden Texts ist diese Handschrift von Rainer Rudolf nur als vermutlich »unvollständige Abschrift« erwähnt: Heinrich von Langenstein, Erchantnuzz der sund, Berlin 1969 (Texte des späten Mittelalters und der frühen Neuzeit 22), S. 48 Anm. 10. Inc.: *Unser herr Jhus xpus der all die welt mit seiner parmherczichait vmbfangen hat der hat den menschen* . . . Expl.: *Got der ist parmherczig vnd gütig vnd das er vns sein parmherczichait vnd sein gütichait also miltigkleich vnd Genedigkleichñ mit tail Des helff vns Got der vater vnd Got den* [!] *Sun vnd Got der heylig Geist Amen Amen Amen.*

einem nur in Umrissen ausgeführten Wappenschild auf fol. 54^r, also zwischen dem Schluß des ›Melibeus‹ und dem Anfang der *historia*,[52] wie folgt ein: *Nichs*[!]*.an. vrsach. / .O.v. Trenbach*, d.h. Ortolf von Trenbach d. J. (1440–1502).

Mitglieder der Familie des niederbairischen Geschlechts der Trenbach (Trenbecke) sind an die 30 mal als Besitzer oder Besteller von Handschriften bezeugt.[53] Hanns von Trenbach galt sogar lange Zeit als Gelegenheitsdichter,[54] und sein Sohn Ortolf d.Ä. (1401–1475) schrieb 1459 eigenhändig einen deutschen ›Lucidarius‹ in der Wiener Handschrift 2808.[55] Der jüngere Ortolf als Besitzer oder Besteller von Handschriften läßt sich durchaus nicht immer von diesem seinem Vater unterscheiden,[56] aber im vorliegenden Fall sorgt die nachgewiesenermaßen ihm gehörige Devise für klare Verhältnisse. Sie findet sich z.B. auch in der Wiener Handschrift Cod. 2846 von 1478, die u.a. einen deutsch kontextglossierten ›Donat‹ enthält, und in einem Wiener Exemplar der Reisebeschreibung Bernhards von Breidenbach, das 1488 bei Anton Sorg in Augsburg gedruckt ist.

---

[52] Streng genommen gilt der Besitzereintrag also nur für diesen Teil der Handschrift, und wenn, wie zu vermuten, der dritte Text mit neuer Lage beginnt, dann könnten zwei ursprünglich selbständige Faszikel erst später zusammengebunden worden sein – nach Ausweis des Einbands aber jedenfalls noch im 15. Jahrhundert. Dafür, daß der nicht identifizierte Oswald Enberger der erste Besitzer des Ganzen war, wie Steer (Anm. 48) meint, sehe ich keinerlei Anhaltspunkte.

[53] Die wichtigste allgemeine Grundlage ist das ›Bayerisch Stammenbuch‹ Wiguläus Hundts aus dem letzten Viertel des 16. Jahrhunderts, wo Hundt noch auf die ältere Familienchronik Wenzel Grubers (Anm. 54) zurückgreifen konnte (Teil 3, in: Sammlung historischer Schriften und Urkunden, hg. v. M. Frh. von Freyberg, Bd. 3/2, Stuttgart 1830, S. 717ff.). Vgl. weiterhin Ludwig Heinrich Krick, 212 Stammtafeln adeliger Familien, denen geistliche Würdenträger [. . .] des Bistums Passau entsprossen sind, Passau 1924, S. 428–431 (Stammtafeln der »Trenpeck von Trenbach«); Max Voigt, Beiträge zur Geschichte der Visionsliteratur im Mittelalter, Leipzig 1924 (Palaestra 146), S. 192–199 und v.a. G. Steer (Anm. 48), der einen ersten Gesamtüberblick unter gattungs- und gönnergeschichtlichen Gesichtspunkten versucht hat (S. 246–262). Karin Schneider weist mich außerdem auf den Cgm 4569 aus dem 3. Viertel des 15. Jahrhunderts mit Werken Heinrichs von St. Gallen, Marquarts von Lindau und Konrad Bömlins hin, wo sich im 16. Jahrhundert *Hädwig von Trenbarckh* im Rückendeckel eintrug: vermutlich Hedwig Jörgerin, die 1506 Bernhardin Trenebeck (1474–1530) ehelichte, einen Neffen Ortolfs d.J. Derselbe Bernhardin wird 1520 als Vetter eines Besitzers (oder Lesers) von Füetrers Bayerischer Chronik im Cgm 565 erwähnt (s. Schneider, Die deutschen Handschriften [Anm. 43], Cgm 501–690, Wiesbaden 1978, S. 147).

[54] So noch Steer, S. 255. Vgl. jedoch Frieder Schanze, Wenzel Gruber, in: ^{2}VL Bd. 3, 1981, Sp. 285f.

[55] Vgl. Franz Unterkircher, Die datierten Handschriften der Österreichischen Nationalbibliothek von 1451–1500, Wien 1974, Abb. 168. Zu Cod. 2822 vgl. ders., Die datierten Handschriften [. . .] von 1401–1450, Wien 1971, Abb. 389.

[56] Das ist der Fall im Cgm 4871 von 1461, den Voigt (Anm. 53) zusammen mit den verwandten und früher mit dieser Handschrift zusammengebundenen Cgm 4872 und 4873 dem jüngeren Ortolf zuweist. Zumindest für die dritte dieser Handschriften scheint das ausgeschlossen, denn sie ist 1446 (151^r) datiert (bei Voigt, S. 198, vermutlich nach Schmeller, fälschlich 1456); damals war dieser Ortolf also erst sechs Jahre alt (bzw. 16, wenn man das von Steer angesetzte frühere Geburtsjahr 1430 bevorzugt).

Im 16. Jahrhundert besaß ein anderes Mitglied der Familie Trenbach, Sibilla von Stauf, die mit einem Enkel des Thomas verheiratet war, noch einmal eine ganz andere deutsche ›Dialogus‹-Version:[57] Gregor Haydens Versdichtung, und zwar im Verbund mit dem ›Ackermann aus Böhmen‹ und ›Eurialus und Lukretia‹ in der Übersetzung des Niklas von Wyle. Im 15. Jahrhundert konzentrierte sich dagegen das literarische Interesse dieser ambitiösen Aufsteiger aus den untersten Schichten des Adels eher aufs Pragmatische: juristisches, historisches, geographisches, moral-theologisches und didaktisches Schrifttum, das neben der Orientierung im Leben auch (geistlich getönte) Unterhaltung bot und – über den erwähnten ›Donat‹ im Besitz Ortolfs des Jüngeren – bis in die lateinisch-deutsche Schulpraxis hineinreichte (im einzelnen vgl. Steer [Anm. 48], S. 259ff.). Das ist das intellektuelle Milieu, in dem in diesem Fall der ›Dialogus‹ sich aus seinem lateinischen Gewand herausschält.

Die Ablösung vom Latein ist diesmal, wie schon aus dem Eingang ersichtlich, besonders zögerlich vor sich gegangen, so daß im Dialogteil gelegentlich sogar der Wortlaut des Originals stehengeblieben ist.[58] Dieses Original lag in einer Fassung vor, die nicht wie die weitaus meisten lateinischen und alle übrigen deutschen Textzeugen in zwei Hauptteile – Dialog und Schwankerzählung – unterteilt war, sondern in drei Bücher, deren letztes mit Salomons Urteil beginnt.[59] Die drei entsprechenden lateinischen, alle aus Österreich stammenden Handschriften, besonders das Zwillingspaar Nn (Benary, S. XX), stehen auch in Einzelheiten manchmal auffällig nahe; andere, nicht weniger auffällige Lesarten schließen dagegen eine direkte Beziehung aus.[60] Darüber hinaus spricht vieles dafür, daß die bei weitem wichtigste Abweichung von der bekannten Tradition dem Übersetzer anzurechnen ist: Seine Darstellung gibt nicht viel mehr als die Hälfte der Wechselreden des Dialogteils wieder, im Unterschied zu den sonst am ehesten vergleichbaren lateinischen Handschriften, die alle zu der vollen Version gehören.[61] Wir sind diesem Phänomen bereits bei Gregor Hayden begegnet, und ebenso wie er zeigt die Batthyányäische Handschrift eine Auswahl, die sonst nirgends belegt ist.[62]

---

[57] Insofern erübrigt sich auch der von Steer (Anm. 48), S. 256, vorgeschlagene Vergleich mit Alba Julia I 54.

[58] D 9a; 16ab; 74a; 141a.

[59] 61^r: *secundus liber* | *das ander püch*; 65^v: *Tercius liber* | *das dritt puech.*

[60] *Klain saw* (58^v) gibt z.B. die Sonderlesart *sues parvos* von Nn (statt *crasso porcello*) wieder (D 78b). Andererseits kann das Mißverständnis *vätern* (60^r) letztlich nur aus *paribus* stammen, für das diese Handschriften *pedibus* haben (D 133b).

[61] Neben dem bereits im Verfasserlexikon (Anm. 4) ergänzten Clm 5354 ist Benary (Anm. 3) auch eine Handschrift der Bibliotheca Batthyányana nicht bekannt gewesen, die offenbar v.a. lateinische Werke Heinrichs von Langenstein, aber auch die ›Erchantnus‹ (Rudolf [Anm. 51], Nr. 34) enthält: Szentiványi (Anm. 48), Nr. 157 (S. 82f.).

[62] Vergleichstabelle der lateinischen Texte und einiger deutscher bei Benary, S. XXXV-XXXVIII.

Im Gegensatz dazu hat der Schwankteil keine größeren Kürzungen erfahren. Damit verlagert sich in dieser deutschen Fassung das Gewicht merklich zugunsten des Epischen, in einer ausgewogen dreiteiligen Komposition, welche die von Markolf provozierte Konfrontation Salomons mit seiner eigenen Frauendoktrin als selbständigen, in sich geschlossenen Handlungsteil begreift. Beides weist in die Zukunft: das eine auf die gedruckte deutsche Prosa, das andere auf die dramatische Behandlung des Stoffs durch Hans Folz.[63] Für die Gegenwart Ortolfs von Trenbach aber ist bezeichnend, daß dieser Text direkt gekoppelt ist mit der moralischen Erzählung ›Melibeus und Prudentia‹, wo der hier so wirkungsvoll provozierte Salomon nicht weniger als 31 mal als höchste Autorität zitiert wird, was der Schreiber jeweils säuberlich am Rand vermerkt.

Das Milieu, in dem die dritte dieser Verdeutschungen zuhause ist, hat für uns durch die Feststellung Hansjürgen Kiepes an Kontur gewonnen, daß der Codex Rep. II. 159 der Universitätsbibliothek Leipzig ursprünglich mit der anderen Leipziger Handschrift Rep. II. 160/S in einem (nur noch unvollständig erhaltenen) Sammelband vereinigt war.[64] Der Hauptschreiber und wohl auch Besitzer (Kiepe, S. 80; 367) signierte 1491 (später geändert zu 1492) als *dietterich stoß* (Rep. II. 159, 129^{r}). Er hat v.a. das, was unmittelbar vorausgeht, geschrieben, nämlich unseren Text (1^{r}–24^{v}), gefolgt von einer Übertragung der ›Sieben weisen Meister‹ (25^{r}–129^{r}), eine Kombination, die an die Handschrift in Alba Julia erinnert. Die spätere, im weitesten Sinn nordbairische (fränkisch/ostmitteldeutsche) Sammlung des Dietrich Stoß greift jedoch weiter aus und bezieht u.a. kurze lateinische Texte mit ein, deren gelehrt scherzhafter oder parodistischer Charakter in diesem Mann einen »Absolventen einer Hohen Schule oder Universität« (Kiepe, S. 367) vermuten läßt. Was er sonst gesammelt hat – nicht wie der Besitzer des Cgm 3974 zu beruflichen Zwecken, sondern zur privaten Unterhaltung –, sind Rosenplütsche Priameln, ein Liebesbrief, eine kleine Gruppe von Fabeln und – auf den Schlußseiten von Rep. II. 159 (129^{v}–130^{v}) – ein Sangspruch auf die Gottesmutter in der Nachfolge Barthel Regenbogens. Man wird von diesem Teil der Handschrift als einem

[63] Das heißt nicht, daß der Übersetzer den Zusammenhang und die Bedeutung dieser Episodenkette selbst voll gewürdigt hätte. Eine seiner wenigen Kürzungen im epischen Teil betrifft die Verabschiedung der rebellischen Frauen (69^{v}); und mit Markolfs Behauptung, *antequam dormias vituperabis illas* (s.o. S. 161), hat er – vermutlich als Resultat eines Augensprungs von *ideo laudas eas* (D 36,4) auf *qui nunc laudas eas* (D 36,7) – erhebliche Schwierigkeiten (67^{r}): *du hast dy weyber vast lieb / darūb lobstu sy ee du slefst* [...] *Aber ich sag dir / du lobst sy vor dem slaff. Darnach wirstu sew schelten.*

[64] Hansjürgen Kiepe, Die Nürnberger Priameldichtung. Untersuchungen zu Hans Rosenplüt und zum Schreib- und Druckwesen im 15. Jahrhundert, München 1984 (MTU 74), S. 367. Dort S. 367–369 eine Beschreibung dieser Handschrift. Durch die Freundlichkeit Franzjosef Pensels stand mir außerdem dessen maschinenschriftliche Beschreibung zur Verfügung.

überwiegend geistlich-erbaulich getönten Faszikel sprechen können, der in ein insgesamt eher weltliches, wenn auch größtenteils didaktisch orientiertes, weiteres Sammelprogramm eines gebildeten Bürgers gehörte.

Durch Ausfall des äußeren Doppelblatts der dritten Lage von Rep. II. 159 fehlt u.a. der Schluß des deutschen ›Dialogus‹, und zwar von da an, wo Markolf auf allen Vieren durch die Gassen tappst.[65] Auch das Titelblatt (oder Register?) ist größtenteils herausgerissen. Schon Benary hat diese deutsche Fassung (unter der Sigle K) zum Vergleich herangezogen und ihre enge Zugehörigkeit zu seiner Klasse y, insbesondere der Gruppe der Schwesterhandschriften L (geschrieben 1424) und 1, dargetan (S. XXXIff.). Auch in diesem Zweig der Tradition kam es schon im Lateinischen zu größeren Kürzungen im Dialogteil, genauer gesagt: 77 der Wechselreden sind in L1 nicht belegt. In K sind es jedoch nicht nur mehr (87, d.h. über 60%), sondern die Auswahl ist verschieden: Jede Überlieferung weist der anderen gegenüber 23 solche Minus- (bzw. Plus-) Stellen auf. Außerdem bleibt auch in diesem Fall die Auswahl der deutschen Fassung überhaupt ohne Parallele. In Anbetracht der ansonsten engen Verwandtschaft mit L1 bedeutet das mit großer Wahrscheinlichkeit, daß der Übersetzer selbständig weiter kürzte und vereinfachte, wie das Benary ebenfalls schon gelegentlich im Apparat angemerkt hat (z.B. zu D 24,9). Aufs Ganze gesehen, verschiebt sich damit auch hier das quantitative Verhältnis von Dialog und Erzählung, grob gerechnet, von 1:1 zu 1:2, aber dieser Übersetzer hat auch im zweiten Teil gelegentlich mit Überlegung weiter gekürzt, am auffälligsten bei der Rahmung der aus dem Salomonischen Urteil und dem Aufstand der Frauen zusammengesetzten Großepisode. Das Urteil wird nicht mehr erzählt, sondern nur noch kurz angesagt, und am Schluß verabschiedet Salomon die Frauen recht unzeremoniell ohne die ausführlichen Lobreden, die im Original das doktrinale Gleichgewicht wieder herstellen ($18^{r/v}$ bzw. 24^{v}):

> In der czit kamẽ zwey wiber die eỹ kint heitten vorterbet vnd Da der kuĩg das ortel gesprach das das kint der frawen solt syn die iß nit dotten lassen wolt Da sp^{r} mar^{9} wie mastü erkennẽ
>
> [. . .]
>
> Aber was ich von eỹ bosse wib gered hab wer mag was bosß von eỹ guttẽ wib gesagen [*MmL1!*]. Der got von israhel der geseigen v̈ch vnd mere werin samen jn dem geslicht der heilligen [sanctorum *L !*] Vnd da sprachen sie alle amen vnd neygenten sich geyn dem kuĩg vnd gingen alweg.

Diese Anfälligkeit des Texts gerade an den Stellen, wo er sich vorwiegend auf biblische Assoziation stützt, steht sicher nicht in ursächlichem Zusammenhang mit seiner auch bei Dietrich Stoß evidenten, kontextuellen Umfunktionierung.

---

[65] Expl.: *Da nam mar^{9} eỹ seyb jn syn hãt vnd keret den schugen das hintter her für vnd ging durch die gassen uß uff.*

Zumindest fehlt jeder Hinweis darauf, wo Stoß die Vorlage für seine Abschrift herhatte. Nichtdestoweniger spiegelt sie denselben allgemeinen Vorgang allmählicher Lösung der Komposition aus ihrer besonderen, in ihrer Latinität gegebenen, Verbindlichkeit.

Ein von der einschlägigen Forschung überhaupt noch nicht registriertes handschriftliches deutsches Fragment gibt den Anfang der Geschichte bis gegen Ende der Beschreibung Polikanas wieder (Cgm 713, 3^v–4^r).[66] Es stammt, wie der ganze Codex und auch die Leipziger Handschrift, wenn auch eindeutiger (in der Bamberg-Nürnberger Gegend) lokalisierbar, aus dem nordbairischen Raum und ähnelt der Leipziger Überlieferung in seinen symbiotischen Zusammenhängen: die aus zwei ursprünglich unabhängigen Teilen zusammengesetzte Sammlung enthält wiederum Priameln, dazu lehrhafte Reimpaarsprüche, Minnereden und Mären. Diesmal fehlt also das Lateinische ganz, und das Didaktische paart sich eher mit rein weltlicher Unterhaltung.

Der erste Teil der Handschrift wird »um 1480« datiert, der Status des ersten Faszikels (fol. 1–6) bleibt dabei jedoch unklar. Er ist im 19. Jahrhundert z.T. in Abschrift rekonstruiert worden, und das Doppelblatt 3/4 ist als einziges alter Bestand. Dort notierten eine (Schneider) oder zwei (sonst nicht vorkommende) Hände lediglich zwei Textanfänge: 15 Verse des historischen Reimpaarspruchs ›Die Niklashauser Fahrt‹ (3^r), der sich auf Ereignisse des Jahres 1476 bezieht,[67] und 3^v–4^r die erwähnte Eingangsszene. Da Blatt 4^v weiterhin leer blieb, dürfte die Überschrift, *Von Marcolfo vnd seiner hawßfrawen*, die der Schreiber sich wohl direkt aus dem Text geholt hat *(vnd sein haußfraw was mit im da)*, u.a. besagen, daß er wirklich nur diesen Auftritt festhalten wollte, der im selben Jahrzehnt ja auch den Titelholzschnitt des gedruckten Buchs inspirierte. Bemerkenswert bleiben einige Federproben im unteren Teil von 3^r und die Tatsache, daß der dort aufgezeichnete Text nachträglich wieder ausgestrichen ist: Vielleicht war dieses Doppelblatt nicht mehr als eine Kladde, die mehr oder weniger zufällig ihren Weg in die Handschrift fand.

Diese Aufzeichnung, die ohne weiteres auch noch in den späten achtziger Jahren gemacht sein könnte, richtet sich in der Tat nun nach dem Text der Druckfassung, jedenfalls im Prinzip. Im einzelnen ist sie sekundär, denn sie sucht diesen gerade in den Eingangspassagen recht holprigen Text etwas zu

---

[66] Vgl. die Beschreibungen von Karin Schneider, Die Deutschen Handschriften (Anm. 43), Cgm 691–867, Wiesbaden 1984, S. 57–78, und Kiepe (Anm. 64), S. 317–329. Incipit und Explicit bei Schneider; einen etwas längeren Auszug aus dem 22 Zeilen langen Text hat schon Wilhelm Uhl veröffentlicht: Thomas Murner, Die Gäuchmatt (Anm. 125), S. 229.

[67] Rochus von Liliencron (Hg.), Die historischen Volkslieder der Deutschen vom 13. bis 16. Jahrhundert, Bd. 2, Leipzig 1866, Nr. 148. Vgl. Klaus Arnold, Die Niklashauser Fahrt, in: ^{2}VL Bd. 6, 1987, Sp. 1035–1037 (ohne diese Überlieferung).

glätten und – z.T. durch Schlimmbesserung – zu klären. Außerdem scheint es trotz der sehr schmalen Vergleichsbasis, als bezöge sich dieses Bemühen nicht auf den Druck, sondern auf eine ältere handschriftliche Überlieferung, die dem lateinischen Wortlaut noch etwas näher war.[68] So fehlt der auch dem Original fremde, erweiternde Passus von den *groben wertzen* an Polikanas Brüsten (21), und die anschließende Charakterisierung ihrer Augenbrauen als *stinckend* geht entweder auf Verlesen des lateinischen *supercilia setosa* oder direkt auf die in den Handschriften G, g und l wirklich belegte Lesart *fetosa* zurück (D 2,10). Das bedeutet nicht nur, daß die Druckgeschichte eine ältere handschriftliche Tradition fortsetzt, wofür noch andere Indizien sprechen (s.u.), sondern daß diese Tradition ihrerseits schon verzweigt und jedenfalls, soweit der Zufall der Erhaltung ein solches Urteil erlaubt, breiter war als die der anderen Versuche, den Text zu verdeutschen.

Die anhaltenden und vielschichtigen Bemühungen des 15. Jahrhunderts um die Umsetzung des lateinischen Unterhaltungsbuchs in deutsche Prosa und deren Eingliederung ins volkssprachige Schrifttum zeichnen ein ganz eigenes Bild von den Verständnismöglichkeiten der Zeit. Das Schlagwort von der »Freude am Bösen« (Werner Röcke) als poetologischer Determinante solcher Schwankzyklen trifft zumindest in diesem Fall und in dieser historischen Situation nicht. Damals scheint man kaum Böses geahnt zu haben. Eher deuten die Überlieferungs- und Gebrauchszusammenhänge darauf hin, daß die Spottschrift der ›insider‹ bei der Wendung nach außen, in die laikale Volkssprachigkeit, eine grundsätzlich positive Wende nahm, die sich in anderer Weise ja auch bei Gregor Hayden anbahnt. Anders als die gezielte und abrupte Laikalisierung im Dienst des Hofes bereitet jedoch diese ganz allmähliche Ausgliederung des Stoffs in verschiedenen und zumeist nicht höfisch determinierten Interessenbereichen erst eigentlich den Boden für die Art von ›Volksläufigkeit‹, die den

---

[68] Ich verzeichne hier die inhaltlich und syntaktisch relevanten Lesarten gegenüber Ayrer aij^{r} (zum Eingang vgl. auch o. S. 179f.): 2 vnd was *fehlt*. 3 vor im stan *fehlt*. 4 Vnd der. 5 Er was fast] vnd der was gar. 6 vnd was fast] Aber er was gar vast. 7 dy$_{1}$ *fehlt*. 7f. greüliche̅ vnd (*gestrichen*) peüerysch vnd vngestalt. Vnd der künig hieß sie pede fúr sich pringe̅. 9 Vnd] Item. 10–12 als ein$_{1}$] kurtz vnd grop / Er het ein grósses häubt. vnd ein preitte stire̅ vnd was rott vnd gerúntzelt Er het harige ornn Vnd hangende packen vnd große Rindede auge̅, der vntter lebß an seim múnde was als ein. 13 kurtze] vnd k.; vnd *fehlt*. 14 hogerte] hochgereckte. 15 auch] het. 19 auff dy scham] vber den arsch vnd het an gar. 20–23 augen] Item sein haußfraw was júnck abe' gar grop Mit groß̅e brüste̅, stinckende augen prouue̅ vnd was geschick auf dem Rúck als ein swein, het ein part als ein pock. oren als ein eßel, Rinende auge̅ vnd. *Schluß*: Mit pley gezirrt. – Die bezeichnenden Schlimmbesserungen sind die Uminterpretation von *hogerte (nasen)*, d.h. *(nasum)* [. . .] *gibbosum*, zu *hochgereckte* und die Umwandlung der schweinernen Borstigkeit von Polikanas Augenbrauen (*quasi dorsum porcinum* [D 2,11] – *als ein schwein auf dem ruck ist*) in einen wirklichen Schweinerücken.

Neuansatz im Druck sinnvoll, d.h. rentabel, macht und seine Breitenwirkung garantiert. Gesellschaftlicher Träger dieser Bewegung ist ein literates Laienpublikum des mittleren Adels und des gehobenen Bürgertums, das bei aller Emanzipation der Schule, der Lehre, kurz, dem Latein doch relativ nahe steht. Es kennzeichnet nicht von ungefähr diese Bewegung weiterhin, daß sie sich ebenso in der zum größeren Teil ja gleichzeitigen Überlieferung des Originals kundgibt. Indizien für die Annäherung an die Volkssprache auch in diesem Rahmen und für den allmählichen Wandel der Auffassung von Sinn und Zweck der *altercatio* reichen von der Textsymbiose mit Johanns von Neumarkt ›Stachel der Liebe‹ (g; um 1470) oder mit dem deutsch-lateinischen ›Vocabularius ex quo‹ (M) über den abschließenden (deutschen) Schreiberkommentar *er war aber kein nar gewesen*[69] (zu ... *Marcolphus elegit* [D 45,2]) bis zu den beiden Gruppen von insgesamt 16 Wanderversen, die mehrfach (an verschiedenen Stellen) eingeschoben sind[70] und umgekehrt das Verhältnis programmatisch zugunsten Salomons zurechtrücken: Seinem *Tua verba rusticorum, Mea autem sint doctorum* entspricht Marcolfs *Te collaudant sapientes, Me sequuntur imprudentes* (Benary, S. XVIIf.).[71]

So oder so, d.h. ob nun Salomons Autorität ausdrücklich bestätigt oder Marcolfus als ernstzunehmender Partner aufgewertet werden soll: In der Übergangssituation des 15. Jahrhunderts, aus der das ›Volksbuch‹ als neuer Träger der Tradition hervorgeht, reiht sich das Denkmal als solches unter die Texte ein, die beim Übergang in die Volkssprache dem nützlichen Gebrauch eines breiteren Laienpublikums zugeführt werden konnten. Das reicht vom Schulischen im engeren Sinn bis zur erbaulich-didaktischen Unterhaltung, in der man in Markolf durchaus den häßlichen und gerissenen Herausforderer sehen konnte, ohne doch die Komik der folgenden Auseinandersetzung als destruktiv empfinden zu müssen. Diese Perspektive erklärt längst nicht alles, was weiterhin passiert, aber sie darf bei der Betrachtung der vierten hochdeutschen Übersetzung auch nicht außer acht bleiben, eben der Übersetzung, die in den achtziger Jahren von Nürnberg aus den Ruhm Markolfs in noch breiteren Kreisen der folgenden 150 Jahre begründete.

---

69 In der Handschrift 157 der Bibliotheca Batthyányana (Anm. 61).

70 In G und g vor dem Anfang, in O (1. Drittel 15. Jahrhundert?) an Stelle der Genealogien (D 2ab) und im Clm 5354 (Anm. 61) zwischen den beiden Hauptteilen (286^r).

71 Ähnlich der kürzere deutsche Versvorspann in der Berliner Handschrift (B) der anonymen Versbearbeitung: *wollent ir swigen und sagen horen / Von den wisen und auch den doren* (Hartmann, [Anm. 27], S. V), der im Hinblick auf Vers 3 des Haupttexts (o. S. 166) vielleicht sogar vom Schreiber dazugedichtet ist.

V.

Es war eine außerordentlich erfolgreiche Publikation, von der sich allein aus der Inkunabelzeit (bis ca. 1505) noch acht Drucke erhalten haben. Als herausragende äußere Charakteristika dieser Gruppe seien vorab nur drei genannt: Erstens ein bis auf einen Fall (Schobser 1490) einheitlicher Titel: ›Frag vnd antwort Salomonis und Marcolfi‹, entsprechend der Aufforderung des ersteren: *haben wir rede mit ein ander so wil ich dich fragen so soltu mir antworten* (53f.).[72] Zweitens die Auswahl der Wechselreden des Dialogteils, deren Konstanz umso bemerkenswerter ist, als der Schwankteil keineswegs so einheitlich tradiert wird. Und drittens ein Illustrationsprogramm von 16 Holzschnitten, das bereits Ayrers Druck (1487) ziert und das allein der in den 90er Jahren druckende Kachelofen nicht bringt.

Im übrigen ist auch in diesem Fall eine kurze Darstellung zumindest dieser frühen Überlieferung vonnöten,[73] die freilich der – besonders im Hinblick auf eine künftige historisch-kritische Ausgabe – dringend erwünschten, eingehenden Untersuchung des ganzen Komplexes allenfalls den Weg weisen kann. Es geht dabei nur ganz am Rand um die Widerlegung der nach wie vor herrschenden Auffassung, die verschiedenen Ausgaben stimmten textlich so weit überein, daß, literarhistorisch-praktisch gesehen, eine für alle stehen könne.[74]

---

[72] Koppitz (Anm. 48) gibt den Titel meist fälschlich als ›Red und antwort‹ an. Seine vielfach besserungs- und ergänzungsbedürftige Aufstellung (S. 247f.) ist inzwischen ersetzt durch Bodo Gotzkowsky, ›Volksbücher‹. Prosaromane, Renaissancenovellen, Versdichtungen und Schwankbücher. Bibliographie der deutschen Drucke. Teil I: Drucke des 15. und 16. Jahrhunderts, Baden-Baden 1991 (Bibliotheca Bibliographica Aureliana 125), S. 266–276. Vgl. dazu u. Anm. 73, 77 und 129.

[73] Die Drucke haben mir entweder im Original oder in Mikrofilm bzw. Photokopie vorgelegen, und ich danke insbesondere der Bayerischen Staatsbibliothek, München, der Österreichischen Nationalbibliothek, Wien, und der Stiftsbibliothek St. Gallen für die Erlaubnis zur Reproduktion einzelner Seiten. Eine Kopie des Kachelofen-Drucks hat mir freundlicherweise Werner Röcke zur Verfügung gestellt, bevor ich das Original einsehen konnte. Weitere Materialien, v.a. aber wertvolle Hinweise und Anregungen verdanke ich Frieder Schanze, der mir großzügig seine Notizen zur Druckgeschichte zur Verfügung gestellt und sich ergebende Fragen mit mir erörtert hat. Im einzelnen stammt von ihm insbesondere der erste Hinweis auf die Pariser Inkunabel und die Zuschreibung der bei Gotzkowsky als Nr. 9 und 11 geführten Drucke an Froschauer bzw. Huber. Die letztere hat mich dann weiter auf den Meister der Meinradlegende geführt, den auch Schanze schon im Auge hatte.

[74] Catholy (Anm. 5), S. 19; 67, sah sich deshalb sogar berechtigt, erst das Ayrer zuzuschreibende Münchner Fragment, das nicht einmal den Dialogteil vollständig überliefert, und für den Rest die eklektische und ganz unkritisch auf dem Druck Valentin Neubers (Nürnberg, ca. 1560) basierende Ausgabe Friedrich Heinrich von der Hagens in dessen Narrenbuch (Halle 1811, S. 215–268) zugrundezulegen. Röcke (Anm. 5) hat mit der Ausgabe Kachelofens, die Ayrer am nächsten steht, zuletzt einen wesentlich glücklicheren Griff getan (S. 88). Die Problematik des Verfahrens an sich und besonders vom philologischen Standpunkt zeigt sich allerdings schon bei

Mein Hauptziel ist vielmehr, den Boden zu bereiten für ein besseres Verständnis der Lebensform eines solchen Texts als gedrucktes Buch – ein Verständnis, das gerade auch der literarhistorischen Analyse zugutekommen sollte.

Am Anfang steht vermutlich das Fragment München, Bayerische Staatsbibliothek, Inc. c.a.4° 228ⁱ, das fast den ganzen Dialogteil, wenn auch lückenhaft, umfaßt und dazu die Hälfte eines auf der verso-Seite mit einem ganzseitigen Holzschnitt bedruckten Titelblatts erhalten hat. Die dort noch ganz sichtbare Frau Markolfs ist im Unterschied zu der in der deutschen Prosa generell üblichen Form *Policana* (s.o. S. 180) als *Polonia* (*Polonia fraw* in auf dem Kopf stehender Schrift) bezeichnet.[75] Dennoch legt der Vergleich der bis auf Kleinigkeiten identischen Texte nahe, was dann auch der Vergleich der Typen bestätigt,[76] daß nämlich dieser Druck in derselben Offizin entstanden ist wie die erste vollständig erhaltene Ausgabe: *Frag vnd antwort | Salomōis vñ marcolfij* | [...] *Volendet in der werden Stat Nůrmbergk | Von Marco ayrer jm lxxxvij Jare*. (Paris, Bibliothèque Nationale, Rès.Y^2 884). Deren Titelbild (ebenfalls auf der verso-Seite des ersten Blatts) zeigt in gleicher Anordnung die gleiche Szene – *Marcolfus* und *Policana* (*Jch policana sein fraẅ*) zur Rechten und Linken des in der Mitte thronenden, jugendlichen *kunig Salomon* – aber in größerer, detaillierterer und künstlerisch anspruchvollerer Ausführung. Entsprechend ist auch das Format größer, nämlich 33 Zeilen pro Seite statt 23. Daß Ayrer eine eigene ältere Ausgabe in dieser Weise verbesserte, ist sehr viel wahrscheinlicher als das umgekehrte Verfahren, und damit scheint das Fragment in die Jahre 1483 (Beginn von Ayrers Tätigkeit in Nürnberg) bis 1487 zu gehören.[77] In der zweiten Ausgabe von 1487 folgen dem Titelbild noch weitere 15 Illustrationen im Text, 10 davon mit eigenen Überschriften versehen (s.u. S. 204f.). Ob der frühere Druck dieses Programm ebenfalls schon enthielt, ist nicht zu sagen, da das nächste Bild erst am (dort verlorenen) Schluß des Dialogs erscheint. Kurios ist aber im Zusammenhang die auch in diesem Punkt noch spürbare Nähe zur handschriftlichen Praxis (s.u. S. 198f.). Möglicherweise hat sich Ayrer erst beim zweiten Mal ein volles Programm zugetraut und zu diesem Zweck auf die gleiche oder auch eine andere handschriftliche Quelle zurückgegriffen. In jedem Fall aber wurde der Druck von 1487 für beides, den Text wie die Bilder, zur Grundlage der ganzen weiteren Entwicklung.

Am genauesten gibt dabei den Text ein ohne Titelblatt erhaltener anonymer Druck (Leipzig, Universitätsbibliothek, Poet. lat. rec. 169) wieder, der Johann Kachelofen

---

seiner Wiedergabe des Anfangs (S. 92), wo Kachelofen die Lesart *vnaußgesprech* und damit genau das Gegenteil von dem hat, was einleitend Markolfs Redegewandtheit charakterisieren soll (Ayrer 6: *außgesprech*).

75 Abb. bei Albert Schramm, Der Bilderschmuck der Frühdrucke, Bd. 18, Leipzig 1935, Abb. 593.

76 Gerhard Stalla von der Inkunabelabteilung der Bayerischen Staatsbibliothek hat auf meine Bitte diesen Vergleich vorgenommen. Vgl. jetzt Elmar Hertrich (Hg.), Bayerische Staatsbibliothek. Inkunabelkatalog, Bd. 2, Wiesbaden 1991, S. 280 (D–121).

77 Die in der Forschung geisternden Daten 1477 und 1482 für den als Hain 14257 aufgeführten Druck und die damit verbundene allgemeine Konfusion (vgl. Koppitz [Anm. 48], S. 102 Anm. 53 und S. 247, Nr. 104 und 104a) erklären sich ohne weiteres aus Druckfehlern dort und in der sonstigen älteren bibliographischen Literatur. Gotzkowskys Zuweisung beider Drucke an dieselbe Auflage (Nr. 1) ist ebenfalls nicht richtig.

(Leipzig 1490/1500) zugeschrieben wird. Diese Texttreue schließt allerdings Abweichungen auch an kritischen Punkten keineswegs aus (vgl. Anm. 74). Außerdem hat Kachelofen zwar die durch die Illustrationen eingeführte Gliederung des Texts im wesentlichen übernommen (u. S. 204), aber nicht die Bilder selbst, und insofern führt diese Ausgabe in eine Sackgasse der allgemeinen Entwicklung.

Anders die Ausgabe mit dem neuen Titel: *Red vnd wider red | Salomōis vñ marcolfy | [. . .] Gedruckt zů Augspurg jm lxxxx. jar | von johanne schobsser* (München, Bayerische Staatsbibliothek, Rar. 498/1).[78] Schobser druckte eine Redaktion, die viel freier mit dem Text umgeht, u.U. auch erweitert. Zugleich reproduzierte er den gesamten Bildzyklus in Form von stark vereinfachenden, meist seitenverkehrten Nachschnitten, die mit drei Ausnahmen auch an genau derselben Stelle im Text plaziert sind. Der Titelholzschnitt erscheint weiterhin als ganzseitige Darstellung auf der verso-Seite des Titelblatts.

Auf der durch Schobser belegten neuen Basis entstand schon wenig später eine regelrechte Neubearbeitung des Texts, die in drei Ausgaben überliefert ist: *Frag vnd antwurt künigs Salomon vnd | Marcolfus | [. . .] Getruckt zů vlm vō Hanßē Zainer | jm xcvj jar* (Basel, Universitätsbibliothek, FP VIII^2 3,3),[79] gefolgt von einer zweiten Auflage: *Frag vnd antwurt künig | Salomons vnd Marcolffus | [. . .] Gedruckt zů Vlm von Hannsen | Zainer Jm xcviij Jar* (Bern, Stadt- und Kantonsbibliothek, Inc. IV,34,7), die den Text kaum noch, dafür aber das Arrangement von Text, Bild und Überschriften durchaus weiter variiert. Schließlich ein Druck mit dem Titel: *Frag vnd antwurt Künig | Salomonis vnd Marcolfi |* (St. Gallen, Stiftsbibliothek, Ink. 1287[BB links V8]. Gotzkowsky Nr. 9), dem heute mit den beiden letzten von ursprünglich 16 Blättern der Schluß fehlt, der aber auf Grund der Typen Johann Froschauer in Augsburg bald nach 1503 zugewiesen werden kann. Alle drei rücken den Titelholzschnitt unter den Titel, wiederholen ihn aber auf der verso-Seite, und alle drei verwenden der Intention nach genaue, im konkreten Detail aber doch immer wieder deutlich abweichende,[80] seitengleiche Nachschnitte der zuerst

---

[78] Diesem einzigen erhaltenen Exemplar fehlen von ursprünglich 26 Blättern die zwei, die den Auftritt der Frauen von Jerusalem vor Salomon und die dazugehörige Illustration beinhalteten. Die erhaltenen Illustrationen sind in der Neuzeit zuerst in einer anonymen neuhochdeutschen Ausgabe ad usum delphini von 1920 reproduziert worden, die dazu noch das wohl als anstößig empfundene Bild von Markolf im Backofen bzw. der Felsenhöhle unterschlug (Hans W. Fischer, Leipzig ^{2}1920 [Kulturhistorische Liebhaber-Bibliothek 32]), und neuerdings von Röcke (Anm. 5): das Titelbild auf dem Buchdeckel (eine bessere Reproduktion in: The Illustrated Bartsch, hg. v. Walter L. Strauss, Bd. 87, New York 1985, S. 189) und die übrigen S. 135–142. Dabei stimmt die Zuordnung zum Text nicht immer: »Markolf tritt vor Salomo« (S. 135) stellt in Wirklichkeit seinen ersten Abgang dar; »Markolf und der Fladen« (S. 137) ist im Original (fälschlich) anders eingeordnet (s.u. S. 210); und »Salomos und Markolfs gemeinsame Nachtwache« (S. 138) ist in Wirklichkeit die Szene, in der Markolf seine ersten drei Behauptungen beweist.

[79] Die Illustrationen sind abgebildet bei Schramm (Anm. 75), Bd. 5, 1923, Abb. 433–448. Vgl. weiter: Der Frühdruck im deutschen Südwesten, 1473–1500. Eine Ausstellung der Württembergischen Landesbibliothek, Bd. 1, Stuttgart 1979, Nr. 75 mit Abb. 101, 104, 105.

[80] Im Bild Nr. 9 fehlt sogar eine ganze Figur: Schon bei Schobser ist das Hofpersonal von vier auf drei Personen reduziert (s. Röcke [Anm. 5], S. 139, unten); in der abermaligen Neufassung ist

bei Schobser auftauchenden Bilder. Sie bilden auch in dieser Hinsicht eine geschlossene Gruppe, in der das offensichtliche Bestreben, einen besonders im Schwankteil stark gekürzten Text (im Dialogteil fehlt von den Wechselreden nur eine ganz: D 126) optimal mit Bildern und Überschriften in Einklang zu bringen, allerdings nur bei Froschauer auch optimal realisiert ist.

Auf anderen Wegen erreichte ein ähnliches Ziel schon etwas vorher ein anonymer Druck, der mit Sicherheit von Ambrosius Huber in Nürnberg (ca. 1500) stammt: *Frag vnd antwort Konig | Salomonis vnnd | Marcolfi* (Wien, Österreichische Nationalbibliothek, CP.2.B.69. Gotzkowsky Nr. 11).[81] Huber legte für den Text wie für die Bilder die durch Schobser vertretene Fassung zugrunde. Augenfällig ist das besonders im siebten Bild, das ebenfalls eine – jetzt in dem kleineren Format ganz ins Private zurückgenommene – Anklageszene zeigt (vgl. u. S. 207), während Ayrer den Moment darstellt, in dem Markolf durchsucht wird. Als markantes Textbeispiel sei der längere Zusatz zu Ayrer 667 zitiert, den sonst nur Schobser hat (cviij^{v}) und den Huber noch etwas weiter ausbaut (Cvj^{v}, 4–10):

> Vñ also vnterredet sich der kͤonig mit sein dienern vnd rethen / wie er den dingen solt thun / vnnd zum letzten wardt ein rath gefunden das der kͤonig von seinem pferdt solt steigen / vñ solt die ding besichtigen vñ beschawen nach aller notturft was fͤur ein thier in dem loch verporgen leg.

Insgesamt ist der Text geglättet und rationalisiert, was u.a. neben kleineren Kürzungen auch weitere Ausarbeitung veranlaßt hat, wie z.B. bei der Auflösung von Markolfs Rätseln (Bj^{rv}). Gelegentlich scheint sogar das lateinische Original wieder stärker durch, z.B. wenn Markolf sagt: *Du hast die frawen lieb / darumb lobst du sie* (Cij^{r},8f. D 36,4: *Multum amas feminas et ideo laudas eas*), wo die ganze übrige Tradition *Dar vmb liebstu sie* (516) hat. Daß auch Ayrers Druck noch mit herangezogen wurde, ist möglich, aber im Text überhaupt nicht und durch ganz gelegentliche Anklänge an Ayrers besonderes Bildkonzept nur schwer zu belegen, da dieser Künstler seiner Vorlage durchaus frei gegenübersteht und – gelegentlich auch im erneuten Blick auf den Text – seine qualitätvollen kleinen Bilder selbständig neu konzipiert. Er gehörte sicher der Werkstatt des sogenannten Meisters der Meinradlegende an, die in Hubers Auftrag auch für andere ›Volksbuch‹-Ausgaben neue Stöcke anfertigte.[82] Über die allgemeine stilistische Verwandtschaft hinaus erwähne ich im Hinblick auf die Urteilsszene (Abb. 4) nur eine ikonographisch verwandte Darstellung in Kaspar Hochfeders Druck ›Florio und Biancefora‹ (Metz 1500), die aus dessen Nürnberger Zeit stammt (xij^{r}):[83] das Zentrum der

dann auch noch der rechts hinter Salomon stehende Kleriker ausgefallen (s. Schramm [Anm. 79], Abb. 441).

[81] Abb. des Titelblatts bei Curschmann, Markolf tanzt (Anm. 4), Abb. 4.

[82] Darüber hat grundlegend Frieder Schanze gehandelt (›Volksbuch‹-Illustrationen in sekundärer Verwendung. Zur Erschließung verschollener Ausgaben des ›Pfaffen vom Kalenberg‹, ›Herzog Ernst‹, ›Sigenot‹ und des ›Eckenliedes‹, Archiv für Geschichte des Buchwesens 26 [1986], S. 239–257, passim), der u.a. reiches Vergleichsmaterial bietet.

[83] Florio und Biancefora [. . .] Mit einem Nachwort v. Renate Noll-Wiemann, Hildesheim/New York 1975 (Deutsche Volksbücher in Faksimiledrucken, Reihe A, 3).

Gruppe links, mit dem König in der Mitte, einer links vor ihm halb knienden Frau und einem Mann mit Hut hinter seiner rechten Schulter.

Wie in anderen solchen Fällen auch ist Hubers Offizin zur Schaltstelle der Tradition geworden, sogar, was das (reduzierte) Format anlangt. Die Einzelheiten der späteren Druckgeschichte liegen noch im dunkeln, jedenfalls ist aber diese Neubearbeitung des Bildprogramms sowohl in vergröbernden Nachschnitten (z.B. von Kunigunde Hergotin, Nürnberg 1534 = Gotzkowsky, Nr. 13) als auch in mindestens drei erneuten Nach- und Umgestaltungen übernommen worden. Die erste davon ist insofern von besonderem Interesse, als sie – ein einmaliger Fall (s.u. S. 232) – dem lateinischen Text gilt, so wie ihn Johannes Weißenburger 1514 in Landshut herausbrachte, wohin er 1513 übersiedelt war : *Collationes quas dicuntur fecisse mutuo rex Salomon sapientissimus et Marcolphus* [. . .] *cum figuris.* (München, Bayerische Staatsbibliothek, Res. 4° L. eleg. m. 250,9). Verschiedene Stränge der späteren deutschen Tradition exemplifizieren die Ausgaben von Weigand Han (Frankfurt ca. 1557 = Gotzkowsky, Nr. 16) einerseits und die scheinbar vorwiegend südwestdeutsche Druckfamilie andererseits, auf die schon Paul Heitz aufmerksam gemacht und deren Illustrationen er z.T. nach Originalstöcken, z.T. nach der Ausgabe von Christian Müller (d. Ä., Straßburg 1555/68 = Gotzkowsky, Nr. 20) abgebildet hat.[84] Gelegentlich kommt in dieser späteren Druckgeschichte neben der Hubers auch wieder Ayrers Ausgabe mit zur Geltung – sowohl im Text (z.B. bei der Hergotin) als auch in Überschriften (besonders in der sehr charakteristischen Nr. 12) –, aber insgesamt sind die für Huber vielfach ganz neu eingeführten oder neu formulierten Bildüberschriften ebenso wie die Ikonographie der Bilder selbst maßgebend geblieben.

Eine stärker überlieferungsgeschichtlich und drucktechnisch ausgerichtete Untersuchung müßte nun noch den nicht gerade häufigen, u.U. nur in der einen oder anderen Kategorie – Text, Bild, Überschrift – stärker hervortretenden und überdies je nach Kategorie unterschiedlich zu gewichtenden Hinweisen weiter nachgehen, die möglicherweise auf zwei nicht erhaltene Zwischenstufen führen: eine zwischen Ayrer und

[84] P[aul] Heitz (Hg.), Straßburger Holzschnitte zu Dietrich von Bern – Herzog Ernst – Der Hürnen Seyfrid – Marcolphus, Straßburg 1922 (Drucke und Holzschnitte des XVI. Jahrhunderts 15), S. 21–25. Die beigegebenen Bildtitel stammen ebenfalls aus der Müllerschen Ausgabe, aber bei den beiden letzten Abschnitten hat Heitz die dazugehörigen Holzschnitte verwechselt, so daß seine Serie mit der Galgenszene endet. Die nach den noch vorhandenen Stöcken gedruckten Schnitte hat Gotzkowsky nochmals reproduziert (S. 273f.), der ihre große Ähnlichkeit zu der Mühlhausener Ausgabe von Peter Schmid (ca. 1560 = Gotzkowsky, Nr. 18) hervorhebt. Es handelt sich vermutlich um Nachschnitte der von Müller publizierten Illustrationen, während ein Vergleich des Nürnberger Exemplars dieser Ausgabe (Germanisches Nationalmuseum, 8° N. 198) mit Photographien der Bildseiten der früheren Straßburger Ausgabe von Jakob Frölich (1542. Gotzkowsky, Nr. 14), die mir durch die Freundlichkeit Frieder Schanzes zur Verfügung standen, mit hoher Wahrscheinlichkeit ergibt, daß Müller dieselben Stöcke benützt hat wie Frölich. Im Hintergrund dieser Familie steht vielleicht ein Nürnberger Druck, etwa Gotzkowsky Nr. 10 (1520), hinter dem Schanze Jobst Gutknecht vermutet. – Weiter führen mittlerweile schon die Feststellungen Schanzes in seiner Rezension von Gotzkowksys Buch, in PBB (demnächst). Weißenburgers Ausgabe der ›Collationes‹ ist aufgenommen von Karl Schottenloher, Die Landshuter Buchdrucker des 16. Jahrhunderts, Mainz 1930 [Nachdr. 1967], S. 12, Nr. 8.

Schobser (1487/90) anzusetzende gemeinsame Vorlage für diesen und die dann zuerst von Zainer gedruckte Kurzfassung; und eine aus jener hypothetischen Zwischenstufe noch vorher (also bis 1496) abgeleitete gemeinsame Vorlage für Zainer und den viel späteren Druck Froschauers. Für die erstere sprechen v.a. einige Varianten im Text und in der Formulierung der Überschriften, in denen Schobser sowohl von Ayrer als auch von Zainer/Froschauer abweicht, darunter natürlich v.a. der singuläre Titel. Für die letztere sprechen andererseits eher einige formale Varianten im Detail, in denen Bilder bei Froschauer mit Schobser gegen Zainer übereinstimmen. Für letzteres hier nur ein Beispiel, im Hinblick auf Nr. 13 (Abb. 8): Während Froschauer und Zainer (Schramm [Anm. 79], Abb. 445) mit Markolfs schwarzen und kantigen Schuhen gegen Schobser (Röcke, S. 141) – und Ayrer – zusammengehen, weicht in anderen Kleinigkeiten Zainer von Froschauer und Schobser ab: Markolfs Gürtel ist schmaler, die Schraffur im Torbogen hinter ihm besteht nur aus fünf Strichen, und unter dem Mauervorsprung des rechten Gebäudes fehlt die Eckkonsole rechts.

Text und Überschriften entwickeln sich dagegen eindeutig von Zainer 1496 zu Zainer 1498 zu Froschauer und zwingen somit zu der Hypothese, daß dieser Druck *ZF, dessen Bilder dann Zainer sehr genau, aber doch eben nicht ganz genau, nachgeschnitten hätte, ebenfalls schon von Froschauer stammte, der 1494 zu drucken anfing, und daß dieser für eine spätere Auflage zwar Zainers Text, aber seine eigenen alten Druckstöcke benützte. Das würde immerhin deren offensichtlich ziemlich schlechten Zustand erklären. Der Klarheit halber sei das alles hier – mit allen Vorbehalten – in einem Stemma dargestellt:

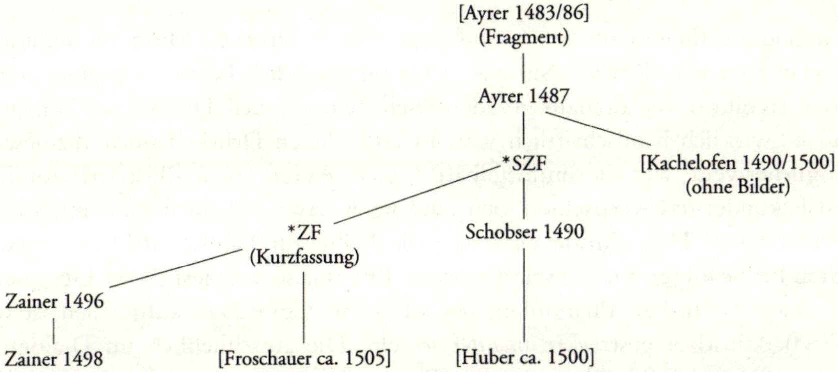

Der deutsche Text, der sich so in engster Verbindung mit dem Medium graphischer Vergegenwärtigung sehr schnell ausdifferenziert, ist wie der Ortolf von Trenbach gehörende und im Unterschied zu den beiden anderen älteren Übersetzungsversuchen aus der Beschäftigung mit einer Handschrift der Gruppe hervorgegangen, die Benary als x^1 bezeichnet (S. XXXI ff.) und der auch seine Leithandschrift C angehört. Mit ihr hat das ›Volksbuch‹ u.a. den ungewöhnlichen Schluß gemeinsam (s.u.). Andererseits ist einer der auffälligsten Fehler, der Ausfall von Salomons entrüsteter Antwort auf Markolfs Erzählung von der Herkunft seiner Weisheit,[85] nur in der x^1-Handschrift E (von 1480)

[85] Siehe S. 161. Damit schließt bei Ayrer Markolfs schnippische Replik direkt und unmotiviert an

bezeugt. Andere offensichtliche Fehler oder Neuerungen, zu denen übrigens auch die in Benarys Tabelle (S. XXXVI) nicht verzeichnete Vertauschung der Reden 55 und 60 gehört, komplizieren die Quellenfrage weiter, zumindest sofern das zugrundeliegende Mißverständnis wirklich in der lateinischen Überlieferung zu lokalisieren ist. Letzteres liegt besonders nahe bei Markolfs seltsamer *kappen*, die *mit har geflochten* und *mit einem hyrsen gehürn* geschmückt ist (17f.). Letztlich ist das ein Mißverständnis von *capulum* (Schwertknauf) *de tilia factum* (D 2,5), das weit in die lateinische Tradition hineinreicht.[86] Für die Neufassung von D 7a (vgl. o. S. 157) – *flewhet so man sein namen vervolgt* (64) – demonstriert schon der Cgm 3974 mit der lateinischen Formulierung *nom̄ ꝑsequentis* (214ra. Statt *nemine persequente*) und der entsprechenden Übersetzung *den nomen seynes durchechters* (210rb), wie derartiges zustandekommt. (Unklar muß dagegen bleiben, was die Ablösung des hübschen Bildes vom fliehenden Rehbock in Markolfs Replik durch das wenig prägnante der fliegenden Gans veranlaßt hat, der *der arß* [. . .] *rert*: 65. Schobser: *redt*; Froschauer: *regt*; Huber: *raget*. Vgl. u. Anm. 100.) Für die Wendung *der ist einß zornigen gemutz* (160f.) ist vermutlich ein *crapulatus animo* statt *crapulatus a uino* (D 82a) verantwortlich, eine öfter, aber nicht in der Gruppe x[1], belegte Lesart usw. Gleichzeitig weisen andere textkritisch relevante Details auf eine deutsche Zwischenstufe, die gelegentlich mißverstanden ist: *pey den schwein* (250) für *cum vrsabus* (D 21,15) führt vermutlich über ein deutsches *(e)bern*, und *schon*[*schō!*]*eret* (110) für *delicate nutrit* (D 36a) im Zusammenhang mit *ere* (*honores*) in der Antwort Markolfs über ein deutsches *schō neret* o.ä. Markolfs Antwort in dem schon erwähnten Wortwechsel D 82, *der hat kein horn* (182,›Harn‹), für *dominum* /*hern* dürfte ähnlich zu erklären sein, usw.

Wir sind auf diese deutsche Vorstufe von Ayrers Drucken schon auf anderem Weg gestoßen (o. S. 190). Sie war selbst offensichtlich bereits Teil einer breiteren Tradition, die deshalb gerade diesen Text für den Druck empfahl, und daß sie wirklich handschriftlich war, ist auch diesen Drucken noch abzulesen. Möglicherweise war die unmittelbare Quelle Ayrers sogar illustriert; zumindest bekundet das wechselnde, den jeweiligen Layout-Bedürfnissen angepaßte Format seiner Holzschnitte eindeutig die Nähe zur handschriftlichen Praxis. Schon bei Schobser wird es standardisiert. Etwas länger dauert dieser Übergang bei einem textlichen Phänomen, das schon im Cgm 3974 aufgefallen ist (o. S. 183): künstlich gestreckte *inquit*-Formeln. Die ausschließlich im Dialogteil und immer gehäuft vorkommenden Redeeinleitungen wie *Salomon sprach hin wider zu dem marcolfo also* [. . .] *Marcolfus antwort dem kůnig salomon* (91/93) oder *Salomon spricht zu dem marcolfo* [. . .] *Marcolfus der listige heßliche pawer antwort dem kůnig also* (97/98f.) schwellen kaum jemals bis zum Umfang der letztzitierten auf; es sind im Prinzip Relikte eines nunmehr obsoleten Systems von

---

seine vorausgehende Erzählung an (302f.); die Kurzfassung sucht wenigstens insofern zu kompensieren, als sie diese Replik durch *vnnd sprach mer* ausdrücklich in das Vorhergehende einbezieht: Froschauer avij[v]; Zainer 1496, aviij[r].

[86] Und in C durch *de cilio* und die Glosse *crinibus* eigens bestätigt wird. Vgl. Catholy (Anm. 5), S. 33 Anm. 2, und Curschmann, Markolf tanzt (Anm. 4), S. 969f. Anm. 9.

Füllseln, mit dem die Schreiber den Namen des jeweiligen Sprechers an den Anfang der Zeile manövrierten. Sie sind denn auch bereits bei Schobser samt und sonders herausgekämmt, nur der Ayrer getreulicher folgende Kachelofen hat einige beibehalten.

Ansonsten hat dieser Bearbeiter den Text energisch gekürzt, und zwar nicht nur, der allgemeinen Tendenz folgend, im Dialogteil, von dem allein durch völligen Ausfall von 56 Wechselreden schon etwa ein Drittel entfällt. Im Schwankteil bleibt zwar die Substanz im wesentlichen erhalten; hier äußert sich diese allgemeine Tendenz eher in einer durchgehenden Vereinfachung oder Versachlichung der Bezüge. Davon, daß die Rhetorik des Originals fast überall zur sachlichen Mitteilung verflacht, ist schon die Rede gewesen (o. S. 163f.). Ähnlich tendiert der Bearbeiter dazu, Erzählung und Beschreibung auf das einzuschränken, was zum Verständnis des Handlungszusammenhangs nötig ist. Überflüssig erscheinende Wiederholungen werden also z.B. gern vermieden: Als Salomon zum fünften Mal in Schweigen verfällt und Markolf zum fünften Mal einschläft und schnarcht (D 27,5–7), hat der deutsche Text nur noch ein lakonisches *Salomon wacht marcolfus schlief* (352f.) übrig. In der Episode mit dem Kahlen fehlt nicht etwa nur das Zitat mit dem Wortspiel *calvicium/vitium* (Anm. 39), sondern die ganze folgende Geschichte von den Mücken, die sich dort tummeln, unter dem weiteren Stichwort *ludibrium* noch dazu (D 33,4–10; biiij^{v}). Derlei gehört eben nicht zum sachlichen Kern. Nicht einmal, daß Markolf die mit dem Herzsud des Geiers getränkte Brotkruste, die ihm doch seine *listigkeit* verleiht, auch wirklich ißt (D 24,14f.; 301), findet Erwähnung; auch nicht, daß seine Mutter erst einmal einen Topf mit Milch füllt, bevor sie den Fladen drauflegt (D 25,10; bj^{r}).

Diese generelle Vereinfachung bewirkt in ganz bestimmten Bereichen ganz bestimmte Akzentverlagerungen. Das höfisch-herrschaftliche Zeremoniell um Salomon herum – die näheren Umstände seines Jagdausflugs, seine Herrscherpose auf dem Thron, die königliche Tafel oder auch Markolfs Auftritte in diesem Rahmen[87] – wird soweit abgebaut, daß der Konflikt geradezu privaten Charakter bekommt. *Coram omnibus – proclamationem facio coram te – cum maximo apparatu suorum – cum venatoribus suis – sedit in throno*, all das sind Hinweise auf Öffentlichkeit und in dieser Öffentlichkeit offiziell wirksame Macht, die jetzt vielfach verschwinden, und damit verschwindet natürlich auch das herrscherlich perspektivierende *in conspectu regis*. Zu dieser Privatisierung und dem darin beschlossenen Verzicht auf das Grundsätzliche, im weitesten Sinn Politische, paßt auch z.B. der völlige Verzicht auf nochmalige Exponierung des Konflikts nach Markolfs zweitem Hinauswurf, wo dieser sich selbst als *brico* und seinen Kontrahenten als *sapiens Salomon* (D 31,11f.; biiij^{r}) charakterisiert.

[87] D 22,12ff. (s.o. S. 159)/262; D 25,7–9/310; D 28,3f./373f.; D 29,10f./398f.; D 30,19f./421.

Nicht umsonst fehlt dann später in dieser Fassung auch Salomons Frage, wer ihn denn wieder hereingelassen habe, und Markolfs scharf pointierte Antwort (D 32,2f.[o. S. 176]; biiij[v]). Die Macht, die Salomon ausübt, hat rein faktische, keine institutionellen oder historischen Gründe.

Das letztere tritt besonders noch im Umgang dieses Bearbeiters mit dem biblischen Gerüst der Handlung zutage. Er beseitigt es nicht, wie der Verfasser der ersten Versbearbeitung es getan hatte, und er weiß immerhin genug Bescheid, um keine groben Fehler zu begehen. Aber anders als Gregor Hayden funktioniert er auch nicht um; er behandelt vielmehr diesen Komplex mit der Unbekümmertheit dessen, dem die ursprüngliche Funktion dieser Anspielungen überhaupt nicht bewußt ist. Das reicht von der Umwandlung der Gruppe von drei Hofbeamten und deren Patronymen in fünf *rentmeister* (246f.) und der folgenden Eliminierung der Namen der 12 *prepositi* bzw. *pfleger des künigs* (253. Vgl. o. S. 157) bis zur drastischen Kürzung im Bereich von Frauenlob und -schelte, die zuerst schon in der Versdichtung des 14. Jahrhunderts aufgefallen ist. Von Salomons abschließendem, beschwichtigendem Frauenpreis bleiben gerade noch drei knappe Sätze übrig (643–646), immerhin noch etwas mehr als in der Leipziger Prosa (o.S. 188).

Daß die Voraussetzungen für den adäquaten sprachlichen Nachvollzug dieses Zitierens fehlen, bedeutet, daß der Text an solchen Stellen am ehesten (mitunter ganz unwillkürlich) abbröckelt. Wer das Spiel nicht mehr mitspielt (oder mitspielen kann), in dem diese Elemente ihren ursprünglichen Platz haben, der kürzt aber nicht nur, sondern verändert – bewußt oder unbewußt – die innere Struktur, und das hat dann selbst im Fall einer ›Übersetzung‹ u.U. zusätzlich konzeptionelle Konsequenzen. Wenn z.B. die Sprecherin der Frauen von Jerusalem auf die notorische Vielweiberei des Königs anspielt, die nun dem Vernehmen nach allen Männern gestattet werden solle, beruft sie sich de facto auf das Zeugnis des Alten Testaments (III Rg 11): *Habes reginam et reginas pluresque inducis concubinas ac iuuenculas innumerabiles* (D 39,4f.). Daraus wird aber nun: *Du hast ein künigin vnd w i l t noch mer weiber h a b e n* (578f.). Damit ist nicht nur Salomons Ehre gerettet, sondern überhaupt die Perspektive auf die historische Rolle und das mittelalterliche Verständnis dieser Rolle zugunsten des vordergründigen Handlungszusammenhangs völlig herausgenommen. Es kann auch umgekehrt gehen, wenn nämlich die neue Fiktion sogar noch ausdrücklicher auf Biblisches bezogen wird, aber dann ist das Ergebnis alles andere als parodistisch: mit dem Ausruf *nunc vere scimus quia vera sunt que audiuimus* (D 40,3) meinen die Frauen, daß Salomons Reaktion auf diese Vorwürfe nur bestätigt, was Markolf verbreitet hat. Der Bearbeiter bezieht jedoch den Satz auf die folgende, ebenso spontane Charakterisierung der sukzessiven Regierungen Sauls, Davids und nun Salomons als Abstieg von *malus* zu *pessimus* (D 40,4–6) und formuliert umständlich, aber besonders im Fall Davids sehr aufschlußreich (599–605): *Nun wissen wir wol als vns vnser vorfoderen gesagt vnd geoffenwaret haben* usw. Obwohl demnach David dem übernommenen rhetorischen Schema entsprechend *noch poßlicher* regiert haben soll als sein Vorgänger Saul, wird er doch *ein mechtiger hochgelerter weiser kůnig* genannt: Das ist eine ganz andere Sicht der Dinge, als sie z.B. noch der Anonymus an den Tag legt, der (mit offensichtlichem Genuß) Davids Ehebruch mit Batseba und Salomons uneheliche Geburt zusätzlich ins Spiel bringt (s.o. S. 166). Man kann oder will offenbar mit dem Biblischen nicht mehr unbefangen-spielerisch umgehen. Einerseits ist damit der weitere Verfall in diesem Punkt sozusagen vorprogrammiert – die von Zainer und Froschauer gedruckte Fassung braucht für die ganze Episode kaum noch eine Druckseite (s.u. S. 211f.). Andererseits hat das, was bei solchen Umschichtungen herauskommt, eine ausgesprochen bestätigende, wenn nicht sogar lehrhafte, Tendenz. Nicht umsonst schwenkt die Erzählung des Urteils, ebenso wie bei Gregor Hayden, schon nach dem ersten Satz direkt zum Alten Testament über (468–474).

All das sind Reflexe eines rechtgläubigen Bewußtseins, das den Text zumindest in solchen Punkten auf das Gewohnte und ›Richtige‹ verpflichtet, und dazu gehört letztendlich auch die Vorbildfunktion Salomons. Deshalb legt die für den Schobser-Druck eigens noch (ohne Bild) eingeführte Überschrift zu dem Abschnitt von *listigkeit* und *weisheit* den Akzent auch ganz auf diesen (s. Abb. 5 und u. S. 210), obwohl doch Salomons eigene Frage an Markolf, *wa oder vō wem kompt dir söliche listigkeit*, das Kapitel eröffnet. Dieser Salomon scheint nicht mehr in Gefahr, als Vertreter einer Ideologie oder eines Systems entthront zu werden. Er ist der vertraute Salomon, nur eben fast ins Private zurückgenommen, ohne den Pomp und damit den Abstand, der im ›Dialogus‹ die Kontrahenten trennt und die Spannung zwischen ihnen begründet. So scheint es nur folgerichtig, daß Salomon seinem Gegner sogar die Hand zur Versöhnung reicht (700ff.). Ein solcher Schluß, der dem Geist des Originals so entschieden widerspricht, liegt an sich, wie so manches andere, sozusagen in der Luft. Er kommt in der lateinischen Überlieferung selbst immerhin schon in der Handschrift C von 1434 vor,[88] die auch in anderen Punkten nahesteht, und Gregor Hayden hat ihn, wenn auch mit Vorbehalten, in anderer Form eingeführt. Erst in der hochdeutschen Prosa wird diese Tendenz jedoch beherrschend. Indem jetzt Salomon Markolfs ursprünglicher Aufforderung *so gibe*

[88] In der Handschrift S, wo Marcolf ebenfalls am Hof endet, liegt eine Sonderentwicklung in einem weiteren Rahmen vor (s.o. Anm. 32). Die eine der beiden niederdeutschen Fassungen, die ebenfalls diesen Schluß hat (Joachim Westfael, Stendal 1489. Abgedruckt im Apparat bei J.J.A.A. Frantzen u. A. Hulshof [Hg.], Drei Kölner Schwankbücher aus dem XV. Jahrhundert, Utrecht 1920, S. 91), bezieht ihn sicher aus der hochdeutschen. Kilian (Anm. 42) bezeichnet sie generell als »Mischform aus der ältesten niederdeutschen Fassung und der hochdeutschen Rezension« (S. 62).

dich vberwunden (242f.) ausdrücklich nachkommt – mit dem Bekenntnis *sein poßheit hat mich vberwunden* – und ihn zusammen mit seiner Frau als *knecht* (*famulus*: Benary, S. 45, im Apparat) an seinem Hof aufnimmt, stellt er die Ordnung wieder her, die dieser Text schon gar nicht mehr in Frage gestellt hatte – und zwar als soziale Ordnung. Nicht in seiner *listigkeit* soll der Sieg Markolfs offiziell begründet sein, sondern in seiner *poßheit* (*malicia*: Benary, ebd.), die hier überhaupt zum ersten Mal erwähnt wird. Es ist die Markolfs niederem Stand eigene, niedere Gesinnung, definiert aus der Warte des sozial Höhergestellten, so wie schon der Anonymus die Vokabel, allerdings zu einem ganz anderen Zweck, gebraucht hatte. Der *follus* des ›Dialogus‹, dem das Bauerngewand eigentlich nur pro forma umhing, wird allmählich ja wirklich als Bauer vorgestellt (und Gregor Hayden hat daraus systematisch Kapital geschlagen). *Follus* ist nie übersetzt, dagegen meist das Adjektiv oder Nomen *rusticus*. Dabei sind die Belege in der Prosa an sich bemerkenswert dünn gesät: Das programmatische *ego sum Marcolfus follus* (D 4,9f.) wird nicht etwa umgestellt, sondern zu *ich pin der selb marcolfus* (44f.) vereinfacht, und es entfällt sogar die direkte Anrede *o rustice* (D 24,6/292 Vgl. o. S. 160).[89] Aber irgendwie genügen diese spärlichen Hinweise doch, um im Verein mit den Beschreibungen von Markolfs, Polikanas und Fudasans Person und v.a. natürlich den dazugehörigen Abbildungen das sekundäre *rusticus* der Vorlage als Primärmerkmal zu etablieren. Auf dieser Basis kann Markolf ohne Schwierigkeit als *knecht* vereinnahmt werden, damit er den König *furpaß nymmer erzoren* (704). Das Intellektuelle als Gegenkraft, die *listigkeit*, ist, wie u.a. Gregor Hayden erfahren mußte, viel schwerer einzuordnen; mit dieser Lösung jedoch schließt sich das System ohne Schmerzen. Oder anders gesagt, Markolf darf seine *listigkeit* beweisen, solange sie sich unterhaltsam-erbaulich gestaltet. Das ist natürlich auch eine Art Ergänzung des salomonischen Denkprinzips, aber in jedem Fall pro bono und ungefährlich.

Die diversen Veränderungen, die gemeinsam im Effekt diese innere Entspannung (und Verflachung) herbeiführen, entspringen – ganz anders als bei den Versbearbeitungen – sicher nicht einem bewußten Bedürfnis nach erneuernder Anverwandlung im Substantiellen. Was verändernd wirkt, sind die dem Bearbeiter im intellektuellen Milieu des Übergangs vom lateinischen Schrifttum zum rasch wachsenden Corpus volkssprachiger Erbauungs- und Lehrdichtung in Prosa gezogenen Grenzen. So folgt er unwillkürlich dem Be-

---

[89] Policana ist *peüerisch* (8), ebenso Markolfs Schuhwerk (15). Er spricht von den *geschlechten Rusticorum* (40) auch dort (399), wo der ›Dialogus‹ nur *parentela* hat (D 29,13). *Wie wol du ein pawer pist* (52), sagt Salomon einmal am Anfang. Sonst kommt das Appellativ nur noch viermal in erweiterten *inquit*-Formeln vor, denen im lateinischen Text nichts entspricht, deren Aussagewert aus den bereits erörterten Gründen gering ist und die auch bald wieder verschwinden (o. S. 198f.).

streben der Zeit, die zentrale Figur Markolfs, wo sie nun sozusagen zur weiteren Verwendung freigegeben ist, sich nicht in Opposition verselbständigen zu lassen, sondern sie einzubinden; sie nicht nur unschädlich, sondern sogar nützlich zu machen. Das ist, da es gleichzeitig darum geht, der Vorlage oberflächlich möglichst gerecht zu werden, eine im wesentlichen passive Strategie. Das aktive Engagement dieses Bearbeiters oder dessen, der im Verein mit dem Verleger seinen Text für den Druck einrichtete, erstreckte sich primär auf einen anderen Bereich, nämlich die Artikulation des Handlungsablaufs und die Einrichtung eines entsprechenden Bildprogramms.

Dieses Bildprogramm und die damit verbundene Textgliederung stellt denn auch die neue Dominante dar, die der deutschen Druck-Variante der ›Dialogus‹-Tradition ihre ganz eigene Note gibt und wohl auch zum großen Teil ihren Erfolg begründet hat.

Zunächst ist zu diesem Zweck, wo nötig, die lateinische Syntax entflochten und der Text so formuliert, gegebenenfalls auch leicht umformuliert, daß sich deutlich größere Abschnitte herausheben, die meistens durch ein Zeitadverb eingeleitet sind und die Handlung dann jeweils bis an einen Punkt führen, an dem eine bestimmte Aktion zum Abschluß kommt, eine Pause entsteht oder die Szene wechselt.

Hier nur zwei Beispiele. Der Satz *Flocenna* [. . .] *placentam* [. . .] *super ollam posuit, sicque per Marcolfum, filium suum, regi transmisit* (D 25,9–12) wird neu gegliedert zu *bedeckt den hafen damit vnd schickt im* [!] *dem kůnig. – Marcolfus ir sun nam dy milch* [. . .] *Vnd* (312f.). Oder: *Tempore autem uigilie adueniente rex Salomon et Marcolfus consederunt, paruoque interuallo facto Marcolfus dormitare et runcare cepit* (D 26,10–12) wird zu *Vnd do dy nacht kam do saßen sy zusammen* [. . .] *vnd wachten. – Do wurd marcolfus schlafen* (332–334).

In dieser Weise präparierte Stellen sind dann in drei Fällen durch Absatz mit großer Initiale (29; 293; 359) und in 15 Fällen durch Bilder markiert, von denen 10 dazu noch eine eigene Überschrift bekommen. Die drei Initialen haben sekundär gliedernde Funktion: So werden am Anfang der szenische Prolog und der folgende Dialog gegeneinander abgesetzt; am Beginn des epischen Teils wird das einleitende Gespräch sinngemäß ganz ähnlich in zwei Phasen unterteilt; und die dritte Initiale bezeichnet den Moment, an dem Markolf seinen folgenden zweiten Aufenthalt am Hof zeitweilig unterbricht, um den Auftritt Fudasans vorzubereiten. Später hätte restlos konsequente Verfolgung dieses Prinzips noch eine vierte solche Initiale erfordert, wo – genau parallel zu dieser ersten epischen Ausbuchtung – Markolf sich vom Hof entfernt, um den Frauenaufstand vorzubereiten. Ansonsten ist der Schwankteil mit der Großgliederung durch Bilder völlig ausreichend und sinnvoll in 12 geschlossene

Episoden aufgeteilt, die dann in den Bildern zusätzlich visuelle Repräsentation erfahren. Mit diesem Gesamtarrangement hat die Bearbeitung, so wie sie Ayrer 1487 druckte, dieses literarische Denkmal überhaupt zum ersten Mal einer systematischen und detaillierten äußeren Gliederung unterworfen. Benarys Kapiteleinteilung, die naturgemäß an manchen Stellen damit übereinstimmt, ist ja das Werk des Herausgebers. Die Handschriften, v.a. aber auch die etwa gleichzeitig mit den deutschen und weiterhin bis ins 17. Jahrhundert hinein erscheinenden Drucke des lateinischen Texts, unterteilen, wenn überhaupt, lediglich in zwei oder allenfalls drei »Bücher« (o. S. 186). Erst die hochdeutsche Prosaausgabe artikuliert das Geschehen so, daß sein Potential als episch kohärentes Schwankbuch voll zur Geltung kommt. Die prägende Kraft dieser Idee manifestiert sich u.a. darin, daß Kachelofen, der die Bilder selbst nicht übernahm, trotzdem Ayrers Gliederung im großen und ganzen – in Form von großen Initialen, Absätzen und v.a. Überschriften – beibehielt und daß sie schließlich in einem Fall, bei Weißenburger (o. S. 196), sogar auf die Gestaltung des lateinischen Texts zurückwirkte. In dem Druck Ambrosius Hubers, der in erster Linie dieses Konzept an das 16. Jahrhundert vermittelte, erreichte, wie im einzelnen noch zu zeigen sein wird, das Bemühen um die sinnvolle Koordination von Text und Bild und Überschriften bereits sein impliziertes Telos. Zur direkten Orientierung stelle ich Ayrers Gliederung mit seinen Überschriften, soweit vorhanden, die Entsprechungen bei Huber gegenüber:

	Ayrer	Huber
1.	*Titelbild. Tituli*: Marcolfus. kunig Salomon. Ich policana sein fraẅ. *(ai^{v})*	Marcolfvs. Policana. *(Ai^{r})*
	Initiale (Do sy kuͤnig Salomon also vor im sah sten . . .) *(29)*	*Initiale (Aij^{v},11)*
2.	Wy des kuͤnigs rentmeister zu marcolfo sprachen *(av^{v})*	Wie des Koͤnigs Rentmaister zu Marcolfo spachent *(!) (Aviij^{r})*
3.	Wy kuͤnig salomon reit auff das geyeide vnd ym seiner dyner einer weiset das hauß Marcolfi vnd waß der kuͤnig marcolfum fraget *(avj^{r})*	Wie Koͤnig Salomon reyt auff das geyde/vñ jm seiner diener einer zeygt das hauß Marcolfi/ vñ was der koͤnig Marcolfum thet fragen. *(Aviij^{v})*
	Initiale (Do sprach kuͤnig Salomon wo oder von wem kumpt dir solche listigkeit . . .) *(292)*	*fehlt*
4.	*(bi^{r})*	Hie bringt Marcolfus dem Koͤnig Salomon ein hafen mit milich *(Bij^{v})*
5.	*(bi^{v})*	Wie der Koͤnig Salomon vnd Marcolfus mit einander wachten die nacht. *(Biij^{v})*

	Initiale (Darnach lief marcolfus heim zu seiner swester . . .) *(359)*	*fehlt*
6.	Wie marcolfus dem kuͤnig salomon must beweren alles das er gedacht het do er wachet mit dem kuͤnig *(bij^v)*	Hie bewert Marcolfus dem Koͤnig alles das / das er gedacht het. *(Biiij^v)*
7.	Wie marcolfus sein schwester ansprach. *(biij^r)*	Wie Marcolfus sein schwester verklagt. *(Bv^v)*
8.	*(biij^v)*	Hie lest Marcolfus die meuß auß seinem ermel auff den tisch lauffen. *(Bvj^v)*
9.	*(biiij^r)*	Hie ließ Marcolfus ein hasen lauffen vnd die hundt lieffen dem hasen nach. *(Bvij^r)*
10.	Wie marcolfus dem kalen man an dy stiren speiet *(biiij^v)*	Hie speyt marcolfus dem kalen an sein stirn *(Bvij^v)*
11.	*(bv^r)*	Hie kamen zwo frawen mit einem lebendigen vnd mit einem todten kindt. *(Bviij^v)*
12.	Nun wert ir horen wye vil weiber gen hof komen vnd wy sy die sach widerretten *(bvj^v)*	Hie kamen die frawen zu dem Koͤnig. *(Ciij^v)*
13.	Nun volget hernach was marcolfus an fieng do er dem kuͤnig vnter sein augen nymer dorst kwmmen. *(cij^r)*	Hie gieng Marcolfus auff allen vieren. *(Cvj^r)*
14.	Wie kuͤnig salomon selber zu dem loch kam. *(cij^v)*	Hie kumbt Salomon mit seinen dienern fuͤr das loch darinn Marcolfus lag. *(cij^v)*
15.	Wie man marcolfum auß furt vnd im vil paum weiset vnd wie er gefragt wurd an welchem er do hangen wolt vnd was er zu antwort gab *(ciij^r)*	Hie fuͤrt man Marcolfum auß vnd wolt jn hencken an ein baum/ vnd wie sie kein baum kunden finden daran er hangen wolt. *(Cvij^v)*
16.	Wie man den marcolfum wider pracht fur den kuͤnig vnd kund niendert keinen baum fynden dar an er woldt hangen *(ciij^v)*	Hie bringen die diener Marcolfum wider/vnd sagen wie es jn ergangen ist. *(Cviij^r)*

Die einzige frühere Illustration, die wir kennen (Abb. 1), hält den im Prolog geschilderten Auftritt eher narrativ fest, d.h. so, daß Marcolf und Politana (hier Lupidana) gemeinsam von rechts vor den links im Bild thronenden Salomon treten. Demselben Grundschema folgen später u.a. die niederdeutschen Drucke, der lateinische von Johannes Weißenburger und der Druck von Hans Folz' zweitem Fastnachtspiel.[90] Bei Ayrer ist die Szene demgegenüber in iko-

[90] Abb. bei Wuttke, Fastnachtspiele (Anm. 97), Abb. 4. Hier ist die Frau im Bild Markolfs Schwe-

nische, symmetrische Statik zurechtgerückt. Damit wird es den Figuren möglich, in Verbindung mit den Schriftbändern und z.T. sogar in halber Wendung zum Betrachter sich auch visuell selbst vorzustellen. Polikana tut das außerdem noch verbal, indem sie ihre Banderole de facto als Spruchband benützt. Man hat dabei wohl die Ikonographie des Salomonischen Urteils mit im Auge gehabt (s.u. S. 209), und die neue Komposition betont denn auch – im Verein mit dem Titel und im Einklang mit der Tradition – den forensisch-verbalen Aspekt der Situation. Andererseits haben sich gerade auch in dieser Version die Gewichte doch spürbar verlagert, zumindest was das Verhältnis von reinem Dialog und nachfolgender Erzählung betrifft. Dazu trägt nicht zuletzt das weitere Bildprogramm bei.

Die auf dem Titelblatt schriftlich wie visuell angekündigte Debatte als solche ist nur noch an einer anderen Stelle illustriert: Markolfs Verabschiedung durch Salomon im Beisein der erbosten *rentmeister*. Als vorangestellte Zusammenfassung dieser abschließenden Kleinepisode etabliert dieses Bild das Schema, nach dem dann das restliche Programm abläuft, zugleich aber integriert es das Vorhergehende – im Verein mit dem Titelbild – als eine Begegnung unter mehreren, wenn auch – trotz der Reduktion auf etwa zwei Drittel des (maximalen) Umfangs – textlich umfänglicher als die anderen. Man konnte diese Großepisode nicht aufbrechen, aber man konnte sie rahmen und auf diese Weise einbinden. Die folgenden 14 Illustrationen stellen das Schwankgeschehen als 12 Episoden dar, kulminierend in dem neuen, versöhnlichen Schluß. Das Bild markiert jeweils den Anfang der Episode, und zugleich stellt es sie vor, indem es entweder charakteristische Details herausgreift oder zusammenfaßt, wie z.B. in Nr. 3, oder einen bestimmten Augenblick stellvertretend für das Ganze fixiert (z.B. in Nr. 4 oder 12), – selbst dort, wo der Text nurmehr wenige Zeilen umfaßt, wie im Fall von Nr. 9, und immer so, daß sowohl Salomon als auch Markolf mit im Bild sind. Das Prinzip der Zuordnung je eines Bildes zu einer motivlich oder thematisch geschlossenen Phase der Auseinandersetzung wird nur gegen Schluß durchbrochen: Ofenschwank und Baumschwank erhalten je zwei Bilder, deren erstes Markolf allein in Aktion zeigt (Nr. 13; 15), während das zweite ihn als Ergebnis dieser Aktion unter jeweils ganz verschiedenen Auspizien wieder mit Salomon zusammenführt. Das damit entstehende leichte, aber spürbare Achtergewicht der Ausstattung hat die Prominenz gerade dieses Schlußteils im Bewußtsein der Folgezeit zweifellos gefördert.

Markolfs *haußfraw* wird erst in den allerletzten Zeilen – und ganz parenthetisch – eine zweite Erwähnung zuteil (704), aber indem Ayrer sie in die

---

ster *Fusita*, und ähnlich hat vielleicht der Illustrator von Weißenburgers ›Collationes‹ (o. S. 196) gedacht; in jedem Fall tat das ein früher Besitzer des Münchner Exemplars, der die weibliche Figur handschriftlich als *soror* kennzeichnete.

Schlußszene voll mit einbezieht, schließt er natürlich den Kreis auch augenfällig zum Anfang zurück. Im einzelnen hat er es sich freilich leicht gemacht und einfach den Holzschnitt Nr. 7 ein zweites Mal verwendet. Die Frau im Bild ist also ›in Wirklichkeit‹ Markolfs Schwester Fudasan, und er selbst wird von den Dienern auf eine verborgene Waffe durchsucht. Der hier gänzlich unmotivierte Griff in die Tasche ist auch bei Schobser und Zainer noch deutlich zu sehen:[91] Die erste Überarbeitung des Bildzyklus macht zwar die Doppelbesetzung rückgängig, aber, indem sie ausgerechnet Nr. 7 neu gestaltet (Abb. Röcke, S. 138) und die eigentlich ›falsche‹ Nr. 16 im wesentlichen beibehält! Erst die nächste Überarbeitung, in der Werkstatt des Meisters der Meinradlegende, bringt ein neues Schlußbild, in dem nun aber Polikana nicht mehr auftritt. Das ist die Kehrseite der hier waltenden Systematik: Die Hauptaufgabe des Illustrators ist nicht, punktuell ab- oder nachzubilden und zu charakterisieren, sondern zu gliedern, allgemein visuell zu vergegenwärtigen, und zugleich in der (u.U. auch ganz oberflächlichen) visuellen Konzentration oder Pointierung des Erzählten besondere Lektüreanreize zu bieten. Der moderne Betrachter tut schon deshalb gut daran, den manchmal durchaus sehr spezifischen Textbezug solcher Illustrationen nicht überzubewerten.

Der Holzschnitt Nr. 3, der mit dem Besuch Salomons bei Markolf anspruchsvoll und geschickt auch alle dessen rätselhaften Auskünfte ins Bild setzt, ist schon vom dadurch mit bedingten größeren Format her als Bildprolog zum ganzen Schwankteil gedacht, der hier ja eigens noch einmal exponiert wird. Schobser, der sonst ein einheitliches, kleines Format gebraucht, schiebt dann konsequent ein zweites ganzseitiges Bild an eben dieser Stelle ein (Abb. Röcke, S. 136). Bei Ayrer scheinen, nachdem die im Text vorbereitete Plazierung festlag, die Höhe der Bilder und die Frage, ob sie Überschriften erhalten sollten (insgesamt wurden es 10), fast noch von Seite zu Seite und ad hoc je nach Platz geregelt worden zu sein. Das geschah mit beachtlicher Sorgfalt; ganz ging die Rechnung am Schluß aber doch nicht auf, weshalb dort eine Überschrift nicht mehr, wie sonst überall, auf derselben Seite steht wie das Bild, zu dem sie gehört. Mit seinem sehr viel kleineren Oktavformat hatte es Ambrosius Huber in diesem Punkt noch viel schwerer; er mußte dreimal Überschrift und Bild auf verschiedenen Seiten setzen und das 13. Bild sogar am Schluß der betreffenden Episode einfügen. Er gibt allerdings nun als erster überhaupt jedem Bild eine eigene Überschrift, nach einem weitgehend einheitlichen Schema und öfter knapper formuliert. Bei Ayrer haben mehrfach, besonders am Ende, die Überschriften noch einen starken Zug ins episch Erzählende: Das verliert sich zwar nie ganz (Nr. 15!), aber insgesamt hat Huber doch eine durchgehend

[91] Abb. Röcke (Anm. 5), S. 142 bzw. Schramm (Anm. 79), Abb. 448, und Der Frühdruck im deutschen Südwesten (Anm. 79), Abb. 105.

bildbezogene Form gefunden, in der sich nicht zuletzt die Suggestionskraft dieser Bilder erweist. Ayrers Überschrift beschreibt praktisch nie die Illustration, sondern allgemein den Inhalt der folgenden Episode, von dem die Illustration dann einen Ausschnitt bietet; bei Huber gibt es dagegen eine Reihe Überschriften, die überhaupt oder zumindest in dieser Form von ihm stammen und sich ganz am Inhalt des Bildes orientieren (Nr. 4, 5, 8, 9, 12, 13). Die folgende deutsche Drucktradition ist ihm auch darin weitgehend gefolgt (o. S. 196), und Johannes Weißenburger, der Drucker der lateinischen ›Collationes‹ hat seine *tituli* teilweise einfach übersetzt. Zugleich hat Weißenburger allerdings das dergestalt im volkssprachigen Bereich entwickelte Gliederungssystem, indem er es nun (als einziger) auf den lateinischen Text anwandte, konsequenter und schärfer profiliert als alle anderen. Er integrierte das Bild in ganz neuer Weise, nämlich als eine Art große Initialenminiatur links im Druckspiegel, und der *titulus* kommt somit als Kapitelüberschrift über beides zu stehen. Hier sind die von Ayrer erstmals markierten Abschnitte wirklich als (im übrigen auch illustrierte) Kapitel aufgefaßt.[92]

Doch zurück zum volkssprachigen Druck! In dem in Hubers Ausgabe signalisierten Wechsel kommt ein genereller Wandel zum Ausdruck: Das Bildprogramm ist schnell zum dominierenden Faktor geworden. Erst gliedert und stabilisiert es den Text in seiner neuen volkssprachigen Form, im weiteren Verlauf kommt es aber schnell zu erneuter Textbewegung in dem Versuch, die Medien im einzelnen effektiver aufeinander abzustellen. Im extremen Fall kann das neue Stützgerüst sogar zum Prokrustesbett werden, dem der Text, wenn nötig auch auf Kosten seiner Substanz, eingepaßt werden muß. Drei Beispiele

[92] Dabei macht Weißenburger sogar das aus Platznot geborene ›Versehen‹ Hubers rückgängig und setzt auch Nr. 13 an den Anfang des betreffenden Textstücks (Biiij^r. Vgl. o. S. 207). Nr. 16 fehlt übrigens bei ihm, da er natürlich dem lateinischen Schluß folgt. – Die Frage, wie sich zu verschiedenen Zeiten und in verschiedenen Gattungen und Medien die Bildüberschriften zum Bild einerseits und zum nachfolgenden Text andererseits verhalten, wie also die Phänomene ›Bildüberschrift‹ und ›Kapitelüberschrift‹ gegebenenfalls zusammenhängen, kann nur durch eine umfassende Untersuchung geklärt werden, die unter den genannten Gesichtspunkten und darüber hinaus für den Einzelfall sehr viel stärker differenziert, als das bisher geschehen ist, und der Versuchung widersteht, das umfangreiche Material über einen (historischen) Kamm zu scheren. Offensichtlich ist der hier vorgestellte Fall des publizistischen Übergangs von primär textbezogenen zu primär bildbezogenen Überschriften anders gelagert als die Beispiele, die Ernst-Peter Wieckenberg (Zur Geschichte der Kapitelüberschrift im deutschen Roman vom 15. Jahrhundert bis zum Ausgang des Barock, Göttingen 1969 [Palaestra 253], S. 33–41), Walburga Kreft (Ikonographische Studien zur altčechischen Alexandreis, Amsterdam 1981 [Bibliotheca Slavonica 22], S. 114–136) oder Liselotte E. Saurma-Jeltsch (Die Kommerzialisierung einer spätmittelalterlichen Kunstproduktion: Zum Wandel von Konzeption und Herstellungsweise illustrierter Handschriften bei Diebold Lauber und seinem Umkreis, Habil.-Schrift Berlin 1991, passim) jeweils behandeln. Vgl. auch Michael Curschmann, Der Berner Parzival und seine Bilder, Wolfram-Studien 12 (1992), S. 153–171, passim.

sollen verschiedene Aspekte dieses Verhältnisses erläutern: wie sich der Text allmählich einem Bild angleicht; wie die Integration des Bildes den Text neu akzentuiert; und wie der Text zurückgestutzt wird, um die Bebilderung als solche stärker hervortreten zu lassen.

Das erste Beispiel betrifft die Darstellung des Salomonischen Urteils, wo die jeweils verschiedenen Traditionen von Text und Bild Divergenzen im Gefolge haben, die erst allmählich ausgeglichen werden. Ayrers Text eröffnet die Episode im (ungefähren) Einklang mit der lateinischen Vorlage so: *Do komen zwu gemein frawen fur den kunig mit einem lebendigen kinde* (468f.; D 33,16f.), und er spricht auch weiterhin nur von diesem einen, ›lebenden‹ Kind als unmittelbar gegenwärtig. Die Illustration jedoch, die (ohne Überschrift) direkt über diesem Passus eingesetzt ist, zeigt stattdessen zwei Kinder, das tote wie das lebende. Das wiederum steht in Einklang mit der ikonographischen Tradition des Themas, die in diesem Fall am prominentesten durch den etwa eine Generation älteren Kupferstich des Meisters E.S. vertreten ist. Er mag diese Darstellung sogar direkt angeregt haben:[93] Vor dem thronenden Salomon kniet rechts eine händeringende Frau mit einem toten Kind, und links steht die andere hoch aufgerichtet mit dem lebendigen, während allerlei Volk und Gefolge den Thron umsteht, auch aus einem Fenster links zuschaut. Die Anlage der Szene bei Ayrer wäre demgegenüber seitenverkehrt (und stark reduziert), und dieser Künstler zeigt, wie ähnlich bei Nr. 7, nicht die Situation in ihrer Allgemeinheit, sondern den Augenblick der Urteilsfindung, in dem auch Markolf bereits in Aktion tritt. Wie dem auch sei, der (wiederum seitenverkehrte) Nachschnitt bei Schobser (Abb. 2) nimmt, wie es dieser Nachschneider öfter tut, das Spezifikum wieder heraus, das die Darstellung bei Ayrer relativ genau auf den Text bezieht, nämlich das Weinen der stehenden Frau, ist im übrigen aber eine recht getreue Kopie, die, an derselben Textstelle inseriert, ebenfalls ohne Überschrift auskommt. Anders wird das erst in der Kurzfassung (hier und im folgenden vertreten durch Froschauer: Abb. 3). Dort steht über demselben Bild eine zweizeilige Überschrift, die sich schnell als Zitat des Textanfangs erweist – mit zwei bezeichnenden Unterschieden: *Da kamen zwū frawen für den Künig mit einem | lebendigen vnd mit ainem toden kind*. Der Redaktor hat den ersten Satz des folgenden Abschnitts einfach umfunktioniert und dabei in einer Hinsicht erweitert, um dem Inhalt des Bildes gerecht zu werden. Zugleich hat er – umgekehrt – das Adjektiv *gemein* herausgenommen, das über das dort Sichtbare hinausweist. Text ist zur Bildbeschreibung geworden, in einem Verfahren, das

[93] Abb. u.a. in: The Illustrated Bartsch (Anm. 78), Bd. 8, 1980, S. 15. Vgl. Max Lehrs, Geschichte und kritischer Katalog des deutschen, niederländischen und französischen Kupferstichs im XV. Jahrhundert, Bd. 2, Wien 1910 (Nachdr. 1969), Nr. 7. Holm Bevers datiert den Stich auf 1455/60: Holm Bevers (Hg.), Meister E.S. Ein oberrheinischer Kupferstecher der Spätgotik, Katalog der Ausstellung 1986/87, Nr. 3.

man als vergleichsweise radikal bezeichnen muß: Der alte Text wird nämlich unter dem Bild dann nicht etwa wiederholt, sondern nach dem Ausfall des die beiden Sätze sonst verbindenden *vnd* geht die Geschichte mit neuem Einsatz (und großer Initiale) direkt weiter: *DJe ein sprach* . . . Ambrosius Huber schließlich, dessen Künstler sich an dem Schobser-Druck orientierte, die Szene aber von allem ›überflüssigen‹ Personal befreite, und der die seit Ayrer feste Position im Text beibehielt (Abb. 4), ging in der gleichen Richtung, jedoch mit charakteristisch größerer Sorgfalt, zu Werk. Er setzte zunächst eine ›richtige‹ Überschrift, die also mit *hie* beginnt, im übrigen aber genau dem Wortlaut bei Froschauer entspricht, und ließ dann den Text an seinem Platz, der also unter dem Bild wie früher weiterfährt: *Do kamen zwo gemein frawē fůr den kǒnig* . . . Nur, diesmal zieht der Herausgeber auch für den Text dann noch die Konsequenz, die im Wortlaut der Überschrift liegt, und bringt so erstmals Bild und Text in Einklang. Der Satz geht nämlich weiter: *mit einem todtē vñ mit einem lebendigē kindt*, und auch im weiteren Verlauf ändert Huber in diesem Sinn überall, wo der überlieferte Wortlaut die Identität des Kindes nicht näher bezeichnet. So lautet der Befehl Salomons hier z.B.: *teylt das lebendig kindt* (C[r],2) – eine für sich genommen kaum wichtige Umgestaltung, unter den geschilderten Umständen jedoch höchst bedeutsam als Beispiel für eine neue Art von redaktionellem Umgang mit dem Text.

Das zweite Beispiel betrifft die Stellung einer Illustration im Text, mithin dessen Gliederung: die Geschichte vom Fladen (Nr. 4). Ayrer hatte den Besuch Salomons bei Markolf als Episode verstanden, die mit dem Abschied auch den Auftrag an Markolfs Mutter mit einbegreift, dessen Ausführung abschließend ganz kurz geschildert wird. Dann folgt – ohne Überschrift – das Bild, das zeigt, wie Markolf diesen Tribut überbringt; anschließend wird also zunächst die unmittelbare Vorgeschichte dieser Szene berichtet, beginnend mit dem o. S. 203 erwähnten Einsatz: *Marcolfus ir sun nam* . . . (313). Diese Einteilung des Textes behält auch Kachelofen bei, mit einem einfachen Absatz an derselben Stelle (avij[r]). Ganz anders Schobser (Abb. 5) oder sein unmittelbarer Vorgänger. Er nimmt Ayrers Binnengliederung der Besuchsepisode durch große Initiale zum Anlaß einer eigenen Überschrift an dieser Stelle: *Wie marcolffus dem künig salomon* | *saget wauon jm sein weißheit kame*, und setzt dann sogleich das nächste Bild, eben das Fladenbild, dazu ein! Daß beim Nachschneiden dieser Szene ausgerechnet die pièce de résistance, der Fladen, herausretuschiert wird, verwundert bei dieser allgemeinen Zweckentfremdung kaum noch. Diesen aus allzu mechanischem Denken geborenen Fehler suchte aber der Redaktor der Kurzfassung zu korrigieren (Abb. 6). Er behielt den Absatz und auch die Überschrift bei, die Schobser zur Binnengliederung der Besuchsepisode eingeführt hatte, wartete dann aber mit dem nächsten Bild, bis es wirklich paßte, und schuf dazu eine eigene, neue Überschrift nach dem schon bekannten Muster: Der unmittelbar vorausgehende Satz, *da nam marcolfus mutter genant Florentina ain ayrplatz* . . ., wird ersatzlos zur Überschrift umfunktioniert, und die Erzählung geht dann unter dem Bild genauso weiter wie bei Ayrer. Ambrosius Huber wiederum lag eine solche Behelfslösung fern (Abb. 7): Er formulierte auch hier eine eigene, ›richtige‹ Überschrift und plazierte das Ganze etwas weiter vorn als Ayrer (oder Zainer/Froschauer), nämlich zwischen Markolfs Versprechen, das Ansinnen des Königs an seine Mutter weiterzugeben, und dessen nur ganz kurz angesagte Rückkehr nach Jerusalem. Also: *Marcolfus antwort dem kônig vnd sprach. Ich will es gern thun.* (Bij^{r}), dann die neue Überschrift, *Hie bringt Marcolfus dem Kônig| Salomon ein hafen mit milich*, und nach dem Bild mit großer Initiale die Fortsetzung der Erzählung mit *Do reyt Kônig Salomon* [. . .] *Darnach nam die mutter Marcolfi* . . . Wieder orientiert sich dabei Hubers Überschrift an dem, was das Bild zeigt, wo jetzt übrigens auch der Fladen wieder auftaucht. Zugleich aber betont Huber mit seiner Plazierung vielleicht noch mehr als Ayrer, daß dieses Bild als graphische Chiffre für eine ganze Episode steht und nicht etwa den Text punktuell verdeutlichen soll. Er hat sogar, um die alte Zäsur zu überspielen, den Standardtext an dieser Stelle umgeschrieben: statt *Marcolfus ir sun nam dy milch* heißt es bei ihm: *do nam Marcolfus die milich* (Bij^{v},7f.).

Mit meinem dritten Beispiel kehre ich noch einmal zurück zu dem neuralgischen Punkt des Schwankteils, dem Aufstand der Frauen. Die besondere Brüchigkeit des Texts an dieser Stelle erklärt allein noch nicht, warum die Bearbeitung, die Zainer und Froschauer drucken, den Verfall derart radikal weitertreibt. Der Rest der Erklärung beginnt mit der Beobachtung, die nebenbei schon zu machen war, daß nämlich dieser Redaktor sich zwar, genau wie Ambrosius Huber, um ein augenfällig stimmiges Zusammenspiel von Text und Bild bemüht, aber in vergleichsweise mechanischer, oberflächlicher Weise. So hat z.B. Froschauer, der konsequenteste Vertreter dieser Redaktion, schließlich, genau wie Huber, für jedes Bild auch eine Überschrift,[94] aber während Huber trotz dieser Außenperspektive offensichtlich an der Bewahrung des Texts interessiert bleibt, ist hier der Text überall gekürzt. Meist dient das nur der weiteren Straffung des Handlungsablaufs, aber an der fraglichen Stelle geht es sehr viel weiter, und ohne Rücksicht auf den sonst durchaus gewahrten Kausalzusammenhang (Abb. 8). Das Vorspiel zu dem Aufstand der Frauen, das von der Diskussion des Urteils zu ihrem Auftritt am Hof überleitet, schrumpft auf wenige Zeilen zusammen (bv^{v},1–4). Dann entfällt auch noch praktisch der ganze Dialog zwischen Salomon und diesen Bürgerinnen, insbesondere Salomons Frauenschelte, auf die hin das Ganze eigentlich angelegt ist, trotzdem bleibt aber die bekannte Ausflucht stehen: *vnd das ich von den frawen hab geredt*

---

[94] Bei Zainer 1496 fehlen noch drei (Nr. 8, 12, 14) und bei Zainer 1498 zwei (Nr. 8, 14).

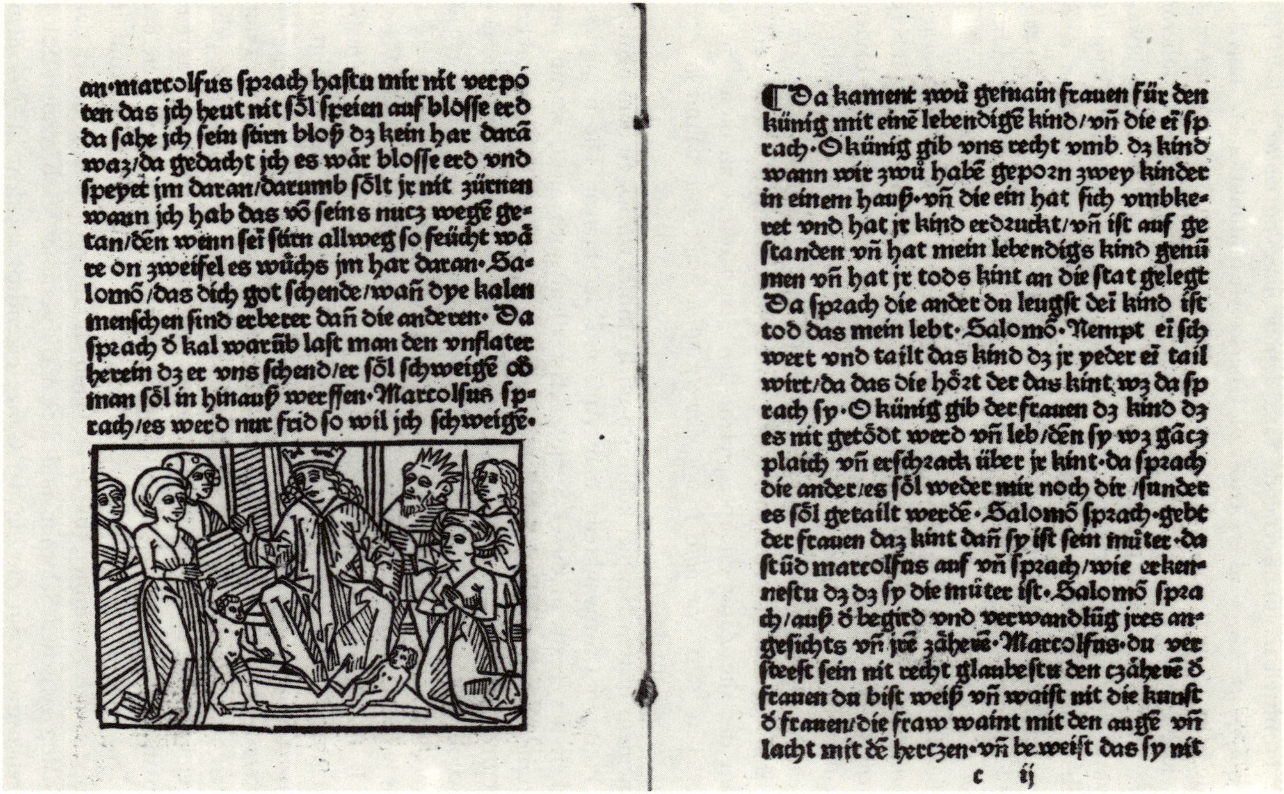

an·marcolfus sprach hastu mir nit verpo
ten das ich heut nit söl speien auf blosse erd
da sahe ich sein stirn bloß dz kein har darā
waz/da gedacht ich es wär blosse erd vnd
speyet im daran/darumb sölt jr nit zürnen
wann ich hab das vō seins nutz wegē ge-
tan/dēn wenn sei stirn allweg so feücht wä
re on zweifel es wüchs im har daran·Sa-
lomō/das dich got schende/wañ dye kalen
menschen sind erberer dañ die anderen·Da
sprach ō kal warūb last man den vnflater
herein dz er vns schend/er söl schweigē oō
man söl in hinauß werffen·Marcolfus sp-
rach/es werd nur frid so wil ich schweigē·

Da kament zwū gemain frauen für den
künig mit einē lebendigē kind/vñ die eī sp
rach·O künig gib vns recht vmb dz kind
wann wir zwū habē geporn zwey kinder
in einem hauß·vñ die ein hat sich vmbke-
ret vnd hat jr kind erdruckt/vñ ist auf ge
standen vñ hat mein lebendigs kind genū
men vñ hat jr tods kint an die stat gelegt
Da sprach die ander du leugst deī kind ist
tod das mein lebt·Salomō·Nempt eī sch
wert vnd tailt das kind dz jr yeder eī tail
wirt/da das die hört der das kint wz da sp
rach sy·O künig gib der frauen dz kind dz
es nit getödt werd vñ leb/dēn sy wz gäcz
plaich vñ erschrack über jr kint·da sprach
die ander/es söl weder mir noch dir/sunder
es söl getailt werdē·Salomō sprach·gebt
der frauen daz kint dañ sy ist sein müter·da
stūd marcolfus auf vñ sprach/wie erken-
nestu dz dz sy die müter ist·Salomō spra
ch/auß ō begird vnd verwandlūg jres angesichts vñ jrē zäherē·Marcolfus·du ver
steest sein nit recht glaubestu den czäherē ō
frauen du bist weiß vñ waist nit die kunst
ō frauen/die fraw waint mit den augē vñ
lacht mit dē herczen·vñ beweist das sy nit
c ij

Abb. 2 Salomons Urteil: Johann Schobser, Augsburg 1490, Bl. cj^v/cij^r. München, Bayerische Staatsbibliothek, Rar. 498/1.

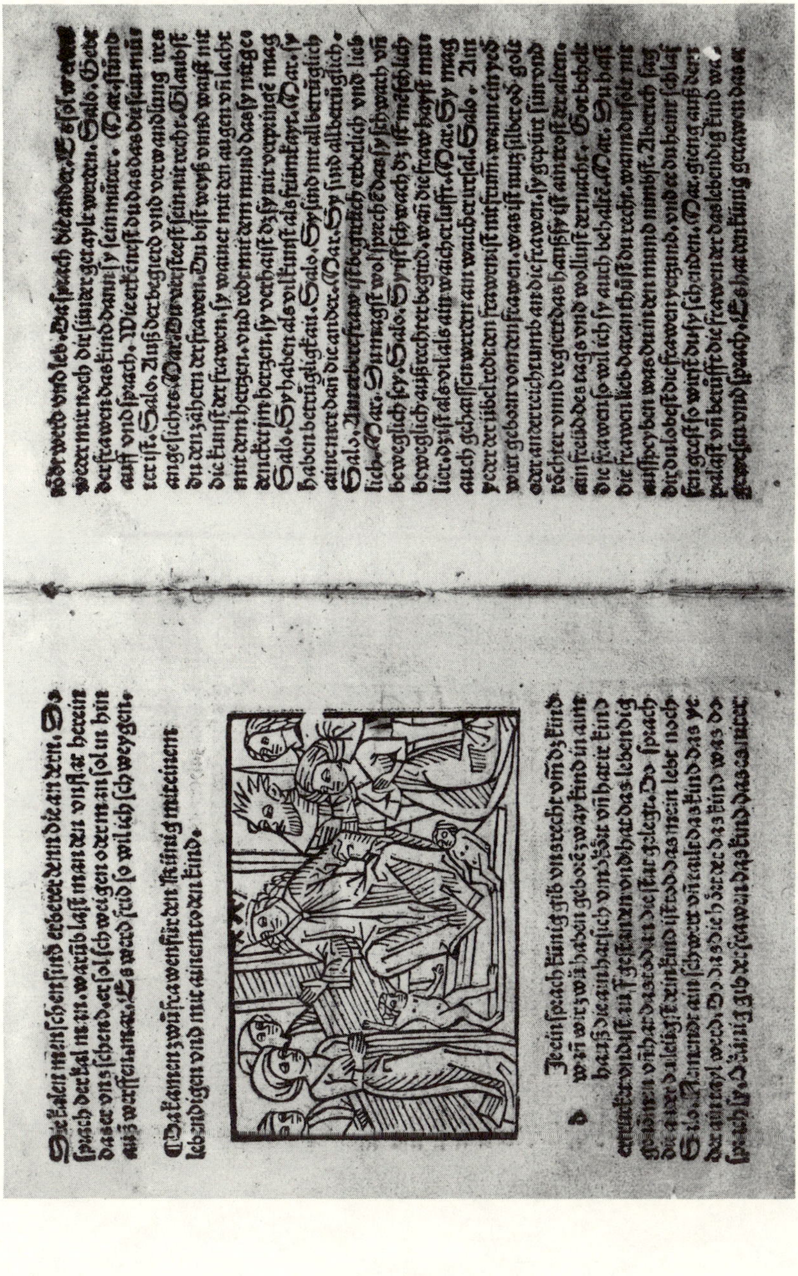

Abb. 3 Salomons Urteil: [Hans Froschauer, Augsburg ca. 1505], Bl. biiij^{v}/bv^{r}. St. Gallen, Stiftsbibliothek, Ink. 1287.

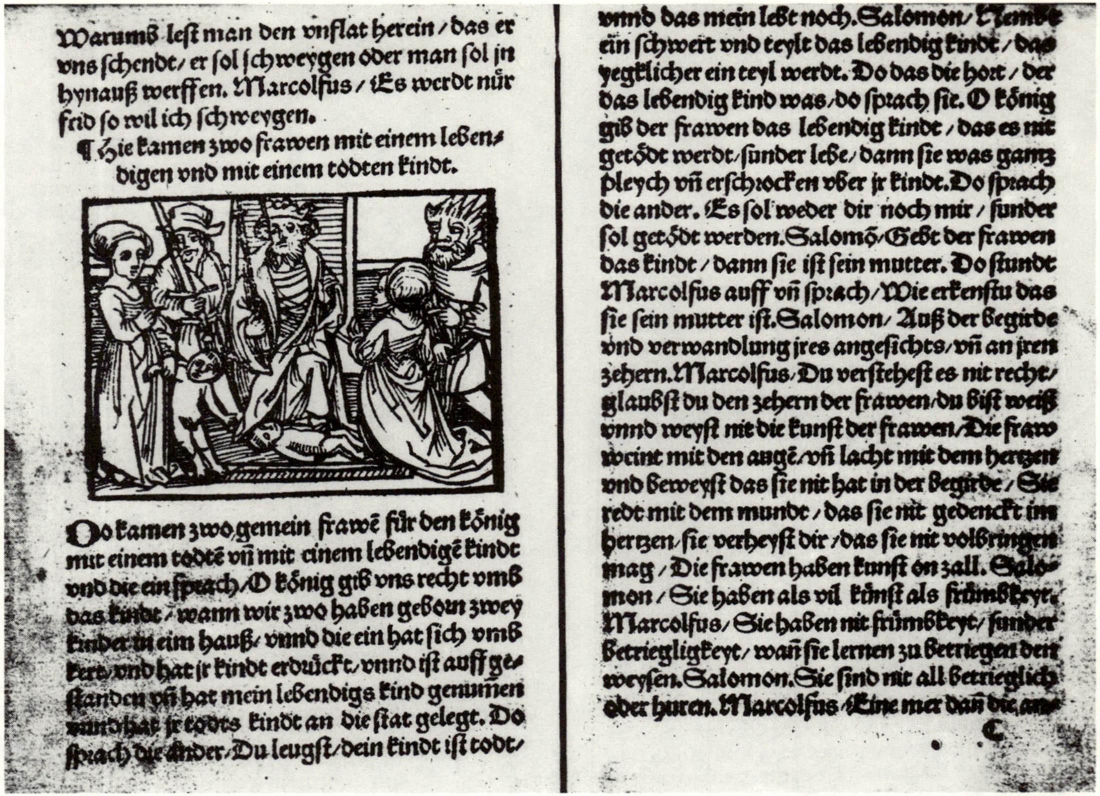

Warumb lest man den vnflat herein / das er
vns schende / er sol schweygen oder man sol jn
hynauß werffen. Marcolfus / Es werdt nür
frid so wil ich schweygen.
¶ Hie kamen zwo frawen mit einem lebendigen vnd mit einem todten kindt.

Do kamen zwo gemein frawē für den könig
mit einem todtē vñ mit einem lebendigē kindt
vnd die ein sprach / O könig gib vns recht vmb
das kindt / wann wir zwo haben geborn zwey
kinder in eim hauß / vnnd die ein hat sich vmb
kert / vnd hat jr kindt erdruckt / vnnd ist auff gestanden vñ hat mein lebendigs kind genumen
vnnd hat jr todts kindt an die stat gelegt. Do
sprach die ander / Du leugst / dein kindt ist todt /
vnnd das mein lebt noch. Salomon / Nembt
ein schwert vnd teylt das lebendig kindt / das
yegklicher ein teyl werdt. Do das die hort / der
das lebendig kind was / do sprach sie. O könig
gib der frawen das lebendig kindt / das es nit
getödt werdt / sunder lebe / dann sie was gantz
pleych vñ erschrocken vber jr kindt. Do sprach
die ander. Es sol weder dir noch mir / sunder
sol getödt werden. Salomō / Gebt der frawen
das kindt / dann sie ist sein mutter. Do stundt
Marcolfus auff vñ sprach / Wie erkenstu das
sie sein mutter ist. Salomon / Auß der begirde
vnd verwandlung jres angesichts / vñ an jren
zehern. Marcolfus / Du verstehest es nit recht /
glaubst du den zehern der frawen / du bist weiß
vnnd weyst nit die kunst der frawen / Die fraw
weint mit den augē / vñ lacht mit dem hertzen
vnd beweyst das sie nit hat in der begirde / Sie
redt mit dem munde / das sie nit gedenckt im
hertzen / sie verheyst dir / das sie nit volbringen
mag / Die frawen haben kunst on zall. Salomon / Sie haben als vil künst als frümbkeyt.
Marcolfus / Sie haben nit frümbkeyt / sunder
betriegligkeyt / wañ sie lernen zu betriegen den
weysen. Salomon. Sie sind nit all betrieglich
oder huren. Marcolfus / Eine mer dañ die an-
C

Abb. 4 Salomons Urteil: [Ambrosius Huber, Nürnberg ca. 1500], Bl. Bviij^v/C^r. Wien, Österreichische Nationalbibliothek, CP. 2. B. 69.

sy jr fürbas nit gethůn kan/aber meī brů
der sitzt ausserhalben des hauß vnnd was
er vindet das tödt er Aber mein schwester
sitzt in jrer kamer vnd wainet des des sy
verten gelachet hat·Da sprache salomon
was bedeütet das·Da sprach marcolffus·
mein vater ist auf dem veld vnnd verma-
chet den weg durch das koren mit dornen·
wann dann die menschen kůmen so machē
sy ein anderē weg durch das koren/so hat
er dann zwen schäden gemacht·Aber mein
můter die thůt zů die augen einer nachbeü
rin die wil sterbē/die thůt jr fürbas jre au
gen nymmer zů·Aber mein brůder sitzet
hinder dem hauß vnd hat seine klaider ab
gezogen vnd was er leüß vindet die tödt
er all·Aber mein schwester hat verten geliebet einen jungen knaben den hatt sy ge-
halset vnd geküßt/als lang biß das sy ist
schwanger worden eines kindes/darumbe
so ist sy yetzund in trauren·

Wie marcolffus dem künig salomon
saget wauon jm sein weißheit kame·

Do sprach künig salomon wa oder vō
wem kompt dir söliche listigkeit·Marcolf
fus sprach/zů den zeiten dauids deines va
ters da du jung warest/do namen dye er-
tzet deines vaters dir zů einer ertzney ein
geyren·Vnnd als sy die ertznei nach not-
türfft aller deiner glider gemacht heten·da
nam bersabee dein můter das hertz von dē
geyren vnd leget das auf ein rinden brots
vnd priete das auf den kolen vnd gabe dir
es zeessen/vnd warf darnach die rindē bro
tes hin·da was ich in der kuchen vnd hůb
sy auf/die was mit der feüchtikeyt des her
tzen von dem geyer begossen daruon kame
mir die listigkeit/als dir die weißheit kam

b iij

Abb. 5 Markolf bringt die Milch und den Fladen: Johann Schobser, Augsburg 1490, Bl. bij[v]/biij[r]. München, Bayerische Staatsbibliothek, Rar. 498/1.

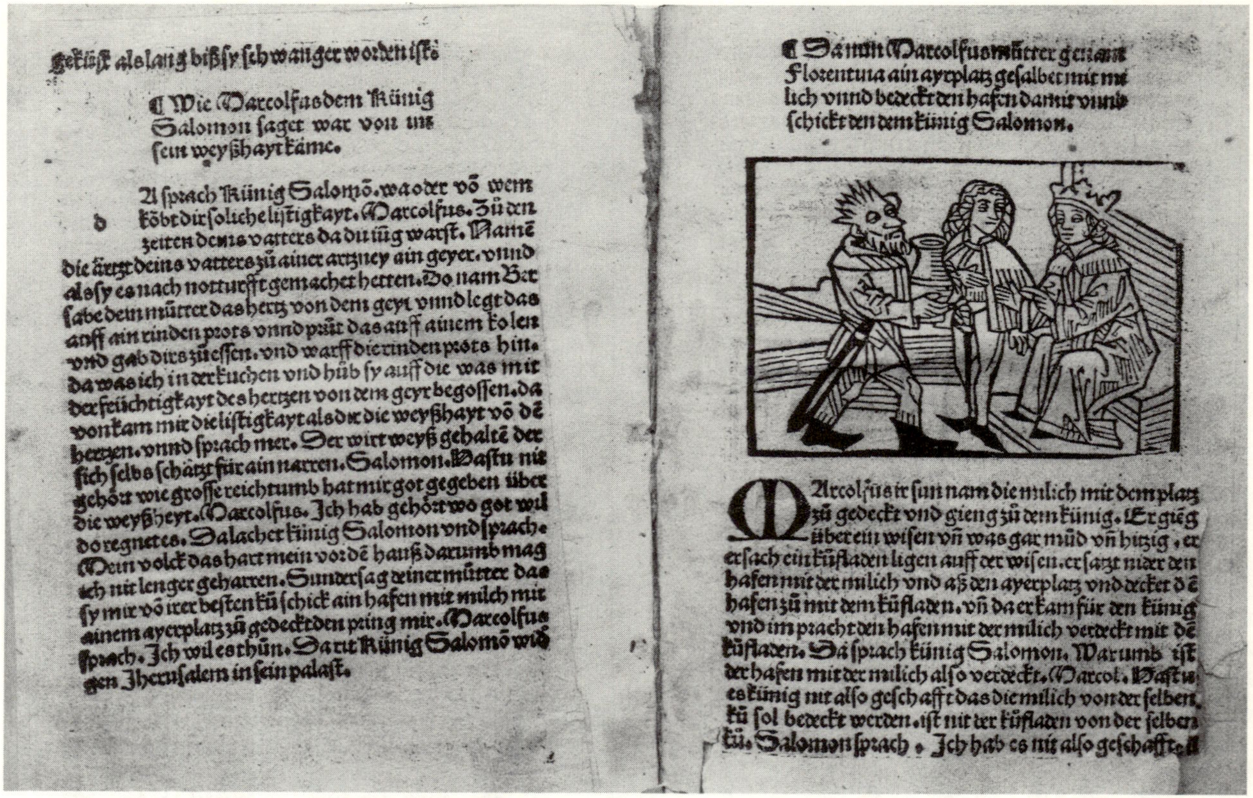

gekűßt als lang biß sy schwanger worden ist.

¶ Wie Marcolfus dem Künig Salomon saget war von im sein weyßhayt käme.

D
A sprach Künig Salomō. wa oder vō wem köbt dir soliche listigkayt. Marcolfus. Zů den zeiten deins vatters da du iūg warst. Namē die ärtzt deins vatters zů ainer artzney ain geyer. vnnd als sy es nach notturfft gemachet hetten. Do nam der sabe dein műtter das hertz von dem geyr vnnd legt das auff ain rinden prots vnnd prāt das auff ainem kolen vnd gab dirs zů essen. vnd warff die rinden prots hin. da was ich in der kuchen vnd hůb sy auff die was mit der feüchtigkayt des hertzen von dem geyr begossen. da von kam mir die listigkayt als dir die weyßhayt vō dē hertzen. vnnd sprach mer. Der wirt weyß gehaltē der sich selbs schätzt für ain narren. Salomon. Hastu nit gehört wie grosse reichtumb hat mir got gegeben über die weyßheyt. Marcolfus. Ich hab gehört wo got wil do regnet es. Da lachet künig Salomon vnd sprach. Mein volck das hart mein vor dē hauß darumb mag ich nit lenger gebarren. Sunder sag deiner műtter das sy mir vō irer besten kű schick ain hafen mit milch mit ainem ayerplatz zů gedeckt den pring mir. Marcolfus sprach. Ich wil es thůn. Da rit Künig Salomō wider gen Jherusalem in sein palast.

¶ Da nun Marcolfus műter genant Florentina ain ayrplatz gesalbet mit milich vnnd bedeckt den hafen damit vnnd schickt den dem künig Salomon.

M
Arcolfus ir sun nam die milich mit dem platz zů gedeckt vnd gieng zů dem künig. Er gieg über ein wisen vñ was gar műd vñ hitzig. er ersach ein kűfladen ligen auff der wisen. er satzt nider den hafen mit der milich vnd aß den ayerplatz vnd decket dē hafen zů mit dem kűfladen. vñ da er kam für den künig vnd im pracht den hafen mit der milich verdeckt mit dē kűfladen. Da sprach künig Salomon. Warumb ist der hafen mit der milich also verdeckt. Marcol. Hastu es künig nit also geschafft das die milich von der selben kű sol bedeckt werden. ist nit der kűfladen von der selben kű. Salomon sprach. Ich hab es nit also geschafft.

Abb. 6 Markolf bringt die Milch und den Fladen: [Hans Froschauer, Augsburg ca. 1505], Bl. avij^v^/aviij^r^. St. Gallen, Stiftsbibliothek, Ink. 1287.

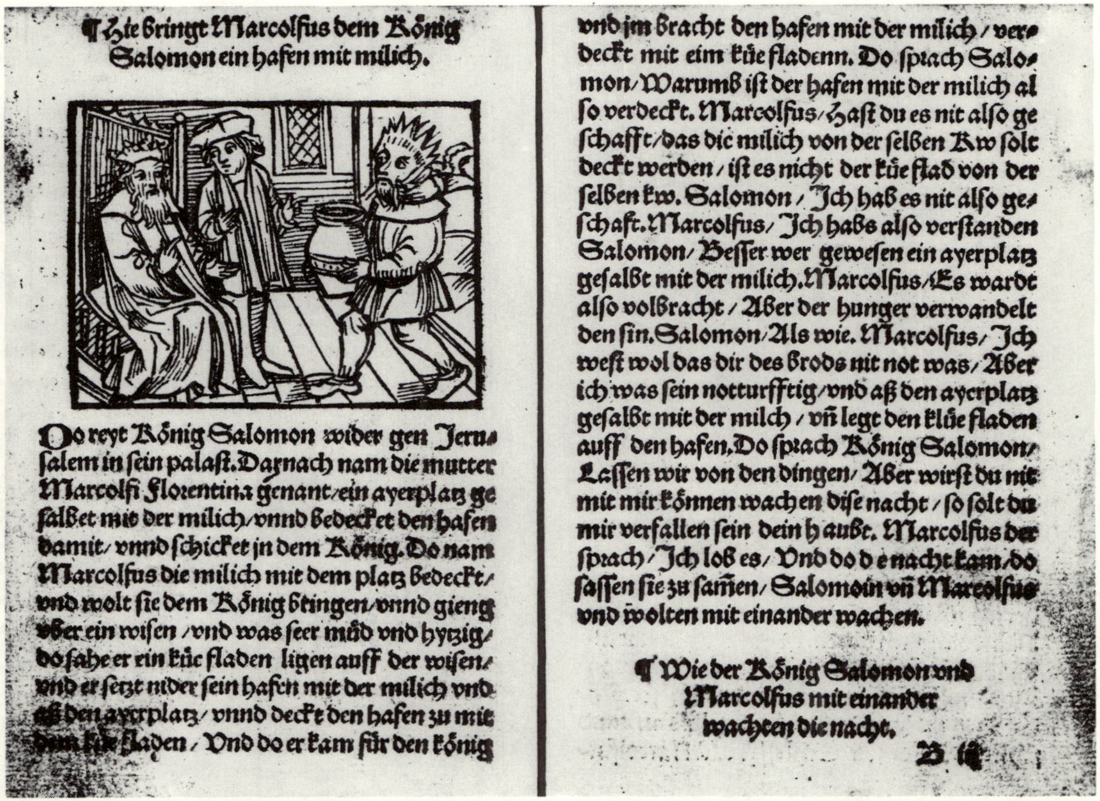

¶ Hie bringt Marcolfus dem König
Salomon ein hafen mit milich.

Do reyt König Salomon wider gen Jerusalem in sein palast. Darnach nam die mutter
Marcolfi Florentina genant/ ein ayerplatz ge
salbet mit der milich/ vnnd bedecket den hafen
damit/ vnnd schicket jn dem König. Do nam
Marcolfus die milich mit dem platz bedeckt/
vnd wolt sie dem König bringen/ vnnd gieng
vber ein wisen/ vnd was seer müd vnd hytzig/
do sahe er ein küe fladen ligen auff der wisen/
vnd er setzt nider sein hafen mit der milich vnd
aß den ayerplatz/ vnnd deckt den hafen zu mit
dem küe fladen/ Vnd do er kam für den könig

vnd jm bracht den hafen mit der milich/ verdeckt mit eim küe fladenn. Do sprach Salo-
mon/ Warumb ist der hafen mit der milich al
so verdeckt. Marcolfus/ Hast du es nit also ge
schafft/ das die milich von der selben Kw solt
deckt werden/ ist es nicht der küe flad von der
selben kw. Salomon/ Ich hab es nit also ge-
schaft. Marcolfus/ Ich habs also verstanden
Salomon/ Besser wer gewesen ein ayerplatz
gesalbt mit der milich. Marcolfus/ Es wardt
also volbracht/ Aber der hunger verwandelt
den sin. Salomon/ Als wie. Marcolfus/ Ich
weßt wol das dir des brods nit not was/ Aber
ich was sein notturfftig/ vnd aß den ayerplatz
gesalbt mit der milch/ vñ legt den klůe fladen
auff den hafen. Do sprach König Salomon/
Lassen wir von den dingen/ Aber wirst du nit
mit mir können wachen dise nacht/ so solt du
mir verfallen sein dein haube. Marcolfus der
sprach/ Ich lob es/ Vnd do d e nacht kam/ do
sassen sie zu samen/ Salomon vñ Marcolfus
vnd wolten mit einander wachen.

¶ Wie der König Salomon vnd
Marcolfus mit einander
wachten die nacht.

B iij

Abb. 7 Markolf bringt die Milch und den Fladen: [Ambrosius Huber, Nürnberg ca. 1500], Bl. Bij^{v}/Biij^{r}. Wien, Österreichische Nationalbibliothek, CP. 2. B. 69.

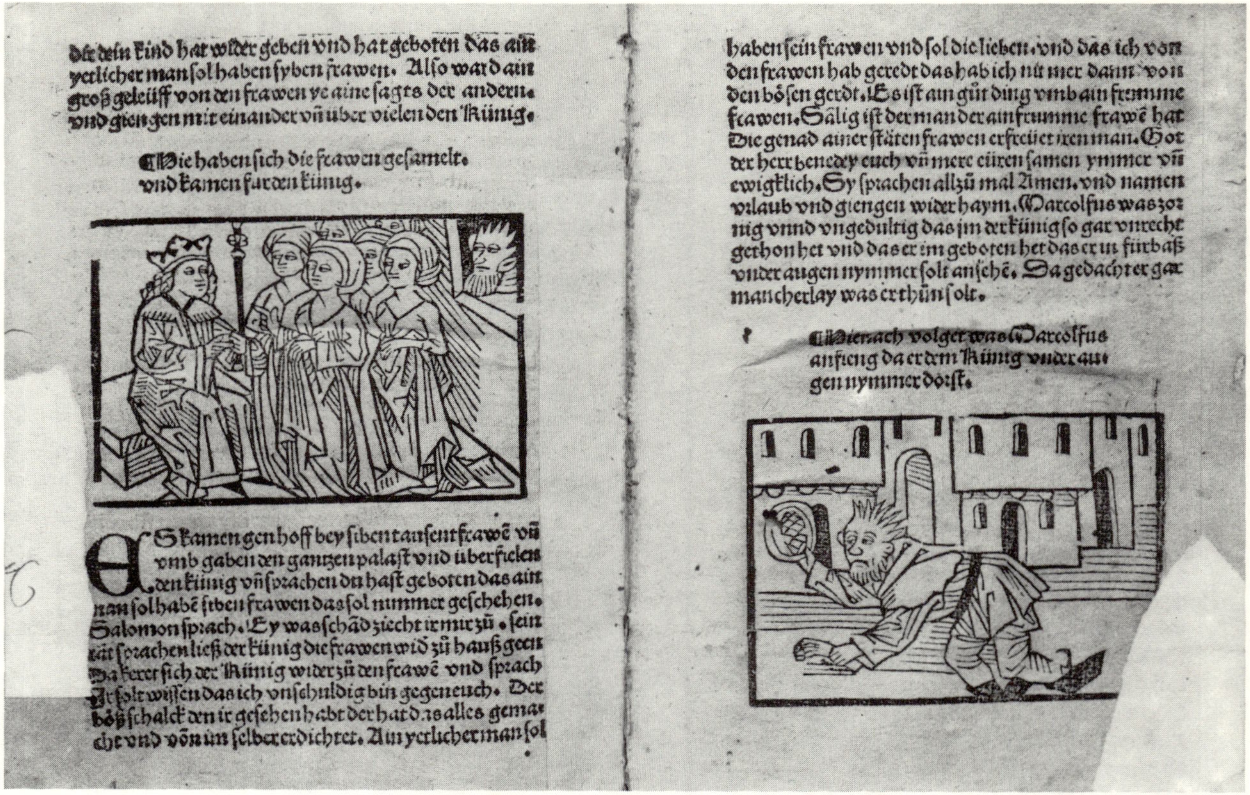
der dein kind hat wider geben vnd hat geboten das ain
yetlicher man sol haben syben frawen. Also ward ain
groß geleüff von den frawen ye aine sagts der andern.
vnd giengen mit einander vñ uber vielen den künig.

¶ Wie haben sich die frawen gesamelt.
vnd kamen fur den künig.

ES kamen gen hoff bey siben tausent frawē vñ
vmb gaben den gantzen palast vnd überfielen
den künig vñ sprachen du hast geboten das ain
man sol habē siben frawen das sol nymmer geschehen.
Salomon sprach. Ey was schad ziecht ir mir zü. sein
rät sprachen ließ der künig die frawen wid zü hauß geen
Da keret sich der künig wider zü den frawē vnd sprach
Ir solt wissen das ich vnschuldig bin gegen euch. Der
böß schalck den ir gesehen habt der hat das alles gema
cht vnd von im selber erdichtet. Ain yetlicher man sol

haben sein frawen vnd sol die lieben. vnd das ich von
den frawen hab geredt das hab ich nit mer dann von
den bösen geredt. Es ist ain güt ding vmb ain frumme
frawen. Sälig ist der man der ain frumme frawē hat
Die genad ainer stäten frawen erfreüet iren man. Got
der herr benedey euch vñ mere eüren samen ymmer vñ
ewigklich. Sy sprachen allzü mal Amen. vnd namen
vrlaub vnd giengen wider haym. Marcolfus was zor
nig vnnd vngedultig das im der künig so gar vnrecht
gethon het vnd das er im geboten het das er in fürbaß
vnder augen nymmer solt ansehē. Da gedacht er gar
mancherlay was er thün solt.

¶ Hie nach volget was Marcolfus
anfieng da er dem künig vnder au
gen nymmer dorft.

Abb. 8 Die Frauen vor Salomon / Markolf legt eine Spur: [Hans Froschauer, Augsburg ca. 1505], Bl. bv^{v}/bvj^{r}. St. Gallen, Stiftsbibliothek, Ink. 1287.

das hab ich nit mer dann von den boͤsen gerdt (bvj^r^,1f.). Auch Markolfs Triumph fehlt, genauso wie seine anschließende abermalige Verbannung, und dadurch hängen dann die Äußerungen seines Zorns über die ungerechte Behandlung, mit denen schließlich die Erzählung wieder in den Standardtext einschwenkt, genauso unmotiviert in der Luft. Offensichtlich wollte man die Episode praktisch um jeden Preis auf einen Bruchteil ihres normalen Umfangs reduzieren, und der Grund dafür muß sein, daß man das Verhältnis von Textraum zu Bildraum günstiger gestalten wollte. Grob gesagt, das Prinzip, nach dem diese Bearbeitung verfährt, ist, daß der Leser bei jedem Aufschlagen des Buchs nicht nur Text, sondern auch ein Bild vor Augen haben soll. Für den Dialog-Teil war das zwar nicht zu machen, aber für den Schwankteil ist es auf diese Weise gelungen. Er wird wie bei Schobser mit einer ganzseitigen Darstellung von Salomons Besuch bei Markolf, aber jetzt sogar unter einer zweizeiligen Überschrift wie mit einem eigenen Titelblatt eröffnet (avj^v^), und dann folgt in der Tat mindestens auf jeder zweiten Seite eine der kleineren bildlichen Darstellungen, jeweils mit Überschrift. Das ist nicht grundsätzlich verschieden von dem, was Huber macht. Alle gehen gemeinsam den von Ayrer eingeschlagenen Weg von der Handschrift zum Buch zuende. Zainer und Froschauer machen es nur unbekümmerter, einfacher und billiger.

Das intensive und, objektiv gesehen, völlig konsequente anhaltende Bemühen der Verleger/Drucker um die Etablierung eines gliedernden und veranschaulichenden Bildprogramms und die bestmögliche äußere Korrespondenz von Text und Bild zieht auch den Text selbst in Mitleidenschaft – mit u.U. sehr verschiedenen Ergebnissen, wie aus den obigen Beispielen ebenfalls hervorgeht. Auf ›gute‹ und ›schlechte‹ handschriftliche Ausgaben folgen ›gute‹ und ›schlechte‹ gedruckte. Dennoch beginnt mit dem Druck des Texts in weit mehr als rein technischer Hinsicht ein völlig neues Kapitel seiner Verbreitung und Wirkung. Mit dem neuen Medium eröffnen sich ja mehr noch als im Bereich der Schrift im Bereich der graphischen Ausstattung ganz neue Möglichkeiten, und womöglich gilt dann, wie hier, das primäre Interesse gar nicht der mehr oder weniger kompetenten Weitergabe des Texts, sondern seiner systematischen Popularisierung durch Anschauung. Mit Analphabetismus und entsprechend neuen Konsumentenschichten hat das nichts oder jedenfalls nur indirekt etwas zu tun; das Bemühen um genaue Abstimmung von Text und Bild bezeugt immer wieder, daß man in erster Instanz durchaus mit Lesern rechnete. Aber diese volkssprachig-laikale Bildlichkeit – die neue Dominante – soll eben das erwiesenermaßen bereits vorhandene Interesse breiter Schichten der laikalen Leserschaft aufgreifen, weiter anreizen und steuern. Es dürfte schwerhalten, in der Geschichte der Handschriftenillustration einen Fall zu finden, in dem man über längere Zeit hinweg unter publizistischen Gesichtspunkten einen Text in dieser Weise aufbereitet hat. Das ist ein neues Phänomen, das dort auftritt, wo der Hersteller und nicht der Besteller die Ausstattung bestimmt[95] und wo außerdem die Massenpublikation von längeren Bildsequenzen möglich wird. Es ist m.a.W. ein Phänomen der zweiten Hälfte des 15. Jahrhunderts.

Der Prozeß publizistischer Vergesellschaftung, den ich damit in Ausschnitten vorgestellt habe, gilt noch dazu einem Text, der selbst, wie oben schon gezeigt, vielfach ›entschärft‹, weltanschaulich neutralisiert war – noch über den ohnehin unvermeidlichen Verlust sprach- und bildungsgebundener intellektueller Aggressivität hinaus. Passive und aktive Strategien wirken zusammen, um eine Lektüre zu produzieren, die auf ihrer eigenen Ebene Grundelemente der beiden Versbearbeitungen vereint: Unterhaltung – nicht spezifisch höfische, sondern am Faktisch-Schwankhaften orientierte, populäre Unterhaltung – und eine trotz allem grundsätzlich positive Sicht dieses Konflikts als in ein übergeordnetes Bezugssystem integriertes, momentanes Kräftemessen, das nach beiden Seiten hin relativierend wirkt und deshalb keine bleibenden Schäden hinterläßt. Als Salomons *knecht* rückt Markolf erst recht in dieselbe Kategorie wie der Sklave Äsop, und so bleibt schließlich auch hier wenig Raum für ein Verständnis seiner Provokationen als Angriff auf eine bestehende oder vergangene Ordnung oder gar jede Ordnung überhaupt – ein Verständnis Markolfs als *malum morale* (Röcke [Anm. 5], S. 133f.). Die *altercatio* ist zur Unterhaltungsliteratur geworden, eine Serie von gefällig arrangierten, witzig gepfefferten Geschichten *nit gar vngesaltzen* ist der Ausdruck, den Sebastian Franck einmal gebraucht (u. S. 238) –, die sich in ihrer gesellschaftlichen Funktion wohl kaum von der mehr oder weniger systematischer Sammlungen »leberfrischender«, *kurtzweilige*[r] *und lächerlich*[er] *schwenck und bossen* unterschied, von denen, ähnlich wie andere auch, Michael Lindener 1558 in der Vorrede zu seinem ›Rastbüchlein‹ schreibt.[96]

VI.

In die Jahre, in denen Marcus Ayrer seine ›Frag vnd antwort‹ zum Druck beförderte, fällt nach allgemeinem Urteil auch die Beschäftigung eines anderen Nürnberger Bürgers, Hans Folz, mit diesem Gegenstand, den er damals gleich zweimal für die Fastnachtbühne bearbeitet habe. Die offensichtlich frühere Fassung ist anonym und handschriftlich überliefert, die zweite nur in einem späteren Druck von Johannes Stuechs (Nürnberg 1509/ca. 1530), wo Folzens be-

---

[95] Curt F. Bühler, The Fifteenth-Century Book. The Scribes, the Printers, the Decorators, Philadelphia 1960, S. 69.

[96] Zitiert von Burghart Wachinger in seinem Beitrag zu diesem Band (Anm. 104), S. 256.

kannte Signatur dem Text angereimt ist.[97] In der ersten Fassung hat Folz mit sicherem Griff die Handlung umarrangiert und gestrafft. Der Glatzenschwank bekommt jetzt eine primäre Funktion als Markolfs Entrée bei Hof und Überleitung zum Gespräch. Dieses besteht hier nur aus zwei Dutzend Wechselreden, die sich, was Markolf betrifft, weitgehend auf Ländliches – den Dreck und das Vieh – konzentrieren. Im dramatischen Zentrum steht alles das, was Markolfs traditionelle Frauenfeindlichkeit zusammenbraut: Folz kombiniert das Urteil, die Demonstration von Fusadas Unzuverlässigkeit und den Frauenaufruhr – in dieser Reihenfolge und wie das im Ansatz schon Hayden getan hatte (o. S. 175) – zu einer mehrszenigen, aber in sich geschlossenen Posse (133–350). Das ist in der Hauptsache das ›dritte Buch‹ des ›Dialogus‹ (o. S. 186), das in der epischen Nach- und Weiterbildung so leicht verfällt, im Spiel jedoch, wo das Salomonische Urteil ohnehin (und ernst genommen) ein beliebter Gegenstand war, als dramatische Handlung sinnvoll weiterlebt, die zum ersten und einzigen Mal auch den eigentlichen Dialog voll in das Ganze integriert. Viel kommt also auch auf die Gattung an. Ferner eröffnet das städtische Spielmilieu eine neue Perspektive auf Markolfs Bäuerlichkeit: Erst scheint der Narr jetzt wirklich zum Bauern geworden, der an den Hof kommt, um seine Produkte feilzubieten, und seine eigene beschränkte gesellschaftliche Perspektive schon mit der Anrede des Königs als *junckher* zu erkennen gibt (10ff.). Aber das erweist sich im Nachhinein als (Spiel-)Maske. Der Schluß (351–434), der ganz von Folz stammt, bewirkt im Effekt das, was Hedda Ragotzky als »Vervollständigung von Verkehrung zu einer Totalität von Narrheit« und entscheidendes Gattungsmerkmal des frühen Nürnberger Fastnachtspiels, v.a. auch dieses Spiels, beschrieben hat.[98] Während Markolf vermutlich hinter der Bühne nach einem passenden Baum sucht, intonieren vier seiner Art- und Standesgenossen in den Stimmlagen der vier Temperamente einen pessimistischen chorischen Kommentar (351–403), aber nachdem der, *der den tantz fodert*, das Spiel eigentlich schon beendet hat (408ff.), tritt der Held doch noch einmal auf die Bühne – jetzt jedoch als Pilger verkleidet, der seine Rettung nicht etwa seiner *listigkeit*

---

[97] Die erste Fassung ist ediert von Dieter Wuttke (Hg.), Fastnachtspiele des 15. und 16. Jahrhunderts, Stuttgart ^{4}1990, Nr. 9; die zweite von dems., Die Druckfassung des Fastnachtspieles ›Von König Salomon und Markolf‹, ZfdA 94 (1965), S. 141–170, und von Dietrich Huschenbett, Von dem König Salomon und Markolf und einem Narren. Zu Eckehart Catholy, Das Fastnachtspiel des Spätmittelalters [...], ZfdPh 84 (1965), S. 369–408 (zitiert). Die letztere war Catholy (Anm. 5) unbekannt geblieben.

[98] Das Zitat aus Hedda Ragotzky, ›Pulschaft und Nachthunger‹. Zur Funktion von Liebe und Ehe im frühen Nürnberger Fastnachtspiel, in: Hans-Jürgen Bachorski (Hg.), Ordnung und Lust. Bilder von Liebe, Ehe und Sexualität in Spätmittelalter und Früher Neuzeit, Trier 1991, S. 427–446, hier S. 444. S. aber v.a. dies., Der Bauer in der Narrenrolle. Zur Funktion ›verkehrter Welt‹ im frühen Nürnberger Fastnachtspiel, in: Horst Wenzel (Hg.), Typus und Individualität im Mittelalter, München 1983, S. 77–101, hier S. 89–95.

verdankt, sondern drei Heiligen, denen er eine Wallfahrt gelobt hat: *Sant Schweinhart, Sand Merdum* und *Sand Maulfranck* (414–434). Das sind die personifizierten ›Markenzeichen‹ der literarischen Figur Markolf, die sich damit – ganz ohne Polikana – als eigentlicher Gegenstand des ganzen Theaters verabschiedet. Hans Folz spielt – wiederum als erster – mit der literarischen Tradition als solcher.

Dabei zielt Folz, wie Hayden, auf Komplementarität,[99] aber in einem ständischen und künstlerischen Gemeinwesen, in dem das – anders als bei jenem – spielerisch-problemlos abgeht. In diesem Milieu kann der komische Bauer ohne weiteres auch in die Rolle des Narren schlüpfen, und das geschieht tatsächlich in der zweiten Fassung. Ob sie wirklich von Folz stammt, sei im Moment dahingestellt, mit Sicherheit hat aber Folz (oder eben ein anderer) damit auf Ayrers (zweite?) Publikation reagiert. Während es kaum handfeste Anhaltspunkte dafür gibt, daß Folz ursprünglich neben dem ›Dialogus‹ systematisch eine deutsche Fassung benützt hat,[100] hat man beim zweiten Mal offensichtlich versucht, speziell die Leserschaft der ›Frag vnd antwort‹ mit anzusprechen. So zeitigt u.a. deren ›deutscher‹ Schluß seine erste literarische Wirkung:[101] Die Innovationen am Ende der ersten Fassung fallen wieder weg, und stattdessen

[99] Ragotzky, Der Bauer (Anm. 98), S. 95: »Mit dem Prinzip der Verkehrung kann eine Totalität verkehrter Welt aufgebaut werden, nur so ist ein Blick auf die Gesamtheit der Dinge und Ereignisse der eigentlichen Welt möglich, nur so können sie richtig gesehen und beurteilt werden.«

[100] Dies gegen Catholy (Anm. 5), S. 18ff., und Huschenbett (Anm. 97), S. 380. Auffällig zu ›Frag vnd antwort‹ stimmt allein Markolfs Antwort *So die ganß fleugt, so pfift ir der ars* (80. Vgl. o. S. 198). Aus dem Lateinischen stammt eindeutig Markolfs *Das hat die listigkeit getan* (19f. Vgl. o. S. 176). Vgl. Catholy, S. 66.

[101] Daß in diesem Punkt eine Beziehung besteht, hat schon Huschenbett gesehen, aber daß die Neubearbeitung »ganz an den Schluß des Volksbuches an[schließt]« (S. 379), ist zu viel gesagt. Da wäre schon eher Zacharias Bletz zu nennen (Anm. 102). Ganz konkret hat der Bearbeiter jedoch bei seinen Zutaten zum Dialogteil entlehnt, die die Zahl der Wechselreden mehr als verdoppeln und außerdem Markolfs rätselhafte Antworten aus dem Eingang des Schwankteils mit einbeziehen. Das ist, auch in der Wahllosigkeit, ein beträchtlicher Rückschritt in Richtung auf die traditionelle Dominanz des Dialogs und orientiert sich an Ayrers Text, der nicht nur alle betreffenden Stellen auch enthält, sondern immer wieder wörtlich als die Quelle durchscheint. Ich verzeichne hier nur die Verse, die wörtlich oder mit nur ganz geringfügiger Abweichung die entsprechende Formulierung bei Ayrer wiedergeben (z.B. 129 *die ist ein zierheit* [Ayrer 66: *zierd*] *jrem man* oder *Hut deinr naßn vor eim beschissen ars* = Ayrer 82f.): 129/66f.; 137f./72f.; 150/82f.; 146/85; 196/106; 200f./107; 204 und 206/89f.; 212/121; 218 und 220/123–125 (eine in ›Frag vnd antwort‹ ganz anders als im Lateinischen formulierte Passage); 230/133f.; 236/139; 278/164f.; 294f./183f.; 297/184f.; 319/214; 332/220; 346/230; 354/233f.; 358/235; 383/278; 389/282; 401/288f. An einer Stelle hat die zweite Fassung die erste sogar nach Ayrer geändert: 216/(Wuttke) 92/122f. Im übrigen irrt Huschenbett mit der Meinung, der Wechsel 81/82 (2. Fassung 140/142) finde sich nicht im ›Volksbuch‹ (S. 378): Es ist D 6 und Ayrer 61–63 (so auch bei Schobser usw.), nur eben, wie in dieser ersten Fassung öfter, in sehr freier Formulierung.

kehrt Markolf nach seiner erfolglosen Baumsuche an den Hof zurück. Folz (oder ein anderer) hat dazu noch die im Titel angezeigte Rolle des Hofnarren Küntzlein (98) geschaffen, der von Anfang an als lautstarke Gegenfigur zu Markolf dabei ist, sich nun aber auf dessen Seite schlägt und ihm zu einer Position als zweiter Narr bei Hof verhilft (700ff.). Salomon ist entlastet; die Subalternen machen das Ende unter sich aus, und dabei wandelt sich im Handumdrehen der Bauer zum Narren.

Die Vertauschbarkeit der Rollen als gleichwertige Modelle abartigen oder extravaganten Sozialverhaltens markiert eine neue Stufe im Verhältnis von *follus* und *rusticus*. Sie hat zwar Folz' originellen Wurf weitgehend wieder zerstört, aber es ist diese im Geist der deutschen Prosa und mit ihrer zusätzlichen Hilfe konzipierte zweite Fassung des Folzschen Spiels, die im Druck überlebte und auf diesem Weg weitere Spuren hinterließ (s.u. S. 229). Einen Schritt weiter in die hier im Drama eingeschlagene Richtung hat 1546 der Luzerner Gerichts- und Stadtschreiber Zacharias Bletz (1501–1570) mit seinem auf dem Fischmarkt aufgeführten ›Marcolfus‹, einem Fastnachtspiel von 1837 Versen mit 34 Personen, geführt.[102] Er folgt durchwegs der von Huber etablierten Fassung von ›Frag vnd antwort‹, gibt dem teilweise wörtlich übernommenen Schluß (1786–1795) aber zusätzliches Gewicht, indem er Markolf den Erwerb einer Pfründe überhaupt als sein ursprüngliches Ziel deklarieren läßt (15–18). Das heißt nicht, daß die Zweifel an Markolfs sozialer Integrierbarkeit nun ein für alle Mal aus dem Weg geräumt sind. Hans Sachs, der in der Komödie ›Judicium Salomonis‹ (1550) Markolf de facto in einer Hofrolle beschäftigt, klingt andererseits ganz wie Gregor Hayden, wenn sein *ehrnholt* ihn schließlich doch samt allen falschen Räten verbannt: *Der halb ein fürst halt weißlich hauß / Und treib von seinem hof weit auß / Finantzer, heuchler und schalcksnarren.*[103]

Die von Johannes Mathesius und später Aurifaber überlieferte Episode aus Luthers Tischgesprächen (1540), die Burghart Wachinger diskutiert, belegt u.a., daß ›Frag vnd antwort Salomonis vnd Marcolfi‹ zu den Schriften gehörte, die Stoffe zur geselligen Unterhaltung des 16. Jahrhunderts beitrugen. Salomons Begegnung mit Markolfs entblößtem Hinterteil, das er aus der Perspektive der deutschen Prosa anvisiert, d.h. *weil sie im nicht wollen vnter die augen sehen,*[104]

---

[102] Die dramatischen Werke des Luzerners Zacharias Bletz, hg. v. E. Steiner, Frauenfeld/Leipzig 1926 (Die Schweiz im deutschen Geistesleben 41/42), S. 51–159.

[103] Hans Sachs, hg. v. Adelbert v. Keller, Bd. 6, Stuttgart 1867 (Bibliothek des Litterarischen Vereins 110), S. 136, 17–19.

[104] D. Martin Luthers Werke. Tischreden, Bd. 4, Weimar 1916, Nr. 5096 (S. 655–659). Burghart Wachinger, Convivium fabulosum, in diesem Band, S. 256–286, hier S. 285. Das Zitat in: Tischreden, S. 657,18. Vgl. 659, 27f. und einen weiteren Fall aus den dreißiger Jahren, den

hatte dort ohnehin ihre Bedeutung im weiteren Handlungszusammenhang verloren, und dieses Tischgespräch dokumentiert nun weiterhin, daß sich im Gebrauch dieser Zeit der Zyklus wieder in seine epischen Bestandteile auflöst. Das Drama gab in seiner Vorliebe für das Urteil und die davon ausgehende Inszenierung Markolfs manchmal noch einen relativ großen geschlossenen Handlungsblock intakt wieder, aber wo sonst von Streichen Markolfs berichtet wird, wird fast immer nur eine Episode erzählt oder anzitiert. Mehr noch: Wie Burghart Wachinger bemerkt (S. 286), geht der Bezug nicht über die unmittelbare Pointe hinaus, andernfalls wäre in diesem Fall, d.h. mit denen, die *nuhn dem Hessen in den ars* sehen, gerade die falsche Partei mit Salomon zu identifizieren. Obwohl Luther laut Aurifaber die zugrundeliegende Geschichte bei dieser Gelegenheit zur Erläuterung erzählte, hat das ›Markolf in den Arsch sehen‹ zumindest in diesem Kreis bereits redensartlichen, um nicht zu sagen, sprichwörtlichen Charakter, und so kann es bei praktisch jeder passenden (oder unpassenden) Gelegenheit verwendet werden.[105] Ähnlich ist allein die besondere Pointe entscheidend, wenn man sich daran erinnert, wie Markolf danach seinen Kopf aus der Schlinge zieht. Luther hat das bei Gelegenheit einer Invektive gegen Papst Paul III. (1538) so getan: *ich acht, er wil ein Markolfus werden, der nirgend einen Baum finden kund, daran er gern hengen wolt. Also kan der Bapst keinen ort finden, da er gern ein Concilium hette.*[106] Man kann das in diesem Fall in Gedanken noch etwas weiter spinnen: ›und wo er dann hängen müßte‹, aber auch so bleibt es bei der Einzelepisode als Hintergrund, vor dem solche Anspielungen funktionieren. Ob Luther sich dabei außerdem noch erinnerte, daß schon 1520 Thomas Murner ihn selbst in diese Rolle gesteckt hatte?[107]

---

ebenfalls Mathesius und Aurifaber überliefern: Tischreden, Bd. 3, Weimar 1914, Nr. 3673 bzw. Bd. 6, Weimar 1921, Nr. 7004. Die Belege Karl Sangs (Die appellative Verwendung von Eigennamen bei Luther, Gießen 1921 [Gießener Beiträge zur deutschen Philologie 2], S. 25) vermehrt schon ein Blick in die wenigen inzwischen verfügbaren Indices der Weimarer Ausgabe erheblich. Überhaupt ist, was die ältere Forschung zur Erwähnung Markolfs im 16. Jahrhundert zusammengetragen hat (vgl. zuletzt auch Röcke [Anm. 5], S. 89), insgesamt recht zufällig. Dieses Defizit läßt sich hier nicht eliminieren, ich konzentriere mich im folgenden aber bewußt auf weniger oder noch gar nicht Bekanntes.

[105] Vgl. den o. Anm. 104 genannten Beleg sowie Tischreden Bd. 5, Weimar 1919, Nr. 6059, und den Brief an Hieronymus Weller (1542), in: D. Martin Luthers Briefwechsel, Bd. 10, Weimar 1947, S. 113: *vnd iücket sie die haut, vnd wollen Marcolfus ins arßloch kucken. Marcolfus* wäre in diesem Fall Luther selbst!

[106] Ratschlag eines Ausschusses etlicher Kardinäle, Papst Paulo III. [...]. in: D. Martin Luthers Werke, Bd. 50, Weimar 1914, S. 288.

[107] Ein christliche vnd brüderliche ermanung zů, dem hochgelertē doctor Martino luter [...] [Straßburg] ^{2}1521, Bij^{v}. Vgl. Friedrich Lauchert, Studien zu Thomas Murner, Alemannia 18 (1890), S. 139–173, hier S. 160.

So [. . .] du allenthalben richterlich zů erscheinen besorgest / vn̄ dir kein geistlich recht / kein Concilium es sei dan deines gefallens / kein heiliger lerer zů halten sein will / der vff dein meinung geschribē hab / Als auch marcolffus nie kein baum findē kundt doran er begeret zů hangen.

Ganz ähnlich hat sich der Nürnberger Stadtschreiber Lazarus Spengler im gleichen Jahr über Johann Eck geäußert.[108] Derlei hat mit dem ursprünglichen Anlaß kaum noch etwas zu tun; die Pointe hat sich zur Charakterisierung eines Menschen verselbständigt, dem man es einfach nicht rechtmachen kann, und ist in dieser Bedeutung auch in Sprichwortsammlungen des 17. Jahrhunderts eingegangen.[109]

Die Favoriten unter den erzählenden Episoden sind neben dem Katzenschwank (s.u.) also diese beiden am Schluß des Romans, und dieser Schluß – daß dieser Markolf allen antiautoritären Eskapaden zum Trotz schließlich bei Hof Gnade findet – konstituiert dann u.U. so etwas wie ein sekundär einigendes Darstellungsprinzip. Während Johannes Pauli von der Baumsuche wieder nur die Pointe referiert, steuert Hans Wilhelm Kirchhof im ›Wendunmuth‹ (1563ff.) genau auf diesen Zusammenhang hin: *Die lügenden von Marcolfo sagen, nachdem er den könig schwerlich hette erzürnet, daß er befelch thete, in an ein baum* [. . .] *zu hencken.* Und als der König dann doch klein beigibt, tut er es mit denselben Worten wie in ›Frag vnd antwort‹: *ich wöll oder wöll nit, so muß ich dich doch nehren.*[110] Derselbe Zusammenhang hat denn auch schon früher zu einer Neukomposition des ganzen Schlußteils geführt – allerdings nicht als Text (oder jedenfalls nicht primär als Text), sondern im noch relativ neuen Medium der selbständigen Druckgraphik.

Um 1540 herum veröffentlichte der Formschneider Anthony Corthois d.Ä., der sich meist Anthony Formschneider nannte und von 1535–1542 in Augsburg druckte, dort zweimal einen qualitätvollen, anonymen Holzschnitt, dem ein Spruchgedicht beigegeben war: ein Flugblatt im Stil etwa der Bilderbögen des Hans Sachs, von denen Corthois auch einige druckte bzw. nachdruckte.[111]

[108] Siehe Paul Kalkoff, Die Reformation in der Reichsstadt Nürnberg nach den Flugschriften ihres Ratsschreibers Lazarus Spengler, Halle 1926, S. 113, Anm. 2. Ein weiterer Beleg bei Luther: Brief an Nikolaus von Amsdorf (1534), in: D. Martin Luthers Briefwechsel, Bd. 7, Weimar 1937, S. 35, 265f.

[109] Vgl. Deutsches Sprichwörter-Lexikon, hg. v. Karl F.W. Wander, Bd. 3, Leipzig 1867 [Nachdr. 1987], Sp. 463.

[110] Wendunmuth von Hans Wilhelm Kirchhof, hg. v. Hermann Oesterley, Bd. 3, Tübingen 1869 (Bibliothek des Litterarischen Vereins 97), Nr. 264. Ayrer 700f. Vgl. Johannes Pauli, Schimpf und Ernst, hg. v. Johannes Bolte, Berlin 1924, Nr. 283.

[111] Für bereitwillige Auskünfte, Photographien und die Erlaubnis zur Publikation dieser m.W. noch unbekannten Blätter danke ich Bernd Schäfer, dem Kustos des Kupferstichkabinetts im Schloßmuseum Gotha. – Zu Corthois s. Josef Benzing, Buchdruckerlexikon des 16. Jahrhunderts, Frankfurt 1952, S. 15. Über die Beziehung zu Sachs und Nürnberger Künstlern vgl. Heinrich Röttinger, Die Bilderbogen des Hans Sachs, Straßburg 1927, S. 71 und passim.

Abb. 9 Markolfs letzte Abenteuer (A): Holzschnitt-Einblattdruck (277 x 390 mm.; koloriert), Anthony Formschneider (Corthois), [Augsburg ca. 1540]. Museen der Stadt Gotha, Schloßmuseum, Kupferstichkabinett, Inv.-Nr. 40,8.

Abb. 10 Markolfs letzte Abenteuer (B): Holzschnitt-Einblattdruck (395 x 284 mm.; koloriert), Anthony Formschneider (Corthois), [Augsburg ca. 1540]. Museen der Stadt Gotha, Schloßmuseum, Kupferstichkabinett, Inv.-Nr. 40,7.

Das Bild zeigt rechts und im Vordergrund, wie Markolf aus einer Höhle heraus dem mit Gefolge davorstehenden Salomon sein Hinterteil entgegenstreckt; im Mittelgrund links entweder Markolfs Verurteilung oder seine Rückkehr an den Hof; und im mittleren Hintergrund, wie die Diener versuchen, ihn zur Wahl eines Baums zu bewegen. Die beiden nachträglich von Hand kolorierten Gothaer Blätter, die sich erhalten haben (Abb. 9 und 10), entstammen verschiedenen Auflagen (A und B), deren vermutlich frühere querformatig angelegt ist, mit dem Text links neben dem Bild. Ich gebe ihn zusammen mit den Lesarten von B wieder.

Hie kompt Salomon mit seinen dieneren für das loch,
darin Marcolfus lag.

Als auff ain zeit Marcolfi list
Den Künig Salomon entrist
Vnd lies jn in den hindern sehen
Auß zorn Salomon ward jehen
Nempt hin den schelmen, hencket jn
Dann ich von jm geschmaͤcht bin
Das habt jr all gesehen wol
Marcolfus der ward vnmuͦt vol
Vnd bad den Künig hoch mit fleis
Das er jm souil gnad beweis
Das er jm selber müg erwelen
Ain baum daran er hangen soͤle
Das soll geschehen sprach Salomon
Marcolfus ward gefuͤert daruon
Zum erst durchs tal Josaphat
Darnach gen Jericho zuͦ der Stat
Vnd vberen oͤlperg also geschwinde
Noch kunden sy kain baum finde
Daran Marcolfus hangen wolt
Der jn nun weitter fieren solt
Der zoch durch gantz Arabiam
Biß er zum berg Carmelo kam
Vnd durch die wiest beim rotten Moͤr
Durch Oreb Moab Cadoboͤr
Darnach da zugen sy behend
Durch Ebron Betel an das end
Vnd kunden ja gaz niendert finden
Ain baum daran sich liesse binden
Marcolfus der boͤß listig man
Das sagten sy dem Künig an
Der sprach ich thuͦ gleich wie ich well
So muͦß ich sein Marcolfus gesell

Er hat mich überlist mit gfaar
Jch gib jm speiß vnd tranck fürwar
Die weil er lebt / jm vnd seim weibe
Alle notturft zuͦ dem leibe
Also ward Marcolffus nit gehenckt
Das bancket er dem Künig schenckt
Das thuͦt noch menger faiger man
Der gar kain straaff will nemen an
Vnd suͦcht der außzig also vil
Vnd ob er schon verleürt das spil
So will ers dannoch gwunnen han
Gleich wie Marcolff der falsche man
Wers erkennet hiet sich vor jn
Sy gehend zuͦ letsten boͦsen gwin.

Überschrift fehlt. 27 gaz] gar. 39 faiger man] fayner man. 44 falsche] falche. 46 gehend zuͦ letsten] geben zuͦ letst.
Danach zwei weitere Spruchstrophen:

Salomon geschlechte.
Von zwoͤlff geschlechten ich hie bin
Judas gepar Fares mit sin
Fares Esram Esram Aram
Aram Aminadab mit nam
Aminadab gepar Naasam
Vn̄ Naasam gepar Salomon
Salomon Boos Boos Obet
Obet Yesse geperen thet
Yesse Dauid vn̄ Dauid mich
Der Künig Salomon der bin ich

Marcolffus geschlechte.
Knol gepar Trol/ Trol gepar Lappe
Lappe gepar Tremel/ tremel Apatapn̄
Apatap gepar sew tut/ sew tut gynoͤffel
Gynoͤffel gepar knebel/knebel gensloͤffel
Gensloͤffel gepar Lilzapff lilzapff strakolff
Vn̄ der selb strakolff gepar mich
Vn̄ der selb Markolffus bin ich

Einige Divergenzen reduzieren sich ohne weiteres auf Druckfehler; für die Priorität von A spricht aber Vers 39, der eine lectio difficilior in A enthält. Abgesehen davon spiegelt der Titel von A einen Zusammenhang, der sicher ursprünglich ist: Er gibt wortwörtlich die Überschrift zu der entsprechenden Illustration bei Ambrosius Huber und seinen Nachfolgern wieder.[112] In einer zweiten Auflage fügte Corthois dann diesem Text eine versifizierte Fassung der ›Genealogien‹ der beiden Kontrahenten aus der Eröffnungsszene hinzu. Sie stammt aber bemerkenswerterweise aus einem anderen Zweig der literarischen Tradition als die nun gestrichene Überschrift, nämlich der Druckfassung des Fastnachtspiels von Hans Folz.[113] Während also dieser Zusatz im Effekt nun

[112] Nr. 14. Huber Cvj[v]; Heitz (Anm. 84), S. 25.

[113] 65–74/83–89 (Huschenbett, [Anm. 97]). Corthois weicht nur gelegentlich in der Schreibung etwas ab. Die erste Fassung des Spiels ist dagegen auch an dieser Stelle von der Druckfassung deutlich verschieden: 45–54/55–65 (Wuttke, [Anm. 97]).

doch einmal das Gesamt des Romans evoziert, ist er, praktisch gesprochen, das sekundäre Ergebnis einer Änderung des Formats auf die Vertikale hin, die eine überschüssige, neu zu füllende Textkolumne ergab. Bei Folz fand man etwas, das sinngemäß wie räumlich paßte und überdies schon gereimt war.

Nicht weniger macht sich in der bildlichen Darstellung der Einfluß der Buchtradition mit ihren Illustrationen geltend, und zwar in der Auswahl der Szenen wie in ihrer Anordnung und im ikonographischen Detail. Markolf im *loch*; zwischen zwei Dienern vor einem Baum (oder zweien); und mit diesen Dienern vor Salomon: Das sind – in dieser Reihenfolge – die drei letzten Illustrationen in diesem Programm. Schon der Meister der Meinradlegende hatte das übrige Personal der letzten Szene etwas reduziert (o. S. 207); die daran anknüpfenden Bearbeiter (o. S. 196) behielten nur noch die beiden Diener bei. Die Abbildungen bei Heitz geben, sieht man von dessen versehentlicher Vertauschung der beiden letzten Bilder (seiner Nr. 14 und 15: S. 25) ab, einen relativ guten Eindruck von dem, was der (möglicherweise Nürnberger) Künstler vor Augen hatte, der das von Corthois gedruckte (oder nachgedruckte) Ensemble schuf. Die Szene vor der Höhle erweiterte er durch den Zusatz des Pferdes ganz beträchtlich. Außerdem wird jetzt Markolf einem thronenden Salomon vorgeführt, und das kann bedeuten, daß die Abschlußszene hier umfunktioniert ist. Im Uhrzeigersinn gelesen, führt dann die Komposition von Markolfs provokativer Mißachtung herrscherlicher Würde über ein förmliches Todesurteil (wie bei Hayden: o. S. 177) zur Bestrafung, von der der betrachtende Leser, so er es nicht ohnehin weiß, allerdings erst im Begleittext erfährt, daß sie nicht stattfand. Da dort jedoch andererseits, genau wie in ›Frag vnd antwort‹, von einer förmlichen Verurteilung gar nicht die Rede ist, wohl aber von der Versöhnung, ist es ebenso gut möglich, das Bild so zu lesen, daß rechts die Verfehlung, links diese Versöhnung und im Hintergrund die beide verbindende Episode über die Bühne geht. Der Begleittext stellt diesen Gang durch die biblische Landschaft noch einmal prominent heraus (14–29), und die Zeichnung greift das auf: Links vorne liegt, wie beide Koloristen verdeutlichen, die von Bäumen umsäumte *wiest beim rotten Moͤr* (23), Hubers *wuͦstung Campestri bey dem todten meer* (Cvij^{v},5), und dahinter das Rote oder Tote Meer selbst. In dem hohen Berg rechts davon wird man demnach wohl den Berg Carmel (22. Huber, ebd. 4) sehen dürfen. So kommt das parodistisch Zitierte im Zeichen einer neuen Bildkunst sogar noch zu wertneutral graphischer Geltung.

Augsburger Drucker haben sogar zwei Typen der bildlichen Darstellung Markolfs im Einblattdruck in die Welt gesetzt. Der ältere ist vertreten durch einen Holzschnitt von Hans Weiditz (ca. 1520), eine Radierung von Daniel Hopfer etwa 10 Jahre später sowie eine grobe Holzschnittkopie dieser Radierung. Er zeigt einen ganz aus dem Zusammenhang des ›Romans‹ gelösten

Markolf, wie er im närrisch-bäuerlichen Aufputz mit Polikana das Tanzbein schwingt. Geleitet von zeitgenössischen Vorstellungen der Identität von Bauer und Narr im gesellschaftlich Grotesken, die schon bei Folz, besonders in dem zweiten Spiel, anklingen, ist hier die literarische Figur ganz in zeitgenössische Konventionen der selbständigen Druckgraphik überführt.[114] Demgegenüber rekurriert Corthois' mehrszenige Bildgeschichte auf den Text und seine Drucktradition. Hier führt der Weg von der systematischen Illustration zur selbständigen Neukomposition im Bild, die einen besonderen Sektor der Geschichte für sich neu profiliert. Der beigegebene neue Text ist, anders als bei Weiditz, denn auch kein Bildgedicht und ist vermutlich nicht einmal aus diesem Anlaß verfaßt. Das Bild hat den Primat übernommen, und der moralisierende Schlußakkord des Spruchgedichts daneben oder darunter muß schon deshalb ungehört verhallen. Die auslösende Schandtat, die der Verfasser, ähnlich wie Kirchhof, nur kurz andeutet, um dann die Baumgeschichte ins Zentrum zu rücken, steht visuell ganz im Vordergrund: die dralle Unverfrorenheit Markolfs und seine erfolgreiche Herausforderung der Autorität – das also, was Luther und seine Zeitgenossen so erfreut hat. Die Gegenströmung philisterhaften Moralisierens ist jederzeit ebenfalls zu belegen, aber sie ist nicht ausschlaggebend. Eher bedient sich die effektive Einschränkung von Markolfs Geltungsbereich der uralten Kategorien Wahrheit und Lüge.

In seiner eigenen Übersetzung seiner Stellungnahme gegen die 32 Artikel der Löwener ›Theologisten‹ schrieb Luther 1545:[115]

> Alles, was sie im XXI. Artikel sampt den folgenden achten leren, das ist aus der massen gantz fein Marcolfisch. Welches man auch sonst nirgent finden noch lesen kan denn im Marcolffs spiegel, Doch gantz lesterlich vnd abgöttisch ([. . .] perfecte Marcolfica nec nisi in speculo Marcolfi visibilia, simul tamen blasphema et Idolatrica).

Das *speculum marcolfi* zeigt das Bild einer verkehrten, erfabelten Welt. Luthers Parteigänger, Lazarus Spengler, hat in ähnlichem Zusammenhang solche Geschichten *Fabel Marcolfi* genannt,[116] und Kirchhof gebraucht den ursprünglich

---

[114] Hierüber Curschmann, Markolf tanzt (Anm. 4). S. dort bes. Abb. 1, 2 und 9. Die Nr. 2 ist ebenfalls ein von Hand koloriertes Blatt. Bei der Herstellung der Druckvorlagen sind (wie auch bei Nr. 6 und 8) die entsprechenden Dunkeltöne aus technischen Gründen nicht wiedergegeben worden.

[115] Wider die XXXII Artikel der Theologisten von Louen, in: D. Martin Luthers Werke, Bd. 54, Weimar 1928, S. 439. Der lateinische Text ebd., S. 428,30f. Vgl. auch S. 437/428, 11f. Mit der Anmerkung, daß mit *im spiegel Marcolfi* ›im Hinterteil‹ gemeint sei, hat sich der Herausgeber, O. Clemen, momentan verirrt (S. 437 Anm. 2), obwohl das natürlich mit zur Gesamtvorstellung ›markolfisch‹ gehört. Er hat denn auch an anderer Stelle Caspar Crucigers handschriftliche Glosse *in Marcolfo* seinerseits mit »in der Phantasie« glossiert (ebd., S. 419).

[116] In seinem »Entwurf« zu einer Antwort auf Cochläus' Kritik an Spenglers Schrift zum kanonischen Recht: Friedrich Braun, Lazarus Spengler und Hieronymus von Berchnishausen, Beiträge

Lutherischen Ausdruck *lügende* (o. S. 225). Erfindung und Lüge, das sind die Vorstellungen, unter denen Markolfs Reden und Streiche zumindest bei Luther und seinen Gesinnungsfreunden laufen: *Denn wo ist das geschrieben denn in des Bapsts Rauchloch und der Münche Marcolfo, ein new fündlin von jnen selbs erdacht.*[117] Aber anders als Notker sieht Luther darin keine Bedrohung des Glaubens oder dergleichen.[118] Konrad Cordatus, ein anderer aus dem Kreis der Tischredenaufzeichner, hat ihn vielmehr so verstanden: *Etiam significat* [Marcolfus] *sapientiam mundi non esse tantam, quae ludi vel rideri non possit vel hallucinari.*[119]

Daß das 16. Jahrhundert von Markolf meist als dem Schwankhelden spricht und nicht von seinen Sprüchen, unterstreicht noch einmal, daß sich im Prozeß der Vernakularisierung die Gewichte entschieden verlagert haben: durch die Verkürzung des Spruchteils; seine bestmögliche Integration in das Ganze; und die gliedernde Illustration dieses Ganzen, die einerseits weiter integriert, andererseits das Augenmerk mehr noch auf die Einzelschwänke lenkt. Erstaunlich bleibt trotzdem, daß diese sprichwortbesessene Zeit mit den Widerreden des deutschen Markolf so wenig anzufangen wußte. Allerdings: Das Publikum der nach wie vor, meist unter dem Titel ›Collationes‹, gedruckten lateinischen Fassung muß ein wesentlich anderes Verhältnis zu diesem Stoff gehabt haben. Schon ein Blick auf die Aufmachung läßt ermessen, wie weit sich im 16. Jahrhundert die volkssprachige und die lateinische Tradition auseinandergelebt hatten: Der Versuch Johannes Weißenburgers, sie zusammenzuführen (o. S. 196), blieb die große Ausnahme. Überall sonst präsentieren sich diese ›Collationes‹ weiterhin wie in den Handschriften als kaum gegliederter, eng gedrängt gesetzter Textblock ohne Schmuck, höchstens einmal mit einer historisierten Initiale am Anfang oder einem bescheidenen Titelholzschnitt. Solche Titelblätter zeigen nicht zufällig Marcolfus gern allein vor Salomon und in mehr oder weniger formeller Debatte mit ihm (s.u.): Sie appellieren an den akademisch Intellektuellen, dem nach wie vor das Wortgefecht und das verbal Zerebrale der Auseinandersetzung wichtig war.

zur bayerischen Kirchengeschichte 22 (1916), S. 1–27, 49–65, 97–120, hier S. 65: *Jn mittler Zeit wollen sie* [seine Gegner] *so lang schreien, geifern und holhippen, daß man ihr vergessen oder aber die ausgangen Canones der Fabeln marolfi* (!) *gleich achten soll.*

[117] Eine Predigt von 1545: D. Martin Luthers Werke, Bd. 51, Weimar 1914, S. 29, 27–29. In einer handschriftlichen Fassung derselben Predigt heißt es nur ... *geschryeben? ym Marcolfus buch, neyn, sunder* ... (ebd., Z. 9).

[118] Wider das Papsttum zu Rom, vom Teufel gestiftet, in: Werke 54 (Anm. 115), S. 288: *Wer sind sie denn, die da Christen sein mügen? Sinds die, so Marcolfum oder Diedrich von Bern oder Ulenspiegel lesen? oder, das gleich viel noch erger ist, die des Bapst dreck und stanck lesen?*

[119] Tischreden, Bd. 2, Weimar 1913, Nr. 2242 (S. 374). Dazu Paul Pietsch in Bd. 28, 1903, S. 500: »eine Äusserung Luthers, aus der hervorgeht, daß er die Berechtigung Markolfischer Weise im Grunde anerkennt. Aber natürlich betrachtet er sie, deren Wesen im Spott liege, als minderwerthig gegenüber christlicher Art«.

Das heißt alles nicht, daß Marcolfs Spruchweisheit im volkssprachigen Bereich ganz verloren geht, aber sie geht – als Vorstellung wie als Vorlage – meist im episch oder dramatisch Erzählbaren auf. Ein gutes Beispiel dafür – und zugleich für die möglicherweise in solchen Fällen anhaltende direkte Wirkung des ›Dialogus‹ – bietet das Fastnachtspiel ›Joseph und Melisso‹ von Hans Sachs (1550).[120] Joseph, der sich, wie Melisso, an den spruchweisen Salomon (156ff.! Vgl. Anm. 18) um Rat wendet, beobachtet auf dessen Vorschlag einen Mann, der seinen störrischen Maulesel durch Prügel zum Weitergehen bewegt. Salomon selbst wendet dieses Exempel dann auf die Behandlung widerspenstiger Ehefrauen an (*Thu auch wie der Maultreibr hat than*, 294), während Markolf sich zwar in seinen üblichen Invektiven ergeht, aber zu diesem besonderen Problem nichts zu sagen hat. Das heißt aber, daß Salomon hier genau das vorschreibt, was ihm Markolf im ›Dialogus‹ auf seine eigene Klage entgegnet (D 125, s.o. S. 157f.)! In ›Frag vnd antwort‹ war diese Wechselrede nicht aufgenommen worden und Hayden hat sie ebenfalls ausgelassen. Am ehesten käme in diesem Fall die anonyme Versbearbeitung in Frage, wenn man nach volkssprachiger Vermittlung sucht; sie nimmt die von Sachs geschaffenen näheren Umstände sogar direkt vorweg (557–560):[121]

Sal. Er enmag nit sicher geleben,
dem ein bose wip wirt gegeben.
Mar. Man sal den esel bluwen,
so er den guden weg wil schuwen.

Salomon als Erfüllungsgehilfe einer Markolfschen Maxime: Selbst der dem Schwankhelden zweifelnd gegenüberstehende Hans Sachs ist sich der Komplementarität der Positionen zumindest bewußt. Diese ›seriöse‹ Seite des Markolf-Bildes rückt dann vorzüglich in den Vordergrund, wo Markolf selbst im Sinn einer als wahr oder nützlich empfundenen Maxime handelnd vergegenwärtigt werden kann, und das betrifft v.a. den Katzenschwank.[122] *Der wys mag von dem torechen leeren!*, stellt Salomon selbst bei Bletz fest (920), bevor Markolf seine Demonstration des Grundsatzes beginnt, *das die Natur / Besser dan dnarung ist* (709f. Vgl. Ayrer 355). In der Erwähnung oder (partiellen) Nacherzählung dieser Episode leitet man nicht etwa im Nachhinein Sprichwörtliches oder Redensartliches ab, sondern man empfindet bereits sprichwörtlich Ausgeform-

---

[120] Sämmtliche Fastnachtspiele von Hans Sachs, hg. v. Edmund Goetze, Bd. 3, Halle 1883 (Neudrucke deutscher Litteraturwerke des XVI. und XVII. Jahrhunderts 39/40), S. 1–14.

[121] Die Handschriften in Alba Julia und Leipzig übersetzen *caballum prauum* mit *pöß ros* bzw. *alt phart*. Benary gibt im Apparat das letztere fälschlich als Lesart von »a« (›Frag vnd antwort‹) an.

[122] In dieselbe Kategorie gehört der natürlich erzählerisch weniger ergiebige Beweis, daß der Tag heller ist als Milch: *Ist aber der Tag nit weiß, so muß Marcolfi rechenung mit der Milch fälen, darüber Salomon ful* (Johann Fischart, Geschichtklitterung [Anm. 2], S. 180).

tes als wahr nach, ob es sich um Bartholomäus Krüger (1587) oder Georg Rollenhagen (1608) handelt oder um Johannes Agricola (1534), der in seiner Sprichwortsammlung die praktische Grundlage für Passagen wie die bei Krüger gelegt hatte.[123]

Bevor Agricola in den ›Sprichwörtern‹ die Geschichte von der Katze mit der Kerze referiert, projiziert er den Augenblick in die historische Vergangenheit: *Man sagt / Daß Marcolfus mit dem weisen Salomõ disputirt habe* (J6r; Gilman, S. 94). Und er spielt dann keineswegs etwa Markolfs Sieg gegen diesen Salomon aus, den er ja selbst hier und anderweit ständig zitiert. Im Gegenteil, der ganze Abschnitt beginnt mit einer Salomonischen Sentenz, die genau das gleiche sagt, was im Effekt von Markolf bewiesen wird. Dieser fügt dem, legitimiert durch eine besondere ›geschichtliche‹ Situation, dann nur noch seine eigene ›Salomonische‹ Weisheit in der Form praktischer Lebensklugheit hinzu.[124] Dieses unproblematische Nebeneinander ist für sich genommen nichts Neues – ich erinnere nur an die Handschrift in Alba Julia. Neu ist die rationalisierende Historisierung der Beziehung, die aus der (potentiellen) Lüge eine Wahrheit macht.

Trotzdem ist Agricola die Beziehung zu Markolf nicht gut bekommen, obwohl das die einzige Stelle ist, an der er sich auf ihn beruft. Gleich nachdem die erste, programmatisch ›deutsche‹ Ausgabe der ›Sprichwörter‹ 1529 erschienen war, kanzelte ihn Ludwig von Passavant als *nüwen Marcolphum* ab,[125] der *tho-*

---

[123] Hans Clawerts Werckliche Historien von Bartholomäus Krüger [. . .] (1587), hg. v. Theobald Raehse, Halle 1882, S. 8: *Auch lest die Katz das mausen nicht, / Wie man dann beym Marcolpho sicht.* Georg Rollenhagen, Froschmeuseler, hg. v. Dietmar Peil, Frankfurt 1989 (Bibliothek deutscher Klassiker 48), Buch I, 2423–2426. Johannes Agricola, Sybenhundert und fünfftzig Teütscher Sprichwörter [. . .], hg. v. Mathilde Hain, Hildesheim/New York 1970 [Nachdr. der Ausgabe von 1534]; s. auch Johannes Agricola, Die Sprichwörtersammlungen, 2 Bde, hg. v. Sander Gilman, Berlin/New York 1971.

[124] Sebastian Franck begnügte sich dann in seinen ›Sprichwörtern‹ an derselben Stelle mit einem knappen Hinweis: *Die natur geht für. Hieher dient der schwanck Marcolffi von der katzen so das liecht hub den meusen*: Sprichwörter, schöne weise herrliche Clugreden und Hoffsprüch (1541), Neudr. v. Wolfgang Mieder, Hildesheim 1987, Annder theyl, 6v. Die Franck und Agricola kompilierende Ausgabe von Christian Egenolff (1552), Sprichwörter/Schoͤne/Weise Kluͦgredenn [. . .] , Nachdr. v. Hans Henning, Weimar 1967, bringt die Francksche Version auf Bl. 11r und die Agricolas auf Bl. 80v/81r. Eucharius Eyering, der 60 Jahre nach Franck die beiden Sammlungen auch noch versifizierte, erzählt die Geschichte sogar noch ausführlicher als Agricola, und er beendet sie ganz im obigen Sinn, indem er die ursprünglich einleitende Salomonische Sentenz an den Schluß setzt: [Markolf] *damit dem Salomon oblage / Der selbst in sein sprůchen thut sagen / Der Narr sein Thorheit nicht verlest / Ob man jn gleich im Mörsel stoͤst* (Proverbiorum copia. Etlich viel Hundert Lateinischer vnd Teutscher schoͤner vnd lieblicher Sprichwoͤrter [. . .], Bd. 1, Eisleben 1601, S. 119). Andere Äußerungen zu Markolf in Francks ›Sprichwörtern‹ beziehen sich auf die o. S. 230f. erwähnte textunabhängige Bildtradition: s. Curschmann, Markolf tanzt (Anm. 4).

[125] Verantwortung der schmach vnd lesterschrifft so Johannes Agricola Eyßleben genant / im bůch-

rechte nerrische sprüch / mit alt wybischen fabeln außgelegt habe (S. 282, 31) und sich *niendert schemet / seine treum und lugen / für warheit außzůgeben* (S. 288, 9f.). Passavant war ein Hofmann Herzog Ulrichs von Württemberg, den Agricola als Tyrannen angeprangert hatte, aber seine politisch motivierte Reaktion erhellt doch das Markolf-Bild der Zeit in zweierlei Hinsicht weiter. Zum einen hält Passavant Historisierungsversuchen wie denen Agricolas den fiktiven Charakter des *bey den Tütschen in grosser achtung* gehaltenen ›Markolf‹ (S. 281, 30) entgegen. Unter diesen Umständen sei es eigentlich besser, gleich das ›Original‹ zu lesen (S. 283, 24–28):

> man mȫg erkennen das Marcolphus zů leßen vil nutzlicher und gründiger sey / auch vil besser sprüch wort hab / dan diser im selbst hochberůmpter lerer. Bey Marcolphus gedicht / weyßt man die narheit / und das gedicht offentlich zü erkennen / ob er gleich narr / so schadet er doch nit.

Zum anderen gelingt Passavant auf dieser Basis der Sprung in eine viel unmittelbarere metaphorische Aktualisierung von Markolfs Verhältnis zu Salomon. Er bezieht es nämlich geschickt (und bedrohlich) auf Agricolas eigene historische Situation (S. 295, 9–14):

> wen du aber sagest / Marcolphus hatt des bey künig Salomon auch macht gehapt / das were schier die best antwort / schalcksnarren / haben zů zeitten etwas im schimpff macht / sy werden aber auch warlich offt wůst darumb uffs maul geklopfft / wilt du in der selben zall gerechnet sein / und widerfert dir dergleichen / so nim für lieb.

Aufs ganze gesehen, haben bei dem Versuch Markolfs skeptischen Pragmatismus doch wenigstens am Rand der Leidenschaft des 16. Jahrhunderts für das Sprichwörtliche auf volkssprachiger Ebene dienstbar zu machen, die Historisierer die Oberhand behalten. Die Bedeutung von Passavants Polemik liegt darin, daß er unversehens den Gegensatz von Wahrheit und Lüge säkularisiert hat – und zwar zugunsten der Fiktion. In einem solchen Moment kehrt das Verständnis des Texts sogar wieder zu den Ursprüngen zurück.

Natürlich heißt ›markolfisch‹ auch ›grobianisch‹[126] und häßlich, v.a. ›bildhäßlich‹: *Dw pist vnsawber vnd vngestalt, / Eben wie man Marcoluum malt.* Der Sprecher hier ist der Mercator in Hans Sachs' Fastnachtspiel ›Esopus der Fabeldichter‹ (1560), und der Angesprochene ist Äsop.[127] Daß sich diese alte Assoziation

lin außlegung Teütscher sprüchwort [...] im truck außgon lassen, in: Johannes Agricola [...], hg. v. Sander Gilman (Anm. 123), Bd. 2, S. 275–302, S. 282ff.

[126] Thomas Murner, Die Gäuchmatt, hg. v. Wilhelm Uhl, Leipzig 1896, 3720–22: *So wer mir worlich wol geholffen, / Das ich trug ein solchen marckolffen, / Dich vnflat trug in mynem hertzen.* Friedrich Dedekind, Grobianus [...]. Deutsche Fassung von Caspar Scheidt, mit einem Vorwort zum Neudruck der Texte v. Barbara Könneker, Darmstadt 1979, S. 93: *Wo bleibt Marcolphus, ist er hie? / Kein schȫnern gast gesah ich nie.*

[127] Sämmtliche Fastnachtspiele (Anm. 120), Bd. 7, 1887, S. 126–167, v. 80f.

im Lauf der Zeit so verstärkt hat, ist sicher zu einem guten Teil der bildlichen Darstellung zuzuschreiben. Mit der zweisprachigen Ausgabe Heinrich Steinhöwels (um 1476) hatte der Fabeldichter nicht nur eine Schelmenvita, sondern dazu eine Gestalt gewonnen, die seinem niederen Status entsprach und ihn auch physisch in die Nähe Markolfs rückte:[128]

> Er het für andere menschen ain langes ungestaltes angesicht, ain großen kopf, gepuczte ougen, swarczer farb, lang backen, ain kurczen hals, groß waden, brait füß, ain großes mul, fast hoferot, zerbläten buch und das an im das bösest was, er hett ain überträge zungen, darumb er ser staczget. Aber mit lüsten, geschydikait und mangerlay schimpfkallen was er über die maus begaubet.

Diese an sich sehr ähnliche Beschreibung ist knapper und im einzelnen präziser, v.a. aber hat gleich der erste Illustrator daraus eine besonders einprägsame, eigene Bildformel geschaffen: den buckligen, schmerbäuchigen, barfüßigen Äsop mit dem großen Kopf.[129]

Trotzdem werden von jetzt an die beiden, Äsop und Markolf, der Sklave (Steinhöwel, ibid.: *aigner knecht*) des Xanthus und der *knecht* Salomons, schon von der Gestalt her immer wieder in Verbindung gebracht, gelegentlich auch einfach vertauscht, vermischt oder verwechselt. Auf dem Titelbild einer der von Kachelofen gedruckten ›Dialogus‹-Ausgaben (ca. 1488) steht dem rechts stehenden Salomon links ein buckliger Kahlkopf mit großen Ohren, zerrissenen Stiefeln, einem Stab in der Linken und zur Debatte erhobener Rechter gegenüber.[130] Die bildliche Stereotypik der Zeit, die mit solchen Mitteln ganze Gruppen von Menschen als sozial marginalisiert ausweist, hat den Besitzer einer Teilkopie des schon damals berühmten Kupferstichs ›Bauern auf dem

---

[128] Steinhöwels Äsop, hg. v. Hermann Oesterley, Tübingen 1873 (Bibliothek des Litterarischen Vereins 117), S. 38. Ob andererseits eventuell die (griechische) Äsopsage – in einem sehr frühen Stadium der Entwicklung – die Rahmenfiktion des ursprünglichen Dialogs beeinflußt hat, steht hier nicht zur Debatte, scheint mir aber keineswegs mehr so selbstverständlich wie früher (Michael Curschmann, ›Spielmannsepik‹. Wege und Ergebnisse der Forschung von 1907–1965, Stuttgart 1968, S. 23).

[129] Abgebildet in: Fabula docet (Anm. 44), S. 8. Abb. zur weiteren Geschichte dieses Steinhöwelschen Titelbilds ebd., S. 88ff. (Katalog von Ulrike Bodemann).

[130] Leipzig, Universitätsbibliothek, Poet. lat. rec. 168 (Hain 14247). Das ist der von Koppitz (Anm. 48, Nr. 106) und Gotzkowsky (Anm. 72, Nr. 5) fälschlich der deutschen Ausgabe Kachelofens zugeschlagene Titelholzschnitt. Abb. bei Schramm (Anm. 75), Bd. 13, Abb. 107, und The Illustrated Bartsch (Anm. 78), S. 38. Eine primitivere Ausführung derselben Komposition zierte die ›Dialogus‹-Ausgabe von Albert Ravenstein und Joachim Westfael, Magdeburg ca. 1487: Schramm, Bd. 12, 1929, Nr. 346, und The Illustrated Bartsch, Bd. 85, 1983, S. 32. Die einzige mir bekannte ›Dialogus‹-Ausgabe, die das Standardtitelbild der hochdeutschen Drucke reproduziert, wird Christoph Schaitter zugeschrieben (Augsburg, »c. 1493–94«: Hertrich [Anm. 79], S. 280 [D–118]). Diese Inkunabel wäre in die nähere Untersuchung der Filiation der deutschen Druckfamilie (o. S. 196f.) besonders mit einzubeziehen.

Weg zum Markt‹ (1471/73) von Martin Schongauer auf die interessanteste Weise verwirrt: Das in eine lateinische Handschrift des späten 15. Jahrhunderts aus Tegernsee eingeklebte kleine Blatt (81 x 48 mm.) gibt (seitenverkehrt) nur die Figur des bärtigen Bauern wieder, der mit einem Sack über dem Rücken und einem Schwert in kaputter Scheide unter dem Arm als Familienvater vorangeht und das Pferd führt. Darüber hat eine Hand des 16. Jahrhunderts handschriftlich vermerkt: *Marcolfus vel ezopus.*[131] Diese wechselseitige Annäherung speist sich aber auch aus ganz anderen Quellen: Die Äsop-Ausgabe von Johannes Draconites (1517) bildet am Schluß einen markolfisch vergröberten Äsop in Lumpen und zerrissenen Schuhen ab, der dennoch den Lehrgestus der Hände nicht aufgegeben hat.[132] Auf der anderen Seite stellt der Titelholzschnitt einer undatierten und nicht lokalisierten, französischen oder italienischen ›Dialogus‹-Ausgabe Marcolfus allein, barfüßig, ohne Schwert oder Mistgabel, aber mit zur Debatte erhobenen Händen vor dem in einer Schulbank ›thronenden‹ Salomon dar, – und ohne diesen Zusammenhang wäre er von Äsop nicht mehr zu unterscheiden.[133] Das eigentlich Gemeinsame ist in diesen Fällen nicht das Physische, sondern das Geistige: die weltkluge Weisheit des Außenseiters. Diese ja schon im Cgm 3974 zur Evidenz erhobene innere Verwandtschaft bekräftigt nicht zuletzt wieder Luther:[134]

> Denn da werden Rottengeister aus, die sich lassen duncken, die Schrifft sey jnen unterworffen und leichtlich mit jrer Vernunfft zu erlangen, als were es Marcolfus oder Esopus Fabeln, da sie keins heiligen Geists noch betens zu durffen.

Unter diesem Gesichtspunkt gehört ›Markolf‹ also zumindest zu den Texten, die es wert sind, mit dem Verstand ergründet zu werden und die sich dabei als

---

[131] Die Handschrift ist München, Bayerische Staatsbibliothek, Clm 19870, 1^{v}, links oben. Vgl. Martin Schongauer: Das Kupferstichwerk. Katalog bearbeitet von Tilman Falk und Thomas Hirthe, München 1991, S. 184–187, wo zuletzt der originale Stich abgebildet und die in Rede stehende Konstellation erwähnt ist. Daß es sich bei Markolf und Äsop um »literarische und formale Prototypen des verschlagenen Bauern« handle (Hirthe, ebd. 184), trifft allerdings für den letzteren ohnehin nicht zu (vgl. o. S. 235f.); über Markolf in diesem Zusammenhang und in der Kunstgeschichtsschreibung insgesamt s. Curschmann, Markolf tanzt (Anm. 4), passim.

[132] Abb. in: Fabula docet (Anm. 44), S. 93 (Nr. 6). Ebd. Bodemann: »neu ist [. . .] der grobianisch-realistische Darstellungsstil«.

[133] Abb. in: The Dialogue or Communing Between the Wise King Salomon and Marcolphus, hg. v. E. Gordon Duff, London 1882, Vorsatzblatt. (Beschreibung des Drucks ebd. S. 42 [Nr. 19]), und Natalie Zemon Davis, Society and Culture in Early Modern France, Stanford 1975, Abb. 12. Vermutlich handelt es sich bei deren Vorlage um Paris, Bibliothèque Nationale Res. mYc 289: Vgl. L. Polain, Catalogue général des incunables des Bibliothèques Publiques de France, Nachdr. des Manuscripts durch Kraus-Thomson, Nendeln (Lichtenstein) 1970, Bd. 20, Nr. 10154.

[134] Vorrede zum 1. Band der Wittenberger Ausgabe der deutschen Schriften (1539), in: Werke 50 (Anm. 105), S. 659.

in demselben Sinn nützlich erweisen können, wie die von Luther so hochgeschätzten Äsopischen Fabeln es sind. Den Schlüssel zu dieser Kategorisierung liefert die Vorrede zu Luthers eigenen Fabeln:[135] man kann die Menschen *nicht bas betriegen, zur Warheit, vnd zu jrem nutz, denn das man jnen lasse die Narren die Warheit sagen.*

Luther selbst hat die Autorschaft dieses Äsop bezweifelt (ebd.), andere haben dagegen sogar Markolf gerade in diesem Zusammenhang historisiert, z.B. Sebastian Franck in seiner Weltchronik (1536). Seine ausführliche Wiedergabe der *vita* Äsops schließt mit dem Satz:[136] *Ein solcher kunstreicher abentheürer soll auch Marckolphus sein gwesen / zů̊r zeit Salomonis / vō dem auch ein bů̊chlin nit gar vngesaltzen vmbfleügt.* Nicht zeitgleich sollen sie sein (Äsop, der Grieche, *hat zů̊r zeit ciri gelebt*: ebd.), aber, historisch gesehen, artgleich; *vngesaltzen* heißt ja v.a. ›geist- und witzlos‹.[137] Sicher hat ›markolfisch‹, bezogen auf Äsop, im Sinn von Hans Sachs (o. S. 235) manchmal nicht mehr als dessen Aussehen charakterisiert, so wie Fischarts Satz *von wegen des Salomonischen Marcolphi* im Zusammenhang nicht mehr heißt als ›wegen des Markolf, der zu Salomon gehört‹.[138] Aber eher ist es doch so wie in der Vorrede zum ›Grillenvertreiber‹ (1603): Zum Beweis, daß der, der alles zu wissen glaubt, nichts sei als ein Narr, wird dort die Geschichte erzählt, wie Äsop sich neben den beiden Alleskönnern, die mit ihm verkauft werden sollten, als Nichtskönner bezeichnete, und wenn er dabei *der Markolphische Esop* genannt wird, dann vermittelt das sehr wohl etwas von dieser Gemeinsamkeit im Geistigen.[139] Das äsopisch Lehrhafte des Markolfischen wird in dieser Assoziation als Demaskierung der selbstüberheblichen Intelligenz bestimmt – nicht eines Systems, sondern des Individuums, das glaubt, *das Gras wachsen, die Fliegen an der Wand husten hören, vnd wahrnemmen oder zehlen* [zu] *können, wie viel Sprung ein Floh thue* (ebd). Von fern erinnern diese Sätze immerhin an das Examen des Pfaffen Amis: Der Schelm, egal wie er selbst endet oder beurteilt wird, agiert als Korrektiv zum Nutzen der Gemeinschaft. Die eingangs zitierte Formulierung aus Fischarts literarischem Panoptikum gewichtet noch etwas stärker zugunsten Markolfs, indem sie Salomon mit ins Spiel bringt. Es geht dabei einerseits auch hier um das Närrische als Kor-

---

[135] Luthers Fabeln, hg. v. Ernst Thiele, Halle 1888 (Neudrucke deutscher Litteraturwerke des XVI. und XVII. Jahrhunderts 76), S. 2.

[136] Sebastian Franck, Chronica zeitbuch vnnd Geschichtbibell [. . .]. Nachdr. Darmstadt 1969, CXXIIIJ^{r}.

[137] Vgl. Thomas Murner, Von dem großen Lutherischen Narren, hg. v. Paul Merker, Straßburg 1918, v. 495–499: *Wan sie wollen narren sein / Vnd beschreiben alle fisch im rein, / Auch nerrische, dorechte büchlin machen, / Vngesaltzen, vngebachen, / Die nit ein quintlin weißheit hant.*

[138] Fischart, Geschichtklitterung (Anm. 2), S. 156.

[139] Das Lalebuch (1597) mit den Abweichungen und Erweiterungen der Schildbürger (1598) und des Grillenvertreibers (1603), hg. v. Karl von Bahder (Neudrucke deutscher Litteraturwerke des XVI. und XVII. Jahrhunderts 236–239), S. 154.

rektiv (S. 24), andererseits darum, daß *nicht nach dem äuseren schein zu sehen sei* (S. 25), und in diesem Zusammenhang tritt diesmal Äsop zur näheren Bestimmung des Verhältnisses solcher Narrheit und salomonischer Weisheit neben den *Flegelbeschilteten Marcolfus*, wie ihn Fischart an anderer Stelle nennt.[140] Das ist übrigens der einzige (mir bekannte) derartige Beleg, in dem noch auf Markolfs Bauerntum angespielt wird. Grobian und Narr haben sich diese Maske mittlerweile geteilt, und als Narr hat Markolf eine Potenz dazugewonnen. Die Geschichte seines Wirkens im deutschen Schrifttum beginnt für uns mit einer mißbilligenden Bemerkung Notkers des Deutschen über sein *éllenon uuider prouerbiis salomonis*; 600 Jahre später hat sie zur Aufnahme des alten Provokateurs in den Kreis der sprichwörtlich Weisen geführt.

---

[140] Fischart, Geschichtklitterung (Anm. 2), S. 32: O *wie wůrd der Flegelbeschiltete Marcolfus so stoltz mit seim Rustinco Rustibaldo werden*? Die Anspielung bezieht sich auf die Bauerngenealogie in der Formulierung in ›Frag vnd antwort‹: 41.

Frag vnd antwort
Salomõis vñ marolfs

O künig Salomon stund auff dem Sal künig Dauids seines vaters vnd was vol weyßheyt vnd reichtums Do sah er einen menschē vor im stan mit namen Marcolfus: Der was kōmē vō dem aufgange der sunnen Er was fast schnode vnd vngestalt vnd was fast außgesprech in der rede. Vnd sein haußfraw dy was mit im dar vñ dy was auch gar heßlich vnd peüerisch vnd do er sy hieß bringē fur sich Do stunden sy pelde vor im vnd sahen einander an Vnd dy person Marcolfi was kurtz vnd dick, groß vnd het ein groß haubt ein preite stirñ rot vnd geruntzelt horig oren hangede wangē groß fließende augē Der vnter lebs als ein kalbs lebs Ein stinckenden part als ein pock, plochet hende, kurtze finger vnd dick schentlich fueß eyn spitzige hogerte nasen, groß vnd grobe lebßen ein eselisch angesicht vnd har als ein ygel Groß pe werisch schuch Vnd auch ein schwert vmb sich gegurt mit einer zurissen scheiden. Seyn kappen was mit har geflochten vnd geziert mit einem hyrsen gehürñ Sein kleit het ein schnode farb vnd was von schnodē tuch. Sein rock ging im piß auff dy scham. Zurissen hoßen Vnd sein haußfraw dy was iunck vñ gar grob mit großē brüsten vnd grobe wertzen vorñ an den brüsten vnd augenbron als ein schwein auf dem rück ist, ein part wy ein pock vnd oren als ein esel, fließend augen ein gesicht als ein vnck. ein gerunzelten leib vnd ein schwartze haut Ein groß hochs hertz mit pley geziert Groß kurtz finger geziert mit eisern ringlein, Gar groß lend vnd kurtz knyscheiben groß vnd dick als ein per vnd harig. ein rock von harigem groben tuch der was gantz zu rissen vnd zu, schniten allenthalben.

DO sy künig Salomō also vor im sah sten do sprach er wer seit ir vnd von wann ist ewer geschlecht Do sprach Marcolfus. Sag vns vor das geschlecht deiner veter vnd vorfordern so will ich dir dann auch sagen von vnserm geschlecht Salomon sprach Ich pin vō den zwelff geſchlechten der Propheten Judas gepar phares Phares gepar eſrom. Eſrom gepar aram. Aram gepar aminadab. Aminadab gepar naaſon. Naaſon gepar ſalmō. ſalmō gepar boos. Boos gepar obeth. Obeth gepar yeſſe. Jeſſe gepar dauid den künig. Dauid der künig gepar ſalomon. Der künig ſalomon pin ich. Marcolfus antwort vnd ſprach ſo pin ich von den zwelff geſchlechten Ruſticorum. Ruſticus gepar ruſtincū Ruſtincus gebar ruſtibaldum. Ruſtibaldus gepar ruſhardum. Rußhardus gepar ruſticellum. Ruſticellus gepar tartam Tartam gepar tracol. Tracol gepar farſy. Farſy gepar farſutz. Farſutz gepar marcol. Marcol gepar marcolfum. vnd ich pin der ſelb marcolfus Aber mein haußfraw iſt von den zwelff geſlechten Lupitanarum. Lupitana bepar lupitan Lupitan gepar ludibruck. Ludibruck gepar bonſtrut. Bonſtrut gepar boledruck. Boledruck gepar ploidrut. Ploidrut gepar lordan. Lordan gepar tartan. Tartan gepar curiellam. Curiella gepar policam Policam gepar policanam. Policana dy do ſtet Vnd mein haußfraw iſt Salomon ſprach Jch hab gehort Das du gar deſſig ſeiſt vnd liſtig wie wol du ein pawer piſt vñ piſt ſchnode. Darvmb haben wir rede mit ein ander ſo wil ich dich fragen. ſo ſoltu mir antworten. marcolfus ſprach Der vbel redt der heb an. Künig ſalomō ſprach magſtu mir in allen ſachē geantworten ſo will ich dich mit groſſen eren vñ reichtū begabē. marcolfus ſprach Der prieſter verheiſt die geſuntheit. Jn der er keinen gewalt hat. ſalomō ſprach Jch hab weißlich gerichtet zwiſchen zweyē weiben dy in einem hauß haben erdrucket ein kint. marcolfus ſprach Wo genß ſein do ſein ſach Wo frauen ſein do ſein vil mer ſalomō ſprach Got hat mir gegebē die kunſt das keiner mein geleich iſt. marcolfus ſprach Wer poße nachpauern hat der lob ſich ſelber ſalomon ſprach Der vngerecht flewhet ſo man ſein namen vervolgt. marcolfus ſprach Wen dy ganß flewgt ſo rert yr der arß. ſalomon ſprach Ein frumme fraw Vnd auch ein ſchone fraw Dy iſt ein zierd yrem

man Marcolfus ſprach ein hafen vol guter milch dy ſol mā bewarē vor dē katzē Salomō Ein frumme fraw iſt vber alle dinck einer poßen frawē ſol mā nit gelaubē dz ſy tod ſey Marcolfus. zuprich ir yre gepein vñ würff ſy in ein grabē ſo piſt du ſicher ā irem tod. Salomō ſprach ein weiße fraw pawt ir hauß. Aber dy vnweiſ zubricht dz gepeü Marcolfus. Ein hafen der wol geprent iſt dʒ wert deſter lēger Salomō. Ein gotfürchtig weib ſol mā lobē: Marcolfus Ein katzē mit einem gutē palg ſol mā ſchintē Salomō ſprach Ein ſchemige fraw ſol mā lieb haben Marcolfus. Ein kue die vil milch gibt ſol dʒ arm behaltē. Salomō Wer vint ein ſtarck weib Marcolfus. Wer vindt ein getrewe katzē vber dy milch Salomō ſprach nymāt: marcolfus. ſo vindt mā auch dʒ frawē nit. Salomō Ein wolgeſchickte vñ erbere fraw dy iſt vber alle begirliche güter Marcolfus ein groſe vnd ein feiſte fraw iſt milt zu bezalen dē mā. ſalomō. Hüte dich vor einer deffigē frawen. marcolfus. Hüt deiner naſen vor einē beſchiſſen ars. Salomō. Ein weißer ſchleyr ſtet wol auff dem haubt einer hübſchen frauen. marcolfus ſprach Es iſt geſchriben das die ermel nit ſein als der peltz vnter einem weyßē ſchleir ſein vorporgen die ſchaben: Salomō ſpricht Wer ſeet die vngerechtigkeit Der ſchneidet ab die poßheit. Marcolfus ſpricht. Wer ſeet dy ſprewē der ſchneit ab poß getreid. ſalomō ſprach wer ſtet der ſeh das er nit fall. marcolfus ſprach Wer ſich ſtoſt der ſchawet gern darnach den ſtein daran er ſich geſtoßen hat Salomon ſprach hin wider zu dem marcolfo alſo. Lere vnnd auch weyßheit ſol ſein in dem mund des weiſen. Marcolfus. antwort dem künig ſalomō Ein eſel ſolt alweg in dem ſchmidt ſein Wañ warvmb Wo er iſt do wechſt es Vnnd wo er auch ſcheiſt do tünget es Vnd wo er ſaicht do weſſert er. Vnd wo er ſich auch welzet do zubricht er die ſchrollen da mit yn dē feld Salomon ſpricht zu dem marcolfo Ein ander ſchol dich lobē. vnd nicht dein eigner mundt. Marcolfus der liſtige heßliche pawer antwort dem künig alſo Jſt das ich mich ſelber ſchend

ſo geſal ich nyemāt ſalomon mit frūmē vñ mit boſē wirt erfullt
dz hauß mar. mit dreck vñ mit arß wiſchen wirt erfult dz ſcheiß
hauß Sa. vil beſſer heimlicher ſchad dā offene ſchāt. mar ð be
gert dreck zu drinkñ ð kuſſe dz hürß arß Sal. den frolichē geber
hat got lib mar. wer leckt ſein meſſer gibt wenig dē knecht ſä.
zwelf graffſchaft machñ ein furſtēthū mar. zwelf trucker machñ
ein ſchiß ſalo. zwelf furſtēthū machñ ein konigreich mar. zwelf
ſchiß machñ ein dreck ſa. zwelf konigreich machñ ein keiſerthū
mar. zwelf dreck machñ ein karrē fuder ſalo. lere dein ſune in der
iugēt mar. wer ſein kūe nekt iſt offt vō ð milch ſalo. welchen
knecht mā ſchō eret ð wider ſpricht offt ſeynē herē. marcolfus
ein lugēhafter knecht hat ſtinker ere ſalomō vier ewāgeliſtñ hal
ten auf die welt marcolfus vier ſeūl baltñ auff das ſcheiß hauß
Salomou ein ſchwartze varbe ſtet wol in einem weiſſen ſchült
mar. ein ſchwartzer arß ſtet wol in einer weißen ſchoß ſalomon
ere iſt zu beweißñ dem meyſter vñ regirūg dem iūgen marcolfus
wer ſmirt dem richter ſein packñ der macht ſein eſel mager ſalo.
wider einen mechtigñ menſchñ vnd wider ein fluſſendt waſſer
ſoltu nit ſtreytñ marcolfus wer ſchynt ein geyer der hat ein ma
gern vogel ſalomō laß vō dein geſpot ſo zwergē die krieg vñ ha
ren auff die ſach vnd gezenck marcolfus rer laß auß den windt
ſo zugeth der dreck vñ fort auff der getzwanck ſalomō mit den
deffiſchñ hab kein gemeiſchaft marcolfus wer ſich muſcht vn
ter die cleien den freſſen die ſew Salomon vil ſein die gut wider
vbel thun marcolfus ſprach wer den fremden ſain brot gibt der
verleuſt ſein lon ſalomō ð iſt kein freunt des freuntſchaft nicht
wert in der not marcolfus der dreck von ein kalb reucht nit lāg
ſalomon der ſucht vrſach der von ſeinen freunden wil weichen
Marcolfus ſprach die fraw die ſich nit wil laſſen nutzen die
ſpricht ſie hab einen ſchewigen arß ſalomō des konigs rede ſol
nit wankel ſein marcolfus ſprich der widerſtrebt dem pflug ð
mit einem fuchs ackert ſalomon die wurtzel von rettig ſein gut
aber ſie ſtincken in der wirtſchaft marcolfus ſprach wer rettig

iſt der huſt vndñ vnd oben Salomon ſprach wer ſein oren ab
kert von den armen der wirt ſchreyen vnd got wirt in nicht er
horen marcolfus der verleuſt ſein zeher der vor dē richter weint
ſalomon ſprach der bauch thut mir wee. marcolfus ſprach du
ſolt auff das ſcheißhauß gan ſalomon ſprach den dot vnd armut ſoltu nicht verheln marcolfus wer den dreck verpirgt dem
wechſt er ye lenger ye groſſer Salomon wer im ſelber ein ſchalk
iſt mit wem iſt er mit frid Marcolfus wem drek wol gefelet der
iſt vnerber. ſalomon ſprach wen du ſitzſt an des reichen tiſch ſo
merck eben was man dir fur ſetzet marcolfus eß gehort alles in
ein bauch ſalo. ð artz vnd die freund werden in noten bewert
Marcolfus hilf ſchadt nit wer den kelner liber der trinckt offt
ſalomon die krigiſchen vnd die defiſchen ſol man treiben auß ð
geſelſchafft marcolfus ein zornige fraw vñ ein lochrichte pfan
die ſein ſchedlich in dem hauß ſalomō ſprach wem dz dein ver
ſchmacht der iſt nit wirdig dz groſſen marcolfus ein alter hūdt
get trawriglich an ſein rwe Salomon du ſolt nit ſtraffen den
verſpotter des er dich icht ſtraf marcolfus ye mer mā den dreck
rurt ye mer er ſtinckt ſalomon du ſolt dir nicht auß welen wem
du gut thuſt Marcolfus der verleuſt ſein arbeit der einē feißten
ſwein ſein arß ſchmirt. ſalomon vmb die lieb gotes ſol mam yederman lieb haben Marcolfus iſteß daß du dē liebeſt der dich
nit lieber ſo verleuſtu dein lieb . ſalomon du ſolt deinē freunt nit
morgen verſprechen ſo du in haſt heut zuhelfē oð zugebē mar.
ich wil dir ſchier geben daß ich dir nit yczo habe zu geben ſalo-
deiner frawen nuchter beth ſolt du nit verſchmehen marcolfus
ſprach ſo dein fraw ſich wil dein gebrauchen So ſoltu Jr das
nicht verſagen Salomon der ſpricht hin wider der iſt einß zornigen gemutz der kein maß hat in der rede marcolfus der ſpricht
hin wider ein locherichter arß der hat kein horn Salomon der
ſpricht hin wider vil begeren reichtum die doch arm ſein Mar
colfus der ſpricht hin wider zu dem konig yß daß du haſt vnd
ſich waß dir vber bleybt ſalomon der ſpricht hin wider zu mar-

colfo Der zorn̄ hat kein parmhertzigkeit. marcolfus sprach hin wider zu dem künig Du solt deinem freünd nicht vbel redē das es dich icht gerew. salomō sprach dein feind redē dir nicht die warheit Marcolfus sprach Wer dich nicht liebt der schendet dich aber. salomō sprach Ein poß mal ist gezieret mit suppen. marcolfus sprach suppen machen dünne packen vnd ein schēt lichs arsloch. salomō sprach du solt schlaffen vnd das des genug sey marcolfus sprach wer treg ist wie wol er nit schlefft so schadt im doch dy faulheit nicht. salomō sprach so wir sat sei so sullen wir got danck sagē marcolfus sprach Dy troschel singet der heher antwort ir Der volle vnd der hungerige singen gar vngeleich mit einander. salomō sprach Essen wir vnd trincken morgen werden wir sterben Marcolfus sprach Der voll stirbt als wol als der hungerig Salomō sprach Weñ der mensch ist so mag er nit wol gereden. Marcolfus sprach Weñ der hundt scheist so mag er nicht gepellen Salomon sprach Es ist nū genung gee wir schlaffen Marcolfus sprach Der schlefft poßlich der nicht isset Salomon sprach zu marcolfo Wer fleucht ein wolff dem begegent ein leb. marcolfus sprach von einem posten zu dem andern von dem koch zu dem pecken Salomon d künig sprach zu marcolfo also Hüte dich das man dir nicht vbel beweis. marcolfus sprach zu salomon Dem fleendē wasser vnd sweigenden menschen soltu nicht getrawen. salomon. sprach zu dem pawern̄ marcolfo also kein man der alle ding ver mag Marcolfus sprach zu dem künig salomon also Es ist geschriben Wer kein roß hat der muß alwegen zu fussen gen. Salomon sprach zu dem heßlichen pawern̄ marcolfo also. ein gotfürchtiges frumes keüsches hertz fürcht sich nicht. marcol fus antwort dem künig vnd sprach zu im also. Welcher einen gesundten finger zu pindet Der pindet einen gesunden finger wider auff Salomon sprach zu dem pawern̄ marcolfo also vermaledeit sey das kint das hundert iar alt ist marcolfus sprach vnd gab dem künig wider darauf zu antwort also. Ein alter

hunt ist poß pendig zu machen Salomon Wer hat dē gibt man. Marcolfus Wee dem der der ein brot hat vñ kein zā Salomō sprach Vor dem pachofen wachssen nicht krewter vnd ob sy wüchssen so wurdē sy verprent durch die hitz die auß. dē ofen get. Marcolfus Im arß wagssen nit har vnd ob sy wügssen so würden sy verprent durch dy heissen drecker die auß dem ars gen Salomon sprach Wee dem der mangerlei gesind hat Marcolfus sprach Wer zwen weg will gen der muß dē ars od die bruch zu reissen Salomō sprach Auß einem vollen hertzē redt der mundt. Marcolfus Auß einem vollen pauch herst der ars Salomō sprach Ein schone fraw ist ein gezierd irem mañ Marcolfus. An irem halß ist sy weiß als ein taub. Im arß ist sy schwartz als ein maulwerff. Salomō Die natürfftigkeit macht das der gerecht vnrecht thut. Marcolfus. Wenn man einen wolff gefecht So will er scheissen oder peissen. Salomō Hüt dich das du deinem frewnde kein schnode gab gebst. Marcolfus Ist das du deinem frewnd vngern̄ gibst so verwust du den frewndt vnd die gaben Salomon sprach Ich het erē genug Der mir newer got alle ding vntertenig gemacht. Marcolfus Man sol dem hund nit als wil geben Als er begeret mit dem schwantz Salomon sprach Dein torñ zimpet nit weise rede. Marcolfus Dem hundt zimpt nit den satel zu tragē Salomon Wenn sich der himel wulknet so will es regnen. Marcolfus Wenn sich der hundt krümpt so will er scheissen Salomon sprach Alle steig gen zu dem weg. Marcolfus sprach Alle aderñ gen zu dem arß Salomon sprach Von einem frumen man kumpt ein frume fraw. marcolfus Vō einem gutē mal kumpt ein grosser dreck. salomon sprach. Ein schwert zieret wol pey meinem pett oder haubt. marcolfus sprach ein grosser dreck zieret wol pey meinem zaun salomon sprach Je erwirdiger du pist Je ee solt du dich demütigen. marcolfus hub an vnd sprach Der reitet wol Der mit seinem geleichen reitet. Künig salomō sprach zu im also. Ein frolicher mēsch der alle zeit forchtsam ist. Marcolfus sprach Der schreyet zu langksam den der wolff erwürgt Salomon sprach. Ein weiser sun erfrewt sein vater Aber ein vnweiser ist ein trawerung seiner muter Marcolfus · Der frölich vnd der trawrig singen gar vngeleich mit einander Salomon sprach thu wol dem gerechten so gewinstu widergeltūg Vñ ob sy nit kumpt von dem gerechten so kumpt sy aber von got. Marcolfus. Thu wol dē pauch so thustu groß außwerffung kumpt sy nit von dem mund · so kumpt sy aber von dē arß Salomō sprach. Ich pin müde zu redē ich will ruen. Marcolfus. Ich hör nit auf zu redē Salomon sprach Ich mag nymer. Marcolfus sprach · so gibe dich vberwunden vñ gib mir das du mir versprochen hast.

Wy des künigs rētmeister zu marcolfo sprachen

DO sprachen dy weisen des künigs. Bononias vñ Sabut vnd Joiade vñ Amirō vnd Abda dy rentmeister Dy sprachē zu marcolfo also. Meinstu du wolst der dritt sein in dem reich vnsers herreñ des künigs ee solten dir dein augē auß dem kopff gestochē werden

Es zympt dir paß pey dē schwein zu sein dañ das mā dir solcher zu züg Marcolfus sprach also Was hanget an dē arß neüer dy hoden warumb hat mirß der künig versprochē Do sprachen dy zwelff pfleger des künigs wy schent marcolfus vnnserñ künig warumb schlecht man in nit mit stecken vnd treibet yn hinauß Do sprach der künig nit also man sol in vol füllen vnd sol in mit frid laßen gan Do sprach Marcolfus zu dē künig ich leid vast genug Aber ich sprich fur war do kein künigk ist do ist auch kein gerechtigkeit

Wy künig salomō reit auff das geyeide vnd ym seiner dyner einer weiset das hauß Marcolfi vnd waß der künig marcolfum fraget

DAnach reit d̕ künig eins mals vō dē geyeide vñ dy mit im ritē dy weistē i dz hauß do marcolfus wont kert sich der künig vmb mit seinem pferde Also sitzet auff dem pferde vnd reit vnter dy thür vnd sahe hin ein also sitzet auf dē pferde vnd fragt wer darinen were. Marcolfus saß pey dē feür vnd het ein hafen mit ponen zugesetzt Vnd er antwort dē kūnig vnd sprach. Hierinnē ist anderhalber man vñ ein roßkopf Vñ ye mer sy auf steigē ye mer sy nider steigē. Do sprach künig Salomon was ist das das du sagest. Marcolfus sprach Der gantz mensch bin ich der hie innē sitzt. Aber d̕ halb pist du sitzen auff dem pferde halber herinnen vnd halber do aussen. der roßkopff der ist deins pferts darauff du sitzest Do sprach kunig Salomon wer sein dy die auff vnd nider steigen. Marcolfus sprach es sein dy pon in dem hafen pey dem fewer dy siden vnd steigen auf vnd nider. Do sprach künig Salomō. Wer ist dein vater and dein muter vnd dein bruder vnd dein Swester Marcolfus sprach. mein vater macht auß einē schaden zwen scheden Aber mein muter thut einer nachpaurin das sy ir fürpas nit gethā kan Aber mein bruder sitzt außerhalbē des hauß vnd was er vindt das dot er Aber mein schwester die sitzt in ir kamerñ vñ weint des sy vert gelacht hat Salomō sprach was bedeüt das Marcolfus sprach mein vater ist auff dē veld vnd vermacht den weck durch das korñ mit dornen wañ dann die leüt kumen so machen sy ein anderñ weck durch das korñ. So hat er dañ zwen schadē gemacht Aber mein muter dy thut zu dy augen einer nachpewerin die will sterben dy dut ir fürpas yr augen nimer zu Aber mein bruder sytzt hinder dem hauß. Vnd hat sein cleider abgezogen vnd was er lewß vindt dy dot er all Aber mein schwester dy hat vert geliebt ein iungen knabē. den hat sy gehalst vnd gekūst als lang piß sy ist schwanger wordē eines kindes das bewaint sy hewer.

DO sprach künig Salomon wo oder von wē kūpt dir solche listigkeit Marcolfus sprach Czu den zeiten dauidts deinß vaters do du iung wast do namē die ertzt des vaters dir zu einer ertzney ein geier vñ als sy die ertzneie nach notturfft aller deiner gelid gemacht het Do nā ber sabe dei muter das hertz vō dē geier vnd legt das auf ein rindē brots vnnd briet dz auf dē kolñ vñ gabe dirs zu essen vñ warf die rindē brotes hin do was ich in der kuchē vñ hub dy rindē brots auf die was mit der feistigkeit des hertzē vō dē geier begossen davō kā mir die listigkeit als dir die weißheit kā von dē hertzñ marcolf' sprach d̕ wirt weiß gehaltē der sich helt fur ein narrē. Salomō sprach hastu nicht gehort wie großen reichtū hat mir got gegebē vber die weißheit Marcolfus sprach ich hab gehort wo got will do reget eß Do lacht künig salomō vñ sprach mei volk hat mein vor dē hauß darvm̄ mag ich nit lenger gaharñ sūd sag deiner muter dz sie mir vō irer pestē kw schick ein hafen mit milch vō d̕ selbñ kw zu gedeckt vñ brig muß marcolf' sagt Jch wil es tun Do reit künig salomō widd' gē iherusalē i seinen palast Do nā marcolfi muter genāt floretina einē eirplatz gesalbt mit der milch vñ bedeckt dē hafen damit vnd schickt im dē künig.

Marcolfus ir sun nam dy milch mit dem platz gedecket. Vnd ging zu dē künig mit d̄ milch vñ do ging marcolfus vber eī wysen vñ was gar müd vnd hitzig Do sāh er einē küfladē ligē auf der wisen Vnd er setzt nider seinē hafen mit der milch. vñ aß dē eyerblatz vnd deckt den hafen zu mit dem küefladen vñ do er kā fur konig Salomon vñ im bracht den hafen mit der milch verdeckt mit einē küfladē Do sprach der künig Warumb ist d̄ hafen mit der milch also verdeckt. Marcolfus sprach hastu künig nit also geschafft das die milch von der selbigñ küe sol bedackt werdñ ist nit der küefladñ von der selbigē küe Do sprach Salomō ich habß nit also geschafft marcolfus sprach ich habs also vernomen Salomon sprach besser wer gebest ein ayerplatz gesalbet mit der milch Marcolfus sprach eß wart also verbracht aber der hüger verwandelt die sinn Salomon sprach als wie marcolfus sprach ich weßt wol das dir des brots nit not was aber ich waß sein notturfftig vñ aß dē eirplatz gesalbt mit der milch vñ leget dē küfladē darfur auf dē hafen Salomō sprach laß wir vō dem Aber wiltu mit mir nit wachen diße nacht. so soltu mir verfallē sein dein haubt. Marcolfus sprach ich lob es Vnd do dy nacht kam do saßē sy zusamen. Künig Salomon vnd marcolfus vnd wachten.

Do wurd marcolfus schlafen Salomō sprach schlefestu marcolfus sprach nein ich slaf nit sund̄ ich gedenck Salo. was deckstu. marcolfus sprach ich dēk das der haß als vil gelēck hat ī dē schwātz als in dē rück. Salomō sprach dz mustu bewerñ od̄ must sterbē. Do nū künig salomō still schweig do hub marcolfus an zu narzē Do sprach salomon schlefestu. marcolfus sprach nein ich sund̄ ich dēck. Salomō sprach was deckstu. marcolfus sprach ich dēck dz dy aglaster hat als vil weißer federñ als schwartzer. salomō sprach das mustu bewerñ od̄ must sterbē Darnach nit lāge hub marcolfus an vñ schlief. salomō sprach schleffestu. marcolfus sprach Neī ich schlaf nit sund̄ ich dēck. salomō sprach was deckest ich dēk das nichs auf erdē scheīperlicher sey dañ d̄ tag. salomō sprach dz gelaub ich nit dy milch ist scheinperlicher marcolfus sprach der tag ist scheinperlicher. salomō sprach dz stet zu bewerñ Do schweig salomō vñ wacht do hub marcolfus ā vnd schnarcht salomō sprach slefestu marcol. sprach nein ich gedenck. salomō sprach was denckstu ich dēck das keiner frawen zu glauben sey Salomō sprach dz mustu mir bewerñ od̄ must not leidē. Salomō wacht marcolfus schlief salomō sprach: schlefestu marcolfus sprach ich schlof nit ich gedenck salomō sprach waß dēckestu marcolfus sprach ich gedēck das dy natur pesser ist dā dy narung salomō das mustu bewerē Darnach als dy nacht verging do ward salomon mud von dē wachē vnd leget sich nider in sein pett Do ließ marcolfus den künig schlafen

Darnach lief marcolfus heim zu seiner swester fudasan vnd tet sam er ser trauerig wer vñ sprach zu ir also d̄ künig ist mir veindt wordē vñ ich mag nit geleiden sein droūg vñ vngerechtigkeit Sund̄ ich wil nemē ein messer vnter mein cleidt vnd wil in heimlich erdöten vñ ich bit dich liebe schwester du wolst mich nit verrathen sunder in allen trewen das verschweigen vnd auch das meynem bruder Busrido nit sagen. Do sprach sein schwester fudasan. Mein aller liebster bruder marcolfe du solt keinen zweifel haben vnd solt ich mein haubt verlierñ ich wil dich nit verratē Darnach ging marcolfus heimlich wider gen hof Vñ als dy sunne auf ginge do ward der hof vol volkes.

Wie marcolfus dē künig salomō must beweiñ alles das er gedacht het do er wachet mit dē künig

DO stund auf künig salomō von seinem pett vñ saß in seinem palast vnd lies im bringen einē hasen. vñ do wurden gezelt vō marcolfo als vil gelenk in dem schwantz als in dem rückē Darnach ward bracht ein aglaster fur dē künig do ward zelt als vil weißer federñ als swartzer Darnach nā marcolfus heimlich eī lagel mit milch vñ legt sy in sein kamerñ vnter dy thür vnd verstopft alle fenster do das licht nit mocht hin ein gen vñ rüft zu im dē künig vñ als der künig ī die kamerñ wolt gē do drat er auf dy lageln mit der milch dz er schir gefallen were do wart ð künig zornig vñ sprach Eya dz du verlorñ werdest was hast du getā Marcolfus sprach künig du solt nit zornen hastu nit gesprochē. dz dy milch liechter sey dañ der tag war vñ hastu nit vō ð milch als woll gesehñ als vō dē tag ich hab dir recht gesagt ja. das dich got vlaß mein cleidt ist mir beschißē mit ð milch vñ ich het schier meī kopff zu vallen vñ du hast nit gesunt in mich. mar. furbaß sich dich fur vñ sitz nydð vñ gib mir recht in dē als ich dir clagē wil vñ als ð konig nidð gesaß do sprach mar. ich hab ein schwester mit namē fudasā die ist eī hur vñ ist schwāger worē eīß kinß vñ enteret als mein geschlecht vñ wil doch habē irē erbteil ja. brig deī schwester fur vns so horē wir waß sie sprich t wā nimāt sol vrteilt werdē eß sey dan selber da.

Wie marcolfus sein schwester ansprach.

Vñ do sie kā do lachet ð konig vñ sprach dz mag wol marcolfi schwester seī dā sy waß gar dick vñ kurtz vñ häck auff beidē beī vñ het augē vñ mūdt alß marcolfus do sprach salomō nū sage dar marcolfe was dag hastu zu deiēr schwester do sprach er O konig meī swester ist eī hur vñ enteret meī geschlecht rusticorū vñ will habē irē erbteil darvm bit ich dich Verbiete yr das sie kein erbteil neme do dz hort fudasan sein schwester do wart sie zornig vñ sprach ach du boser schalck warvm sol ich keī erbteil habē hat mich nit marcol geborn vñ ist florētina mein mutter gewest als wol als die dein Marcolf. du wirst kein erbtail habē, wañ dein schuld die vdāpt dich Fudasan mei schuld vdāpt mich nit Ob ich gesundt hab so wil ich mich pessern aber ich sag dir lassest du mich nit mit fride ich sag dir ein solichs vor dē künig das dich der künig an den galgen wirt hencken Marcol: Ach du pese huer was magstu vō mir sagen ich hab nyemant nicht gethan Fudasa sprach du hast fast gesūdet wan du wilt meinē herñ künig erdoten. vnd ob man mir nit will glaubē so such man das messer vnder seinē klayd vñ als die dyener suchtē do fundē sy kayn messer Do sprach Marcolfus habe ich dir künig nit recht gesagt das kayner frawen zu gelauben ist. vnd do yederman lachte Do sprach künig Salomō Marcolfe die dīge dustu all auß listikeit Marcolfus sprach als mei schwester dut mit der vsuchūg also thet sy auch mit der warheyt Do sprach Salomon warūb hastu gesprochen das die natur pesser sey dā die narūg Marcol. hart ein klaine weil vnd ee du schlaffē gest so wil ich dir das bewern.

Do mā nun zeabēd aß seczt sich der künig zu dysch vñ marcolf am andern vnd nā heymlich drey meüß i sein ermel do was ein katz am hoff also gewent auf die narūg daß sy alle abendt essen hielt ein liecht i dē füssen vnd leüchtet zu disch vnd als mā het gessen do lies marcolfus ein mauß auß dem ermel lauffen vñ do sy dy katz sah do wolt sy ir nach lauffen do droet ir d künig dz sy beliebe sitzē do lies er die andern vñ dy dürtē mauß lauffen do sy die katz sah do mocht sy nit behalten dy kertzen vñ ließ sy fallen vñ lief der meüß nach Do das marcolfus sahe do sprach er zu dē künig Sichstu ich hab bewert vor dir das die natur pesser ist dañ dy narūg Do sprach künig salomō zu seinen dienern dut in hin von meinē augē vñ ob er mer herein get so hetzt all mein hundt ā in Do sprach marcolfus Nū sprich ich für war dz ist ein poßer hof do kein gerechtigkeit ist vñ do er also ward außgetribē do gedacht er wie er in des künigs hof wid mocht kumē das in die hundt nit zu rissen.

Vnd marcolfus ging hin vñ kaufft ein lebendigē hasen vñ verparg dē vnter sein cleidt vñ ging wid zu hof vñ do in des künigs diener sahē do hetztē sy die hundt alle an in vnd meintē die hundt soltē in zureissen Do ließ marcolfus dē hasen lauffen vñ zuhant verließen in die hundt vñ liefen dem hasen nach also kā marcolf wid für dē künig Do in d künig sah do sprach er was iagē dy hūt marcolf sprach dz das sy fleücht Salo. was ist dz dz sy fleücht. marcol. dz dz sy iagē. salo. hüt dich heüt das du nit anß speist dā auf bloße erd dā d sal ist allethalbē bedackt.

Wie marcolfus dē kalen mā an dy stiñ speiet

Vñ marcolfum kā die huestē an also dz er ein grossen speihel ge samet het in seien mūde do sahe er sich allēhalbē vmb vñ sah kei bloß erdē zu dē letzstē do sahe er ein kalē meschē stā bei dē konig vñ do er in grossen engstē was vñ sahe kein bloß erdē auf die er mocht gespeiē do samet er den speichel in seien mūde vñ mit ei nem grossen vngestim speiet er dem kaln menchen an sein styrn vñ zuhāt wart ď kal man rot vñ erschrack vast vñ wischet sein stiñ vñ viel dē kūnig ze fußen vñ claget vber marcolfum Der kū nig sprach zu marcolfo warvm̄ hastu ī sein stiñ geunreinigt. er sprach ich hab sy im nit gevnreinigt sund gedūnget wañ auff einer vnfruchpeñ erdē legt mā darvm̄ dē mist das sy peßer wer salomō. Was get das dē kalñ mā an. Marcolf' hastu mir nit verboten das ich heūt nit sol speien auff bloße erdē do sah ich sein stiñ bloß das kein har darā was do gedacht ich es wer plo se erd vnd speyet im an dy stiñ dar vmb solt ir nit zornen Wañ ich hab das vō seins nutz wegē gethā Dañ weñ sein stiñ albeg so feücht wer on zweiffel es wügß im auch har darā Salomō sprach dz dich got schent Wañ dy kalen menschē sein erberger dañ dy andern Do sprach ď kal worvm̄ lest mā dē vnfleter her ein dz er vns schēt Er sol sweigē oď mā sol in hinauß werffen marcolf' sprach es werd newer frid so will ich schweigē

Do komē zwo gemein frawē fur dē kunig mit einē lebedigē kinde vñ dy ein sprach O kūnig gib vns recht vm̄ dz kint wañ wir zwu habē geborñ ij kind in einem hauß vñ dy ein hat sich vmb gekert vnd hat yr kint erdrūckt vñ ist auf gestādē vñ hat mei lebēdigs genumē vñ hat ir tods kint ā die stat gelegt Do sprach dy and du lewgest dein kint ist tod dz mein lebt noch Do sprach kūig. Salomon nempt ein swert vnd teilt das kint dz ir iď ein teil wirt do dz dy hort der das kint was do sprach sy. O kūnig gib ď frawē das kint dz es nit gedot werd vñ leb wañ sy was gāz pleich vnd er schrack vber ir kinde Do sprach aber die and Es sol weder dir noch mir sund es sol geteilt werdē Do sprach salomon gebt der frauē dz kint wañ sy ist sein muter. Do stund marcolfus auf vñ wy erkenstu das dz die muter ist Salomō antwort vñ sprach auß der begird vnd verwādlūg ires angesicht vñ auß irē zeherñ marcolfus sprach du verstest sein nicht recht glaubstu den zeh erñ ď frauē du bistweiß vñ weist nit dy kūst ď frawē Dy frawe weint mit dē augē vñ lacht mit dē hertzē vñ beweist des sy nit hat in der begird. sy ret mit dem mund das sy nit gedenckt mit dem hertzē. sy verheist dir das dz sy nit verbringē mag Dy frawen habē kunst an zal. Salomō sprach sy haben als vil kunst als kranckeit marcolfus sprach sy habē nit kranckheit besundě betriegligkait wañ sy lernē zu betriegē dē weisen salomō sprach sy sein nit alle betryeglich oder hurñ marcolfus sprach eine mer dañ die andě ich marcolfus sprich sy sein alle betriglich do sprach künig Salomon ich sprich furwar das die ein hur ist vnd mer dañ ein hur die dich geborñ hat warumb sprichst du das künig Salomō sprach dar vm̄ das du schendest ŏ frawen geschlecht wañ ein erbere fraw ist begirlich erberklich vñ lieplich marcolfus sprach du magst wol sprechñ daß sy swach vnd beweglich sey Salomō antwort Ist sie swach das ist menschlich Ist sy be-weglich dz ist auß rechter begird wañ die frau ist erschaffe auß der ripp des manß zu einer hilff vnd begird des manß wañ dy frau heisset mulier vnd ist als vil geredt als ein weicher lufft Marcolfus sprach sy mag auch geheißen werden ein weicher irsal: salomon sprach du leugst vnd ein yder ŏ vbel redt dē frauen der ist nit frum̄ vnd ist keiner frumen nit wirdig. wañ ein yŏ wirt geporñ vō den frawē Was ist nütz reichtū oŏ vil golt silber oŏ . edel gestein kostenlich kleider vñ wirtschafft an dy frauen fürwar der ist wol tod der welt der do ist geteilt vō dē frawē Die frau gepirt sun vnd dochter vnd nert sy vnd hat sie lib vñ die fraw regirt das hauß sie ist sorgweltig vmb iren mā vñ vmb ir gesinde ein fraw ist ein lust aller ding ein fraw ist ein sussikait der iūgen vnd ist ein drostern der alten ein frolockūg der kinder eyn fraw ist ein freud dem tag vnd ein wollust der nacht so be-helt got die frawen so wil ich sie auch behalten daß ist mein auß ganck vnd mein ein ganck zu den worten redt Marcolfus der hat geredt recht weß des hertz vol ist des get im der mundt vber Du hast die frawen vast lieb Dar vmb liebstu sie dar an duestu recht wan du solt nit auß speien daß du in den mundt nimst Dein reichtum der adel dein zierd . vnd weißet stenē wol pey der frauen lieb Aber ich sag dir künig salomon du lobst dy frawē itzund ee du beint entsleffst so wirstu sie schendē Salo. redt zu marcolfo du leügst wañ alle meine lebtag so hab ich geliebt die frawen darumb gang von mir vnd red fürpaß dē frauen nit mer vbels vor meinen augen Do ging marcolfus auß dē palast vnd rüfft zu im die frawen der das lebendige kint was gegeben worden vnd sagt ir also Du waist nit was der künig geschafft hat vnd was hewt geredt ist in des künigs palast. Vnd sy sprach nein mein sun ist mir wiŏ geben worden : Aber was darnach ist geschehē des en weiß ich nit Marcolfus sagt also Es hat den künig gerawen das er dir dein kindt hat wiŏ geben vnd das nit geteilt vnd hat gepotñ das du morgē gefordert solt werdē du vnd dein gesellin vnd ir wirt gegeben dz halbe teil deines kindes Do saget die fraw O wie gar ein poßer künig vnd wie wie gar vngerecht sein seine vrteil Do saget yr marcolfus mer vñ poßer dinck Wañ der künig vnd alle sein ret haben gepoten das ein yder man sol nemen siben frawen. So gedencken dy frawē was in sei zu tun vnd ist das also So wirt kein hauß nim̄er mer frid vnd eine wirdt lieb vnd die anŏ wirt versmecht vnd die dem man aller past gefelt die wirt alwegen pey dem man sein vnd die im minŏ gefelt die wirt nim̄er pey im sein vnd eine wirt wol gekleidt die anŏ wirt ploß gen Die lieb wirt ring tragen. silberin vnd güldin vnd vō edelm̄ gestein. vñ wirt haben die schlüßel zu allen slossen vnd wirt fraw geheißē von allem gesind vnd alles das der mon hat wirt ir vntertenig sein Wañ dañ eine also geliebet wirt was werden die anderen sechs sprechen Oder wenn ir zwo werdē geliebt was werden dy anderñ funff darzu tun wann die lieber wirt geküst vnd ge-halset vnd zu dem man gelegt Was redē dañ dy anderñ darzu Sy sein witwen vnd haben doch man Vnd es wirt sy rewen ir iunckfrawschafft das sy dy haben verloren vnd wirt alweg zwischen in. zorñ. krieg. streit vnd gezenck. neid vnd haß Vnd schlagen vnd rauffen. Vnd ee das das gepot geschicht so widerdüffres Auch wirt eine der anderñ vergeben darvmbe so ist es mir leit vnd so du auch ein fraw pist so ge hin vnd sage das den anderñ frawē in der stat iherusalem vnd sprich das sy yren willen nit dazu geben Sunder das sie das gepot dē künig widersprechē vnd auch seinē rethen. Vnd do marcolfus das het gesprochen vnd zugeschickt Do ging er heimlich wider gē hof vnd setzt sich in einē winckel im palast Aber die frawē gelaubten sein worten Vnd die frawē gingē mitē durch die stat mit aufgerackē armen vñ schlug sich an ir hertz vnd offenwaret die sach Also ward ein groß geleuf der frawen Ein nachpeurin saget es der anderñ vnd ward ein groß vngestüm Also das zu einer stund alle frawen der gantzen stat wurden gesamelt vñ auch vil iudē giengē zu rat das sy mit einander giengen in das palast vnd vberfielen dē künig vnd widsprachē seinē gebotñ.

Nun wert ir horen wye vil weiber gen hof komen vñ wy sy die sach widerretten

DO kamen gen hof wol pey sibentausent frawen vnd vmbgaben dē palast des künigs vñ zubrachen dy thür vnd die fenster vnd vber vielñ den künig vnd zugen im schand vnd laster zu on maß vnd seinē reten eine mer die ander noch mer vnd alle mitteinander vor dē künig vñ schryen gleich ynn grossen vngestym vñ zu dē letzstē macht der künig kaum ein stille vñ er fragt sy waß die sache were eins solichē grossen vngestuemß Do sprach eine auß in zu dē künig Du künig dein golt vnd silber vñ edel gestein vñ aller reichtung der erden werden dir zu getragen lastu deinen willen den du dir fur hast gesetzt vnd nyemandt ist dir wider vnd du hast ein künigin vñ wilt noch mer weiber haben. Salomō got hat mich gemacht zu einē künig in iherusalē mag ich nit mein willen volbringē Do sprach die fraw volbring deinē willen wie du wildt laß vnß mit lieb wir sein edel vō dē geschlecht abrahe vnd wir halten dz gesetz moysi vñ warub wilt du vnser gesetz verwadlñ der du lieb haben solt die gerechtikeit Salomon sprach vol zorneß waß vngerechtikeit thu ich dir vnuerschemige. Die frawe sprach das ist die aller groste vngerechtikeit dastu wilt habē dz das ein man sol sibē frauen habē fur war das sol nit geschechē Es ist kein furst ritter od graf edel oder vnedel der also mechtig sey das er einer frauen mug erfullen iren willē wie sol er dañ thū so er siben frauen hat das ist vber die natur vñ kraft der mañ vñ eß wer besser das ein fraw habe siben man: Do lachet künig salomō vñ sprach die redt wol fur sich vñ fur ire gespilē. Ich het nit gemeint einē menschen zu gleichen euer menig der frauē od die geleichet nit ewer schar Sunder meret ewer schar czu siben malñ Do huben die frawē alle geleich an mit einander mit lauter stimm zu schreien gegen dem künig also. Furwar furwar du pist ein poser vnd auch ein spotiger künig Vnd sagñ auch dz deine vrtel vnd deine recht die du gegen vns frawē hie zu Iherusalem furest die sein alle wider vns vnd vngerecht. Nun wissen wir wol als vns vnser vorfoderñ gesagt vnd geoffenwaret habñ vor langen zeittñ vnd zu vns gesprochen also das künig Saul gar poßlich vñ auch gar vnsinnicklich vber das volck zu iherusalem gereigirt hab Auch da pey sagt mā dz gereigirt hab gar ein mechtiger hochgelerter weiser künig der ward genant

Dauid noch poßlicher Salomō am aller vbelstett. Da sprach salomō vol zorns kei schalckhaftiger haubt ist nit dā dz haubt der schlangē vñ kein zorñ ist vber den zorñ der frawen Jch wolt liber wonen bey den leben vñ bey den drachē dan bey dē schalckhafftigen weybē alle boßheit ist clein gegē der boßheit der frawen Der frawen zorn vñ vnerberkeit ist ein grosse schāt So die frawen den furganck haben so ist sye wider irñ mā. Ein demutig hertz vñ ein trawrig angesicht ist ein pfleg des todeß Einer schalckhafftigen frawē vñ alle sund haben ein anfanck von dē frawen vñ wir sterben all durch die frawē Ein fraw ist ein schmertz dem hertzen weinen vñ klagen dem liebhaber Ein vngetrewe frau ist ein geißel ð zungē. Ein poß weib ist vber als poß Wer dy hat oð helt der helt ein scorpio. Jn einer trunckē frauen ist zorn vngestiem gezēck vñ ir schnodikeit wirt nit bedecket. Dy vnkeüsch ð frauen wirt erkāt in irē angē. vñ in yrē henden. Vñ als künig salomō dy wort sagt do stund auf Nathan vnd sprach zu dē künig Warvm̄ beschempt mein herr ð künig alsō alle frawē zu iherusalem. Salomō sprach hastu nit gehort wy vil schand sy mir an vrsach zu ziehen Do vntwort Nathan dē künig vnd sprach zu zeitē muß einer sein. daup. plint. vnd stum̄ der mit frid wil sein. Salomon sprach Einem torn sol mā antworten nach seiner dorheit. Do sprang marcolfus her fur. vnd sprach zu dem künig Du hast eben geredt nach meinem synn. Salomon sprach als wie. Marcolfus sprach. Du hast heut die frawen gar ser gelobt yzund so schendestu sy. Vñ das wolt ich. dañ du machest mich alweg warhafftig. Künig salomon sprach was ist das Das du sagst hastu nit den anlauf ð frauen gemacht Marcolfus sprach ich nicht sunder ir cleinmütigkeit du solt nit glaubē alles das du horest Do ward der künig fast zornig vnd sprach gee von mir vnd sihe dz du furpas nicht ansichtig werdest vnter mein augen zu geen zu hant ward marcolfus außgestossen auß dem palast vnd die anderñ die pey dē künig stundē sprachen Redet vnser herr der künig mit dē frauen vnd ließ sy gē zu hauß. Do kert sich künig salomō zu dē frauen vnd sprach alsō ir solt wissen das ich vnschuldig pin gegen euch Der poß schalck den ir gesehen habt der hat das alles gemacht vnd erdicht Ein iglicher man sol haben sein frawē vnd sol die lieben vnd das ich von den frauen hab geredt das hab ich nit mer dañ von den posen frawen geredt: Es ist ein gutes dinck vmb ein frum̄e frawen Selig ist der man der ein frum̄e frawen hat Die gnade einer steten erfreuet irn man Got ð her gebenedeie euch vnd gemer ewm̄ samē ym̄er vnd ewig Do sprechen sy all zemal Amen. vnd namē vrlaub vñ giengē hin heim in ire hewser Vnd marcolfus was zornig vnd vngedultig in dē das im der künig so gar vnrecht het getan Vnd das der künig het geboten das er in furpas vnter augen nym̄er solt ansehen. Do gedacht er gar mangerlei was er solt angreiffen. vnd auch solt thuen.

Nun volget hernach was marcolfus an fieng do er dem künig vnter sein augen nymer dorst komen.

Darnach in der nacht do ward es fast schneiē. Do nam marcolfus ein syb in ein hant vnd nā ein fuß von einem perñ in die anderñ hand vnd leget die schuch widersynß an vnd gieng als ein thier auf allen fieren mitten durch die stat. Vnd do er kam fur die stat do vand er ein loch od' ein hol vnd er kroch hin ein vñ als es tag was worde͂ Do stuend des künigs gesynde auff vnd funden die spor durch die stat die marcolfus gemacht het i dem schnee vñ sy meinten es wer ein spor eins anderñ wunder-lichen tierß vnd sagten das dem künig. Do nam künig salomõ sein volck vñ all sein hunde vnd volgt dem spor nach vnd kam in die stat do fund er die hol oder das loch da marcolfus ynñ lag vnd merckt gar eben das die spor hinein gieng:

Wie künig salomõ selber zu dem loch kam.

Do steig künig salomon ab von seinem pferd vnd drat fur das hoel vnd sah hin ein Marcolfus lag auf seine͂ angesichte küp vnd het die pruch abgezogen das man im die hoden vnd den arß sah vñ den toldrian vnd do in künig salomõ sah do sprach er wer leit da. Marcolfus sprach ich pin marcolfus Salomon sprach wie leistu also Marcolfus sprach nuu hastu mir verpo-ten das du mich furpaß vnter auge͂ nicht wilt ansehe͂ darumb wiltu mich nit vnter de͂ auge͂ an sehen so sihe mir in den arß do wurd künig salomon beschempt vnd lies in fahe͂ vnd hieß ynn hencken an einen paum vnd als do marcolfus gefange͂ warde. do sprach er zu de͂ küng Ich pit dich nit mer vm̃ als vil parm herzigkeit dz du mir erlaubest dz ich erhãgen werd ã eine͂ paum der mir auch gefall. salomõ sprach es sol geschehen.

Wie mã marcolfum auß furt vnd im vil paum . weiset vñ wie er gefragt wurd an welchem er do hange͂ wolt vñ was er zu antwort gab

Do namen die diener des künigs marcolfum vñ furten in auß der stat vnd fürten in in das dall iosafat vñ vber den olberg vñ kamen gen iericho vnd künden kainen baum viden den ime mar colfꝰ außerwelen wolt dar an zu hangen . darnach gie͂gen sy zu de͂ iordan vñ das gantz landt arabia vnd funde͂ kein baum den ime marcolfꝰ außerwelen wolt dar nach fuerten sy in vber den berg karmeli vñ die wuestüg campestri pey de͂ rote͂ mer zwisch en pharan laban asarot oreb cades vnd moab vnd marcolfus wolt im kein baum außerwelen die sy i weißte͂ Dar nach gieng en sy gen hebron betel ieromet latis vñ sy funden keynen baum dar an marcolfus geren erhangen woldt werden

Wie man den marcolfum wider pracht fur den künig vnd kund niendert keinen baum fynden dar an er woldt hangen

Do giengē sy wider zu dem künig Salomō vnd sagtē im solch geschicht Do sprach künig salomon Jch wol oder woll nicht so muß ich dich doch neren .Darumb so gebt im seynes leibes notturfft so will ich in behaldten zu einem ewigen knecht. wañ sein poßheit hat mich vber wundē Vnd darumb das er mich fürpaß nymer erzorñ So versecht in vnd sein haußfrawē nach der notturfft ires leibs mit essen vnd mit duncken vnd mit cleiderñ vnd was sy bedürffen:

Volendet in der werden Stat Nürmberg
Von Marco ayrer Jm lxxxvij Jare.

Burghart Wachinger

Convivium fabulosum

Erzählen bei Tisch im 15. und 16. Jahrhundert, besonders in der ›Mensa philosophica‹ und bei Erasmus und Luther

Der Tübinger Kaffeerunde

Weyl ich dann offt, erbarer, ersamer und fürnemer junckherr unnd herr, bey euch an ewerem tisch geessen und getruncken habe, da wir dann bißweylen das mittagmal oder nachtessen mit gůten unnd schimpflichen possen vollendet, und ich auch weiß, das ir geren von mancherley guten schwencken höret sagen, hab ich alda ein büchlein von gůtten unnd lieblichen, auch warhafftigen geschichten, schimpflichen possen unnd auch ernstlichen sachen, von dem schönen unnd freundtlichen gelück, dargegen von dem greüselichen unnd unfreundlichen ungelück zusamen gezogen, auch ordenlich zusamen gesetzt.[1]

Dieweyl [. . .] aber auch in diser zeit des jars nůn mer bey dem newen wein, den Martins nächten, königreichen, kottfleischen und faßnachten allerhand wunderbarliche tractationes unnd seltzame materien in den gelochen und geselschafften fürbracht werden und sich zůtragen, hab ich in besonderm bedencken gehabt, euch auß oberzelten ursachen dises schimpff büchlin zůzůschreiben unnd zů einem glückseligen, gůten zůkünfftigen newen jar zů schencken.[2]

Und trincken die leut alle iren wein umb sonst, die bey gůtten gesellen sitzen als wären sie an den kopff geschlagen, oder hett in sonst der Türck abgesagt, und martern sich selbst mit iren uberigen gedancken, gleych wie ein hültzne latern [. . .] Dieweyl dann ein frölicher můth gůt und gesundt ist, dann die melancolia vonn den medicis verbotten wirdt unnd macht ein schwer geblüt und trawrigen geyst unnd ein grewlichs gesicht: So seind zů solchem kurtzweilige und lächerliche schwenck und bossen dienstlich, welche, wie Hypocras schreibet, die leber frischen und das geblüt erquicken und gleych vernewern, darauff ein trüncklein auß einem weyssen venedischen glaß, da ein maß roter wein eingehet, wol unnd nattürlich schmecket.[3]

---

[1] Valentin Schumanns Nachtbüchlein (1559), hg. v. Johannes Bolte, Tübingen 1893 (StLV 197), S. 3f.

[2] Jakob Freys Gartengesellschaft (1556), hg. v. Johannes Bolte, Tübingen 1896 (StLV 209), S. 3f.

[3] Michael Lindeners Rastbüchlein und Katzipori, hg. v. Franz Lichtenstein, Tübingen 1883 (StLV 163), S. 4 (Vorrede zum Rastbüchlein von 1558); vgl. jetzt Michael Lindener, Schwankbücher: Rastbüchlein und Katzipori, hg. v. Kyra Heidemann, Bern [usw.] 1991 (Arbeiten zur Mittleren Dt. Lit. 20), Bd. I, S. 4, dazu Bd. II, S. 53f.

Die Zitate stammen aus Vorreden zu deutschen Schwanksammlungen des 16. Jahrhunderts. Sie bezeugen, daß man in geselliger Runde am Tisch, während der Mahlzeit oder beim Wein erzählt hat oder daß man sich zumindest vorstellte, daß dies eine Gelegenheit zum Erzählen sei. Das scheint fast selbstverständlich. Vor allem ein Trunk nach dem Essen lädt zu allerlei Unterhaltung ein. Freilich, die Rahmenbedingungen haben ebenso gewechselt wie die Erzählinhalte und Erzählformen, die jeweils im Schwange waren.[4] In der ›Odyssee‹ tritt nach dem Mahle der epische Sänger auf (VIII, 485ff.). Und aus dem Jahr 1804 berichtet Heinrich Voß von einer Gesellschaft bei Frau von Wolzogen: »Das war ein seliger Abend, was haben wir gelacht bei Tische, wo Schiller aus der Tausend und einen Nacht erzählte und Goethe dazu die allerernstesten und zugleich komischsten Anmerkungen machte.«[5] Bäurische Mahlzeiten verlaufen wortarm, zumindest am Werktag; aber bei Hochzeit und Kindstaufe werden an der Kaffeetafel Erinnerungen ausgetauscht und Witze erzählt. Im Kloster ist bei Tisch Schweigen geboten: *Et summum fiat silentium* [*ad mensam*], *ut nullius musitatio vel vox nisi solius legentis ibi audiatur*, heißt es in der Benediktinerregel;[6] der Vorleser aber ersetzt das Gespräch, und unter den Texten, die er vorliest, sind Exempla, Mirakel und Legenden, also Erzählungen.

Auch an den mittelalterlichen Höfen hat es zweifellos eine Kultur des Gesprächs und des geselligen Erzählens gegeben. Die Tischzuchten freilich sagen wenig über Gespräche; am ausführlichsten ist noch der ›Fagifacetus‹ Reiners des Deutschen aus dem 13. Jahrhundert (v. 95–100), hier mit der deutschen Bearbeitung Sebastian Brants (v. 153–179):[7]

De locutione in mensa

Maiori iunctus, quanto propioris habebit
Maiestatis onus, tanto tibi plura cavenda
Esse scias, illud Senece tunc usque memento:
Qui nescit reticere, loqui non novit; habere
Debet lingua modum, ne facta profusio vocis
Delire valeat dici ructatio mentis
Et fastiditum moveat cornicula risum.
Sed neque mutus eris cetus imitando silentum
Pythagoreque scolas, immo, ne nulla loquendo
Suspectus nimium fias despectus, abhorre

---

[4] Fürs germanische Mittelalter Hinweise bei Klaus Düwel, Eßsitten, in: Reallexikon der Germ. Altertumskunde, Bd. 7, 1989, S. 579–586.

[5] Johann Wolfgang Goethe, Gedenkausgabe der Werke, Briefe und Gespräche, Bd. 22: Goethes Gespräche I, Zürich 1949, Nr. 551.

[6] Die Benediktusregel. Lateinisch-deutsch, hg. v. Basilius Steidle, Beuron 1963, XXXVIII,5.

[7] Reineri Phagifacetus sive de facetia comedendi libellus, addita versione Sebastiani Brantii, rec. Hugo Lemcke, Stettin 1880, S. 26–29.

Et nichil et nimium. Si queris qualiter, audi:
Nec nimius verbis esto nec nullus et equum
Inter utrumque modum sub quodam dirige neutro.
Si vero magnus fuerit summeque verendus
Personatus heri, nisi verbum forte rogando
Eliciat, nunquam tua pandas hostia voci.

So vil an eren grosser ist
Der herr by dem zu disch du bist
Je mer zu hietten dich vermiß
Senecas spruch niemer vergiß
Wer nit zu ziten schwigen kan
Der nem sich gantz nit redens an
Es sol die zung halten ir maß
Das nit besche ein vberfluß
Der red, vnnd man dich vnwiß acht
So du so gar redest vnbedacht
Wirst du gezelt der kreigen glich
Die selber gern hort singen sich
Do mit sie bald den keß verlor
Den sie kum hett gewunnen vor.
Doch biß ein stum nit alzu mal
Als einer vß pythagore schul
Alzit schwigen wirstu verdacht *[lies* verlacht*?]*
Vnnd nutzet reden gantz veracht
Nut vnnd zu vil alzit du flich
Ob du nun witer frogest mich
Trib wort zu vil nit vberfluß
Schwig ouch nit gar, halt dich alsuß
Das du das mittel treffest gantz
Des zyles acht, du gewinst den krantz.
Ob aber groß gewalt vnnd ere
Ouch wurden hab der selbig herre
So schwig, thu vf nit dinen mundt
Biß er mitt fragen an dich kumpt.

Die großen, repräsentativen Festmähler des Mittelalters boten wohl Raum für Tanz- und Musikeinlagen, aber nur selten für epische Vorträge.[8] Kontinuierli-

[8] Vgl. Thomas Cramer, *brangend unde brogent.* Repräsentation, Feste und Literatur in der höfischen Kultur des späten Mittelalters, in: Höfische Repräsentation, hg. v. Hedda Ragotzky und Horst Wenzel, Tübingen 1990, S. 259–278; Dietmar Rieger, *Par devant lui chantent li jugleor.* Mittelalterliche Dichtung im Kontext des ›Gesamtkunstwerks‹ der höfischen Mahlzeit, in: Irmgard Bitsch, Trude Ehlert u. Xenja von Ertzdorff (Hgg.), Essen und Trinken in Mittelalter und Neuzeit, Sigmaringen 1990, S. 27–44.

ches Gespräch und freies Erzählen dürfte sich auch im Mittelalter eher in kleineren Gesellschaften entwickelt haben wie etwa in der kleinen Gruppe, die zu Beginn des ›Iwein‹ nach dem königlichen Pfingstmahl beisammensitzt und plaudert und erzählt. Wenn man alle Zeugnisse sammelte, könnte man vielleicht die Gelegenheiten und Inhalte mittelalterlicher höfischer Gesprächskultur genauer fassen. Wie Jaeger gezeigt hat, gab es insbesondere an geistlichen Höfen eine Tradition der Hochschätzung witziger Rede- und Gesprächsgewandtheit (*facetia*).[9] Es geht sicher nicht an, das Mittelalter aus einer Geschichte des Gesprächs und der Konversationstheorie einfach als finstere Epoche auszugrenzen.[10] Aber aufs ganze gesehen wird dem Gespräch in einer Kulturgeschichte des Mittelalters kaum ein hervorragender Platz zuzuweisen sein.

Erst seit dem 14. Jahrhundert wird die Kunst des geselligen Gesprächs häufiger thematisiert. Nicht zu Unrecht hat Karlheinz Stierle die Renaissance geradezu als »dialogisches Zeitalter« charakterisiert. »Das epochale Bewußtsein der Renaissance, [. . .] das Bewußtsein einer Befreiung von der Übermacht einer Doktrin, der neue Sinn für das Offene, nicht schon in einer Lehre Vereinnahmte, für die lebendige, kommunikative Erfahrung,« findet im Gespräch seine adäquate Ausdrucksform.[11] Und das Mahl ist eine der Grundsituationen, die immer wieder genannt werden. Das *convivium* wird eine der beliebtesten Rahmenvorstellungen der humanistischen Dialogliteratur, die auf die antike Symposienliteratur zurückgreift.[12] Leon Battista Alberti schreibt um 1430/40 kleine Prosastücke als ›Intercenales‹, *quo inter cenas et pocula possent perlegi* (wobei der Kontext an Vorlesen denken läßt).[13] In französischen Erzählzyklen des 16. Jahrhunderts gewinnt der Typus des convivalen Rahmens an Bedeutung im Vergleich mit anderen Rahmensituationen.[14] Johannes Gast wählt für eine 1541

[9] C. Stephen Jaeger, The Origins of Courtliness. Civilizing Trends and the Formation of Courtly Love 939–1210, Philadelphia 1985, S. 161–168. In einer geplanten größeren Untersuchung wird Jaeger auch auf die Beschreibung eines Festmahls bei Erzbischof Thomas Becket und ihr Verhältnis zu Johann von Salisbury eingehen. Zu Johann von Salisbury vgl. unten.

[10] So Claudia Schmölders (Hg.), Die Kunst des Gesprächs. Texte zur Geschichte der europäischen Konversationstheorie, München 1979.

[11] Karlheinz Stierle, Gespräch und Diskurs. Ein Versuch im Blick auf Montaigne, Descartes und Pascal, in: Das Gespräch, hg. v. Karlheinz Stierle und Rainer Warning, München 1984 (Poetik und Hermeneutik 11), S. 297–334, Zitate S. 306f.

[12] David Marsh, The Quattrocento Dialogue. Classical Tradition and Humanist Innovation, Cambridge, Mass./ London 1980 (Harvard Studies in Comparative Literature 35); Nuccio Ordine, Teoria e ›situazione‹ del dialogo nel Cinquecento Italiano, in: Nuccio Ordine [u.a.], Il dialogo filosofico nel '500 Europeo, a cura di Davide Bigalli e Guido Canziani, Milano 1990, S. 13–33. Zur antiken Symposienliteratur s. Josef Martin, Symposion. Die Geschichte einer literarischen Form, Paderborn 1931 (Studien zur Gesch. u. Kultur des Altertums 17, 1.2).

[13] Leon Battista Alberti, Dinner Pieces. A Translation of the Intercenales by David Marsh, Binghamton, New York 1987 (Medieval and Renaissance Texts and Studies 45).

[14] Winfried Wehle, Novellenerzählen. Französische Renaissancenovellistik als Diskurs, München ^{2}1984, S. 114.

erstmals publizierte Sammlung von Exempla, Schwänken und Sentenzen den Titelbegriff ›Tischreden‹ (der dann freilich im Inneren kaum noch aufgegriffen wird), in der Formulierung der mir zugänglichen 4. Auflage von 1561: *Tomvs primvs convivalivm sermonvm vtilibus ac ivcundis historijs / & sententijs / omni ferè de re / quæ in sermonem / apud amicos dulci in conuiuiolo / incidere potest / refertus / ex optimis / et probatissimis autoribus magno labore et collectus / & iam quartò recognitus & auctus.* Aber auch in der ›Mörin‹ Hermanns von Sachsenheim (vollendet 1453), die noch ganz an mittelalterlich-höfischen Traditionen orientiert ist, haben die Gespräche bei und zwischen den Mahlzeiten einen neuen Stellenwert: kultivierte Konversation als Element der Statussicherung für den gefangenen Ich-Erzähler und als Mittel der Konfliktmilderung; Erzählstoffe werden dabei immer wieder anzitiert, so beim letzten Mahl die Episode, wie *Frow Orgalus mit Gowen raidt, Da er ain wunden ritter fand, Den er mitt hailsam krut verband.*[15]

Daß heiteres, gebildetes Gespräch und Erzählen zu einer gepflegten Tischgesellschaft gehört, war im 15. und 16. Jahrhundert eine gängige Vorstellung, die sich auf vielfältige Weise in der Literatur niedergeschlagen hat. Im folgenden seien drei Beispiele zum Thema ›Erzählen bei Tisch‹ besprochen. Sie haben literarhistorisch und typologisch kaum etwas miteinander zu tun. Aber alle drei sind zu sehen vor dem Hintergrund einer Gesprächskultur gelehrter Kreise; und sie bezeugen nicht nur Erzählstoffe, die auch aus anderen literarischen Zusammenhängen bekannt sind, sondern sie lassen auch, als Spiegelungen auf verschiedenen Ebenen, etwas ahnen von möglichen Gebrauchssituationen kleinerer Erzählformen.

›Convivium fabulosum‹ ist der Titel eines Abschnitts der ›Colloquia familiaria‹ des Erasmus von Rotterdam.[16] Die ›Colloquia‹ sind entstanden aus For-

---

[15] Hermann von Sachsenheim, Die Mörin, hg. v. Horst Dieter Schlosser, Wiesbaden 1974 (Dt. Klassiker des Mittelalters NF 3), v. 5562ff. Zur Bedeutung der Mahlzeiten vgl. Jürgen Glocker, ritter – minne – trüwe. Untersuchungen zur ›Mörin‹ Hermanns von Sachsenheim, Diss. Tübingen 1986, Münster 1987, S. 216–220. – Auf zwei Beispiele weltlich-höfischer Kontrafaktur zur klösterlichen Tischlesung weist mich Ingeborg Glier hin: In der Minnerede ›Das weltliche Klösterlein‹ von 1472 wird von einer Phantasie-Gesellschaft berichtet, daß beim Mittagessen von *wârer lieb* vorgelesen wird, beim Abendessen hingegen liest niemand vor, sondern *Iederman redt von abentiur*; vgl. Kurt Matthaei, Das »weltliche Klösterlein« und die deutsche Minne-Allegorie, Diss. Marburg 1907, S. 78f., v. 233–246 u. 272f. In ihrem unpublizierten ›Livre des trois vertus, Trésor de la Cité des Dames‹ empfiehlt Christine de Pizan den Damen, daß bei Tisch Erzählungen vorgelesen werden.

[16] Zitate nach Opera omnia Desiderii Erasmi Roterodami I 3, ed. L.-E. Halkin, F. Bierlaire, R. Hoven, Amsterdam 1972. Vgl. The Colloquies of Erasmus, translated by Craig R. Thompson, Chicago/London 1965 (mit informativen knappen Einleitungen zu jedem Gespräch); Erasmus von Rotterdam, Ausgewählte Schriften, Bd. 6: Colloquia familiaria – Vertraute Gespräche, übersetzt, eingeleitet u. m. Anmerkungen versehen v. Werner Welzig, Darmstadt 1967 (Auswahl); Elsbeth Gutmann, Die Colloquia Familiaria des Erasmus von Rotterdam, Basel/Stutt-

melsammlungen und Schülergesprächen, die Erasmus zu Unterrichtszwecken verfaßt hatte, gehobenen Sprachübungen also für den mündlichen Gebrauch der lateinischen Sprache in allen Lebenslagen.[17] Seit dem Erstdruck 1518, der ohne Wissen des Autors zustandegekommen war, wurde die Sammlung von Erasmus bis 1533 mit jeder Auflage vermehrt und in Richtung auf literarisch anspruchsvolle Dialogliteratur verändert. Dabei traten zunehmend auch inhaltliche Interessen in den Vordergrund, Stellungnahmen zu und Reflexionen über viele Themen der Zeit. Daneben aber ging es immer noch, nur jetzt auf höherer Ebene, um Vorbilder für eine Kultur des gebildeten, z.T. gelehrten, manchmal witzigen, öfter zum Nachdenken anregenden Gesprächs.

Sechs Texte der Sammlung tragen die Überschrift ›convivium‹. Das ›Convivium profanum‹[18] ist eines der ältesten Stücke der ›Colloquia‹; schon in den ›Colloquiorum familiarium formulae‹ von 1518 ist es, wenn auch noch ohne Titel und nicht deutlich abgegrenzt von seiner Umgebung, enthalten, und es macht dort mehr als die Hälfte des Ganzen aus.[19] Erasmus hat den Text mehrfach überarbeitet. Eine seit 1522 eingeschobene kritische Diskussion über das Fasten, die mit einem boshaften Wortspiel über die Sorbonne endet,[20] hat mit zu der Verurteilung der ›Colloquia‹ durch Pariser Theologen im Jahr 1525 beigetragen. Obwohl in der Einladung eine *Platonica coena* angekündigt war, *in qua multum sit literatarum fabularum, cibi minimum*,[21] wird bei diesem Gastmahl, im Gegensatz zu den späteren *convivia* des Erasmus, eine vielfältige und üppige Bewirtung geboten, und die Speisen geben den Gästen immer wieder Anlaß zu einer neuen geistreichen Wendung der Konversation. Es herrscht ein fröhlicher Gaumenfreuden- und Bildungsgenuß, und dem ursprünglichen Zweck der ›Formulae‹ entsprechend ist das Gespräch durchzogen von einem Spiel sprachlicher Variationshäufungen, das schließlich auch thematisiert wird.

Im ›Convivium poeticum‹[22] redet man bei Tisch über philologische Fragen und veranstaltet einen kleinen poetischen Wettstreit mit der Aufgabe, eine Prosasentenz in verschiedenen Versmaßen poetisch um- und auszugestalten. Bemerkungen über die vegetarischen Gerichte und Auseinandersetzungen mit der unfreundlich scharfzüngigen Haushälterin holen die Herren immer wieder von ihren Höhenflügen auf die Erde zurück.

---

gart 1967 (Basler Beitr. zur Geschichtswiss. 111); Franz Bierlaire, Érasme et ses colloques: le livre d'une vie, Genève 1977 (Travaux d'Humanisme et Renaissance 159).

[17] Zur Tradition vgl. Aloys Bömer, Die lateinischen Schülergespräche der Humanisten, 2 Bde, Berlin 1897/1899 (Texte und Forschungen zur Geschichte der Erziehung und des Unterrichts I); Franz Josef Worstbrock, Schneevogel, Paul, in: ^{2}VL [im Druck].

[18] Opera (Anm. 16) I 3, S. 196–215, 227–230.

[19] Opera I 3, S. 45–61.

[20] Opera I 3, S. 207f., Z. 2662–2706; S. 227–230.

[21] Opera I 3, S. 195, Z. 2280f.

[22] Opera I 3, S. 344–359.

Im ›Convivium religiosum‹,[23] dem längsten und bedeutendsten der sechs *convivia*, betrachten hochgebildete, vornehm-bescheiden lebende, über Muße verfügende Herren zuerst die anmutige und sinnreiche künstlerische Anlage von Haus und Garten, und dann sprechen sie beim frugalen Mahl als Laien über das rechte Verständnis von Bibelstellen und spüren den Geist Christi auch in der Antike auf. Das Erzählen findet in den drei genannten *convivia* keinen Raum. Doch ist antikes Erzählgut in Anspielungen immer präsent. Dabei genügt meist schon die Nennung des Namens, um den allen gemeinsamen Bildungsbesitz aufzurufen. Nur ausnahmsweise muß eine erläuternde Ergänzung nachgeschoben werden wie bei der folgenden Aufforderung zur Fröhlichkeit aus dem ›Convivium profanum‹:

Christianvs: [. . .] Quid tibi est, quod minime gaudes? Aut doles, aut carmina condis. Tu nunc Chrysippum agis. Melissa tibi opus est.

Avgvstinvs: Quam hic mihi fabulam narrat?

Christianvs: Chrysippus adeo fertur intentus fuisse suis argutiis logicis, vt ad mensam etiam fame periturus fuerit, nisi ancilla Melissa cibum in os ingessisset.

Avgvstinvs: Ille vero indignus erat, qui seruaretur.

Christian: [. . .] Was fehlt dir, daß du dich so gar nicht freust? Entweder hast du Kummer oder du machst gerade ein Gedicht. Du spielst ja den Chrysipp. Du bräuchtest eine Melissa.

Augustin: Was für eine Geschichte erzählt mir der?

Christian: Chrysipp soll mit seinen logischen Problemen so beschäftigt gewesen sein, daß er sogar bei Tisch verhungert wäre, wenn nicht seine Magd Melissa ihm das Essen in den Mund gesteckt hätte.

Augustin: Der hat es aber nicht verdient, gerettet zu werden.[24]

Bei zwei *convivia* besteht das Tischgespräch zum größten Teil aus Erzählungen. Im νηφάλιον συμπόσιον oder ›Convivium sobrium‹[25] ersetzen die Gäste den beim ländlichen Mahl fehlenden Wein durch ihre jüngsten Lesefrüchte: antike Exempelerzählungen von Gerechtigkeit, Selbstüberwindung und Milde, in denen christlicher Geist erkannt wird.

Im ›Convivium fabulosum‹[26] aber, dem ich mein Titelstichwort verdanke, erzählen alle Tischgenossen der Reihe nach Schwänke. Es sind keine *ineptae ac lasciuae fabulae*, wie sie im ›Convivium religiosum‹ einmal abgelehnt werden,[27]

---

[23] Opera I 3, S. 231–266.

[24] Opera I 3, S. 199f, Z. 2414–2420. In der Erstfassung war die Frage nach der *fabula* zur Anspielung noch unwirsch abgetan worden: *Scio me surdo asello narrare fabulam* (Opera I 3, S. 93, Z. 504).

[25] Opera I 3, S. 643–646.

[26] Opera I 3, S. 438–449.

[27] Opera I 3, S. 241, Z. 320.

kein einziger Ehebruchschwank ist darunter; aber es sind doch *ridiculae fabulae*: Es handelt sich um Diebes- und Schelmenstreiche und um Erzählungen, wie Könige mit Schelmen umgegangen sind.[28] Dabei geht die Anknüpfung der einen Erzählung an die andere mehrfach über bekannte Schelmen- oder Königsfiguren, über Namen, zu denen man sich viele Geschichten erzählt. Das Besondere an diesem ›Convivium fabulosum‹ liegt darin, daß hier das Erzählen nach ausformulierten Regeln verläuft. Zu Beginn wird durch die Würfel ein ›König‹ dieses Gastmahls bestimmt. Er erläßt sogleich sein Gesetz in altertümlich stilisiertem Latein:

> Quod felix faustumque sit huic conuiuio. Primum edico, ne quis hic proferto praeter ridiculas fabulas. Cui deerit fabula, drachma mulctator, ea pecunia in vinum insumitor, atque in legitimis fabulis etiam ex tempore conficta habentor, modo seruetur τὸ πιθανὸν καὶ τὸ πρέπον. Si nulli defuerit fabula, duo, quorum alter lepidissimam, alter frigidissimam fabulam dixerit, vini precium pendunto, conuiuator a vini sumptu immunis esto, ciborum sumptum vnus suppeditato. Huius rei si quid inciderit controuersiae, Gelasinus arbiter ac iudex esto.

> Möge dieses Gastmahl glücklich und gesegnet sein. Mein erstes Gesetz lautet: Keiner soll hier etwas anderes vorbringen als Geschichten zum Lachen. Wer keine Geschichte weiß, soll eine Drachme als Strafe zahlen müssen, und dieses Geld soll zur Bezahlung des Weines verwendet werden. Als dem Gesetz entsprechende Geschichten sollen auch die angesehen werden, die aus dem Stegreif erfunden werden, es möge nur auf die Glaubhaftigkeit und die Schicklichkeit gesehen werden. Wenn es keinem an einer Geschichte mangelt, sollen zwei, und zwar der, der die witzigste, und der, der die langweiligste Geschichte erzählt hat, für den Wein aufkommen. Der Gastgeber soll von den Kosten des Weines frei sein und nur die Kosten der Speisen tragen. Falls darüber ein Streit ausbricht, soll Gelasinus Schiedsmann und Richter sein.[29]

Die seltsame Regelung, daß der beste und der schlechteste Erzähler zur Kasse gebeten werden sollen, stößt zunächst auf Unverständnis, wird aber dann vom König erklärt: Über einen schlechten Sänger lache man mehr als über einen mittelmäßigen, über den Kuckuck mehr als über die Nachtigall; so werde auch der schlechteste Erzähler nicht weniger Lachen und Lob verdienen als der beste. Daß aber diejenigen gestraft werden, die das Lob erhalten, geschehe, damit

---

[28] Die Erzählstoffe sind bislang größtenteils vor Erasmus nicht nachgewiesen, vgl. Gutmann (Anm. 16), S. 60f., die allerdings mehr nach dem historischen Gehalt fragt. Lediglich für die besonders zugespitzte Schwankanekdote vom Rübengeschenk König Ludwigs XI. gibt es ältere Parallelen, vgl. das mittellateinische Gedicht ›Rapularius‹ und Johannes Bolte u. Georg Polívka, Anmerkungen zu den Kinder- und Hausmärchen der Brüder Grimm, Bd. 3, Leipzig 1918, S. 169–193, sowie Johannes Pauli, Schimpf und Ernst, hg. v. Johannes Bolte, Bd. 2, Berlin 1924, S. 430, Nr. 798.

[29] Opera (Anm. 16) I 3, S. 438f. Übersetzung nach Welzig (Anm. 16), jedoch mit Korrektur einiger Ungenauigkeiten.

ihnen das Glück keine Nemesis einbringe. Die Gesellschaft ist von der Gerechtigkeit dieses Gesetzes angetan und stellt ihre Erzählungen in diesen Rahmen. Das Urteil aber wird nicht mehr verkündet, weil ein neuer Gast eintrifft, der die Gesellschaft für den nächsten Tag zu einem *prandium theologicum* einlädt.

Daß eine Gesellschaft unter der temporären Herrschaft eines ihrer Mitglieder jeweils Geschichten eines bestimmten Typus erzählt, mag an das ›Dekameron‹ erinnern. Daß dies im Wettstreit und mit ausformulierten Spielregeln geschieht, deutet aber auf einen weiteren Hintergrund: auf Gesprächsspiele, wie sie vor allem in Italien im 14. bis 16. Jahrhundert beliebt waren, woher dann auch Harsdörffer die Anregung zu seinen ›Frauenzimmer-Gesprechsspielen‹ empfangen hat.[30]

Im Rahmen der ›Colloquia familiaria‹ aber ist diese Form des verabredeten Erzählens, das eine ausgestaltete und geschlossene Erzählweise begünstigt,[31] die Ausnahme. Sonst werden Erzählstoffe, wie gesagt, nur knapp angedeutet oder gar nur anzitiert; denn die Kultur des Gesprächs, auf die es Erasmus ankommt, fordert den leichten gefälligen Fluß und damit gleitende Übergänge zwischen Erzählen, Plaudern und Diskutieren.

Das sechste *convivium* in den ›Colloquia familiaria‹ ist überschrieben ›πολυδαιτία, dispar convivium‹.[32] Hier handelt es sich um ein Gespräch im Vorfeld eines Mahls, und zwar im Unterschied zu den übrigen *convivia* des Erasmus eines offiziellen Gastmahls, zu dem nicht nur vertraute Freunde, sondern sehr verschiedenartige und sogar verschiedensprachige Gäste erwartet werden. Der besondere Anlaß provoziert so etwas wie eine Lehre vom richtigen *convivium*, eine kleine *ars conuiuatoria* (Z. 103), die in weiten Traditionszusammenhängen steht und den Hintergrund auch der übrigen *convivia* beleuchten hilft. Der dominierende Sprecher in diesem *colloquium* trägt den Namen des römischen Feinschmeckers Apitius, unter dessen Namen auch ein spätantikes Kochbuch verbreitet war; er steht bei Erasmus auch sonst geradezu sprichwörtlich für einen Künstler des Lebensgenusses. Nur zögernd läßt sich dieser Apitius zu einer Beratung gewinnen, denn vielerlei Leuten zu gefallen, sei unmöglich. Dann empfiehlt er zunächst eine Platzverteilung durch Los und entscheidet so für den besonderen Fall auf einfache Weise ein altes Problem der Convivalliteratur seit Plutarch;[33] doch könne es, fügt er später hinzu, auch günstig sein, die Heitersten und Gesprächigsten an der Tafel geschickt zu verteilen, damit sie

[30] Thomas Frederick Crane, Italian Social Customs of the Sixteenth Century and their Influence on the Literatures of Europe, New Haven 1920.

[31] Vgl. Wehle (Anm. 14).

[32] Opera (Anm. 16) I 3, S. 561–565.

[33] Plutarch, Quaestiones mensales I, 2 (Moralia 615C – 619A), vgl. Plutarch's Moralia in sixteen volumes VIII, 612B–697c, with an English translation by Paul A. Clement, Herbert B. Hoffleit, London/Cambridge, Mass. 1969 (The Loeb Classical Library 424).

das Schweigen und den Trübsinn der übrigen aufbrechen. Der Gastgeber solle jeden Gast in seiner Sprache begrüßen, das Gespräch in Gang halten und, wenn es sich zu sehr erhitzt, ein neues Thema anschneiden. Vor allem aber solle er die Gäste anregen, von Dingen zu erzählen, an die sie gerne denken und die die anderen gerne hören:

> Senes gaudent ea memorare, quae multorum fugiunt memoriam, admiratores temporum, in quibus ipsi floruerunt. Matronis dulce est refricari memoriam eius temporis, quum a procis ambirentur. Nautae quique diuersas ac longinquas mundi regiones inuiserunt, libenter ea narrant, quae, quia nemo vidit, mirantur omnes. Est et anteactorum malorum iuxta prouerbium iucunda recordatio, si modo eius sint generis, vt cum probro coniuncta non sint, vt militiae, profectionum naufragiorumque discrimina. Postremo de sua cuique arte grata est confabulatio deque hisce rebus, quarum vsu callet. (Z. 87–95)

> Alte Herren freuen sich, wenn sie Dinge ins Gedächtnis rufen können, an die viele sich nicht mehr erinnern, als Bewunderer jener Zeiten, in denen sie selbst im besten Alter waren. Würdigen Damen schmeichelt es, die Erinnerung an die Zeit zu erneuern, in der sie von Freiern umworben waren. Seefahrer und Leute, die andere und weit entfernte Gegenden der Welt bereist haben, erzählen gern etwas, was alle bestaunen, weil es niemand gesehen hat. Auch die Erinnerung an vergangene Leiden ist, wie das Sprichwort sagt, angenehm, vorausgesetzt diese Leiden sind von der Art, daß kein Vorwurf an ihnen haftet, wie die Gefahren von Kriegsdienst, Reisen und Schiffbrüchen. Schließlich ist jedem ein Gespräch über seine besonderen Wissensgebiete willkommen und über Themen, in denen er sich durch Erfahrung gut auskennt.

Freilich ist gemäß der Schlußmaxime dieses Gesprächs – *ne quid nimis* (Z. 152) – darauf zu achten, daß die Erzählungen nicht ausufern:

> Sed heus tu, ne quid erres, hic cauendum est, ne fabulae sint nimium prolixae, aut ne exeant in temulentiam. Quemadmodum enim vino nihil iucundius, si modice sumpseris, contra nihil molestius, si supra quam sat est hauseris, ita vsu venit in fabulis. (Z. 109–112)

> Aber Achtung, daß du keinen Fehler machst: man muß dabei aufpassen, daß die Gespräche und Erzählungen sich nicht allzusehr hinziehen oder im Rausch enden. Denn wie nichts angenehmer ist als Wein, wenn man ihn mäßig trinkt, nichts beschwerlicher, als wenn man über den Durst getrunken hat, so geht es üblicherweise auch bei Gesprächen.

Erasmus hat mit diesen Ratschlägen vermutlich eine Passage aus dem letzten großen literarischen *convivium* der Antike imitiert und mit eigenen Nuancen variiert: aus den um 400 n. Chr. entstandenen ›Saturnalia‹ des Macrobius.[34] Es

[34] Ambrosii Theodosii Macrobii Saturnalia, ed. Iacobus Willis, Leipzig ^{2}1970 (Bibl. Teubneriana), 7, 2, 3–14. Vgl. Macrobius, The Saturnalia, transl. with an introduction and notes by Percival

ist freilich zu bedenken, daß ihm auch die von Macrobius verarbeiteten ›Quaestiones mensales‹ des Plutarch bekannt waren[35] und daß die Macrobius-Passage auch von Johannes von Salisbury ausgeschrieben[36] und von der ›Mensa philosophica‹ zitiert worden ist. Erasmus steht also mit seiner *ars convivatoria* in einer breiteren antiken Tradition, die seit dem 12. Jahrhundert allmählich auch für das Mittelalter ein klein wenig Bedeutung gewonnen hat. Derjenigen spätmittelalterlichen Tischgesprächslehre, die Erasmus am ehesten gekannt haben dürfte, der ›Mensa philosophica‹, soll nun unsere Aufmerksamkeit gelten.

Die ›Mensa philosophica‹[37] ist wohl nicht lange vor dem Erstdruck Köln 1479/80 von einem deutschen Dominikaner verfaßt und kompiliert worden. Es handelt sich um ein bescheidenes Büchlein, sprachlich und literarisch ebenso anspruchslos wie in der äußeren Aufmachung. Aber es wurde ein großer Erfolg: elf Inkunabelauflagen und elf Ausgaben des 16. und frühen 17. Jahrhunderts sind registriert, dazu englischsprachige Drucke. Bebel, Fischart und einige deutsche Schwanksammlungen des 16. Jahrhunderts sollen das Werkchen benutzt haben, auch die 58. Historie des ›Ulenspiegel‹ könnte hier ihre Quelle haben. Eindeutige Nachweise sind freilich bei der Gängigkeit derartigen Erzählmaterials schwierig.

Zielsetzung und Charakter der ›Mensa philosophica‹ lassen sich am besten vom *prohemium* her entwickeln.[38]

> Sicut dicit Macrobius tertio libro saturnalium, ›Absit quod philosophia, que in libris suis solicite tractat de officijs conuiualibus, ipsa conuiuia reformidet, tanquam non posset rebus asserere quod solet verbis docere aut nesciat seruare modum cuius in omnibus humane vite actibus terminos ipsa constituit. Neque eam ad mensam inuito vt ipsa se moderetur, cuius disciplina est omnibus moderationem docere.‹ Et ibidem paulopost: ›Hanc philosophiam nullus honestus actus locusue aut cetus excludat, que ita se aptet vt vbique appareat necessaria tanquam abesse nephas fuerit.‹ Quia ergo

---

Vaughan Davies, New York/London 1969 (Records of Civilization 79), S. 446–449; Charles Sanford Rayment, Macrobius, Erasmus, and Dale Carnegie, The Classical Journal 40 (1944/45), S. 496f.

[35] Vgl. Plutarch (Anm. 33), Quaestiones mensales II, 1 (Moralia 629E – 634F). Plutarch beruft sich seinerseits auf Xenophon.

[36] Ioannis Saresberiensis episcopi Carnotensis Policratici [. . .] libri VIII, ed. Clemens C. I. Webb, Oxford 1909 [Nachdr. Frankfurt 1965], VIII, 10 (743a – 748d): *Regula conuiuandi sensu et fere uerbis Macrobii sumpta de libro Saturnaliorum.* Vgl. unten.

[37] Vgl. Franz Josef Worstbrock, Mensa philosophica, in: ^{2}VL Bd. 6, 1987, Sp. 395–398; dort die Literatur, zu ergänzen Lawn (s. u. Anm. 43) und Rauner (s. u. Anm. 46).

[38] Ich zitiere nach der Ausgabe Heidelberg 1489 (Hain 11080; Tübingen UB, Ic 16.4° = T). Abkürzungen sind aufgelöst, Groß- und Kleinschreibung und Interpunktion geregelt. Fehler werden verbessert nach der Ausgabe Hain 11076 (München, Bayer. Staatsbibl., 4° Inc. s.a. 1263).

litteratorum mensis et conuiuijs philosophia conueniens debet interesse, quilibet[39] vtique sicut honestus ita vtilis et delectabilis esse debet. Quia vt idem dicit Macrobius libro primo: ›Erit in mensa sermo iocundior, vt habeat voluptatis amplius, seueritatis minus. Oportet enim in conuiuio versari sermones vti castitate integros, ita appetibiles venustate.‹ Videtur omnino expediens, vt sermo mensalis vel sit de *n*atura[40] rerum quibus vescimur et potamur vel de questionibus mensalibus quibus in mensa exercitamur vel de his et illorum moribus et conditionibus quibus in mensa sociamur vel de his iocis et solatijs honestis quibus in mensa recreamur et exhilaramur. Ideo presens opusculum mensam philosophicam intitulare decreui et in quattuor tractatus partiales distinxi: primus erit de harum rerum natura quas per modum cibi vel potus in mensa sumimus, secundus *e*rit[41] de natura et moribus eorum cum quibus in mensa sumus, vt in verbis mense eorum moribus honeste et vtiliter conformemur, tertius de questionibus mensalibus quibus in mensa philosophie exercitamur, quartus de honestis *i*ocis[42] et solatijs quibus in mensa hilariter iocundamur.

Wie Macrobius im 3. Buch der ›Saturnalien‹ sagt (Sat. 7,1,6), »sei es ferne, daß die Philosophie, die in ihren Büchern angelegentlich von den Pflichten der Gastlichkeit handelt, vor den Gastmählern selbst zurückschrecke, als ob sie nicht in der Realität beanspruchen könnte, was sie mit Worten immerzu lehrt, oder als ob sie nicht jenes Maß einzuhalten wüßte, dessen Grenzen in allen Handlungen des Menschenlebens sie selbst festgelegt hat. Ja, ich lade sie gar nicht ⟨nur unter der Bedingung⟩ zu Tische, daß sie sich selbst mäßige, sie, deren Lehre es ist, allen Mäßigung beizubringen.« Und ebenda wenig später (Sat. 7,1,25): »Keine ehrbare Handlung, Örtlichkeit oder Gesellschaft soll diese Philosophie ausschließen, die sich so anpaßt, daß sie überall notwendig erscheint, als sei ihr Fehlen ein Unrecht.« Weil also bei den Tischen und Gastmählern der Gebildeten eine angemessene Philosophie anwesend sein soll, muß sich ein jeder unbedingt ebenso ehrenhaft wie nützlich und angenehm verhalten.[37] Denn, wie derselbe Macrobius im 1. Buch sagt, »das Gespräch wird bei Tische heiterer sein, so daß es mehr Vergnügliches, weniger Strenges an sich hat (Sat. 1,1,2). Denn beim Gastmahl müssen Gespräche geführt werden, die ebenso unantastbar in ihrer Keuschheit wie reizvoll in ihrer Schönheit sind (Sat. 1,1,4).« Es scheint überhaupt angebracht, daß bei Tisch die Rede ist von der Natur der Dinge, die wir essen und trinken, oder von Tischproblemen, an denen wir uns bei Tisch üben, oder von den Sitten und Lebensumständen dieser und jener Personen, mit denen wir bei Tisch zusammenkommen, oder von solchen ehrbaren Scherzen und Trostgründen, durch die wir uns bei Tisch erholen und erheitern. Darum habe ich beschlossen, das vorliegende Werklein ›Mensa philosophica‹ zu nennen, und habe es in vier Teiltraktate gegliedert. Der erste wird von der Natur jener Dinge handeln, die wir bei Tisch in

---

[39] Vermutlich ist hier *sermo* zu ergänzen; die Übersetzung wäre dann: ›muß jedes Gespräch ebenso ehrenhaft wie nützlich und angenehm sein‹. Allerdings fehlt *sermo* in allen Drucken, die ich einsehen konnte.

[40] *uatura* T.

[41] *crit* T.

[42] *locis* T.

Form von Speise und Trank zu uns nehmen; der zweite von Natur und Sitten der Menschen, mit denen wir am Tische sind, damit wir uns deren Sitten in unseren Tischworten auf ehrbare und nützliche Weise anpassen; der dritte über Tischprobleme, die uns am Tisch der Philosophie beschäftigen; der vierte von ehrbaren Scherzen und Trostreden, an denen wir uns bei Tisch heiter ergötzen.

Entsprechend diesem Programm handelt Buch I (1^r–10^v) zunächst von der richtigen Stunde und dem richtigen Ort des Mahls, von der Ordnung der Speisen und dann von einzelnen Speisen und Getränken. Man solle nur ein-, höchstens zweimal täglich tafeln und zwar erst dann, wenn die Verdauung des vorhergehenden Mahls weit genug fortgeschritten ist. Geeignet sei ein ruhiger, kühler, windgeschützter Platz. Vom Wein heißt es u. a., daß er, im richtigen Maß genossen, das unruhige Blut kläre, die Adern und Körperöffnungen reinige, alle Glieder des Körpers stärke, die Seele Trauer und Angst vergessen lasse, Freude und Mut schenke und den Geist verfeinere. In mehreren Kapiteln wird das Fleisch verschiedener Tiere und Tierkörperteile auf seine Eignung für verschiedene physische Konstitutionen geprüft. Und so werden auch Milch, Bier, Käse, Fische, Gemüse, Früchte und Gewürze besprochen. Das diätetische Wissen, das hier ausgebreitet wird, stammt letztlich aus antiken und arabischen Quellen; besonders häufig sind Berufungen auf Rhazes und Isaac (Iudaeus), aber auch Galen, Hippokrates, Aristoteles, Plinius, Averroes, Avicenna, Arnaldus de Villanova u.a. werden zitiert. Die ›Mensa philosophica‹ hat diesen ganzen Teil aus einer älteren Kompilation abgeschrieben, nach Lawn aus der noch unpublizierten ›Summa recreatorum‹, vermutlich aber eher aus einer gemeinsamen Quelle.[43]

Buch II (10^v–21^v) beginnt wieder mit einer kleinen Vorrede:

⟨E⟩xpeditis his, que de naturis rerum in mensa ad edendum vel bibendum proponuntur, nunc secundo ponenda sunt aliqua de moribus et conditionibus illorum qui-

---

[43] Brian Lawn, The Salernitan Questions. An Introduction to the History of Medieval and Renaissance Problem Literature, Oxford 1963, S. 108f. Zur ›Summa recreatorum‹ vgl. ferner (Auswahl): Alfons Hilka, Zur Summa recreatorum. Liste der poetischen Stücke und Abdruck von vier Marienliedern, in: Studien zur lateinischen Dichtung des Mittelalters (FS Karl Strecker), hg. v. W. Stach u. H. Walther, Dresden 1931, S. 97–116; Hans Walther, Einige Inedita aus der ›Summa recreatorum‹, in: Romanica et Occidentalia. Etudes dédiées à la mémoire de Hiram Peri (Pflaum), Jerusalem 1963, S. 270–289; Carmina Burana, Bd. I, 3, hg. v. Otto Schumann u. Bernhard Bischoff, Heidelberg 1970, S. 10; Rauner (Anm. 46), Bd. I, S. 184–189, Bd. II, S. 163*–172*. Ich habe Kopien der Handschriften Prag, Staatsbibl. der ČSFR, I E 22, 51^v–116^r (datiert 1412, wohl die älteste Handschrift), und Leipzig, UB, 1224, 255^r–313^v (neueste Zählung), benutzt. Für eine gemeinsame Quelle spricht m.E., daß jede Sammlung – zumindest in den von mir eingesehenen Textzeugen – kleinere Textpassagen enthält, die der anderen Sammlung fehlen, die aber im Charakter ganz zum übrigen Text passen. So fehlt in der ›S. r.‹ u.a. zwischen II,3 und II,4 der Abschnitt *De ceruisia* (›M. ph.‹ I,9), umgekehrt fehlt ›M. ph.‹ III,4 z.B. die Quaestio 7 von ›S. r.‹ I,2,2.

bu⟨s⟩ in mensa sociamur. Quia dicit Macrobius tertio saturnalium ›Nihil tam congnatum est sapientie quam locis et temporibus aptare sermones personarum que aderunt estimatione in medium vocata. Alios enim relata inuitabunt exempla virtutum, alios beneficiorum, nonnullos modestie, vt qui aliter agebant auditis talibus ad emendationem ven*iant*.‹[44] De his quibus in mensa iungimur secundum antiquorum dicta aliquid breuiter est dicendum incipiendo a dignioribus.[45]

Nachdem abgehandelt ist, was uns von der Natur der Dinge bei Tisch zum Essen und Trinken vorgesetzt wird, soll nun zweitens einiges über die Sitten und Lebensumstände jener, zu denen wir uns bei Tisch gesellen, vorgetragen werden. Denn Macrobius sagt im dritten Buch der ›Saturnalien‹ (Sat. 7,1,20f.): »Nichts ist der Weisheit so verwandt, wie die Reden den Orten und Zeiten anzupassen und dabei die Einschätzung der anwesenden Personen in den Mittelpunkt zu stellen. Denn die einen werden durch das Erzählen von Exempeln der Tugend angeregt, die anderen durch Beispiele von Wohltaten, einige durch Vorbilder der Bescheidenheit, so daß diejenigen, die anders zu handeln pflegten, nach dem Hören solcher Geschichten zur Besserung gelangen.« Von jenen, mit denen wir uns bei Tisch verbinden, soll kurz einiges nach den Worten der Alten berichtet werden, beginnend bei den würdigeren.

Es folgt eine Sammlung von Zitaten, Anekdoten, Dicta und Exempla antiker Provenienz (z.T. mit Quellenangabe), geordnet nach Ständen von Kaisern, Königen, Fürsten, heidnischen Priestern bis zu Freunden, Verwandten, guten und schlechten Frauen, verheirateten Frauen, Witwen und Jungfrauen. Mit Essen und Trinken haben nur einige wenige zu tun, etwa die Exempla von der Mäßigkeit römischer Kaiser. Ziel der Exzerpte scheint vielmehr eine ganz allgemeine Ständedidaxe zu sein. Einzelne Kapitel, z.B. das über die Fürsten, bestehen ganz oder überwiegend aus Lehrsätzen; die Mehrheit aber bietet knapp erzählte historische Beispiele ohne explizite Moralisation, meist positive Exempla vorbildlicher Erfüllung der Standespflichten. Auch diese Materialien hat der Kompilator der ›Mensa philosophica‹ nicht selbst zusammengetragen. Sie stammen überwiegend aus dem zweiten Buch des ›Tripartitus moralium‹ Konrads von Halberstadt.[46] Die Ordnung des ›Tripartitus‹ – die Exzerpte sind alphabetisch geordneten Stichwörtern, meist Tugend- und Lasterbegriffen, subsumiert – ist nicht bewahrt, wenn auch öfter mehrere Exzerpte zum selben Stichwort beisammen geblieben sind, weil sie sich gut einem spezifischen Stand zuordnen ließen. Die Umorganisation des Materials spiegelt den Funktionswandel von geistlicher Tugend- zu weltlicher Gesellschaftslehre.

---

[44] *venāit* T.

[45] *dignioribns* T.

[46] Erwin Rauner, Konrads von Halberstadt O.P. ›tripartitus moralium‹. Studien zum Nachleben antiker Literatur im späteren Mittelalter, Frankfurt a.M. [usw.] 1989 (Eur. Hochschulschriften I,I,1112), Bd. I, S. 176–189, Bd. II, S. 172*–174*.

Buch I und II bieten also Material, das ins Vorfeld des Mahles gehört und gewissermaßen der Vorbereitung und Einstimmung dient, wenn auch sicher daran gedacht ist, daß einzelnes in die Tischgespräche hinübergenommen werden kann. Erst Buch III und IV behandeln ausdrücklich die Gespräche bei Tisch.

Buch III (21^v–30^v) bietet sogenannte *questiones mensales*, kleine wissenschaftliche und scherzhaft-halbwissenschaftliche Problemstellungen, die das Essen betreffen und für Tischgespräche geeignet sein sollen. Zur Begründung sagt die Einleitung:

> Quia dicit Macrobius primo saturnalium: ›Neque recte institutus animus requiescere vtilius aut honestius potest quam in aliqua oportunitate docte et liberaliter interrogandi colloquendique et respondendi comitate.‹ Nec de vlla re alia quam de doctis questionibus colloqui potest esse iocundius. Et ideo, vt ibidem dicitur libro iij, ›prima obseruatio in mensa erit estimare conuiuas, deinde, vt sibi locum patere viderit, nec de ipsis profunditatis sue inter pocula secretis loquatur, nec nodosas et anxias sed vtiles quidem et faciles questiones mouebit.‹

> Denn Macrobius sagt im 1. Buch der ›Saturnalien‹ (Sat. 1,2,4): »Ein recht beschaffener Geist kann sich nicht auf nützlichere und ehrbarere Weise erholen, als wenn er die Gelegenheit hat, gelehrt und freimütig zu fragen, sich zu unterreden und liebenswürdig zu antworten.« Und über nichts kann das Gespräch angenehmer sein als über gelehrte Fragen. Und daher wird, wie ebenda im 3. Buch gesagt wird (Sat. 7,1,14f.), »die erste Aufmerksamkeit bei Tisch der Einschätzung der Tischgenossen gelten, und dann wird man, wenn sich eine Gelegenheit dazu aufzutun scheint, bei den Bechern weder von den Geheimnissen des eigenen tiefsten Inneren reden, noch vertrackte oder bedrängende, sondern sicherlich nützliche und leichte Fragen aufwerfen.«

Solche Fragen sind z.B., ob Luft zum Leben nötiger ist als Essen, ob man nach dem Essen sofort spazieren gehen soll, ob Menschen mit viel Hitze den Hunger besser ertragen als Menschen mit wenig Hitze, warum Teig aus Weizenmehl weiß, Teig aus Gerstenmehl schwarz wird, warum Vogeleier größer sind als Fischeier, warum Birnen auf nüchternen Magen nach Dyascorides (= Dioskurides) schädlich sind. Die in zwölf Kapiteln angeordneten insgesamt 108 Fragen werden jeweils gestellt und mit ein paar Sätzen beantwortet. Gelegentlich werden zur Begründung Autoritäten zitiert, vor allem Galen. Auch diese Fragen haben, wie die diätetischen Angaben des ersten Buchs, eine lange, bis in die Antike zurückreichende Geschichte. Aus einem breiten Traditionsstrom, zu dem die ›Problemata Aristotelis‹,[47] die ›Salernitanischen Fragen‹ und weitere Quellen gehören, sind solche Fragen ausgewählt, die mit Essen und Trinken zu

---

[47] Vgl. Aristoteles, Problemata Physica, übers. v. Hellmut Flashar, Berlin 1962 (Aristoteles, Werke in deutscher Übersetzung 19), mit einer instruktiven Einleitung.

tun haben. Die ›Mensa philosophica‹ hat auch diese Zusammenstellung als ganze aus der ›Summa recreatorum‹ oder mit ihr einer gemeinsamen Quelle übernommen.[48]

Buch IV (30ᵛ–45ᵛ) ist in der Hauptsache eine Sammlung von ganz kurzen Erzählungen, wiederum geordnet nach Ständen, diesmal von Kaisern bis zu Beginen, Ärzten und Handwerkern. Ein guter Teil stammt auch hier letztlich aus antiken Quellen, die manchmal genannt sind (häufiger Valerius Maximus und Macrobius); anderes ist mittelalterliches Erzählgut aus Exempelsammlungen, Chroniken (*legitur in chronicis*) und sicher auch aus mündlicher Tradition.[49] Anekdoten und Schwänke dominieren. Ab und zu wird wohl einmal das Essen thematisiert; so wenn ein junger Mönch auf die Frage, warum er das Brot nicht esse, antwortet *›si filius dei es, dic vt lapides isti panes fiant‹* (42ᵛ); oder wenn von der Frau eines reichen Bauern erzählt wird, die ihrem Mann, wenn er von der Arbeit heimkommt, in einer kleinen Schüssel die feinsten Speisen anbietet und ihn nie zufriedenstellen kann, bis ihre Schwiegermutter ihr rät, sie solle ihm eine größere Schüssel mit Erbsen, Bohnen und eingeweichtem Brot vorsetzen, *quia laborat* (35ᵛ). Aber im Ganzen wirkt sich das diätetische Interesse der Bücher I und III hier so wenig wie in Buch II aus. Eine besondere Vorliebe gilt dem *facete dictum*, so etwa in der Erzählung von dem Maler Mallius: von Servilius auf seine häßlichen Kinder angesprochen – *›non equaliter, Malli, pingis‹* –, gab er zur Antwort *›in tenebris quidem fingo, sed in die pingo‹* (45ᵛ). Doch es läuft auch mal ein Mirakel mit unter wie die Geschichte von einem Papst, der in heftige Versuchung geriet, als ihm am Ostertag eine Frau die Hand küßte, und der daraufhin die Hand sich selbst abhackte; aber die Jungfrau Maria setzte sie ihm beim Gebet wieder an (39ʳ). Ehebruchsschwänke fehlen nicht ganz, sind aber sehr selten, und verglichen mit den humanistischen Facetiensammlungen sind die Grenzen der Dezenz deutlich enger gezogen.

Eingeleitet wird Buch IV durch vergleichsweise ausführliche theoretische Auslassungen (30ᵛ/31ʳ):

> Nunc quarto prosequendum est de honestis ludis et iocundis solacijs verborum quibus in mensa recreamur, quia dicit philosophus quarto ethicorum: ›Existente autem requie et in vita et in hac conuersatione que est cum ludo oportet quod circa hoc sit quedam collocutio consona et quidam conuictus, vt homo dicat et faciat qualia ad iocunditatem oportet facere et dicere et vt sibi ab alijs dicta et facta accipiat et audiat.‹ Ubi dicit Albertus in commento: ›Omni studioso ludus necessarius est, ne sibi mens efficiatur inutilis. Si enim semper intendit studio et animum vehementer applicet ad aliquid dicendum vel faciendum, pro certo spiritus resoluitur et resoluto spiritu et

[48] Lawn (Anm. 43).

[49] Vgl. Thomas F. Dunn, The Facetiae of the Mensa Philosophica, St. Louis 1934 (Washington Univ. Studies N.S., Language and Literature 5).

motus animales et membrorum actus destituuntur. Et destitutis membris etiam virtutis studium adnihilatur. Propter quod homo studiosus requie indiget, in qua spiritus relaxatur et sensus ad placentiam dissoluatur, sicut etiam in naturalibus operationibus natura indiget somno, et talis requies est in ludo. Studioso autem non conuenit nisi ludus liberalis. Liberalis autem ludus est qui in dictis et factis nullum facit virtuti preiudicium sed iocunditatem affectus exercit. Quia sicut fatigatio corporis remittitur per quietem corporalem, sic fatigatio mentalis et anime remittitur per delectationem in ludo, que est quasi quedam quies anime. Unde legitur in collationibus patrum, quod, cum quidam videns beatum Joannem euangelistam ludentem cum discipulis suis scandalizaretur, dixit illi beatus Johannes ›tende arcum quem in manu habes‹. Qui fecit. Et dixit ›tende fortius‹. Respondit ›timeo quod rumpatur‹. ›Sic‹, ait, ›nisi mens aliquo solatio remissa refocilletur, deficit et rumpitur.‹ Et ideo aliquando honestis solacijs est vtendum, vt mens inde recreetur et refocilletur, vt post studiosa exercitia et virtuosa reformetur. Solatia autem mense consistunt in mutuis inuectionibus, quibus non mordaciter sed solatiose homines se exercent, vel in questionibus et mutuis exercitationibus, quib*us*[50] se ad dicendum prouocent, vel in aliquibus iocosis narrationibus, quibus auditores exhilarant et demulcent.

Nun ist viertens zu handeln von den ehrbaren Spielen und angenehmen Tröstungen der Worte, durch die wir uns bei Tisch erholen. Denn der Philosoph sagt im 4. Buch der Ethik:[51] »Da Erholung im Leben und auch in spielerischer Beschäftigung stattfindet, ist es nötig, daß dabei harmonisches Gespräch und Beisammensein zustandekommt, so daß der Mensch sagt und tut, was er zum Wohlbefinden ⟨der anderen⟩ tun und sagen muß, und daß er das, was ihm von anderen gesagt und getan wird, akzeptiert und anhört.« Wozu Albertus im Kommentar:[52] »Jeder geistig Arbeitende braucht das Spiel, damit ihm der Verstand nicht unbrauchbar wird. Wenn er nämlich immer den Studien obliegt und seinen Sinn immer darauf richtet, etwas zu sagen oder zu tun, wird sein Geist gewiß zerrüttet, und einen zerrütteten Geist werden die Seelenbewegungen und die Tätigkeiten der Glieder im Stich lassen. Und wenn die Glieder versagen, wird auch die Bemühung um Tugend zunichte.« Darum braucht ein geistig arbeitender Mensch Ruhepausen, in denen sein Geist sich entspannt und sein Sinn sich dem Wohlgefallen hingibt, so wie auch die Natur für die natürlichen Tätigkeiten des Schlafes bedarf; und solcherlei Ruhe findet im Spiel statt. Einem geistig Arbeitenden aber nützt kein anderes Spiel als eines, das einem Freien zu-

---

[50] *quibns* T.

[51] Aristoteles, Nikomachische Ethik IV, 14 (Bekker 1127f.), vgl. Aristoteles Latinus XXVI 1–3, Fasc. 3, Ethica Nicomachea, Translatio Roberti Grosseteste Lincolniensis sive ›Liber Ethicorum‹, A. Recensio pura, ed. Renatus Antonius Gauthier, Leiden/Brüssel 1972, S. 223: *Existente autem requie in vita, et in hac conversacione cum ludo, videtur et hic esse collocucio quedam consona, et qualia oportet dicere, et ut. Similiter autem et audire*; gleichlautend ebd., Fasc. 4, B. Recensio recognita, 1973, S. 449f.

[52] Alberti Magni [. . .] super ethica commentum et quaestiones, libros quinque priores, ed. Wilhelmus Kübel, Münster 1968–1972 (Alberti Magni opera omnia XIV,1), IV,15 (344), S. 292f., enthält nur einige gedankliche Parallelen und einzelne Anklänge.

kommt. Eines Freien würdig aber ist ein Spiel, das in Worten und Tätigkeiten die Tugend nicht gefährdet, aber das Wohlbefinden des Gefühls anstrebt. Denn wie die körperliche Müdigkeit durch körperliche Ruhe vergeht, so die geistige und seelische Müdigkeit durch die Freude am Spiel, das gleichsam eine Rast der Seele ist. Darum liest man in den Sprüchen der Väter,[53] daß, als jemand Anstoß nahm, wie er den seligen Evangelisten Johannes mit seinen Jüngern spielen sah, der selige Johannes zu ihm sagte: »Spanne den Bogen, den du in der Hand hältst.« Der tat es, und er sagte: »Spanne ihn stärker.« Der antwortete: »Ich fürchte, daß er dann bricht.« »So,« sprach er, »versagt und bricht der Geist, wenn er nicht durch irgendeinen Trost entspannt und wiederbelebt wird.« Und darum soll man sich manchmal ehrbaren Entspannungen hingeben, damit der Verstand dadurch erquickt und wiederbelebt wird, um nach anstrengenden Übungen des Geistes und der Tugend erneuert zu werden. Die Tröstungen des Tisches aber bestehen in gegenseitigen Neckereien, in denen sich die Menschen nicht in bissiger, sondern in stärkender Weise üben, oder in Fragen und gegenseitigen Übungen, durch die sie einander zum Sprechen verlocken, oder in irgendwelchen scherzhaften Erzählungen, durch die sie die Hörer erheitern und besänftigen.

Die Folge von Zitaten aus Aristoteles, Albertus magnus und ›Collationes patrum‹ bietet die wenigen Argumente, die immer wiederholt werden mußten, wenn es darum ging, Erholung, Spiele, Heiterkeit und Literatur als Unterhaltung zu rechtfertigen. Von hier aus wird auch deutlich, daß das Nebeneinanderrücken von diätetischem Wissen und Erzählen, insbesondere scherzhaftem Erzählen, keine bloße Kuriosität ist; vielmehr wird dadurch genau der Ort markiert, von dem aus das Schwankerzählen moralphilosophisch gerechtfertigt werden konnte. Insofern führt die ›Mensa philosophica‹ nur besonders eindringlich eine Problematik vor Augen, die hinter vielen Schwank- und Facetiensammlungen steht und die auch noch in den Vorreden der deutschen Schwankbücher des 16. Jahrhunderts anklingt: Erzählen und Scherzen als *recreatio*.[54]

---

[53] Iohannis Cassiani conlationes XXIIII, rec. Michael Petschenig, Wien 1886 (CSEL 13), XXIIII, 21, S. 697 (= PL 49, Sp. 1312–1315). Zur weiteren Verbreitung der Erzählung vgl. den Kommentar des Alardus Gazaeus (PL 49, Sp. 1311–1314) und Olson (Anm. 54), S. 90–93. In den ›Vitas patrum‹ V,10,2 (PL 73, Sp. 912 CD) wird die Geschichte von *abbas Antonius* erzählt, bei Albertus Magnus (Anm. 52), S. 293, unter Berufung auf die ›Vitas patrum‹ von einem anonymen *sanctus pater in eremo*.

[54] Heinz-Günter Schmitz, Physiologie des Scherzes. Bedeutung und Rechtfertigung der Ars Iocandi im 16. Jahrhundert, Hildesheim/New York 1972 (Deutsche Volksbücher in Faksimiledrucken B2), bes. S. 75–83, 162f.; Glending Olson, Literature as Recreation in the Later Middle Ages, Ithaca/London 1982; Werner Friedrich Kümmel, Der Homo litteratus und die Kunst, gesund zu leben. Zur Entfaltung eines Zweiges der Diätetik im Humanismus, in: Humanismus und Medizin, hg. v. Rudolf Schmitz und Gundolf Keil, Weinheim 1984 (DFG. Mitteilung XI der Kommission für Humanismusforschung), S. 67–85; Wilfried Barner, Legitimierung des Anstößigen: Über Poggios und Bebels Fazetien, in: Sinnlichkeit in Bild und

Im Prolog zu Buch IV der ›Mensa philosophica‹ schließt sich an diese Grundlegung etwas unvermittelt die Dreigliederung der *solatia mense*. Besonders überraschend sind die *invectiones*. Verständlich ist ihre Aufnahme von Macrobius her: Im 7. Buch der ›Saturnalien‹ folgt auf die Reflexionen über die Rolle der Philosophie bei einem *convivium* (jene Reflexionen, die im oben zitierten Proömium der ›Mensa philosophica‹ exzerpiert sind) in lockerem Anschluß ein gelehrtes Gespräch über verschiedene Arten von Neckereien und ihre griechischen Bezeichnungen (Sat. 7,3). Der Kompilator der ›Mensa philosophica‹ hat versucht, seine Exzerpte aus diesem Gesprächsabschnitt (cap. IV,2 – 31^{rv}) enger an die Theorie der Tischgespräche anzubinden. Geführt von seiner Quelle, mußte er auch die bei Tisch unzulässigen *invectiones*, die mit boshafter Spitze, durch Beispiele belegen. Am geeignetsten aber seien solche Vorwürfe, die nicht nur nicht verletzen oder verwirren, sondern sogar erfreuen; wenn Diogenes von seinem Lehrer Aristenes sagte ›dieser Mann hat mich arm gemacht und dazu gebracht, daß ich in einem Faß wohne‹, so sei dieser Vorwurf ein schöneres Lob als ein direkt formulierter Dank (31^{v}).

Für den zweiten Typus verbaler *recreatio* hatten schon die *questiones mensales* des dritten Buchs Beispiele geliefert. Hier wird dazu noch (IV,3 – $31^{v}/32^{r}$) in Macrobius-Exzerpten (aus Sat. 7,2) nachgetragen, daß die *questiones* und *exercitationes* den jeweiligen Personen angemessen sein müssen. Man solle niemanden etwas fragen, was er nicht wisse; jeder aber freue sich, wenn er von seinem Wissen, seinem Gelernten und seinen Erfahrungen sprechen dürfe. Getragen von dem etwas abweichenden Zusammenhang der exzerpierten Quelle, geht der Text dabei über die *questiones mensales* hinaus und bezieht auch freies Erzählen mit ein: ›Diejenigen, die durch ferne Länder und Meere gereist sind, freuen sich, wenn sie nach der Lage von Ländern und Meeren gefragt werden, die vielen unbekannt sind . . .‹ Es handelt sich dabei um ein etwas ausführlicheres Exzerpt derselben Macrobius-Passage, die auch Erasmus im ›Dispar convivium‹ benutzt hat. Es wird darin gefordert, die Tischgenossen durch Fragen zum Reden zu bringen: ›Dadurch kann auch anderes hervorgelockt werden, wodurch die Anwesenden zur Erquickung des Redens (*solatium loquendi*) angeregt werden können.‹

Der Übergang von diesem freien, durch Fragen provozierten Erzählen zu den *narrationes iocose*, dem dritten Typus verbaler *recreatio*, dem Inhalt der anschließenden Sammlung, wird nicht eigentlich argumentativ bewältigt. Das nächste Kapitel heißt *De aptis verbis iocosis* (IV,4 – 32^{rv}) und ist im wesentlichen ein Exzerpt aus einem in ganz anderem Zusammenhang stehenden Macrobius-Kapitel über Witzworte (Sat. 2,3). In Überschrift und Einleitung wird

---

Klang (FS Paul Hoffmann), hg. v. Hansgerd Delbrück, Stuttgart 1987 (Stuttgarter Arbeiten zur Germanistik 189), S. 101–137, bes. S. 118f.

zwar gefordert, daß die Scherze *apta* und *honesta* sein müßten. Was dann angeführt wird, sind jedoch z.T. recht boshafte Witze, spitzige Scherzworte, die kaum als Vorbild für den Umgang miteinander bei Tisch geeignet sind. Das Interesse des Kompilators hat sich hier offenbar schon von der Theorie der Tischgespräche verlagert auf die Beispiele von *facete dicta*. Nur wenn man sie nicht als vorbildhaft auffaßt, nur wenn man sie, ohne selbst betroffen zu sein, als Anekdoten erzählt, vermögen diese Witze zu erfreuen. Und so scheint es der Kompilator auch zu meinen, denn zu seiner eigenen Facetiensammlung leitet er dann so über: *Quia igitur tales et consimiles ioci risum et solatium audientium prouocant, immo in hoc quarto tractatu volo de talibus prosequi secundum statum diuersorum, diuersa de autoribus autenticis, plurima vero de narrationibus et alijs occurrentibus inserendo. Et primo de imperatoribus* (32^{v}).

Die ›Mensa philosophica‹ ist ein bescheidenes Kompilationswerkchen, das außerordentlichen Erfolg gehabt hat. Für eine historische Beurteilung scheint mir der Blick auf einige ältere Texte hilfreich.

Durch die zahlreichen Zitate und Exzerpte aus den ›Saturnalien‹ des Macrobius (um 400 n. Chr.) knüpft dieser Text explizit an das letzte große Werk der antiken Symposienliteratur an. Diese Tradition, in der es immer auch Erzählungen als Bestandteile von Tischgesprächen gegeben hat, ist selbstverständlich als Hintergrund der humanistischen Dialog- und Convivalliteratur immer mitzudenken. Daß speziell die ›Saturnalien‹, in denen spätrömische Patrizier am Fest der Saturnalien drei Tage lang gelehrte Muße zelebrieren, und von ihnen besonders der Anfang des 7. Buchs, wo bei einem Tischgespräch über die rechte Form von Tischgesprächen reflektiert wird, im späten 15. und frühen 16. Jahrhundert präsent waren, bezeugt die Parallele im ›Dispar convivium‹ des Erasmus.

Die ›Saturnalien‹ des Macrobius waren auch im Mittelalter nicht vergessen, wenngleich sie weit weniger gelesen und zitiert wurden als der Kommentar zum ›Somnium Scipionis‹ desselben Autors. Die herausragende Gestalt in der mittelalterlichen Rezeptionsgeschichte der ›Saturnalien‹ ist Johannes von Salisbury. In seinem ›Policraticus‹ gehören die ›Saturnalien‹ zu den meistzitierten Quellen, und es scheint, daß Johannes direkt oder indirekt auch einige heute verlorene Teile der ›Saturnalien‹ kannte.[55] Unter den vielen Macrobius-Zitaten im ›Policraticus‹ findet man denn auch so gut wie alle Macrobius-Exzerpte der ›Mensa philosophica‹ wieder, nur sind sie bei Johannes von Salisbury an verschiedenen Stellen souverän in die eigene Argumentation eingebaut und sind

[55] Richard Bernabei, The Treatment of Sources in Macrobius' *Saturnalia*, and the Influence of the *Saturnalia* during the Middle Ages, Ph. D. Diss. Cornell University 1970 (= Diss. Abstr. 31 [1971], S. 6573A), S. 162–200. Zitate im folgenden nach der Ausgabe von Webb (Anm. 36).

damit intensiver in einen christlich-mittelalterlichen (wenn auch für die Zeit ungewöhnlich ›humanistischen‹) Rahmen eingebunden. Wenn Policr. VIII,10 ein ganzes Kapitel weitgehend aus Sat. VII,1 bestritten wird – *Regula conuiuandi sensu et fere uerbis Macrobii sumpta de libro Saturnaliorum* –, so ist dies von langer Hand vorbereitet. Ausgehend von den sieben Hauptlastern, verurteilt Johannes im VIII. Buch zuerst *inanis gloria* und *avaritia* und geht dann in cap. VIII,6 über zu dem ›glänzenden Übel‹ der *luxuria*, die über die fünf Sinne in den Menschen eindringe. In einer Interpretation zweier ›Aeneis‹-Szenen zeigt er, wie ein üppiges Gelage zur verderblichen Liebe Didos führte, während das frugale Mahl bei Euander *pax*, *religio* und *res publica* förderte. Durch *luxuria* werde ein *conuiuium ciuile* zu einem *conuiuium plebeium*, aber knauserig dürfe es bei einem Mahl auch nicht zugehen, denn das reize nur die Gier. Cap. VIII,7 handelt dann von den *sumptuariae leges*, den Antiluxus-Gesetzen der alten Römer, cap. VIII,8 vom *conuiuium philosophicum*, das seine eigenen *sumptuariae leges* habe, damit das philosophische Gespräch nicht behindert werde – hier betont Johannes restriktiver als Erasmus und einseitiger als die diätetisch orientierte ›Mensa philosophica‹ die Gefahren des Weins: *luxuriosa res uinum et contumeliosa ebrietas* (738a) –, und cap. VIII,9 argumentiert, daß auch in der Heiligen Schrift *optimae ciuilitatis regulae* zu finden seien, die man beim Mahl beachten solle. Durch diese Vorbereitung ist dann auch klargestellt, in welchem Rahmen das abschließende zusammenhängende Macrobius-Exzerpt von cap. VIII,10 zu verstehen ist.

Über Tischgespräche äußert sich Johannes von Salisbury eher im Vorübergehen. Es wird zwar mehrfach deutlich gemacht, daß alle Regeln ihren höchsten Sinn darin finden, bei Tisch den *humanitatis uerba* (730c) Raum zu schaffen; aber primär geht es um die goldene Mitte zwischen *luxuria* und *avaritia* – Knauserigkeit. Aussagen über die Inhalte jener ›Worte der Menschlichkeit‹ wechseln mit den Kontexten und reichen von der Philosophie bis zu der schon erwähnten, aus Macrobius entlehnten freundlichen Aufforderung an Gäste, von ihren Reiseerfahrungen zu erzählen. Besonders charakteristisch aber erscheint eine Passage aus cap. VIII,9 (741d): Zunächst rückt Johannes christliche und antike Tradition so nahe wie möglich zusammen – Christus, der freigiebigste, höflichste und redegewandteste Familienvater,[56] pflegte das Brot vor dem Brechen zu segnen, aber bekannt sei auch das Wort eines Weisen (Macrobius), daß vorweg in einem Vorspruch die Philosophie zu ehren sei –, und dann fährt er fort:

> Ciuile quoque est et sacris litteris consentaneum aut omnino silere in mensa ut audias ad profectum, aut unde proficiant alii aut sine culpa letentur doctum proferre ser-

[56] *liberalissimus et ciuilissimus aut facetissimus paterfamilias*; vgl. dazu Peter von Moos, Geschichte als Topik. Das rhetorische Exemplum von der Antike zur Neuzeit und die *historiae* im ›Policraticus‹ Johanns von Salisbury, Hildesheim/Zürich/New York 1988 (Ordo 2), S. 470f.

monem; siquidem et inter comedendeum Dominus parabolas aut uerba uitae frequenter auditoribus miscet. Sunt autem nimis tristia et fere ciuilitatis ignara, ubi citra uoluptatem audiendi solus uenter impletur aut ubi clamore anserino et ineptis fabulis conuiuia perstrepunt.

Es ist auch feine Lebensart und entspricht dem Sinn der Heiligen Schrift, daß man bei Tisch entweder überhaupt schweigt, um auf Nützliches zu hören, oder daß man einen gelehrten Beitrag vorbringt, von dem andere Nutzen oder unschuldige Freude haben können, da doch auch der Herr oft beim Essen für seine Hörer Gleichnisse und Worte des Lebens eingestreut hat. Allzu traurig und kaum berührt von Lebensart sind demgegenüber Gastmähler, bei denen nur der Bauch gefüllt wird, ohne daß es zur Lust des Hörens kommt, oder die von Geschnatter und ungehörigen Erzählungen übertönt werden.

Bei aller Öffnung gegenüber humaner Heiterkeit im christlichen Leben hätte sich Johannes von Salisbury wohl kaum eine Facetiensammlung als Muster für Tischgespräche gewünscht.

Während im ›Policraticus‹ das Interesse an Tischgesprächen sich eher sekundär aus dem Rahmen einer Tugendlehre heraus entfaltet, gibt sich ein wenig bekanntes und bislang nicht ediertes Werk des späteren Mittelalters, das in diesem Zusammenhang zu erwähnen ist, von vornherein als rhetorische Anweisung. Freilich ist dies in einem sehr strikten Sinn eine Rhetorik der Erbauung und der Tugendlehre. Es handelt sich um den ›Liber de introductione loquendi‹ des Dominikaners Philipp von Ferrara aus der ersten Hälfte des 14. Jahrhunderts.[57] ›Weil es ehrenwert und verdienstvoll ist, daß ein Predigerbruder Erbauliches zu reden weiß, wo immer er sich befindet und wann immer die Gelegenheit günstig ist, und weil dann auch großen Gelehrten oft die Worte fehlen, wenn sie sie nicht vorher überlegt haben,‹ darum hat Philipp für sich und andere eine Einführung ins Reden in acht Büchern zusammengestellt. Buch I enthält *quedam introductoria ad loquendum in mensa*, die übrigen Bücher bieten Materialien für Gespräche am Feuer, auf der Reise, bei Besuchen von Kranken, Hinterbliebenen und Angefochtenen, bei Bemühung und Freundschaft und schließlich *aliqua pulcra predicabilia de peccatis et virtutibus*. Buch I, der *liber mensalis*, der fast die Hälfte des Gesamtwerks ausmacht, ist sicher ein wichtiges Glied in einer Geschichte, die zur ›Mensa philosophica‹ und zu Erasmus hinführt. Auch hier wird empfohlen, auf die Personen zu achten, mit denen man speist, auch hier gibt es Hinweise zur Tischordnung, auch hier werden Bemerkungen zu einzelnen Speisen kombiniert mit Erzählungen, die man bei Tisch zum besten geben kann. Aber der Geist ist ein anderer. Das zeigt sich

[57] Raymond Creytens, Le manuel de conversation de Philippe de Ferrare O.P. († 1350?), Archivum fratrum praedicatorum 16 (1946), S. 107–135; das folgende Zitat stammt aus dem Prolog, ebd. S. 113.

nicht nur in der Bedeutung, die dem Tischgebet beigemessen wird, sondern gerade auch in der Art, wie über die Speisen und Getränke geredet wird. Während die ›Mensa philosophica‹ etwa in den beiden Kapiteln über den Wein in Buch I und III lediglich naturwissenschaftliche Interessen verfolgt, sucht Philipp von Ferrara durchweg die *moralisatio*: daß im Weinkrug der Wein oben, in der Mitte und unten je andere Qualität hat, wird auf eine Tugendsystematik bezogen; zur Frage, ob Wein und Wasser, einmal vermischt, wieder getrennt werden können, wird zwar auch ein Hinweis nach Plinius gegeben, dann aber ein schönes Exempel erzählt, wie ein Affe einen Weinpanscher entlarvte und bestrafte; es wird berichtet, daß im Palast Jupiters jeder, der süßen Wein trinken wollte, erst vom bitteren kosten mußte – so finden wir im Leben Anfechtung, dort aber Tröstung; daß alter Wein süßer ist als neuer, verweist darauf, daß die alten Christen frömmer waren als wir heutigen usw.[58] Beim Vergleich mit diesem Werk wird deutlich, wie weit sich die ›Mensa philosophica‹, obwohl vielleicht ebenfalls von einem Dominikaner verfaßt, durch die Auswahl der kompilierten Materialien vom Primat einer strikten Tugend- und Glaubenslehre emanzipiert hat.

Am nächsten kommt der ›Mensa philosophica‹ nicht nur durch die gemeinsamen Materialien, sondern auch in der Konzeption die ebenfalls noch unpublizierte ›Summa recreatorum‹, die vor 1412 entstanden sein muß: *recreatio* durch professionelles diätetisches Wissen (Buch I und II), *questiones mensales* (Buch III), *iocunde historie* und *leta carmina* (Buch IV) und *virtuosa exempla* (Buch V). Der Vergleich läßt die Unterschiede hervortreten. Auch die ›Summa‹ beruft sich im ersten Satz ihres kurzen Prologs[59] auf Macrobius, wenn ich recht sehe, mit einer Paraphrase jener Stelle aus Sat. 1,2,4, die die ›Mensa philosophica‹ im Prolog zum dritten Buch wörtlich zitiert. Aber abgesehen davon fehlt der ›Summa‹ die ganze Schicht der Macrobius-Exzerpte und damit jede theoretische Vermittlung zwischen den ›naturwissenschaftlichen‹ und den ›literarischen‹ Teilen, die in der ›Summa‹ als Blöcke hintereinandergestellt sind, während die ›Mensa‹ sie in ausgewogenem Verhältnis verschränkt. Sehr verschieden vom Charakter der ›Mensa philosophica‹ ist auch das, was die ›Summa‹ als ›Literatur‹ zur *recreatio* anbietet. Im Versteil, dem zweiten Abschnitt von Buch IV, finden sich zwar auch der Streit zwischen Wasser und Wein, eine *vini boni leta descripcio*, ein Stück aus der ›Beichte‹ des Archipoeta, der Streit zwischen Rose und Veilchen und ein Liebeslied mit Frühlingseingang. Aber diese Dichtungen sind eingerahmt von Liedern über die Inkarnation, Maria und die Trinität.[60] Und die *iocunde* oder *iocose historie* des ersten Abschnitts von

[58] Nach der Münchner Handschrift Clm 16 126, 17ᵛ–18ᵛ.

[59] Abgedruckt von A. Mussafia, Beiträge zur Litteratur der Sieben weisen Meister, WSB 57 (1867), S. 37–118, dort S. 83f.

[60] Vgl. Hilka und Walther (Anm. 43).

Buch IV – zuerst Erzählungen u.a. von der Entstehung des Schachspiels, von den Sieben weisen Meistern, von einem toten Ritter, der im führerlosen Schiff an den Artushof kommt, von einem Mirakel, das Juden bekehrt, dann ganz kurze Stücke, meist Fabeln, nach Konrad von Halberstadt, alphabetisch nach Sinnwörtern geordnet[61] – und die *virtuosa exempla* von Buch V, die in einen Traktat über die Kardinaltugenden eingebaut sind – sie alle haben ihre klare und explizite moralische Tendenz. Demgegenüber kam die ›Mensa philosophica‹, obwohl sie ebenfalls und noch ausgiebiger den ›Tripartitus moralis‹ Konrads von Halberstadt benutzt hat, durch Auswahl vor allem antiken Materials, durch Zuordnung nicht zu Moralbegriffen, sondern zu Ständen und durch Vorliebe für das *facete dictum* ›humanistischen‹ Interessen entgegen, besser: den neuen Interessen einer nicht mehr so stark ins geistliche Leben gebundenen Bildungsschicht.

Die ›Colloquia familiaria‹ des Erasmus sind fiktive Musterdialoge, die ›Mensa philosophica‹ gibt Anweisungen für Tischgespräche und stellt passende Materialien bereit. In den ›Tischreden‹ Martin Luthers aber wird erstmals in größerem Umfang das tatsächlich bei Tisch gesprochene Wort überliefert. Selbstverständlich darf man keine zu hohen Ansprüche an die dokumentarische Treue der Aufzeichnungen stellen. Was interessierte, waren die Gedanken und wohl auch besonders prägnante Formulierungen. Die 1566 publizierte Ausgabe Aurifabers, für Jahrhunderte die einzige bekannte Fassung der ›Tischreden‹, war sprachlich bearbeitet; hier ist alles ins Deutsche umgeschrieben bis auf wenige prekäre Stellen, die den Laien, die Erbauung suchten, nicht verständlich zu sein brauchten. Die lateinische Mischsprache ist nur in den Handschriften der Aufzeichnenden und in deren Abschriften, wie sie überwiegend erst durch die Weimarer Ausgabe zugänglich gemacht wurden, einigermaßen erhalten. Aber zweifellos konnten auch die gewissenhaftesten Mitschreibenden nicht alles genau festhalten. Dennoch spürt man in den Aufzeichnungen, ja sogar noch in der Bearbeitung Aurifabers etwas von der Lebendigkeit der gesprochenen Rede.[62]

Das Erzählgut in Luthers ›Tischreden‹ ist noch nicht systematisch erfaßt. Die Register der Weimarer Ausgabe helfen da nur ein Stück weit. Deutlich sichtbar ist Luthers Hochschätzung der äsopischen Fabeltradition.[63] Legenden werden in

[61] Vgl. Rauner (Anm. 46), S. 163*–172*.

[62] Zitate nach: D. Martin Luthers Werke, Kritische Gesamtausgabe. Tischreden Bd. 1–6, Weimar 1912–1921. Zur Überlieferungs- und Sprachproblematik vgl. neben den Einleitungen der Weimarer Ausgabe Birgit Stolt, Die Sprachmischung in Luthers Tischreden. Studien zum Problem der Zweisprachigkeit, Stockholm/Göteborg/Uppsala 1964 (Acta Universitatis Stockholmiensis. Stockholmer Germanistische Forschungen 4), bes. S. 15–39.

[63] Vgl. auch Gerd Dicke u. Klaus Grubmüller, Die Fabeln des Mittelalters und der frühen Neuzeit, München 1987 (MMS 60), Register S. 860.

positiver wie in negativer Sicht erwähnt. Die historischen Exempla aus Antike und Mittelalter wären erst noch zu sichten.[64] Auch die Schwankstoffe, die in den Tischreden vorkommen, müßten noch gesammelt und untersucht werden; ich erwähne nur eine Variante des ›Mönch als Liebesboten‹, die Luther mit Berufung auf ein Buch ›Die Florentzisch frouwen‹ (Boccaccio?) erzählt.[65] Nur für die Teufelserzählungen gibt es ein modernes, Vollständigkeit erstrebendes Register.[66] Neben solchen tendenziell geschlossenen Erzählformen waren selbstverständlich aktuelle Nachrichten von hoher Bedeutung für die Gespräche, und gelegentlich kam Luther wohl auch ins autobiographische Erzählen. So berichtet Johannes Mathesius:[67]

> Diß jar am Pfingstage vber tische / erzelt vns Doctor sein gantz Historien / wie er im 21. jar nach Wormbs gezogen / vnd vorm Keyser gestanden / vnnd sein lehr bekandt / vnnd sein bůcher verantwort hette / Daruon jr zu seiner zeyt guten bericht gehőrt. Mein tag hab ich nichts lieblichers vnd lustigers gehőrt: Wer selbs mit vnd beim handel gewesen / vnd den es selber angangen / der kan von sachen lebendig reden / das meyste theyl redet von hőren sagen.

In unserem Zusammenhang interessiert freilich nicht so sehr das Erzählgut als solches wie seine Einbettung in den Kontext eines Tischgesprächs. Das wichtigste Zeugnis für die Situation, in der die Tischreden zu denken sind, ist die vielzitierte Passage aus dem Predigtzyklus über Luthers Leben von Johannes Mathesius, der selbst einer der zuverlässigsten Verfasser und Kopisten von Mitschriften war:[68]

> Ob aber wol vnser Doctor offtmals schwere vnnd tieffe gedancken mit sich an tisch nam / auch bißweylen die gantze malzeyt sein alt Kloster silentium hielt / das kein wort am tische gefiel / doch ließ er sich zu gelegner zeyt sehr lustig hőren / wie wir denn sein reden Condimenta mensæ pflegten zu nennen / die vns lieber waren denn alle wůrtze vnd kőstliche speyse.
>
> Wenn er vns wolte rede abgewinnen / pfleget er ein anwurff zu thun / Was hőret man newes? die erste vermanung liessen wir fűrűber gehen / Wenn er wider anhielt / Ir Prelaten / was newes im lande? Da fiengen die alten am tische an zu reden. Doctor

---

[64] Die Quellenangaben im Zitatenregister der Weimarer Ausgabe erfassen wenig und sind bei der Art der Tradierung solcher Erzählungen problematisch.

[65] Hans-Friedrich Rosenfeld, Mittelhochdeutsche Novellenstudien, Leipzig 1927 (Palaestra 153), S. 506.

[66] Rainer Alsheimer, Katalog protestantischer Teufelserzählungen des 16. Jahrhunderts, in: Volkserzählung und Reformation, hg. v. Wolfgang Brückner, Berlin 1974, S. 417–519, dort S. 431–436 (Nr. 1–48).

[67] Johannes Mathesius, Ausgewählte Werke, Bd. 3: Luthers Leben in Predigten, hg. v. Georg Loesche, Prag 1898 (Bibliothek Deutscher Schriftsteller aus Böhmen 9), S. 308 (in der Originalausgabe von 1566 Bl. CLVI^{v}). Vgl. Tischreden Nr. 5342.

[68] Mathesius (Anm. 67), S. 279f.

Wolff Seuerus, so der Roͤmischen Koͤniglichen Maiestat Preceptor gewesen / saß oben an / der bracht was auff die ban / wenn niemand frembdes verhanden / als ein gewanderter Hofman.

Wens gedoͤber / doch mit gebuͤrlicher zucht / vnd ehrerbietigkeyt angieng / schossen andere bißweylen jhren theyl auch darzu / biß man den Doctor anbracht / offtmals legte man gute fragen ein auß der schrifft / die loͤset er fein rund vnnd kurtz auff / vnnd da einer ein mal part hielt / kondt ers auch leyden / vnd mit geschickter antwort widerlegen / Offtmals kamen ehrliche leut von der Vniuersitet / auch von frembden orten an Tisch / da gefielen sehr schoͤne reden vnnd historien.

In den *convivia* der ›Colloquia familiaria‹ des Erasmus setzt die ideal-heitere Harmonie der Gleichgesinnten Gleichrangigkeit und reichliche Muße voraus. Beides war in Luthers Hauswesen im ehemaligen Schwarzen Kloster zu Wittenberg nicht gegeben. Luther und seine Tischgenossen kamen von der Arbeit und brachten ihre Gedanken mit. Und die Gesellschaft war mehrfach gestuft: außer den *Prelaten* und *ehrlichen* Gästen waren da die jungen Theologen, die als *kostgenger* mit im Hause lebten, dazu die Familie. Sie alle respektierten offenbar bis in die Formen der Gesprächsführung hinein die Autorität des Hausherrn und Reformators. Nur dieser Abstufung ist es auch zu verdanken, daß uns Aufzeichnungen erhalten sind: die *kostgenger* setzten, indem sie aufschrieben, was ihnen nützlich schien, bei Tisch ihre Studien fort. So hat es jedenfalls Frau Käthe verstanden, wenn sie einmal scherzhaft ihren Mann aufforderte *non gratis docete eos* (Nr. 5187), und Luther selbst sagte wohl auch einmal *Hoc scribite et notate* (Nr. 246). Dennoch hat sich offenbar in dieser Stunde der *recreatio* öfters ein ungezwungener, heiterer Gesprächston eingestellt. Auch Luther wußte, daß Essen und Trinken und *humana facetia* die Melancholie, in der der Teufel ein Bad nehmen möchte, vertreiben können (z.B. Nr. 122, 2965), ja er konnte hübsche Exempla davon erzählen (Nr. 2889).[69] Und er kannte die Regeln für ein *convivium* unter gelehrten Freunden: *Modicus sit apparatus, convivarum benevolentia vera, eruditi sermones, suave vinum* (Nr. 5877). In solchen Äußerungen und in den Tischreden der gelösteren Stunden ist der Zusammenhang mit humanistischer Gesprächskultur unübersehbar;[70] doch auch dann ist die At-

[69] Vgl. Schmitz (Anm. 54), bes. S. 122, 252–261; Heinz Otto Burger, Luther im Spiegel der Tischreden, GRM 54, N.F. 23 (1973), S. 385–403, der S. 401 von einer »Diätetik der Seele« bei Luther spricht. Wenig ergiebig für unser Thema ist die medizinische Dissertation von Birgit Braun, Luthers Stellung zur Medizin aus seinen Tischreden, Düsseldorf 1966.

[70] Man muß diese Nähe nicht mit Nachweisen belegen; doch sei hier darauf hingewiesen, daß Luther die ›Colloquia familiaria‹ des Erasmus kannte (s. u. Anm. 76) und daß er zumindest Zugang zur ›Mensa philosophica‹ gehabt hat: ein Exemplar des Heidelberger Drucks von 1489 befand sich – darauf weist mich Jun Matsuura hin – zu Luthers Zeit in der Augustinerbibliothek zu Erfurt; freilich fehlen Spuren einer Benutzung durch Luther; vgl. Jun Matsuura, Restbestände aus dem Erfurter Augustinerkloster zu Luthers Zeit und bisher unbekannte eigenhändige Notizen Luthers, in: Lutheriana, hg. v. Gerhard Hammer und Karl-Heinz zur Mühlen, Köln/

mosphäre im Hause Luther von der der fiktiven, aber gewiß nicht ohne Realitätserfahrung fingierten ›Colloquia‹ des Erasmus sehr verschieden, vor allem durch das Element des Grobianismus und durch die immer wieder durchbrechende Direktheit des Bezugs auf eine ganz andersartige Glaubenshaltung.

Wie es in dieser Rahmensituation zum Erzählen oder zum Zitieren von Erzählungen gekommen ist, läßt sich aus den fragmentarischen Aufzeichnungen nicht immer erkennen. Manchmal mag Luther selbst von seiner vorausgegangenen Tätigkeit her ein Thema angeschlagen haben, vielleicht sogar in unterweisender Absicht. *Auff ein ander zeyt bracht Doctor mit sich den Sechsischen Renckefuchs / den lobt er fuͤr ein wercklich gedicht vnnd lebendige contrafactur des hoflebens*, berichtet Mathesius;[71] bei einer solchen Demonstration muß Luther zweifellos vorgelesen oder nacherzählt haben. In anderen Fällen konnte man sich wohl mit dem bloßen Anspielen auf Bekanntes begnügen. So sind in dem folgenden Bericht des Mathesius zwei Episoden der ›Aeneis‹ Vergils, die historische Nachricht vom Tod des Antonius und drei biblische Episoden präsent, ohne daß sie auserzählt zu werden brauchten:[72]

> Wenn nun Doctor sich muͤde vnnd hellig gearbeyt / war er am tische froͤlich / ließ bißweylen ein Cantorey anrichten / Auff ein zeyt / in beysein guter leut / sungen wir Didonis letzte wort / außm Virgilio: Dulces exuuiæ. Herr Philippus doͤnet auch mit ein / vnnd da der gesang auß war / spricht er : Virgilius hat Anthonio sein Requiem machen woͤllen / darinn er sein letzte wort vnd willen fasset / Ach Gott / sagt Luther / Arme vnd ellende leut sind die blinden Heyden mit jhren gelerten / wie jemmerlich sterben sie dahin / sine crux Christi & lux uerbi, wie der grosse Poet sein buch auch beschleust / da er des Fuͤrsten Turni tod malet: Vitaque cum fremitu fugit indignata sub umbras. Ich sterb mit grimm / vnd fahr mit vngedult von hinn / drumb rent jm mancher selbst sein hertz abe / wie die elende kurtzrethige Dido / Wir dancken Gott fuͤr Dauidis / Simeonis vnnd Stephani letzte wort / die inn warer erkentnus vnd anruffung des ewigen mitlers fein sanfft vnnd froͤlich einschlaffen / vnnd jre Seelichen dem Herrn Christo auffzuheben vnd zuuerwaren vertrawen.

Manchmal gibt ein äußerer Anlaß den Anstoß zum Erzählen. Als ein Knabe einen Sperling an den Tisch brachte, sagte Luther: *Tu Franciscane,* [. . .] *cum tua grossa cappa! Tu es omnium nocentissimus avis. Ego velim, inquit, ut aliquis declamaret hanc fabulam: Praedicator monachus et Franciscanus convenerunt* . . . Und er erzählte die Anekdote, wie ein Dominikaner und ein Franziskaner im Bilde von Schwalbe und Sperling gegeneinander stichelten. Und dies wiederum animierte D. Severus zum Erzählen einer weiteren antimonastischen Anekdote (Nr. 5098). Die auffällige Einleitung Luthers, von Aurifaber wiedergegeben

---

Wien 1984 (Archiv zur Weimarer Ausgabe der Werke Martin Luthers 5), S. 315–332, dort S. 320f.

[71] Mathesius (Anm. 67), S. 279.

[72] Mathesius (Anm. 67), S. 324, vgl. Tischreden Nr. 4976.

mit den Worten *Ich wollt, daß einer von dieser Fabel einmal ein Declamation schriebe*, ist gewiß zu verstehen als eine Bescheidenheitsfloskel des Erzählers, der kunstlos vorbringt, was wohl einer kunstvolleren Darstellung wert wäre.

Besonders aufschlußreich ist die Einbindung einer Schwankerzählung im Bericht von Luthers Reaktion auf zwei schlimme Nachrichten im Juni 1540 (Nr. 5096). Landgraf Philipp von Hessen, im Gelehrtenjargon der Tischgespräche zur Unterscheidung von *Dominus Philippus* (Melanchthon) als *Macedo* bezeichnet, hatte im Frühjahr 1540 mit dem Einverständnis seiner Gattin, aber auch mit dem als Beichtrat erteilten Einverständnis Luthers und Melanchthons eine zweite Ehe geschlossen. Freilich sollte die Bigamie nach dem Rat der Reformatoren geheim bleiben.[73] Die Sache kam aber doch ans Licht. In dieser Situation erreichten Luther kurz hintereinander zwei Nachrichten: daß Melanchthon aus Kummer erkrankt sei und daß der Landgraf, um der Todesstrafe zu entgehen, sich an den Kaiser wenden wollte, womit er politisch erpreßbar wurde und der Sache der Reformation und des Schmalkaldischen Bündnisses unabsehbaren Schaden zufügte. In dieser Situation zitiert Luther eine Episode aus dem Schwankroman ›Salomon und Markolf‹, wohl aus der Perspektive der deutschen Prosa.[74] In dem geglätteten und hinsichtlich des peinlichen Anlasses verschleierten Bericht Aurifabers ist das so geschildert:

> Doctor Martini Luthers Antwort auf einen fürgeworfenen ärgerlichen Fall. Doctor Martinus Luther ist ein Mal zu Leipzig Anno 1545 in einem Convivio gewesen, da hatte man ihm fürgeworfen einer hohen Person Fall und Aergerniß, und ihn darmit sehr vexiret und geplagt; da hat er zur Antwort gegeben: »Ihr lieben Junkern von Leipzig! Ich, Philippus und Andere wir haben viel schöner nützlicher Bücher geschrieben und Euch lange gnung das rothe Mündlein gewiesen, da habt Ihrs nicht gewollt; nun läßt Euch der N. in Ars sehen. Ihr habt das Gute nicht wollen annehmen, so möget Ihr nun in das Böse sehen!«
>
> Und erzählete drauf die Fabel mit Marcolfo und König Salomon, und sprach: »Es kam ein Mal Marcolfus bey König Salomo in Ungnade also, daß er ihm seinen Hof verboten hatte und sollte dem Könige nicht mehr für die Augen kommen. Nun ging Marcolfus in ein Holz oder Wald, und als es geschneiet hatte und ein tiefer Schnee lag, da nahm er ein Fuß von einem wilden Thier in eine Hand, und in die ander Hand ein Sieb, und kroch also mit beiden Füßen, auch mit dem Sieb und Fuß gleich als ein wild Thier im Schnee umher, bis er zu einer Hölen kam; darein verkroch er sich. Als nun König Salomons Jäger im Schnee Wildpret ausspürete, kam er auf die Spur, und sahe, daß so ein wünderlich Thier in dieselbige Hölen gekrochen war. Derhalben eilete er an den Hof, und zeiget solches dem Könige an. Da war Salomo

[73] Vgl. D. Martin Luthers Werke, Kritische Gesamtausgabe. Briefwechsel Bd. 8, Weimar 1938, S. 628–644; dazu William Walker Rockwell, Die Doppelehe des Landgrafen Philipp von Hessen, Marburg 1904; Wilhelm Maurer, Luther und die Doppelehe Landgraf Philipps von Hessen, Luther 24 (1953), S. 97–120.

[74] Vgl. Michael Curschmann, Marcolfus deutsch, im vorliegenden Band, S. 151–255, dort S. 163f.

eilends auf und mit seinen Jagdhunden für die Höle, und wollt sehen, was für ein Wild drinnen wäre. Da stak Marcolfus im Loche. Als ihn nun der König hieß heraus kriechen, da deckt er den Ars auf, und kroch also rücklings heraus. Da wurde das ganze Hofgesinde zornig auf Marcolfum, und sprach der König zu ihm: ›Du Schalk, warum hast Du mir diese Schalkheit gethan?‹ Da antwortet Marcolfus: ›Ihr wolltet mir nicht mehr unter Augen sehen, so mußt Ihr mir nu in den Hintern sehen‹.

Und saget der Herr Doctor drauf: »Also gehts allhier auch zu. Was an uns zu tadeln ist, das klaubet Ihr heraus; aber was wir Gutes thun, das wollet Ihr nicht haben. . .«

Daß Luther die Geschichte in dieser Situation wirklich so ausführlich und so ordentlich erzählt hat, ist eher unwahrscheinlich. Vielleicht hat er sie nur knapp angedeutet, vielleicht sogar nur zitiert, wie es der Bericht des Mathesius darstellt:

De Macedonico negotio. Cum redderentur Doctori literae a Pontano, lectis eis dixit: Philippus maerore paene contabescit et incidit in febrim tertianam. Quare tamen is bonus sic se macerat propter hanc causam? Non potest suis curis mederi huic rei. Ich wolt, das ich bey im were! Ego novi ingenii teneritatem. Valde dolet viro hoc scandalum. Ego occallui, sum rusticus et durus Saxo ad eiusmodi X. Ego credo me vocari ad Philippum.

Tum quidam: Domine Doctor, inquit, fortasse sic impedietur colloquium? – Tum Doctor: Sie mussen vnser wol warten.

Non ita longe post reddebantur Doctori literae a principe. Quas cum serio vultu perlegeret, tandem inquit: Macedo plane insanit; iam caesarem orat, ut utranque habere possit!

Et serenissimo vultu rediens ad nos dixit: Es ist fein, wenn wir ettwas zu schaffen haben, so kriegen wir gedancken; sonst sauffen vnd fressen wir nur. Quam clamitabunt papistae nostri! Sed clament, sane in ipsorum perniciem! Nostra tamen causa bona est et nostra vita inculpabilis, eorum tamen, qui serio agunt. Si Macedo peccavit, peccatum est et scandalum. Nos saepe optima responsa dedimus et sancta; innocentiam nostram viderunt, sed noluerunt eam videre. Drumb sehen sie nuhn dem Hessen in den ars. Ipsi debent scandalis perire, quoniam noluerunt sanam doctrinam audire, vnd Gott wirdt vns vnd sein wortt drumb nicht lassen vnd irer schonen, ob wir woll peccata haben, den er will das bapstumb sturtzen. Hoc plane decrevit, ut est in Daniele sub finem eius, qui nunc instat: Nemo ei opitulabitur. Superiori saeculo nulla potentia potuit evertere papam; hoc saeculo nulla potentia salvabit papam, quia Antichristus revelatus est. Si nos habemus scandala, et Christus habuit. In Iuda werden die phariseer gejucht haben vber den Herrn Christum, sic vere fuit Iuda Macedo! Solche gesellen hat der newe prophet! Was solt gutts aus dem Christo komen? Aber die da nicht wolten mirackel sehen, die musten Christum crucifixum sehen vnd horen predigen vnd nachmals den Titum sehen vnd leiden. Nostra tamen peccata sunt remissibilia et possunt facile mutari, si caesar prohibet aut nostri principes – quod iure possunt – intercedunt aut ipse revocat. Ist doch Dauidt auch gefallen, vnd waren woll grossere scandala vnter Moses in der wusten. Er ließ sein eigene herrn vmbringen vnd schlug ir vill zu todt. Wie wirdt Og vnd Sihon in die faust gelachtt haben vnd gedacht: Nuhn wollen wir die Juden woll auffressen, weil sie selbst vneins sindt worden! Aber Got hat ein mal beschlossen, die heiden auszutreiben, drumb kuntens der Juden scandala nicht weren. So sindt je vnsere peccata remissibilia, ire aber, der papisten, irremissibilia, sunt enim contemptores Dei et crucifixores Christi et defendunt prudentes et scientes suas blasphemias. Was wollen sie draus machen? Ipsi tamen occidunt homines, nos laboramus pro vita et ducimus plures uxores! – Haec laetissimo vultu dixit, non sine magno risu.

Gott will die leutt vexiren, vnd kumpts an mich, wie will ich inen die bösesten wort darzu geben vnd sie heissen Marcolfo in ars sehen, weil sie im nicht wollen vnter die augen sehen. Ich weiß mich nichts vmb die sachen zu kummern. Ich befelchs vnserm Gott. Feldt Macedo von vnß, so stehe Christus bei vnß, der liebe Scheflimini! Er hatt vnß woll aus grössern nöthen geholffen. Restitutio Virtebergensis hackt dem scandalo die augen aus, dergleichen sacramentarii vnd die auffrur; noch hat vns Gott darinnen erlöst. Es ist vmb ein virteil jars zu thun, so versingt sich das liedtlein auch. Wolt Got, Philippus kundt den sin auch haben! Die papisten sindt itzt Demea, so bin ich Mitio: Meretrix et materfamilias in una domo! Puer natus. Das ist: Indotata. Ego Mitio sic: Dei bene vortant! Sic vita est hominum, quasi cum ludas tesseris. Ich versihe mich noch vil ergers, als das ist. Et dicat aliquis: Placet tibi factum? Non! Si queam mutare; cum non queo, aequo animo fero. Ich befelchs dem lieben Gott. Ille conservet ecclesiam suam, wie sie itzt stehet, ut in unitate fidei et doctrina et sana confessione verbi also bleib; werde es nur nicht erger!

Et surgens de mensa laetissimo vultu: Ich wolt, sagt er, dem Teuffel vnd allen papisten nicht so vil zu lieb thun, das ich mich drumb kummern wolte. Gott wirdts wol machen! Huic commendamus totam causam.

Diese Fassung läßt in der Sprunghaftigkeit der Assoziationen und im wiederholenden Umkreisen immer wieder ähnlicher Überlegungen etwas von der Erregung der Stunde spüren.[75] Die Markolf-Episode gehört dabei ebenso wie die alt- und neutestamentlichen Parallelen, die Eroberung Jerusalems durch Titus oder die Terenz-Zitate zu einem Wissensfundus, der zur Bewältigung der neuen Situation herangezogen werden kann. Der Weg der Assoziation läßt sich für die Markolf-Episode sogar besonders gut verfolgen: Schon früh in seiner Rede hatte Luther eine sprichwörtliche Redensart gebraucht, die auch sonst bei ihm belegt ist:[76] *Drumb sehen sie nuhn dem Hessen in den ars.* Sie bezeichnet sehr genau die Ambivalenz der Situation in Luthers Verständnis: Die Gegner der Reformation sehen eine häßliche, abstoßende Seite der reformatorischen Sache, aber das Zeigen des Hintern bedeutet zugleich Verachtung und Abwehr.[77] Erst

---

75 Verräterisch ist auch, daß Mathesius einmal das Zeichen X setzt, offenbar um ein ungewöhnlich grobianisches Wort oder eine entsprechende Geste zu ersetzen.

76 Vgl. Curschmann (Anm. 74), S. 223 Anm. 104.

77 Vgl. z.B. Lutz Röhrich, Lexikon der sprichwörtlichen Redensarten, Freiburg i.Br. ^{2}1977, Bd. 1, S. 68–70.

nach einer ganzen Sequenz von weiteren Assoziationen greift Luther nochmals auf das treffende Bild der Redensart zurück und expliziert es nun im Zitat einer Episode des verbreiteten Schwankromans. (Über diese Explikation hinaus darf man die Episode freilich nicht auf die Situation beziehen, da sonst den Gegnern der Reformation die Rolle König Salomons zukäme.) Insgesamt ist Luthers Reaktion auf die niederschmetternden Nachrichten nicht nur in ihrer Mischung von Theologie, Bildungswissen und Grobianismus typisch für ihn, sondern vor allem in ihrem fröhlichen Glaubenstrotz, der sich gerade dann gestärkt sieht, wenn nur noch Gott helfen kann.

Eine vergleichbare Trotzhaltung zeigt eine Passage, die Aurifaber an Luthers Reaktion auf den *fürgeworfenen ärgerlichen Fall* anfügt. Die Stelle hat bei Mathesius keine Entsprechung, und es ist sehr fraglich, ob Luther eine derartige Äußerung wirklich bei dieser Gelegenheit getan hat. Dennoch mag ich die Passage hier nicht unterdrücken; denn es handelt sich um eine Polemik gegen Erasmus, und das Zitat kontaminiert zwei Gesprächsbeiträge gleicher Tendenz aus dem ›Convivium religiosum‹:[78]

Wir haben die Bibel, den Psalter, die Postillen fertig gemacht und vom Papstthum Euch errettet; das wollet Ihr nicht sehen. Erasmus thät auch also; was er in doctrina Christi fande, das zu tadeln war, das war ketzerisch und er mutzt es herfür und exagitirets; was aber gut war, als schöne Exempel der Märtyrer und Aposteln, das schwieg er. Was er aber bey den Heiden für schöne Tugend fand, die strich er herfür. Wie er denn saget an einem Ort, da er Ciceronem de senectute gelesen hatte: ›Vix me contineo, quin exclamem: Sancte Cicero, ora pro nobis!‹ Diese Demuth schutte der Mann aus! Aber ist das nicht eine närrische Rede? Soll Cicero drüm heilig seyn, daß er eine schöne Rede kann thun? Was aber für vitia und portenta bey den Heyden seyn, da schweiget er, cum sola Roma satis portentorum potuerit suppeditare. Also thun alle unsere Widersacher; was an uns böse ist, das mutzen sie auf, des andern Guten schweigen sie.«

Derhalben sprach Doctor Martinus Luther: »Ich will dem Teufel und allen Papisten nicht so viel zu Liebe thun, daß ich mich darüm bekümmern wollte. Gott wirds wol machen, dem will ich diese Sachen befehlen nach dem Spruch Petri: ›Iacta super Dominum curam tuam, et ipse te enutriet!‹[. . .]«*

[78] Esebius: *Et fortasse latius se fundit spiritus Christi, quam nos interpretamur. Et multi sunt in consortio sanctorum, qui non sunt apud nos in catalogo. Fateor affectum meum apud amicos: non possum legere librum Ciceronis de Senectute, de Amicitia, de Officiis, de Tusculanis quaestionibus, quin aliquoties exosculer codicem ac venerer sanctum illud pectus afflatum coelesti numine.* [. . .] Nephalius (mit Bezug auf die letzten Worte des Sokrates, kurz bevor er den Schierlingsbecher trank): *Profecto mirandus animus in eo, qui Christum ac sacras litteras non nouerat. Proinde quum huiusmodi quaedam lego de talibus viris, vix mihi tempero, quin dicam: Sancte Socrates, ora pro nobis.* (Opera [Anm. 16] I 3, S. 251 und 254).

* Für Hinweise im unwegsamen Gelände danke ich Michael Curschmann, Gerhard Fichtner, Klaus-Dietrich Fischer, Joachim Knape, Gisela Kornrumpf und Jun Matsuura.

Wilfried Barner

Überlegungen zur Funktionsgeschichte der Fazetien

Unter den kleineren Erzählformen des 15. und des 16. Jahrhunderts hat keine den humanistisch-lateinischen Ehrgeiz so sehr herausgefordert wie die Fazetie,[1] und zwar in Italien und dann in Frankreich ebenso wie in Deutschland.[2] Die nachgerade weltliterarische[3] Resonanz von Poggios ›Facetiae‹[4] (in einer ersten Kollektion bis etwa 1438 zurückgehend, im ersten Druck 1470),[5] ihre rasche Verbreitung auch nördlich der Alpen bereits seit Anfang der 1470er Jahre von den großen Druckerzentren aus (Nürnberg,[6] Löwen, Lyon, London, Antwerpen, Basel, Paris, Leipzig, Straßburg), Versuche des Übersetzens ins Französische, Italienische, Englische, auch ins Deutsche,[7] vor allem aber das Unterfan-

---

1 Zur Orientierung über die wichtigsten Probleme der Gattungsbestimmung und die historischen Hauptlinien immer noch nützlich Gustav Bebermeyer, Facetie, in: ²RL Bd. 1, 1958, S. 440–444. Die Fazetie im Spektrum ihrer Nachbargattungen: Erich Straßner, Schwank, Stuttgart ²1978, bes. S. 60–64. Unter den zahlreichen neueren Sammelbänden und Monographien zu kleineren Erzählformen, mit einschlägigen Erörterungen auch zur Fazetie (meist in Beziehung zum ›Schwank‹), seien hier nur genannt: Klaus Grubmüller, L. Peter Johnson und Hans-Hugo Steinhoff (Hgg.), Kleinere Erzählformen im Mittelalter. Paderborner Colloquium 1987, Paderborn [usw.] 1988; Werner Röcke, Die Freude am Bösen. Studien zu einer Poetik des deutschen Schwankromans im Spätmittelalter, München 1987. Vgl. im übrigen Wilfried Barner, Legitimierung des Anstößigen: Über Poggios und Bebels Fazetien, in: Sinnlichkeit in Bild und Klang (FS Paul Hoffmann), hg. v. Hansgerd Delbrück, Stuttgart 1987, S. 101–137 [mit der wichtigsten älteren Literatur].

2 Die Felder sind bisher nur partiell erforscht worden. Genannt seien vor allem Lionello Sozzi, Le *Facezie* e la loro fortuna europea, in: Poggio Bracciolini 1380–1980. Nel VI centurario della nascita, Firenze 1982, S. 235ff.; Facétie et littérature facétieuse à l'époque de la Renaissance. Actes du colloque de Goutelas, 29 septembre–1er octobre 1977, Sondernummer von: Réforme Humanisme Renaissance 4, No. 7, Mai 1978; Konrad Vollert, Zur Geschichte der lateinischen Facetiensammlungen des XV. und XVI. Jahrhunderts, Berlin 1912.

3 Nicht nur im Sinne von ›Weltniveau‹, sondern so, wie Goethe den Begriff eingeführt hat: als »Vermittelung und wechselseitige Anerkennung«, bei der die Autoren »einander gewahr werden« und in einen »freien geistigen Handelsverkehr« eintreten (HA Bd. 12, S. 362–364).

4 Andere früh begegnende Titelform ›Liber facetiarum‹. Zitate im folgenden nach: Poggio Bracciolini, Facezie. Con un saggio di Eugenio Garin. Introduzione, traduzione e note di Marcello Ciccuto, Milano 1983. Immer noch grundlegende Monographie zu Poggio von Ernst Walser, Poggius Florentinus. Leben und Werke, Leipzig 1914.

5 Überblick über die Drucke bei Ciccuto (Anm. 4), S. 52–55.

6 Eine besonders prächtige Ausgabe: bei dem führenden Anton Koberger.

7 Überblicke bringen die in Anm. 2 genannten Arbeiten.

gen des *latine eloqui* eigener regionaler Überlieferungen – das alles bezeugt eine außergewöhnliche Attraktivität, deren Gründen nachzugehen sich lohnt.[8]

Kleine Münze, ›witzig‹-kommunikativ: die erstaunliche Karriere der Fazetie

Bei dem Bestreben, einzelne der ›Facetiae‹ in eine muttersprachliche Form zu fassen oder gar von ihnen inspiriert die eigene *latinitas* ›witzig‹ unter Beweis zu stellen, sind zum Teil Humanisten von Rang und Namen aktiv: Heinrich Steinhöwel, Sebastian Brant, Johann Geiler von Kaysersberg, auch eine oberschwäbische Lokalgröße wie Augustin Tünger, doch vor allem der bald mit Stolz als ›deutscher Poggio‹ apostrophierte schwäbische Bauernsohn von der Alb Heinrich Bebel, der selbst schon wieder Muster der *aemulatio* wird; selbst Erasmus hat sich der Fazetie für seine ›Colloquia‹ gerne bedient, nicht zu vergessen die großen ›Sammler‹ und Kompositeure Johann Pauli, Johann Gast, Johannes Adelphus Muling bis zu Joachim Camerarius und anderen.[9] Im letzten Drittel des Jahrhunderts nimmt Nicodemus Frischlin, der gleichen engeren Region wie Tünger und Bebel entstammend,[10] die schwäbische Übung der Lateinfazetie fast ostentativ wieder auf, damit zugleich ein Stück ›Tübinger Humanismus‹ demonstrierend.[11]

Bei allem Funktionsübergang zu den vieldiskutierten schwankhaft-anekdotischen Nachbarformen[12] ist doch die explizite Orientierung an dem Mustersetzer Poggio auffällig. Sie ist es bei Steinhöwel, der eine ganze Gruppe seiner *schimpffreden* mit dem Namen Poggio versieht,[13] bis hin zu Frischlin, der in mehreren seiner *facetiae* unmittelbar an Poggio anknüpft.[14] Besonders aus-

---

[8] Ansätze hierzu finden sich in der bisherigen Forschung nur sehr sporadisch.

[9] Zu den lateinischen Sammlungen Vollert (Anm. 2); zu den Schwanksammlungen im vorliegenden Band vor allem die Beiträge von Werner Röcke und Burghart Wachinger.

[10] Tüngers Geburtsort: Endingen bei Balingen; Bebel: Justingen auf der Schwäbischen Alb (zwischen Münsingen und Blaubeuren); Frischlin: Balingen (nicht: Erzingen *bei* Balingen; s. jetzt Hedwig Röckelein u. Casimir Bumiller, Katalog zur Balinger Frischlin-Ausstellung: ... ein unruhig Poet. Nicodemus Frischlin 1547–1590, Balingen 1990, S. 19).

[11] Diese ›Tradition‹, u.a. von Paul Joachimsen, Gustav Bebermeyer und Johannes Haller hervorgehoben, wurde von Heiko A. Oberman, Werden und Wertung der Reformation, Tübingen 1977, S. 17ff. in Frage gestellt.

[12] Wie Anm. 1 und 9; zur Novelle jetzt ›systematisch‹ Hugo Aust, Novelle, Stuttgart 1990. Wichtigste einschlägige Studie unter dem Gesichtspunkt der Pointe: Hauke Stroszeck, Pointe und poetische Dominante. Deutsche Kurzprosa im 16. Jahrhundert, Frankfurt a.M. 1970.

[13] Steinhöwels Äsop, hg. v. Hermann Oesterley, Tübingen 1873 (StLV 117), S. 4. Vgl. auch Stroszeck, S. 76–79.

[14] Siehe die folgende Anm.

sagekräftig ist die – postume – Straßburger Erstausgabe der Frischlinschen ›Facetiae selectiores‹ von 1600, die in einem Band hintereinander (*ob argumenti similitudinem*) Fazetien Poggios, Bebels und Frischlins druckt;[15] die Sammlung ist noch im 17. Jahrhundert wiederholt aufgelegt worden.[16]

Für diese erstaunliche humanistisch-lateinische Karriere der Fazetie ist vielerlei von Belang, schon wenn man die rasch kanonisch werdende Sammlung des Florentiners[17] und langjährigen Römers[18] Poggio betrachtet. Die nicht weniger als 273 ›Nummern‹ schöpfen aus einer sozialthematischen Vielfalt, die unbegrenzt scheint: von der Schlagfertigkeit eines Bauern über das moralische Selbstwertgefühl eines Handwerkers bis zum Gelehrtenstolz und bis zum Konkurrenzdenken unter Kardinälen, von der erotischen Abenteuerlust junger Bürgersöhne über die Schicksale eines Hahnreis bis zu Fertilitätsproblemen hochgestellter Damen, vom Herrschaftswissen eines gewitzten Dieners über Familienpolitik städtischer Matronen bis zum handfesten Kurienklatsch, vom Gasthausgerede über Neckereien gelangweilter Flaneure auf florentinischen Boulevards bis zu Einsichten berühmter Poeten – und nicht zuletzt immer wieder der real existierende Christianismus auf der Kanzel, bei Bestattungen oder im Beichtstuhl.[19]

Es geht um die *conditio humana*[20] in allen ihren typischen Situationen, dem einzelnen Leser nahe oder auch ganz fern, um das Bestehen oder Nicht-Bestehen eines kritischen Augenblicks. Aber jede einzelne Fazetie hält – wie die vielen schwankhaften Nachbarformen auch[21] – durch ihre Pointe immer neu das Moment des überraschenden Durchblicks bereit, in einem breiten Spektrum des *risus*, vom Sarkasmus über das Hohngelächter bis zur schwebenden Heiterkeit, die aus der gedanklichen Äquilibristik der aufeinander eingespielten Kurienfunktionäre hervorgeht. Das lateinische Idiom aber, in der kurzen prosaischen Form, schließt zwar alle *illitterati* aus, umspannt jedoch desto weiter ausgreifend die internationale Welt des Klerus wie der weltlichen *res publica litteraria*.[22]

[15] N. Frischlini [. . .] Facetiae selectiores: quibus ob argumenti similitudinem accesserunt H. Bebelii, P.L. Facetiarum Libri tres: Sales item, seu facetiae ex Poggii Florentini Oratoris libro selectae. Nec non Alphonsi Regis Arragonum et Adelphi Facetiae, ut et Prognostica J. Heinrichmanni. Argentorati, 1600.

[16] Straßburg 1603 und 1615, Amsterdam 1660 u.ö.

[17] Poggio wurde (1380) in Terranuova bei Arezzo geboren, kam früh nach Florenz und hat sich wiederholt auch als ›Florentiner‹ bekannt.

[18] 1404 trat er erstmals in die päpstliche Kanzlei ein. Er war dann – mit längeren Unterbrechungen – Jahrzehnte im Vatikan tätig.

[19] Die Übergänge zur Klerikalsatire sind hier überall deutlich zu greifen.

[20] Im Sinne von Poggios pessimistischem Moraltraktat ›De miseria humanae conditionis‹ (1455 abgeschlossen).

[21] Dieses Abgrenzungsproblem muß hier undiskutiert bleiben.

[22] Dabei ist zu bedenken, daß die meisten der – höhere Stilebenen absichtlich meidenden – *facetiae* auch den nicht humanistisch Gebildeten verständlich waren.

Zur Illustration zwei besonders kurze *facetiae*, die in Poggios Sammlung unmittelbar aufeinander folgen:[23]

LXIV. Dictum matronae quae vestes adulterae ad fenestras conspecit

Mulier adultera expanderat mane ad fenestras varii generis vestimenta ab adultero data. Matrona ante domum transiens, conspectis tot vestibus: »Sicut aranea telas, ita haec« inquit »vestes suas culo effecit, pudendorum artificum omnibus ostentans.«

LXV. Monitio cuiusdam

Rogabat quidam contribulem meum virum facetum tempore vindemiae, ut sibi vas quaedam vinaria mutuo concederet. Tum ille inquit »Do uxori expensas per universum annum, ut ea in Carnisprivio uti possim.« Monuit hoc dicto non esse postulandas ab aliis eas res, quarum usus esset eis necessarius.

Beide Exempla thematisieren ›Alltagsleben‹. Beide laufen auf eine knappe wörtliche Rede hinaus, in der die Pointe steckt. Im ersten Fall bleibt sie unkommentiert stehen und schließt den Text. Im zweiten Fall ist an die wörtliche Rede (die hier *dictum* genannt wird) noch ein erläuternder Satz angeschlossen, als eine Art Epimythion. Diesem expliziten Sichmelden des Erzählers – der im ersten Beispiel nicht hervortritt – entspricht das *meum* gleich im Eingang der zweiten Fazetie: als Indiz für ein nicht bloß anonymes Weitertradieren von *dicta* und *facta*, sondern für ein Anbinden an eigene Lebenswelt. Der Ich-Erzähler, als wer auch immer er gedacht werden soll, tritt in der Rolle des Verbürgenden auf.

Es sind abgeschlossene kleinere narrative Einheiten, die hier aneinandergereiht werden, mal bewußt zu Gruppen geordnet (gleicher ›Protagonist‹ usw.), mal ostentativ springend. Sie sind zwar der *amplificatio* durch weitere Elemente fähig (einzelne Fazetien Poggios erreichen mehr als den zehnfachen Umfang der beiden zitierten).[24] Doch bleiben sie stets klar ausgerichtet auf ein *facete* oder *facetum dictum* (Poggio verwendet statt *facetus* auch *elegans*, *iucundus*, *pulcher* u.a., sogar im Titel), selbst wenn in einzelnen Fällen ein *facetum factum* den Text schließt.[25] Die Pointenmechanik selbst beruht bei Poggio nicht selten auf einem augenzwinkernd apostrophierten Vorwissen über menschliche Schwächen oder Typen (die unbefriedigte Ehefrau, der karrierebewußte Kavalier), hier und da auch etwa über Machtstrukturen in der Kurie.[26] Doch selten streift dieses Vorwissen das Hermetische. Das Moment des ›geselligen‹ Erzählens steht im Vordergrund, *confabulationes* lautet der durchgängig verwendete Terminus.[27] Das

[23] Ciccuto (Anm. 4), S. 184.

[24] Was nicht in jedem Fall bedeutet, daß die umfangreicheren Fazetien nachträglich ›amplifiziert‹ worden sind.

[25] So gleich bei Fazetie X, deren Struktur jedoch auf ein *dictum* zentriert ist.

[26] Zum Beispiel Fazetie XX.

[27] Schon in der ›Praefatio‹, dann in der Introduktion einzelner Fazetien; zum Terminus vgl. auch den Beitrag von Burghart Wachinger in diesem Band.

zweite konstitutive Merkmal dieser *confabulationes* aber ist, neben dem *facete dictum*, die *brevitas* – was die Fazetie einerseits mit den vielen sonstigen kleinen Erzählformen verbindet, andererseits etwa mit dem Epigramm.

Also: kleine Münze. Das *facete dictum* reizt zum Weitererzählen,[28] die *brevitas* erleichtert es. Es sind nicht nur die unterhaltenden Elemente, die das Weitergeben wieder und wieder motivieren, auch nicht nur die spezifischen Formen des *risus*. Gerade vom Glanz (*splendor*) des *facetum* fällt immer auch etwas auf den Weitergebenden selbst. Und auf den Wortlaut des *facete dictum* kommt es entscheidend an, auf dessen Prägung.

Italisch, aber nicht antik, vielmehr frühneuzeitlich

Trotz der so charakteristischen ›kommunikativen‹ Potenzen der Fazetie à la Poggio ist ihr Siegeslauf auch nördlich der Alpen zunächst alles andere als selbstverständlich. Denn ein Moment des Stolzes bei Poggio gründet sich gerade auf die italische Herleitung der *facetiae*. Als er gleich zu Beginn der ›Praefatio‹ sich gegen mögliche Vorwürfe verteidigt, seine *confabulationes* beträfen zu geringfügige Dinge und stünden einem Mann von Würde nicht an,[29] da bemüht er – durchaus konventionell – die Vorfahren: er habe gelesen, *nostros Maiores, prudentissimos ac doctissimos viros, facetiis, iocis et fabulis delectatos, non reprehensionem, sed laudem meruisse.*[30] Also sei deren *imitatio* ja doch wohl nichts Ehrenrühriges. Poggio spezifiziert hier die *Maiores* wohl mit Absicht nicht näher, aber für einen eingeschworenen Humanisten der zweiten Hälfte des 15. Jahrhunderts[31] dürften die ›Alten‹ zumindest mit eingeschlossen sein.

Von nicht geringerem Gewicht bei dieser Berufung auf die *Maiores* ist das Moment der Autochthonie. In den *facetiae* realisiert sich eine spezifisch italische Begabung zum geschliffenen Witz, eine, die gerade zu den eigenständigsten Leistungen der römischen Literatur beigetragen hat: zur *palliata* des Plautinischen oder Terenzischen Typs, zur *satura* in ihren verschiedenen Ausprägungen und schließlich zum Epigramm namentlich in der ›spitzen‹ Variante Martials. Die Verankerung des *sal* im öffentlichen Leben Roms und in herausragenden

---

[28] Wie vor allem auch die Anekdote; dazu Heinz Grothe, Anekdote, Stuttgart 1971, S. 14–16, S. 33f.; Max Dalitzsch, Studien zur Geschichte der deutschen Anekdote, Diss. Freiburg i. Br. 1922.

[29] Als weitere antizipierte Einwände nennt er: daß diese Erzählungen nicht höheren *ornatus* und mehr *eloquentia* an den Tag legten.

[30] Ciccuto (Anm. 4), S. 108.

[31] Zahlreiche Beobachtungen zur ›Präsenz‹ der Antike im Denken Poggios bei Walser (Anm. 4) und bei James Donald Folts, In Search of the ›Civil Life‹: An Intellectual Biography of Poggio Bracciolini, Diss. Rochester, N.Y. 1976.

Individuen beleuchtet Ciceros Satz: *sale* [. . .] *et facetiis Caesar* [. . .] *vicit omnes.*[32] Poggio kennzeichnet bei der Schlußrechenschaft (›Conclusio‹) über die *Facetiae* seine eigenen Hinzufügungen – vorsichtig, litotetisch – ausgerechnet als *non insulsa*,[33] als vom *sal* getränkte Erzählungen.

Es wird ersichtlich, welch absichtsvolle ›Erbe‹-Pflege Poggio mit seinen ›Facetiae‹ treibt. Aber der eigentliche Witz dabei ist, daß die *facetia* innerhalb des humanistischen Prosa-Kanons schließlich als *genus* nichtantik ist. Zwar hat man versucht,[34] die Fazetie über diverse prosaische und poetische Nachbargattungen wie Apophthegma, Epigramm, Fabel, Satire usw. doch noch aus der Antike zu rekonstruieren. Und natürlich gibt es bei Poggio im Einzelfall genealogische Beziehungen solcher Art. Aber im Vergleich mit anderen bereits antiken Prosagattungen wie Brief, Rede, Traktat, Dialog wird eben doch die Sonderstellung der Fazetie evident: als Lateinfazetie. Der Befund hat seine Parallele in den angestrengten Versuchen (schon in der Antike, dann in der modernen Forschung),[35] die römische Satire aus griechischen Anregungen herzuleiten. Dabei kam manches im einzelnen Illustrative zutage, und doch behält Quintilians vielzitierter Satz *satura* [. . .] *tota nostra est*[36] sein Recht nicht nur im Horizont des römischen Abgrenzungsbewußtseins. Ähnlich hätte es Poggio für die *facetia* formulieren können.

Fast wichtiger noch als die angestrengte Suche nach antiken Mustern ist die Erinnerung daran, daß nicht nur das fazetuöse Erzählen, sondern sogar manches wandernde Einzelmotiv – bis in bestimmte Pointen hinein – auf breiten mittelalterlichen, ja auch mittellateinischen Überlieferungen des Schwankerzählens beruht. Dieser Komplex kann hier nur summarisch erwähnt werden.[37] Überall dort, wo die humanistische Lateinfazetie ihren Siegeszug antritt, ob in Italien, in Frankreich oder in Deutschland, durchdringen sich Alltagserfahrung, Wandermotive und bestimmte Muster oft bis zur Ununterscheidbarkeit.

Bebels Fazetie ›Vom Einäugigen‹[38] besticht den Leser durch äußerste Knappheit, Präzision, Erzählökonomie. Und gerade die Pointe erscheint hier ganz aus dem Geist der *lingua latina* heraus geschaffen:

---

[32] Cicero, De officiis I 133.

[33] Ciccuto (Anm. 4), S. 408. Das *sal*-Element erscheint mitunter auch in Fazetien-Überschriften, so bei CCXLVI: ›Salsum hominis dictum‹. (Ciccuto, S. 376).

[34] Quintinio Cataudella, La facezia in Grecia e a Roma, Firenze 1971.

[35] Überblick bei Ulrich Knoche, Die römische Satire, Göttingen ^{3}1971.

[36] Quintilian, Institutiones oratoriae I 1,93.

[37] Wichtigste Literatur: Anm. 1.

[38] Heinrich Bebel, Facetien. Drei Bücher, hg. v. Gustav Bebermeyer, Leipzig 1931 (StLV 276), S. 49.

De unoculo.

Quidam unoculus cum duxisset puellam devirginatam, quam ipse virginem credebat, acerrime ei exprobabat laesam pudicitiam. Ad quod illa: ›Cur tibi integra esse deberem, cum tu sis luscus careasque altero oculo?‹ ›Hoc damnum ego‹, inquit vir, ›ab hostibus atque inimicis accepi.‹ ›At ego meum ab amicis‹, respondit puella.

Nun stellt sich heraus,[39] daß nicht nur der Grundeinfall – unter dem Stichwort ›Der betrogene Blinde‹[40] – bereits in mittelalterlichen deutschsprachigen Versionen begegnet, sondern daß dort mit ›Feinden‹ und ›Freunden‹ selbst die geschliffene Antithetik der Pointe schon vorgebildet ist (wobei man in der privativen Form *inimicis* den Witz noch um eine Nuance raffinierter finden kann).

Für Poggios ›Facetiae‹ sind im einzelnen derlei mittelalterliche Muster, Vorbilder, Wandermotive längst ans Licht gebracht worden.[41] Aber etwas Entscheidendes geht darüber hinaus: daß hier eine in sich höchst vielfältige Palette an Kleinerzählungen als ein eigenständiges *genus* präsentiert wird, unübersehbar schon im Titel, und sich den Normen klassischer *eloquentia* aussetzend;[42] alles dies an keinem anderen Ort als in Rom, dem Zentrum der *renatae litterae*. Nicht nur als Demonstration kultivierter geselliger *latinitas* und als Überwindung der *barbaries* stachelt die Fazetie den Ehrgeiz an, ja als *scribendi exercitatio* (wie es in der ›Praefatio‹ heißt)[43] in der *eloquentia latina*. Vielmehr zeichnet dieses Produkt kultivierter Latinität sich dadurch aus, daß es über die Muster römischer Prosa – ob Cicero oder Livius, Quintilian oder Seneca – noch hinausgeht. Die eigene *aetas* (Praefatio: *hac nostra aetate*) gewährt der *lingua latina* sozusagen eine Möglichkeit, sich im Vermitteln auch ›leichtgewichtiger‹ Dinge als noch vielfältiger, noch ›reicher‹ zu erweisen: *quo lingua Latina etiam levioribus in rebus hoc nostra aetate fiat opulentior*. Die humanistische Fazetie ist, über das antik-italische Erbe hinaus, ein Zugewinn für die Latinität.

---

[39] Den Hinweis verdanke ich Hans-Joachim Ziegeler.

[40] Hans-Joachim Ziegeler, Erzählen im Spätmittelalter. Mären im Kontext von Minnereden, Bispeln und Romanen, München 1985, S. 225–231.

[41] Das Wichtigste in: Die Schwänke und Schnurren des Florentiners Gian-Francesco Poggio Bracciolini. Übersetzung, Einleitung und Anmerkungen v. Alfred Semerau, Leipzig 1905. Vgl. auch einzelne Studien in: Poggio Bracciolini 1380–1980 (Anm. 2).

[42] So bereits – apologetisch – in der ›Praefatio‹.

[43] Ciccuto (Anm. 4), S. 110.

Fazetien-Lizenz: Lästerkabinett, *convivium*, Bäderfreizügigkeit

Wie andere kleinere Erzählformen des 15./16. Jahrhunderts auch – besonders die Novelle[44] – ist die humanistische Fazetie in ihrer normsetzenden Mustersammlung von vornherein an einen modellhaften Ort des geselligen Erzählens gebunden. Es ist das berühmte Bugiale,[45] das vatikanische Lästerkabinett, wo gestreßte Bürokraten und Manager, auch mächtige Leute – bis hinauf zum Kardinalsrang –, Dampf ablassen, Informationen und Klatsch austauschen, Sticheleien und Unmut loswerden oder auch schlichtes Amüsement sich gönnen konnten. Es ist, nach Poggios eigener Bezeichnung, ein Ort *in secretiori aula*,[46] mitten im Zentrum der kirchlichen Macht, aber ›abgeschieden‹. Und es ist *mendaciorum veluti officina quaedam*,[47] eine Art ›Lügenbüro‹, ›Lügenkabinett‹, jedenfalls ein Ort der *licentia*.

Poggio dreht und wendet sich in der ›Praefatio‹ wie in der ›Conclusio‹, um für seine *facetiae* nicht nur die moralische Unbedenklichkeit zu reklamieren, durchaus konventionell vom Ziel der harmlosen *hilaritas* her.[48] Er rechtfertigt auch, daß er sich überhaupt, aufschreibend und feilend, mit derlei Belanglosigkeiten abgegeben habe. Seine Salvation: das habe er natürlich nicht in den Dienststunden getan, sondern nur in der Zeit, die sonst ohnehin dem geselligen Verkehr und der Unterhaltung zugedacht sei, wo andere sich *in circulis et coetu hominum* zu bewegen pflegten[49] (es ist das Argument, das unter den Stichworten ›Nebenstunden‹ und ›Nebenwerk‹ bis ins 18. Jahrhundert hinein zur Legitimation vor allem poetischer ›Kleinarbeiten‹ herhalten muß).[50]

Also ein Freiraum, dessen Nutzung sorgfältig durch einen doppelten Legitimationsakt abgesichert wird: der *locus secretior* des Bugiale als originärer Ort der *confabulationes* selbst[51] und die Freizeitarbeit des Notierens und Ausfeilens, zur *iucunditas* im Dienst der Leser (die ausdrücklich als *legentes* apostrophiert werden). Was das Bugiale, als modellhafter Freiraum, faktisch – in vielen einzelnen der Facetiae[52] – an *licentia* gewährt, erinnert vielfältig an die altrömi-

---

44 »Situative Bedingungen der Novelle« (Aust [Anm. 12], S. 2–7).

45 Genannt und charakterisiert in der ›Conclusio‹ (Ciccuto, S. 406–408); zum Folgenden vgl. Barner, Legitimierung des Anstößigen (Anm. 1), S. 106–111 und S. 118f.

46 Ciccuto (Anm. 4), S. 406.

47 Ebd.

48 Zu den mittelalterlichen Begründungskonventionen Joachim Suchomski, ›Delectatio‹ und ›utilitas‹. Ein Beitrag zum Verständnis mittelalterlicher komischer Literatur, Bern/München 1975.

49 Ciccuto (Anm. 4), S. 108.

50 Es begegnet auffällig häufig bei adligen Autoren, denen die Beschäftigung mit ›Poesie‹ besondere Probleme der ›Standesgemäßheit‹ bereitet.

51 Dabei macht Poggio selbst deutlich, daß einzelne Fazetien durchaus aus anderen Erzählgelegenheiten stammen (das Bugiale ist der zentrale, ›ideale‹ Ort).

52 Vor allem solchen mit erotisch-sexuellen, aber auch etwa kleruskritischen Themen.

schen Saturnalien und an traditionsreiche Apologien der Satire wie des ›spitzen‹ Epigramms.[53] Hier bietet sich der prinzipiell gleiche Funktionszusammenhang dar, der in der humanistischen Neubelebung des *sal Italicus* zu beobachten war. Charakteristische Züge der ›Facetiae‹ ließen sich darüber hinaus mit Kategorien interpretieren, wie sie Michail M. Bachtin im Rahmen seiner Theorie von der ›Karnevalisierung‹ der Literatur entwickelt hat: ›Familiarisierung‹, ›Profanation‹ usw.[54]

Doch gerade die so besondere institutionelle Einbindung der ›Facetiae‹, auch wo sie im Einzelfall sekundär sein mag, führt vor die Frage: Wie war sie im Sinne der innerhumanistischen *imitatio*, ja *aemulatio* nach Frankreich oder gar nach Deutschland transferierbar? Standen Äquivalente zur Verfügung, oder mußten sich die Lateinfazetien zunächst als ›Einzelmünzen‹ ihren Weg bahnen? In seiner Verknüpfung mit der Fastnacht und ihrer spezifischen *licentia* ist Brants ›Narrenschiff‹, als durchaus vergleichbare satirische ›Reihenkomposition‹, das wohl prominenteste Exempel; andere, verdecktere Beziehungsstrukturen sind etwa für Wittenwilers ›Ring‹ beobachtet worden. Für die humanistische Fazetie liegt die Fastnacht als Kompositions- und Legitimationsrahmen zu weit abseits. Schon das lateinische Medium wirkt hier trennend.

Das *convivium* hingegen, als ›überzeitliche‹ wie als kultivierte antike Form der Gasterei auch unter Lateinkundigen, bietet sich nachgerade an. Es wird bei Poggio gelegentlich als ›Überlieferungsort‹ einer einzelnen Fazetie genannt (wie Straßenbegegnungen und anderes). Und so, wie gleich in mehreren Vorreden zu deutschen Schwanksammlungen des 16. Jahrhunderts ausgiebig auf das ›Erzählen bei Tisch‹ Bezug genommen wird,[55] so verwundert es nicht, daß der Basler Theologe Johann Gast in den Titel seiner Sammlung, die auch Fazetien überliefert, das *convivium* als Leitwort setzt: ›Convivalium sermonum liber‹ (1541/42). Noch in einzelnen von Frischlins ›Facetiae‹ (die ja erst 1600 postum erschienen) hat man den Ursprung in Gelagen am Stuttgarter Hof seines trinkfreudigen Protektors Herzog Ludwig heraushören wollen.[56] Das ließe sich, wenn man so will, mit mindestens ebensoviel Recht auf Akademiker-*convivia* in Tübingen oder während Frischlins zahlreichen Reisen ausdehnen. Aber eine idealtypische Rahmenkonstruktion hat er daraus nicht geschaffen.

Ebensowenig Heinrich Bebel, dessen drei Bücher ›Facetiae‹ (1509–1512) der neukonstituierten lateinischen Gattung den eigentlichen Durchbruch in

[53] Wilfried Barner, Vergnügen, Erkenntnis, Kritik. Zum Epigramm und seiner Tradition in der Neuzeit, in: Gymnasium 92 (1985), S. 350–371.

[54] Michail M. Bachtin, Literatur und Karneval. Zur Romantheorie und Lachkultur, Frankfurt a.M. 1990, S. 47–60.

[55] Vgl. den Beitrag Wachinger.

[56] Vollert (Anm. 2), S. 112.

Deutschland brachten.[57] Zwar baut auch er das ›Gelage‹-Motiv in Präsentation und Rechtfertigung seines Unternehmens ein. Aber das Gesamtkonzept ist erheblich komplexer. Es ist in seiner traditionalen Orientierung wie in seiner funktionsgeschichtlichen Bedeutung von außerordentlichem Reiz. Bebel stellt seiner Sammlung ein epigrammatisches Rollengedicht an einen Gönner (Peter Jacobi aus Arlun)[58] voran, in dem sich die ›Facetiae‹ dem Leser selbst empfehlen:

Facetiae Bebelianae ad dominum Petrum Jacobi
  Arlunensem balneantem.
Ad lectorem liber Henrici Bebelii.

Pone supercilium, lector nasute, dicaces
  Affero ego risus atque sales lepidos.
Curia me spernat, fora me clamosa refutent:
  Solus ego mensis laetitiaeque cano,
Atque etiam sapiens nos inter pocula tractet
  Et tetricas curas mitiget ipse iocis.
Nemo etiam carpet, tristem qui fronte Catonem
  Noverit, in libris composuisse sales.
τέλος.

(Im Druck schließt sich hieran ein zweites Empfehlungsgedicht an den Leser, aus der Feder eines humanistisch gleichgesinnten Freundes; es variiert im wesentlichen die Motive des ersten.)

Dieses *Ad lectorem* ist von nicht geringer Raffinesse. Es ruft mit dem ›Stirnrunzeln‹ und dem ›sittenstrengen‹ Cato die ganze topische Kette der römisch-antiken Verteidigung von *licentia satyrica* herauf, die bereits bei Poggio anklingt. Mit ostentativer Deutlichkeit setzt Bebel zweimal, in der zweiten Zeile und gar im Schlußakkord, das ehrgeizige Stichwort *sales*: mit dem unverkennbaren Anspruch, dies a u c h zu beherrschen, auf deutschem Boden. Das *convivium*-Motiv (*mensis, inter pocula*) ist ganz auf den Gegensatz zur Öffentlichkeit gestellt, ja auf Exklusivität, und sogar der *sapiens* ist als Interessent eingeführt. Die positiven Wirkungskategorien jedoch, gegen die Mitte des Gedichts

[57] Barner, Legitimierung des Anstößigen (Anm. 1), S. 119–127. Zu Bebel generell Gustav Bebermeyer, Tübinger Dichterhumanisten. Bebel/Frischlin/Flayder, Tübingen 1927, S. 7–46; Helmut Binder, Heinrich Bebel. Humanist und Dichter. Professor der Beredsamkeit und Poesie an der Universität Tübingen, in: Lebensbilder aus Schwaben und Franken, Bd. 13, hg. v. Robert Uhland, Stuttgart 1977, S. 25ff.; Wilfried Barner, Einführung, in: Heinrich Bebel, Comoedia de optimo studio iuvenum. Über die beste Art des Studiums für junge Leute. Lateinisch/deutsch, hg. u. übers. v. W.B. und Mitarbeitern, Stuttgart 1982, S. 103–173 (dort weitere Literatur). Zur Pointenstruktur der Fazetien: Stroszeck (Anm. 12), S. 83–103 (die Partie leidet unter der Überanstrengung der Kategorie des ›Auratischen‹).

[58] Der Text: Bebel, Facetien (Anm. 38), S. 3.

hin genannt, sind ›Freude‹ (*laetitia*) und ›Milderung der Sorgen‹ (*curas mitiget*). In den wenigen Versen komprimiert sich ein entscheidendes Stück Funktionsgeschichte: die *translatio* einer nicht unumstrittenen, gerade deshalb attraktiven humanistischen Gattung aus dem romanischen Süden in die eigene Region.

Das Empfehlungsgedicht als ganzes richtet sich an einen, der sich im Heilbad zur Kur (*balneantem*) befindet. Der einflußreiche Jurist Jacobi, herzoglich württembergischer Rat und Kanonikus in Stuttgart, ist dann auch Adressat der eigentlichen prosaischen Widmungsvorrede.[59] Er sucht, wie die Vorrede präzis angibt, Gesundung in Wildbad im Schwarzwald. Bebel beruft sich nun ausdrücklich auf einen schwäbischen Brauch (*ut moris est Suevis*), daß man guten Freunden in die Kur Geschenke übersende. Und er habe mit den ›Facetiae‹ gerade etwas, das Kurenden besonders willkommen sei: *quae maxime balneantibus idonea et grata esse existimo*. Auch innerhalb der Sammlung der ›Facetiae‹ selbst begegnet wiederholt das ›Bäder‹-Thema: etwa in der Erzählung von einer reichen hübschen Bürgersfrau, die in Wildbad Heilung von ihrer angeblichen Unfruchtbarkeit sucht und der ein interessierter Priester einschlägige Tips zukommen läßt.[60]

Diese Bebelsche Verknüpfung der ›Facetiae‹ mit dem Bäderwesen hat funktionsgeschichtlich vor allem drei Aspekte. Sie verankert nicht nur Entstehung und Überlieferung einzelner Erzählungen, sondern einen typischen Kommunikations- und Wirkungs-Ort der Fazetien in der eigenen, schwäbischen Region. Sie integriert eine spezifische, ›erheiternde‹, ›entspannende‹ Wirkungs-Art von Fazetien in einen psycho-physischen Zusammenhang von ›Erholung‹ und ›Gesundung‹. Schließlich liegt in der wiederholten Bezugnahme auf das öffentliche Bäderwesen (unübersehbar gleich in der Widmungsvorrede) ein spielerischer Hinweis auf die besondere *licentia*, die dem Bad eigen ist, auf ›Bäderfreizügigkeit‹.

Es ist naheliegend, daran zu erinnern, daß das gemeinschaftliche Bad in vielen Kulturen einen der ältesten *loci* des Erzählens darstellt, wohl auch des riskanten, anzüglichen, jedenfalls freizügigen Erzählens (heute mag man zusätzlich an die Sauna denken, oder auch an die Dusche in Sportvereinen). Im 15./16. Jahrhundert bildet das öffentliche Bad den Rahmen einer sozial, religiös, juristisch genau reglementierten Ordnungswelt.[61] Im Bad begegnen einander zum Teil Angehörige sozialer Schichten, die im alltäglichen Leben deutlich gegeneinander abgeschottet sind. Insbesondere genießt der Klerus mitunter eine ungewohnte ›Freizügigkeit‹.[62] Der Priester in der Bebelschen Erzählung aus Wildbad wird, anders als in vielen anderen Fazetien (auch Bebels), außer-

[59] Ebd., S. 4.

[60] Nr. II 68 (Facetien, S. 68).

[61] Wichtigste Literatur bei Barner, Legitimierung des Anstößigen (Anm. 1), S. 118 Anm. 63.

[62] Ebd., S. 118f.

halb jeder seelsorgerlichen Tätigkeit gezeigt, als reiner ›Interessent‹. Das Bad unterliegt – nicht anders als Karneval und Fastnacht – einer Eigengesetzlichkeit, die in wichtigen Punkten dem Exemtions-Charakter des Bugiale auffällig ähnelt. Poggio selbst hat übrigens in einem ausführlichen Brief vom Jahre 1417 an seinen Freund Nico Nicoli über solche Bäder-Usancen berichtet,[63] dabei *tanta licentia* herausgehoben, namentlich bei den Priestern und Ordensleuten, und das Ganze als umfassendes *communicare* mit dem Ziel der *hilaritas* charakterisiert.

Gewiß hat Bebel für seine ›Facetiae‹ keinen derart einmaligen und zugleich ›modellhaften‹ Rahmen konstruieren können wie Poggio mit seinem Bugiale (oder Boccaccio mit dem Rahmen des ›Decamerone‹). Bei ihm wechseln – wie in manchen ›Quellenangaben‹ Poggios ebenfalls – Gelegenheiten wie Besuche, Straßenbegegnungen und Reisebekanntschaften einander ab, wobei das Gasthaus als Kommunikationsort zu den heimischen oder auch auswärtigen *convivia* mit Freunden im ›gleitenden‹ Funktionszusammenhang steht.[64] Die pointierte Voranstellung des *balneari* jedoch, gleich in der Widmung, hat etwas Programmatisches. Sie zielt auf modellhafte Verankerung der fazetuösen *licentia* im ›Leben‹, ja im humanen ›Bedürfnis‹.

Relaxatio, humanistische Geselligkeit, gelehrte Kompensation

Stellt man bei Poggio aus der ›Praefatio‹, der ›Conclusio‹ und einzelnen Fazetien – ebenso bei Bebel – die typischen Wirkungs-Bestimmungen zusammen, dann lesen sie sich wie Transpositionen aus der klassischen Komödientheorie. Dies gilt vor allem für die Zentralkategorien *risus*, *gaudium*, *laetitia*, *hilaritas*.[65] Namentlich aber dort, wo mit solchen Bestimmungen moralisch Anrüchiges, Sexuelles oder auch Ständekritisches legitimiert wird, bewegen sich Poggio und Bebel ganz in Bahnen mittelalterlicher Argumentation. Wie man wiederholt herausgearbeitet hat,[66] wird insonderheit die Satire mit ihren Freizügigkeiten immer wieder aus ihrer moralischen *utilitas* begründet. Alles dies ist selbstverständliche Voraussetzung für die Legitimationsstrategien der Fazetien. Aber mit bezeichnenden Unterschieden.

Als der 31jährige Augustin Tünger aus Endingen bei Balingen, Hofprokurator in Konstanz (den dortigen Bischof nennt er seinen gnädigen *herren*)[67] im

[63] Poggio, Opera, Basel 1538, S. 297ff.

[64] So nennt er einen seiner Zwiefaltener Freunde – in Zwiefalten war er besonders gerne zu Gast – ausdrücklich *conviva* (Facetien, S. 116).

[65] Barner, Legitimierung des Anstößigen (Anm. 1), passim.

[66] Etwa Suchomski (Anm. 48), S. 249–256.

[67] Augustin Tüngers Facetiæ, hg. v. Adelbert von Keller, Tübingen 1874 (StLV 118), S. 115. Vgl. auch Stroszeck (Anm. 12), S. 79–82.

Jahre 1486 mit seinen ›Facetiae‹, lateinisch und deutsch, vor seinen Landesherren Graf Eberhard im Bart tritt und ihm diese Erstlingsarbeit mit einer deutschen ›Praefatio‹ offeriert, streicht er das Neuartige, ja das Wagnis gebührend heraus. Daß man, im Angesicht eines Mannes der Tat, überhaupt derlei Kleinigkeiten aufschreibe, erscheint schon als problematisch.[68] Aber auch Tünger kann sich einer starken Überlieferung vergewissern:

> das man in schrifften findet, die schönsten redner zusampt den allerschicklichsten kriegsfürsten schimpf und lustreden gebrucht haben, wann sy gehört oder gelesen den, so mit sorg gehofft sin, kurczwyl geberend.[69]

Und getreulich versichert er seinem Landesherrn: Es *bringt mit ir yegliche facecz ain nachvolgende ler.*[70] Daß jede Fazetie außer der Erheiterung der von *curae* Geplagten auch noch eine ›Lehre‹ bereithalte – auf diesem Niveau des oberschwäbischen Fürstendieners am Ende des 15. Jahrhunderts haben weder Poggio noch Bebel sich rückzuversichern gesucht. Beiden geht es mit den Zentralkategorien der *remissio* und der *relaxatio* nicht um die einzelne Fazetie und deren mögliche ›Lehre‹, sondern um etwas Ganzheitliches, psycho-physisch Kurierendes.

Und dies in Geselligkeit. Das Bugiale besitzt auch hier den Rang eines sozialpsychischen Modells; das ist für das Problem einer *translatio* in deutsch-schwäbische Gefilde von Belang. Bei den gestreßten und unter Hierarchie-Druck stehenden vatikanischen Bürokraten spielt zweifellos ein Moment von Kompensation mit.[71] Gegenüber dem generell Relaxierenden des Lachens, des Amüsements seien zwei Momente hervorgehoben. Kleruskritik als ein europäisches Thema schwankhaften Erzählens von Unerschöpflichkeit über Jahrhunderte hin erhält im Bugiale seinen besonderen Stellenwert. Es betrifft den ›beruflichen‹ Alltag derer, die sich da gegenseitig ›witzig‹ etwas erzählen. Und es reicht, mit Autopsie, hinauf in die höchsten Kardinalsränge, ja zum (jeweiligen) Papst selbst. Wie man Druck aushält und wie selbst der ›Chef‹ sich gewitzt ins ›Menschliche‹ zurückzuziehen versteht, illustriert etwa Poggios Fazetie CCXVIII:

> Facetum Martini Pontificis in oratorem molestum
>
> Petebat a Pontifice Martino V. orator Ducis Mediolani nescio quid instantius, quod ille concedere nolebat. Cum orator importunius instaret, sequebatur petendo Ponti-

---

[68] Hierauf wurde in der Reisensburger Diskussion besonders hingewiesen.

[69] Tünger (Anm. 67), S. 4.

[70] Ebd.

[71] Hier im tiefenpsychologischen Sinne gemeint, der seinerseits eine lange philosophische ›Vorläuferschaft‹ besitzt. Für die Fazetie als gelehrtes *genus* ist das Problem, soweit ich sehe, noch nicht näher untersucht.

ficem usque ad cubiculi fores. Tum ille ut se ea molestia eximerte, posita ad genas manu: »Ho! dentes summe doleo« inquit, relictoque oratore cubiculum ingressus est.[72]

Das harmlose Fazetchen stehe hier als Hinweis auf institutionelle Zwänge, die im Bugiale sozusagen Hausrealität sind, aber zwanglos auf Hofpraxis, ja jede Amtsstube – die akademische Welt eingeschlossen – sich übertragen lassen. Ebenso bugiale-spezifisch und zugleich ›menschlich‹-elementar ist der andere Hauptthemenbereich der Fazetie, bei Poggio wie bei Bebel (und natürlich im schwankhaften Erzählen generell):[73] Erotik und Sexualität bis zur Obszönität: Dabei kann für das römische Lästerkabinett nicht nachdrücklich genug daran erinnert werden, daß hier eine offiziell zölibatäre vatikanische Männergesellschaft sich Entspannung zu verschaffen sucht. Die zahllosen Geschichten von gehörnten Ehemännern, unfruchtbaren Damen, deflorierten *virgines*, knechtischer Promiskuität u. dgl. entfalten hier ihre geschlechtsspezifische Wirkung. Und auch wenn Bebel sich mit dem Abt von Zwiefalten beim *convivium* trifft, oder in Tübingen und anderswo mit Universitätsleuten, so bleibt die Männerperspektive tonangebend, und mit großer Vorliebe immer wieder die des ›etwas erlebenden‹ Priesters. So in Bebels Fazetie III 52:

De puella devirginata.

Puella confitens suam se virginitatem profanasse, acerbissime multisque verbis a sacerdote castigatur atque, quot et quantis virgines in caelis coronentur coronis, edocetur. Cum autem tam nobile, firmum et pretiosum castum seramque pudicitiae sua culpa apertam accusaretur, tandem taedio affecta correctionis dixit: non tam firmam seram fuisse, uti ipse affirmet, quam quilibet rusticus sui pagi aperire posset atque aperuisset.[74]

Diese Thematik, in geschliffen-exklusive Latinität verpackt, war in gelehrten Männerzirkeln fast jedweder Art zu aktualisieren, wo *hilaritas* und *relaxatio* als gemeinsames Ziel vorschwebten. Fazetien dieses reich entwickelten Typus waren aus dem Bugiale – als Modell genommen – leicht in Bebels Lebenswelt transferierbar. Und sie konnten dort ihre ganzheitliche ›therapeutische‹ Wirkung entfalten, wie sie Bebel exemplarisch in der Adressierung der ›Facetiae‹ an den in Wildbad kurenden Gönner gefaßt hat.

Es liegt nahe, hinter der therapeutischen Zwecksetzung der Fazetien auch das Problem der gelehrten Melancholie zu vermuten.[75] Bei den Fazetisten des ausgehenden 15., dann des 16. Jahrhunderts, bei Poggio, Steinhöwel, Tünger, Brant, Bebel, auch noch bei Frischlin, wird dies – soweit ich sehe – nirgend

[72] Ciccuto (Anm. 4), S. 348.

[73] Hierzu, unter den Schlüsselbegriffen ›Aggression‹ und ›Disziplin‹, der Beitrag von Werner Röcke im vorliegenden Band.

[74] Bebel, Facetien (Anm. 38), S. 125.

[75] So in der Reisensburger Diskussion.

programmatisch, jedenfalls nicht im Zusammenhang der Fazetiengattung.[76] Das scheint während des 17. Jahrhunderts als Motiv prononcierter hervorzutreten, freilich in einem das Lateinische und das Muttersprachliche übergreifenden Bereich des schwankhaften Erzählens. ›Exilium melancholiae, das ist: Vnlust-Vertreiber‹ ist ein für diese Tendenz bezeichnender Titel einer einschlägigen Sammlung von 1643.[77] Doch der Melancholie-Frage wäre, auch über Leitbegriffe wie *taedium*, noch genauer nachzugehen.

Bodenständigkeit und avancierte Latinität

Mit welchem Recht überhaupt läßt sich in einem Bogen von Poggio über Bebel bis zu Frischlin von der Lateinfazetie als solcher handeln? Überall durchdringen einander doch muttersprachliche, mittellateinische und humanistisch-lateinische Überlieferungen bis zur Ununterscheidbarkeit: nicht nur im stofflichen Fundament, sondern zum Teil auch bis in den Wortlaut der Pointe hinein also das, was als *facete dictum* oder *facete factum* die Gattung allererst konstituiert (vgl. die Bebelsche Version der Erzählung vom Einäugigen).[78]

Ohne das breite, differenzierte Fundament schwankhaften Erzählens, sei es mit ›allgemeinmenschlichen‹ Wandermotiven, sei es mit lokaler Sonderbindung, ist die Karriere der Lateinfazetie gar nicht zu denken. Das für die Genese der Gattung wie für ihre Funktionsgeschichte Entscheidende ist die Verknüpfung solcher Basis-Elemente mit einem neuen Latinitätsanspruch, dessen normative Vorgaben (*elegantia*, *eloquentia* usw.) auch die innere Form der Pointen betreffen.[79] Bereits Poggio geht es ersichtlich darum, bei aller Modellhaftigkeit des Bugiale und bei aller ›Welthaltigkeit‹ der Erzählungen möglichst viele seiner *facetiae* an bestimmte Städte und Regionen zu binden (Florenz, Rom); und häufig genug werden das Geschehen und die Pointe erst von lokaler Historie, lokaler Mentalität her ganz verstehbar.[80] Die nicht wenigen Erzählungen, in deren Mittelpunkt historische Gestalten stehen (Dante, Francesco Filelfo u.a., Herzöge, Päpste), setzen sich gar einer gewissen Nachprüfbarkeit aus, dem Messen an anderen Überlieferungen und Versionen. Nicht wenige *facetiae* deklariert Poggio als selbsterlebt, und dieses Moment der Authentizität handhabt er mit ebensoviel Ironie wie Stolz auf eigene Welterfahrenheit, bald verschmitzt kommentierend, bald jedes Zusatzes sich enthaltend.

---

[76] Tüngers Versprechen, dem Fürsten *kurtzweil* zu bieten (S. 4), bleibt noch zu unspezifisch.

[77] Elfriede Moser-Rath, »Lustige Gesellschaft«. Schwank und Witz des 17. und 18. Jahrhunderts in kultur- und sozialgeschichtlichem Kontext, Stuttgart 1984, S. 52–55.

[78] Oben S. 292f.

[79] Dieser Aspekt ist in der einschlägigen Arbeit von Stroszeck (Anm. 12) leider vernachlässigt.

[80] Kulturstolz der Florentiner, Imperialperspektive der Römer u. dgl.

Aus dieser Fülle von Typen der ›Realitäts‹-Verknüpfung entsteht mit dem Ganzen der ›Facetiae‹ eine schwebende Textur von höchstem Reiz, die – synthetisierend gesprochen – einen eigenen ›Lokalgeist‹ vor dem Leser entstehen läßt: Es ist der Geist des Bugiale. Das Reizvolle, Geschlossene dieser Konstruktion aber besteht nicht zuletzt darin, daß alle diese Erzählungen als so in einem niveauvollen, durchgefeilten Latein vorgetragen gedacht werden können. Unter den Humanistenpäpsten, denen Poggio diente, dürften genügend Kuriale verfügbar gewesen sein, die auch einer dialogischen *elegantia latina* fähig waren. An einer Demonstration der Einformung volkssprachlicher Substrate in ein ›sauberes‹ Latein zeigt sich Poggio kaum interessiert.[81] Das Gesamtunternehmen der ›Facetiae‹ stuft er vielmehr so ein, daß bei aller kokettierenden Selbst-Verharmlosung in der ›Praefatio‹ doch ein substantieller humanistischer Nutzen herausspringt: *Proderit enim ad eloquentiae doctrinam ea scribendi exercitatio.*[82]

Als zunächst Steinhöwel, dann Brant und andere mit der Eindeutschung einzelner Fazetien beginnen,[83] wird genau dieses *prodesse* erst einmal sozusagen subtrahiert. Gerade die Erprobung der Muttersprache tritt an dessen Stelle. Und wenn beide den Namen Poggios dabei wiederholt ausdrücklich nennen, so ist dies ›pflichtgemäße‹ Quellenangabe, aber gewiß auch stolzer Hinweis auf das Aktuelle: Das ist der, von dessen Fazetien jetzt so viele reden![84]

Daß der deutschsprachige Südwesten die frühen Stadien – nicht nur – der Poggio-Rezeption bestimmt, ist oft hervorgehoben worden, auch mit Hinweis auf die ›Einfallstore‹ Basel und Konstanz. Sowie aber für die Gattung der Fazetie auch die Welle der *aemulatio* beginnt, läßt sich auch die Tendenz zu einer neuen, eigenen Bodenständigkeit beobachten. Augustin Tüngers Sammlung ›Facetiae‹ von 1486, für Graf Eberhard im Bart, bedeutet in vielfacher Hinsicht einen Übergang. Schon daß der Titel mit dem Zusatz ›Apophthegmata‹ eine Nachbargattung[85] bemüht, signalisiert ein Moment von Neuartigkeit in dem Versuch. Graf Eberhard, von seiner Mutter Mechthild (von Rottenburg) her zwar ›humanistisch‹ vorbelastet,[86] wird in der Vorrede gleichwohl als *latinischer zungen untailhafftig* vorgestellt,[87] und so bietet Tünger seine ›Fa-

[81] Eine der wenigen Ausnahmen bilden etwa die zwei Zeilen italienische Verse (mit lateinischer Übersetzung) in Fazetie CCXXXIII (Ciccuto [Anm. 4], S. 364).

[82] Ciccuto (Anm. 4), S. 110.

[83] Steinhöwels ›Esopus‹ erscheint zwischen 1476 und 1480, Brants ›Facetus‹ 1496.

[84] Vgl. die zu Anfang genannten Zahlen zur frühen und raschen Verbreitung.

[85] Sogar der Wortsinn berührt sich; beide Wörter sind von Verben des ›Sagens‹ abgeleitet. Tünger beabsichtigt offenbar, zu *facetiae* ein griechisches Synonym beizubringen.

[86] Ihr Hof wird bekanntlich zu einem Zentrum der Förderung des Frühhumanismus (u.a. Niklas von Wyle, der schon Eberhards Vater, Graf Ulrich von Württemberg, als zweiter Kanzler diente).

[87] Tüngers Facetiæ, Ausg. von Keller (Anm. 67), S. 4.

cetiae‹ gleich im doppelten Cursus: die 54 Nummern erst in lateinischer Sprache und anschließend – als geschlossener Block – in deutscher (ein südschwäbisches Idiom mit alemannischen Einsprengseln).[88]

Gleich die erste Fazetie wird in Konstanz lokalisiert:

> Pauperem quendam claudum ab urbe Constantia rus petentem a longe quidam velocius solito sequebatur. Querentibus autem nonnullis, quid hec sibi vellet festinatio, claudum illum se antecedentem verberatum ire respondit.
>
> Es volget ainer ainem krüppel, so uß der statt Costentz uff das land wolt ylends nach, und als in ettlich fragten, was er mit sölicher yle mainte, sagt er, er wölt den krüppel, so vor im ußhin gieng, gan schlahen.[89]

Konstanz bleibt die Sammlung hindurch der wichtigste Perspektiv-Ort, immer wieder setzt Tünger dort an, Entfernungen werden von da aus berechnet. Ostentativer ist die ›Bodenständigkeit‹ dieses frühen Versuchs kaum anzulegen. Fast ein wenig krampfhaft nimmt sie sich aus. Der Römer Poggio läßt seine erste Fazetie – ebenso ostentativ – von einem armen Schiffer aus Gaeta handeln. Bebel, zwei Jahrzehnte nach Tünger, eröffnet den ersten Band (1509) seiner ›Facetiae‹ mit einem *facetum dictum* eines Priesters, welches untertänigst eingeleitet wird:

> Cum princeps noster Udalricus, dux Virtenbergensis victoriosus.

Und die zweite Fazetie, von einer Jüdin, führt gleich in die Nachbarschaft, auf die halbe Wegstrecke zwischen Tübingen und Bebels Geburtsort Justingen auf der Alb:

> Fui olim in oppido Hechinga . . .[90]

Gleich die zweite Geschichte also erzählt Bebel als Ich-Erzähler. Und so weit die Geographie der Bebelschen Fazetien auch ausgreift (bis hin nach *Sarmatia*, wo der junge Bebel wohl als Krakauer Student einmal weilte), die drei Bücher der Sammlung sind fest im Schwäbischen verankert: auf der Alb bis hin nach Zwiefalten und Ulm, im Oberschwäbischen, aber auch im Unterland, und vor allem immer wieder in den Tübingen nächstgelegenen Freien Reichsstädten, wo Schüler, Freunde und Gönner des rührigen *Poeta Tubingensis* tätig sind (Reutlingen, Esslingen, Sindelfingen usw.). Akteure und Weiter-Erzähler, beide im Vorgang des Tradierens mitunter nahe aneinander rückend, werden zu

---

[88] Ebd., S. 159.

[89] Ebd., S. 8 und S. 78; Fazetie Nr. 18 ›spielt‹ *in oppido Enndingen, unde mihi origo est* (S. 27; vgl. S. 101: *Endingen*).

[90] Bebel, Facetien (Anm. 38), S. 5.

›Gewährsleuten‹ in einem doppelten Sinn: für das jeweils Erzählte und für die ›Gewitztheit‹ vor allem des eigenen, schwäbischen Stammes.

Ein Jahr vor den ersten beiden Büchern der ›Facetiae‹ erscheint Bebels große Sammlung ›Proverbia Germanica‹ (1508),[91] die seither seinen Ruhm als ›nationaler‹ Autor mitprägte und bis ins 20. Jahrhundert hinein vor allem als volkskundliche Quelle beliebt war. Bezeichnend ist der enge Zusammenhang mit den ›Facetiae‹, der Entstehung wie der Funktion nach. Beide entstammen dem gleichen nationalen Stolz auf das autochthon Überlieferte, mit schwäbischem ›Kernbestand‹; beide zentrieren sich um die ›Dokumentation‹ des Geprägten, Pointenhaften; beide demonstrieren schon durch die lateinische Einkleidung den humanistisch-gelehrten Anspruch. Die ›Facetiae‹ jedoch suchen in der durchgängig lateinischen Narration und ihrer ›witzigen‹ Zuspitzung zugleich den übernationalen Anschluß an das bewunderte Vorbild Poggio. Dessen Gedanke, daß niveauvolle Latinität in der fazetuösen Form etwas hinzugewinne, *opulentior* werde, ist auf Bebel ohne weiteres übertragbar. Aber wie in der bodenständig stolzen Humanistenkomödie ›De optimo studio iuvenum‹ (1501), im Jahr der Erhebung zum *poeta laureatus* durch Maximilian,[92] tritt die lateinische Nobilitierung des eigenen Herkommens[93] als Charakteristikum hinzu. Gegenüber Poggios florentinisch-römischer Ausspielung von Weltläufigkeit begegnet in den ›Facetiae‹ – schon in deren Voraustexten[94] – ein Moment des Gewollten, ja Forcierten. In der Widmungsvorrede zum dritten Buch (1512) wird dies noch um einiges kräftiger spürbar.[95]

Schwäbisch-deutsche Schwankerzählungs-Tradition durch Latinität auf ein neues, humanistisches Niveau gehoben zu haben wird schon bei den Zeitgenossen und dann bis ins 18. Jahrhundert hinein als besonderes Verdienst Bebels herausgehoben. Die ›Facetiae‹ erscheinen so, ganz den Intentionen ihres Sammler-Autors entsprechend, als ein neues, spezifisches Feld der Latinitätspflege: des Kampfes gegen die *barbaries*, dem der Bebelsche Universitätsunterricht ebenso galt wie die – daraus hervorgegangenen – grammatischen Schriften, Gedichte und Reden. Daß andere, durch sein Vorbild angespornt, die Fazetienschreibart noch verbessern würden, wollte Bebel generös zugestehen: *scribite latinius et elegantius dicteria et iocos, et ego libere vobis concedam.*[96]

---

[91] Wichtige kommentierte Ausgabe: Heinrich Bebels Proverbia Germanica, hg. v. Willem H.D. Suringar, Leiden 1879.

[92] Die näheren Umstände bei Barner, Einführung (Anm. 57), S. 103–113.

[93] Von diesem ›erworbenen Adel‹ spricht Bebel (wie etwa schon Peter Luder) wiederholt in Gedichten und Vorreden.

[94] Die beiden vorausgeschickten Empfehlungsgedichte und die jeweiligen prosaischen Widmungsvorreden der drei Bücher.

[95] Bebel, Facetien (Anm. 38), S. 103–105.

[96] Ebd., S. 105.

Latinitas bleibt für ihn freilich das genuine Medium der Fazetie. Auf den Gedanken, wie Augustin Tünger eine deutsche Gesamtversion gleich mitzuliefern (dort explizit begründet durch den Adressaten Graf Eberhard), wäre Bebel wohl kaum verfallen. Erst vier Jahrzehnte nach Bebels Tod (1518) erschien eine Übersetzung unter dem Titel ›Die Geschwenck Henrici Bebelij‹ (1558),[97] gegen deren mitunter holprige Alltagssprachlichkeit die *elegantia* der Originale noch prägnanter sich abhebt.

Aber hat nicht Bebel selbst gerade durch einmontierte volkssprachliche Zitate den Konnex mit dem Ursprungsbereich der schwankhaften Überlieferung gegenwärtig gehalten? Ein Beispiel mag die Tendenz illustrieren (Facetiae III 119):

De rustica, praefecti uxore.

> Quidam rusticorum praefectus cum esset creatus, novam melotam seu pelliceam vestem uxori comparavit. Illa die dominico tam novae vestis quam magistratus mariti honore superba, cum templum esset ingressa pellibus inversis capiteque elato et superbo, surrexerunt omnes homines ob evangelii, quod tunc legebatur, reverentiam, quod illa in suum honorem interpretabatur. Quare pristinae sortis recordata dixit: ›Sitzet still, ich denck wol, das ich ouch arm war‹, id est: ›sedete, memini enim et me fuisse olim pauperem‹.[98]

Die angefügte lateinische Übersetzung des noch gewiß einfachen deutschen Satzes demonstriert fast überdeutlich, daß Bebel mit Prinzip allen Angehörigen des ›lateinischen Reichs‹ verstehbar bleiben will. Aber warum überhaupt das muttersprachliche Zitat? Weil es den strukturellen Kern, das *facete dictum* ausmacht und weil die Sprecherin gerade den unteren Schichten des ›Volks‹ entstammt. Dieser doppelte Grund gilt für die weitaus meisten derjenigen Fazetien, die – insgesamt eine Minderzahl – muttersprachliche Einsprengsel enthalten.

Man hat längst darauf hingewiesen, daß bei derlei ›Einlagen‹ innerhalb lateinischer schwankhaft-satirischer Texte, schon bei Sebastian Brant etwa, die akademischen Quodlibet-Disputationen[99] (*disputationes de quolibet*) eine Brücke gebildet haben. Hier drang mit witzig-volkssprachigen Einwürfen, als *licentia* vor allem für Studenten, Alltägliches in die Strenge der gelehrten Humanitätspflege; *relaxatio* wie bei Poggios Fazetien generell war das Funktionsziel. Hier öffnete sich jeweils blitzartig ein Durchblick auf das gemeinsame Fundament allen schwankhaften Erzählens,[100] auch des nur-lateinischen wie im Falle Poggios.

---

[97] Der anonyme Übersetzer ist nicht identifiziert.

[98] Bebel, Facetien (Anm. 38), S. 146f.

[99] Friedrich Zarncke, Die deutschen Universitäten im Mittelalter, Leipzig 1857 (dort drei Beispiele abgedruckt); Aloys Bömer, Die lateinischen Schülergespräche der Humanisten, Berlin 1907.

[100] Vgl. den Abschnitt »Brant und die Quodlibet-Disputationen« bei Vollert (Anm. 2), S. 33–45.

Frischlin hat diese charakteristische Lizenz mit offenkundigem Behagen aufgegriffen und mit fast ›philologischer‹ Akzentuierung weiterentwickelt. So in der Fazetie ›De Saxone quodam esuriente‹, die genüßlich Landsmannschaftliches miteinander kontrastiert:

> Svevi suis hospitibus primo apponunt offam, id est, elixatus cum aqua carnes, atque hoc ferculi genus appellitant *Brue und Fleisch*. Forte quidem Saxo cauponam ingressus puellam quaeritat: Ecquid ipsa habeat esculenti? Illa vicissim interrogat, an offam expectat? *Ob er Brue und Fleisch wolle?* Significat autem *bruen* Saxonibus idem, quod stuprare aut coire. Homo famis impatiens, cibum, inquit, prius apponito, postea coibismus pro lubito.[101]

Fast ›volkskundlich‹ setzt dieser Text ein. So sehr das Ganze noch um ein *facete dictum* zentriert bleibt, so überwuchert doch das Erklären (zum zweiten Mal ansetzend mit *Significat autem*) in diesem Beispiel fast das Erzählen. Das Bodenständig-Volkssprachliche und das Humanistisch-Lateinische beginnen schon wieder auseinanderzutreten.

Deutsch-humanistische Ambitionen: Witzfähigkeit

Die *translatio* der Fazetie à la Poggio in die Region des deutschsprachigen Südwestens ist, von Steinhöwel über Bebel bis zu Frischlin, immer deutlicher von einem doppelten Ehrgeiz geleitet. Es geht um die Adaptation einer ausgesprochen humanistischen Prestigegattung und zugleich um den Beweis, daß man auch unter den Humanisten nördlich der Alpen eines geschliffenen ›Witzes‹ fähig sei. Der Weg vom weltläufigen Poggio zur Fazetie auf deutschem Boden ist einer mit Hemmnissen und sorgfältiger Rückversicherung. Poggios Fazetie 1, nach Exposition des weitgespannt ›witzigen‹ Leserideals (*A facetis enim et humanis [sicut Lucilius a Consentinis et Tarentinis] legi cupio*)[102] ostentativ sozial ›ganz unten‹ angesiedelt, ist Gegenstand des übersetzerischen Ehrgeizes schon in Steinhöwels ›Esopus‹. Der arme Schiffer aus Gaeta, der nach fünf Jahren Abwesenheit seine Frau mit einem Kind vorfindet und sein Haus in prächtigem Zustand, hat seine eigene Auffassung vom ›göttlichen Beistand‹, dem dies alles angeblich zu verdanken sei. Poggio schließt seine Erzählung mit dem Gedanken des gehörnten Seemanns.[103] Steinhöwel aber fühlt sich bemüßigt hinzuzusetzen: *Darumb hiet sich ieder und betrachte eben, wem er syn wub befelhe in synem abwesen.*[104]

---

[101] Frischlin, Facetiae selectiores (Anm. 15), S. 18.

[102] Ciccuto (Anm. 4), S. 110.

[103] Ciccuto, S. 110–112.

[104] Steinhöwel, Äsop (Anm. 13), S. 338.

Dieses sorgsam Belehrende, Moralisierende der frühen Fazetienversuche, gerade dort, wo der Vergleich mit Poggio unmittelbar nahegelegt wird – bei Steinhöwel ist der lateinische Text mitgedruckt –, illustriert unübersehbar die faktischen Grenzen eines solchen nationalen Humanistenehrgeizes. Augustin Tünger, der seinem Fürsten gegenüber in der Widmungsvorrede die moralische Unbedenklichkeit seiner ›Facetiae‹ gebührend herausstreicht,[105] fügt der *narratio* – in der lateinischen wie der deutschen Fassung – sogar regelmäßig eine breite *moralisatio* an. Sie erstickt mitunter nachgerade den pointierenden Impetus *ettlich cluoger geschichten, ze latin genannt facecien*, wie Tünger sie in der Vorrede selbst einführt.[106] Von eigenständiger ›Witzfähigkeit‹, die vor dem europäischen Muster Poggio bestehen könnte, sind diese ›Facetiae‹ überdeutlich entfernt. Ja sie stellen sich dieser Konkurrenz noch eigentlich gar nicht.

Wie strategisch Heinrich Bebel zwei Jahrzehnte später, auf fast dem gleichen Boden,[107] seine Errungenschaft der ›Facetiae‹ in eben diese Konkurrenz führt, demonstriert schon die Abfolge der Widmungsvorreden zu den drei Büchern: an Peter Jacobi aus Arlun (datiert auf 10. Mai 1506), noch einmal an denselben (10. September 1506) und schließlich an den Rechtsberater des württembergischen Herzogs und des Kaisers Maximilian, Veit von Fürst (1. März 1512).[108] Nicht nur, daß immer gezielter mit dem Reizwort *sal* operiert wird (kombiniert mit *humanitas, urbanitas, hilaritas* usw.). Griechenland bereits, namentlich Attika, hat eine Kultur der *sales* hervorgebracht. Und in der dritten Vorrede endlich, gleich nach der Anrede, rückt er mit der entscheidenden neuen Selbstbezeichnung heraus: *facetias meas Suevicas* (dann *has fabulas Suevicas, hilares Suevi tui urbanitates* usw.).[109]

Maximilian, der ihn zu Pfingsten des Jahres 1501 in Innsbruck durch Verleihung des Dichterlorbeers aus der Schar der Gleichstrebenden herausgehoben hat,[110] ist ihm zum Garanten dafür geworden, daß auch die *translatio* der ›witzigen‹ Erzählprosagattung ins Deutsche/Schwäbische fällig ist. Oder komplementär formuliert: daß mit besonderer *eruditio* auch der deutsche/schwäbische Witz lateinfähig geworden ist – *nec fieri posse sine singulari eruditione, ut iocos Teutonicos in Latinum convertatis cum venustate et gratia servatoque facetiarum decoro*.[111] Die alten Einwände gegen die Moralität der fazetuösen ›Freizügigkeit‹,

---

[105] Tünger, Facetiae (Anm. 67), S. 4.

[106] Ebd.

[107] Die Geburtsorte liegen gerade 60 Kilometer auseinander. Wieweit Bebel in direktem oder indirektem Zusammenhang mit Tüngers ›Facetiae‹ (die ja zunächst nicht gedruckt wurden) steht, läßt sich bisher nicht genau bestimmen.

[108] Bebel, Facetien (Anm. 38), S. 4, S. 45–47, S. 103–105.

[109] Ebd., S. 103f.

[110] Vgl. Anm. 92.

[111] Bebel, Facetien (Anm. 38), S. 105.

auch gegen das *incomptum et vulgare dicendi genus*[112] generell müssen wieder und wieder ausgeräumt werden. Aber der Beweis, daß die auf deutschem/schwäbischem Boden – und seiner Erzählüberlieferung – kreierte Lateinfazetie konkurrenzfähig ist, wurde durch die beiden ersten Bände der Bebelschen ›Facetiae‹ und durch deren Resonanz erbracht.[113] Nicodemus Frischlin, ein dreiviertel Jahrhundert später, kann auf diese Errungenschaft als auf eine bereits traditionsreiche Tübinger Verpflichtung zurückblicken: Poggio, Bebel, Frischlin – in dieser Buchbindersynthese des Jahre 1600[114] spiegelt sich ein Stück patriotischer Humanistenstolz, der wohl immer zugleich Humanistensehnsucht geblieben ist.[115] An Poggios europäischen Ruhm haben beide nicht heranreichen können. Und der ›Beweis‹ der Witzfähigkeit blieb temporär.

Als im Jahre 1671 der weitgeachtete französische Jesuit Dominique Bouhours in den ›Entretiens d'Ariste et d'Eugène‹, getragen vom Bewußtsein der eigenen Kulturhegemonie, die These verkündete, bei den Deutschen finde man einen *bel esprit* so selten wie bei den Moskovitern,[116] wurde eine alte Wunde aufgerissen. *Esprit* – das war inzwischen zum normativen Reizwort aufgestiegen, in dem sich Elemente des romanischen *facetum* ebenso konzentrierten wie solche des epigrammatischen *argutum*.[117] Die Herausforderung, die in der Behauptung des Père Bouhours lag, wurde nun vor allem von den Epigrammatikern aufgenommen.[118] Funktionsgeschichtlich betrachtet, übernimmt hier das Epigramm eine ähnliche Rolle wie um 1500 die Lateinfazetie – freilich mit einer unvergleichlichen Ausdifferenzierung der neuen Modegattung nach Themen, Stiltypen und Verwendungszusammenhängen. Dutzende gelehrter Poeten produzierten ihre ›Hundertschaften‹ (›Centurien‹) von Epigrammen. Und gegen Ende des 17. Jahrhunderts noch (1698) erschien eine umfängliche Abhandlung zur Theorie des deutschen Epigramms, schon im Titel mit der Vorgabe, die ›Esprit‹-Fähigkeit der Deutschen zu erweisen[119] (was einen Jacob Mauvillon nicht hinderte, noch 1740 in seinen ›Lettres françaises et germaniques‹ die Vorwürfe des Père Bouhours zu erhärten).

---

112 Ebd., S. 104.

113 Kurze Zusammenfassung in Bebermeyers Einleitung zu seiner Ausgabe der ›Facetiae‹ (Anm. 38), S. XXVIIf.; im übrigen die in Anm. 57 genannten Arbeiten.

114 Siehe Anm. 15.

115 Diese bezieht sich – um es noch einmal zu betonen – auf die Lateinfazetie. Das faktische Eingehen einzelner Bebelscher und Frischlinscher Fazetien in größere Zusammenhänge schwankhaften Erzählens stellt vor andere Fragen.

116 Weitere Hinweise bei Barner, Vergnügen, Erkenntnis, Kritik (Anm. 53), S. 370.

117 Römisch-antiker Musterautor hierfür, wesentlich kodifiziert durch Scaliger, wurde Martial – der wiederum zu den ›Ahnherren‹ der humanistischen Fazetie zählt; vgl. oben S. 291f.

118 Beobachtungen hierzu im systematischen Überblick bei Jutta Weisz, Das deutsche Epigramm des 17. Jahrhunderts, Stuttgart 1979.

119 Johann Gottlieb Meister, Unvorgreiffliche Gedancken Von Teutschen Epigrammatibus, Leipzig 1698 (*nebst einen Vorbericht von dem Esprit der Teutschen*).

Nationalstereotypen dieser Art sind bekanntermaßen bereits im 15./16. Jahrhundert in voller Blüte; deutsche Humanisten, im Hochbewußtsein der fälligen *translatio*,[120] bedienen sich ihrer gegenüber Italienern und Franzosen durchaus unzimperlich. Nicodemus Frischlin bringt sie in seinem ›Julius Redivivus‹ (1585) sogar als Figuren auf die Bühne, mit karikaturistischen Tendenzen, die bereits auf den Typ des Riccaut de la Marlinière vorausweisen. Die Lateinfazetien Bebels und Frischlins, mit ihrer Nobilitierung des einheimischen Witzes und mit ihrer Demonstration eleganter Latinität in einem betont ›alltagsbezogenen‹ humanistischen *genus* bewegen sich von Anfang an in diesem Funktionszusammmenhang.

Unter den Gattungen schwankhaften Erzählens in Deutschland stellt die Lateinfazetie gewiß ein episodisches Phänomen dar, noch im 16. Jahrhundert durch neue Großformen (Schwankzyklen, Schwankromane usw.)[121] an den Rand gedrängt oder – mit einzelnen *facete dicta* und Erzählmotiven – in sie integriert. Wie sehr nun auch die Gattungsbezeichnung ›Fazetie‹ selbst dort, wo es um Universitätsthematik geht, die muttersprachliche Ausformung meint, illustriert schlagend Julius Wilhelm Zincgrefs Sammlung ›Facetiae Pennalium‹ von 1618.[122] Ein reichliches Jahrzehnt zuvor hat Melchior Goldast (mit Marquard Freher) die griechische ›Witze‹-Sammlung ›Philogelos‹ des Pseudo-Hierokles erstmals der wissenschaftlichen Welt durch eine Ausgabe zugänglich gemacht[123] und damit eine weitere antike ›Quelle‹ fazetuösen Erzählens erschlossen.[124] Die Gelehrtenkarikaturen des – anonym erschienenen – Bändchens haben in der Heidelberger Universitätswelt beträchtlichen Aufruhr erregt. Zincgrefs ›Facetiae Pennalium‹, daran bewußt anknüpfend, verstärken noch die Gelehrtenkritik – aber wie selbstverständlich im volkssprachlichen Idiom (die Sammlung wird dann bis über die Jahrhundertmitte wieder und wieder aufgelegt).[125] Ein zweiter Bebel oder Frischlin ist aus der immer noch ›lateinischen‹ Universität des 17. Jahrhunderts nicht hervorgegangen.[126]

[120] Aus der umfangreichen Literatur, die sich vor allem an der Wiederentdeckung der ›Germania‹ des Tacitus orientiert, sei hier nur genannt: Ludwig Krapf, Germanenmythus und Reichsideologie. Frühhumanistische Rezeptionsweisen der taciteischen ›Germania‹, Tübingen 1979. Die neuere Forschungsrichtung der kontrastiven Imagologie hat sich des 16. Jahrhunderts bisher noch kaum angenommen.

[121] Siehe Anm. 9.

[122] Ausgabe v. Dieter Mertens u. Theodor Verweyen, Tübingen 1978 (Gesammelte Schriften III), mit ausführlicher Einleitung.

[123] Näheres in der vorgenannten Einleitung, S. IX-XII.

[124] Bemerkenswert ist u.a., daß im Zusammenhang des Hierokles der griechische Begriff *asteia* als Fast-Synonym für *facetiae* neue Aufmerksamkeit gewinnt. Zincgrefs verschiedene Sammlungen demonstrieren im übrigen erneut die enge Verzahnung, bisweilen Identität von *facetia* und *apophthegma* (wie schon bei Tünger); vgl. hierzu auch Theodor Verweyen, Apophthegma und Scherzrede. Die Geschichte einer einfachen Gattungsform und ihrer Entfaltung im 17. Jahrhundert, Bad Homburg v.d. H. 1970.

[125] Die 13 Drucke sind in der Anm. 122 genannten Einleitung verzeichnet und charakterisiert.

Im Gegensatz etwa zur horazischen Ode, in der ein Jacob Balde noch während der Periode des Frühbarock eigenständige christliche *exempla* setzt, ist die Fazetie nie ein rein humanistisches Gewächs gewesen. Sie hat von vornherein aus der Spannung zwischen der eleganten, geschliffenen *latinitas* und dem ›wissend‹ betrachteten, in vielerlei autochthonen Überlieferungen gespiegelten ›Alltag‹ gelebt. Diese Konstellation hat den humanistischen Ehrgeiz eines Poggio angestachelt, und dann die national-regionale *aemulatio* eines Bebel und eines Frischlin. Der Stolz auf diese Errungenschaft der *renatae litterae* hatte seine Epoche. Als der Beweis für die ›Witz‹-Fähigkeit des eleganten Latein und für die Latein-Fähigkeit einer sprachlichen Form von Alltagspraxis erbracht war, bot das schwankhafte, fazetuöse Erzählen in der Muttersprache die reicheren Möglichkeiten.

[126] Das komplexe Problem (mit der ›Koexistenz‹ von Deutsch und Latein, mit der Bedeutung der Muttersprache für ›exoterische‹ Schriften usw.) kann hier nicht entfaltet werden. Es sei für das 17. Jahrhundert nur noch einmal auf die Funktionsübergänge zwischen der Fazetie und dem fast inflationär sich ausbreitenden (lateinischen wie deutschen) Epigramm hingewiesen.

Hans-Joachim Ziegeler

Aronus, oder: Marina und Dagianus

Zur Tradition von Goethes ›Prokuratornovelle‹ (Mit einem Anhang: Die ›Marina‹ aus dem ›Speculum exemplorum‹)

Der Erinnerung an Max Herrmann
geb. 14.5.1865,
ermordet in Theresienstadt am 17.11.1942

»Man muß Ihren Prokurator loben,« sagte die Baronesse; »er ist zierlich, vernünftig, unterhaltend und unterrichtend; so sollten alle diejenigen sein, die uns von einer Verirrung abhalten oder davon zurückbringen wollen. Wirklich verdient die Erzählung vor vielen andern den Ehrentitel einer moralischen Erzählung. Geben Sie uns mehrere von dieser Art, und unsere Gesellschaft wird sich deren gewiß erfreuen.«

Der Alte. »Wenn diese Geschichte Ihren Beifall hat, so ist es mir zwar sehr angenehm, doch tut mir's leid, wenn Sie noch mehr moralische Erzählungen wünschen; denn es ist die erste und letzte.«

Luise. »Es bringt Ihnen nicht viel Ehre, daß Sie in Ihrer Sammlung gerade von der besten Art nur eine einzige haben.«

Der Alte. »Sie verstehn mich unrecht. Es ist nicht die einzige moralische Geschichte, die ich erzählen kann, sondern alle gleichen sich dergestalt, daß man immer nur dieselbe zu erzählen scheint.«

Luise. »Sie sollten sich doch endlich diese Paradoxen abgewöhnen, die das Gespräch nur verwirren; erklären Sie sich deutlicher!«

Der Alte. »Recht gern! Nur diejenige Erzählung verdient moralisch genannt zu werden, die uns zeigt, daß der Mensch in sich eine Kraft habe, aus Überzeugung eines Bessern selbst gegen seine Neigung zu handeln. Dieses lehrt uns diese Geschichte, und keine moralische Geschichte kann etwas anderes lehren.«[1]

Daß der alte katholische Geistliche »sich sehr schlecht auf die Interpretation seiner eigenen Erzählung« verstehe,[2] die er den deutschen Ausgewanderten zu ihrer Unterhaltung gerade vorgetragen hat, hat als erster wohl August Wilhelm Schlegel vermerkt. In seiner Rezension des ersten Jahrgangs der ›Horen‹ hat er Zweifel daran geäußert, ob die junge Frau, von der in der Erzählung gerade die Rede war, wirklich »in sich eine Kraft habe, aus Überzeugung eines Bessern« gegen ihre Neigung zu handeln. Denn der Wandel von der Neigung zur außerehelichen Liaison zur Entsagung scheint sich allein der Schwäche ihres

[1] Goethes Werke. Hamburger Ausgabe in 14 Bänden, hg. v. Erich Trunz [abgekürzt: HA], Bd. 6, München [10]1981, S. 185f. (185,22 – 186,9); alle Zitate danach.

[2] Bernd Bräutigam, Die ästhetische Erziehung der deutschen Ausgewanderten, ZfdPh 96 (1977), S. 508–539, hier S. 531.

Körpers zu verdanken, die durch das dreißigtägige »ungewohnte Fasten, Beten und Arbeiten« (184,5) hervorgerufen ist, das ihr der Geliebte listig auferlegt hat. Die »Entsagung der artigen Frau« möchte, so Schlegel, »nach aufgehobnem Fasten vielleicht nicht Stand halten.«[3]

Der Widerspruch, welcher sich aus dem – wie auch immer motivierten – Verhalten der zur Hauptfigur erklärten Heldin der »moralischen Erzählung« und den – wie auch immer motivierten – Deutungen der Geschichte durch den Alten und die Baronesse zu ergeben scheint, ist von Ziolkowski kurz und bündig auf Goethes Vorlage zurückgeführt worden. Zwar verwirkliche die Geschichte »every detail of the outlined theory«, d.h. die von der Baronesse zuvor (167,2–13) aufgestellten Regeln für die »Form« einer Erzählung »in guter Gesellschaft« (167,1f.). Aber: »And yet it must be conceded that the tale as a whole does not ring true. For Goethe chose a ready-made Novelle-skeleton that satisfied his formalistic needs; but he then created a moral substance, which he sought forcefully to adapt to this skeleton, and consequently a few of the original bones still project from the artificially constructed cadaver. [. . .] The ›Prokurator‹ remains a perfect illustration of Goethe's theoretical criteria although the Novelle as a whole is not convincing.«[4]

Das Skelett mitsamt seinen leider immer noch hervorspringenden »original bones« hat Goethe, wie man weiß, höchstwahrscheinlich in der 1786 erschienenen vierbändigen Ausgabe der ›Cent Nouvelles Nouvelles‹ gefunden.[5] Die Erzählung ist die hundertste der ›neuen Novellen‹ und trägt in dieser Ausgabe den bezeichnenden Titel ›Le sage Nicaise ou l'amant vertueux‹. Auch Goethe und Schiller nennen, wie die Baronesse in den ›Unterhaltungen‹, in ihrem Briefwechsel die Geschichte stets, wenn auch etwas weniger maliziös, nach einem der zwei männlichen Helden, von Schillers erster Aufforderung am 28. Oktober 1794, doch »die Geschichte des ehrlichen Prokurators aus dem Boccaz« für die ›Horen‹ zu bearbeiten, bis hin zum 20.3.1795, an dem das Paket mit dem »sehnlich erwarteten Prokurator« endlich in Jena ankam.[6] Und auch Schlegel fand, zwar schade es »dem Vergnügen nicht«, »die Begebenheit der schönen Strohwitwe mit einem Prokurator zu Genua«, welche ja »nicht unbekannt« sei, wieder zu lesen; doch schade »es ihrer Moralität, daß alles Verdienst auf die Kälte und Geistesgegenwart des jungen Weisen kömmt«.[7] Man

[3] Zitiert nach: Goethe im Urteil seiner Kritiker. Bd. 1, hg. v. Karl Robert Mandelkow, München 1975, S. 122–124, hier S. 123.

[4] Theodore Ziolkowski, Goethe's »Unterhaltungen deutscher Ausgewanderten«: A Reappraisal, Monatshefte 50 (1958), S. 57–74, hier S. 69.

[5] HA Bd. 6, S. 627.

[6] Der Briefwechsel zwischen Schiller und Goethe. [. . .], hg. v. Hans Gerhard Gräf u. Albert Leitzmann, Nr. 21 (28.10. 1794), Nr. 49 (22.2. 1795), Nr. 50 (25.2. 1795), Nr. 55 (11.3. 1795), Nr. 56 (18.3. 1795), Nr. 57 (19.3. 1795), Nr. 58 (19./20.3. 1795).

[7] Goethe im Urteil seiner Kritiker (Anm. 3), S. 123.

könnte angesichts dieses Titels und dieser Art, die Erzählung zu lesen, daran denken, ob nicht vielleicht der Ausspruch des alten Geistlichen sich auf den Prokurator bezöge. Wird man nicht von ihm den Eindruck mitnehmen dürfen, daß er gegenüber den Avancen der jungen Schönen »in sich eine Kraft habe, aus Überzeugung eines Bessern selbst gegen seine Neigung zu handeln«, und so seinen vielen Vorgängern von Salomo bis Aristoteles gerade nicht zu folgen? Doch steht dem die Anlage der Erzählung seit ihren Anfängen, soweit sie uns greifbar sind, entgegen.

Die gültige »Stammbaumzeichnung« für die verschiedenen Versionen der Erzählung vom Prokurator oder – wie sie seit Strauch nach der weiblichen Hauptfigur auch genannt wird – von ›Marina‹, stammt von Max Herrmann.[8] Danach hat Mitte des 15. Jahrhunderts, wohl nach 1444,[9] ein wahrscheinlich italienischer Verfasser (vgl. u.a. die Namen Zani und Galiotto) in lateinischer Sprache die Erzählung verfaßt, von der als früheste Abschrift die Albrecht von Eybs erhalten ist, welche in Padua entstand (Augsburg, St.B u. SB, 2° cod. 126, Bl. 105^{v}–112^{r}). Eyb hat sie zwischen 1453 und 1459 einem Codex mit den kostbaren Abschriften der gerade neu entdeckten drei Plautus-Komödien angefügt.[10] Davon existiert wiederum eine Abschrift Hartmann Schedels in München, Clm 650. Zwei weitere Handschriften deutscher Provenienz, in Wolfenbüttel und Chicago, weist Worstbrock (Anm. 8) nach.

Von der lateinischen Version ist eine fast wörtliche, nach 1461/62 und wahrscheinlich vor 1469 entstandene deutsche Übersetzung im Heidelberger Cpg 119, Bl. 84^{r}–99^{r} enthalten; sie ist dort eingeschoben zwischen eine Folge der ersten drei Translatzen Niklas von Wyles (›Eurialus und Lucretia‹, ›Guiscard und Sigismunda‹, ›Rat wider die Bulschaft‹) und Heinrich Steinhöwels ›Griseldis‹.[11] Herrmann hat zeigen können, daß diese Übersetzung nicht von Niklas von Wyle stammt, da der anonyme Verfasser besonders in der Behandlung des AcI dessen Wort-zu-Wort-Übertragung nicht entspricht.[12]

---

[8] Max Herrmann, Die lateinische ›Marina‹, Vierteljahrschrift für Litteraturgeschichte 3 (1890), S. 1–27, hier S. 16. Zitate der lateinischen ›Marina‹ danach. Vgl. auch Franz Josef Worstbrock, ›Marina‹ II, in: ^{2}VL Bd. 6, 1987, Sp. 64f. – Philipp Strauch, Deutsche Prosanovellen des fünfzehnten Jhs. I Marina, ZfdA 29 (1885), S. 325–342, danach Zitate der deutschen ›Marina‹.

[9] Vgl. das Zitat von Enea Silvio Piccolominis 1444 entstandener Novelle ›Eurialus und Lucretia‹, nachgewiesen bei Herrmann (Anm. 8), S. 6 Anm. 13.

[10] Max Herrmann, Albrecht von Eyb und die Frühzeit des deutschen Humanismus, Berlin 1893, S. 151; vgl. noch: Die Plautus-Übersetzungen des Albrecht von Eyb. Lateinisch-deutsche Textausgabe, hg. v. Peter Andreas Litwan, Bern [u.a.] 1984 (Europäische Hochschulschriften I.799).

[11] Vgl. Rolf Schwenk, Vorarbeiten zu einer Biographie des Niklas von Wyle und zu einer kritischen Ausgabe seiner ersten Translatze, Göppingen 1978 (GAG 227), S. 214; Ursula Hess, Heinrich Steinhöwels ›Griseldis‹. Studien zur Text- und Überlieferungsgeschichte einer frühhumanistischen Prosanovelle, München 1975 (MTU 43), S. 37–40.

[12] Herrmann (Anm. 8), S. 16f.

Voraussetzung für diese These ist, daß Albrecht von Eybs Abschrift im wesentlichen der Vorlage des deutschen Übersetzers gleicht, wie dies auch Herrmanns Darstellung der Filiation der verschiedenen Versionen nahelegt.

Dies läßt sich durch einen Blick auf die Version des Wolfenbütteler cod. 254. Gud.lat.8^0 bestätigen, in welchem die lat. ›Marina‹ (Bl. 25^r–35^r) zwischen dem (lat.) ›Evangelium Nicodemi‹ (Bl. 1^r–23^r) und der *epistola* eines Bischofs an den König von Böhmen *super communione* [. . .] *utraq̄ specie* (Bl. 35^v–40^r) steht. Diese ›Marina‹ gleicht der Abschrift Eybs bis auf eine, allerdings stattliche, Reihe von Einzelheiten so sehr, daß der Schluß berechtigt ist, beide Handschriften seien voneinander unabhängige Abschriften einer ursprünglich gemeinsamen Vorlage, die gegenüber dem Original aber wohl bereits eine Reihe von ›Fehlern‹ aufwies.

Übereinstimmungen gibt es z.B. in den von Herrmann als vielleicht »verderbt« bestimmten Passagen S. 3, Z. 10ff. mit Anm. 4 u. Z. 39 m. Anm. 6; S. 5, Z. 3 m. Anm. 8 u. Z. 11 m. Anm. 10; S. 7, Z. 11 m. Anm. 16, Z. 18 m. Anm. 17, Z. 20 m. Anm. 18; S. 9, Z. 2 m. Anm. 21, Z. 16 m. Anm. 22, Z. 18 m. Anm. 23; S. 10, Z. 37 m. Anm. 27; S. 11, Z. 4 m. Anm. 28; dabei enthält vielleicht nicht jede dieser Stellen bereits einen ›Fehler‹.

Umgekehrt findet man in der ›Marina‹ des Wolfenbütteler Codex aber auch eine Reihe von Fehlern der Abschrift Eybs nicht, so S. 2, Z. 13 m. Anm.3 *insignis* statt *in Sicenis*; S. 3, Z. 29 m. Anm. 5 *forma* statt *for me*; S. 7, Z. 5 m. Anm. 15 *reor* statt *rear*; S. 8, Z. 11 *in domo* statt *in domum* (vgl. aber S. 8, Z. 18f., übereinstimmend in beiden Hss. *in domum*); S. 9, Z. 20 m. Anm. 24 wird *eam* durch *eum* ersetzt; S. 10, Z. 9/10 m.Anm. 25 *deferret* statt *differeret*, nach *suspicatus* ist *est* ergänzt; S. 11, Z. 5 m. Anm. 29 immerhin *in parentes* statt *in partes*; S. 11, Z. 28f. m. Anm. 32 *facturam te velis fare* [!] statt *futuram tu velis facere*.

In einigen dieser und anderer Fälle steht die deutsche Übersetzung auch der Wolfenbütteler Handschrift näher als Eybs Abschrift. Ich erwähne noch:

Eyb (S. 3, Z. 36) *vt ab eis responsum haberet*
Wolfenbüttel (Bl. 26r) *vt ab eis responsum audiret*
dt. ›Marina‹ (327,27) *uff einen tag da Aronus hort*

Eyb (S. 5, Z. 29f.) *nec quitquam medio tempore, quo carere possis, agnosco*
Wolfenbüttel (Bl. 28r) *Ne quitquam hoc medio tempore, quo carere possis, tibi defuturum agnosco*
dt. ›Marina‹ (329,29f.) *so ich doch weisz, das du die wile kein mangel oder gebresten mogst han.*

Besonders aufschlußreich sind die folgenden vier Fälle. Marina, bereits einige Zeit allein, ist von den Verehrern vor ihrem Haus verwirrt, und so *etas, otium, et solitudo libidinis instigant* [Wolfenbüttel: *exaugent*] *flammas* (S. 8, Z. 20f.). Eyb gibt das im 1472 gedruckten ›Ehebüchlein‹[13] wieder mit: *warden in ir enzůndet die flammen der vnkeůscheit* (63,2). Die deutsche ›Marina‹ hat stattdessen: *dar nach müssiggeen, jugent und emssig gedechtnisse der lieb mereten in ir flammen der begirde* (333,6–8).

Marina erklärt sich gegenüber Dagianus in ihrer ersten Begegnung: *et quasi primi flores, qui veris tempore sponte sua odorem et colores* [Wolfenbüttel ergänzt: *effundunt*], *si quando a naturali instinctu impediantur, facile arescunt* (S. 10, Z. 19–21 m.Anm. 26). Eybs Version im ›Ehebüchlein‹ lautet: *gleicherweys als die ersten plumen des lentze, die bald iren geschmack vnd varb verlieren vnd důrr werden, so sie von dem natůrlichen einfluß werden gewendt vnd gehindert* (64,13–16). Die deutsche ›Marina‹ hingegen zeigt: *glicher wise die schonen blummen thund des glentzen. die giessend usz iren suszen gesmack zu rechter zyt von ine selber, aber wann sie wurden verhindert, so dorren sie und werden welck* (336,5–8).[14]

Als Aronus Abschied genommen hat und nach Alexandria gefahren ist, heißt es in Eybs Autograph: *Vt igitur plurimos a discessu nauium puella manserat annos, Aronus qualiter illius ab oculis aberat* (8,4–6). Dem entspricht in der Zeitangabe der Satz in Eybs Version der ›Marina‹ für das ›Ehebüchlein‹: *Als nun Aronus etzlich iare von ir gewesen* (62,25f.). Die Wolfenbütteler Handschrift hat statt *annos* kritischer: *dies*, und dies übersetzt die deutsche Version der ›Marina‹ wiederum mildernd mit: *Darnach nach abscheit der schieff belib sie vil tag allein*[,] *und also gemach Aronus wente sich und verrete sich vonn iren augen* (332,21f.) und entspricht damit der Fassung der ›Cent Nouvelles Nouvelles‹,[15] wo es entsprechend heißt: *Comme doncques le marchant eut ja pluseurs jours esté absent des doulx yeulx d'elle* (396f.). Geklärt ist damit freilich immer noch nicht, ob *annos*, das nach Herrmanns Vermutung »wohl irrtümlich für: *dies*« steht,[16] auf einen ›Fehler‹ Eybs oder seiner Vorlage zurückzuführen ist.

Endlich ist auch noch der Name des ›Prokurators‹ von Interesse. Bei Eyb heißt er nur im *Argumentum* zu Beginn *Dagianus* (S. 2, Z. 6), sonst durchgehend *Dagmanus*, wie auch im ›Ehebüchlein‹. In der Wolfenbütteler Handschrift ist sein Name durchgehend *Dagianus*, und die deutsche ›Marina‹ erwähnt ihn zunächst als *Dagianus* (S. 333, Z. 28,34; 334,33), dann stets als *Dagrianus*

---

[13] Deutsche Schriften des Albrecht von Eyb, hg. v. Max Herrmann, Berlin 1890 (Schriften zur germanischen Philologie 4); s. ferner: Albrecht von Eyb, Ob einem manne sey zunemen ein eelichs weyb oder nicht. Mit einer Einführung zum Neudruck von Helmut Weinacht, Darmstadt 1982.

[14] Vgl. hierzu ›Cent Nouvelles Nouvelles‹, 592–594. Ferner ist zu beachten Eyb S. 9, Z. 3 *animaduerterat* gegen Wolfenbüttel *audierat*, dazu dt. ›Marina‹ S. 334, Z. 6 *gehort*, so aber auch ›Ehebüchlein‹ 63,13; Eyb S. 12, Z. 9 *quod spectabat in fine* gegen Wolfenbüttel *quod sperabat in fine*, dazu dt. ›Marina‹ S. 338, Z. 18f. *der sie hofft an dem ende*.

[15] Les Cent Nouvelles Nouvelles, hg. v. Franklin P. Sweetser, Genève 1966 (Textes Littéraires Français 127), S. 554–579.

[16] Herrmann (Anm. 8), S. 8 Anm. 19.

(334,21f.; 335,17 etc.). In der Version der ›Cent Nouvelles Nouvelles‹ bleibt er, wie die anderen Figuren auch, ohne Namen.

Vor allem die beiden letzten Beispiele zeigen, daß Eybs Version im ›Ehebüchlein‹ allein auf sein Autograph zurückgeht, daß hingegen die anonyme deutsche Fassung der ›Marina‹ einer lateinischen Version wie der in der Wolfenbütteler Handschrift näher steht als der Abschrift Eybs. Dem widersprechen auch nicht gelegentliche Übereinstimmungen von deutscher ›Marina‹ und Eybs Autograph gegen die Version der Wolfenbütteler Handschrift.[17] Die engen Übereinstimmungen aller Versionen bestätigen hingegen Herrmanns Beurteilung der sonstigen Abhängigkeiten: Die deutsche ›Marina‹ stammt nicht von Niklas von Wyle, wie an des anonymen Übersetzers Umgang mit dem AcI zu beobachten ist; diese Frage mußte, so lange nicht das Verhältnis der beiden Codices in Wolfenbüttel und Chicago zu Eybs Autograph untersucht war, offenbleiben. Hier hat sich nichts Neues ergeben; es ist kaum zu erwarten, daß die Untersuchung der Version der Handschrift in Chicago, die ich nicht einsehen konnte, in dieser Hinsicht noch andere Ergebnisse bieten könnte.

Noch genaueren Einblick hingegen dürfte sie verschaffen in die verschiedenen Bearbeitungs- und Übersetzungstechniken des deutschen und des französischen Übersetzers, deren Versionen – verglichen mit der jetzt bekannten lateinischen Fassung – nicht immer als Übersetzungen im strengen Sinne angesehen werden können. Sie sind in manchen Partien deutlich gekürzt,[18] bieten Mißverständnisse oder sind, vor allem die französische Version, ironisch gegen die »antierotische Wende« (Worstbrock, Anm. 8) der Vorlage bearbeitet. Gegenwärtig deutet dies mehr auf die üblichen Freiheiten der Übersetzer als auf deutlich voneinander abweichende Handschriften des lateinischen Originals, doch ist das letzte natürlich nicht grundsätzlich auszuschließen. Immerhin wird man nach Lage der Dinge den ›Prokurator‹ nunmehr *Dagianus* nennen dürfen und nicht *Dagmannus*, wie er nur in Eybs zwei Versionen und allerdings auch in der Fassung des ›Speculum exemplorum‹ heißt.

Dennoch wird Herrmanns These, die mit diesem Namenproblem zusammenhängt, zu korrigieren sein, eine weitere, in der zehnten und letzten *distinctio* des ›Speculum exemplorum‹ (Erstdruck: Deventer 1481) als Nr. *XIIII*

---

[17] So z.B. Eyb S. 4, Z. 21 *abstinere* fehlt im Wolfenbütteler Codex, ist hingegen dt. ›Marina‹ 328,15 vorhanden; Eyb S. 7, Z. 6 *aut facere aut excogitare* erscheint in dieser Reihenfolge auch in der dt. ›Marina‹ (331,13) und nicht umgestellt wie im Wolfenbütteler Cod.: *aut cogitare aut facere*. Eyb S. 7, Z. 31 heißt es *alba dies* und *der liecht tag* (332,3) gegen *alma dies* im Wolfenbütteler Cod.; Eyb S. 7, Z. 32 *dulcem patriam linquunt* und *verliessen* [. . .] *suszigkeit ires vatterlands* (332,3–5) gegen *et patriam relinqunt* (Wolfenbüttel). Es handelt sich durchweg um fehlende Wörter oder Reihungsumstellungen.

[18] Vgl. z.B. lat. ›Marina‹ 10,33f. und ›Cent Nouvelles Nouvelles‹, 617f.: *cui tam pinguis se obtulerit casus* und *quand on elle* [*madame Fortune*] *trouve si large bonté* fehlt in der deutschen ›Marina‹ an entsprechender Stelle (336,22f.).

enthaltene Version der ›Marina‹ gehe auf Eybs (deutsche) Fassung im ›Ehebüchlein‹ zurück.[19] Herrmanns Argumente – Übereinstimmung sowohl in den Namen Aronus, Marina, Dagmannus als auch im ersten Teil der Erzählung, der ebenso wie im ›Ehebüchlein‹ stark gekürzt sei; die Angabe, die Geschichte sei *in theutonicali libro* gefunden worden – sind nicht so überzeugend, wie sie scheinen. Denn der erste Teil der Erzählung (und nicht nur dieser) ist gegenüber allen anderen Versionen derart verändert (vgl. Anhang, unten S. 328ff.), daß eine Entscheidung über Abhängigkeiten allein von Kürzungstendenzen her gesehen füglich nicht mehr möglich ist; und die Namen finden sich auch, bis auf Dagmannus, in der deutschen Übersetzung. Ein inhaltlich bedeutungsloses Detail jedoch spricht dafür, daß der Autor des ›Speculum exemplorum‹ ein anderes ›deutsches Buch‹ zur Vorlage gehabt hat als Eybs ›Ehebüchlein‹. Denn für die Szene, in der Aronus Marina eröffnet, daß er erneut seinen Handelsgeschäften in Alexandria nachzugehen wünsche, ist in Eybs ›Ehebüchlein‹ keine Ortsangabe gegeben (vgl. 60,1–4); in der deutschen ›Marina‹ sind jedoch Aronus *und sin liebe Marina allein heimlich verslossen by einander* (329,13f.), und in der lateinischen Version ebenso wie in der des ›Speculum exemplorum‹ befinden sich beide *in thalamo* (5,14; Anhang, Z.7).

Wir haben es also mit einer in dichter Folge etwa im dritten Viertel des 15. Jahrhunderts erschienenen Reihe von Versionen der Erzählung von ›Marina‹ zu tun: Sie ist wahrscheinlich in Italien Mitte des Jahrhunderts in lateinischer Sprache entstanden, in vier bekannten Abschriften erhalten, darunter in einem in Italien angefertigten Autograph Albrecht von Eybs (1453/59), der auf dieser Grundlage seine deutsche Version für das ›Ehebüchlein‹ (1472) schuf. Von der lateinischen Version abhängig ist ferner eine deutsche Übertragung (1461–1469) und, womöglich, auch die Version des ›Speculum exemplorum‹ (1481). Ebenfalls, zumindest in letzter Instanz, von der lateinischen Version abhängig ist die Version der ›Cent Nouvelles Nouvelles‹ (ca. 1462, gedruckt 1482), die Goethes Vorlage für die ›Unterhaltungen‹ wurde.[20] Nahezu zeitgleich entstanden hier also, vermutlich in Zusammenhang mit der Latinisierung italienisch-volkssprachlicher Novellistik einerseits, der Neuformulierung lateinischer Novellistik andererseits (Enea Silvio Piccolomini) und der wiederum volkssprachlichen Rezeption beider in Deutschland im Kreise der frühhumanistischen Übersetzerpersönlichkeiten – Arigo, Wyle, Steinhöwel, Eyb – eine eher novellistisch, novellenartig orientierte Version mit eher geringer Resonanz und zwei aus diesen Novellen hervorgegangene didaktisch-exemplarisch orientierte Versionen, die – mit durchaus unterschiedlichen Zielsetzungen! – für die

---

[19] Herrmann (Anm. 8), S. 21f.

[20] Außer Betracht können hier die Versionen Malespinis und des Hans Sachs bleiben; dazu Herrmann (Anm. 8), S. 19–25.

nächsten Jahrzehnte in ihrem jeweiligen Kontext, ›Speculum exemplorum‹ und ›Ehebüchlein‹, wirkungsmächtig wurden.

Es scheint, als sei dieser Befund auf die bekannte Formel zu bringen: In deutschem Sprachgebiet brach, anders als in Italien und Frankreich, die ›Tradition der Novelle‹ auch in diesem Beispiel, kaum daß sie begonnen hatte, bereits früh wieder ab und setzte erst ca. 300 Jahre später wieder ein, mit Goethes Rezeption der ›Marina‹ in der Novelle vom »ehrlichen Prokurator«, einer Novelle, der Goethe durch die Baronesse und den alten Geistlichen freilich den »Ehrentitel« einer »moralischen Erzählung« (185,26f.) geben ließ. Daß diese Beschreibung der Literarhistorie auf einen bestimmten Novellentyp beschränkt ist, nämlich den, den man im ›Dekameron‹ gesehen und beschrieben hat, ist inzwischen offensichtlich. Dennoch bleibt zu fragen, ob an der Erzählung und ihren verschiedenen Versionen abzulesen ist, was dazu beitrug, daß sie im 15. Jahrhundert primär in den Versuchen exemplarischer Umformulierung rezipiert wurde, während sie Ende des 18. Jahrhunderts eine neue Tradition begründen half.

Die Geschichte des Kaufmanns Aronus, welcher sich, als Mann von fünfzig Jahren, entschließt, zukünftiger Erben halber Handel und Schiffahrt aufzugeben und eine Ehe einzugehen, die ihn dann aber doch nicht davon abhalten kann, erneut auf Handelsfahrt zu gehen und damit seiner Ehefrau möglicherweise die Gelegenheit zum Bruch der Ehe zu geben, gehört deutlich zu jenem Stoff- oder Themenkreis, der über die Jahrhunderte hinweg der novellistischen Literatur des Mittelalters das Faszinosum schlechthin geboten hat: Arrangement und/oder Verhinderung des Ehebruchs. Gewöhnlich übernehmen in der Figurenkonstellation, die man sinnigerweise das ›erotische Dreieck‹ genannt hat und die Konstituens dieser Erzählungen ist, Ehefrau und Geliebter den Part des Arrangements und der Ehemann den der Verhinderung des Ehebruchs. In dieser ›gewöhnlichen‹ Konstellation gelingt der Ehebruch zumeist, dem Ehemann bleibt die Rolle des Übertölpelten oder des Rächers. Zielt die Erzählung jedoch auf die Verhinderung des Ehebruchs, so setzt das, da die Rolle des Ehemanns stets gleich definiert ist, die Umformulierung der Rollen von Ehefrau oder Liebhaber voraus. Beides geschieht im Vergleich zum ersten Typus nicht eben oft, die zweite Variante ist sogar ausgesprochen selten.

Die Umformulierung der Rolle der Geliebten zu der der treuen Ehefrau und damit deren Wechsel von der Seite des Liebhabers zu der des Ehemanns zeigen sich in jenen Erzählungen, in denen das Ehepaar gemeinsam gegen den Liebhaber vorgeht oder vorzugehen versucht (z.B. ›Der Bildschnitzer von Würzburg‹, Kaufringers ›Der feige Ehemann‹) oder dann, wenn die Ehefrau allen Versuchungen oder gar Pressionen widersteht, wie in Ruprechts von Würzburg ›Treueprobe‹.

Die Umformulierung der Rolle des Liebhabers, und das bedeutet unter den drei möglichen Konstellationen im ›erotischen Dreieck‹ ein Bündnis von Liebhaber und Ehemann gegen die Ehefrau, kommt den generell verbreiteten misogynen Tendenzen natürlich entgegen, ist aber unter den Erzählungen in Hanns Fischers Mären-Katalog lediglich zweimal und erst sehr spät, Mitte oder Ende des 15. Jahrhunderts, vertreten, in Hans Meißners ›Die bestrafte Kaufmannsfrau‹ und Hans Folz' ›Der Köhler als gedungener Liebhaber‹. Beide sind Nürnberger Autoren, beide finden eine eher grobianische Lösung. Bei Hans Meißner wird der Ehebruch der Kaufmannsfrau dadurch verhindert, daß ein Ritter die Abwesenheit des Kaufmanns während eines Turniers nicht nutzt, sondern dem Werben der Ehefrau nur bei einem Essen, nicht aber in den *betten* entgegenkommt; er verprügelt sie vor den *betten* derart mit seinem *kolbn*, daß ihr *lust wol gepußt* (v. 44,96) ist. In Hans Folz' Märe gibt ein jung verheirateter Goldschmied, der vom Kölner Rat auf Reisen geschickt wird, seiner Frau den Rat, sich einen Taglöhner zu engagieren, falls ihr während seiner Abwesenheit etwas fehle. Sie schickt darum nach einer (wegen eines Flohs) durchwachten Nacht ihre Magd auf die Suche nach einem Tagelöhner. Den Köhler, der dann erscheint, fordert sie auf, mit ihr so zu verfahren wie heute mit seiner Frau – und so wird sie, wie diese, verprügelt. Das gleiche geschieht der Magd. Dem Goldschmied, der vom Köhler erfährt, was geschehen ist, und darauf beide Frauen zur Rede stellt, antwortet die Magd, er sei, seines Rates wegen, selbst schuld.[21]

Die Übereinstimmungen mit der ›Marina‹ sind, trotz aller Abweichungen, deutlich: Hier wie dort ist die Rolle der Frau definiert durch ihre in diesem Genre übliche stete Bereitschaft, *lust*, Sexualität außerhalb der Ehe zu suchen, von der sie nur durch körperliche Züchtigung abgehalten werden kann. Die Gelegenheit dazu verschafft ihr die notwendige Abwesenheit des Ehemanns, was in beiden Fällen durch dessen Tätigkeit als Kaufmann oder Ratsgesandter motiviert wird. Und auch das Gehorsamsmotiv findet sich, wie bei Folz, in der ›Marina‹ wieder. Beide Erzählungen erweisen sich so als ausgesprochene Spät-Produkte einer literarischen Reihe, die das Übliche durch die Umformulierung einer Rolle zu variieren suchen.

Um so mehr gilt das für die ›Marina‹. Denn deren eigentliches Verdienst ist es, mit der einzig noch nicht umformulierten Rolle in der Dreier-Konstellation der Ehebruchsgeschichten, mit der Um-, oder besser: Neu-Formulierung der Rolle des Ehemanns, den Weg frei gemacht zu haben für das, was für die

---

[21] Hans Meißners Erzählung ist ediert in: Die deutsche Märendichtung des 15. Jahrhunderts, hg. v. Hanns Fischer, München 1966 (MTU 12), S. 391–393; für Hans Folz' Märe siehe: Hans Folz. Die Reimpaarsprüche, hg. v. Hanns Fischer, München 1961 (MTU 1), S. 29–33; weitere Angaben zu diesen Texten bei Hanns Fischer, Studien zur deutschen Märendichtung, 2. Aufl. bes. v. Johannes Janota, Tübingen 1983, Reg.

Rezeption dieser Erzählung unter durchaus wechselnden Gesichtspunkten das eigentlich Interessante gewesen zu sein scheint: der vom Ehemann angestoßene Erkenntnisprozeß einer Frau, den der Liebhaber zu dem vom Ehemann gewünschten Ende führt.

So interessant dieser Erkenntnisprozeß – zumal mit seinem im Sinne der herrschenden Auffassung erwünschten Ende – auch ist, er läßt der narrativen Entfaltung der Rolle der Ehefrau, mehr noch der des Liebhabers, weniger Raum als der des Ehemanns. Daß die gegen die Tradition gesetzte neue Auffassung seiner Figur die Voraussetzungen für das Ende der »moralischen Erzählung« bietet, daß in der Figur des Ehemanns also ihr eigentlich provokatives Element verborgen ist, hat die frühe Rezeption bei Albrecht von Eyb und im ›Speculum exemplorum‹ klar erkannt.

Abzulesen ist dies an der zielgerichteten Demontage jener Erzählpartien, die die Ambivalenz der Figur des Aronus ausmachen; sie können auch heute noch irritieren, da sie mit dem Erzählziel nicht in unmittelbarem Zusammenhang zu stehen scheinen, sind aber von den literarischen Voraussetzungen des 15. Jahrhunderts zu begreifen.

Sowohl die Version im ›Ehebüchlein‹ Albrecht von Eybs als auch die Version des ›Speculum exemplorum‹ (siehe Anhang) streichen die beiden Szenen, in denen Aronus sich im Selbstgespräch seiner weiteren Handlungen versichert; er erörtert zunächst das Für und Wider der Ehe und faßt dann den Entschluß zu heiraten, sodann entscheidet er sich im Gegeneinander der Argumente für eine erneute Fahrt nach Alexandria.

Beide Monologe scheinen entbehrlich, wenn es allein Ziel der Erzählung sein sollte, die Verhinderung des »Liebesverrats«[22] zu inszenieren. Wie die ›Griseldis‹ beginnt jedoch auch die ›Marina‹ damit, aus der Perspektive des zukünftigen Ehemanns zu erzählen, der von der Notwendigkeit der Ehe zunächst einmal zu überzeugen ist. Während in der ›Griseldis‹ jedoch die entsprechenden Argumente, quasi objektiviert, die Untertanen des jungen Walther vorbringen, der bislang *vil siner sachen* mit fürstlichem Müßiggang *versomet* hatte,[23] sind die – ähnlichen – Argumente des Aronus, der sich demgegenüber selbst bestätigen kann, wie die *vogel* auch *husung und gnung darin* (327,4f.) erworben zu haben, in der ›Marina‹ inszeniert, als entstammten sie eigener Anschauung. Und auch das eindringliche Moment der freien Gattenwahl, das in der ›Griseldis‹ in der Auseinandersetzung mit den Untertanen profiliert werden kann, gewinnt hier einen ›privaten‹ Anschein, da die Entscheidung des Aronus für Marina *zu einer huszfrauwen* durch *clugkheit und wyszheit*, vor allem aber *durch inbrunstig lieb* (327,24f.) begründet ist.

---

[22] Peter von Matt, Liebesverrat. Die Treulosen in der Literatur, München 1989.

[23] Steinhöwels ›Griseldis‹ (ed. Hess [Anm. 11]), Z. 27f.

Gerade diese ›private‹ Entscheidung ist aber in einem spezifisch gesellschaftlichen Sinne vermittelt, denn die langfristige Sicherung des Vermögens für die Familie durch Erben aus einer legitimen, also ehelichen Verbindung lag durchaus im Interesse der städtischen, in diesem Fall handelsstädtischen Magnaten und damit auch im Interesse der von ihnen dominierten städtischen Institutionen, ja, nach diesem Verständnis, der Stadt selbst. Der Autor der Erzählung reflektiert diese, von verschiedenen Widersprüchen kaum freien, Interessen dadurch, daß er im ersten Satz das Bild eines prosperierenden, im Überfluß an *guttern* und *aller libesnarung* lebenden Genua und seiner großen Anzahl von *burgern* (*ciues*) entwirft, deren Verantwortung gegenüber einer deutlich von den *ciues* abgesetzten *plebs* (*das gemein volck*) sich in *deglicher ubung* für die Schiffahrt erweist. Erst darauf lenkt die Erzählung den Blick auf den *treffliche*[*n*] *burger* (*insignis vir*) Aronus, der zwar wie die anderen Handel getrieben, aber für sich allein Gewinn angehäuft und sich gerade damit von der *freude* (326,16) der städtischen Gesellschaft, die beim Fest für ihn augenfällig zu Tage tritt, ausgeschlossen hat.

Die Strategie der Erzählung ist deutlich: Sie versucht in der Sequenz der Bilder zu Beginn, die massiven ständischen, erb- und vermögensrechtlichen Interessen an öffentlich geschlossenen und intakten Ehebündnissen verschiedener Familien innerhalb der einen *vorgenanten statt* (327,16) als ein Zugleich von Handel und Wirtschaft einerseits und von intakten Familien andererseits vorzuführen, auf dem Prosperität und Wohlergehen der Stadt beruhen. Ihr Kunstgriff ist es, diese ›öffentlichen‹ Interessen als ›privaten‹ Konflikt der Hauptfigur austragen zu lassen.

Die Entscheidung des Aronus für die Ehe muß sich also bewähren gegenüber einer nützlichen Tätigkeit, der Aronus *vil jar durch ubung siner vernunft und arbeit sins libs hett angehangen* (326,4f.). Das Wissen um den Widerspruch zwischen einer so mit ›privater‹ Passion betriebenen Tätigkeit, zwischen einem ›Beruf‹ und der auf Liebe gegründeten Ehe wird als ein eigenes Wissen des Aronus in Szene gesetzt. Und es geht ein in das zweite Selbstgespräch, das die beiden exempelhaften Versionen ebenfalls streichen. Denn hier entschließt sich Aronus, die eigene *gewonheit*, von der er allein (*heimlich* 328,26) entdeckt hat, daß es *ime unmüglich* ist, davon *zu lassen* (328,14f.), als sein Eigenes zu akzeptieren, auch auf das Risiko einer Gefährdung *des elichen stats* (328,19) hin. Und aus diesem Wissen um den eigenen *stahel und zwivel* (328,26) läßt der Autor seine Hauptfigur auch die literarischen Klischees der älteren Ehebruchsliteratur als eigenes Wissen ableiten: Er akzeptiert, daß er, gleich wo er sich aufhält, betrogen werden könnte (328,31f.), er akzeptiert – nun im Gespräch mit Marina –, daß sie zwar *einen kuschen vorsatz* (329,38) habe, aber ihrer hoch gepriesenen *jugent, forme und gutt gestalte* und der *verborgen hitze und füwer* wegen (330,2f.) *an man mit nicht* [. . .] *beliben* könne (330,4), er weiß, wie *die andrn frauwen pflegen inn glichen sachen* (330,32) zu antworten, und kann so, für den Fall, sie könne nicht mehr *widderstreben* (331,3), die Empfehlung für den einen Liebhaber, der *sy wise und verswigen* (330,27), aussprechen.

Daß in diesen gegen alle eigenen Vorstellungen geäußerten Wünschen (u.a. 328,11ff.) die eigentliche Brisanz der Erzählung steckt, ist besonders an der Version des ›Speculum exemplorum‹ zu verdeutlichen, in der – dem Ziel des Exempels adäquat – der von Beginn an als Ehemann erscheinende Aronus lediglich seine Furcht um die Treue der Marina äußert und diese wie *die andrn frauwen* der Ehebruchsliteratur *inn glichen sachen* antwortet (Anhang, Z. 16–25). Die Folgen dieses, noch einmal: für die exemplarische Auffassung der Erzählung konsequenten, für die Struktur der Novelle aber rabiaten Eingriffs sind absehbar: Nicht nur wird Aronus seine zwiespältige *wisheit* genommen, sondern auch die Leidenschaft der Marina für Dagmannus ist die übliche, der Liebhaber selbst ist ein Asket (die Essensszene fehlt), der die Erziehung der Marina ohne Erbarmen bis zu deren physischem Zusammenbruch betreibt. Hier wird nicht ein Mensch dazu geführt, am Ende »aus Überzeugung eines Bessern selbst gegen seine Neigung zu handeln«, sondern mit den wohl kalkulierten Eingriffen in die Gestaltung der Hauptfigur und die eigentliche Pointe der Geschichte wird auch eine Krankheit ausgetrieben, die den Namen *amor* erhält.[24]

Die Frage ist, ob der Autor der ›Marina‹ die Idee zu der Pointe der Geschichte, mit dem Zuraten des Ehemanns zum Ehebruch ebendies zu verhindern, seinem eigenen Ingenium oder wiederum der Tradition verdankt. Bis vor kurzem schien das erstere wahrscheinlich, denn die Motivindizes verzeichnen zur 100. Novelle der ›Cent Nouvelles Nouvelles‹ keine Parallele als das allenfalls für den ersten Teil wichtige, für die gesamte Erzählung aber letztlich belanglose, wenn nicht gar verfälschende Motiv »Foolish marriage of old man and young girl«.[25]

Paul Sappler aber verdanke ich den Hinweis auf eine Erzählung aus dem Corpus der ›Neuen Erzählungen aus den Tausendundein Nächten‹, die – in welcher Vermittlung auch immer – durchaus die Quelle für die ›Marina‹ gewesen sein könnte. In der ›Geschichte von der zurechtgewiesenen Frau‹[26] wird von einem Mann erzählt, der von seinem König oft auf gefährliche Mission geschickt wird. Als dies wieder einmal der Fall ist, beschwört er seine überaus schöne Frau, falls sie »es« während seiner Abwesenheit »nicht aushalten« könnte und falls »der Satan« ihr »einen Streich« spiele und Gott ihr »Unzucht und

---

[24] Dazu vgl. Georg Braungart, De Remedio Amoris, Arch.f.Kulturgesch. 62/63 (1980/81), S. 11–28.

[25] D.P. Rotunda, Motif-Index of the Italian Novella in Prose, Bloomington 1942: J 445.2.

[26] Neue Erzählungen aus den tausendundein Nächten, Bd. 1 [...], übertragen u. erläutert von Felix Tauer, Frankfurt a.M. 1989, S. 528–532.

Ehebruch« bestimmt habe, sich keinem anderen hinzugeben als einem bestimmten, von ihm näher bezeichneten Mann. Die Frau verwahrt sich empört gegen dieses Ansinnen, doch als die Abwesenheit ihres Mannes sich mehr als eine Reihe von Tagen hinzieht, führen Satan und »ihre Seele« sie in Versuchung, der sie zunächst widersteht, dann aber doch nachgibt und nach dem bewußten Mann schickt. Als dieser, nach mehreren vergeblichen Versuchen ihn zu erreichen, eher zufällig an ihrem Haus vorbeikommt, stellt sie sich geschmückt und prächtig gekleidet an die Tür, lockt ihn mit einer fingierten Bitte ins Haus, wo sie ihn zum gegenseitigen »Ergötzen« auffordert. Er gibt vor, dies mit ihr teilen zu wollen, doch fehlten zum richtigen »Ergötzen« Blumen, Wein und vor allem Fleisch, das er noch besorgen will. Er bringt ihr darauf einen geschlachteten Hammel, den sie aufhängen und auf den sie aufpassen solle, und verspricht wiederzukommen. Eine Woche lang kommt er nicht, und so ist sie gezwungen, ständig neben dem stinkenden Hammel zu stehen und die Hunde mit dem Knüppel fernzuhalten. Als der Mann nach einer Woche kommt, erklärt er ihr sein Verhalten: Hätte er in ihr Verlangen eingewilligt, wäre sie dem stinkenden Fleisch ähnlich geworden, die Männer wären auf sie gesprungen, und sie hätte sich ihrer nicht mehr erwehren können, wäre von ihnen betrogen worden und ins Gerede der Leute gekommen. Die Frau wirft sich darauf ihm zu Füßen und dankt ihm, daß er sie »von der Unzucht und dem Ehebruch abgelenkt« habe. Sie erzählt die Geschichte ihrem Mann bei dessen Rückkehr, und dieser lobt und beschenkt den Mann, einen Schneider.

Die Übereinstimmungen zwischen beiden Erzählungen sind zu deutlich, als daß sie hier noch einmal herausgestellt oder Erwägungen angestellt werden müßten, ob und wie sie miteinander vermittelt sind. Deutlich sind aber auch die Unterschiede: Der Erkenntnisprozeß der Frau wird in der orientalischen Erzählung nicht oder nur andeutungsweise durch körperliche Einwirkungen gleich welcher Art erzielt, sondern durch eine nachträgliche, momenthafte Reflexion. Und die genaue Bezeichnung des Schneiders durch den Ehemann lenkt alles Verdienst an der bewahrten Treue der Frau auf den Schneider, während das ausdrückliche Beharren des Aronus auf der freien, nur durch die Anforderung an die Weisheit des Liebhabers eingeschränkten Wahl Marinas den Blick frei dafür macht, im Erzählen das Verhältnis von *natura*, »Neigung«, und »Vernunft und Gewissen« zu entfalten.

Klar erkannt ist in beiden Erzählungen jedenfalls, daß die Neuformulierung der Rolle des Ehemanns gegenüber der Tradition dieser Rolle dennoch nichts anderes tun kann, als diese Figur in die Erzählung einzuführen, um sie wieder aus ihr entfernen zu müssen, und daß sie Voraussetzungen schaffen muß, dies auch zu können. Doch nutzt vor allem der Autor der ›Marina‹ dies als Chance, in dem eng gesteckten Rahmen nicht nur den Verzicht des Ehemanns auf *hute* über die Ehefrau, sondern auch den ausdrücklichen Wunsch, *sie behut sich selber ob sie wil* (328,30f.) oder *sy du din selber hutterin* (330,10) und darüber hinaus die Empfehlung für einen weisen Liebhaber zu motivieren. Alles wird auf den Vorsprung an Einsicht in *natura* des Aronus gegenüber Marina zurückgeführt; dies konstituiert den Altersunterschied von Ehemann und Braut, und folglich faßt die lateinische Version das Verhältnis beider in das von *senex* (2,2) und *puella* (3,25 u.ö.).

Der Autor der ›Marina‹ greift demnach auf das bereitliegende literarische Klischee von der Heirat des alten Mannes mit dem jungen Mädchen zurück, zeigt aber sofort, daß dies alles andere als eine »foolish marriage« ist. Er läßt Aronus, dem er den üblichen Beruf des Kaufmanns gibt, um ihn ohne größere Motivationsschwierigkeiten von der Seite der Marina wieder entfernen zu können, seine Entscheidung für die Ehe nicht nur in einer Diskussion um den Wert von Ehe und Beruf mit den üblichen Argumenten der spätmittelalterlichen Ehedebatte finden, sondern begründet den Anstoß für diese Selbstprüfung ausdrücklich durch Anschauung – Aronus beobachtet Kinder und Eltern beim Fest in Genua. (In schöner Konsequenz hat Goethe auch den Entschluß zur neuerlichen Ausfahrt auf Anschauung, auf den Blick auf die aus dem Hafen auslaufenden Schiffe zurückgeführt.) Umgekehrt ist der Wunsch, dem Beruf nach einjähriger Ehe noch einmal nachzugehen, nur um den Preis einer Gefährdung der Ehe zu verwirklichen (328,11–25). Das Für und Wider *vil langer betrachtung und disputeren* (328,26f.), entweder der eigenen *gewonheit* (328,14) oder der *genczlicheit des elichen stats* (328,19) Unrecht zu tun, führt dazu, daß er *swach und kranck* (328,28) wird, und von dort aus zu dem Entschluß: *dannoch must du leben* (328, 32). Der Entschluß, damit auch noch einmal nach Alexandria zu fahren, wird aus eigener Machtvollkommenheit sofort in die Tat umgesetzt und führt mit diesem Schritt Selbstbestimmung und mit der Einsicht in *natur* und *jugent*, vielmehr mit der Einsicht des Autors in die literarischen Klischees der Ehebruchsgeschichten zu der paradoxen Empfehlung an Marina, sich bei Bedarf frei einen Liebhaber besonderer Art zu wählen, um gerade dadurch womöglich den Ehebruch zu vermeiden. Mit der ausdrücklichen Konzession an die nur mäßig eingeschränkte freie Wahl, die zur Voraussetzung hat, Marina ihre eigene *hutterin* sein zu lassen, wird auch auf weiblicher Seite ein Stück Selbstbestimmung in der Ehe zugelassen, wenn es auch zugleich mit der Aufforderung, in dem bewußten Punkt dem Ehemann Gehorsam zu leisten, noch einmal rückversichert ist.

Es ist dieses Stück freier Selbstbestimmung, das seinesgleichen in der Literatur der Zeit sucht, es aber dennoch erlaubt, diese Novelle an die Seite der anderen humanistischen Novellen zu stellen, in denen Selbstbestimmung zwar in langer Rede vorgeführt, aber allein gegen die Ehe (›Eurialus und Lucretia‹) oder in der Entscheidung für den Tod (›Guiscardo und Sigismunda‹) verwirklicht werden kann, wenn sie nicht gar provokatorisch und exzessiv vernichtet wird (›Griseldis‹), was den Autor der ›Cent Nouvelles Nouvelles‹ veranlaßt haben dürfte, seiner Kritik an den ›Cent Nouvelles‹ durch die ebenso provokante Plazierung seiner 100. Novelle eine zusätzliche Spitze zu geben.

Doch damit nicht genug. Mit der Vereinbarung zwischen Aronus und Marina ist auch ein Prozeß angestoßen, der – der Prophezeiung des Aronus entsprechend – das fünfzehnjährige Mädchen *natur* und *jugent* jenseits der wiederum abgewehrten und als hohles Gerede abgetanen Beteuerungen anderer Frauen (330,31 – 331,3) als ein ihr Eigenes zunächst einmal erkennen läßt. Erst darauf, in einem zweiten Schritt, braucht die List des Dagianus den Anstoß zu geben, Marina am Ende erkennen zu lassen, daß sie »von einer Verirrung abgehalten oder davon zurückgebracht worden ist«.

Mit dieser List des Dagianus hat es eine eigene Bewandtnis. Nicht nur ist er *iurisperitissimus* (8,36), nicht nur hat er *eines treffenlichen mannes namen und leumut* (333,31f.), weswegen er *inter bonos ciues et graues viros* (8,39) hochgeschätzt wird, sondern er distanziert sich auch von jenem *populo* (10,43) oder *gemeinen volck* (336,34), das den Bologneser Aufstand angezettelt hat, in welchen er mit seinen *gesellen* (336,35) *gancz unschuldig* (336,37) verwickelt worden sein will. Daß dieser Mann, der sich nun auch anschickt, die Ehe des Aronus und der Marina unverletzt zu bewahren, so recht ein Mann nach dem Herzen jener am Beginn der Erzählung erwähnten *ciues* ist, von denen das Glück Genuas abhängt, ist offensichtlich – gleichgültig, ob seine Erzählung nun stimmt oder nicht. Denn dem höheren Zwecke, Marina die Ehe nicht brechen zu lassen, opfert Dagianus in der lateinischen und der davon abhängigen deutschen und französischen ›Marina‹ seine Glaubwürdigkeit, die ihm die exemplarischen Versionen, und auch Goethe, bewahren.

Mit geringen Abweichungen lautet in allen Versionen das Gelübde, das Dagianus für den Fall seiner Rettung aus unschuldiger Haft abgelegt haben will, ähnlich wie in der deutschen Version: *ich wolt ein gancz jare nit mer wann einer spise uff ein stunde des tages gebruchen, das ist brot und wasser. die glubde hann ich also bisz herre volbracht uff wenig tag und han da by min lip rein und kusch versichert* (337,4–7).[27]

Die Bitte der Marina, Dagianus möge zu ihr kommen, hat aber die kleine Dienerin Anthonia unmittelbar zuvor in einer ausgiebig erzählten Szene dem Dagianus ausgerichtet, als dieser *uber disch by sinen frunden in der wirtschaft* (334,32) gesessen und Anthonia auch noch ausdrücklich mit der folgenden Botschaft zurückgeschickt hat: Sie solle ausrichten, *»ich wol komen als bald ich gessen hab«* (335,6). Die Dienerin geht *und sagt das widder irer frauwen* (335,8f.). Doch

[27] Vgl. lateinische ›Marina‹ 11,6–9; ›Cent Nouvelles Nouvelles‹, 644–648; Eybs ›Ehebüchlein‹, 65,7–11; Version des ›Speculum exemplorum‹, (Anhang) Z. 69f.; Goethe HA 181,26–34; 182,14–23.

Marina bezieht diese Botschaft und das Gelübde des Dagianus nicht aufeinander. Diese Unwahrscheinlichkeit mag gleichwohl der Fünfzehnjährigen jenen Charme jugendlicher Naivität sichern, den diese Versionen über sie auszubreiten bemüht sind; es sichert dem Leser der Erzählung den Erkenntnisvorsprung, für den allein die Botschaft der Dienerin bei der Essensszene geschrieben ist, sichert einen Erkenntnisvorsprung, der den Leser die List des Dagianus durchschauen läßt und dieser Figur das Spielerische zurückgibt, das ihr die exemplarischen Versionen aus den ihnen eigenen Beweggründen genommen haben, indem sie die Essensszene strichen.

Goethe jedoch hat sie bewahrt, freilich zugleich die Unwahrscheinlichkeit zu beseitigen gesucht, es werde nicht irritieren, wenn der Prokurator, gleichsam während des Essens, behauptet, er halte sich streng an die Fasten. So läßt er den Prokurator im Anschluß an die nähere Erläuterung seines – sehr viel umfangreicheren – Gelübdes erläutern, warum er kurz zuvor noch bei Tische saß: »Kann ich« – so sagt er – »wie es mir heute geschehen ist, nicht vermeiden, bei einem Gastmahl zu erscheinen, so darf ich deswegen doch nicht meine Pflicht hintansetzen« (182,18–21). Diese Veränderung liegt durchaus in der Konsequenz der anderen Eingriffe Goethes, Momente gesellschaftlicher Realität aus der Vorstellungswelt der *ciues* in der Novelle des 15. Jahrhunderts zurückzudrängen und demgegenüber individuelle Dispositionen und ihre Veränderungen als psychische Prozesse glaubwürdig zu vermitteln.

So ist des Prokurators Gelübde, seiner Erzählung nach, nicht während eines Aufstands des ›popolo‹ gegen die *ciues*, sondern während einer schweren Krankheit entstanden.[28] Dementsprechend sind auch am Beginn der Erzählung alle Indizien ausgespart, die in den frühen Versionen das Interesse der *ciues* an einer öffentlich geordneten Vermögens- und Familienpolitik erkennen lassen. Goethes Version lenkt den Blick sofort auf den »guten Kaufmann«; dieser aber lebt nicht in Genua, dessen Existenz elementar auf den Levantehandel über Alexandria gegründet war, sondern in einer beliebigen »italienischen Seestadt«, von deren sonstigem Wohlergehen wir nichts hören. Weder bildet der »gute Kaufmann« eine ›compagnia‹, als er erneut nach »Alexandrien« (174,38) fährt, sondern er befiehlt als »Patron« seinen »Schiffsgesellen« (169,30,34; 172,11), noch versichert er sich des Einverständnisses derselben *gutten frunde* (327,9) für die Ehe mit Marina. Diese wiederum ist auch nicht von *adelichem stam entsprungen* (327,16f.), weswegen es unter ihren Verwandten bei der Verhandlung für das öffentliche Verlöbnis mit Aronus der Mesalliance wegen zu *einer cleynen zweytracht* (327,29) zu kommen scheint, sondern Goethes Kaufmann findet,

[28] Dazu neuerdings, mit anderer Deutung als hier vertreten, Gero von Wilpert, Revolution als Krankheit? Goethes Prokurator-Novelle und die Cent nouvelles nouvelles, Arcadia 26 (1991), S. 72–76.

»was er suchte in einem Frauenzimmer«, mit der alsbald »man die Heirat mit großer Pracht und Lust« vollzieht (170,7f.). Von den Verwandten der Braut ist dabei, undenkbar für das Bündnis zweier Familien im Verlöbnis zweier ihrer Mitglieder in einer Stadt des 15. Jahrhunderts, nicht die Rede. Sie werden erst erwähnt, als sie »der schönen Frau«, die außer ihren Eltern und Verwandten niemanden sonst zu sehen pflegt, von dem »jungen Rechtsgelehrten« erzählen, von dessen ›Lobe man nicht genug zu sagen wußte‹ (177,1–3). Erst daraufhin schaut sie nach dem Prokurator aus, den sie doch in den frühen Versionen, gleichsam als Bestätigung seines guten Leumunds bei *allen burgern und groszen der stat* (333,33), allein und ohne vorherigen Hinweis unter den Jünglingen der Stadt erkannt hatte.

Und auch diese Differenz der Version des späten 18. Jahrhunderts von den novellistischen Versionen des 15. Jahrhunderts entspricht den unterschiedlichen Konzeptionen. Zwar werden sowohl Dagianus als auch der Prokurator in dem Moment in die Erzählung eingeführt, in dem Marina bereit ist, dem Gebot ihres Mannes zu gehorchen und sich einen weisen, und vor allem verschwiegenen Liebhaber zu suchen, aber der Wandel von dem festen Vorhaben, trotz dieses Gebots den eigentlichen Wünschen des Ehemanns treu zu bleiben, zu der neuen Einstellung, ihm nur noch in diesem Punkt zu gehorchen, ist ganz unterschiedlich inszeniert. In den frühen Versionen bleibt es bei einem vierstufigen ›Prozeß‹, der sprachlich vor allem einer traditionellen Metaphorik vertraut, angefangen vom Vergessen des Aronus, über das *hitzig fuwer der liebe* beim Anblick der werbenden Jünglinge (332,34), zu einem *fuwer*, das *uberhandt* (333,1) nimmt und sie *zyt und stat halben* (333, 4, 6, 8, 12) endlich in einen *zweytrag der lieb und der kuscheit* (333,10) und zur Einsicht in die *grosz wiszheit ires mans* (333,16f.), also zur Einsicht in die Gesetze von *natura*, führt.

Goethe hingegen hat bereits den Kaufmann auf das Versprechen seiner Frau verzichten lassen, sich einen verschwiegenen Liebhaber zu suchen, hat darüber hinaus das letzte Wort der Abschiedsszene der jungen Frau überlassen, die sich gegen dieses Ansinnen verwahrt. Aus dieser offenen Situation heraus inszeniert er einen differenzierten, individuellen Prozeß, in dem die Sinne, »durch das Vergnügen an der Musik und an der Gestalt der vorbeigehenden Jünglinge« angesprochen (176,13f.), und die »Einbildungskraft« (176,37) endlich zu dem Entschluß führen, der »Neigung« nachzugeben und »zu dem geliebten Manne zu schicken« (178,20f.). Die List des Prokurators führt dann, im umgekehrten Prozeß, in einer »Schule durch Irrtum und Hoffnung«, wie sie es nennt, dazu, sie fühlen zu lassen, »daß außer der Neigung noch etwas in uns ist, das ihr das Gleichgewicht halten kann«, zu einem vom Autor dekretierten Bewußtsein ihrer selbst, in der Bekanntschaft »mit dem guten und mächtigen Ich« (185,2–11). Es war wohl dieser im »skeleton« der Vorlage bereits angelegte, wenn auch entschieden anders erzählte und entfaltete Prozeß, der Schiller, als er

Goethes ›Prokurator‹ endlich in Händen hatte, »besonders erfreute«; er nannte ihn »Entwicklung«. Zwar hat ihn die Erinnerung getäuscht, »beim Boccaz« entscheide »bloß die zeitig erfolgte Rückkehr des Alten das Glück der Kur«,[29] aber gerade diese Bemerkung zeigt, daß auch das von den üblichen Klischees abweichende Ende eines der Momente war, welches ihn ebenso wie Goethe an dieser Novelle faszinierte.

Daß sie darüber hinaus Goethes Ansichten von neuem Gewinn in der »Entsagung« entgegenkam und so die Bewertung der Erzählung durch den Geistlichen noch nachträglich rechtfertigen mag, dürfte ausgerechnet die sonst in ihre »Unarten« verliebte Luise formulieren. Einer zentralen Aussage der auf die Geschichte vom Prokurator folgenden »Parallelgeschichte« von Ferdinand und Ottilie, daß nämlich »die höchste Empfindung, die der Mensch haben kann«, die sei, »wenn er sich von einem Hauptfehler, ja von einem Verbrechen durch eigne Kraft erhebt und losmacht« (198,36–39), setzt sie ihre Beobachtung entgegen, »daß wir selten durch uns selbst bewogen werden, diesem oder jenem Wunsche zu entsagen; meist sind es die äußern Umstände, die uns dazu nötigen« (204,23–25). Es darf so ein nicht nur allein ›äußerer Umstand‹ wohl auch einmal ein dreißigtägiges Fasten sein, das am Ende dazu führen und damit zeigen kann, »daß der Mensch in sich eine Kraft habe, aus der Überzeugung eines Bessern selbst gegen seine Neigung zu handeln«.

Anhang

Auszug aus der zehnten Distinctio des ›Speculum exemplorum‹ (Deventer 1481)[30]

[Vorrede]

1 Incipit decima et vltima distinctio Speculi exemplorum, in qua habentur exempla, que aut verissima relatione didici aut in libris teutonicis scripta inueni vel ipse facta cognoui. Uerum, vt pulchro atque ierarchico ordine a summis ad

[29] Briefwechsel zwischen Schiller und Goethe (Anm. 6), Nr. 58.

[30] Hain 14915; Wiedergabe nach dem Exemplar der Herzog-August-Bibliothek Wolfenbüttel (T 505 Helmst. 2⁰; *Wo*) kontrolliert nach den Exemplaren der 2. und 3. Auflage (Hain 14916, 14917) der Tübinger UB (*Tü*). Buchstabengetreue Wiedergabe, aber Abkürzungen aufgelöst, Eigennamen und Satzanfänge groß, Einführung syntaktischer Zeichen. – Verbesserungen von Fehlern in *Wo* (mit *Tü*): Z. 12: ordiare; Z. 25: nullam; Z. 30: obstrusit; Z. 87: promptissia; Z. 99: vicesia; Z. 105: nulle; Abweichungen von *Tü*: Z. 44: dolis] donis; Z. 48 ad *fehlt*; Z. 80: longe; Z. 86 vultum; Z. 93 ora et ex.

inferiora descendamus, primo loco ea exempla ponenda sunt, que speciali quodam intuitu ipsam diuinam naturam conspiciunt; secundo, que beatam virginem Mariam concernunt; tercio ea narrabimus que angelicam naturam consequuntur; quarto, que ad probos virtuososque homines pertinent, disseremus; quinto vero et infimo loco non ab re ea locabimus, que improbi atque peruersi homines aut passi sunt aut fecerunt. Qui ordo facile patere poterit curiosius singula intuenti.

[›Marina‹]

Quod femina de adulterio grauissime temptata abstinentie remedio liberatur. XIIII

Legi aliquando in theutonicali libro, quod erat in ciuitate Ianuensi virgo quedam pulcherrima facie nobilis genere diues rebus honestis orta parentibus nomine Marina. Hanc, cum quidam ditissimus atque honestissimus vir, nomine Aronus, in matrimonium accepisset et aliquamdiu cum ea in summa dileccione vixisset, secretius eam in thalamum ducens, ›Scis‹, inquit, ›dulcis Marina, quomodo negociationis auxilio res, famam, honores et vniuersa, que habemus, accepimus et per eam in hunc felicissimum statum accessimus. Unde, quia in Alexandria res et cause, quas cum ceteris huius officij viris habui, inordinate relicte sunt, nisi tibi acerba esset mea absentia, vellem illuc pergere et singula rite ordi*n*are. Et sic reuerti ad te nunquam a te nisi per mortem separandus.‹ Ad hec Marina ingemiscens, ›Et si grauis est michi‹, inquit, ›tua absentia et, cum te non videro, erit omne tempus longissimum, quia tamen tibi vtile visum est, placet, quod concepisti. Age, quod libet, tantum ne rebus dispositis ad me desertam sponsam tuam reuenire cuncteris.‹ At Aronus: ›Vnum‹, inquit, ›est, o Marina, quod tui causa expaueo. Sciunt enim iuuenes et adolescentes ciuitatis huius, te feminam decoram esse et pulchris fore pulchriorem. Vnde timeo, si me absentem audierint, et te legitimi mariti carere tutore, parabunt laqueos pudori tuo et te in sui amorem fraudibus conabuntur allicere. Quo si agerent, vt tu pudoris oblita in adulterium labereris, certe et te honore et me vita priuarent.‹ Ad que verba Marina in lacrimas resoluta, ›Ne timeas‹, inquit, ›o Arone. Ego enim mallem vita defungi quam rem tam scelestam admittere. Perge igitur securus, non est quod in hac parte formides, quia deo ferente presidium preter te null*u*m amatorem admittam.‹ Tali responso accepto Aronus rebus dispositis in Alexandriam nauigauit.

Vbi eum esse cum proceres ciuitatis Ianuensis cognouissent, ordinatis ante domum Marine choreis, institutis ludis, resonantibus cantilenis cor Marine nitebantur euertere. Sed Marina, vt sponsionem marito factam illibatam seruaret, clausit fores, fenestras omnes obstru*x*it, oculos simul et aures, quantum preualebat, auertit. Cum igitur post multas insidias castum Marine pectus vulnerare non possent fieretque femina de accepto tropheo liberior, custodiam solitam mitigauit. Quod dum faceret, quendam virum pulcherrimum, procerum forma, nomine Dagmannum, ante domum suam frequencius pertransire videbat. Vnde interrogat ab ancillis, quisnam qualisue esset vir ille, qui tam insigne decus et corporis et morum preferret. Verum cum audisset eum in vtroque iure doctorem dotatumque ingenti scientia, amplius eum cepit amare, felicem se iudicans et nimium beatam, si talis viri amplexibus quandoque vti contingeret. Vt igitur texeret laqueum innocenti, ornatam fulgida veste se ante fores domus sue quotidie a Dagmanno visendam deposuit, vt suo decore tanquam veneno per oculos Dagmanni pretereuntis misso cor saucium amore vulneraret. At uero Dagmannus, vir prudens cum esset et sapiens, nunquam ad eam vel modice intuendam oculum vertit, sed sibi suisque rebus intentus maturo vultu semper preterijt. Videns ergo Marina occultis dolis se non posse proficere, vi acta amoris et pudore vacillante ad aperta certamina fugiebat. Porro misit nuncium Dagmanno petens, ne ad se venire cunctaretur. Dagmannus vero nichil sinistre suspicatus, venit ad eam ratus, quia secum de aliqua causa iuris haberet conferre. Quem cum Marina ad thalamum meretricio cultu ornatum induxisset, post multas verborum ambages se eius amore captam indicauit petijtque instantius, vt mutuis amplexibus fruerentur. Quod vbi audiuit Dagmannus, vir vtique pudicissimus, ingemuit, miserabile ducens tantum decus tam indebitis amoris procellis agitari, doluitque vehementer tam vasti pudoris armarium adulterinis connubijs consensisse. Verum volens eius vulneri adhibere remedium amorem reciprocum simulauit, ›O me felicem‹, inqiens, ›o me fauentibus fatis beatum, quod in eam horam michi venire concessum est, vt tanto decore frui liceret!‹ Et conuersus ad Marinam: ›Sis felix, pulcherrima femina, que te primam ad huiusmodi amorem obtulisti. Noueris tamen huius coniunctionis, quam vtrimque optamus, leue esse repagulum atque celerius remouendum, quod quia michi amica esse cepisti, liberius intimabo, vt si dies, in quo tibi iungar, sese protraxerit, causam dilationis agnoscas. Cum Bononie in studijs vitam agerem, contigit quadam vice studentes seditionem suscitare. In qua seditione quidam quidem vulnerati sunt, quidam vero etiam morte prostrati. Quibus ita fientibus armati presides in tumultum militibus vallati cucurrerunt et nonnullos e studentibus captiuantes in carcerem proiecerunt. Inter quos et ego ducebar tamquam vnus ex eis, qui tam cruentam seditionem in vrbe concitassent. Videns ergo me carceris caligine retineri et reseruari ad penam, votum voui domino qui conscientiarum latebras nouit, quod si me huius sceleris expertem liberum et incolumen ad patrium solum reduceret redderetque viuum parentibus, per integri anni spacium caste illibateque viuerem, ac per idem tempus in pane et aqua ieiunarem. Fauit voto conditor rerum et me miraculose satis vinculis, quibus iniuste ligabar, absoluit, reddiditque liberum parentibus, quod paulo ante vehementius flagitabam. Qua propter ne tanto liberatori ingratus existerem et sponsionis mee infaustus infractor, statim vt carcerem liber exissem, ieiunium promissum inchoaui, et eo usque hodie perductum est, vt sexaginta tantum ieiunij dies existimem superesse, quibus transactis, vt cito facient, in tuos amplexus, dulcissima Marina, perueniam. Tu interim fortiter age et amoris nostri faces foueto.‹ Ad hec verba alta ferens suspiria Marina ait: ›O tempus nimis longum et dies tediosos animo diligenti!‹, cepitque anxiari vehementer. Quod videns Dagmannus dixit femine: ›Si igitur tibi nimis longi videntur hij sexaginta dies, tu mecum hoc tempus diuide. Sume tibi triginta dies ieiunij, et ego triginta dies mihi ipsi reseruabo, quo fiet, vt infra triginta dierum spacium cupitis amplexibus perfruamur. Nam ita voti mei qualitatem moderaui, vt per interpositam personam vrgentibus causis satisfacere valeam sponsioni.‹ Dicebat ista vir castus et sapiens non eo, quod aliquid mali opere adimplere cogitarit, sed vt temptatam feminam abstinentie remedio liberaret. Ad huiusmodi igitur consilium vultu et animo exhilarata promptissi*m*a voluntate pro Dagmanno ieiunium femina inchoauit. Et Dagmannus tunc quidem discessit ab ea, sed post tres dies ad eam reuersus est visurus, quid ageret et vtrum assumptum ieiunium, prout promiserat, inuiolatum seruaret. Que statim, vt vidit venientem, assurgit intranti, sedem locat, caritatis intime signa demonstrat. Dagmannus vero monuit eam, vt constanter agat et inchoata ieiunia compleat, atque sic recedens post septem dies reuertitur. Rediens autem vidit in ea paulo ante rubencia ora ex inedia palluisse. Unde impensius eam consolans suadet, ne ieiunia sibi dura existimet, per que celerius coniungantur. Et rursum post monitionem abscessit. Rediens autem tercio decima quinta die ieiunij inuenit eam vsque adeo imbecillem factam, vt vix assurgere preualeret venienti, et vsque adeo in ea sanguinem friguisse, vt plurimis licet vestibus circumamicta esset, nullatenus tamen calesceret. Quam vt prius confortatam derelinquens Dagmannus vicesi*m*a nona die reuertitur et inuenit eam in lecto recumbentem et omnibus viribus vsque adeo destitutam, vt vix anhelitum ad loquendum sufficientem retentasset. Quod vbi vidit, ›Quomodo‹, inquit, ›nunc tecum agitur, Marina dulcissima? Num inter frigentia membra adhuc ad me feruidum amore pectus obseruas?‹ Tunc Marina ad se reuersa intelligensque prudentem virum huiusmodi consilium ad sibi medendum inuenisse, ›Grates si‹, inquit, ›tibi sapientissime virorum *mi*lle refundam nec vel sic possum tue caritatis insignijs satis esse, quibus non honori modo, sed etiam amplissime pudori prouidisti. Nunc igitur vale et me tibi debitricem teneto, quia tuis muneribus, industria, consilio non solum ad te irreuerens amor refriguit, sed et omnis illiciti amoris ieiunio saluberrimo medente vsque adeo ardor auolauit, vt marito reuertenti castra pudoris inuiolata seruare contendam, ad quod me iuuabit dominus, qui sit deus benedictus in secula.‹